U0504245

何勤华

1955年3月生，上海市人。北京大学法学博士。著有《西方法学史》《20世纪日本法学》《中国法学史》《法律文化史谭》等多部作品，在法学类核心刊物上发表论文180余篇。留学日本东京大学法学部，1992年起享受国务院政府特殊津贴，1999年获第二届中国十大杰出中青年法学家称号。2009年获"国家级教学名师"。现任华东政法大学校长、教授、博士生导师。兼任全国外国法制史研究会会长。

陈灵海

1972年生于浙江海盐，法学博士，牛津大学访问学者,中国社科院博士后研究人员。著作《唐代刑部研究》。在《法学研究》《中外法学》《学术月刊》等发表论文数篇。现为华东政法大学教授。主要研究领域：法律史学。

柴松霞

1979年生于青岛，法学博士，华东政法大学博士后研究人员。著作《出洋考察与清末立宪》。参与国家社科基金重大项目、教育部攻关项目。发表论文20余篇。现为天津财经大学法学院副教授。主要研究领域：法律史学。

何勤华 主编

法律文明史

第 6 卷

中世纪欧洲世俗法

陈灵海　柴松霞　冯引如

卢　然　林　海　郭文青　著

江小夏　吴　玄　肖崇俊

创于1897　商务印书馆
The Commercial Press

2017年·北京

图书在版编目(CIP)数据

中世纪欧洲世俗法/何勤华主编. —北京:商务
印书馆,2014(2017.7重印)
（法律文明史;6）
ISBN 978-7-100-10584-2

Ⅰ.①中… Ⅱ.①何… Ⅲ.①法律—思想史—欧
洲—中世纪 Ⅳ.①D909.5

中国版本图书馆 CIP 数据核字(2014)第 141697 号

"十二五"国家重点图书出版规划项目

何勤华 主编

法律文明史

第 6 卷

中世纪欧洲世俗法

陈灵海 柴松霞 冯引如 卢然 林海
郭文青 江小夏 吴玄 肖崇俊 著

商 务 印 书 馆 出 版
（北京王府井大街36号 邮政编码 100710）
商 务 印 书 馆 发 行
北 京 冠 中 印 刷 厂 印 刷
ISBN 978-7-100-10584-2

2014 年 12 月第 1 版 开本 787×1092 1/16
2017 年 7 月北京第 2 次印刷 印张 50¼
定价：159.00 元

国家社科基金 2011 年度重大项目

国家重点学科华东政法大学法律史学建设项目

总　序

　　新中国法和法学经过 60 多年的发展，已日趋成熟。表现在对法和法学的历史研究方面，也已经有了不少成果，出版了若干中国法制史、外国法制史、中国法律思想史、西方法律思想史以及各国法律发达史、比较法方面的著作，从各个角度、各个侧面对人类的法律文明成果进行了梳理和研究。《法律文明史》系列丛书在吸收上述成果的基础上，进一步将其予以整合，发扬光大，完成一部从整个法律文明史角度，系统阐述人类法律文明的起源、发展和演变的作品，为继承与传播人类文明做出我们应有的贡献。

一

　　文明一词，虽然在学术界尚有不同的理解，但大部分学者都认为，文明是社会发展到一定阶段的产物，是较高文化的结晶，具体表现为物质生活水平（方式）、精神文化产品、典章制度规则，以及社会组织机构等，因而有了我们平时所说的物质文明、精神文明、制度文明和政治文明等诸种形态。

　　法律作为调整社会上人与人之间的经济关系、保障公民各项权利、规范政府权力的运作，以及维护社会正常秩序的规范体系，也是人类社会发展到一定阶段之后才产生的，是人类文明的重要组成部分，属于制度文明和政治文明范畴，同时又对制度文明和政治文明的发展与完善起着推动作用。由于法律文明包括了法律的物质文明、制度文明和思想（精神）文明，因此，法律文明的内涵非常丰富，而在历史上又经历了曲折的发展，留下了众多的法律文化遗产，而这些法律遗产，对我们今天法律文明的进步，意义重大。所以，要推进新时期法律文明的进步，必须先要了解法律文明的历史。

　　第一，法律文明史的研究，可以为我国的法学研究梳理出一条人类法律文明发展进化的历史线索，提升我国法学研究的完整性和系统性，为新时期我国学术研究的进步与发展做出贡献。如上所述，我们已经在法律史研究的具体领域，都有了多卷本专著的出版。但法律文明通史的研究，则还刚刚开始，需要我们做出努力来予以推进。

第二，法律文明史的研究，可以帮助我们吸收和借鉴古今中外法律文明发展的成果，为我国新时期的法治建设实践和法学研究进步所用。在人类法律文明的诞生与进化过程中，人类创造了辉煌的成就，如古代近东（两河流域）地区的成文法典，古代埃及的司法审判制度，古代希伯来的契约精神，古代希腊的宪政文化，古代罗马的私法文化，中世纪欧洲基督教会法中关于法律面前人人平等的精神以及近代部门法的萌芽，中世纪东方中华法系的制度性遗产，中世纪伊斯兰法中的务实精神，以及近代资产阶级法律体系崛起过程中得以广泛传播和确立的法治传统和法治理念，第二次世界大战以后现代法的各项变革，如公民权利的尊重、政府权力的限制、国家公益事业的法律推动，以及人性化法律政策的出台，等等。所有这些人类法律文明发展过程中凝聚着的法律精华，都是我们现在建设社会主义法治国家所应当挖掘、吸收、利用的珍贵遗产。

第三，法律文明史的研究，还可以帮助我们从整体上、从全局上来理解和把握法这一社会文明现象的产生、发展和演变。本书的研究，涉及的是关于法的文明的整体而不是法文明的某一部分。我们平时所说的中、外法律制度史，研究的是制度；中、外法律思想史，研究的是思想；中、外法学史，研究的是学说。前者属于物质文明和制度文明，而后两者则是属于思想文明、精神文明。在目前我国学术界，这几个部分的研究，基本上是分开的，我们的教学和科研也是相应分开进行的，这样分门别类地进行研究，可以加深我们的研究内容，更好地理解和把握我们所要研究的对象的内涵与本质。而本书试图顺应近年来人类文明史整体研究的趋势，将上述几个方面的研究整合在一起，从而获得与以往的研究所不同的视野、方法和成果。

第四，法律文明史的研究，还可以推动我国与其他国家间的法律文化交流。每一个国家，都有与其自身国家的政治、经济和文化发展水平相适应的法律文明形态，各个国家和地区间的法律文明形态，既有相异相斥之处，也有相同相融之趣。了解各个法律文明形态的诞生、发展和演变的历史，就能帮助我们加深彼此国家的了解和理解，在推动我们吸收、借鉴和引进国外先进的法律文明的同时，也可以将中国历史上和现代的法律文明介绍给世界其他国家与地区，通过法律文明的国际化和本土化，以期营造一个和谐的世界法律文明秩序。

二

本丛书由 16 卷专著组成。第 1 卷《法律文明的起源》，尝试用法学原理来解析考古学、人类学的最新研究成果，阐述在人类进入文明社会之前，调整、约束人们行为的那些规范的面貌，以及这些规范最后是如何转化成为各个部门法律的过程；最后一卷即第 16 卷《法的国际化和本土化》，主要描绘人类法律文明未来的发展方向。通过解析当前法的国际化和本土化双重现象，以揭示世界各国法律文明发展过程中的趋同化浪潮，以及在这种浪潮之中各个国家、各个民族又都保持了法的民族（本土）特色这么两个法律发展规律的交叉作用现象。

而本丛书中间的第 2 卷至第 15 卷，共 14 卷，则尽可能系统详实地演绎人类法律文明的漫长历程，依次分为四个进步的阶梯：古代（近东、远东和西方）法的足迹、中世（宗教、世俗和中华）法的遗产、近代（英美、大陆、苏联、中国、亚非拉）法的成长和现代（公、私和社会）法的变革，以及在这四个阶梯中法律文明具体形态的演变。具体分述如下：

第 2 卷，古代近东法。讲述法律文明源起之后，法律规范在古代近东地区，如埃及、巴比伦、亚述、赫梯、希伯来等国家与地区的发展演变。

第 3 卷，古代远东法。讲述远东地区，主要是中国，也包括日本、朝鲜、越南和印度等国家的法律的起源、发展和演变，以及远东上古时期法律文明对中华法系诞生、发展以及基本特征形成的影响。

第 4 卷，古代西方法。主要涉及古代西方，如希腊和罗马等法律的起源、发展和演变，重点论述希腊的宪政文明和私法文化，罗马详密的私法规范和在公法上的制度设计。

第 5 卷，宗教法。讲述中世纪宗教法的起源，内容与特点，近代以后宗教法的发展，三大宗教法（基督教、伊斯兰教和佛教）的彼此消长及相互影响，宗教法与社会的内在关系，宗教法在现当代的变异与影响，以及三大宗教法的主要内容、基本特点、对社会民众法律生活的影响等。

第6卷，中世纪欧洲世俗法。讲述中世纪欧洲世俗法的起源，内容与特点，欧洲几大世俗法渊源，如日耳曼法、王室法、封建地方法、商法和城市法彼此消长及相互影响，世俗法与宗教法的关系，以及欧洲世俗法对中世纪欧洲社会发展的推动作用。

第7卷，中华法系。主要涉及中华法系的起源，内涵与特点，中华法系的基本内容，中华法系成员国日本、朝鲜和越南等国家法律的发展，中华法系对中国封建社会发展的影响，中华法系的历史地位等。

第8卷，英美法系。讲述英美法系的概念；英美法系的历史基础和理论渊源；英美法系的形成和发展；英美法系的特征；英美法系的主要成员和分支，如英国法、美国法、加拿大法和澳大利亚法的主要内容和基本特征，以及英美法系对世界法和法学发展的贡献。

第9卷，大陆法系。主要讲述大陆法系的概念；大陆法系的历史基础和理论渊源；大陆法系的形成和发展；大陆法系的基本特征；21世纪大陆法系国家法律的进步和变化，大陆法系的主要成员和分支，如法国法、德国法、日本法、意大利法和西班牙法等（重点是法国法）的主要内容和基本特征，以及大陆法系在世界法和法学发展史上的和影响。

第10卷，苏联法。讲述苏联建立前的法制、苏联建立后的法制、苏联解体后的法制的主要内容、基本特征和发展演变，以及其经验和教训，阐述社会主义法律体系的形成、发展、演变的历史过程以及其客观规律。

第11卷，中国近代法。讲述中国法的近代化过程，包括西法东渐，西方法学观在中国的传播，西方的宪政、民商事法律、刑事法律、诉讼法律，西方的法律教育模式，西方的法学作品等的传入与本土化，中国法律近代化的成就与问题等。本卷还包括了对中国近代台湾、香港和澳门地区法律发展的论述。

第12卷，亚非拉地区法。讲述亚洲（如菲律宾、印度、韩国、越南、新加坡、马来西亚、泰国、印度尼西亚等国家）、非洲（如埃及、利比亚、阿尔及利亚、苏丹、肯尼亚、尼日利亚、南非等国家）和拉丁美洲（如巴西、墨西哥、阿根廷、智利、秘鲁等国家）的法的近代化过程，包括西方法的入侵，西方法学观的传播，西方的宪政、民商事法律、刑事法律、诉讼法律，西方的法律教育模式，西方的法学作品等的传入与本土化，拉丁美洲法近代化的成就与问题等。

第13卷，现代公法的变革。讲述第二次世界大战以后现代时期世界各主要国家（以英、美、法、德、日、俄、中7个国家为主）的公法（宪法、行政法、刑法、刑事诉讼法）的变迁，阐述这种变迁的社会历史背景、原因和影响，总结这种变迁所体现的公法的发展演变规律。

第14卷，现代私法的变革。讲述现代时期世界各主要国家的私法（民法、商法、民事诉讼法）的变迁，阐述这种变迁的社会历史背景、原因和影响，总结变迁所体现出的私法的发展演变规律。

第15卷，社会法。讲述现代时期世界各主要国家的社会法（经济法、劳动法、社会保障法）的诞生和变迁，阐述这种变迁的社会历史背景、原因和影响，总结这种变迁所体现的社会法的发展演变规律。

三

由于本书涉及的许多研究话题，如世界法律文明史概念的提出和内涵的阐述，以及各国别法律文明史的分析梳理等，基本上是最近十几年才开始受到学术界重视后起步的，因此，对其感兴趣并展开研究的学者，相当部分都是年轻教师及博士、博士后，本书就是将全国从事这些各个相关领域研究的年轻学者联合起来，组织在一起，将他们各自从事的研究以及成果整合起来，形成一项比较完整、系统的法律文明史的集大成式的补白性成果。所以，本书各卷的负责人和撰稿人，大多是副教授以下的学有专长、对相关问题有前期研究成果的年轻人。

特别需要指出的是，本丛书作为2011年度国家社科基金重大项目的最终研究成果，研究的对象非常重大，涉及的学科面也比较广，要完成它，并且完成得好，必须要有一支年富力强、朝气蓬勃的学术团队，而且这个团队是齐心协力的，和谐的，稳定的，有时间保证的，而不是临时"拉郎配"的。

本丛书的写作集中了全国20多所高校、研究机构的100余位中青年学者，从2008年开始组建，至今连续工作已经有五年，大家在一起召开总课题和子课题各类会议不下百余次，学者们互相尊重，彼此协调，配合得非常默契。虽然，在这五年多的时间内，大家从事的是一种非常艰巨的高强度思维劳动，但却也是一种提升所有参加本书撰稿的作者科研创造力的非常有效的、难得的学术训练。由于大家的齐心协力，我们不仅顺利地完成了整部书稿的撰写任务，而且在此过程中，培养出了一批优秀的青年法学人才。

四

那么，本书的学术价值体现在哪里？对我国乃至世界法学研究的贡献有哪些呢？笔者以为，大体有以下几个方面。

首先，我们构建了一个全新的总体研究框架，将极其丰富、精彩纷呈的人类几千年法律文明的起源、发展和演变的内容融入其中，以帮助学术界对这一文明史领域的了解和理解。

其次，本书中，有些问题，学术界还没有触及，我们这里提出来了，也进行了史实论证。比如，关于法律文明的起源，我们现在是将其界定在人类社会进入比较经常性的群居生活，形成公共社会，产生了调整人们行为的规范（风俗习惯。古代社会重视宗教，故也包括宗教的禁忌等），但这些规范还没有凝炼提升为法律的层次，我们就将处在这一阶段的社会规范，视为"法律文明的起源"。确定这一阶段法律文明最早的起源，还是有相当难度的。我们现定位在南方古猿（Australopithecus）之后的非洲能人（Homohabilis）"奥杜韦遗址"（Oldowan），它距今已经有100多万年的历史了，被考古学家初步认定为游群社会，已经出现了"权力"、"国体"、"政体"、"公共社会机构"等意识之萌芽。而进入古代近东苏美尔社会，乌尔纳姆法典（公元前22世纪）等各成文法典的制定颁布之后，我们就将其视为法律文明已经产生了。接下来就是发展、演变、完善了，就不属于"法律文明的起源"之研究范围。

又如，关于宗教法，我们这里重点阐述了基督教会法、伊斯兰法和佛教法。对于前两者，学术界都是认可的，也出版了若干专著（如彭小瑜先生的教会法研究，高鸿钧、马明贤等先生的伊斯兰法研究等）。但对佛教法，法学界还有分歧，许多学者不认可佛教还有法律，佛教戒律也是法律。因此，在此领域，相应的研究还不多。而我们认为，作为一种影响广泛、涉及人群众多的组织，佛教也有自己的法律规范，约束着教徒和相关成员，虽然其表现形态与基督教和伊斯兰教有很大的不同。为此，我们将三大宗教法整合在一起，并对佛教法的内涵、产生、发展与制度、特点等做了初步的阐述。

再次，本书中，还有一些问题，学术界虽然有所触及，但都是没有定论，也没有比较成熟的观点，我们也提出了，并且进行了论证、肯定。如古代印度在地理和法系上算否远东？古代越南和朝鲜国名如何称呼？香港、澳门、台湾区际法能否纳入近代中国法律体系？在第二次世界大战以后世界各国法律发展纷繁复杂的情况下，仅用 3 卷篇幅，即"公法"、"私法"和"社会法"来概括是否合适？以及将刑事诉讼法归入公法、民事诉讼法归入私法这一大陆法系的传统分类是否适合于当下中国？用"法的国际化"和"法的本土化"两大趋势来概括未来人类法律文明进步与进化的规律是否恰当？等等。我们的态度是，抛砖引玉，以求共识。

最后，本书还从新的角度，对一些法律史上的问题进行了探索。比如，本书将古代希腊法和罗马法整合在一起，作为一个整体的"古代西方法"，对其进行了描述和评述；又如，本书通过将人类法律文明的进步划分成为"古代法的足迹"、"中世法的遗产"、"近代法的成长"和"现代法的变革"四个阶梯，将其糅为一个有着内在发展逻辑的整体，对其进行了全方位的梳理，并通过设计"古代近东法"、"宗教法"、"中华法系"、"英美法系"、"大陆法系"等卷，将其精华和亮点予以突出、彰显；再如，本书以"法的国际化和法的本土化"两条发展线索，来概括总结人类法律文明进化和进步的未来趋势，给学术界提供了比较大的思考路径和分析空间。

五

本书的写作，历时五年，经历也有诸坎坷。但因法学界众多朋友、同仁的支持和帮助，最终得以完成。2008 年，本书先是作为一个重点项目，得到了国家重点学科华东政法大学法律史学科的经费支持。2009 年，本书的写作得到了商务印书馆领导王涛、于殿利等先生的支持与襄赞，通过了选题论证，在商务印书馆的出版计划中获得立项。2010 年，又被纳入国家新闻出版总署选定的国家"十二五"重点图书出版规划。2011 年，在国家社科规划办领导以及法学界同行专家的全力支持下，本书最终获得了国家社科基金 2011 年度重大项目的立项。

本书的构思、立项、写作，五年上了四个台阶，实属不易，完全是由于相关专家的全力支持推动才得以实现。虽然，列举式地提及一些同仁和朋友的做法，可能会犯挂一漏万的错误，但我在此还是要提及如下一些专家的名字，他们在本书的课题立项、书稿写作以及结项评审等各个方面，给予了真诚的帮助：王家福、张文显、关保英、吴汉东、应松年、徐显明、黄进、郑成良、陈景良、霍存福、汪世荣、徐祥民、武树臣、杨一凡、赵秉志、陈兴良、马小红、赵晓耕、徐世虹、高鸿钧、李贵连、李启成、徐爱国、梁根林、许明月、姚建宗、骈宇骞、曾尔恕、叶秋华、李秀清、郑祝君、方立新、姜明安、董茂云、易继明、郑少华、张礼洪、苏彦新、李中原、朱榄叶、丁凌华。在本书出版之际，对上述专家表示我们一片真挚的谢意！

本书的写作和出版，获得了国家社科基金的资助，得到了国家重点学科华东政法大学法律史学科建设经费的资助，也获得了上海市文科建设基地华东政法大学外国法与比较法研究院建设经费的资助，得到了国家新闻出版总署以及商务印书馆的出版规划项目支持，也得到了商务印书馆总经理于殿利、副总编辑陈小文、学术中心主任郑殿华的帮助和支持。政治与法律编辑室主任王兰萍从本书提出编纂思路之时就开始全程参与，编辑马冬梅、洪霞、李悦、吴婧、金莹莹、朱静芬付出了极大的心血。在此，致以诚挚的谢意。

本丛书作为华东政法大学历史上获批立项的第一个国家社科基金重大项目，在项目书的起草、论证、修改，以及最后申请等过程中，得到了科研处长罗培新教授以及科研处所有成员的热忱帮助和支持。在项目的申请和论证过程中，上海市社科规划办主任荣跃民教授也给予了精心指导和多方面无私的帮助。本书作为华东政法大学法律史学科的重点项目，该学科的大部分老师都参与了本书的写作和编纂工作，许多老师放下了自己手头的工作，专心致志地投入到本书的撰稿之中，从而保证了本书按时保质地顺利完成。对此，一并表示我们真挚的谢意。本书的写作团队达到了百余人，许多撰稿人都是中期甚至后期参与进来的，他们不计较在书中的署名排序，也从不提及经费报销和稿费之类的，完全是友情参与，令笔者深受感动、备感温暖。对此，我们会在每一卷的后记中特别提及，这里就不一一致谢了。

本丛书规模宏伟，工程浩大，参与撰稿的作者人数众多，各位作者的外语水平、专业素养、写作风格、语言特征等都不同，因此，存有错误、缺点以及疏漏，亦在所难免。尤其是，本书的作者队伍中，虽然集聚了英、法、德、意、日、韩、俄、越、西班牙、葡萄牙，以及希腊语、拉丁语等各语种的人才，但由于他们都很年轻，且许多人学习这些外语的时间还不太长，因此，在阅读、翻译和引用原始文献等方面，可能会存在这样或那样的问题。此点，恳望广大读者能够予以谅解，并予以批评指正。本书的写作，我们遵循的宗旨就是百花齐放、百家争鸣，每一位撰稿人可以有自己独立的学术观点，主编都不予干涉。同样的道理，每一位撰稿人在其承担的部分中所论述的内容和观点，也只代表其本人的观点，我们都以文责自负的原则对待之。当然，对学术讨论和学术观点之外的问题，笔者作为主编将承担全部的责任。

长期的构思写作终化成作品出版，多年的编纂愿望得以如愿以偿，对一名学者而言，世上还有比这更加幸福的事吗？我庆幸自己生活在中华民族重新崛起的盛世，众多学界前辈、法学精英一直想做但因国家的长期动荡而未竟之事，在我们这一代人手中终于完成了。我们应该感谢我们这个时代！我想，这种感恩的心态，将永远激励我们在学术的道路上奋进。

何勤华

于华东政法大学

外国法与比较法研究院

2012 年 9 月 1 日

总　目

目　录

绪　论

绪　论

本书分为五章。

第一章日耳曼法。日耳曼法是欧洲中世早期（5—9 世纪）各日耳曼国家中适用于日耳曼人（Germani，或 Germans）的法律。本章对中世纪日耳曼的起源、发展和变迁作了较充分的阐述，对日耳曼法的不成文法期、日耳曼民族迁徙与建国后的法律成文化及东哥特（The Ostrogothic Kingdom，493—555 年）、西哥特（The Visigothic Kingdom，418—714 年）、勃艮第（The Burgundian Kingdom，411—436 年，452—533 年）、法兰克（拉丁文 Regnum Francorum，法文 royaume des Francs，5 世纪末至 10 世纪末）、伦巴第（The Kingdom of Lombardy，568—774 年）、巴伐利亚（The Kingdom of Bavaria，817—882 年）等日耳曼王国的法典编纂事业进行了深入研究。

第二章王室法。王室法（royal law）是指公元 5 世纪以后由各日耳曼封建王国的王室所颁布，在王国境内普遍适用的世俗法。与日耳曼法主要由习惯法发展起来不同，封建王室法主要是由国王所颁布的敕令和规则等所构成。本章探析了中世纪教会影响下的王权兴起和王室法发展，评价了日耳曼、法兰西、意大利、德意志、英格兰、荷兰、西班牙、葡萄牙等王室法的发展特点及其与其他法律的联系。

与罗马法、日耳曼法和教会法相比，王室法的调整范围远逊，影响力亦较弱，但作为中世纪欧洲的一个重要的法律体系，其对后世（尤其是大陆法系）的立法产生了重要影响。

第三章封建地方法。封建地方法是中世纪欧洲各国、各邦、各封地的另一种重要的法律渊源，它们与其他法源并存，关系密切，又与其他法源有很大的区别。封建地方法起源于各地的早期习俗，其后随着庄园制度的确立，各地农民逐渐依附于地方领主，原来通行的习俗也逐步演化成为当地的习惯法。由于各层级的公、侯、伯、子等封建领主星罗棋布，所以封建地方法也分散在欧陆各个区域的土地上。本章对中世纪欧洲封建地方法的形成及特点、英格兰的封建地方法、欧陆封建地方法等进行了阐述和分析。

第四章城市法。城市法是 12、13 世纪比萨、热那亚等城市发展出来的以特许状、城市立法、行会章程为主要形式的法律。特许状是城市自治的标志，在城市中拥有类似近代宪法的法律权威。城市立法是获得自治权的城市权力机关颁布的法令、条例、协定等，限于最重要的公众事务、外交事项。行会章程也具有事实上的法律效力，是城市法的渊源之一。本章对中世纪城市的兴起及其原因、意大利城市法、法国与佛兰德（Flanders）地区城市法、德意志与英格兰地区城市法等进行了阐述和研究，并对中世纪城市法的特点和影响进行了总结。

第五章商法。商法又称商人法，由一系列商事习惯和法律组成。商事活动包括内陆商业活动和海上商业活动，故商法也由陆上商法和海上商法（即海商法）两部分组成。中世纪后期西欧国家曾分别编纂过"商法典"和"海商法典"，近代各国编纂法典时，则多把海商法作为商法典的一编，所以习惯上有时把内陆商法和海商法统称为商法。本章对《阿玛菲法典》（Capitula et ordinationes curiae nobilis civitatis Amalphae, The Amalfian Laws）、《康梭拉多法典》（Ordinamenta et consuetudo maris, Ordinance and Custom of the Sea）、《奥列隆法典》（The Laws of Oleron）、《维斯比海法》（Maritime Law of Wisby）、《汉萨城市航运条例》（The Sea Laws of Hanse-Towns）等中世纪欧洲陆上和海上商法的产生背景、发展历程、地位特点等问题进行了分析和研究。

本书所说的世俗法（secular law），是指中世纪欧洲除了教会法（canon law），即天主教会发展出来的关于其组织、制度和教徒生活准则等方面的各种法律以外的其他各种法律。"世俗"主要是指"非宗教",也包含一些流行的习俗的意思,不过主要是指前者。因此,广义的中世纪欧洲世俗法,除了日耳曼法、王室法、地方法、城市法、商法之外,也包括中世纪欧洲的罗马法。不过,考虑到"法律文明史"总课题下还有"古代法的足迹:西方法"、"近代法的成长:大陆法系"这两个子课题,都会较详细地介绍罗马法的发展历程。而且,与日耳曼法、王室法、城市法等世俗法相比,中世纪的罗马法是相对"经院"的。因此,本书并没有将中世纪罗马法纳入研究范围之内,有兴趣的读者除查阅上述"西方法"、"大陆法系"的成果外,也可查阅学术界已有的关于这个主题的研究。[1]

在各章之前的这篇简短绪论,则尝试性地对以下问题进行探析。这应是每位阅读本书的读者都会提出的问题,在本书撰写过程中也始终萦绕于作者心中:在21世纪的今天,为什么要去研究距离我们十多个世纪的中世纪,且是距离我们数千公里之遥的欧洲?

一

在中世纪的欧洲,除教会法据有强势地位之外,还有品类可观的世俗性法律。对于同一纠纷适合何种法律,取决于纠纷的性质、发生场所、当事人身份及其与各种法律的关系。这种多元法律共生共存的制度生态,与中国秦汉以来法制一统、地方惯例较少有机会上升为国家法的局面大相径庭,与罗马帝国后期的法典化路径也完全不同,在人类法制历史的长河中较为罕见,因而具有特殊的研究意义。

自晚清修律以来,中国的法制已驶离中华法系的旧轨,沿着《拿破仑法典》以来大陆法系的法典化脉络发展向前,如今也已有一百多年。这种法典化的取向,不但深入贯彻于立法过程、司法程序,也渐渐浸润到普通民众尤其是学者的观念

---

[1] 参见苏彦新:《罗马法在中世纪西欧大陆的影响》,载《外国法译评》1997年第4期;李中原:《罗马法在中世纪的成长》,载《环球法律评论》2006年第1期;朱晓喆:《从中世纪罗马法到近代民法的思想转型:以16世纪人文主义法学为中心》,载《中外法学》2007年第1期;王笑红:《试论教会法的演变及其对世俗法律的影响》,华东政法大学2011年博士论文;李栋:《中世纪前期罗马法在西欧的延续与复兴》,载《法律科学》2011年第5期。

之中，甚至形成了法典必优于非法典、法律规则统一必优于不统一、行为规范法律化必优于非法律化等一系列的思维定式。这些简单粗暴的思维定式，当然有多方面的形成原因，既有来自传统的法典化情结，也有来自近代的历史误读，其中就包括"切片化"地看待大陆法系和英美法系，将它们的发展与中世纪法制发展完全割裂开来，忽视中世纪世俗法对于近代以来欧洲法制文明的贡献。[1] 清末以来中国的法制改革，易于在形式上效仿，难以在实质上突破，尤其在与国家公权力有关的法制推进方面，往往比私法领域的变革更为缓慢，根源正在于此。

中世纪并不是一个与现代完全割裂的时代，也不是启蒙思想家和浪漫主义者所宣称的"蒙昧时代"，而是与现代紧密相关的历史延长段。[2] 就法律来说，可能更是如此。《拿破仑法典》以来大陆法系的法制进展，不但得益于16世纪人文主义法学的理论贡献，更不能遗忘13、14世纪评论法学派和12世纪注释法学派的开创性功绩。[3] 伊纳留斯、阿库修斯、巴尔多鲁等学者的研究，无一不是建立在中世纪经济、社会的发展背景和政治权力、法律规范的多元化现实之上。因此，重新开展对中世纪日耳曼法、王室法、封建地方法、城市法、商法和海商法的研究，具有丰富的理论和实践意义。重新阐述中世纪欧洲政治和权力的多元化样态，对于加深对英美法系与大陆法系的分野异同及其精神实质的理解，也有重要的学术意义。

将中世纪视为"信仰时代"甚至"黑暗时代"的观念，曾经统治了很长时间。但审慎品读中世纪政治、经济、法律史料之后就会发现，那不过是"一切历史都是当代史"的又一例证。数百年来，人们在10世纪以后的欧洲发现了越来越多新文明出现的痕迹，即使在10世纪以前，也早已蕴藏了近代欧洲文明与其他文明呈现出"大分流"态势的根源。此前的有关中世纪黑暗、蒙昧、教会专制的印象，有些只是中世纪时代特色中易于被看到的那一面，另一些则是误解和偏见。在中世纪欧洲史以往较少被留意的侧面，隐藏着无以计数的更为重要的因素。

中世纪前期，自然科学的发展相当缓慢，某些领域甚至几近停滞。其原因当

---

[1] 苏亦工：《得形忘意：从唐律情结到民法典情结》，载《中国社会科学》2005年第1期，第123页。

[2] 王云龙：《西方学术界关于"New Medievalism"的三个论域》，载《北方论丛》2007年第5期，第92页。

[3] 朱晓喆：《从中世纪罗马法到近代民法的思想转型：以16世纪人文主义法学为中心》，载《中外法学》2007年第1期，第21—22页。

然是复杂的。自柏拉图开始，哲学从对可见世界的观察转向了现象背后的"理念"（idea）。理念来自"看"（ide），但不是用肉体之眼看，而是用心灵之眼看。万事万物构成了"可感"的世界，而理念则构成了"可知"的世界。可知的理念，是可感的事物的根据和原因；可感的事物，是可知的理念的派生物。柏拉图强调，理念是事物的本质，事物存在的目的就是实现其本质，成为完满的存在，因此，理念作为事物的本质必须与个别事物区分开来。这种区分本身是理性的，但是众所周知，公元3世纪开始流行的新柏拉图主义（Neo-Platonism），基于柏拉图的学说并进行新的诠释，成为以古希腊思想建构宗教哲学的典型，对中世纪基督教神学产生了极为重要的影响。新柏拉图主义产生于古希腊时代东西方文化的交汇地亚历山大，一定程度上加深了其思想的混合性和神秘性。他们认为，世界是以太一、理智和灵魂为本体构成的：太一是第一本体，是不可分割的、不可知的、最原初的"一"；理智是第二本体，是从太一中流出来的本体，不再保持原初的绝对统一性，但是其多样性仍然统一于太一，是一和多的统一；灵魂是第三本体，是从理智中流溢出来的，它是能动的、变化的、活跃的，既是一，又是多，当与理智和太一相通时复归于原初的一，当被分割于个别事物之中时则是多。

不难看出，在新柏拉图主义的哲学中，柏拉图、亚里士多德代表的古希腊理性思辨精神已经减少了许多，取而代之的是神秘主义的倾向：外在的事实，只有被心灵领会才成为实在；凡不能被想象者，即为不可能。这种居于统治地位的哲学，构成了中世纪前期对于自然世界、人类社会进行客观观察的阻碍。[1] 在这种氛围之下，以人身关系、财产关系以及国家权力与私人权利之关系等世俗内容为主要依凭的法律规则，随之折戟沉沙、磨洗前朝，自不待言。正如学者所言，中世纪早期的世俗法，最初只能获得极为有限的关注度，后世渐趋著名的《撒利克法典》（成书于6世纪初），也是约一个半世纪之后（约660年），才被以"佛莱德加"的名义编纂的《法兰克人史》首次提及。[2]

但是，机运的多变和人事的无常，使事物的演变几乎无法推测，如孟德斯鸠

---

[1]〔英〕W.C.丹皮尔：《科学史——及其与哲学和宗教的关系》，李珩译，广西师范大学出版社2001年版，第60—61页。

[2] 陈文海：《〈撒利克法典〉在法国中世纪后期的复兴和演化》，载《历史研究》1998年第6期，第108页。

（Charles de Secondat, Baron de Montesquieu, 1689—1755 年）所言，许多聪慧的事情往往以愚蠢的方式向前发展，而愚蠢的事物却往往以巧妙的方式不断运动。[1] 在中世纪"信仰世界"的另一面，世俗世界以人们难以想象的巧妙方式向前迈进着。从 5 世纪到 15 世纪，在绝大部分地区里，绝大多数时间中，基督教信仰虽似深入芸芸虔敬者之心，但从社会的纵向结构看，其浓度在基层远高于上层。应当同时看到的是，在政权层面，教会在多数时候只是王公权贵、大封建主们的附庸和被争取者，而非他们事后自封或后人假想的统驭势力。

罗马帝国时代前期，君主权威强盛，教会中的主教体制都还没有建立起来。那时，后来被用作教皇专称的拉丁文"Papa"（英文"Pope"），无论是发音还是含义，都只相当于汉语中的"爸爸"，是对神职人员的泛称，并无后来被赋予的那种特别尊崇之意。公元 2 世纪中叶，单一主教体制才建立起来，即使如此，各地主教仍是一律平等的，共同蛰伏在帝政羽翼之下。

公元 2 至 5 世纪，随着罗马帝国的衰落，罗马主教的地位，才随之反向攀升。他们以罗马教会为耶稣大弟子彼得所建、历代罗马主教均系其直系继承者为名，宣称罗马教会在整个基督教会中居于领导地位。于是，圣彼得（St.Peter, 64—67 年在位）在名义上成为罗马教会的首任教宗，绵延至今日之方济各（Franciscus, 公元 2013 年即位）达 268 任。这种对前代统治者的追溯，如同各民族对其史前君王的追溯一样，不能被视为纯粹的历史事实，而应被视为历史追忆、政治宣谕和公共认同的统一体，是一种多调性的历史叙事。

与东方世界的佛教和伊斯兰教的境况雷同，中世纪尚未开始之前，基督教会就已是政治权力角逐者和参与者们竞相争夺的对象。公元 337 年，君士坦丁大帝（Constantinus I Magnus, 306—337 年在位）驾崩，罗马帝国由其三个儿子君士坦丁二世（Constantine II, 337—340 年在位）、君士坦蒂乌斯（Constantius II, 337—361 年在位）和君士坦斯（Constans I, 337—350 年在位）分治。为了挽救兵败如山倒般的权势衰退，他们才努力发展教会及其组织，以获取更多人的支持。

正是在罗马帝国衰亡的夹缝之中，基督教会获得了一个接一个的成长契机。公元 343 年，东、西罗马帝国两位皇帝召集撒狄卡宗教大会，企图解决教派冲突，

---

[1]〔法〕孟德斯鸠:《论法的精神》，张雁深译，商务印书馆 1995 年版，上册，第 328 页。

为帝国集聚实力。可惜世俗政权的绵软无力，已远不足以震慑各派权贵。东部主教们发现已方与会人数远少于西部，愤而退席。后者趁机单方面宣布了几项重大决议，确立罗马主教为全基督教"荣誉首席"，由其担任神学争端最高仲裁者，并建立以罗马主教为终审的宗教审判程序和审级制。此时，从约三百年前的圣彼得算起，罗马主教已传至第 35 任的尤利乌一世（St.Julius I，337—352 年在位）。

第 45 任主教利奥一世（St.Leo I，440—461 年）期间，以三段《圣经》经文为基础，使罗马主教初步具备了教皇的实权。[1] 此时，西罗马帝国已陷于瘫痪状态，皇帝瓦伦廷三世（Valentinian III，425—455 年在位）急盼获得教会的支持，不得不授予罗马主教制定全教会法律的特权，所有人均应服从他，为罗马教会攫取全基督教会的最高领导权提供了法律依据。

值得注意的是，政治权力领域中的均衡或失衡，也遵循自然科学领域中的守恒定律：教皇体制的建立，乃是基于罗马帝国衰弱的背景，因此教皇体制在发展过程中，也越来越向君主制靠近，继承了其许多方面的特征和职能。就此意义而言，任何强调"教皇革命"对于中世纪法律体系变革意义的观点，都必须重视教皇体系本身与世俗帝制体系的互补性。

二

教会权力体系与世俗权力体系的竞争与互补，不但体现在教俗两方之间，也体现在世俗权力体系内部，并在法律制度的多元化发展方面得到体现。另一方面，文明的发展既有其流动性，拥有差异性的文明之间总是呈现互相影响的关系，也有其阶段性，同一种内部也总是基于其自身的特征和需求不断产生发展和变异的因素。

5 世纪，西罗马帝国灭亡，新生的法兰克王国则逐渐崛起，罗马教会转而支持它，期盼着得到其卫护。公元 496 年圣诞，法兰克王国创建者克洛维一世（Clovis I，481—511 年在位）率领数千亲兵，在兰斯大教堂接受洗礼，主教对克洛维说："愿您像铁柱一样支持教会，教会也会使您战胜一切敌人。"此语真切地道出了当时握

---

[1] 利奥一世教皇理论的基础：《马太福音》十六章第十八、十九条；《约翰福音》第二十一章第十五至十七条；《路加福音》第二十二章第三十一、三十二条。

有军权的王室与形式上统制信仰世界的教会这两种力量之间的微妙关系。

但是，法兰克人不同于罗马人。他们拥有初生文明惯有的野蛮、粗俗、缺乏教养、穷兵黩武等特征，不但在外观上与华贵、衣冠楚楚、缺乏战斗力的罗马人形成鲜明对比，而且对权力的认识和把握也完全不同。他们自北向南侵袭，掠夺的只是土地和财产，对罗马人的体制，最初并不感兴趣。在多数领域，日耳曼人宁愿延续自己的粗糙方式，并将其称为"日耳曼式的自由"。他们的"王"仍以部族首领自居，责任多于权力，危险多于安逸，每每挥剑亲征，甚或战死沙场。此种状况持续了很长时间，与罗马人视为至高无上的神圣君主，有非常明显的不同。如霍尔兹沃思所言，日耳曼人与罗马人存在着两种不同形式的传统，一种是日耳曼式的有限君权，另一种是罗马式的无限君权。[1]此语不但可被用于其原本的含意，即日耳曼君权与罗马君权的比较，更可以被作为一般意义上的中世纪政治权力配置特征的描述。

王权强盛时期，教会不得不孤守一隅，安贫乐道。即使王权衰弱时期，教会也必须找到合适的保护者，并懂得把握时机。这种困局并非所有主教都有能力把握，相反，昏庸而短浅的主教不在少数，睿智而富有手腕者，则要经历漫长的等待才会出现。这使得教皇体制的形成与发展，经历了漫长的曲折和变迁。至少在克洛维一世时代，法兰克人对基督教的信仰，只不过用以加强国内统治和国外征服而已，教会远不足以与世俗政权抗衡。克洛维一世之后，法兰克王国按照其诸子均分的习俗，逐渐陷入分裂和纷争，导致实力衰退，教会终于迎来上升的机缘。他们逐渐取得大量财产，享有一系列特权。如自由民到教堂避难，政府人员不得进入搜捕；神职人员免税，免役；神职人员违法由主教审理，国家法庭无权处置，等等。在此期间，教会逐渐成为国家机器的另一个组成部分，与王室互相扶持、共生共长。教士们也开始以向贵族、武士等世俗权贵施加思想影响为己任，编写了诸如《君王之镜鉴》、《俗界之制度》等宣传书籍，要求世俗权贵通过节制展示正义，使强者不逾矩，弱者不受欺。[2]

6世纪末至7世纪初，格列高里一世（St.Gregory I，第64任，590—604年在

---

[1] Holdsworth, *History of English Law*, vol. II , London 1923, p.252.

[2] 赵文洪：《中世纪西欧三个等级的观念初探》，载《史学月刊》2005年第5期，第67页。

位）由于在抵御伦巴第人的进攻中以主教身份成为卫城的组织者，并使罗马城得以保全，其权威得到大幅提升。他宣称所有熟悉福音的人都知道，是主亲口吩咐把整个教会的管理交托给彼得的。他还进一步向西欧、北非扩大教权，并于公元597年使肯特的埃塞尔伯特（560—616年）成为不列颠岛上第一位皈依基督教的国王。这些功绩使他后来被尊称为最后一任罗马主教和第一位教皇，在喻示着教会权力上升的同时，也喻示着中世纪欧洲世俗权力的进一步分裂和多元化。

8世纪中叶，伦巴第人向南进攻，直逼罗马教会的领地。教皇扎加利（St. Zachory，第91任，741—752年在位）不得不在伦巴第、拜占庭和法兰克诸政权之间百般斡旋，但成绩黯淡。751年，伦巴第人攻陷原由拜占庭帝国控制的拉文那，对罗马构成严重威胁。此时，法兰克宫相"矮子"丕平的使者正好来到罗马，希望教皇支持其称王。双方心领神会，各取所需，丕平随后废黜墨洛温王朝的末代"懒王"希尔代里克三世，开创加洛林王朝。

752年，新任教皇斯德望二世（Stephan II，第92任，752—757年）与伦巴第国王爱斯托夫（King Aistulf，747—756年在位）谈判，其要求仍被拒绝。伦巴第人随后攻陷罗马，斯德望二世被迫逃奔，越过阿尔卑斯山。他全身披麻，头洒灰土，以示悔过，匍匐于丕平脚下，恳请其解救罗马，直至丕平应允方才起身。为表忠心，斯德望二世在巴黎圣德尼教堂（Abbey Church of St-Denis）为丕平及其长子查理、次子卡洛曼举行加冕礼，称颂其为"神命君主"、"罗马保护人"和"罗马人之王"。名利兼收的丕平这才同意远征意大利（754—757年），帮助罗马教会击溃了伦巴第人。

756年，根据《帕维亚条约》，[1] 丕平将伦巴第人交出的以拉文那为首府的总督辖区及意大利中部的彭达波里斯地区"赠献"给斯德望二世作为教皇领地，从此

---

〔1〕帕维亚（Pavia）位于伦巴第（今属意大利）。除756年外，1329年也有一份著名的《帕维亚条约》，维特尔斯巴赫王朝的路易四世（巴伐利亚人路易，1314—1347年为德意志国王，1328—1347年为神圣罗马帝国皇帝）与他哥哥鲁道夫的两个儿子鲁道夫和鲁伯特约定，将莱茵行宫伯国和巴伐利亚多瑙河以北的一部分移交给后者统辖。值得一提的是，路易四世也曾是世俗政权与教权之争的焦点人物，他于1325年与教皇约翰二十二世发生严重分歧，教皇认为只有皇帝才有权提名皇帝人选，并以路易四世违反规则为由处以其绝罚，路易四世邀集学者展开反驳并另立尼古拉五世为教皇以对抗约翰二十二世。1338年，德意志选帝侯在雷恩斯集会，公开支持路易四世，商定由选帝侯选出的皇帝无需教皇认可即生效。与此同时，约翰二十二世的后继者克雷芒六世等也陆续扶持世俗君主以对抗路易四世。

建立了维持长达 1100 多年（756—1870 年）的教皇国。[1] 但即使如此，直至公元 1059 年之前，教权都一直从属于王权，基督教会的主教、教士和修士，大多受国王和大封建主的管辖，后者在经济、政治等多方面控制着教会。注重实利的世俗政权，往往只有在纷争扰攘之际，才会求助于教会，一旦局面得到控制，就会随时试图摆脱后者的影响。

三

8 世纪至 10 世纪之间，教会虽不断攫取权力，并逐渐将其与王室的对抗公开化，但始终缺乏实现转折的契机。1059 年之前的 25 位教皇中，有 21 位是世俗政权指派的，还有 5 位被废黜。在斯德望六世（Stephan VI，第 113 任，896—897 年在位）与约翰十二世（John XII，第 131 任，955—964 年在位）之间陆续登上宝座的 16 名教皇，要么被废黜，要么被驱逐，甚至被杀害。

10 世纪甚至被一些教会史学家贬称为"淫妇统治教皇的时代"。[2] 原因是当时的执政官西奥菲拉克特公爵统治罗马，纵容他的两个女儿玛罗齐娅和西奥多勒操纵教皇的废立，声名狼藉至极。904 年，玛罗齐娅派兵将当选不久的教皇克里斯多弗（Christopher，第 119 任，903—904 年在位）禁死狱中，新拥立其情夫瑟吉厄斯三世（Sergius III，第 120 任，904—911 年在位）为教皇。931 年当选的教皇约翰十一世（John XI，第 126 任，931—935 年在位），则是前述两人的私生子。

这一期间教会的声誉，可谓没有最坏只有更坏。约翰十一世的同母异父兄弟斯波莱托公爵艾伯里克担任罗马执政官期间，先后任命了斯德望八世（Stephan VIII，第 128 任，939—942 年在位）、马里纳斯二世（Marinus II，第 129 任，942—946 年在位）、阿加佩图斯二世（Agapetus II，第 130 任，946—955 年在位）。他临死之前，又安排了由其私生子约翰十二世（John XII，第 131 任，955—964 年在位）出任教皇。

---

[1] 1861 年，教皇国（拉丁语：Civitas Ecclesiae；意大利语：Stato Pontificio 或 Stato della Chiesa）的绝大部分领土被并入撒丁王国（即后来的意大利）。1870 年，罗马城也并入意大利，教皇国领土退缩至梵蒂冈。1929 年，即教皇庇护十一世（Pius XI，第 261 任，1922—1939 年在位）时期，墨索里尼与教廷枢机主教加斯佩里签订《拉特兰条约》，罗马教廷正式承认教皇国灭亡。

[2] 刘明翰：《罗马教皇列传》，东方出版社 1994 年版，第 37 页。

但是物极必反，在世俗政权长期的分裂和多元化过程中，教会终于积累起可观的资产、声誉、社会关系等权力资源，逐渐拥有了与世俗权力分庭抗礼进而试图独霸的权势。9世纪英国的一份文献中说，国王必须有祈祷的人、战斗的人、劳动的人作为其"三根支柱"，就是这种进程的反映。[1] 但是，归根到底，教会既不是从事生产的"劳动的人"，也不从事军事征伐"战斗的人"，能量辐射范围较难逾越信仰领域，因此，在权势的特征上偏向被动而非主动，决定了其崛起的根本性质是对此前权势不振的反弹，是对王室与大封建主在纷争中互相耗费实力的机会的利用，而非真正意义的独霸。与"祈祷的人"相比，"劳动的人"在中世纪欧洲世俗法的发展中起到的推动作用，甚至有过之而无不及。如学者所言，由于世俗习惯法的影响，在中世纪的大部分时间里，"劳动的人"抵制其他两种人任意侵夺他们劳动成果的努力是基本成功的，其关键就在于中世纪社会中"各种司法管辖权和各种法律体系的共存与相互制衡"。[2]

1059年，教皇尼古拉斯二世（Nicholas Ⅱ, 1058—1061年在位）首次宣布教皇由罗马的红衣主教选举产生，揭开"教皇革命"的序幕，也是得到了意大利南部的诺曼人的支持，即其一例。[3] 诺曼人是西方两大法系之一英美法系的真正创建者，他们在不列颠岛推行的巡回审判、令状、大小陪审团、遵循先例等制度，进而产生出《大宪章》等近代宪政的萌芽，对现代法制产生了极为深刻的影响。中世纪诺曼人与教会的关系也极为复杂。许多史料显示，诺曼人的"行政效率"历来雄冠欧洲，其实质是他们对权力集中的富有经验。这使得他们与教会争取从世俗政权手中攫取权势，产生了天然的亲缘性。然而，在封建化极为深入的德意志和意大利，这种权力集中的努力，却遭到了强有力的反弹。中世纪中期以南德和北意为中心展开的"教皇革命"，遭到了德意志封建王权的强烈抵制。

此时的德意志国王亨利四世（Henry Ⅳ, 1056—1106年为德意志国王，1084—1106年为罗马帝国皇帝），正与撒克逊、巴伐利亚、士瓦本等地的贵族陷于重重纷争之中。过去人们曾将亨利四世对抗教会的原因，归诸于其个性的出奇固执和不

---

[1] 赵文洪：《中世纪西欧三个等级的观念初探》，载《史学月刊》2005年第5期，第71页。
[2] 侯建新：《西欧法律传统与资本主义的兴起》，载《历史研究》1999年第2期，第121页。
[3] 沈坚：《诺曼西西里：中古地中海世界的一页》，载《史林》1997年第1期，第101页。

达目标誓不罢休，如今看来太过牵强。事实上，亨利四世的固执，基于的是其作为坚强的王权维护者的身份，为了达到目的，他也时常会有极为灵活的变通手腕。

1073 年，亨利四世与新任教皇、改革派格列高里七世（St.Gregory Ⅶ，第 157 任，1073—1085 年在位）商谈，策略性地表示愿意放弃主教叙任权。但是，打败了撒克逊人的他立即翻脸不认人，否定教皇敕令，撕毁协议。1075 年，格列高里七世强硬地宣布，教皇不受审判，并且有权任免皇帝，只有教皇才能任免主教，禁止教士从皇帝、国王或任何世俗人士手中接受教职，否则授职者和受职者都将被开除教籍。

即使如此，格列高里七世仍不得不寻求与王权的媾和，主动致函亨利四世，要求谈判。但是，亨利四世不但严辞拒绝与其谈判，甚至在接到信函的当天，宣布废黜教皇。格列高里七世得知后，亦针锋相对地宣布对亨利四世实施天主教中最为严厉的"绝罚"处分，宣布所有教徒与其断绝往来，解除对其的誓约，使其死后不能升天。

在中世纪欧洲的历史上，这是众所周知的最富戏剧性的一幕。失去贵族支援的亨利四世，不得不暂时向教会屈膝，赶赴意大利，谋求恢复教籍。但是，拥护他的军队蜂拥而至，使格列高里七世感到不安，竟然躲入托利卡伯爵夫人的卡诺莎城堡，暂求遁避。亨利四世则极富策略性地光着脚丫，身披毛毡，来到卡诺莎城堡门外，在冰雪中苦等三个昼夜。格列高里七世在反复确认亨利四世是出于诚意，而非意在诱捕之后，才接见了他，并同意恢复其教籍。

绝对不能认为，这出如同当年斯德望二世叩见丕平事件之翻版的"卡诺莎事件"，是教权终于超越世俗王权的转折点。其后的事实证明，亨利四世的这次失势，只是暂时的隐忍，与之相比，贵族们墙头草般的摇摆，则永难改变。1080 年，错误估计形势的格列高里七世再次开除亨利四世的教籍，并废黜其王位。

这次，贵族们出于各方面利益的综合考量，倒向了亨利四世。他们联合起来废黜了格列高里七世，另推选克雷芒三世（Clement Ⅲ，1080—1100 年在位）为教皇。后来，罗马教廷拒绝承认这位帮助亨利四世反对格列高里七世的克雷芒三世，将其视为伪教皇，而将一百年后的另一位克雷芒称为克雷芒三世（Clement Ⅲ，第 174 任，1187—1191 年位），即是为此。但无论如何，那种认为自格列高里七世起教皇权力最终确立了至高无上的垄断地位的观点，以及夸大"教皇革命"历史意义的观点，是不太站得住脚的。[1]格列高里七世被亨利四世赶走后，在孤寂的流亡中死去，据说死时身旁只有零星几名教士，可谓晚境悲惨，而亨利四世则继续荣任德意志国王和神圣罗马帝国皇帝二十年之久。

认为"教皇革命"之后出现了教权、王权并立的新局面，进而导致了王权的有限性以及政治体制的多元化，不能不说是一种倒因为果的说法。相反，中世纪政治权力的多元化格局，乃是对罗马帝制的反动，自克洛维一世时代即是如此。教权与王权针对授职权的斗争，不是产生了政治权力的多元化，而恰恰是政治权力多元化的结果。与之相同，自治城市的出现，也远非部分学者一厢情愿地相信的那样，是"教皇革命"的结果。

"教皇革命"也不是所谓中世纪"信仰世界"进一步确立的标志，而是尤利乌一世（337—352年在位）以来教会千辛万苦堆造出来的信仰之塔上的砖瓦一块块掉落之后的一次勉力的修整。与"教皇革命"大致同一时期，意大利的萨莱诺(Saleno)建立了世界上第一所医学院，喻示着人们越来越从"人"自身的角度观察这个世界，观察自身，以期解决他们面对的问题。在地中海的另一边的埃及，考古学家发掘到了古代亚历山大大学的演讲大厅遗迹，证明早在971年，就已经有了可以容纳5000名学生的大学。此前人们一直认为的"大学之母"博洛尼亚大学（University of Bologna，1088年），比它晚了一个多世纪。毫无疑问，在教会勉力培育的信仰世界之树努力生长的同时，以世俗权力为主导、以多元化为特征的世俗之花，在欧洲各地更为繁荣地盛开，尽管更为分散，却更有活力，更适于代表中世纪欧洲社会的核心特征。

1122年，为了结束授职权之争，教俗双方签订《沃尔姆斯宗教协定》(Worms)，规定皇帝保证由教会独立选举主教和修道院院长，并放弃向他们授予象征神权的

---

[1] 彭小瑜教授指出，出于礼貌，专业的教会法学者对伯尔曼（Harold J. Berman）《法律与革命》（*Law and Revoution*）一书多保持沉默，唯一做了较多批评的是德国学者席费尔（Rudolf Schieffe）。他指出了研究中世纪教会法历史的学者所熟知的一个问题，即《教皇如是说》是一个没有得到广泛流传的文件。布卢门特尔（Uta-Renate Blumenthal）则强调11世纪教会法的复兴始于格列高里七世以前，因此过度强调罗马和教皇的作用会歪曲11世纪改革和教会法的情形。因此《法律与革命》过分突出历史断裂和革命性的倾向在很大程度上歪曲了历史的真相。参见彭小瑜：《西方历史误读的东方背景：法律革命、宗教改革与修道生活》，载《历史研究》2006年第1期，第126—127页。

戒指及主教权杖的权力。教皇则将授予新任主教权标、象征领地和世俗权力的特权让予皇帝。这项结束授职权之争、实现教俗权力分离的协议，之所以没有单方面地以教皇与教权的胜利，也没有以国王与王权的胜利而告终，也是基于中世纪政治权力始终处于多元化状态、权力的分享和制衡已成常态、各方只有相互承认和相互牵制才能共存这一系列现实之上。

与之相同，中世纪后期法律权威的出现，也不是从"教皇革命"造成的教权与王权并立开始的。自治城市虽然最早出现在伦巴第地区，也不是因为受到了教俗斗争的影响，而是因为那是封建化最为深厚、王室权威较薄弱的地区。1057 年，米兰率先宣布拥护教皇，赶走由皇帝任命的大主教，只是希望进一步摆脱王室的经济盘剥，而并非指望一边倒地靠向教皇，他们建立的市政机构和独立城市共和国，事实上比那些习惯了虚情假意的王侯政权更世俗、更近代。

对于中世纪（尤其是其前期）的欧洲人来说，法律决非由国王制定并且自上而下推行的东西，而是源于人们共同的习俗和信念。如学者所言，中世纪的法律从来没有被当作某些人的意志或意志表达，而只是人们相互之间长期形成并生存于其中的"间质"，正由于此，它才只能被发现，不能被创造。[1] 在中世纪欧洲人的观念中，并不以统治者的意志或他们颁布什么作为当然的法律，而是将过去存在了相当时期的事情、做法、惯例推进为合法。[2] 封建主义的契约精神之所以与法律具有如此的亲缘关系，也正是由于契约精神是这样一种"间质"：因约定而成俗，因成俗而合法。

四

在中世纪的观念和实践中，近现代"国家式"的中央权力，近乎闻所未闻之物。相对而言，权力多元、法律多元比"信仰时代"更适合作为中世纪政治社会现实的写照。对中世纪欧洲的政治格局和法律格局而言，淡化国家特征，凸显区域特征，用"不列颠"、"法兰西"、"德意志"等指称现代汉语中习称的"英国"、"法国"、"德

---

[1] 陈太宝：《中世纪西欧法律视野下的抵抗权与暴君学说》，载《贵州社会科学》2011 年第 11 期，第 123 页。

[2] 侯建新：《西欧法律传统与资本主义的兴起》，载《历史研究》1999 年第 2 期，第 121—122 页。

国"，是非常有必要的。

中世纪的所谓"地方政府"，在绝大多数情况下是"这个地方建立的政府"之意，而不像中国秦代以后帝制体系下的郡县那样，是"由中央建立于这个地方的政府"。唯有"威廉征服"之后进入不列颠的诺曼人，才在这块与大陆隔绝的土地上近乎政治实验般地建立了"中央"意义上的王室。即使如此，最初的几代国王仍是如此谨小慎微，不得不向地方派出巡回法官，通过司法的方式逐步架空郡守，才将中央权力渗透到地方。[1]

在欧洲大陆，上述进程要艰难得多。从图像、纹饰史的研究中，亦可揭示出欧陆王权一步步缓慢扩张的历程：12世纪初，法国王室铸造的银币上的十字符号旁开始饰有百合花图案；至12世纪末，百合花被置于中心位置，周围配置了颂扬基督的文字，这时的徽章还只是国王本人的象征，对王室支系并无约束力；13世纪，随着王室领地的扩大和权威的增进，百合花徽章的三瓣结构开始确定，王室管辖下的法院系统以及领有国王特许状的城市也普遍接受了这种徽章；至14世纪，这种徽章的应用遍及建筑、珠宝、布匹及度量衡器具，成为王室实施普遍性统治的标志。[2]

到了15世纪，上述隐藏于徽章、纹饰等外在形象之下的国家威权的实质演进，终于以更为明显的形式体现出来。15世纪后期，统治者从原来只是维持本人的统治地位，向维持作为一个独立的统治机构的国家转变。这是欧洲史，同时也是法律史中的一个至关重要的质变环节。1581年，奥兰治亲王威廉（Willem de Zwijger，1533—1584年）在尼德兰建立了近代荷兰。在法兰西，直至亨利四世（Henry IV，1589—1610年在位）时期，才由西法兰克王国属地下的一系列不断纷争的领地，转型为初具中央权威的近代式国家。

但是，上述转型总是以复杂难测的、无法预知的形式向前迈进，对其过程的所有抽象论断，终究只是事后诸葛。王权的扩张，归根到底还是出于自保。其他权力最终蛰伏于王权之下，也并非他们始料所及。在日耳曼民族和教会的观念中，同样包含"国家的存在就是为了实现法律，国家是手段，而法律是目的，法律优

[1] Holdsworth, *History of English Law*, vol. I, London 1923, pp.72—73.
[2] 陈文海：《中世纪法兰西王室徽章研究》，载《历史研究》2000年第5期，第129—130页。

先于国王且是国王存在的基础"等内容，又说明道德与合法性建设是军事力量及王室执行力的依托所在。但另一方面，14世纪的学者曾将百合花徽章的三枚花瓣，解释为君主、军队、王室顾问，似乎又说明在从多元化向威权国家演进的过程中，军队与行政执行力（而非道德与合法性）起着决定性的作用。[1] 由此可见，统治权的实质建设与合法性的形式建设，总是呈现水乳交融的关系，若非细品，常难分辨。[2]

在政治观念的领域，16世纪之前，政治人物或政治学著述中提到的"国家"概念，还只是在"整个王国"或"统治者的地位"这两种意义被使用，从来没有在对内最高和对外独立的"主权"（sovereignty）意义上被使用。因此，中世纪的法律与法权，也是在王室的、教会的或地方封建主的法律与法权的意义上成立，并按照这种意义被适用的。与中国不同，在欧洲，直至博丹（Jean Bodin，1530—1596年），"国家"才被作为一个近代政治概念，与中央集权的政权、官僚机构以及国家的疆界联系在一起。与之相比，中国传统的帝制政治是过于早熟了，还是如学者所言陷入了僵化了的"超稳定结构"，确是需要反复思量的问题。

权力必然导致腐败，绝对的权力绝对地导致腐败。信哉斯言。但文治抑或武功，何为绝对权力？单纯凭借武力获致的权力，很容易随着武力的衰微而烟消云散。恰恰是那些凭借不断完善的治理理论体系建立起来的专制政体，能代代传承，即使一个君主倒下，又会站起另一个。认识到这一点，就很容易理解近代政治权力结构的演变逻辑，领会博丹在《共和六书》中提出的下列观念的丰富意涵：国家拥有最高主权，主权是对公民和臣民的不受法律限制的最高权力，国家的立法行政权力应归属一个中心，或者是一个君主，或者是一个集团，政府可以更换，而主权却永远存在。直至这时，"国家"才被概念化为一个权力的所有地，这种权力可以用不同的方式制度化，并始终有别于、凌驾于这个国家的公民和行政官员之上。因此，韦伯（Max Weber，1864—1920年）说，在中世纪，不存在独立于国王个人的"国家"概念。那时的"王国"还是不折不扣的"王之国"，"公国"还是不折不扣的"公爵之国"，不是共同体，而是所有物，是私财，是家财。中世纪的所谓"国家"

---

[1] 陈文海：《中世纪法兰西王室徽章研究》，载《历史研究》2000年第5期，第135页。

[2] 陈太宝：《中世纪西欧法律视野下的抵抗权与暴君学说》，载《贵州社会科学》2011年第11期，第123—124页。

作为一个封建贵族家庭的共同"财产"的色彩,远远盖过了其作为一个国际法中的政治实体的色彩。正由于此,施米特(Karl Schmitt,1888—1985 年)才说亨利四世时代的法国是欧洲历史上第一个真正意义上"具有法人团体意识的主权国家"。

与之相反,在以"领地"和"依附"为特征的中世纪社会,则充满了"私属"的色彩。在英格兰,从克努特时代起,国王或大贵族的武装侍从,就被用一个斯堪的纳维亚词汇来称呼:"家仆"(housecarl)。在巴塞罗那的《惯例集》第 81 条,近代国家严厉禁止的私力救济的规则,更是被反向操作,其中赫然规定:"如果一个人被判决为犯杀人罪,那么,他需要被受害人最近的亲属或者领主关押,如果此人不能做出足额赔偿,那么,亲属和领主可以在不杀死他的情况下,随意处置他!"[1] 在法兰西习惯法中,同样有类似的规定:"当犯罪人当场被抓获和逮捕,犯罪所在地的领主有权审判这类案件。如果犯罪侵犯了伯爵、公爵或国王的权利,那么,权利受到侵犯的人就享有对该案件的管辖权。"[2]

近代私法复兴和契约精神的源泉,在于中世纪的政治实践,而绝非少数政治学家的凭空创造。在中世纪,国王与大贵族、大贵族与依附于他的中小贵族之间,建立的都是"私属"的关系。他们的权利义务,不是取决于自上而下颁布的法律,更不是取决于他们君主的权威,而取决于双方的约定,以及地方民众对待这些约定的惯例。1329 年,英王爱德华三世(Edward III,1327—1377 年在位)访问法兰西,对是否应按惯例向法王腓力五世(Philip V,1293—1322 年在位)行臣服之礼心感疑惑,他的谋士建议他回英国查阅古代契约后,再决定面见礼仪,可见当时人们视契约之重。没有中世纪多元化政权格局和私属性契约关系的微光,就不可能有近代民主政治和法治的燎原烈火。

若干年后,爱德华三世为对抗腓力五世,转而向神圣罗马帝国皇帝巴伐利亚的路易斯效忠,得到后者承诺后,召集西德意志诸侯出兵进攻法王,其事例同样清楚地表明,中世纪欧洲各世俗政体之间的联盟,是建立在私属性的契约的基础之上。政体与政体之间关系的性质,接近于人与人之间的关系,只不过在层次上有所差别。违反这样的契约,将带来严重的后果,迫使人们极端重视承诺的严肃性。

---

[1] 这一幕,后来以现代的、文艺的方式,几乎原原本本地重现在西班牙电影《谜一样的眼睛》的剧情之中。

[2] 〔美〕伯尔曼:《法律与革命——西方法律传统的形成》,贺卫方等译,法律出版社 2008 年版,第 464 页。

如 12 世纪，韦尔夫家族的一位先祖听说他的儿子向国王行臣服礼，心里极为愤怒，认为儿子的行为是对其家族高贵传统和自由的玷污，竟然出家遁入修道院，至死不愿再见这位忤逆之子。

正是由于建立在私法主体之间的契约之上，中世纪的政治关系才与近代主权国家体系不同，其主体得以拥有远超近代国家之下的自由。封建依附关系是一种对双方都存在的约束，而不只是对附庸的约束。领主对领地的权利和附庸的权利之间，并没有专制时代那种强制服从关系，两者的权利同样得到重视。阿拉贡王国贵族向国王效忠的传统誓言是最好的佐证："与您一样优秀的我们，向并不比我们更优秀的您起誓，承认您为我们的国王和最高领主，只要您遵从我们的地位和法律；但是，如果您不如此，上述誓言即无效！"[1]

五

把握政治法律的多元化特征，也有助于从时间的维度，把握中世纪欧洲历史发展的动态，对"中世纪"的起讫进行与其说"准确"不如说"有意义"的界定，更全面地展示欧洲中世纪在人类文明发展史中的阶段和地位。

任何时代与时代之间的界限，只能是一段时间，而不是一个时点。古往今来，学者们曾经千方百计地试图用"时点"来界定中世纪，但从未真正成功。中国学界的多数著作，以西罗马帝国灭亡（476 年）和东罗马帝国灭亡（1453 年）作为中世纪的起讫点，恐怕也只是出于交流便利、易于辨识的考虑。作为一个复杂的历史概念，中世纪兼具时间、空间、科学、人文、艺术、思想、信仰等多种因素，无法以一言概之。其中，权力的多元化与趋于集中，相对来说是观照中世纪以及比照近代的一个较为可取的视角。

就起点而言，在西罗马帝国灭亡之前，罗马帝国已分裂为东、西两个部分（395 年）。更早一些，君士坦丁皇帝发布《米兰敕令》（313 年），第一次世界性基督教会议在尼西亚召开（325 年），基督教从遭到迫害转而成为罗马国教，罗马帝国盛极转衰，已经喻示着时代剧烈转轨的来临。日耳曼人兴起的历史，与罗马衰败的

---

[1] 计秋枫：《论中世纪西欧封建主义的政治结构》，载《史学月刊》2010 年第 4 期，第 71 期。

历史高度重合，此消彼长，就是这种转轨的鲜明展现。公元前120年前后，日耳曼部落中已有数支南迁，不断与罗马人发生遭遇战。原本所向披靡的罗马帝国，自此一再溃败，只有仰赖军事领袖的奇谋妙策，才偶获小胜。欧洲的多元化态势，自此初露峥嵘，中世纪这位巨人自此迈开了它笨拙的脚步。

就终点而言，东罗马帝国的灭亡，与中世纪的结束与否，其实并没有真正的关系。11世纪约克大主教伍尔夫斯坦（Wulfstan）概括基督教国王的七项品质时，就包括了"根据公正的法律作出公正的判决"。[1]亨利一世在口头宣誓依照法律进行统治后，又以书面特许状的形式确认其誓言，被认为是"第一次以书面的形式承认国王在法律之下，并依照法律进行统治"，成为后来《大宪章》的重要内容，具有毫无疑问的时代转折意义。[2]几乎同期，东正教与天主教决裂开始（1054年），东罗马帝国不断衰落。

12世纪，英国政治思想家索尔兹伯里的约翰提出，应当用法律作为区分君主善恶的标准，认为"在世俗领域内，国王与暴君之间的区别就是国王服从法律，而暴君通过武力反对人民"的观点，统治者的合法性不再仅仅取决于武力优势，还取决于道德优势。与此同时，面对不断入侵的突厥人和十字军东征，尤其是神圣罗马帝国的德意志人和西西里岛的诺曼人的冲击，拜占庭帝国遭受巨大摧残，终于在十字军东征中被彻底击溃（1180年前后）。1204年，早于被奥斯曼土耳其大军攻克之前两百多年，君士坦丁堡就曾被攻破。

13世纪的两位伟大哲人的悲喜反差，同样可以被视为中世纪结束之先声。只活了49岁的托马斯·阿奎那（1225—1274年）完成了《神学大全》（Summa Theologiae）与《箴俗哲学大全》（Summa Philosophica contra Gentiles）两部巨著，将知识的神学源头与哲学源头融合于一体，将经院哲学推向顶峰，其彻底的唯理论造就了近代科学的学术气氛。与其同时，一生流离的罗吉尔·培根（Roger Bacon，1210—？年）提出了直至今日仍不失其伟大性的思想：实验科学比任何依靠论证的科学更为优越，任何推理与论证，除非得到实验证明，才能提供具有确

[1] H. R. Loyn, *The Governance of Anglo-Saxom England, 500—1087*. London: Edward Arnold,1985,p.87.
[2] 陈太宝：《中世纪西欧法律视野下的抵抗权与暴君学说》，载《贵州社会科学》，2011年第11期，第124页。

定性的知识。[1]

中世纪巨人之心的真正停跳时间，与其说是东罗马帝国灭亡这一时点，不如说是从意大利城市共和国初建至荷兰（1581 年）、法国（1589 年）等地区真正"近代国家化"这一颇为漫长的时段，大致相当于学者所说的中世纪后期，或者所谓"早期文艺复兴"阶段。意大利"文艺复兴三杰"但丁（Dante Alighieri，1265—1321 年）、薄伽丘（Giovanni Boccàccio，1313—1375 年）、彼特拉克（Francesco Petrarca，1304—1374 年）的生活时期，可以说是中世纪后期的枢纽。正是从他们开始，欧洲大地上的近代化曙光开始展现出跃动的态势。

历史是如此连续，以至于此前学者们设为中世纪起讫的各种时点，在上述逻辑面前，或多或少，都会显露出其苍白性。曾被作为中世纪结束标志之一的 1492 年哥伦布发布新大陆，之前已有了迪亚戈·卡奥和迪亚斯对西非和印度洋的探险。曾被作为近代科学开始的牛顿万有引力定律（1687 年），之前早已有了开普勒的恒心运行三定律（1603—1605 年），再之前有哥白尼的日心说（1532 年），至于日心说的始祖，更可远溯至公元前 9 至 8 世纪《爱达罗氏梵书》中的太阳不动思想和公元前 4 至 3 世纪希腊人的日星周期转动假说。

更为重要的也许是，历史永远无法被切分为不同段落，作"切片式"的研究。割裂开来的阶段性研究，只能是权宜之计。如何切分历史时段并非关键，更重要的在于，我们如何从历史的切分中，发现真正对我们有益的资讯。一切历史都是被叙述的历史，所有身处中世纪的人，都不可能提出我们今天所要提出的问题，与寻找中世纪的起讫点相比，我们更需要弄清楚的是为什么这样寻找，为什么这样选择。

"中世纪"一词，是 15 世纪的意大利人出于对古罗马文明的景仰而提出的，"Medieval"是"中间期"、"过渡期"之意，本身就带有明显的近代主义的贬意。这种贬意既来自雅各布·布克哈特（Jacob Christoph Burckhardt，1818—1897 年）的《历史讲稿》（Judgements on History and Historians，又名《历史断章》、《论历史和历史学家》）中的"主宰"观念：公元 476 年西罗马帝国灭亡，使之丧失了主宰

---

[1] 值得一提的是，罗吉尔·培根的研究得到了教皇克雷芒四世（Clement IV，1265—1268 年在位）的资助，后者在被推选为教皇之前，曾是一名开明的法律家。罗吉尔·培根的理论又直接影响了 350 年之后的弗兰西斯·培根（Francis Bacon，1561—1626 年），后者的名声盖过了前者。

世界的权力，1453 年东罗马帝国的灭亡，同样使之丧失了主宰世界的权力；也来自文艺复兴"三杰"之一彼特拉克诗篇中的"黑暗"的概念：[1]

> 以前是伟大的罗马城，现在是万恶的巴比伦。
>
> 这里是数不清的悲伤，野蛮凶狠的庙堂。
>
> 这里是邪教徒的寺院，引入邪途的学堂。
>
> 这里是眼泪的发源地，黑暗的监狱，充满欺骗之场。
>
> 这里，善良被扼杀，凶恶在成长。
>
> 这儿是人们死前的黑夜和地狱。难道上帝不将惩治你！

对于这种文艺复兴至近代以来的人们依照其当时的心态定义的"中世纪"，是必须予以深刻反思的。

如布洛赫（Marc Bloch）所言，依附关系是欧洲封建制的基本特征，是与国家的极度衰弱、特别是国家保护能力的衰弱同时发生的。海斯（Carlton Hayes）、穆恩（Parker Moon）和韦兰（JohnWayland）合编的《世界史》更是认为，封建制是一种为了应对危险的处境而相互联合、相互保障的体制，是一个有权势的人与一些弱小无依的人共同保障生命和财产的联合。与近代国家主权体系不断完善、国家机器越来越熟练地将人们的意见机械化地加工为法律、民众越来越高效地"被代表"从而如同加缪笔下的局外人般荣辱难惊相比，"人之住宅即其堡垒"的中世纪以其封建的、多元的、对抗的、制衡的色彩，展现出独特的风貌。

从法律史的角度看，封建主义不但意味着法律和诉讼渠道的多元，更意味着人的主体所属的多元。人们服从何种法律，不取决于他身处哪里，而取决于他与谁建立了依附关系。如果他与多人建立了依附关系，情况可能要复杂一些，他有可能选择到更有利于保护自己的主子那里进行诉讼。在这种体制下，人没有公共意义上的国籍，只有私人意义上的依附。土地不属于国家，而属于私人。罗马法中的人格概念在此失效。封建主义的突出特征之一，如克里斯谢利（John

---

[1] 意大利"文艺复兴三杰"均生活于中世纪后期：但丁（Dante Alighieri, 1265—1321 年），薄伽丘（Giovanni Boccàccio, 1313—1375 年），彼特拉克（Francesco Petrarca, 1304—1374 年）。正是从他们开始，欧洲大地上才开始萌生出近代化的曙光。

Cristchley）所言，是它涉及到一种划分的、共享的所有权，而在罗马法体系中，所有权被认为是不可分的。

六

对中国的法律史研究者、读者乃至法典编纂的推进者来说，中世纪欧洲的政治法律多元性及其世俗法的发展，至少有以下两方面的启示意义。

其一是中国法制建设的法系取向方面。现代至当代的中国文明，已是传统东方文明和近代西方文明的混合。中国人已习惯右行，但从未将其与中世纪骑士文明相联系；中国人的服饰已与英、美、德、法等民族大同小异，西服已成正装，唐装则已近乎奇装异服；中国人已习惯使用西式的从左到右横写法，而非汉语古文的从右到左竖写式；中文语法也已被全方位地灌注了西式主谓宾体系，用文言文写作成为"怪杰"。中国的政治法律体系则更是如此：公、检、法、司等法务机构以及作为立法机构的人民代表大会，在百余年来的变迁中，许多方面已渐渐模仿或照搬西式体制建置和运行。在法系的归属上，在地理位置和意识形态上处于东方的中国，已步日本后尘，成为比传统的德、法诸国更热衷于法典的大陆法系国家。曾经辉煌一时、影响东亚诸国一千余年的中华法系，已土崩瓦解，无人能识。但是，在德、法诸国已就法典法的利弊反省了上百年的今天，中国真的可能以及真的需要成为一个"完美"的大陆法系国家吗？换一种提法，在成为法典法横行的大陆法系国家之前，是否有必要更为深刻地理解这种政治法律机制的前身与基础。

其二是对中国古代政治法制发展进程的认识方面。作为一政治统治方式，中世纪欧洲的封建主义，是其多元化的突出表现。其特点在于它的基本关系不是统治者与臣民，也不是国家与公民，而是领主与封臣的关系，其政治功能的行使有赖于私人之间的协议，政治权威是一种私有权，而公权在那种环境下是非常微弱，甚至近乎无效的。用冈绍夫（Louis Ganshof）的话来说，封建主义是一种不动产权利的划分和私人依赖体系，一个自由人对另一个自由人的服从，以及后者对前者的保护，与之相应的是国家政治权力的分散。政治权力的分裂和公权力的几近于无，是封建制的鲜明色彩。在中国历史学界，西周时期为典型的封建社会、秦汉以后则为君主官僚制的观点，也已被大部分学者接受。[1] 但是，在大多数的中国法律史教科书中，封建主义仍然与帝制捆绑在一起。众所周知，这种捆绑的理论基础，仍然是"原始社会—奴隶社会—封建社会—资本主义社会—社会主义社会"的单线历史进化论，贯彻的是"否定之否定"和"螺旋上升"社会演进模式。就法律意义而言，突出的是法律作为统治者暴力工具的强制性的一面，却忽视了法律作为人与人之间在长期交流沟通中通过"约定俗成"而形成的行为规范的契约性的一面。这种依据单线进化论模式形成的文明战胜野蛮、先进战胜落后、民主战胜专制的学术话语，已经形成了惯性和依赖，对准确理解中国古代政治法制的发展进程造成了不利影响，是今后法制史研究中须努力予以厘清的。[2]

---

[1] 如张荫麟在《中国史纲》中提出"在中国史里只有周代的社会可以说是封建的社会"，钱穆在《国史大纲》中把将秦汉以后作为封建社会的观点称为"削足适履"，侯外庐在《中国思想通史》中把将先秦封建制与秦汉以后的制度相混同称为"语乱天下"。当然，也有学者将魏晋时代列入封建社会，如斯特雷耶（J. Strayer）和寇伯恩（R. Coulborn）合编的《历史上的封建制》（*Feudalism in History*）中，就将中国的西周与魏晋一并列入与西欧中世纪、俄国、伊朗类似的封建主义。参见张荫麟：《中国史纲》，上海古籍出版社1999年版，第24—25页。钱穆：《国史大纲》，商务印书馆1994年版，第21—22页。侯外庐：《中国思想通史》，第2卷上册，三联书店1950年版，第374页。

[2] 参见李根蟠：《中国"封建"概念的演变和"封建地主制"理论的形成》，载《历史研究》2004年第3期。侯建新：《"封建主义"概念辨析》，载《中国社会科学》2005年第6期。

第一章　日耳曼法

第一节　中世纪的日耳曼

一、中世纪日耳曼概况

（一）中世纪的历史

关于中世纪（Middle Ages）的时间范围，学术界有十多种观点，其中以西罗马帝国灭亡（476 年）为起点、以东罗马帝国灭亡（1453 年）为终点的观点影响最大。

直到公元 9 世纪，绝大多数的古典晚期（Late Antiquity）学者都按照圣奥古斯丁（拉丁文 Aurelius Augustinus Hipponensis，英文 Saint Augustine，354—430 年）的观点，认为人类是处于历史的第六个阶段也是最后一个阶段，即《圣经》在"启示录"里预言的"末日"，故而有黑暗之意。实际上，自公元 1000 年起，欧洲的一些地区已不同程度地出现文艺复兴的萌芽，只不过这个时期的欧洲还缺乏强有力的政权，封建割据带来频繁的战争和宗教的束缚，造成科技和生产力发展的停滞，是欧洲文明史上发展比较缓慢的时期，不少著作甚至将其称为"黑暗时代"。

近代人文主义（Humanism）思想家没有按照奥古斯丁的教义，而是按社会学意义上的古典文化、文学和艺术来进行历史的分期，把这 900 年古典文化上发展的停滞时期称为"黑暗的时期"。一般认为，"中世纪黑暗时代"这个词是由 14 世纪意大利文艺复兴人文主义学者彼特拉克所发明的。他周游欧洲重新发掘和出版经典的拉丁和希腊著作，志在重新恢复罗马古典的拉丁语言、艺术和文化，对自公元 410 年罗马沦陷以来的变化与所发生的，认为不值得研究。这一点非常重要。彼特拉克把欧洲历史分为两个阶段：一是古罗马与古希腊时期；二是"黑暗时期"。人文主义者也相信，总有一天罗马帝国会再次兴起，重新恢复古典文化的纯洁性。14 世纪末与 15 世纪初，人文主义者们认为一个现代时期（Modern Age）已经开始了，所以从逻辑上来讲，一个"中世纪"已经形成了。15 世纪后期，人文主义者开始使用"中世纪"一词。

　　从人文主义者起，历史学家们对"黑暗的时期"和"中世纪"也多持负面观点。在 16 世纪与 17 世纪基督教新教徒的宗教改革中，也把天主教的腐败写进这段历史中。针对新教徒的指责，天主教的改革者们给出了一幅与"黑暗的时期"相反的图画：不但并不黑暗，而且是一个社会与宗教和谐的时期。他们批评所谓"黑暗时期"的负面观念，来自于 17、18 世纪启蒙运动（Enlightenment）中的康德（Immanuel Kant，1724—1804 年）和伏尔泰（Voltaire，1694—1778 年）的作品。

　　19 世纪初，浪漫主义（Romanticism）运动转变了这种对"黑暗的时期"负面观念一边倒的趋势，给出了一幅祥和的图画：社会和环境的和谐，扎根于大自然的生活；同时也回应启蒙运动中的理性主义者完全超越感性的作法，以及由正在兴起的工业革命所带来的环境破坏与污染。浪漫主义者对待"黑暗时期"的观点，仍可以在今天的一些庆祝那个时期的文化活动与节日中，通过所展示出来的风俗与发生的历史事件中看到。

　　浪漫主义运动后的 19 世纪下半叶，考古学取得了很大的进展，许多不为以前学者所知的历史文献与文物被挖掘和整理出来。1939 年发现的公元 625 年左右的萨顿胡（Sutton Hoo）宝窟，以及中世纪研究的著名学者查尔斯·霍默·哈斯金斯（Charles Homer Haskins）的研究发现，使得"黑暗时期"看上去不再是一个合适的词汇。[1] 20

---

[1] 查尔斯·哈斯金斯写道："历史的连续性排除了中世纪与文艺复兴这两个紧接着的历史时期之间有巨大差别的可能性，现代研究表明，中世纪不是曾经被认为的那么黑，也不是那么停滞；文艺复兴不是那么亮丽，也不是那么突然。意大利文艺复兴运动之前，有一个类似的运动，即便它不是那么广传。" Charles Homer Haskins，*The Renaissance of the Twelfth Century*，Cambridge: Harvard University published 1927.

世纪中叶以后，在英语国家中的专业学者文献里，"黑暗时期"这个词渐渐消失。

如果从政治制度的演变看，则封建制度的形成、发展和解体是欧洲中世纪史的主线。基于这条主线，也曾有以革命夺权为标准划线，将中世纪的上限确定为476年、下限确定为1640年英国资产阶级革命的观点，这种观点现已很少被使用，但并非全无意义。还有观点将视野放宽到全球的范围，把中世纪的下限确定为15世纪末的地理大发现（Age of Discovery），也有一定的参考意义。

值得注意的是，这里所说的"封建社会"，不是与原始社会、奴隶社会、资本主义社会、社会主义社会等相提并论的"封建社会"，而是专指分邦建国意义上的社会形态，在中国主要以西周为代表，商代也有分封制度。正如马克垚先生总结的那样："西方学者并不认为封建制度是一种社会经济制度，是一个独立的社会经济形态，一个人类社会必经的独立发展阶段。他们大都把封建制度理解为一种法律制度、政治制度。"[1] 由于马克思（Karl Heinrich Marx，1818—1883年）在探讨封建制度时，主要是以欧洲的封建制度为依据的，因此中国读者在理解中世纪欧洲的封建制度时，对于中国封建制的早熟和欧洲封建制的晚出应当有清楚的认识。

（二）民族、人口和语言

"日耳曼"（German）是一个拉丁词汇，可能源于凯尔特语（Celtic language），用以指称居住在莱茵河上游和阿尔卑斯地区的一些最初处于零碎分散状态的部落。根据现代学者对古代语言学的研究，据说是使用铁器的北欧人与使用青铜器、操印欧语系的波罗的海南岸居民混合而成，公元前1200年前后，他们居住在波罗的海西岸即斯堪的纳维亚半岛南端（今挪威南部）、北海东岸即日德兰半岛（今丹麦）以及斯堪的纳维亚半岛西南端（今瑞典西南沿海）。

日耳曼民族是一些语言、文化和习俗相近的民族的总称。这些民族以部落集团的形式分布在北海和波罗的海周围的北欧地区，其语系属于印欧语系日耳曼语族。早期的日耳曼人部族，大致可分为北日耳曼人、西日耳曼人和东日耳曼人。

---

[1] 马克垚：《应如何理解西欧"封建化"问题》，载《历史研究》1982年第4期。

其中，北日耳曼人是斯堪的纳维亚的日耳曼人，后来演化为丹麦人、瑞典人、挪威人和冰岛人，瑞典、冰岛靠西，挪威、丹麦靠东。西日耳曼人包括易北河日耳曼人、北海日耳曼人和莱茵河—威悉河日耳曼人。易北河日耳曼人如苏维汇（拉丁文 Suevi 或 Suebi，法文 Sueves）人，后来演进为士瓦本人（施瓦本，Swabian）、马科曼尼人（Marcomanni）和夸迪人（Quadi），最终成为巴伐利亚人（Bavarians）。北海日耳曼人（North Sea Germanic）如巴达维人（Batavi）、弗里斯兰人（Frisians）、考肯人（德文 Chauken）、盎格鲁人（Angles）、撒克逊人、裘特人（Jutes）等，后来形成盎格鲁-撒克逊人（Anglo-Saxon），即英格兰人。莱茵河—威悉河日耳曼人（Weser-Rhine Germanic），包括如切鲁西人（Cherusci）、卡狄人（Chatti，黑森人的祖先）、法兰克人等。东日耳曼人，有波罗的海以南的哥特人（Goths）、汪达尔人（Vandals）和勃艮第人（Burgundians）等，他们还可细分为四个组，由于受到匈人（Huns）从亚洲进入以及斯拉夫人（Slavic peoples）从东欧涌入，被迫向西和向南迁徙，与迁入地的当地居民产生许多冲突。[1]

日耳曼人作为一个统一的称谓，很可能来自最初与之接触的古罗马人。波希多尼（Posidonius，约前 135 年—前 51 年）可能是最早在著作中使用"日耳曼"一词的学者，民众日常使用这一词汇肯定要早得多。在波希多尼的巨著《历史》中，记载了前 146 年至前 88 年罗马共和国的兴起，该书虽已大体湮灭，却留下了提及尚处于分散的少数民族状态的日耳曼人的书卷残片。"日耳曼"（German）一词的来源，如今已无法考证，有一种观点认为，也许是波希多尼在与中欧的某个小民族接触时，听到了这个词，并将它用来称呼所有的日耳曼民族，由于他的著作的传播，使得这个小民族的名字后来成为了整个民族群的名字。

约公元前 1 世纪，大部分日耳曼人开始定居在莱茵河以东、多瑙河以北和北海之间的广大地区，该地区称为"日耳曼尼亚"。日耳曼人并不称自己为日耳曼人，

---

[1] 关于"Huns"是否就是中国古典史籍中的"匈奴"，史学界有两种看法，较多史学家认为，Huns 就是西迁的匈奴，其说最初来自 18 世纪初法国耶稣会士冯秉正翻译的《通鉴纲目》，并为西方学者广泛采纳。近年来，不少学者反对此说。总体来说，目前可大致确定的是：Huns 经过了较长时间的混血，民族构成相当复杂，主要部分是蒙古人，也含有突厥、日耳曼、哥特、格皮德等其他人种，大部分来自北方草原；Huns 的语言带有强烈突厥特色，也夹杂了许多印欧语和蒙古语的痕迹；对于 Huns 与现代匈牙利的关系，不少学者否定两者有直接的密切关系。

在相当长的时间中，他们相互之间也没有自视为同一民族。民族大迁徙后，从日耳曼人中演化出斯堪的纳维亚民族、英格兰人、苏格兰的凯尔特人（Celts）、弗里斯兰人、德意志人，后来这些人又演化出荷兰人、瑞士的德意志人、加拿大、美国、澳大利亚和南非的许多白人。他们与欧洲南部的罗马人接触后，因为文明程度的落后，有时被对方蔑称为"蛮族"（Barbarian）。在长期的历史变迁和交流融合之后，日耳曼民族已成为一个由许多民族融合而成的混合民族。

凯撒（Gaius Julius Caesar，前100—前44年）以前，罗马人曾将欧洲东部、西部的民族分别称为斯基泰人（Scythians）、凯尔特人。公元前51年，凯撒在《高卢战记》中，将所有莱茵河以东的民族称为日耳曼人。或许正是由于《高卢战记》中凯撒将莱茵河视为日耳曼人和罗马人的边界的影响，罗马人才逐渐认识到日耳曼人是一个相对独立的民族群，与凯尔特人有许多不同的特点。凯撒于公元前55年、公元前53年两次渡过莱茵河，对日耳曼人进行惩罚性进攻。与此同时，原居欧洲中部山区的凯尔特人，由于辛布里人（Cimbri）和条顿人（Teutonicus）的入迁，遭到反复的侵扰和打击。另一些日耳曼人也开始在美茵河（德国莱茵河右岸支流，德语 Main）、黑森附近定居，进而向南、向西进发。苏维汇人的首领阿里奥维斯图（Ariovistus，约公元前1世纪）率领着自己的部族甚至侵入凯撒控制下的高卢（法语：Gaule；拉丁语：Gallia），只是因为在公元前58年被打败，才被迫败退莱茵河以东。

凯撒之后约一百年，塔西佗（Publius Cornelius Tacitus，约55—120年）在《日耳曼尼亚志》中详细地列举了每个日耳曼部落从莱茵河到维斯瓦河、从多瑙河到北海和波罗的海之间的居住地，不过他仍然说，"日耳曼人"是高卢人称呼莱茵河以东民族的一个较新的词汇，先前只被用于称呼通格人（Tungrer），就在这一百年时间中，所有日耳曼民族渐渐都被这样称呼。

据此可以推测，日耳曼部族最初的民族融合，大致就发生于从公元前100年至公元后50年这段时间。那时，占据中欧和东欧广大地区的日耳曼人逐渐向南部迁徙，到莱茵河、维斯瓦河、多瑙河一带继续从事游猎、畜牧和耕作，仍然处于原始氏族社会阶段。这些河流的两岸有面积更为广大的可耕种土地，促进了其定居化和农耕化。公元1世纪末至2世纪初，由游牧生活转向定居性更强的农业生活的人口日益增多，出现了土地分配不均的现象，少数军事贵族往往占有更多土地，军事首领（"王"）及其亲兵以征战为职业，战利品通过抽签方式来分配，首领分到的战利品常常多于亲兵。后日耳曼部族又经历了数百年的发展，进入到社会形态发生变化的新阶段。

日耳曼人兴起的历史，与罗马人盛极而衰的历史大致是重合的，呈现此消彼长的关系。日耳曼部族中最早的南迁，主要方向是罗马人势力较为薄弱的巴尔干地区，即使如此，也未能成功立足。前120年左右，日耳曼部落中较大的两支辛布里人和条顿人，可能被恶劣气候驱使，开始往南迁移，并于数年后与罗马人发生遭遇战。这时，作为横跨欧亚非的大国，罗马仍处于强盛的顶峰，却几乎全军覆没。前109年、前107年和前105年，罗马人多次重整旗鼓，试图将这些陌生的蛮族赶回北方，却一再溃败。他们的胜利已只能仰赖军事领袖的奇谋妙策，直到前102年后才取得几场胜利。

罗马帝国因为腐败而从发展的顶峰衰落下来，各地不断发生起义和骚乱，日耳曼人则不断扩展其区域。被中国汉王朝打败的匈奴人的一部分经中亚向西迁入欧洲，引起了所谓"蝴蝶效应"，也促进了民族迁徙的连锁反应，很多部落纷纷迁入空虚的罗马帝国境内。这时的罗马帝国已内外交困，无力对付这些外族的入侵，"蛮族"这一称呼或许正是这种时代氛围和无奈心理的写照。外族人在罗马帝国境内建立了自己的王国，将不可一世的罗马帝国瓜分得支离破碎。随之而来的中世纪，是罗马传统与日耳曼传统交相辉映的时代。在某些领域，罗马传统被保留了下来，在另一些领域，则是日耳曼传统占据优势。当代的欧洲人是罗马人与日耳曼人的后裔，共同传承着罗马文化和日耳曼文化中符合历史潮流的因子，正如当代中国的汉民族乃是商周秦汉以来东亚各地区各民族因子的融合体一样。就此意义而言，不理解日耳曼人的历史，就难以真正理解欧洲的文化，正如不理解汉民族的历史，就难以真正理解中国的文化一样。

(三) 地理与气候

由于海洋性气候特征极强，欧洲是世界各大洲中唯一一个几乎没有荒漠的洲。

从最北端的挪威诺尔辰角，到最南端的西班牙马罗基角，整个欧洲基本上处于比较温润的区域。尽管斯堪的纳维亚半岛的北部已进入北极圈，但由于北大西洋暖流从不列颠群岛和冰岛之间流往巴伦支海，并有支流南下，这些海域冬天并不封冻，因此，斯堪的纳维亚半岛南部区域并不十分寒冷，再往南则越来越温和。只有俄罗斯的乌拉尔山、乌拉尔河、高加索山的部分区域，属于大陆性气候，雨水较少，夏季炎热，冬季漫长而严寒，俄罗斯民族兀立于欧洲民族之林而与之交融相对较少，除方位以外也有气候所致民族性情的因素。

欧洲也是各大洲中最低的洲，平均海拔只有 300 多米，60% 以上区域的海拔在 200 米以下。欧洲的最高峰，是高加索山脉的厄尔布鲁士峰，远离欧陆中心区，不影响欧洲内部的交通。欧洲中部的阿尔卑斯山虽不乏崇山峻岭，最高的勃朗峰也有 4800 多米，但阿尔卑斯山的支脉，基本上都是东西走向的，被许多南北走向的河流切断，也不会影响欧洲各地区之间的交通。因此，至少相对于亚洲来说，欧洲内部各地之间的水陆往来，是较为便利的，为形成"条条大路通罗马"的地理与政治经济格局提供了有利条件。

欧洲的河流，呈放射状结构，分属于东方的黑海、里海水系，西方的大西洋水系，北方的北冰洋、波罗的海、北海水系和南方的地中海水系。这种东、西、南、北四个方向的放射状结构，在其他大洲是较难见到的。更重要的是，欧洲内部河网致密，除了东欧的部分河流外，多数水量充足，水流不过于湍急，分水岭又低，便于开凿运河，因此可航距离很长，便于构筑较为发达的水路交通体系。欧洲外围则有极为曲折、复杂、蜿蜒、支离的海岸线，半岛和岛屿的比例，是各大洲中最高的。地中海是世界上最大的陆间海，波罗的海是世界上最大的陆内海，里海则是世界上最大的湖泊。这些水域都有风浪较小、利于航行的特点。许多欧洲民族很早发展起了河航、海航技术，并能运用于实现地区之间的交流以及新世界的开拓，与上述地理特征有非常密切的联系。

与之相比，中国自汉代开辟西域通道后，最重要的贸易伙伴一直来自中亚。在汉代以后人口向南迁徙的过程中，航运技术也没有大规模地发展起来。中国历代王朝对农业的鼓励和对商业的限制，不但与其统治术有关，也与中国的地理环境有关。即使到了航运技术足够高超的时期，中国的航海家仍然从事着与哥伦布、达伽马（Vasco da Gama，1469—1524 年）等人完全不同的事业，开拓性程度完全不可同日而语。

（四）产业与经济

日耳曼人很早就掌握了农耕技术，多数人是定居的农民，经济自给自足，手工业中的铁工、陶瓦工、木工也根据农耕的需要而发展起来，很早就发明了轮子。早期，他们没有货币，相互之间的贸易以物物交换为主，牲畜作为最重要的货物，体现了其从游牧渔猎生活向农耕生活转型的特点，英语中的 fee（收费）与德语中的 Vieh（牲畜）是同一词根，很可能与这一传统有关。他们主要的牲畜有牛、绵羊、猪、山羊和马，有些地区也有养蜂业和织布业。制造奶酪是日耳曼人的特长之一，对奶酪他们有一个自己的词（Käse）。

在日耳曼人的经济生活中，酝酿着近代欧洲思想中一个极为重要的独立思想的源泉。如前所述，早期的日耳曼人是高度分散的，这种分散的结构也体现在每一支日耳曼部族之中。与"溥天之下，莫非王土"的早期中国经济相比，日耳曼人的经济组织方式具有较高的独立性，常被称为"庄园经济"。我国的经济史著述中经常使用"庄园经济"、"自然经济"、"小农经济"等词汇来指称这种经济形式，未能清楚地呈现这种经济方式较为突出的独立品格，一定程度上限制了人们对欧洲经济乃至政治形态的认识。实际上，正是从这种相对独立的经济形式中，诞生出了此后作为世界性发展潮流的近代自由、平等和博爱思想。在这种"庄园经济"中，封建主拥有庄园，在庄园中使用农奴或雇佣自由农民为其生产，农奴没有人身自由，终身及自己的后代都属于封建主，但他们与罗马帝国时期的奴隶以及蛮族入侵时期的战俘已完全不同，属于契约性奴隶。受雇佣的自由农民与封建主之间也是契约关系。有些封建主也会直接把农业用地分割出一部分来租给他们经营农业，向其收取租税。

这种经济在生产方面自给自足，但由于中世纪欧洲战乱频繁影响了经济发展，所以在生产技术改造方面远远落后于中国、阿拉伯等地区，生产力也就显得低下。同时在庄园收成分配上，农奴劳动的收成完全上缴给主人，主人仅提供给农奴维持生存的必须物品和粮食；雇佣农民的收成则至少一半以上、有时甚至八成要交给封建主，一般长期采用上缴农产品的实物地租；在 15 世纪前后因对金银的需求量加大，慢慢向货币地租转变。

封建主获得地租后，用实物形式向上一级封建主交纳一部分收成，作为对上级的回报。骑士向封自己为骑士的男爵或伯爵交纳，有时甚至是国王本人。收成比例并不统一确定，上一级封建主自己规定，一般是一成到三成。同时封建主也要把收成的十分之一（《圣经》规定的比例）交纳给天主教会，即天主教会的"什一税"（Tithe）。此外需要注意的是，农奴不用交纳"什一税"，因为他们的主人代替他们交纳了。但雇佣农民在交纳完给封建主的实物地租后，要从剩余部分中交纳十分之一给教会，封建主只收取了他们租地耕种的费用，而没代替他们交纳该税务。

这一时期还出现了一批商业城市：巴黎、里昂（Lyon）、都尔奈、马赛（Marseille）、科隆（Cologne）、特里尔、斯特拉斯堡、汉堡（Hamburg）、威尼斯、热那亚等等。16 世纪以后，兴起了工场手工业，最初是佛罗伦萨，随后是佛兰德，而圈地运动（enclosure movement）使英国迅速发展，工场手工业催生了资本主义经济。至此，西欧出现四个区域性贸易区，即地中海贸易区、北海和波罗的海贸易区、汉萨同盟、不列颠贸易区。这种经济模式加速了贸易，对于地理大发现也产生了促进作用。工场手工业也使进行战争的武器产生了飞跃，火炮和毛瑟枪逐渐代替了骑士的刀剑，旧式城堡赖以生存的防御能力随之丧失。到中世纪中后期，各种手工行业由个别经营，渐渐演变为成立工会，现代语言中广泛使用的"专业"概念，正是在这一时期萌生的。

（五）政体结构

日耳曼人在罗马帝国废墟上建立的王国，在政体结构方面，大致来说奉行的是选举和世袭的结合。一方面，每个部落中的一个家族，作为诸神的后裔，有要求统治的不可废除的权利；另一方面，战士们有权从这样的家族成员中，自由选择最勇敢的、最得民心的人担任国王。不过，在这个方面，德意志的情况与同时期的法兰西、英格兰、阿拉贡（Aragon）及欧洲其他大多数地区有许多不同。[1]

---

[1]〔英〕詹姆斯·布赖斯：《神圣罗马帝国》，孙秉莹、谢德风、赵世瑜译，商务印书馆 1998 年版，第 202 页。

　　中世纪欧洲政体结构中的一个重要特征，是一些贵族的实力强大到足以与王权平起平坐甚至逾越王权的地步。须注意的是，贵族漠视的是被选为皇帝的那个人，而非皇位本身。这涉及到皇位的观念史变迁，这些在罗马帝国废墟上驻扎下来的诸侯们，在建邦立国和传宗接代的过程中，不知不觉地将自己视为罗马国土的传人，同时也将自己视为罗马皇位的传人，这样，皇帝就不再是地方性、封建性、民族性的观念，而是罗马帝国留给欧洲人的共同遗产，不能像地方王权那样，以家族私产的方式世袭，而是如同选择一场战争的军事领袖那样，是全体部族成员的自古以往的、理所当然的权利。[1]

　　腓特烈二世（Frederick Ⅱ，1212—1250 年德意志国王，1220—1250 年为神圣罗马帝国皇帝，1198—1250 年西西里国王，1225—1228 年耶路撒冷国王）时期，直属国王的贵族的数量大大增加，一些王公虽然只占据着一个单独的城堡，常常声称只对上帝和皇帝负忠诚的义务，事实上，如詹姆斯·布赖斯（James Bryce，1st Viscount Bryce，1838—1922 年）所言，他们对上帝和皇帝都是同样不理会的。[2] 14 世纪，卢森堡王朝（House of Luxembourg）和维特尔斯巴赫王朝（House of Wittelsbach）轮流坐庄。1308—1313 年，卢森堡王朝的亨利七世（Heinrich Ⅶ，1308—1313 年为卢森堡王朝第一位德意志国王，1312 年加冕为神圣罗马帝国皇帝）在位。1314—1347 年，维特尔斯巴赫王朝的路易四世在位。1346—1400 年，卢森堡王朝的查理四世（Karl Ⅳ，Charles Ⅳ，or Carolus Ⅳ，1355—1378 年神圣罗马帝国皇帝，1346—1378 年波希米亚国王）和文策尔一世（Wenzel Ⅰ，1378—1400 年在位）在位。1356 年，卢森堡王朝的查理四世为谋求其子的继承权和诸侯的认可，在纽伦堡（Nuremberg）制订了被称为"黄金诏书"（拉丁文 Bulla aurea，英文 Golden Bull）的基本法，确认了诸侯选举皇帝的合法性，由美因茨大主教（Archbishopric of Mainz）、科隆大主教（Archbishopric of Köln）、特里尔大主教（Archbishopric of Trier）和撒克逊公爵（Dukes of Saxony）、勃兰登堡侯爵（Margrave of Brandenburg）、普法尔茨伯爵（Count Palatine of the Rhine）以及波希米亚国王

---

[1]〔英〕詹姆斯·布赖斯：《神圣罗马帝国》，孙秉莹、谢德风、赵世瑜译，商务印书馆 1998 年版，第 203 页。
[2] 同上书，第 198 页。

(Princes of Great Moravia) 七人担任选帝侯（德文 Kurfürst，复数为 Kurfürsten）。[1]

　　这部"黄金诏书"因盖有金玺印章，也被称为"金玺诏书"，主要内容是确定皇帝选举法和诸侯的权限，于该年1月、12月分别在纽伦堡和梅斯（Metz）的帝国议会上公布。黄金诏书除序言外，共31章。它规定：皇帝由当时权势最大的7个选帝侯在法兰克福城选举产生，这部诏书确立了德意志侯国的分立体制，是侯国实行君主体制的法律根据，进一步削弱了皇权，加剧了德意志的政治分裂。诏书还规定选举在法兰克福举行，加冕礼在亚琛（Aachen）举行，德意志国王即是神圣罗马帝国皇帝，不再需要教皇承认；世俗选帝侯由长子继承、男性相续，领地不可分割；选帝侯在本领地内政治独立，拥有征税、铸币、盐、铁矿开采等权力，还享有独立的最高司法裁判权。

（六）法制状况

　　根据《高卢战记》《日耳曼尼亚志》等著作记载，最早的日耳曼法只是部落习惯，和道德规范没有明显区别。各部落习惯虽有所不同，但基本上大同小异，比如都有血亲复仇或由民众大会解决纠纷的习俗。日耳曼氏族组织的原则之一是氏族习惯只对本氏族的人适用，在日耳曼人入侵罗马以后，此原则仍然得到保留，即出现日耳曼人适用日耳曼法、罗马人适用罗马法两种法律并存的局面，日耳曼法与罗马法因此日渐融合。

---

[1] 美茵茨、特里尔和科隆是当时最富裕和古老的教区，他们的大主教都兼任帝国掌玺大臣，还依次为德意志、高卢、勃艮第和意大利的大议长，代表了德意志教会的力量，他们在选举中起领导作用。选举在法兰克福举行。美茵茨大主教是选举的召集人，地位最为显贵。撒克逊公爵是皇帝的大元帅，普法尔茨伯爵是主膳大臣，勃兰登堡侯爵是御前大臣，波希米亚国王是侍臣。其中，圣职选帝侯为美茵茨、科隆、特里尔三大主教；世俗选帝侯为波希米亚王、莱茵的巴拉丁伯爵、撒克逊公爵和勃兰登堡的边地伯爵。法兰克、士瓦本虽已亡国，但普法尔茨取代了代表法兰克人的洛林公国，勃兰登堡取代了士瓦本。巴伐利亚的选帝侯资格实际上是普法尔茨的维特尔斯巴赫家族的，因为巴伐利亚的维特尔斯巴赫家族同时拥有巴伐利亚和普法尔茨，但由于同一家族不能拥有两票，因此最终由普法尔茨伯国拥有选帝侯资格。波希米亚是由于1289年鲁道夫一世的支持，而其他选帝侯是不支持波希米亚成为选帝侯的，理由是虽然它是卢森堡家族的封国，但不是纯粹的德意志国家。1806年，拿破仑迫使奥皇取消神圣罗马帝国称号，1866年，最后一个选帝侯被废，选帝侯制度退出历史舞台。不过也有意见认为，选帝侯选出来的只是"德意志国王"，只有在罗马由教皇加冕后，才能使用"神圣罗马帝国皇帝"头衔，因此"选帝侯"实为"选王侯"。

法兰克人侵入罗马帝国、建立法兰克王国后，正在瓦解过程中的氏族制度同原罗马帝国境内日益发展的封建因素相结合，形成了西欧的封建制。王国内的氏族部落组织逐渐被国家政权机关所代替，各部落间的习惯也逐渐演变成法律。以法兰克王国为主要代表的日耳曼人建立起来的各个王国，在公元 5 世纪将过去的不成文的习惯法编纂为成文法典。由于日耳曼人各部落的习惯大同小异，所以各王国的法律的基本精神也是大体相同的，后世称这些法律为日耳曼法。

在公元 5 至 9 世纪，各日耳曼王国以各自的习惯为基础，先后编纂了成文法，即所谓"蛮族法典"（Barbarians Codex）。如 5 世纪末西哥特王国的《尤列克法典》（Code of Euric）、5 世纪末 6 世纪初法兰克王国的《萨利克法典》（又译"撒里克法典"，拉丁文 Lex Salica，英文 Salic law）和 7 世纪伦巴第王国的《伦巴第法典》（Lombardian Law，又称《罗退尔敕令》）等，其中以《萨利克法典》最为重要，研究也最多。这些法典除盎格鲁-撒克逊法和北部日耳曼诸部落的法律是用方言写成的以外，大多用拉丁文写成，并使用了若干罗马法术语。它们并没有规定社会成员所应遵守的一般规则，只是记载了一些具体案件的判决。

此外，又出现了国王颁布的法令，如加洛林帝国查理大帝（Charlemagne, or Carolus Magnus，又译作查理曼、卡尔大帝，768—814 年在位）颁布了大量法令，适用于全国居民。自 9 世纪开始，随着封建制度的逐步形成和查理曼帝国（Charlemagne's empire）的分裂，属人主义逐步改变为属地主义（Jus soli），这些在日耳曼法与罗马法相结合的基础上发展起来的封建地方法，适用于本地区的所有居民，而不论其民族与国籍。

随着社会经济生活的日益复杂，从习惯法基础上发展起来的日耳曼法日益复杂，必须进行适当的编纂。西哥特王国、法兰克王国等分别编纂了日耳曼法典。不同地区、不同时代的日耳曼法典，当然有不同的特征。有些更多反映阶级分化的特色，有些则反映土地占有者的特权，还有一些保留了较多农奴制（serfdom）、隶农制（villeinage）或公社制（commune system）的遗迹。

西罗马帝国灭亡后，旧有的罗马政治与法律结构为日耳曼诸王国所取代，而这一政治巨变，型塑了后来教会自身的制度框架与法律体系，已基本上改变了西欧教会与政府的关系。"由于日耳曼法的属人主义以及尔后日耳曼诸王国皈依基督教，加之教士充任王国的顾问、管理者、国王的助手，这使得欧洲大陆的日耳曼法得以成文化，并常常包含保障牧师、教堂以及教会财产的条款。"[1] 由于日耳曼法普遍采取属人主义，即日耳曼人适用日耳曼法，罗马人适用罗马法，在日耳曼法与罗马法发生抵触的时候则以日耳曼法为准，因此其发展变迁与相互融合，也相应呈现与其他法律不同的特征。

日耳曼法的主要代表是法兰克王国的法律制度。当时法兰克王国内，一方面私有制已出现，各阶级已形成；另一方面氏族部落虽已逐渐解体，影响还未消除，因此产生的不少社会矛盾和社会现象就突出地反映在日耳曼法上。[2]

日耳曼法强调个人服从集体，个人的权利义务要受到家庭和氏族的制约。法学家将这个特点称为"团体本位"，以区别于尊重个人意志、严格保护私有财产、以个人为中心的罗马法。这种"团体本位"的倾向，在日后的日耳曼民族的历史上，仍可见其踪影。有学者认为，在阶级社会形成初期还保留民主气氛的情况下，日耳曼法"是建立在作为法律创造者的全体自由人的共同意志，而不是单个个人的权力之上的"。[3]

日耳曼法中没有抽象的法规，只有针对具体生活关系规定解决具体案件的规则。一个案件的判决不仅针对这个案件，而且也是以后审判同类案件的根据。这些判例汇集起来，就构成了日耳曼法的法典。这一特点对罗马法系（又称大陆法系）或英美法系（又称英美法系）都有很大的影响，当然，对英美法系影响更大，当代英美国家乃至国际法院运用的判例法体系，就是建立在日耳曼法的这一特征基础之上的。

二、中世纪日耳曼的相关研究

本书所说的日耳曼法，是指日耳曼人入侵西罗马帝国领地并建立王国后颁布和实施的各种法律。当时，罗马人称日耳曼人为"蛮族"，因此也有著作称其为"蛮

---

[1] 苏彦新：《中世纪古典教会法论析》，载《环球法律评论》2011 年第 4 期。

[2] Heinrich Mitteis, *Deutsche Rechtsgeschichte*, 11. ergänzte Auflage, München, 1969.

[3] Nigel G. Foster, *German Law and Legal System*, Blackstone Press Limited, 1993, p.7.

族法"或"蛮族法典"。由于日耳曼法的不少内容是由日耳曼人的部落习惯转化而成，较为简陋、粗糙、原始，也有学者将其称为"部族法"（Volksrecht，又译"民族法"）。[1]对日耳曼人来说，法律是"属人主义"的，是每个民族自己的所有物。每一个民族都有自己的法律或者习惯，而且民族中的每一个人都拥有该"法律"，不管其居住在何处。日耳曼人侵入罗马帝国的领域之后，这种"族裔和平秩序"也被延续，按照该原则，只有本族人才能参与本族法的制定，并受到本族法的保护，本族法不适用于外族人；同时，一个民族迁移后，仍保持原有的法律习惯，而不考虑地域问题的影响。[2]

在西方法学著作中，日耳曼法有时指一种法系，有时指欧洲法律发展中的一个重要因素，有时指 5—15 世纪欧洲占主导地位的法律。19 世纪一些德国学者在围绕制定民法典的争论过程中，对日耳曼法进行了大量研究，收集整理了许多资料，用近代法律观念去进行归纳分析，使原来很简单的习惯法规则上升为抽象的概念和原则，并建立起了类似罗马法的体系。这种经过学理研究的、系统化的日耳曼法，可以说是近代化的日耳曼法。[3]本书介绍的只是古代的（原来的）日耳曼法，即指 5—9 世纪西欧早期封建制时期适用于日耳曼人的法律。这种法律是日耳曼诸部落联盟在侵入西罗马帝国，建立"蛮族"国家的过程中，由原来部落习惯逐渐发展而成。它的范围从空间来看，凡属日耳曼人所建立的国家的法律都包括在内；从时间来看，大体上是 5—9 世纪，也就是从日耳曼法正式形成到西欧封建制完全确立并进入封建割据，日耳曼发展为地区性习惯法为止。

日耳曼人是由许多民族构成的。当不同民族的当事人之间发生法律纠纷时，法官往往需要先询问当事人的所属民族，"法兰克人按照法兰克法裁判；阿勒曼人（Alamanni、Allemanni 或 Alemanni）按照阿勒曼法裁判；勃艮第人按照勃艮第法裁判；罗马人按照罗马法裁判。"[4] 6 世纪初法兰克征服阿勒曼时，在《利普里安法典》（The Ripuarian Laws；Lex Ripuaria）中作出这样的规定："在利普里安人（Ripuarian）

---

[1] Heinrich Mitteis, *Deutsche Rechtsgeschichte*, 11. erganzte Auflage, München, 1969. 该书出版后，日本学者世良晃志郎将其译成日文，于 1971 年由创文社出版。

[2] 李双元：《国际私法学》，北京大学出版社 2000 年版，第 48 页。

[3] 由嵘：《日耳曼法简介》，法律出版社 1987 年版，前言第 3 页。

[4] 〔法〕孟德斯鸠：《论法的精神》（下册），张雁深译，商务印书馆 2004 年版，第 240 页。

的领土内，不管是法兰克人、勃艮第人、阿勒曼人，还是定居此地的其他部落的人，当被传唤出庭时，让他根据其出生时自己部落的法律做出反应；如果他被定罪的，将根据自己部落的法律，而不是根据利普里安人的法律承担损失"。[1]

关于日耳曼人成立国家之前的历史，凯撒的《高卢战记》和塔西佗的《日耳曼尼亚志》曾有较多的记载。近代以来，关于日耳曼历史的研究著述日益丰富。埃里希·卡勒尔（Erich von Kahler，1885—1970 年）的《德意志人》[2]和弗兰茨·梅林（Franz Erdmann Mehring，1846—1919 年）的《中世纪末期以来的德国史》[3]对于日耳曼人的活动，特别是关于蛮族法典的形成过程，有较为详细的记载。卡尔·克罗齐（Karl Adolf Kroeschell）在《德意志法律史》[4]中谈到日耳曼法典中的偿命金（wergeld）制度[5]。史料学派大师兰克（Leopold von Ranke，1795—1886年）针对基督教因素与封建制度带给法律领域的结果，称"教会、王权、宪法、管理、法律、文学，所有这一切从这时起都渐渐发展成为罗马—日耳曼式的了"[6]；汉斯—维尔纳·格茨（Hans-Werner Goetz）在《欧洲中世纪生活》[7]中对日耳曼各王国的方方面面，包括法律情况，也有所论述。在 1909 年出版的一本关于黑森州（Hessen）普通商标权的法律历史中，也提到日耳曼法中关于土地占有权的情况。[8]

相对而言，德国学者更关注德意志地区的日耳曼法情况，其特点在于深入。[9]这与德国学者对于中世纪史的重视分不开。19 世纪初，德国贵族政治家施泰因（Karl

---

[1] *Laws of the Salian and Ripuarian Franks*，Translated and with an Introduction by Theodore John Rivers，AMS Press，New York，1986，Lex Ribuaria 35（31），pp.3—4.

[2]〔德〕埃里希·卡勒尔：《德意志人》，黄正柏、邢开顺、袁正清译，商务印书馆 1999 年版。

[3]〔德〕弗兰茨·梅林：《中世纪末期以来的德国史》，张才尧译，生活·读书·新知三联书店 1985 年版。

[4] Karl Kroeschell，*Deutsche Rechtsgeschichte*，（1 bis1250），Hamburg 1972，S. 35—37.

[5] 根据德文构词法，Wergeld 由 Wer 即 "人" 和 Geld 即 "金钱" 这两个字组成，故其基本含义是根据人来确定赔偿金额的一种习俗。关于偿命金的叫法，是意译的不同，马克垚先生曾在其著作中使用 "偿命金" 这种称呼。见马克垚：《西欧封建经济形态研究》，人民出版社 2002 年版，第 80 页。还有学者称为 "赔偿价"。见高仰光：《论日耳曼法中的赔命价制度》，载《比较法研究》2006 年第 3 期。另外，还有其它论著使用 "赎杀金"、"赔命价"、"赔命银"、"赔偿命价"、"命价赎金" 等表达方式。

[6]〔德〕利奥波德·冯·兰克：《历史上的各个时代》，杨培英译，北京大学出版社 2010 年版，第 37 页。

[7]〔德〕汉斯—维尔纳·格茨：《欧洲中世纪生活》，王亚平译，东方出版社 2002 年版。

[8] Dr.jur. Franz Varrentrapp，*Rechtsgeschichte und Recht der gemeinen Marken in Hessen*，Elwert，1909.

[9] K. G. Hugelman，*Staernme*，*Nation und Nationalstaat in deutschen Mittelalert*，Müchen，1955.

von Stein, 1757—1831 年）提出，提高德国人民民族意识的最好途径，是加强对中世纪历史的了解。为此，他提议设立一个编辑和出版历史文献的组织。1819 年，德国古史研究会（Die Gesellschaft für Deutschlands ältere Geschichtskunde）成立，由施泰因任主席。1823 年，施泰因任命佩茨（Georg Heinrich Pertz, 1795—1876 年）为主编。施泰因的设想是出版从公元 500 年到 1500 年的德国历史文献，分成包括律法（Leges）和宪章（Diplomata）在内的 5 个部分。[1]

　　而欧洲其他地区的学者对日耳曼历史的研究，则以范围广泛、视野宽广见长。如英国学者詹姆斯·布赖斯在《神圣罗马帝国》[2] 一书中，对日耳曼王国的政体结构作了较为详细的介绍与分析。爱德华·吉本（Edward Gibbon, 1737—1794 年）则在《罗马帝国衰亡史》[3] 第 4 卷中对日耳曼各个时期蛮族国家的情况作了介绍。吉尔里（Patrick J. Geary）则编写了资料性质的中世纪历史的读物[4]。P.D. 金（P.D.King）对西哥特王国法律与社会有专门的研究[5]。爱德华（Edward James）则探讨了西哥特统治西班牙地区时，宗教因素与军事因素对法典修订的影响[6]。

　　随着研究的不断深入，日耳曼法的历史发展脉络和特征越来越清晰地呈现在读者面前。奈杰尔·G. 福斯特（Nigel G. Foster）在论述德国法和法律体系时，对日耳曼法的"团体本位"特征作了阐述，对日耳曼法"建立在作为法律创造者的全体自由人的共同意志，而不是单个个人的权力之上的"的特点进行了充分的论证。[7] 佩里·安德森（Perry Anderson）的《从古代到封建主义的过渡》[8] 涵盖了从公元前 8 世纪古希腊奴隶制国家形成到公元 15 世纪欧洲封建主义危机这一漫长历史时期中的欧洲生产方式、社会结构和国家形态的演变过程，认为在日耳曼入侵初期，通过"客户法"（hospitalitas）在经济上处置土地问题对日耳曼社会产生了巨

---

〔1〕彭小瑜：《近代西方古文献学的发源》，载《世界历史》2001 年第 1 期。

〔2〕〔英〕詹姆斯·布赖斯：《神圣罗马帝国》，孙秉莹、谢德风、赵世瑜译，商务印书馆 1998 年版。

〔3〕〔英〕爱德华·吉本：《罗马帝国衰亡史》（第 4 卷），席代岳译，吉林出版集团有限责任公司 2007 年版。

〔4〕Geary P J., *Readings in Medieval History*, Broadview Press Peterborough, 1995.

〔5〕P.D.King, *Law and Society in the Visigothic Kingdom*, Cambridge University Press, 1972.

〔6〕*Visigothic Spain : New Approaches*, Edited by Edward James, Oxford University Press, 1980.

〔7〕Nigel G. Foster, *German Law and Legal System*, Blackstone Press Limited, 1993, p.7.

〔8〕〔英〕佩里·安德森：《从古代到封建主义的过渡》，郭方、刘健译，上海人民出版社 2001 年版。

大的影响。[1]霍尔兹沃思则指出，日耳曼人与罗马人存在着两种不同形式的王权传统，"一种是日耳曼的，表现为有限的君权；另一种是罗马传统的，表现为无限君权。"[2]

综合介绍日耳曼法各个地区和各个阶段法制发展情况的著作，以梅特兰（Frederic William Maitland，1850—1906 年）等著的《欧陆法律史概览：事件、渊源、人物及运动》[3]最具特色。它是一部有关大陆法系的经典法律史论著，通过对罗马法与日耳曼法、意大利法、法国法、德国法、荷兰法、瑞士法、斯堪的纳维亚法、西班牙法、教会法等论述，介绍了西欧各主要国家的法律演变，各国篇幅所占的比例适当，既展示了各国法律生活中具有共性的元素，也论述了各地区法律发展道路的不同。日本学者在西洋法制史研究方面也颇有建树，如久保正幡在《西洋法制史研究》[4]一书中对日耳曼各王国的法律情况都有探讨。

基佐（François Pierre Guillaume Guizot，1787—1874 年）所著的《法国文明史》第一卷[5]较为详细地论述了这一时期法兰克王国的情况。马克·布洛赫在《法国农村史》[6]中重点论述了中世纪的土地制度，为欧洲封建体制的研究作出了重要贡献。布瓦松纳（P. Boissonnade，1862—1935 年）在论述中世纪的欧洲生活和劳动时，也涉及到日耳曼法的有关规定，如对《庄园敕令》的详细介绍[7]。孟德斯鸠在《论法的精神》[8]中，则以比较法的方法论及这一阶段的法律形成和法典编纂问题。亨利·皮朗（Henri Pirenne，又译亨利·皮雷纳，1862—1935 年）在《中世纪欧洲经济社会史》[9]中论及日耳曼时期土地的占有情况，也有重要的参考价值。

欧美学者论及日耳曼法时，较多将议题作为其著作的一部分，专门深入论述日耳曼法的专著则相对较少。这与这个时期王国林立、战争与王国更替频繁、资

[1]〔英〕佩里·安德森：《从古代到封建主义的过渡》，郭方、刘健译，上海人民出版社 2001 年版，第 112—114 页。

[2] W.S.Holdsworth，A.L.Goodhart，H.G.Hanbury，J.M.Burk，*A History of English Law*，Vol.2.London,Methuen.1956，p.252.

[3]〔英〕梅特兰等：《欧陆法律史概览：事件，渊源，人物及运动》，屈文生等译，上海人民出版社 2008 年版。

[4]〔日〕久保正幡：《西洋法制史研究》，岩波书店 1952 年版。

[5]〔法〕基佐：《法国文明史》（第一卷），沅芷、伊信译，商务印书馆 1999 年版。

[6]〔法〕马克·布洛赫：《法国农村史》，余中先等译，商务印书馆 1991 年版。

[7]〔法〕布瓦松纳：《中世纪欧洲生活和劳动》，潘源来译，商务印书馆 1985 年版。

[8]〔法〕孟德斯鸠：《论法的精神》，张雁深译，商务印书馆 1997 年版。

[9]〔比〕亨利·皮朗：《中世纪欧洲经济社会史》，乐文译，上海人民出版社 1986 年版。

料烦琐不无关系。相对而言，在所有的日耳曼史与日耳曼法的研究著述中，最受关注的论题主要在于以下三个方面：等级、土地与财产、法典。当然，三者之间是相互关联、相互融合、相互交叉的，无法截然分开地进行讨论。

对于蛮族法典的研究，中外学者都认识到它们不同程度地受宗教因素和罗马法的影响，但对大多数法典缺乏细节和个案方面的研究，以《萨利克法典》为例，对其确切的编纂时间，还尚存争论。基佐认为，《萨利克法典》最初是法兰克人在征服高卢地区之前，在莱茵河右岸用法兰克文编纂的，据此，其中不适合于那个时期、不适合于古代日耳曼社会的所有条款都是后来在入侵后进行的几次修订中增补的。[1] 孟德斯鸠大致同意这种说法，认为它是在法兰克人取得征服胜利后，大约 7 世纪在莱茵河左岸用拉丁文编纂的。他还在注释中进一步强调说："它不可能在法兰克人离开日耳曼以前制定，因为那时法兰克人还不懂拉丁语"。[2]

美国孟罗·斯密（Edmund Munroe Smith，1854—1926 年）认为《萨利克法典》是克洛维时代的产物，但在其后又进行了种种增订，最后增订的是 819 年虔诚者路易（Louis the Pious，即路易一世，813—840 年法兰克国王与皇帝）所批准的一个规则，由此可知，该法各编之编制为时不一，综其先后约三百余年之久。[3] 伯尔曼（Harold J. Berman，1918—2007 年）则认为《萨利克法典》是由墨洛温国王克洛维于 496 年皈依基督教后不久颁布的。[4] 德国人则坚持认为《萨利克法典》主要是拉丁文写成的，但同时夹杂着大量的德文评注，那种版本最古老。他们由此断言：《萨利克法典》是在法兰克人入侵罗马帝国之前，在莱茵河以东用法兰克文写成的；而夹杂有德文的手稿为最古老的手稿，其中还保留有原始文本的残余。[5]

李秀清教授认为，虽然关于法典确切成书时间，学界并未形成定论，但通过对现存 80 余个原稿进行研究，一般认为该法典颁布于克洛维时期，大约在 507 年到 511 年之间。[6] 也有学者称，不管怎样，制定法典目的是加强统治。在总共 418

〔1〕〔法〕基佐：《法国文明史》（第一卷），沅芷、伊信译，商务印书馆 1999 年版，第 218 页。

〔2〕〔法〕孟德斯鸠：《论法的精神》（下册），张雁深译，商务印书馆 1997 年版，第 211 页。

〔3〕〔美〕孟罗·斯密：《欧陆法律发达史》，姚梅镇译，中国政法大学出版社 1999 年版，第 133 页。

〔4〕〔美〕哈罗德·J. 伯尔曼：《法律与革命——西方法律传统的形成》，贺卫方等译，中国大百科全书出版社 1993 年版，第 62 页。

〔5〕李秀清：《日耳曼法研究》，商务印书馆 2005 年版，第 48—49 页。

〔6〕李秀清：《撒里克法典若干问题之探析》，载《比较法研究》2005 年第 1 期。

条的法典中，其中有 343 条是禁止犯罪的。偷盗、杀人放火和侵犯地界，都要受到制裁。[1] 还有学者从《萨利克法典》出发，推断出："可以断言，'赔'与'罚'是日耳曼各部族法最为核心的内容。"[2]

孟罗·斯密在其名著《欧陆法律发达史》[3] 中，给读者展现了欧洲大陆法律发展演变之历史，具体介绍了对西欧法律有主要影响的中世纪法律制度的基本内容及发展，是一部经典的法学著作。詹姆斯·W. 汤普逊（James Westfall Thompson，1869—1942 年）是美国著名的中世纪史专家，他在《中世纪：300—1500 年》[4] 和《中世纪经济社会史》[5] 中，谈到日耳曼法对中世纪经济和社会发展的影响与互动。美国学者还翻译了勒高夫（Jacques Le Goff）关于中世纪等级问题的研究，认为劳作者指的是"农民和工匠社会阶层中的上层的、具有创新精神的、生产性的群体"。[6] 另外，美国最大的学术出版机构威立—布莱克维尔（Wiley Blackwell）也出版了许多介绍日耳曼各个王国时期法律情况的书籍，如英国史学家彼得·海瑟（Peter. J. Heather）教授[7] 和美国史学家罗杰·柯林斯教授（Roger J. H. Collins）的著作。[8]

进入新世纪以来，中国大陆在日耳曼法研究方面，取得了可喜的成绩。最早介绍日耳曼法并且具有较高学术价值和史料价值的论著——民国时期李宜琛撰写的《日耳曼法概说》[9]，由中国政法大学出版社 2003 年出版。该书讲述了日耳曼法的梗概，作者认为日耳曼法同罗马法一样，是对近代法律影响最大的两个主潮之一。他还认为研究日耳曼法，不但可以帮助我们理解现代的法制，也是我们研究中国法制史的重要参考。戴东雄提出，日耳曼法是家族、氏族或部族的结合，受

[1] *The Laws of the Salian Franks*, Translated and with an Introduction by Katherine Fischer Drew, University of Pennsylvania Press, 1991, pp.59—61.

[2] 高仰光：《论日耳曼法中的赔命价制度》，载《比较法研究》2006 年第 3 期。

[3]〔美〕孟罗·斯密：《欧陆法律发达史》，姚梅镇译，中国政法大学出版社 1999 年版。

[4] James Westfall Thompson, *The Middle Ages 300—1500*, New York, 1972.

[5]〔美〕汤普逊：《中世纪经济社会史》，耿淡如译，商务印书馆 1961 年版。

[6] Jacques Le Goff, *The Birth of Europe*, Trans., Janet Lloyd, Oxford: Blackwell Publishing Ltd., 2005, p.12.

[7] Peter. J. Heather, *The Goths*, Hoboken: Wiley Blackwell, 1998.

[8] Roger J. H. Collins, *Visigothic Spain：407—711*, London：Blackwell Publishing, 2006.

[9] 李宜琛：《日耳曼法概说》，中国政法大学出版社 2003 年版。

天然地域及自然血统的限制，形成生活上的单一体，共同生活，共同消费。因此日耳曼民族的法律概念为不成文的习惯法、团体的义务法及公法与私法不分的特色。[1] 另外，丁建弘的《德国通史》中也涉及到日耳曼法的问题，比如当时的诉讼问题[2]。

由嵘先生的《日耳曼法简介》[3] 则是 20 世纪 80 年代中国大陆关于日耳曼法研究的重要作品。该书主要包括三部分内容：日耳曼法的发展概况、日耳曼法的基本制度和日耳曼法对近代资本主义法律的影响。通过研究，作者认为日耳曼法是继罗马法之后在欧洲形成的一种法律体系，虽然反映着比较低的经济和文化发展阶段，法律观点也比较原始，但是了解和研究这种法律体系至少有三方面的意义，即促进外国法律史的研究；可以帮助我们了解和认识近现代资本主义法律；有参考借鉴意义。

当代中国研究日耳曼法的成果，以李秀清教授所著《日耳曼法研究》[4] 最具代表性。该书是系统阐述日耳曼法的专著，既对日耳曼法成文化的历程作了考证，又对其主要领域，诸如权力归属、身份等级、婚姻家庭、土地、动产、继承、不法行为、纠纷解决等方面的习俗、规则和法律进行了分析，并在此基础上总结了日耳曼法的特性及其地位。作者认为，不同日耳曼王国法律成文化的历程并非同步，在此过程中因吸纳罗马法等外来因素的程度不同而导致彼此的内容存在明显差异。传统上因以某个王国或某个时期的立法和相关资料为依据而阐述的有关附庸、马尔克、以手护手（Hand wahrt Hand）、遗嘱、赎杀金（即偿命金 Wergeld）、处于法律保护之外（outlawry）、承审员、纠问式诉讼（inquisitorial proceedings）、司法决斗（Trial by combat）等方面的观点存在偏颇，并相应作了辨析和匡正。

综上所述，迄今关于日耳曼的研究，已经取得了可喜的成就，论著发表数量也已较为可观。不过，仍需加强微观层面的深入研究，史料的梳理也有待加强。尽管中西方国家的研究有着各自的特点和传统，但在研究方法上，都比较注重学科交叉的方式，尤其是社会学、历史学、经济学等方法的运用，这在欧洲学界表

---

[1] 戴东雄：《中世纪意大利法学与德国的继受罗马法》，中国政法大学出版社 2003 年版。

[2] 丁建弘：《德国通史》，上海科学院出版社 2002 年版，第 11 页。

[3] 由嵘：《日耳曼法简介》，法律出版社 1987 年版。

[4] 李秀清：《日耳曼法研究》，商务印书馆 2005 年版。

现得尤为突出。中国学者则以侯建新教授为代表，也主张研究这一时期的历史，要在经济——社会史的视野下进行。[1] 不管怎样，这些成果和方法都能促进日耳曼法研究的深入和推广，有利于拓宽后来者的视野，为他人继续从事该方面的研究提供一种借鉴和学习思路。

本书关注的是古代的日耳曼法，至于近代化的日耳曼法，还将有待进一步研究。较之以往的研究，本章的撰写不是按照法律部门内容分类，而是按照王国的国别进行安排，希望能对理解"何为中世纪"这个命题提供更丰富的视角，日耳曼法给后世人们留下了哪些法律方面的遗产可供借鉴，以此窥探人类法律文明进化和进步的未来趋势，进而希望能为他人研究相关论题提供一定的思考路径和分析空间。本章在上述研究的基础上，广泛收集德文、英文史料，对中世纪日耳曼法的发展沿革和重要成就进行分析和论证，冀以为日耳曼法的研究贡献绵薄之力，不当与疏漏之处，博雅师长有以教之。

本章偏重突出、彰显日耳曼法中的精华与亮点，赞成学者总结的日耳曼法特征，但没有具体重复其观点如体系凌乱、团体本位、注重形式、属人主义等，而是力图对日耳曼法性质进行界定：它是西欧早期封建制（即封建制形成和巩固时期）的法律。强调日耳曼法是一种世俗的法律，在日耳曼法中也有某些原始宗教信仰的因素，如宣誓证据和神明裁判的制度，但它没有和宗教直接相联系，其内容不包括宗教法规，也没有直接宣布法律是神意的体现。努力体现的研究旨趣在于：既承认历史发展的共同规律性，但也决不否认历史的独特性。反对"以成败论英雄"式的历史功利主义评价观念，防止仅以事物的结果来推导过程和否定过程，注重历史发展的延续性。

当然，由于水平和学识的局限性，加之外语能力的不足，可能存在对西方历史的误解和误读；注重材料的翔实也易陷入材料堆砌之嫌，理论提升水平不够；在文章结构安排上虽然意图对日耳曼进行纵向与横向的比较研究，但层次和思路略显混乱，有不足才有以后进步的空间和努力的方向。重新梳理日耳曼法，不仅因

---

[1] 详见侯建新：《西欧崛起：经济与社会互动的历史及相关学科》，载《社会科学战线》2008 年第 4 期；《让历史的解释更有说服力：从经济史到经济——社会史》，载《清华大学学报》（哲学社会科学版）2007 年第 5 期；《经济——社会史：欧洲社会转型研究的重要平台》，载《史学理论研究》2011 年第 4 期。

为相对宗教法而言，它是很重要的"世俗法"，而且作为与教会法、罗马法一起被视为三大基本渊源的法律体系，重视日耳曼法的研究，也是考察近现代欧洲法律文明史的重要方面，是研究后世英美法系和大陆法系不可替代的因素。

第二节　日耳曼法的不成文时期与成文化

日耳曼法的主体来源，是日耳曼人原有的部落习惯。如普鲁列尔所言，日耳曼民族的早期法则，多是"由民族共通之法的意识而生之法规，即由直接适用于法的生活而成之不文习惯法，所谓民族法（Volksrecht）是也。故不必特设立法机关、公布法令，亦不必特设裁判之司法机关；若有诉讼发生，就自由人民之裁判合同审理之。此法之知识，与其宗教国语，同为民族之共有物，故其现行法，无书于文书而确定之必要，亦无依口传教习传法于后叶，而设保存此法之特别制度之必要。"[1] 直至公元 5 世纪后半叶，日耳曼法才开始走向成文化，出现"蛮族法典"。

日耳曼部族法，或称"民族法"、"人民法"，主要是不成文的习惯法，口耳相传，甚至与道德规范没有明确区分。有关案件的审理，主要靠回忆祖先的遗教和长者根据回忆所谈的意见为准。在日耳曼人的观念中，习惯法具有很高的地位，被视为是不可改变的，他们相信"已经说过的话或已经做过的事是不能改变的"，连国王也要遵守习惯法。穗积陈重说："概言之，原始的法律为记忆法，其法规不载于文字，且不勒之金石竹帛，其保存继续，仅将人类有限之脑力，欲期其法规之经久不磨，自不能不讲求记忆确定继续之方法。"[2]

日耳曼法十分注重外部表现，法律行为的发生时常须遵守固定形式、说固定语言、做规定动作，犯罪和违法的标准只是行为人表现出来的外部行为，不将内部主观因素考虑在法律研究的范围之内，就与上述传统有关。有学者将这种特征

---

[1] 转引自〔日〕穗积陈重：《法律进化论》，黄尊三等译，中国政法大学出版社 1997 年版，第 81 页。

[2] 同上书，第 82 页。

概括为：一切法律观念，系基于具体的事实关系，其规范相互间，并无抽象的概念之统一。[1] 诚为确论。

一、日耳曼法的不成文时期

（一）土地制度

日耳曼人擅长战斗，日耳曼时代早期的生产锐减、商业摧毁、城市衰落与此有关。这种民族风格，也造就了其对自然经济的依赖，土地为村集体总有，宅地为各家所有，而耕地则由村管理，分配于各家，公共利用。森林、牧场等则为村民公共之利用物，不得为个人所私有。法律制度采习惯的方式，成文法备受冷落，不像罗马法时期那样，用益物权制度的体系明确、逻辑严谨。通过对日耳曼社会经济发展历史的考察可见，日耳曼时期土地用益物权发展的线索，如学者所言："对土地利用形成的不同制度，都是围绕着一个中心进行的，那就是如何充分利用土地发展经济，实现土地资源的最大效用。"[2]

公元 3 世纪，罗马帝国日益衰败。罗马大地主逐渐将领地出租给自由民或奴隶。在帝国边境，为了防卫入侵者，罗马自由人被授予土地和移住民身份，以实物和劳动交付地租。西罗马帝国灭亡后，一些由主教和大主教直接管辖的城市和罗马行政管理中心存留下来；由大庄园主、移住民和联盟者占据的帝国广大地区，则变成自治地区，仅在名义上效忠于远在君士坦丁堡的东罗马皇帝。外表强大的罗马帝国实已到了分裂的边缘。

日耳曼民族以农业为其赖以生活的基础，耕地是日耳曼人最神圣的财产。土地属于家庭全体总有，"总有"的法律性质较共同共有更富团体性。日耳曼人入侵罗马后，用他们简单粗糙的民族性手段，去统治一个生产方式上虽已腐朽、文明程度却高得多的社会。他们攻城略地，很快取得了全意大利三分之一的土地、全高卢和全西班牙三分之二的土地。他们完全按照一直在实行着的氏族制度来分配

---

[1] 李宜琛：《日耳曼法概说》，中国政法大学出版社 2003 年版。

[2] 汪军民：《论罗马法与日耳曼法中土地制度的差异与统一》，载《理论月刊》，2006 年第 12 期。

这些土地。[1]

日耳曼入侵原罗马帝国领地的初期，通过"客户法"处置土地问题，对日耳曼社会产生了重要影响。[2] 份地并不完全分给到来的日耳曼人中的战士，相反，残存的罗马人和蛮族人之间管理土地划分的契约只涉及两种人：地方上的土地所有者和一个日耳曼人合伙人；份地实际上由许多日耳曼人耕种。土地大多由部族权贵占有，他们将部落中的普通战士、民众安置在那里，作为他们的佃民或小土地持有者。[3]

为了生存和军事防御的需要，加之罗马政府和罗马军团的消失，导致庄园制度的出现，成为封建制度的早期渊源。与自由农民土地占有制同时并存的，还有教俗贵族的大土地占有制。国王将在战争中没收罗马人的土地，除了分配给马尔克公社外，全部据为己有，国王成为最大的地主。国王把他所占有的土地赏赐给贵族、亲兵和教会。耕地逐渐转变为私有，部分社员的破产不可避免，土地集中到少数本来就处于有利地位的大地主手中，成为中长期的趋势。

在日耳曼时期，土地是生活的唯一来源，构成财富的最重要的条件。从尊贵的君主到卑贱的农奴，所有各阶级的人都直接或间接地依赖土地为生，绝大多数人除土地收入外别无收入，整个社会生活都建立在地产或对土地的占有之上。[4] 日耳曼法中的土地所有权是分割的，即将所有权的内容（占有、使用、收益、处分等权能）分割为不同的人享有，形成不同层级的土地权利。在与罗马社会相融合的过程中，日耳曼创造了许多新的产权类型，如共同所有权、免税所有权、受益人所有权、付费（租金）所有权、服役所有权等。

日耳曼人以社会共同体的方式对土地进行共同占有，这些土地被称为马尔克。当然，作为自然村落性质的生活共同体，马尔克不仅包括土地，还包括其他共同使用物。[5] 马尔克由三个实体要素组成：一是既定地区的住处及外围，它是排他

---

[1]〔德〕弗兰茨·梅林：《中世纪末期以来的德国史》，生活·读书·新知三联书店1985年版。

[2]〔英〕佩里·安德森：《从古代到封建主义的过渡》，郭方、刘健译，上海人民出版社2001年版，第112页。

[3] 同上书，第114页。

[4]〔比〕亨利·皮朗：《中世纪欧洲经济社会史》，乐文译，上海人民出版社1986年版。

[5] Dr.jur. Franz Varrentrapp. *Rechtsgeschichte und Recht der gemeinen Marken in Hessen*, 1909.

的严格的个人所有权。二是可耕土地，分配于居民个人，但利用权受到一定限制，由此形成一种相邻共同关系以平衡各种权利。三是共用土地，如共同利用山林、草原、水源、道路等，服务于共同体共同需要。

村民对第三类财产拥有广泛的权利；其权利只受到两种限制：一是每户（或每个）村民实际需要；二是共同体既定的规范。这最后一类财产便是现代公共（共同）财产的直接起源。马尔克是日耳曼社会中所创设的一种独特的归属和利用方式，称之为"总有"[1]，总有被认为是不具有法律上人格的团体，以团体资格对所有物的一种共同所有。对于共同体财产之管理处分的支配权利，属于村之共同体，其管理及处分，应征得全体或多数成员同意，其财产的使用、收益权利则属于成员个体享有。

领地制、马尔克公社制等土地制度必然会折射出日耳曼人的法律和习惯问题。例如，"村庄对土地的裁判权和对民事及刑事的裁判权都归领主所有，甚至成为领主可以世袭、可以让与的权利。"[2]日耳曼民族以农立国，农村社会是以家族、氏族或部族为中心的共同生活团体。家族、氏族或部族的结合，受天然地域及自然血统的限制，形成生活上的单一体，共同生活，共同消费。因此，日耳曼民族的法律概念为不成文的习惯法、团体的义务法及形成公法与私法不分的特色。[3]在西欧许多公地共同体的全体成员之间，存在着由公地制度所决定的经济方面、法律方面、政治方面的某种程度的平等。[4]欧洲公地制度所体现的民主、平等和法治的精神是留给后世的政治学遗产。[5]公地制度中，无论土地还是权利都具有"公共"的性质。公地制度下财产权利的公共性，既表现于公地共同体在对外关系中，集体地拥有和行使财产权利；又表现于共同体成员之间土地财产的混合，以及全体成员行使财产权利方式的集体性。[6]

马尔克本身并不是一种财产形式，而是一种社会和政治的组织形式。它是以

---

[1] Dr.jur. Franz Varrentrapp. *Rechtsgeschichte und Recht der gemeinen Marken in Hessen*，1909.

[2] W. R.Lusener, *Bauern im Mittelalter*，München，1985，S.19.

[3] 戴东雄：《中世纪意大利法学与德国的继受罗马法》，中国政法大学出版社2003年版。

[4] 赵文洪：《公地制度中的平等精神》，载《史学集刊》2010年第4期。

[5] 赵文洪：《欧洲公地制度的政治学遗产》，载《学海》2011年第2期。

[6] 赵文洪：《公地制度中财产权利的公共性》，载《世界历史》2009年第2期。

特定地域为基础的一种社会组织或共同生活单位，拥有社员大会和代表机构，有自己的行政机构、警察和司法机构，提供各种形式的公共服务。免税所有权是罗马法中完全（个人）所有权，这种所有权是直接继承原来占有的土地等财产的结果，日耳曼人接受这种所有权形式后，仍然保留家庭色彩，而不是作为个人的一种权利，这种土地所有权不能转让，至少在转让时要经儿子们的同意或参与；它只能遗传给晚辈，而不能为长辈所继承。

不管怎样，如何有效利用土地，是日耳曼人对土地观念的基本认识。在日耳曼时代的不同阶段，土地始终是最重要的财产形式，是物权的主要客体。日耳曼法上的物之概念，是依据其经济用途而决定的，而不是以其自然的性质为标准的。因此，在漫长的日耳曼时代，以现实生活为出发点，日耳曼人逐步形成了以利用为中心的土地制度。

（二）等级制度

中世纪欧洲的文献中有不少关于"等级"的论述。19 世纪末以来，等级观念，尤其是三等级观念渐渐成为一个历史问题，引起西方学术界较为广泛的重视，三等级观念也逐渐被视为中世纪西欧社会的一个特征。等级是中世纪西欧社会的基础，这种等级不以财产来划分，也不以政治地位来决定，而是以习惯法为依据确定下来的，无论贵族多么贫穷，商人多么富有，都无法改变他们在法律上已经被确定下来的等级。

等级身份决定了人们的政治地位、社会地位以及享有的各种权利和应该履行的义务。同时，随着社会经济的发展，不仅各个等级内部有很大的变量，而且为维护自己已有的权利不断提出新的政治要求，这是导致西欧近代君主立宪政体形成的一个不容忽视的因素。[1] 许多资料性书籍也涉及日耳曼法中关于等级制度的划分。[2]

西欧封建等级制度，是罗马文明与日耳曼文明在西罗马帝国废墟的基础上碰

---

[1] 王亚平：《浅析中世纪西欧社会中的三个等级》，载《世界历史》2006 年第 4 期。

[2] Dorothy Whitelock（ed.）. *English Historical Documents*, Vol. I, c. 500—1042〔M〕. Second edition, London: Routledge, 1981（1998）, p.919；Roberta Anderson, Dominic Aidan Bellenger（eds.）, Medieval Worlds: A Sourcebook〔M〕., London: Routledge, 2003, p.10.

撞、融合的产物。在征服罗马帝国过程中，日耳曼人社会产生了两极分化，原先的部落首领和亲兵逐渐形成贵族，与罗马的大地主及僧侣构成社会上层；一般公社成员与罗马的自由民、隶民及奴隶则形成社会下层。随着封建制度的确立和发展，社会上层进一步从高到低分化为僧侣集团和以国王为首的骑士贵族集团，社会下层按职业依次分化为以农工商业者为主体的平民集团，从而也就形成了僧侣、骑士贵族、平民等级秩序。在这种等级关系中，僧侣的责任是祷告、赞扬上帝，在精神上救济人类；贵族的责任是维护社会秩序抵御侵犯；平民的责任是用劳动来支持上述两个等级。[1]

一般认为，三个等级说法的雏形源于 9 世纪末英格兰威塞克斯（Wessex）国王阿尔弗雷德大帝（Alfred the Great）。他在翻译波埃修（Boethius，约 480—524 年）的《哲学的安慰》一书的第 2 卷第 17 章时，加上了自己的一段话："这些是国王的材料与统治的工具（tolan）：他应当让自己的土地上住满人；应当有祈祷者（gebedmen）、作战者（fyrdmen）和劳作者（weorcmen）。你知道，没有这些工具，任何一位国王都无法展示其技艺。"[2] 乔治·杜比（Georges Duby）则认为，修士奥塞尔的艾莫（Haymo of Auxerre，？—约 875 年）是类似说法的"第一人"，他在 9 世纪上半叶就已经提出教士（sacerdotes）、战士（milites）、农夫（agricolae）的三级划分。[3]

首次明确使用"等级"一词的是大约一个世纪以后的英格兰本笃会（Order of Saint Benedict）修士阿勒弗里克（Aelfric，约 955—1020 年）。他说："众所周知，这个世界上有三个等级，结为一体：这些是劳作者（laboratores）、祈祷者（oratores）、作战者（bellartores）。劳作者是那些为我们的生存而劳动的人；祈祷者是那些为了我们的和平恳求上帝的人；作战者是那些为保护我们的城镇，保卫我们的土地免遭军队入侵而战斗的人。农夫劳动供给我们食物，世俗的战士必须抗击我们的敌人，上帝的仆人必须永远为我们祈祷，并在精神上抗击无形的敌人。"[4]

[1] 朱伟奇：《中世纪西欧的封建等级制度及其成因》，载《北方论丛》1997 年第 4 期。

[2] Dorothy Whitelock (ed.). *English Historical Documents*, Vol. 1, c. 500—1042, Second edition, London: Routledge, 1981 (1998), p.919.

[3] Georges Duby, *The Three Orders: Feudal Society Imagined*, Trans., Arthur Goldhammer, Chicago: The University of Chicago Press, 1980, p.109.

[4] Roberta Anderson, Dominic Aidan Bellenger (eds.), *Medieval Worlds: A Sourcebook*, London: Routledge, 2003, p.10.

　　西欧学者很早就对中世纪的等级制度作过论述。如 17 世纪，法国学者路易瑟从史学的角度研究了中世纪西欧社会的三个等级：专事祈祷的教会等级、专事战争的骑士等级（贵族）、专事生产的农民与手工业者以及商人的劳动等级（第三等级）。法国年鉴学派的代表人物杜比从三个等级的角度论述了法国封建制度的社会基础[1]；德国学者雅克·勒高夫进一步阐述了杜比关于三个等级的论点，指出中世纪的社会是由修道士、骑士和农民这三个最基本的群体构成的，引起了历史学家、社会史学家和法制史学家的广泛关注。[2]

　　德国的历史学家们从制度和法律的角度研究社会等级问题，尤其是从近代早期政体转型的角度论述社会等级运动所起到的历史作用，进一步阐述了三个等级之间的相互关系。卡尔·博斯勒（Karl Bosl）分析了中世纪社会中的三个等级之间的关系，认为权力和劳动是中世纪社会中决定性的力量，教会与贵族（包括王权）是中世纪政权的承载者，巩固政权所需要的费用则来自那些供养等级的赋税，劳动、货币和资本是政权的基础和支柱。[3]奥克斯勒（O.G.Dexle）提出，等级制度是采邑制的社会基础："这三个等级是相互依存的，以保证人们能够共同和谐生活，保障一个符合上帝意愿的社会秩序。"[4]

　　确立等级关系的标准则是多样的，自然、道德、法律、政治权力、财产、社会身份乃至宗教等都可以作为标准。等级制度是采邑制的社会基础："这三个等级是相互依存的，以保证人们能够共同和谐生活，保障一个符合上帝意愿的社会秩序。"[5]社会等级的权利来自采邑制度，采邑制赋予封臣和封主享有各自的权利，同时也负有应当履行的义务。每个等级都把这个制度看作是上帝为了维护其秩序而制定的[6]，在以服从为纽带的依附关系中，遵守授封时的效忠誓言是每个受封者的

---

[1] G. Duby, *Les trois orders ou l'imaginaire du féodalisme*, Paris, 1978.

[2] J. Le Goff, hrsg., *Der Mensch des Mittelalters*, Frankfurt, 1989, pp.17—18.

[3] Karl Bosl, Gesellschaftim Aufbruch, *Die Welt des Mittelalters und ihre Menschen*, Regensburg, 1991.

[4] O. G. Oexle, *Die fungktionale Dreiteilung der 'Gesellschaft' bei Adalbero von Laon*, Early medieval studies journal, 1978（12）.

[5] 同上。

[6] 有此种论述的很多，如 Patrick J. Geary, *Reading in Medieval History*, Peterborough, 1995, p.153；〔德〕汉斯—维尔纳·格茨：《欧洲中世纪生活》，王亚平译，东方出版社 2002 年版，第 147 页；里夏德·范迪尔门：《欧洲近代生活——村庄与城市》，王亚军译，东方出版社 2004 年版，第 199 页。

义务，受封者在履行义务的同时，享有在领受的封领地内行使权力的权利。在这个法律体制中，自由农民乃至农奴都有自己的权利与相应的义务。

采邑制既是一种政体形式，也是一种经济制度，同时又是一种法律体制。在这个制度中，人的法律身份与社会的等级地位和政治权利并不一致。从法律的角度看，这个社会中的人被分为自由人和非自由人。从日耳曼人的陪臣制中衍生出的封臣在法律上没有人身自由，但因获得封地而享有了对土地的用益权，掌握了司法审判权、纳税权、铸币权、建立城堡权。封臣有相当大的政治权力，享有较高的社会地位。然而，在法律上是自由的自由农民根据日耳曼人的习惯法分到了份地和宅基地，在土地是唯一资本的社会里，他们因获得土地而被赋予的权利是极为有限的：参加公民大会、受到领主在法律上和军事上给予的保护。这类权利不仅没有增强他们的政治权利，反而更使其成为社会中的弱势群体，处于社会的下层。

在这里，"等级"的矛盾特点是非常明显的：一方面，等级是建立在公民集体内部平等基础之上的，其前提是平等地享有全权；另一方面，它又是一种不平等的结构，因为并非所有人都可以成为等级的一员，而是有严格的条件，是以公民个人对国家政治和社会的贡献大小为基础的，建立在贡献与责任成正比的基础之上。等级不但意味着大的贡献，同时意味着大的责任，意味着为国家服务。所以，三个等级是三个由高到低依次分布的层级结构，即祈祷者、作战者和劳作者。

祈祷者包括教会的神职人员和修道院的修士和修女，也就是一般意义上所说的教士等级；作战者就是专职的军人，即骑士；劳作者则包括其他所有人。不过，对于各等级的组成，尤其是劳作者等级的组成，还是有所分歧。加内特·尼尔森（Janet Nelson）认为："阿尔弗雷德大帝所说的'劳作者'并非劳动的农民，而是工匠，即那些为国王修建工程或为王室制造精美赠品的人。"[1] 勒高夫认为，劳作者指的是"农民和工匠社会阶层中的上层的、具有创新精神的、生产性的群体"[2]。不仅如此，他还认为，所谓三等级观念实际是古代印欧语族传统的以职能分工为基础的三分意识形态，是"王权的意识形态基础之一，王权既包含了这三种职能，又是这三

---

[1] J. H. Burns（ed.），*The Cambridge History of Medieval Political Thought c. 350—c. 1450*，Cambridge: Cambridge University Press, 1991（1997），p.240.

[2] Jacques Le Goff, *The Birth of Europe*, Trans., Janet Lloyd, Oxford: Blackwell Publishing Ltd., 2005, p.12.

种职能的裁判者"。[1]

在公法方面，日耳曼人早期的国家制度尚有军事民主制度的痕迹。由马尔克公社全体成员参加并共同作出决定的民众大会保留了很长时间，国王的决定必须经过民众大会通过才能成为法律；审理案件时"法官"只提出纠纷问题，而由全体公社成员作出判决。马尔克是一种以地缘关系为基础的农村公社组织。正是在这个意义上，恩格斯（Friedrich von Engels，1820—1895 年）说："日耳曼的法律，即古代的马尔克法律。"[2]日耳曼人与罗马人存在着两种不同形式的王权传统，"一种是日耳曼的，表现为有限的君权；另一种是罗马传统的，表现为无限君权。"[3]日耳曼人把罗马的契约思想与自身传统结合起来，通过契约分权建立了等级制组合。

（三）人身制度

在日耳曼时期，法律完全被打上氏族的烙印。一般来说，氏族是这样一种血缘共同体，其成员有一共同祖先或有一想象的共同祖先，其成员一般不会是另一个氏族的成员，成员之间有特别密切的关系、权利和义务，氏族有自己独特的称号，氏族内部成员之间一般不通婚。氏族一般作为部落的成员而存在。谁从氏族中被驱除，就意味着失去法律的保护。所以，对氏族某一成员的攻击，也被看作是对整个氏族的攻击，特别是存在世仇或进行血亲复仇（Rache）的时候。

在早期日耳曼人的生活中，法院的职能是由民众大会承担的。由于生存环境艰苦，和平是早期日耳曼社会中极被珍视的东西。一旦发生破坏和平的事件，尤其是针对那些对部族整体利益造成危害的人，就对其宣告"丧失和平"（Friedlosigkeit），使之处于法律保护之外。人们通过向法院提起诉讼的方式来恢复和平，诉讼的目的在于恢复秩序，解决纷争，而不是维护权利。夜间偷盗、放火、强奸、侵犯边境，尤其是掠夺寺庙、掠夺尸体、加害咒语、秘密杀人等宗教方面的犯罪，

---

[1] Jacques Le Goff, *Is Politics Still the Backbone of History?* Stuart Clark（ed.），The Annales School: Critical Assessments, vol. Ⅱ., London: Routledge，1999，p.170.

[2]《马克思恩格斯全集》（第 19 卷），人民出版社 1995 年版，第 363 页。

[3]W.S.Holdsworth, A.L.Goodhart, H.G.Hanbury, J.M.Burk, *A History of English Law*, Vol.2.London,Methuen.1956, p.252.

犯罪者都将被处以"丧失和平"的处罚。[1]

犯人被宣布"丧失和平"之后，被逐出部落，人身和财产安全失去保障，任何氏族成员均可以将其杀死。[2] 开始诉讼是原告的事，当时遵循的诉讼原则是"无原告就无法官"[3]，被告也由原告传唤，被告对原告的起诉内容，必须一句一句如实回答。作出判决的是出席民众大会的全体自由人，贵族在其中起着支配作用。如果被告承认自己的行为违法，则被命令支付赎罪金；被告不肯服罪，必须提供无罪的证据。成为诉讼对象的，乃是事件本身，而不是如罗马法那样限于当事人所主张的法律上的权利。日本学者中村英郎对此概括说，在罗马法上，诉讼主要是在有法律规定诉权的前提下才能进行，而在日耳曼法，是在对事件进行审判的诉讼中才产生权利，日耳曼法的诉讼程式相对而言更具有诉讼法的性质。[4]

在其他民族中作为国家责任的许多内容，在日耳曼社会中，都是个人和氏族的事情，对生命和财产的保护、复仇、对困难者进行救助、抚养和教育孩子、照顾老人、帮助弱小等，都是如此。国家政权只是在战争中起领导作用，其他的都由家庭自己负责。一般的日耳曼人都是自由农，没人可以命令他们，对他们发号施令。只有在他们做了那些损害社团共同体的行为时，才被氏族同伴们惩罚。他们可以携带武器，在民众大会上享有完全的表决权。

被选举出来的地区首领负责法律事务和纠纷处理，但他的权力比较有限，只是建立在其声望之上的一种指挥权。从本质上说，每个人必须自觉维护他和他的妻儿、奴隶，并在各方面得到他的氏族的帮助。有钱有势的家族头头们，可以对部族中所有的事务进行商讨，但仍须在民众大会上进行决定。在较长时间里，日耳曼部族没有发展出真正的王权制度，民众大会选举出来的国王的权力不是无限的，只包括军事和法律审判，而承担的义务则多于权力。

在早期日耳曼法中，部族民众大会决定公社的所有重大事件，选出的首领、

---

[1] Heinrich Mitteis, *Deutsche Rechtsgeschichte*, 11. ergänzte Auflage, München, 1969.

[2] 同上。

[3] 即 Wo kein Klager da kein Richter，汉语中通常被译为"不告不理"，但两者仍有微妙不同。

[4] 〔日〕中村英郎：《民事诉讼制度与理论之法系的考察——大陆法系民事诉讼与日耳曼法系民事诉讼》，陈刚、林剑锋译，载陈刚主编：《比较民事诉讼法（第一卷）》，西南政法大学比较民事诉讼法研究所 1999 年印行，第 22 页。

酋长或王，负责日常事务，选出的军事领袖专门负责打仗和劫掠。法律内容充满着暴力（Gewalt）的色彩，决斗（Duell）流行即为其例。决斗原本仅限于原被告之间，后来，甚至允许当事人雇人（如雇佣兵，Söldner）进行决斗，只要事先提出"决斗之诉"（Kampfklage）的申请即可。当时还存在着一种习惯，某位武士集合一批私人亲随去进行自作主张的战斗，从而发展出一种亲随效忠于武士首领的亲随制度（Gefolgschaft），演变成后来的封建扈从制度。

马尔克公社是一种民主政治和职业战争相结合的社会制度，它既是一个经济组织，也是一个行政性组织。血缘关系较近的一个部族，分配到一定的地区，在这个地区里面，由若干家庭组成一个氏族，若干氏族组成一个村落，若干个有亲属关系的村落构成一个百户（Hundertschaft），若干个百户构成一个部（Gau），全部便是部族民（Volk）本身了。"当然这也可理解成是一个马尔克公社。这种部族公社既是社会的基本形式，也是发展为部族或分支出新部族的母体。"[1] 马克思指出，欧洲封建主义的特征是"土地占有的等级结构以及与此相联系的武装扈从制度。"[2]

西欧中世纪早期，农民不是一个阶级或一个阶层的概念，而只是一个经济概念，是一个从事农业生产活动的社会群体，不妨称之为农耕者。[3] 从法律的和社会的角度看，农耕者决不是一个有着相同权利的社会阶层，而是依据他们与土地的关系划分为不同的阶层。中世纪的土地制度是领地制，"从经济角度看，一份大产业与许多小地产在同一个组织中的共存是领地制最基本的特征"。[4] 但是，土地不只是单纯地具有地产意义，它因成为采邑而附带了各种特许权；此外，"土地本身也有其法律地位，而且它不完全与土地所有者的法律地位一致，比如自由人份地及奴隶份地等等。原则上说，不同等级的土地在法律上要负不同的义务。"[5] 不同的法律地位和法律义务，划分了土地占有者、用益者以及耕种者的社会阶层。

在早期的中世纪，西欧的地产一般都是狭长的"长条地"，这些长条地经过多次的分封、继承而一再地被分割，这就使得土地因为归属不同的用益者而分散，

---

〔1〕丁建弘：《德国通史》，上海科学院出版社 2002 年版，第 11 页。

〔2〕《马克思恩格斯全集》，人民出版社 1995 年版，第 1 卷，第 70 页。

〔3〕王亚平：《浅析中世纪西欧社会中的三个等级》，载《世界历史》2006 年第 4 期。

〔4〕〔法〕马克·布洛赫：《法国农村史》，余中先等译，商务印书馆 1991 年版，第 80 页。

〔5〕同上书，第 84 页。

且又相互交叉地分布在各地。这种在归属上是分散的，且又交叉的耕地因为轮作必须统一地进行耕种，即由集体或习俗决定同时播种、收割。德国学者卡尔·齐格福里德·巴德尔（Karl Siegfried Bader）认为三圃制是以一种共同耕种的方式为前提的，这种共同的耕作方式实际上就造成了对个体农耕者的约束，将其纳进了村庄的共同体的法律制度中。[1] 尽管农耕者中有不同的法律和社会地位的划分，但真正能够划分其社会地位和法律身份的主要是交纳租税和服徭役的形式和数量，租税和徭役把农耕者划分为自由的和非自由的。"由地产构成的村庄结构和强制性的轮作制，使混居在一个村庄里的自由的和非自由的农耕者的各种身份和社会地位失去了实际的意义。"[2]

此外，村庄对土地的裁判权和对民事及刑事的裁判权都归领主所有，甚至成为领主可以世袭、可以让与的权利。[3] 对公有地和草地的使用权、磨房的使用权以及烘制面包的烘炉的使用权、酿酒用的压榨机的使用权，甚至牲畜的配种等等与经济活动有关的各种权利，都受到领主的控制。自由的农耕者与非自由的农耕者，在法律上和社会地位上的实际区别并不十分明显。土地面积的扩大以及农业生产技术的提高，致使农业的经营方式有了很大的变化，生产活动不再完全根据习俗或集体的决定进行，个体性的生产活动成为可能。社会经济活动的变化导致社会结构的演变，按照德国历史学家布鲁诺（O. Brunne）的说法，过去的"农耕士兵"转变为单纯的"农夫"[4]，他们通过缴纳兵役税解除了服兵役的义务。

马克斯·韦伯（M. Weber）在谈到这种经济的转变时，着重提到了人的身份的转变，他说："人在经济中的等级的个体的共同劳动越是必不可少的，他就越减少战争和掠夺的性质，这种类型的报酬对他来说就越少，他就有更多的机会被土地牢牢地吸住，那么从经济的意义上说他就被'固着在土地上'，并且——当然是相对而言——是非战争的。"[5] 正是从这个历史时期起，西欧社会不再按照日耳曼

[1] Karl Siegfried Bader, *Dorfgenossengschaft und Dorfgemeinde*, Köln, 1962, s.58—59.

[2] 王亚平：《浅析中世纪西欧社会中的三个等级》，载《世界历史》2006 年第 4 期。

[3] W. R.Lusener, *Bauern im Mittelalter*, München, 1985, s.19.

[4] O. Brunner, *Europäisches Bauerntum*, see O. Brunner, *Neue Wege der Verfassungs und Sozialgeschichte*, Göttingen, 1968, s.203.

[5] M. Weber, *Der Streit um den Charakter der altgermanischen Sozialverfassung*, M. Weber, *Deutschen Literatur des letzten Jahrhunderts*, Tübingen, 1924, s.538.

人的习惯法划分等级，而是根据人们在社会中所从事的经济活动和社会地位划分社会的等级，这种划分在国王的法令中明显地表现出来。[1]

蛮族作为游牧民族，内部存在着典型的宗法制度，已是史学界公认的观点。[2]此时的日耳曼奉行把婚姻作为传宗接代工具的宗法原则，宗法关系极重，家庭因而也格外重视婚姻关系。日耳曼法实行一夫一妻制，不受声色的蛊惑，也不受宴饮的诱惑，不懂得幽会。葬礼采用火化，恸哭流涕片刻即止，悲悼之情却长久不衰。"整个说来，生活在马尔克公社制的日耳曼部族民众，几乎不和外来的或亲善的部族交往或杂处。"[3]

在家庭中，男性拥有家长权，在与子女关系上，家长权表现为父权。但日耳曼法也承认，儿子可拥有自己的财产；对家庭中的不动产，家长也不得任意处分。在夫妻关系上，丈夫拥有夫权，即丈夫有保护妻子之责，也有惩戒妻子之权。生产和生活方式的流动性，需要宗法制度和血缘纽带维系其宗族，以加强凝聚力和向心力。进入西欧的蛮族在建构其社会基层组织时，将血缘为基础的民族宗法组织和原有的以地域为基础的村社组织相结合，构成了宗法性的基层组织——马尔克公社。奠基于马尔克公社基础上的蛮族国家政权，在其施政方针和统治形式上都有宗法化的特点，如查理大帝实行的宗法分封，与其有血缘关系的每个宗族因而获得对土地、人民、军队的世袭占有和统治。

（四）财产制度

法律的繁荣和发达程度，与法律调整财产关系的繁简程度密切相关。法律对财产关系调整的广度和深度，建立在同样发达的商品经济之上。正是这种商品生产和商品交换的不断发展，使调整平等主体之间财产归属和财产流转的法律得以获得发育的环境。

早期日耳曼人苦寒的游牧生活，促使人们以实际利用价值确认财产的概念，并根据利用的不同形态产生不同的财产观念。比如，"日耳曼人多以畜群的多寡相

---

[1] 王亚平：《浅析中世纪西欧社会中的三个等级》，载《世界历史》2006 年第 4 期。

[2] 陈雄章、李庭华：《浅论基督教与中世纪西欧各民族的宗法制度》，载《广西教育学院学报》1996 年第 3 期。

[3] 丁建弘：《德国通史》，上海科学院出版社 2002 年版，第 11 页。

夸耀，这乃是他们所钟爱的唯一财富。"[1] 对于土地，在他们的观念中，游牧环境下土地是一种"当然的"财富，以至于人们根本不用去考虑其归属。所以，"人们与土地之间的财产关系就是利用，占有的目的则在于自给自足。至于抽象的所有权概念尚未建立起来。"[2] 所以，日耳曼人的财产观念，首先表现为团体性。以土地所有制中的马尔克制度为例，只有围墙内的宅基地属于村落的成员所有，耕地、牧场、森林等共有地的利用都从属于宅基地。在村落中有宅基地的人才是村落的成员，村落的成员对自己的宅基地可"占有"。

　　在日耳曼法中，占有是其物权法的核心概念，是物权的一种表现方式。罗马法上的占有一词源于拉丁文"possessio"，由"posse（权力、掌握）"和"sedere（设立、保持）"二字合成，指对物件的事实上的支配和管领。[3] 相形之下，在日耳曼法上，占有制度的性质并不十分清楚。日耳曼法上的占有为"Gewere"一词，它相当于拉丁语"Vestitura, investitura"，英文为 Seisin，法文为 Saisin，是指对物的事实支配状态，但这种状态通常与其背后的法律上的支配权密切结合在一起，亦即占有是作为法律上支配权的外在形式而存在和受法律保护的。用萨维尼的话说就是，"如以占有解释为与物之关系，自为事实。如解释为由此关系所生之法律上之力，则为权利。"[4]

　　日耳曼人自建立政权国家后，逐渐放弃了原先的逐水泉、草地或树林，零星散居的生产、生活方式，接受了固定于村落、庄园，以土地为赖以生存资本的农耕生产和生活方式。[5] 但其整体的社会生产力发展水平和在经济生活中进行商品交换的程度仍很低。可以说，早期日耳曼法是在商品经济不发达的条件下，由村落共同体对土地进行团体占有的基础上发展而成的。在对土地所有规范问题上，并未真正建立起土地私人所有制度，仍还保留了马尔克土地制度的形式，即土地由全体社员集体占有的方式。然而，在早期日耳曼国家中，所采用的生产方式并不利于这种财产制度的发展。

〔1〕〔古罗马〕塔西佗：《阿古利可拉传 / 日耳曼尼亚志》，马雍、傅正元译，商务印书馆 1959 年版，第 57 页。

〔2〕李青：《日耳曼法"以手护手"原则研究》，载《安徽工业大学学报》（社会科学版）2009 年第 2 期。

〔3〕周枏：《罗马法原论》，商务印书馆 1994 年版，第 440 页。

〔4〕史尚宽：《物权法论》，台湾三民书局 1957 年版，第 480 页。

〔5〕曾尔恕主编：《外国法制史》，北京大学出版社 2003 年版，第 71 页。

  "Eigentum"（所有制）是原始日耳曼中的一个概念,是形容词"eigen"（自己的）的名词化,这是日耳曼社会中普遍的一个词,这个术语的基本意思在所有日耳曼法中都相同。但"Eigen"在一个向内的权力外,更多的表达了一个对物的向外的权力"Gewalt"。"Eigen"被理解为属于某个人的、数不胜数的、专有的占有权和支配权,而不仅仅是已经属于某人的所有物。在东日耳曼人的法律中,"Eigen"用来表示配偶之间以及父母对孩子的权利。在狭义和更普遍的情况下,"Eigen"只表示有形财物。在斯堪的纳维亚,"Eigen"就指不动产。至今,从较权威的德文词典《杜登德语词典》对"Eigentum"一词的解释中,仍能发现它保留了日耳曼早期时的含义:(1) a. 某人的所属物,某人具有处分权、使用权和法律上的支配的物; b. 所有权人的权利或处分权和使用权,对某物的法律上的支配;(2)〔旧〕地产。[1]

  从德文词典中对"Eigentum"的释义看,该词的基本含义有二:一是指所有权、财产权的客体,即所有物、法律上可支配的财产;二是指所有人的权利或财产权。由此可知,"'Eigentum'从词源学的意义来说,即归属于自己的财富的意思。"[2]对土地的所有权最开始是共同的,属于血亲氏族或社团共同所有,以所有社团成员的意愿来共同支配,称为"gemeine Mark"。当一个民族构成所有者的"Markgenossenschaft"（村社）时,则称为"Volkland"。在原始日耳曼社会中,并不是所有的土地都是"eigen",在土地、耕地、水源没有私人边界的情况下,在该势力范围中,这种使用在马尔克社团成员之间是共同的、无序的。这是德语"Allmende"的原有概念。"Allmende"和"Eigen"在起源上是相对的概念。如果所有"Markgenossen"（共同使用土地的自由农民）同意,"Allmende"就能够转变为"Eigen"。围墙、篱笆是区隔这些产权的一般方式。Allmende 当然地被包括在 Markgenossen 的共同财产里,或成为统领们的王室经济特权"Regal"。

  如其他民族一样,不动产"Liegenschaften"是日耳曼财产中最重要的组成部分。但是,马尔克这种土地公有制形式,一方面限制了土地私有化的进程,土地产权不能在社会中自由流动;另一方面,私有化程度的落后,也阻碍了社会主体成员间进行有关土地的转让和买卖的商事活动。法律所要调整的商品交换关系也不易形

---

[1] Duden Deutsches Universalwörterbuch, 1989, Mannheim. S.393.

[2] 孙宪忠:《德国物权法》,法律出版社 1997 年版, 第 173 页。

成，从而客观上制约了经济的进一步发展。因此，旨在调整财产归属和财产流转的立法，在这样团体共有的所有制体制下，也很难得到确认和发展。

按照罗马法理论，可以将所谓的支配权分为两种：受法律上保护的事实支配的民事占有（possessio civilis）和不受法律保护的事实上支配的自然握有（possessio naturalis）。德语中的支配权，则更多的是指后一种不受法律保护的情况。此外，还存在着与罗马法意义上的"占有"或"握有"完全没有关系的 Gewere 的例外，如与被继承人死亡同时产生的尚未获得占有但立即发生的继承人的支配权。[1]

日耳曼法并未严格区分占有和所有，占有不是一种单纯的事实，而是一种权利，借助占有状态表彰权利，以占有推定某种权利的存在。[2] 一方面，占有作为权利的表征，具有公示性，在动产上权利体现为持有，在不动产上权利体现为用益。另一方面，权利被包裹于占有之中，借助占有来体现，故日耳曼法强调对本权的关注，占有被称为"权利的外衣"[3]。德国学者艾希霍恩（Karl Friedrich Eichhorn，1781—1854 年）将这种 Gewere 的例外事例分为两类：第一类是与拥有暂时利用权利的人（从仆、管理人、臣下）的支配权并存的"自主支配权"（Eigengewere），以及与宫廷法（Hofrecht）上的利用所有人的支配权并存的一般法（Landrecht）上的直接所有者的支配权[4]；第二类为未取得对于财产的事实上的支配，依据法院的程序接受财产让渡的人的支配权。[5]

对于马尔克公社土地制度来说，以宅基地为核心区分了两种家长支配关系，即对农民财产的物的支配关系和对住宅内居住的家族奴婢的人的支配关系。对人的支配关系后来发展为"地方行政长官"；对物的支配关系则发展为"占有"。日耳曼财产法对不动产支配主体具有多重性，将同一土地的所有分为"上级所有权"和"下级所有权"两种，它们分别代表领主（或地主）对土地的管领权、处分权和耕作人对土地的使用权、收益权。这样，同一不动产上就成立了几种支配权，这种重叠的支配权，根源于中世纪欧洲的庄园制经济制度和领主分封制政治制度。

---

[1]〔日〕喜多了佑：《外观优越的法理》，千仓书房 1976 年版，第 102—103 页。

[2] 刘兰兰：《罗马法与日耳曼法占有制度之比较》，载《理论与实践》2009 年第 2 期。

[3] 王泽鉴：《民法物权》，北京：中国政法大学出版社 2001 年版，第 144 页。

[4] Carl Friedrich Eichhorn, *Einleitung in das deutsche Privatrechts, Vandenhoeck und Ruprecht*, 1823, S.395ff.

[5] 同上书，S.450ff.

　　日耳曼财产法还表现出鲜明的形式主义特征。对于财产转让，必须以极其复杂的程式作为公示方法，否则就不发生法律效力。即使财产的所有权人对财产享有完全的权利，若不遵循严格的形式，其转移财产的行为仍不发生法律效力。土地转让自不待言，即使动产所有权人对财产享有完全所有权，其转移也必须遵守一套严格的程式，否则便不发生法律效力。正是在这种思想的指导下，所有权人的追及权，根据是否履行了"一定的程式"而具有不同的效力。1826 年，德国学者福尔格拉夫（Vollgraff）指出：存在依据法院的确认而未经交付设定的支配权[1]；1827 年，德国学者米特迈尔（Mittermaier）又指出被物理力量放逐出土地的人的支配权还继续存在。[2]

　　日耳曼法中没有像罗马法那样完整的财产制度，没有抽象的所有权及其他物权的概念。依据财产是土地还是其他财产，权利及其保护方式有很大区别，尤其在庄园经济形成以后，这种特点表现得尤为明显。庄园的前身可以追溯至罗马大地产，但与之不同的是，庄园是由农奴而不是奴隶耕种的；农奴一般有属于自己的土地，而对领主的人身依附关系也较奴隶要弱一些。[3]加洛林时代，庄园在各处纷纷出现，约 13 世纪以前，一直是欧洲西北部主导性的农村社会经济组织。庄园土地的面积，一般由数百至数千英亩，一部分属于领主，一部分属于农奴。

　　在庄园制度之下，庄园或氏族公社里的个人"所有"的土地要进行转让，"只能在同一公社内部进行，所有权不允许落到外公社去。"[4]与此相适应，迁徙也往往要注意村落团体的利益，如《萨利克法典》规定，"如果有人要迁入别的村庄，而那个村庄中有一个或几个居民愿意接受他，但有人，即使是一个人，出来反对，那么，他不得迁入该村。"[5]日耳曼财产法的这种地域性，旨在强调社会秩序稳定和注重交易安全；这种价值目标的诉求中，财产的转让自然也就会注重形式主义。[6]

　　直至今天仍能看到，德国法的近代发展源于中世纪法的基础之上，因而受到

---

[1] Vollgraff：AcP Bd.9（1826），S.51.

[2] Mittermaier, *Grundsatze des gemeinen deutschen Privatrechts*，1827，S.264.

[3]〔美〕菲利普·李·拉尔夫、罗伯特·E. 勒纳、斯坦迪什·米查姆、爱德华·伯恩斯等：《世界文明史》（上卷），赵丰等译，商务印书馆 2006 年版，第 545—547 页。

[4] 由嵘主编：《外国法制史》，北京大学出版社 1992 年版，第 92 页。

[5]《世界著名法典汉译丛书》编委会编：《萨利克法典》，何平校对，法律出版社 2000 年版，第 28—29 页。

[6] 易继明：《论日耳曼财产法的团体主义特征》，载《比较法研究》2001 年第 3 期。

后者的强烈影响。[1] 现代德国法中，仍对财产所有权的处分自由进行了种种限制，所有权人不享有完整的处分自由，以至于一个房屋出租人有时甚至不能确信自己是否是真正的房屋所有人。然而，这一切限制都不意味着放弃财产自由这一基本原则，和从前一样，私人财产所有权仍然是实现个人人格自由发展不可动摇的基础。[2]

二、迁徙建国与法律成文化

建国时期的日耳曼法，是公元 5 至 9 世纪西欧早期封建制时期适用于日耳曼人的法律，是日耳曼各部族在侵入西罗马帝国、建立"蛮族"国家的过程中，在罗马法和正在形成中的基督教教会法的影响下，由原来的氏族部落习惯发展而成。从范围上看，凡古代日耳曼人所建立的国家的法律都包括在内。从地区看，除西南欧外，还包括斯堪的纳维亚和不列颠岛的盎格鲁-撒克逊人的法律在内。从时期上看，大体是 5 至 9 世纪，即日耳曼人建国到西欧封建制基本确立，日耳曼法演变为分散的地区性习惯为止。

（一）日耳曼人的迁徙与建国

奴隶制社会后期，罗马人建立了一个横跨欧亚的大帝国——罗马帝国。罗马人把居住在罗马帝国北方的外族部落称为"蛮族"。这些外族部落人数最多的，除了凯尔特人和斯拉夫人，最著名的就是日耳曼人。这时的日耳曼人，还处于氏族社会末期。到了 1 世纪至 3 世纪，各日耳曼人部落开始结成联盟，其中较大的一支就是法兰克人。

随着罗马帝国陷入危机，日耳曼人从多瑙河一带不断进入罗马帝国境内，并四处展开袭击，令罗马帝国无力防御。罗马帝国后期（3 至 5 世纪），分布在莱茵河以东的日耳曼各部族，主要包括法兰克人、伦巴第人、盎格鲁人、撒克逊人、

---

[1] O. F. Robinson, T. D. Fergus and W. M. Gordon, *An Introduction to European Legal History*, Professional Books Limited 1985, p.311.

[2]〔德〕沃尔夫冈·赛勒特：《德国法中所有权和自由权利的发展历史》，赵敏译，张萱校，载《南京大学法律评论》1996 年春季号。

汪达尔人等，以及迁到多瑙河下游和黑海北岸的哥特人。4世纪末，日耳曼人各部族在来自东方的匈奴人的压力下，相继卷入了欧洲民族大迁徙的洪流，从而加速了西罗马帝国的灭亡，史称日耳曼人南移或者日耳曼民族大迁徙（Gemanische Völkerwanderung）。

进入罗马帝国境内的日耳曼人，纷纷在西罗马帝国的废墟上建立起自己的政权，在政治制度上难以避免地受到罗马制度的影响。他们陆续建立的政权中，包括许多著名的王国：419年，西哥特人（Visigoths）在西班牙建立了西哥特王国（714年亡于阿拉伯人）；439年，汪达尔人在北非建立汪达尔王国（534年亡于拜占庭帝国）；568年，伦巴第人在意大利北部建立了伦巴第王国（774年亡于法兰克王国）；盎格鲁、撒克逊人进入不列颠，在同当地的凯尔特人不断冲突的过程中，与其中的相当一部分人逐步融合。在整个日耳曼人的王国中，时间最长、影响最大的是法兰克王国。公元843年，法兰克王国查理大帝的三个孙子订立《凡尔登条约》（Treaty of Verdun），将帝国一分为三，形成近代西欧大陆三个主要国家——法、德、意。

日耳曼人是从原始社会直接进入封建社会的，因此，这一时期日耳曼法属于封建制形成和巩固时期的法律，一方面有封建制法律的内容，另一方面又保留着若干原始公社时期习惯的残余。"封建主义"是学界中少有的几个极其模糊、极有争议的概念之一。著名史学家詹姆斯·W. 汤普逊曾对封建主义作过如下宽泛的定义："封建主义同时具有多种含义，它既是一种政府形式，也是一种社会结构，又是一种经济状态，还是一种政治社会哲学。"[1] 所以，在人类社会政治史上，于特定历史环境中形成的西欧封建王权，是颇为复杂、特殊的历史现象。正如孟广林教授所感叹的那样："要想总结出一种既符合西欧封建王权形成与发展的一般规律，又能大体符合西欧各国封建王权的具体实际的理论,确是一项极为艰巨的任务。"[2]

（二）日耳曼法的成文化

在国家初期,关于"法律事项,民信即法,始于刑罚争讼,后世普通法律事项,神、

---

〔1〕James Westfall Thompson, *The Middle Ages 300—1500*, New York, 1972, P.688.

〔2〕孟广林:《近百年来西方的西欧封建王权理论》,载《历史研究》1995年第2期。

君主、僧长、族长、家长等权力者之意思，并祖先以来之习惯，有绝对的服从强制力。盖当时法权虽存，法规未现，法者，仅于潜势力状态之下而存在者也"。[1] 但此时王室法令（Capitularien）效力高于习惯法，且是为了补充习惯法的不足而颁布的，其中也吸收日耳曼法的某些规则和制度，从一个方面体现了日耳曼法的发展。

公元 5 世纪末，大多数王国开始习惯法成文化的工作，以习惯法为基础，编纂成文法典，通称"蛮族法典"，主要有：西哥特王国的《尤列克法典》、法兰克王国的《萨利克法典》和《利普里安法典》；东哥特王国的《狄奥多西法典》（Code of Theodosius）；肯特王国的《埃塞尔伯特法典》（Laws of Ethelbert）；威塞克斯王国的《伊尼法典》（Laws of Ine）及北欧的《裘特法典》（Jutae Logh，又译《日德兰法书》、《日德兰法典》）等。其中，法兰克王国的《萨利克法典》是"蛮族法典"中最主要、具有代表性的一部。而影响最大的是公元 5 世纪末至 6 世纪初西哥特国王阿拉里克二世（德文 Alarich II，法文 Alaric II，484—507 年在位）时期编纂的《阿拉里克法律要略》（英文 Breviary of Alaric，拉丁文 Breviarium Alaricianum），又称《西哥特罗马法典》（Lex Romana Visigothorum），公元 12 世纪复兴罗马法前，它是西欧罗马法的主要渊源。

日耳曼"蛮族法典"编纂目的只是为了方便适用，同时受到罗马法典编纂传统的影响，将原有日耳曼习惯成文化，并无具体、系统、成熟的理论指导。因此，日耳曼各国都各自依靠习惯而治国的迹象非常浓厚。如《萨利克法典》的刑罚种类[2]，就比较单一和原始，保留了浓厚的原始公社的遗存，只有罚金（fine，即赎罪金）、宣布不受法律保护和死刑，并且以罚金为主，罚金分 21 个等级，从三金币到六百金币不等。于是，这样的法律很难做到"依法而治"的要求。

日耳曼法中的赔偿金是最重要的处罚方法。不仅各日耳曼王国的法律都将其作为主要处罚方法加以规定，而且适用范围最为广泛，支付赔偿金几乎适用于所有侵害行为。值得注意的是，赔偿金的严厉程度也并不亚于死刑、身体性等刑种。如《日耳曼尼亚志》第 21 篇有："宿仇并非不能和解；甚至仇杀也可以用若干头牛

[1]〔日〕穗积陈重：《法律进化论》，黄尊三等译，中国政法大学出版社 1997 年版，第 7 页。

[2] *The Laws of the Salian Franks*, Translated and with an Introduction by Katherine Drew, University of Pennsylvania Press, 1991, pp.59—61.

羊来赎偿，这样不独可以使仇家全族感到满足，而且对于整个部落更为有利，因为在自由的人民中，冤仇不解是非常危险的事。"[1] 相较于对公平的追求，日耳曼人更注重于一种安定和平的社会和家庭状况的存在，以安定性为主，而公平次之，所以法律的公平观念完全附属于法律安定观念中。赎罪金就是这种法律精神的体现。

由杀人凶犯向被害者亲属支付赔偿金的根本目的在于回复"和平"的状态，尽可能避免在各家族之间结成世仇，避免复仇行为的大量发生。因此，用以对抗复仇习俗的赔命价（即偿命金 wergeld）普遍出现在部族法中，意味着社会管理开始步出习俗的放任适用阶段，安定感和秩序的价值被有意识地加以强化，这标志着地方势力和地方权威正处于不断加强的过程中。[2] 赔命价是一种过渡性的法律制度，它与物质匮乏、统治权威弱、社会管理无序、文化水平低下相联系，并在这些条件逐渐改善之后归于消失。然而，日耳曼人自建立王国时开始，在随后的 500 年中一直生活在上述社会背景之下，因而赔命价也一直保留在他们的法律实践中。

公元 10 世纪之后形成的各日耳曼诸封建国家具有相当强的中央权威，但这时所创制的法律非但没有祛除暴力因素，反而将其加以正规化和制度化。也就是说，在国家的监督之下人们可以选择使用暴力。例如 13 世纪的德意志地方习惯法汇编《撒克逊明镜》（Sachsenspiegel，Mirror of the Saxons）在第 I 部第 63 条极为详细地概括了决斗的程序，其中须经法官允许或须由法官参加的环节多达 12 处。美国学者多波奇（Maria Doboz）对此评论说："《撒克逊明镜》正处于旧的赔罚体系向新的刑罚体系过渡的中间阶段，……它仅仅记录了这一转型的过程，而非完整的结果。"[3]

德国学者布鲁纳指出："宗族之间有关赔命价的权利和义务，发生在宗族之间有关复仇的权利和义务之后。"[4] 可见，早在公元 1 世纪左右，日耳曼人就试图寻求一种能替代私人暴力的救济方式。《萨利克法典》明确以宣言的形式反对复仇。该法典序言第 1 条宣称："法兰克人和伟大的国王共同做出决定，为了维护互相之间

---

[1]〔古罗马〕塔西佗：《阿古利可拉传／日耳曼尼亚志》，马雍、傅正元译，商务印书馆 1959 年版，第 38 页。

[2] 高仰光：《论日耳曼法中的赔命价制度》，载《比较法研究》2006 年第 3 期。

[3] Maria Doboz, *The Saxon Mirror, A Sachsenspiegel of the Fourteenth Century*, Philadelphia 1999, p. 23.

[4] Heinrich Brunner, *Sippe und Wergeld nach niederdeutschen Rechten*, ZRG GA3, 1882, S. 1.

的和平相处，必须禁止每一件暴力争斗，我们通过强权征服周边部族，同样也通过立法征服他们，那么针对不法行为就可以通过诉讼加以解决。"[1]

部族法通过赔命价和赔罚体系对暴力的抑止只能是针对血亲复仇的原始习惯而言的，制度的简单性决定了部族法不可能以此造就一套复杂的国家司法体系。但反过来看，原始的部族习惯毕竟套上了一件强权的外衣，赔命价的普遍出现作为一种历史潮流，也说明了中央权威在部族社会生活中逐渐增强的趋势。[2]

日耳曼人建国后，受本族习惯保护和管辖的惯例演变为适用法律的属人主义原则，对日耳曼人实行日耳曼法，对罗马人实行罗马法，形成西欧早期封建制时期日耳曼法同罗马法并存的格局，日耳曼人与罗马人之间则适用征服者日耳曼法。两种法律互相影响、融合，自日耳曼王国建立后就开始了，到西欧中世纪一直持续。由于日耳曼法是由原来的部落习惯发展、演变而成的，最初仍是不成文的习惯法，各国贵族中有一些人专门熟悉、掌握习惯法，法庭有问题可向他们提出，法制史著作把这些人叫做"宣法者"。

因为在西方法律现代化的进程中，罗马法的复兴就像罗马法本身光彩夺目的形象，吸引了后人的注意力，以致其他法律传统对现代法律的作用在人们心中显得不那么重要了。对与罗马法对照而存在的日耳曼法，这种现象尤其明显。伯尔曼在描述这种现象时说："终于在16世纪到20世纪这个阶段一系列的伟大革命……改变了西方的法律传统。把它的日耳曼'背景'远远地抛在后面。"[3] 对此，民国时期李宜琛先生也曾慨叹："说也惭愧，我们贫乏的法学界中，关于罗马法的著作，虽然已经有了几种，但研究日耳曼法的著述论文，似乎一种还不曾见过。"[4]

而事实是，"就在基督教从内部征服罗马帝国的同时，日耳曼蛮族部落正从外部威胁着罗马帝国。"[5]公元5世纪中叶，在西罗马帝国的废墟上建立起来的东哥特、西哥特、法兰克、汪达尔和勃艮第等日耳曼王国，大多数是直接从原始社会转向

---

〔1〕Karl Kroeschell, *Deutsche Rechtsgeschichte 1*（bis1250）, Hamburg, 1972, S. 35—37.

〔2〕高仰光：《论日耳曼法中的赔命价制度》，载《比较法研究》2006年第3期。

〔3〕〔美〕哈罗德·J. 伯尔曼：《法律与革命》，贺卫方等译，中国大百科全书出版社1993年版，第58页。

〔4〕李宜琛：《日耳曼法概说》序言，中国政法大学出版社2003年版。

〔5〕〔美〕菲利普·李·拉尔夫、罗伯特·E. 勒纳、斯坦迪什·米查姆、爱德华·伯恩斯等：《世界文明史》（上卷），赵丰等译，商务印书馆2006年版，第387页。

封建制国家，仍然保留着大量的习惯法，并在日耳曼人中广泛适用；而同时，日耳曼征服者让罗马自由人"仍保持其自由，相互间仍得自由生活在其罗马法之下"。[1]不过，随着罗马人和日耳曼人的交往频繁，"尔后条顿因素之吸收入罗马因素之中，以及日耳曼征服者之接受被征服人民之语言文字，究不过一时间问题耳。"[2]

但是，这一融合的时间进程却是缓慢的，它几乎经历了几个世纪：从公元5世纪到9世纪，各种社会成分、组织之间相互争吵、斗争，呈现一种混沌状态，这实质上是中世纪封建化的过程。[3]在这一过程中，日耳曼习惯法经罗马法学家和基督教僧侣的改造，欧洲大陆出现了众多"蛮族法典"，如《尤列克法典》、《贡都巴德法典》、《撒克逊法典》、《巴伐利亚法典》（Code of Bavaria）和《萨利克法典》等；在不列颠也有盎格鲁-撒克逊人颁布的《埃塞伯特法典》、《伊尼法典》和《阿尔弗雷德法典》（Laws of Alfred）等。

日耳曼法的属人性特征，对其形成原因，孟德斯鸠曾有过分析，认为这渊源于日耳曼民族的风俗。他指出，日耳曼的各部落被沼泽、河泊、森林所分隔，甚至在凯撒的著作里还能看到，他们喜欢分居。当这些部族分开的时候，它们全都是自由、独立的；当它们混合的时候，它们仍然是独立的。无论分开还是混合，每个人都被按照本部落的习惯和风俗裁判。各族共有一个国家，但又各有自己的政府。在这些部族离开它们的家乡之前，它们的法律精神就已是属人的了，它们把属人法的精神又带到了它们的征服地。[4]

当然，也有人持不同意见，如有的认为，让各民族的人按照本民族的法律，这是基于日耳曼人的喜好自由独立的个人主义精神；有的认为，这是因为在日耳曼人之间缺乏位于民族之上的统一的国家观念，缺乏强大的统一的国家管理；有的认为，这是由于征服者缺乏使被征服者服从自己的法律的目的而希望同化被征服者的信心；还有的认为，这是征服者对于风俗、宗教和法律都完全不同的被征服者必须要采取的政策。[5]

---

[1]〔美〕孟罗·斯密：《欧陆法律发达史》，姚梅镇译，中国政法大学出版社1999年1版，第86页。

[2] 同上书，第89页。

[3] 易继明：《论日耳曼财产法的团体主义特征》，载《比较法研究》2001年第3期。

[4]〔法〕孟德斯鸠：《论法的精神》（下册），张雁深译，商务印书馆1997年版，第214—215页。

[5]〔日〕久保正幡：《西洋法制史研究》，东京岩波书店1952年版，第254—255页。

　　尽管对于日耳曼法属人性的形成原因有上述种种不同观点，但一个基本共识是，日耳曼人的法律不受地域限制。正是这一传统和特性，使得进入罗马帝国境内的日耳曼征服者们完全没有想到要使自己的法律趋于统一。[1]也正是因为具有这种传统观念，王国建立之后，西哥特人、勃艮第人、伦巴第人、法兰克人、撒克逊人等部落的法律都与罗马法并存，各部落法律原则上都只对本部落人具有效力，罗马法仍对于罗马人有效力。[2]如此，这种观念也为西哥特王国、勃艮第王国的国王们各自制定《西哥特法典》（Visigothic Code or Forum Judicum）和《西哥特罗马法典》、《勃艮第法典》（Lex Burgundionum，又称为《贡都巴德法典》，Liber Legum Gundobadi，Lex Gundobada，La Loi Gombette，Gombata 等）和《勃艮第罗马法典》（Lex Romana Burgundionum）分别统治和管理王国内的本民族人和罗马人提供了理由和依据。

　　随着日耳曼王国在西欧的建立，罗马法逐渐失去了国家法律的地位；从日耳曼原始氏族习惯中演化出的具有封建性质的日耳曼法，成为西欧中世纪法发展的源头。当然由于原始粗糙的日耳曼习惯法显示了鲜明的属人主义法的特性，只在与法的发展水平相适应的日耳曼人中间适用。这样，沉寂了的罗马法基于统治的需要，从一开始也就没有完全被推出历史舞台，依然被允许在被征服的罗马人中悄悄地发挥着作用。

　　与此同时，日耳曼人对原罗马帝国的国教——基督教发生了浓厚的兴趣，并因尊崇而很快皈依了它。法兰克王国的第一位国王克洛维当政不久，便于 496 年率领亲兵在一个名叫兰斯的教堂接受了基督教的洗礼。[3]由此，基督教在日耳曼王国获得了合法地位，势力渐渐增长，而调整教徒之间行为规则的教会法规范也慢慢孕育而成。如学者所言，从一定意义上说，"克洛维已不是一个单纯的个体，他的原始形象及其在中世纪的演绎已经成为中世纪法兰西王权发展史的一个缩影。另外，通过克洛维形象演绎的历史过程，人们也可以从某些侧面了解中世

---

〔1〕 李秀清：《论日耳曼法的属人性》，载曾宪义主编：《法律文化研究》2006 年第 2 辑，中国人民大学出版社，第323 页。

〔2〕 Carl von Savigny, *The History of the Roman Law during the Middle Ages*（*Vol.I*），translated by E. Cathcart, Hyperion Press, Inc., 1979, p.100.

〔3〕 叶秋华：《西欧中世纪法制发展特点论析》，载《南京师范大学学报·社会科学版》1999 年第 6 期。

纪法兰西人的审美情趣、信仰取向、政治感悟以及社会心态等诸多内容。"[1] 此后，随着 9 世纪日耳曼各王国封建化过程的完成与封建割据的确立，日耳曼法改变了属人主义法的性质，与罗马法汇合相融，构成了封建地方习惯法，成为属地主义的法律。

公元 9 世纪中期，查理曼帝国瓦解后，西欧进入封建割据时期，蛮族法典已停止执行，日耳曼法演变为分散的地方习惯法。部族界限消除，本地居民一律适用本地习惯法，这样，属人主义被属地主义所代替。这种以日耳曼法为基础发展起来的习惯法在西欧封建社会中始终是普遍适用的重要法律，而教会法和商法只是特别法，不普遍适用。罗马法特别是罗马法复兴后，使习惯法的地位下降了，但也只是起补充作用，只在习惯法没有规定时才引用。从效力来看，习惯法仍高于罗马法。

第三节　东哥特王国法律

一、东罗马帝国与东哥特王国

东罗马帝国又叫拜占庭帝国（拉丁文是 Imperium Romanum Orientale），位于欧洲东部，领土曾包括亚洲西部和非洲北部，是古代和中世纪欧洲历史最悠久的君主制国家。拜占庭帝国通常被认为始于公元 395 年，直至 1453 年。其实，关于帝国的起始纪年，历史学界仍存有争议。还有观点认为，330 年君士坦丁大帝建立新罗马、罗马帝国政治中心东移，是东罗马帝国成立的标志。在其一千多年的存在期内，一般被人简单地称为"罗马帝国"。拜占庭帝国共历经 12 个朝代、93 位皇帝，帝国的首都为新罗马（拉丁语为 Nova Roma，即君士坦丁堡）。

---

[1] 陈文海：《从"蛮族"首领到"圣徒"国王——论克洛维在中世纪法国的形象及其演绎》，载《史学集刊》
　　2006 年第 6 期。

　　东哥特人（Ostrogoths）活动于潘诺尼亚（Pannonia，今匈牙利西部）一带，曾与阿提拉（Attila，406—453 年）联合，后独立建国，占据今塞尔维亚、克罗地亚一带。476 年，西罗马帝国最后一个皇帝罗姆路斯·奥古斯都（Romulus Augustulus，475—476 年在位）被日耳曼雇佣军首领奥多亚克（Odoacer，亦作 Odovacar，476—493 年在位）废黜，西罗马帝国至此寿终正寝。这一噩耗传到东方，引起拜占庭帝国统治集团的震惊。他们唆使东哥特人向意大利进军。493 年，在拉文那主教约翰的协助下，东哥特首领狄奥多里克 [1]（拉丁文 Flavius Theodericus，古德文 Dietrich，法文 Thierry，亦称狄奥多里克大帝，493—526 年在位）以谈判为名诱杀奥多亚克，使意大利的统治权转到东哥特人手中。东哥特王国统治意大利约60 年之久（493—555 年），后为拜占庭帝国所灭。

　　在西罗马帝国崩溃后，拜占庭帝国或东罗马帝国（Eastern Roman Empire）依然存在于罗马帝国的东半部。拜占庭的文化和语言大多数是希腊的，军事上已经与古罗马大相径庭了，在罗马分裂东西之后，西罗马继承了古罗马步兵方阵的战斗方式，而东罗马则开始尝试着以重骑兵代替步兵为战斗主力。从 17 世纪开始，鉴于古代的罗马帝国与中世纪的罗马帝国相当程度的不同，西方的历史学家根据其首都君士坦丁堡的前身即古希腊的殖民地拜占庭城，引入了"拜占庭帝国"这个提法。

　　拜占庭帝国的文化和语言，尽管大多数是希腊的，但其皇帝和臣民却将自己视为罗马人。在从 395 年或 330 年计算到 1453 年这 11 个世纪里，"拜占庭帝国"从来没有成为过这个国家的正式或非正式名称，其臣民也从来不曾将自己称为"拜占庭人"，或将首都新罗马称为"拜占庭"。1557 年，德意志历史学家赫罗尼姆斯·沃尔夫（Hieronymus Wolf）在其整理编纂的《历代拜占庭历史学家手稿》（Corpus Historiae Byzantinae）中，为了区分罗马时代以前的古典希腊文献与中世纪东罗马

----

[1] 狄奥多里克，亦称狄奥多里克大王（约 455—526 年），东哥特国王，493—526 年在位。他是阿马立王第 14 代直系后代，其父死后被推为首领，不久率众移居下默西亚。488 年在拜占庭皇帝芝诺鼓动下，率 10 万东哥特人西征意大利的奥多亚克王国，越过阿尔卑斯山，打败前来迎战的奥多亚克。经三年攻于 493 年占拉文那，杀奥多亚克，建立名义上臣属于拜占庭帝国的东哥特王国，管辖其疆域大部分位于今日的意大利。在位期间，保留罗马旧制，保护文化艺术，实行宗教宽容。曾多次对外兴兵，使其统治范围从意大利半岛扩大到西西里岛、达尔马提亚和普罗旺斯（Provence）等地。

帝国的希腊文献，引入了"拜占庭帝国"这个叫法。17世纪之后，经过孟德斯鸠等人的使用，这个称呼逐渐被西欧历史学家广泛应用。

3世纪后期，罗马皇帝戴克里先[1]引入了四头制的制度，试图更有效地管理庞大的罗马帝国。他将整个帝国分为两部分，在意大利和希腊各设立一个皇帝，称奥古斯都，辅佐他们的各设一个副皇帝，称凯撒。这种以四位领袖管理罗马帝国的制度，即分裂式的四头制，只维持了较短时间。324年，君士坦丁大帝重新成为整个帝国的唯一皇帝，他决定建立一个新的首都，便选择了拜占庭（今伊斯坦布尔，İstanbul）。330年，这个首都建成了，君士坦丁大帝称之为新罗马，但一般人称之为君士坦丁堡，意为君士坦丁之城，这个新的首都成为他的管理机构的中心。君士坦丁也是第一位信仰基督教的皇帝，虽然在君士坦丁的统治时期，这个帝国还不是拜占庭帝国，但基督教是拜占庭帝国的一个特性，是它与信仰多神教的罗马帝国的一条分界线。

另一条分界线是378年的哈德良堡战役（Battle of Hadrianopolis，亦作 Battle of Adrianople，阿德里安堡战役）。这场败仗，加之皇帝瓦伦斯[2]之死，成为古代帝国和中世纪帝国的划分界限。395年，瓦伦斯的继承人狄奥多西一世（英文 Theodosius I，拉丁文 Flavius Theodosius Augustus，亦称 Theodosius the Great，即

---

〔1〕戴克里先（245—312年），拉丁文全名 Gaius Aurelius Valerius Diocletianus，原名为狄奥克莱斯（Diocles），罗马帝国皇帝，于284年11月20日至305年5月1日在位。他结束了罗马帝国的3世纪危机（235—284年），建立了四帝共治制，即俗称的"四头制"，使其成为罗马帝国后期的主要政体。他的改革使罗马帝国对各境内地区的统治得以存续，最起码在东部地区持续了数个世纪。

〔2〕弗拉维斯·埃弗利乌斯·瓦伦斯（Flavivs IV livs Valens，328—378年），罗马帝国东部皇帝，364年至378年在位。直到360年左右，他方才加入罗马军队，同其兄长弗拉维斯·瓦伦提尼安在帝国东部边境服役。364年2月，罗马皇帝约维安在赶往君士坦丁堡以确保帝位的途中暴卒于小亚细亚，2月26日，弗拉维斯·瓦伦提尼安被同行的士兵拥立为罗马皇帝。3月28日，瓦伦提尼安任命瓦伦斯为同朝皇帝，负责统领帝国东部，以君士坦丁堡为都。瓦伦斯曾数次渡过多瑙河征讨哥特人，但是均未克全功。375年，由于受到匈人入侵，西哥特人开始大举迁入罗马帝国。其首领于次年遣使前往安条克，拜见瓦伦斯，声称其率领的20万哥特人希望能进入巴尔干半岛。瓦伦斯接受了哥特人的请求，希望能用哥特人来充实其军队。但是很快事态失去了控制，大量哥特人源源不断地迁入多瑙河流域，其中甚至包括一些匈人和阿兰人，而帝国在此地区的兵力又十分薄弱，无法对其加以有效的控制。当一些地区的罗马士兵开始虐待哥特移民时，一场广泛的哥特起义于377年爆发了。在多瑙河驻军连续遭到失败后，瓦伦斯被迫从安条克出发御驾亲征，8月9日，他率领的罗马帝国精锐部队在哈德良堡战役中被彻底击败，伤亡超过2/3，瓦伦斯本人受伤后被困在一间木屋中，被活活烧死。

狄奥多西大帝，379—395 年在位）将整个帝国再次分为两部分，分别交给他的两个儿子阿尔卡狄乌斯（Flavius Arcadius，395—408 年在位）和霍诺里乌斯（Flavius Honorius，395—423 年在位）。阿尔卡狄乌斯成为东部的统治者，霍诺里乌斯成为西部的统治者，他的首都是米兰。从这个时候开始，东部的这个帝国一般被称为东罗马帝国，或拜占庭帝国。

东哥特王国是日耳曼民族中的东哥特人（Ostrogoths）建立的国家。他们原住于黑海草原，4 世纪后半期形成部落联盟。375 年，东哥特部落联盟被匈奴人击溃。453 年，匈奴王阿提拉死后，东哥特人乘机摆脱匈奴人的统治。454 年，东哥特人进入罗马帝国境内多瑙河上游潘诺尼亚。

488 年，在拜占庭帝国皇帝芝诺（Flavius Zeno，474—475 年、476—491 年在位）的怂恿下，东哥特国王狄奥多里克出兵意大利，围困拉文那，久攻不克，遂与当时意大利半岛的统治者奥多亚克订约，共同治理意大利。493 年，狄奥多里克在宴请奥多亚克时，背信弃义地杀死了他，收编其余部，建立了东哥特王国，定都拉文那，领土包括今之意大利和克罗地亚达尔马提亚（Dalmatia）一带。

535 年，拜占庭皇帝查士丁尼一世（Justinianus I，亦译"优士丁尼"，527—565 年在位）乘机对东哥特王国发动战争，后来战败东哥特国王维蒂吉斯（Witiges or Vitiges，536—540 年在位）。536 年，查士丁尼占领罗马，540 年又占领拉文那。东哥特新国王托提拉（Totila，541—552 年在位）具有军事、政治才能，把从罗马贵族领地上逃跑的奴隶和隶农编入军队，没收罗马贵族的土地，减轻居民的赋税，得到了国内人民的支持，多次在对拜占庭的战争中取得胜利，一度收复大半失地。但是，553 年，他却在塔金那一役中战败身亡。555 年，东罗马帝国入侵，东哥特王国灭亡。

对意大利人而言，东哥特人也许只是历史上一群短暂的侵略者。但是狄奥多里克给了意大利三十年的和平，古典文明和大多数罗马的社会制度在意大利也保留下来了。反而是东罗马帝国击溃东哥特王国之后，继位的皇帝查士丁二世（Justin II，565—578 年在位）无力保卫意大利。当另一批日耳曼人——伦巴第人（Lombards）从 568 年开始入侵意大利时，东罗马帝国阻止不了他们对意大利的破坏。

在东罗马帝国的历史上，非常值得一提的是戴克里先的改革。在巴尔干半岛的伊利里亚，他就崛起为罗马执政官。284 年 11 月 20 日，他被罗马军队推举为执政官，取代刚刚驾崩的努梅里安（Marcus Aurelius Numerianus，283—284 年在位），成为罗马帝国共治者，实际上已是皇帝。285 年春，当另一位皇帝卡里努斯（Marcus Aurelius Carinus，282—285 年在位）被刺杀后，他成为罗马帝国唯一的皇帝，并正式改名为戴克里先。298 年，戴克里先成功阻止了日耳曼人横渡多瑙河与莱茵河，使他们无法进犯罗马帝国本土，还制止了波斯帝国对叙利亚与巴勒斯坦地区的进攻。与此同时，他还打败了其国内的政敌，成功地稳住帝位。

戴克里先稳定权位后，着手改革罗马帝国。他认为，罗马帝国在经历了长达 50 年的内部不稳定时期，业已濒临崩溃。为防止帝国再度陷入无政府状态，维持帝国的生命力，必须将帝国一分为二，设立新的皇位继承系统，以加强中央集权的管理。

戴克里先为自己选择了新的头衔，称自己为主和神（Dominus et deus）。他认为皇帝头衔应该更为全面，而非只是建基于军事力量，而应更具有认受性与稳定性。他寻求建立新法规，重新确认皇位的合法性，将皇帝描写成半神半人的化身和最高祭司。于是，共和国时期的旧头衔——最高祭司（Pontifex Maximus）自此被赋予新的意义，成为皇帝的头衔，并变得十分重要。

这与此前的罗马皇帝十分不同，此前的皇帝通常自称为元首或第一公民，包含着平等与民主的意味，虽然只是名称上的平等与民主。因为罗马帝国向来实行军事独裁，但在外表上却是君主立宪制，这使其合法性受到众多复杂的头衔与惯例所制约，削弱了皇帝对军团与禁卫军的控制，可以由皇帝的称谓——最高统帅（Imperator）看出来，而皇帝的称谓亦由此而得。这些称谓，虽然笨拙，但却在公元头两个世纪被众多罗马皇帝沿袭下来。卡拉卡拉[1]以前，罗马仍然保持"共和国"的称谓，有帝国之实而无其名。自卡拉卡拉开始，统治者摒弃或简化了众多共和国的体制和名称，加强中央集权，使君主立宪制形同虚设，共和国遗留下来的许

---

[1] 卡拉卡拉（拉丁语：Caracalla，186—217 年），是塞普蒂米乌斯·塞维鲁的大儿子和罗马皇帝（211—217 年在位）。他杀死他的弟弟塞普提米乌斯·盖塔（Septimius Geta）和盖塔的支持者来巩固他的皇位。在他统治期间，颁布安托尼努斯敕令（Constitutio Antoniniana），所有罗马帝国出身自由的人将被给予完整的罗马公民权，以增加提供税收与服役的居民数量；降低了罗马硬币 25% 的含银量，以支付古罗马军团的开销；在罗马城外建立了一座庞大的公共浴场，其遗址至今保留，被称为卡拉卡拉浴场。

多程序，则暗地里破坏着政府的基础与合法性。

戴克里先则干脆在头衔上移除了所有虚饰，创造了一个遥距、神秘、神权政治与专制的政府。他直接将自己设定为最高君主，不再出现在平民面前。访客须俯卧于地，轻吻皇帝的外袍底部，不可直视皇帝，以示隆重。

戴克里先认为，帝国不断出现战乱，是由于过于庞大，不便由一位皇帝独治，难于抵抗野蛮人由莱茵河至埃及边境一带的侵扰。彻底的解决方法，是将帝国一分为二，在地图上画一条直线，将帝国分为东西两部，并非只是在短暂的时间内，而是在未来永久地将罗马帝国分裂为两部分。

由于没有明确的继承法则，罗马帝国的帝位继承问题从未真正解决，经常导致内战。当时至少存在三种、甚至更多的帝位继承方法。其一，早期的皇帝倾向采用过继法，即收养一位儿子，并让其继承帝位。其二，军人皇帝则不喜爱过继法，倾向于家族继承法，由皇帝的儿子继承帝位。其三，罗马元老院则相信，他们才应该拥有推选新帝的权力。为了解决帝位继承问题，回答谁是帝国东西两部的新皇帝的问题，戴克里先创立了四帝共治制，即所谓的"四头制"，帝国东西两部分别由两位主皇帝统治，再各以一位副皇帝辅政。在罗马皇帝众多的头衔里，"奥古斯都"最为重要，所以将其授予两位主皇帝，两位副皇帝则获授较次要的称谓"凯撒"。

戴克里先有意让主皇帝，在退休或死亡时，由副皇帝继承，而继位的主皇帝则任命新副皇帝，以此解决帝位继承问题。292 年，戴克里先正式推行此制，并任命自己为东部帝国主皇帝，马克西米安（Maximian，286—305 年在位）为西部帝国主皇帝，皇帝权位正式一分为二。两帝分别建立新都，无一人以罗马为都。当两位主皇帝统治帝国的权力被增加时，罗马元老院的权力被进一步削减至只局限于前首都罗马境内。293 年，戴克里先与马克西米安各自指定一位凯撒，分别为加莱里乌斯（Galerius，305—311 年在位）与君士坦提乌斯一世·克洛卢斯（Constantius I Chlorus，305—306 年在位），并正式任命其为继承人。然而，他们并不只是继承人，四位皇帝各自统治着四分之一的帝国。

与戴克里先继位前的半个世纪的混乱体制相比，四帝共治制仍然没有太多优越之处，只要任何一位皇帝怀有私心，这一制度便会瓦解。事实亦是如此，四帝共治制很快瓦解，帝国亦重返一人称帝的局面。305 年，戴克里先退休，西部帝国的皇帝也同时宣布退休,两位凯撒按计划成为主皇帝。但当选择新凯撒时,军队与罗马元老院介入,各自提名候选人。306 年,君士坦丁一世在西部帝国发起内战,并于 312 年获胜,其后在 324 年占领东部帝国,使帝国复归统一,直至 337 年驾崩。在 395 年,帝国再度分裂为两部分。这次分裂之后,罗马帝国再无能力复归一统。

二、狄奥多里克大王与《狄奥多里克敕令》

狄奥多里克,拉丁语称 Flavius Theodericus,古德语称为 Dietrich,别名狄奥多里克大王(Theodoric the Great),是意大利的东哥特王国的创始者,东哥特王国(其疆域大部分位于今日的意大利)的国王(493—526 年在位)。从 471 年起,他成为东哥特人的领袖。488 年,拜占庭皇帝芝诺令其入侵意大利。493 年,他发动叛变,杀害统治者奥多亚克,使自己成为唯一的统治者。511 年起,他还是西哥特王国的摄政。526 年 8 月 30 日,狄奥多里克死于拉文那宫廷。临终前,他对潜伏的恐怖备感惶惧,心中充满悔恨之情。

狄奥多里克是东哥特国王狄奥德米尔(Theodemir)之子,在他出生时,东哥特人刚刚摆脱了持续一个世纪的匈奴人的统治。童年时代,他被送往君士坦丁堡充当人质,以确保他作为蛮族首领的父亲,不会违背与东罗马帝国皇帝利奥一世(Leo I,457—474 年在位)签订的和约,臣服于东罗马帝国。在拜占庭宫廷中长大的经历,可能使他认识到了文明世界的优点,一定程度上解释了他日后征服意大利时,并非像其他蛮族首领一样大肆破坏,而是努力维持社会秩序。

总的来说,狄奥多里克对罗马世界的精妙政治结构和高度文化心怀仰慕,因而成为那个时代最文明开化的蛮族人物之一。对于这个来自蛮族的青年,罗马皇帝利奥一世及其继任芝诺非常赏识,先是将他提拔为军队长官,后又任命其为执政官。31 岁时,狄奥多里克获准离开东罗马军队,回到他的族人之中。

虽然大多数时间居住在拉文那,但是,在日耳曼人的传说中,狄奥多里克通常被说成是意大利城市维罗纳(Verona)的统治者,即所谓狄特里希·封·贝尔恩(中古高地德语:Dietrich von Bern)[1]。詹姆斯·布赖斯对此解释说,或许是因为当时

---

[1] 贝尔恩是维罗纳的德语名称,见新华通讯社译名室编:《世界人名翻译大辞典》,中国对外翻译出版公司 1993 年出版,第 756 页 "Dietrich von Bern" 条。

的日耳曼各族更熟悉维罗纳，或许是因为当时狄奥多里克为了加强北部防务时而迁都维罗纳。[1]"狄特里希·封·贝尔恩"是日耳曼神话中的一个组成部分，在这些神话中，作为英雄出现的狄奥多里克与历史上的人物相距甚远，而且充斥着年代错误，甚至把狄奥多里克和阿提拉说成是一个年代的人物。有狄奥多里克出场的日耳曼史诗，有《希尔德布兰特之歌》（Das Hildebrandslied）和《尼伯龙根之歌》（Nibelungenlied）。在这两部史诗中，狄奥多里克都只是次要人物。狄奥多里克的名字也出现在北欧神话中，如《狄奥多里克萨迦》（Þiðrekssaga）即以狄奥多里克为主人公。

·公元476年，西罗马帝国灭亡，一些日耳曼王国在征服的西罗马帝国土地上，适用法律采属人主义原则，对不同部族的人适用不同部族的习惯法，对罗马人则适用罗马法。出于统治的需要，他们进行了罗马法的编纂。事实上，罗马法在中世纪的日耳曼蛮族王国，仍然继续适用，只是水准大大降低了而已。在狄奥多里克统治之下的意大利，亦是如此。当时，西罗马帝国虽然已经不存在了，但在伊比利亚半岛、高卢、意大利等地，它的遗民还是远远多于作为新统治者的日耳曼人。在这些地方，法律的适用性，通常是依据种族背景来分的，西罗马遗民适用罗马法，日耳曼人则适用日耳曼法。

在西罗马帝国的遗民适用罗马法的同时，东哥特族人独立于西罗马帝国遗民之外，保持自己的风俗习惯，受自己同族的贵族治理。公元500年东哥特的《狄奥多里克敕令》，是以罗马帝国最后一部官方的成文法规汇编——《狄奥多西法典》为参照的，因此，大部分西罗马帝国的社会制度在其中被保存下来。如吉本所言，"哥特人受到教诲要爱护民众、尊重法律、了解自己在文明社会的责任，放弃格斗审判和报复私仇的野蛮行径。"[2]

《狄奥多里克敕令》用拉丁文写成，据称直到现在还存世，共有154条，主要与刑法和程序法有关。此外还有"序言"和"结束语"，总体来说非常简单，只涵盖了几个法律问题。但是，这些问题在意大利当时都具有普遍重要性，正如立法者在"序言"中明确声明的那样，其余所有法律问题均由罗马法来调整。[3]正如普罗科皮乌斯所言，这些敕令其实也只是照搬了罗马的某些制度，而狄奥多里克

[1]〔英〕詹姆斯·布赖斯:《神圣罗马帝国》，商务印书馆1998年版，第434页附注。
[2]〔英〕爱德华·吉本:《罗马帝国衰亡史》（第4卷），席代岳译，吉林出版集团有限责任公司2007年版，第11页。
[3]〔英〕梅特兰等:《欧陆法律史概览:事件，渊源，人物及运动》，屈文生等译，上海人民出版社2008年版，第12页。

和继位的意大利国王其实没有颁布任何用哥特人自己的语言写成的法律。毋庸置疑的是,《敕令》同时约束着哥特人和罗马人。它不承认任何以官衔或身份地位为依据的特权。那些不严格执行法律的地方行政长官将受到惩罚而被流放。

关于《敕令》的精确编纂年代,人们有不同的看法,甚至每个观点听起来都有一定的可能性。但最具可能性的观点是,敕令大概颁布于公元 500 年。因为这样它的颁布时间就与入侵者正式进入罗马的时间相一致。正如编年史家明确告诉我们的那样:"那个时候,皇帝确实制定了一部'法律',我们有理由相信正是此《敕令》。据记载,在狄奥多里克皇帝进入罗马时,对某些腐化、堕落的法官处以死刑,罪名是他们没能给予诉讼各方公正的审判,而《敕令》的初篇恰恰用于处理此种罪行,并且规定的刑罚也是死刑。"[1]

立法缘由分散在众多条款之中,它们既不成体系,也的确不是一次单一立法活动的产物,有一些条款是后来人才添入汇编之中的。有些特定条款在很大程度上甚至与罗马法渊源中的相应条款相差无几。"立法者自己在多处明确地引用'法'(leges),也就是皇帝敕令(imperial constitutions),立法者希望这些'法'能被得到遵守;在结束语中,他进一步声明,《敕令》是他对现时有效的法律(如敕令、法学家意见)进行汇编的结果。"[2]

作为一位出色的统治者,狄奥多里克获得成功的关键是几乎全部保留了罗马国家机构和政治制度,也保留了许多罗马元老、贵族和行政官吏。在他统治下,5世纪的意大利比同期许多地区情况更好,拉文那的王宫与狄奥多西和瓦伦提尼安(Valentinian)的宫廷毫无差别,同样设置禁卫军统领、罗马郡守、财务大臣和御前大臣以及管理国库和皇室经费的财务官员。可以说,在狄奥多里克的统治之下,西罗马帝国的文明在意大利延续了下来。因此也有人批评他"一味模仿原来的规章制度,甚至滥用君士坦丁和他的继承人所创设的政治架构。"[3]

在东哥特王国的城市,古典时代的法律学校与修辞学校仍然兴旺。税制则被

---

[1]〔英〕梅特兰等著:《欧陆法律史概览:事件,渊源,人物及运动》,屈文生等译,上海人民出版社 2008 年版,第 11 页。

[2]同上书,第 12 页。

[3]〔英〕爱德华·吉本:《罗马帝国衰亡史》(第 4 卷),席代岳译,吉林出版社集团有限责任公司 2007 年版,第 15 页。

变得更为公平,"每位自由人的产业都免征田税,臣民只要遵守国家的法律,就能享受无上的特权"[1]。在狄奥多里克的敕令中,还包括大量的有关商人的规定。有关地方政府的司法和税务授与七个总督、三个巡抚和五个省长,按照罗马法律体制的原则和形式,由他们管理意大利的十五个地区。[2] 相比于 5 世纪的兵荒马乱,狄奥多里克的统治给了意大利三十年的和平。

对外制度方面,狄奥多里克通过一系列的联姻,把一些其他日耳曼人建立的王国组成联盟。他把自己的妹妹嫁给汪达尔的国王,又把一个女儿嫁给西哥特的国王,另一个女儿嫁了勃艮第(今法国隆河河谷一带)的国王,自己则娶了法兰克国王克洛维的妹妹。如此一来,东哥特王国成了日耳曼人建立的王国的中心,彼此之间因联姻而建立起复杂的纽带关系。狄奥多里克将妹妹许配给汪达尔国王,她出阁坐船到阿非利加(Africa,现今非洲大陆的名称来自于此)的时候,有一千名地位很高的哥特人担任侍卫,每个人跟着五个武装随员,阵容庞大,可见当时东哥特地位之核心性。[3] 狄奥多里克也成了西哥特王国的摄政王,获得了高卢西南部及大部分的伊比利亚半岛的统治权。他的影响力从意大利一直延伸至今日的葡萄牙、西班牙、法国西南部。

在宗教信仰方面,狄奥多里克也颁布过敕令。他虽然信奉阿里乌斯(Arianism)异教派,却以宽容和公正的态度对待基督教臣民中的天主教徒。如吉本所言:"狄奥多里克赞许族人甚至自己的成见,同时公开宣称,儿童要是害怕老师的教鞭,就没有胆量去舞枪弄刀。"[4] 507 年,他批准了免除罗马教会地产税和国家义务的决议。但是好景不长,在天主教教徒发动了一次反犹太人的暴动并被镇压后,查士丁尼皇帝颁布了一道敕令,规定阿里乌斯异教徒不得进入教会区,否则将受到严惩,迫使狄奥多里克也对天主教徒进行迫害。在臣民的巨大压力之下,他一反往日的宽容和公正,杀害了被伽图认为是最后一位罗马公民的波伊昔阿斯和品德高尚的塞玛彻斯。

---

[1]〔英〕爱德华·吉本:《罗马帝国衰亡史》(第 4 卷),席代岳译,吉林出版集团有限责任公司 2007 年版,第 10 页。

[2] 同上书,第 15—16 页。

[3] 同上书,第 10 页。

[4] 同上书,第 11 页。

在狄奥多里克统治之下，古典文明似乎获得了在意大利复兴起来的希望。但是，引导或支持变革的盖世功勋，并没有出现在狄奥多里克的统治期间。一方面，他缺乏立法者所具有的天分和机遇，仅有的作为只能放纵哥特人享受随心所欲的自由而已。另一方面，在信仰方面，西罗马帝国的遗民信奉的是正统派的基督教，而东哥特人信奉的是基督教里非主流的、有争议的阿里乌斯派。[1]加之，东哥特王国的统制机制有很大的问题，狄奥多里克统治之下的东哥特王国对西罗马帝国的遗民跟东哥特人有双重的制度：狄奥多里克是东哥特人的国王，又是东罗马帝国的官员，治理着为数众多的西罗马帝国的遗民，而东哥特人的角色像是他们的保护者。

东哥特人要想成功地统治意大利，必须得到西罗马遗民的合作，而政府的行政工作以及随之而来的荣誉和薪资，全部限定由意大利人担任。人民仍然保有他们的服饰、语言、法律和习惯，以及个人的自由和三分之二的田产。[2]这两群人的社会在许多方面明显不同，东哥特人与西罗马帝国遗民之间的互信基础也不够。可以说，东哥特王国在意大利成功的统治，靠的其实是狄奥多里克个人的能力："狄奥多里克自诩他所具有的德行，对于所欠缺的才能也感到满意。"[3]一旦狄奥多里克不在位，这样的统治机制其实并不稳定。

狄奥多里克统治期间，将奥多亚克没收的罗马贵族土地分给东哥特人。首领和亲兵所获最多，成为新的奴隶主贵族，并逐渐与残余的罗马贵族融合。如果比照奥多亚克的榜样来说，这种行动更是通情合理。考虑到征服者的权利和意大利人真正的利益，尤其是他负有神圣的责任，必须维持整个民族的生存；这个民族对他的应许有信心，才会追随他前往遥远的异国。[4]但是，"狄奥多里克分配意大利的土地，把其中三分之一奉送给他的士兵，受到无可厚非的指责，说是他一生之中唯一不公之处。"[5]

以上种种情况表明，在对待罗马臣民问题上，《敕令》与日耳曼统治者颁布的其他法律形成了鲜明对比。虽然它们的渊源都是罗马法，但该《敕令》旨在成为一部通行于两民族的法律。其他法律同样来自罗马法，但他们只能对罗马人产生

---

[1]〔英〕爱德华·吉本：《罗马帝国衰亡史》（第4卷），席代岳译，吉林出版集团有限责任公司2007年版，第15页。

[2] 同上书，第16页。

[3] 同上。

[4] 同上书，第10页。

[5] 同上。

效力，而对日耳曼人无效。"这样，两个民族分别适用自己的法律，所以，将征服者和被征服者联合起来的强有力的动机不可能存在。"[1]

狄奥多里克在哥特人中维持原有的习惯法，同时，竭力保存罗马的法律和政治机构。"君王的政策并不鼓励两个民族相互之间的转换，他坚持意大利人和哥特人应有区别，前者要保留和平生活的技艺，后者要从事戎马征战的行业。"[2]奥古斯都对于改行君主制度的事实要加以隐瞒，狄奥多里克的政策则是要掩饰蛮族的统治。"要是他的臣民感到何其有幸，有时还是会从罗马政府的幻象中清醒过来，得知哥特君主在实事求是解决问题，有决心要追求自己和公众的利益，他们就会从这种品格中获得更大的安慰。"[3]他的政策引起东哥特人下层的不满，他们和罗马奴隶及隶农联合，反对大土地所有者，这些矛盾被东罗马帝国利用，经过 20 多年的战争（555 年），东哥特王国终于被查士丁尼的军队摧毁。

无论如何，《狄奥多里克敕令》得到了广泛传播，它不仅仅局限于意大利，还超越疆界，影响遍及普罗旺斯和其他与征服地域相毗连的地区。"它对日耳曼的部落文明发生了重大的影响；它使这些日耳曼部落对他们原先并不熟悉的罗马法原理变得熟悉了起来。"[4]

第四节　西哥特王国的法律

一、西哥特王国沿革

西哥特王国（Visigothic Kingdom，418—714 年）是 5 至 8 世纪初西哥特人建

---

[1]〔英〕梅特兰等著：《欧陆法律史概览：事件，渊源，人物及运动》，屈文生等译，上海人民出版社 2008 年版，第 13 页。

[2]〔英〕爱德华·吉本：《罗马帝国衰亡史》（第 4 卷），席代岳译，吉林出版集团有限责任公司 2007 年版，第 11 页。

[3] 同上书，第 16 页。

[4]〔英〕梅特兰等著：《欧陆法律史概览：事件，渊源，人物及运动》，屈文生等译，上海人民出版社 2008 年版，第 13 页。

立的日耳曼国家，大致位于西罗马帝国境内高卢西南部和西班牙。376 年，西哥特人遭到匈奴人袭击，被迫越过多瑙河，进入罗马帝国境内。410 年，西哥特人在阿拉里克（Alaric，395—410 年在位）率领下洗劫罗马城。同年，阿拉里克卒，阿道尔夫（Ataulph，410—415 年在位）继任。415 年，他率领西哥特人在西班牙定居。418 年末，阿拉里克之孙狄奥多里克一世（Theodericus I，418—451 年在位）率领西哥特人，以西罗马帝国同盟者身份定居于阿基坦（Aquitaine），并定都图卢兹（Toulouse），建立了第一个日耳曼王国。嗣后，他们再次侵入西班牙，把汪达尔人和阿兰人（Alans）排挤到北非，又将苏维汇人驱至伊比利亚半岛西北一隅。[1]

　　一些历史学家认为，匈奴入侵后，原居多瑙河沿岸的诸蛮族中，进入罗马帝国寻求庇护的只是占了一部分，还有相当数量的人继续留在原驻地，与匈奴杂居并成为匈奴帝国的一部分。[2] 英国史学家彼得·海瑟（Peter. J. Heather）和美国史学家罗杰·柯林斯（Collins. Roger）都持这样的观点，他们认为，此时的西哥特"Visigoth"事实上是 378 年迁入帝国的部分西哥特人、东哥特人以及当时居住在多瑙河南北岸的其他蛮族族群共同构成的新族群，"由于多种原因，他们被迫离开原驻地，进入新的境地，过上了以军事战斗为主导的生活。"[3]

　　到 4 世纪 90 年代左右，这些居住在巴尔干半岛东部地区的蛮族，在西哥特人阿拉里克的领导下，形成了新的哥特民族认同——Visigoth。随后以雇佣军身份，到达罗马帝国西部作战之后，约 405 年至 415 年左右再次分化，部分分支在巴尔干半岛西部、意大利和高卢等地区定居，新的西哥特民族主体则仍由阿拉里克领导，进入了高卢南部和伊比利亚半岛。阿拉里克死后，阿道尔夫接替成为西哥特人的统帅，他感到族人疲于征战，便放弃去北非的计划，与皇帝霍诺里乌斯言和。

　　当时罗马帝国的军队情况是，从 5 世纪初开始，帝国的统一局面就已不复存在，无论是帝国东部还是西部，已很难找到拥有统一领导和战斗力的罗马军团。[4] 皇

---

〔1〕 汪达尔人、苏维汇人都是日耳曼人的支派，阿兰人则是西徐亚即中国古书称为奄蔡人的一支。

〔2〕 Peter. J. Heather, *The Goths*, Hoboken: Wiley Blackwell, 1998, pp.109—129.

〔3〕 Collins Roger, *Visigothic Spain：407—711*, London：Blackwell Publishing, 2006, p.22.

〔4〕 Collins Roger, *Early Medieval Europe, 300—1000.* (2nd ed.), Hampshire: Palgrave Macmillan Publishing, 1999, pp.80—99.

帝霍诺里乌斯授予阿道尔夫罗马将军头衔，并命他娶帕勒西媞娅公主为妻。公元412 年，阿道尔夫率领西哥特的全部人马，离开意大利，进入高卢南部，得到巴高达运动（Bagaudae，高卢语意为"战士"）的强大支援，很快占领了纳尔榜、图卢兹和波尔多等城市。目睹这一事变的萨里温写道："罗马老百姓一致宣称，他们愿意与蛮族共处。我们的同胞遗弃我们，我们只好投到他们那里"。[1] 阿道尔夫的军事实力令罗马统治者无力抵御，而奴隶、隶农以及罗马的劳动群众则与西哥特人相配合，共同摧毁罗马帝国的地方政权。

　　在此之前（409 年），帝国的西班牙省已闯进了汪达尔人、苏维汇人和阿兰人，霍诺里乌斯企图恢复帝国在西班牙的统治，怂恿阿道尔夫向西班牙进军。经过三年的战争，公元 415 年，阿道尔夫占领了西班牙的巴塞罗那（Barcelona）。为了酬谢阿道尔夫，霍诺里乌斯正式把波尔多和图卢兹封赐给西哥特人，要求他们担任帝国的同盟军，只需交纳少量贡赋。[2] 公元 418 年末，阿拉里克之孙狄奥多里克一世以图卢兹为都城建立西哥特王国，从一个部落联盟的酋长变成了真正的国王。

　　西哥特王国建立后，狄奥多里克一世旋即向埃布罗河以南推进，经过十年的激烈战争，公元 429 年将汪达尔人、阿兰人赶到北非，将苏维汇人压缩到加里西亚山区。[3] 这样，南高卢的阿基坦地区和西班牙的大部都被西哥特人占领，从此，西哥特人便在这片广阔的土地上定居下来。国王尤列克在位期间（Euric，466—484 年），西哥特王国颁布法典，废除了与罗马的同盟关系，领土包括高卢西南部和西班牙大部。尤列克之子阿拉里克二世 484 年继位后，于 507 年在武耶（Vouillé）一战 [4] 被法兰克国王克洛维所败，本人被杀，失去高卢大部分土地。此后王国中心移到西班牙，6 世纪中叶定都于托莱多（Toledo）[5]。莱奥维希尔德（Liuvigild or

[1]〔前苏〕科斯敏斯基·斯卡金斯：《中世纪史》，朱永庆等译，三联书店 1957 年版，第 62 页。

[2]〔法〕夏尔·安德烈·朱利安：《北非史》（下册），上海人民出版社 1973 年版，第 443 页。

[3] 苏维汇人曾在此地建立苏维汇王国，公元 585 年被西哥特人征服。

[4] 武耶战役是指公元 507 年萨利安法兰克人的罗马天主教国王克洛维发动的一场反对西哥特人阿里乌斯派国王阿拉里克二世的战争。双方在普瓦捷（在今法国）附近的武耶开战，西哥特人被彻底打败，阿拉里克二世在战斗中被克洛维所杀。

[5] 托莱多现为托莱多省的首府，也是整个自治区的首府。托莱多省为西班牙中部的一个省份，位于拉曼却自治区的西部。它的周围有马德里省、昆卡省、雷亚尔城省、巴达霍斯省、卡塞雷斯省以及阿维拉省。

Leovigild）在位期间（约 569—586 年），国势强盛，西哥特人合并苏维汇王国，从拜占庭手中夺回科尔多瓦（Córdoba）等地。

二、西哥特王国的社会状况

历史学家对西哥特时期西班牙地区的社会状况，历来存有很大分歧。一些西班牙史学家认为，这个时期是西班牙基督史上的复兴时期，无论是农耕者还是工人，在城乡生活的各个方面都享受着繁荣和富裕，统治者们几乎不施暴政，国家财富不断增加。另一些史学家则认为，当时的西哥特王朝全无繁荣可言，它的社会各阶层间没有共性，谈不上统一的民族性和国民性，等级制度极为森严，王室则是在人数极为有限的贵族阶层、教会人士中选举产生出来的。

西哥特的贵族阶层作为征服者，掌有军权和宗教事务的领导权，而且拥有大批肥田沃土，不需交纳赋税。教会人士同样拥有大量农田，免交赋税，和贵族阶层共同执掌国家大权。这两个阶层终日考虑的，是怎样搜刮民脂民膏、聚敛财富。其次是商人和农场主，他们必须交纳赋税，以填充统治者们的欲壑。隶农在大地主的土地上耕种，他们连同他们的家庭成员全部是地主的私有财产。虽然在法律上，他们被作为自由人，但实际上，他们只有在土地上耕种和担负各种劳役的义务，没有丝毫人身权利，常常被地主随土地出售。最后一个阶层，是由战俘组成的奴隶阶层，人数最多，地位最为低下，大都在城市各行业服役，被任意买卖，没有丝毫人身权利。

作为雇佣军进入罗马帝国西部之后，哥特也逐渐地罗马化了。有学者认为，这一进程其实更早，"在他们定居阿基坦地区时，西哥特上层就开始了罗马化进程"。[1] 哥特勇士对罗马帝国的态度，由最初的敌视，逐渐发展为渴慕帝国文化。自西哥特王阿道尔夫时期起，就开始学习并吸收罗马法，并逐渐开启了学习罗马文化的一系列文明进程，包括对天主教的深入了解。[2] 如汤普森所言："自 4 世纪中后期以来，罗马帝国境内的几乎所有日耳曼蛮族都是基督徒了。"[3] 当这些蛮族

---

[1] E. A. Thompson, *Visigothic Spain*, *The English Historical Review*, 1998, VI, p.219.

[2] E. A. Thompson, *The Visigoth from Fritigern to Euric*, Historia, 1963, Ⅻ, p.113.

[3] E. A. Thompson, *Christianity and the Northern Barbarians*, in Arnaldo Momigliano ed., *The Conflict between Paganism and Christianity in the Fourth Century*, Oxford：Oxford University Press, 1964, pp.56—78.

以雇佣军身份进入帝国西部之后，数世纪的发展使他们的宗教信仰也发生了改变。5世纪末逐渐强盛起来的法兰克人，就接受了天主教信仰，勃艮第人也在6世纪初由阿里乌斯教派转向天主教，随后苏维汇人也改宗天主教。[1] 到了6世纪中期，西欧诸蛮族中信奉阿里乌斯教派的，只剩下东哥特和西哥特人。反阿里乌斯教派的信徒，也多集中在帝国西部，这样的宗教大环境一再地考验着哥特人的阿里乌斯教派信仰。

西哥特的封建制度，是在瓦解的罗马奴隶制和解体的日耳曼氏族公社的基础上产生的。西哥特人夺取了罗马大地主2/3的耕地、1/2森林以及部分奴隶、隶农和工具。在罗马私有制的影响下，马尔克公社瓦解，部分公社成员沦为依附农、隶农和奴隶，而国王、亲兵和基督教阿里乌斯派[2]神职人员则成为封建大地主。后来，罗马大地主也逐渐与西哥特大地主合流，大地主以服役为条件把土地授与他的亲信和亲兵，形成封建等级土地所有制。为了维护王国的统一，国王瑞卡尔德一世（Reccared Ⅰ，586—601年在位）于589年召开第三次托莱多宗教会议，定罗马基督教为国教。711年，阿拉伯人入侵西班牙；714年，西哥特王国灭亡。

西哥特王国是日耳曼人入侵罗马帝国并在帝国领土上建立的第一个蛮族王国，为日后其它日耳曼部落所效法。这个王国存在将近三百年，公元711年，被阿拉伯人入侵，714年灭亡。在西哥特人定居后的几百年里，他们与当地的凯尔特人和罗马化的西班牙人接触来往，相互联姻。西哥特王国灭亡后，其居民即和当地的居民融合，构成今日西班牙居民的主要部分。

---

〔1〕 Paul Fouracre ed., *The New Cambridge Medieval History*：Vol.1, p.166："Rechiarius (448—456) was the first Sueve king to Catholicism…"

〔2〕 君士坦丁时代，基督教在教义、经典、组织和礼仪诸方面尚不统一，教派争端激烈，当时正统的基督教会在神学教义方面存在着较大的分歧，主要有两派：一是三位一体派，流行于帝国西部与埃及，代表人物为阿塔那修（也可译为亚大纳西，希腊教父，约293—373年），主张三位一体论，认为耶稣既是受造物又是上帝的一部分，是圣子，与圣父同性同体。另一派为阿里乌斯派，流行于利比亚和帝国东部，代表人物为阿里乌斯（Arius，约250—336年，利比亚教区主教），他反对三位一体论，主张圣子不是上帝，只是来自上帝，与圣父非同性同体，仅属于受造之物。两派都通函帝国各地教会，互相攻击，激烈辩争，几乎所有的教会都卷入了这场纷争。阿里乌斯教派与正统教派在教义上的主要区别的是：阿里乌斯教派强调基督的人性，否定基督的神性；而所谓正统教派认为基督既是真正的神又是真正的人。由于否定基督的神性就在实质上否决了教会的神圣性，因此阿里乌斯教派必定被认为是异端。

三、《尤列克法典》

《尤列克法典》（Codex Euricians）曾被誉为"5世纪最好的立法杰作"，是国王尤列克在位期间颁布的法典，约颁布于476年。[1]

当时，西哥特王国在西班牙和高卢的扩张获得成功，国力正趋鼎盛，领土包括高卢西南部和西班牙大部，但仍保留着大量习惯法，并在日耳曼人中广泛适用。同时，日耳曼征服者让罗马自由人"仍保持其自由，相互间仍得自由生活在其罗马法之下"。[2] 由于感到与罗马人杂居、罗马人口数倍于哥特人口的压力，尤列克国王仍然执行罗马《狄奥多西法典》[3] 所规定的禁止罗马人与蛮族人相互通婚的规定，与日耳曼法有很大的不同，"日耳曼法的重心在于家庭婚姻，以及尚未广泛买卖的土地"。[4] 但这并非长久之计，随着罗马人和日耳曼人的交往频繁，尤列克颁布法典调整分散居住的哥特人及其与罗马人之间的关系也就完全可以理解。如孟罗·斯密所言："尔后条顿因素之吸收入罗马因素之中，以及日耳曼征服者之接受被征服人民之语言文字，究不过一时间问题耳。"[5]

作为罗马帝国的雇佣军，在西哥特王瓦利亚（Wallia，415—419年在位）时期，他们受罗马皇帝君士坦提乌斯（Constantius）委托进攻伊比利亚半岛，大败阿兰人、苏维汇人和汪达尔人。419年，作为对哥特军队的犒劳，帝国赐给西哥特高卢南部阿基坦地区作为他们永久的驻地。[6] 西哥特遂定都图卢兹，并以此为据点，在整个5世纪不断侵袭伊比利亚半岛。另一方面，随着西罗马帝国的不断衰亡，哥特民族的自我认同意识也不断增长，越来越倾向于摆脱帝国控制，谋求自身在高卢南部和伊比利亚半岛的利益。正由于此，西哥特不断蚕食着帝国在伊比利亚半岛的势力范围，帝国掌控之下的塔拉克尼西斯（Tarraconensis）省份的沿海地区和埃

---

[1] P.D.King, *Law and Society in the Visigothic Kingdom*, Cambridge University Press, 1972, p.7.

[2]〔美〕孟罗·斯密：《欧陆法律发达史》，姚梅镇译，中国政法大学出版社1999年版，第86页。

[3]《狄奥多西法典》（*Codex Theodosianus*）共16卷，颁布于438年，它汇集了君士坦丁皇帝以来历任皇帝的敕令3000多种，是东罗马皇帝狄奥多西二世诏令法学家集体编纂的第一部官方法典。

[4] 苏彦新：《罗马法在中世纪西欧大陆的影响》，载《外国法评论》1997年第4期。

[5]〔美〕孟罗·斯密：《欧陆法律发达史》，姚梅镇译，中国政法大学出版社1999年版，第89页。

[6] Herwig Wolram, *History of the Goths*, University of California Press, 1990, p.170.

布罗(Ebro)河谷地带的部分地区,也于466年归于西哥特王尤列克治下。至476年,西哥特控制了高卢南部地区,以及几乎整个伊比利亚半岛。[1]

《尤列克法典》约有350条,保留下来的只有第276条至336条,占全文的1/6。由于其内容独立成章,留存下来的内容也较多难以辨认或理解,因此研究难度很大。[2]有学者指出,该法典内容所涉及的主题包括边界、委托、销售、赠与和继承等方面。[3]另有学者认为,《尤列克法典》主要是关于因各种伤害如盗窃、损害财产、私人伤害、性侵犯和杀人等而引起的对受害人或其家庭的金钱赔偿规则,其条款内容十分详尽,而且反映出几乎未受到罗马法影响的特征。[4]

实际上,上述观点并不正确。从保留下来的法典条款可见,西哥特人采用了罗马法的许多规则和条款,这与他们与罗马人保持长期接触密不可分。早在入侵罗马之前,哥特人生活的地区已有从事商业活动的罗马人,相应的罗马法也开始影响蛮族人的制度。当然,正如学者所言,"同时不能过分夸大这种影响","它反映的是一种独特的立法文化"[5]。

与其他法律形式相比,法典是法律制度文明中最大的本土资源。法典是我们了解人类法律制度文明以至整个制度文明最集中、最权威的典籍,是我们能够得以近距离或直接而真切地观察某种法以至某种法律制度文明的主要钥匙。彼得·斯坦认为,在《狄奥多西法典》和罗马法学家的论著中也找不到《尤列克法典》的若干条款,而且《尤列克法典》的若干规定已经不具有日耳曼性质,因而该法典具有混合性。[6]本书则认为,《尤列克法典》无疑仍是属于日耳曼法系的,不能因为法典的个别条款学习了其他法系的规则,而否定其总体性质。

尽管拥有坚守传统的习惯,在由部族习惯法向封建成文法演进的历程中,日耳曼法仍然逐步与罗马法和教会法融合,形成了多个分支,《尤列克法典》即是其中的一支。后来的所谓日耳曼法系,就是以《尤列克法典》等为代表的公元5世

---

[1] 除加利西亚省份(Galicia)仍被苏维汇占领外。

[2] 李秀清:《日耳曼法研究》,商务印书馆2005年版,第11页。

[3] Jill Harries, *Not the Theodosian Code: Euric's Law and Late Fifth-century Gaul*, Society and Culture in Late Antique Gaul (Edited by Ralph W. Mathisen and Danuta Shanzer), Ashgate Publishing Limited, 2001, p.41.

[4] Peter Stein, *Roman Law in European History*, Cambridge University Press, 1999, p.39.

[5] 李秀清:《日耳曼法研究》,商务印书馆2005年版,第11页。

[6] Peter Stein, *Roman Law in European History*, Cambridge University Press, 1999, p.39.

纪至 16 世纪适用于日耳曼诸国的具有共同法律传统的法律规范的总称。尤列克于 484 年去世时，正是通过《尤列克法典》，留给了继承者巨大的精神财富，影响了其后西哥特王国的立法。[1]一方面，法典可以把统治者所选择的并且为社会生活所认同的法律制度，以比较完整的形式固化下来；另一方面，法典编纂所包含的技术因素，使成为法典能够传诸久远的一个优势条件，影响深刻而广远。

在人类历史上，人们对法律形式的偏好是一致的，都喜欢公开的法，厌恶不公开的法。梅因（Henry James Sumner Maine，1822—1888 年）在《古代法》第一章中开篇即谓："世界上最著名的一个法律学制度从一部'法典'（Code）开始，也随着它而结束。"[2]虽然实际的情形不完全如此，梅因此言的目的也不在于突出法典作为一种制度形式的极端重要性，而梅因此语相当程度地符合法律制度演进的历史，也从反面印证了法典在制度文明中的核心位置，我们仍然不能不表示认同。

无论是法典还是判例，公开的法总是以文字形式表现的。只不过在早期，由于统治者的专横和人民知识的匮乏，人民的愿望被强制性地压制了。[3]日耳曼人并非不喜欢成文的公开的法，《尤列克法典》的颁布，客观上明确了统治权的归属，即现在颁布法律的是西哥特国王，而非罗马皇帝。法典是固化和记录一定的统治秩序、社会秩序和社会改革成果的更有效的形式，是统治者或国家政权为治之要具和要途。法典和法典编纂是在法律制度领域治乱和实行统一的有效手段，在整肃立法、维护法制统一方面有显著功效。法典的统一性，也是一定的法律制度、法律文化得以崛起或得以复兴的关键条件。

包括《尤列克法典》在内，这一时期的法典，大部分依赖有文化的罗马法学家和教会神职人员，用拉丁文写成。其修撰过程，是同智者和地方长老商讨后，搜集处理各类案件所依据的习惯法规则而成。因此，这些法典从搜集、整理习惯法开始，多数是习惯法的汇编，没有形成抽象的概念和原则。正是在此意义上，这些由习惯整合而来的法典，成为习惯向法升格的路径。在许多情况下，以法典的形式对习惯予以肯定或采纳，使习惯固定化并具有普遍性和明确性的品性。"如

---

[1] P.D.King, *Law and Society in the Visigothic Kingdom*，Cambridge University Press，1972，p.1.

[2]〔英〕梅因：《古代法》，沈景一译，商务印书馆 1984 年重印本，第 1 页。

[3] 吴君辉：《对事实出发型与法规出发型民事诉讼划分之追问》，载《湘潭大学学报》（哲学社会科学版）2007 年第 5 期。

同过去的罗马皇帝一样，尤列克国王发布的规则中，也常包含一些道德训诫，一方面表明国王具有道德人格，另一方面增强法律的教育功能，确立人们应该或不应该做的道德规则。"[1]

蛮族大规模的入侵往往没有特别明确的政治规划，其结果通常表现为，对原有社会的秩序造成未曾预料的严重扰乱。随着罗马帝国时期强大的中央权力及其中央化的行政机制不可避免地衰落，新兴的蛮族国家缺乏统治经验，也常常对此感到手足无措。他们试图通过各种政府管理手段，希望对社会进行有效控制，颁布包括《尤列克法典》在内的成文法典，就是这些手段之一。但是情形很难一下子改观，如学者所言，"鉴于尤列克作为非同寻常的西哥特统治者的声望及人们对他的畏惧，故在其位于图卢兹的法院里，经常聚集着许多其他民族的大使们和伸冤喊屈者。"[2]

四、阿拉里克二世与《阿拉里克法律要略》

《阿拉里克法律要略》并非真正的日耳曼法，但由于是日耳曼人编订的罗马法辑要，因此也有研究的必要。它还有许多其他名称，如"罗马法辑要"(Liber Legum Romanarum)、"法律大全"(Corpus Legum)、"狄奥多西法"(Lex Theodosii)、"罗马人法"(Lex Romana)、"狄奥多西罗马法辑要"(Liber Theodosianus Legis Romana)、"西哥特罗马法"(Lex Romana Visgothorum)等。[3] 尽管是根据罗马法编成的，作为蛮族国家中较早的一部成文法典，《阿拉里克法律要略》对其他蛮族产生了重要的影响。

下令编订《阿拉里克法律要略》的是阿拉里克二世。阿拉里克意为"所有人的统治者"，是一个日耳曼语的名字。有两位西哥特国王叫这个名字，一位是上文提到的西哥特人首领阿拉里克一世（395—410 年在位），曾在罗马帝国军队中服役，一般认为他是西哥特王国的缔造者；另外一位是西哥特国王（485—507 年在位），尤列克之子，在他父亲去世后即位，统治的领土包括整个高卢和大部分西班牙，

---

[1] Jill Harries, *Not the Theodosian Code: Euric's Law and late Fifth-century Gaul*, *Society and Culture in Late Antique Gaul* (Edited by Ralph W. Mathisen and Danuta Shanzer), Ashgate Publishing Limited, 2001, p.42.

[2] 李秀清:《日耳曼法研究》，商务印书馆 2005 年版，第 12 页。

[3] 〔英〕梅特兰等:《欧陆法律史概览:事件，渊源，人物及运动》，屈文生等译，上海人民出版社 2008 年版，第 15 页。

又称阿拉里克二世。

像大多数西哥特人一样，阿拉里克二世是一个阿里乌斯派教徒，被正统的基督教会视为异端。西哥特人信奉阿里乌斯派教义的事实，给了法兰克国王克洛维一世——一个从正统教会受洗的野心家——袭击西哥特王国的借口。但是，阿拉里克二世是一个宽容的统治者，非常注意保存罗马文化，准许其罗马臣民信仰基督教正统教义。506 年，阿拉里克二世下令重新编纂法典，并邀请罗马贵族参与。

下令编成《阿拉里克法律要略》，是阿拉里克二世最重要的贡献之一。当时，由于存在着多种罗马法文本，法律实践过程中出现了许多不确定性和混乱的局面。阿拉里克以罗马法作为西哥特王国境内的法律基础，目的就在于改善这一局面。如梅特兰所言，"他计划将实践中最重要的法规作个摘要，并将此任务委托给一个法学家委员会，他们用类似于后来完成查士丁尼法律著作的方案完成了此项任务。"[1]

与查士丁尼的编纂者相比，《阿拉里克法律要略》的编纂者没有对他们节选的篇章加以变更，也没有分拆或毁损它们。实际上，在《法律要略》之中，整部《狄奥多西法典》都被编选于其中。编纂者仅删除了法典中与现存社会条件不相适应的部分，主要是有关政府组织的内容。隶农法也被收入法典之中，强调大土地所有者可以把隶农从一个领地迁移到另一个领地，允许把企图逃跑的隶农罚为奴隶。如果罗马贵族的田庄被人非法侵占，他可以得到赔偿，即使他本人住在新王国疆域之外。[2]

罗马人称呼"法"为"jus"，其复数形式为"jura"。拉丁语中"法律"称为"Lex"，有时也指称罗马公法或私法，其复数形式为"Leges"。《阿拉里克法律要略》所使用的渊源不仅仅是"jus"，而且还有"Lex"。编纂者们不仅参考了《狄奥多西法典》并使之得以保存下来，也参考了《狄奥多西新律》（Theodosius）、《瓦伦提尼安三世新律》、《马里西安新律》（Marcianus）、《马吉奥里安新律》（Magiorianus）、《西弗勒斯新律》（Severus）等。他们还参考了盖尤斯（Gaius）的《法学阶梯》（Institutes of Gaius）[3]、保罗的《保氏案例》、《格列高利法典》（Codex Gregorianus）

---

[1]〔英〕梅特兰等：《欧陆法律史概览：事件，渊源，人物及运动》，屈文生等译，上海人民出版社 2008 年版，第 15 页。

[2] 例如，贝拉·帕乌林谈到他在波尔多附近的地产曾被一个哥特人强占，他为此而得到一笔钱。

[3] 它并非原版，它被收录于一部称为《盖氏法》（Liber Gai）的概要之中，后者专为法庭实务而设计使用，因此在 3 至 4 世纪间的罗马大学中非常流行。

和《赫尔莫杰尼安法典》（Codex Hermogenianus）中的一些敕令[1]，以及出自帕比尼安（Panpinian）《解答集》（Responsa）中的一节。[2]

除盖尤斯《法学阶梯》中摘取的那一节因为早已被运用到实务之中而不需要进一步的处理，其余部分均被附上了"解释"，即一种对文本兼有"概况和解释"的释义，旨在解释意思模糊的条文规则。"但是，这种'解释'并非由编纂《法律要略》的那些哥特人所为，这些工作实际系由讲授罗马法的教师完成，他们在帝国后期的主要任务，就是将先前的法律文本适用于新的情况之中。"[3]也有学者认为，因它在意大利长期流行，其部分内容为意大利立法所吸收，它的数部手稿后来就是在意大利被发现，其注释和摘要出自意大利人之手。[4]

《阿拉里克法律要略》的出台，是阿拉里克改变统治策略的重要表现之一。从保留下来的若干手稿所记载的法典序言中，可以管窥其编纂的过程："本书内收辑了选自《狄奥多西法典》和其他书籍的关于衡平的法规和决定，并根据阿拉里克国王在其王位的第二十年颁布的命令作了解释，杰出的戈亚里克伯爵（Count Goiaric，时任宫廷大臣，负责监督这部法典在整个王国内的执行）主持了这一项工作。……靠着上帝的帮助，为了我们人民的利益，我们经过深思熟虑的讨论之后，已经改正了法典中一切看来不公正的东西，这样，靠着教士和其他贵族的劳动，罗马法和我们自己古代法典中一切模糊的地方都得以廓清，使它更加明白，丝毫没有模棱两可之处，并不致为辩护人提供一个延长争论的理由。"[5]

506年，《阿拉里克法律要略》编纂完成，在加斯科涅（Gascony）的亚尔（Aire）被置于民众议会面前，以获得批准。法律正文被存放在王室档案馆中，副本作为标准文本，分发至王国的每一位伯爵手中，并附有王室命令(commonitorium)。此后，所有其他罗马法均不得再用，独尊此部法典。如基佐所言，"所有这些法规已加以解释，并已经通过贤人的选择重被结合在一本书里，可敬的主教们和为此目的而

---

[1] 由于这些法典系私人汇编，因而没有达到"Leges"的规格，虽然它们的内容是"Leges"。

[2]〔英〕梅特兰等：《欧陆法律史概览：事件，渊源，人物及运动》，屈文生等译，上海人民出版社2008年版，第15页。

[3] 同上。

[4] 参见由嵘：《日耳曼法简介》，法律出版社1987年版，第11页。

[5]〔法〕基佐：《法国文明史》（第一卷），沅芷、伊信译，商务印书馆1999年版，第269—270页。

选出来的我们各省的子民批准了所说的集子，并附加了一篇明白的解释。"[1]

次年，西哥特人在武耶被克洛维击败，阿拉里克二世被擒杀。此后，西哥特人被永久逐出高卢，法兰克人占据了这一地区。是年以后，西哥特王国的政权被东哥特国王直接或间接控制。从这一年直至548年，被认为是东哥特对西哥特内政的"干涉期"，也可以说是西哥特在伊比利亚统治的"模糊期"，相关史料非常匮乏。[2]这一时期，西哥特王位更替频繁，国王多死于宫廷政变。然而，法律的力量一度超越了政治，《阿拉里克法律要略》在阿拉里克二世被杀后，仍然长期具有官方效力。

不仅如此，该法典在西哥特王国持续生效了近150年，并拥有一定的域外影响力，对勃艮第王国的法律也产生了较大影响。"534年，当法兰克人灭亡勃艮第王国之后，它继续适用于原臣属于勃艮第王国的罗马人之间。""在后来查理曼颁布的法规中，也包含其部分内容。"[3]以至于有的学者认为，该法典是日耳曼人统治地区为罗马人制定的最重要的一部简明罗马法，至12世纪以前，仍是西哥特王国原属地域内最具权威的罗马法，即使在此地区外，凡有罗马人生活的地方，它均有法律效力。直至12世纪中叶，英、德、法等国的法律、著述和教本，仍无不取材于该法。[4]

6世纪初，由于罗马旧贵族在地方事务管理中仍拥有很大影响力，西哥特的一些上层将领对国王的效忠程度有所下降，反而更愿意与前者合作。最常见的方式，是旧罗马贵族和日耳曼上层的联姻。这种联姻是他们相互融合的开端[5]，奠定了哥特和当地旧罗马贵族共同治理西班牙地区的政治格局。后来，西哥特国王们在政策上发生了变化，着手统一和强化政权，决意根除两个臣民种族之间的差异。为了达到这一目的，他们没有将日耳曼民族置于罗马法之下，而是使罗马臣民与入侵的征服者们融为一体。约7世纪中叶，理塞斯维德（Reccesvind，又译"李塞斯文"）

---

[1]〔法〕基佐：《法国文明史》（第一卷），沅芷、伊信译，商务印书馆1999年版，第270页。

[2] Peter Heather，*The Visigoths from the Migration Period to the Seventh Century: An Ethnographic Perspective*，Woodbridge，Boydell Press，1999，p.477.

[3] P.D.King，*Law and Society in the Visigothic Kingdom*，Cambridge University Press，1972，pp.10—11.

[4] 冯卓慧：《罗马私法进化论》，陕西人民出版社1992年版，第15页。

[5] Hagith Sivan，*The Appropriation of Roman Law in Barbarian Hands: Roman-barbarian Marriage in Visigoth Gaul and Spain*，in Pohl and Reimitz eds.，*Strategies of Distinction: The Construction of Ethnic Communities，300—800*，Boston：Brill Academic Publishers，1998，pp.189—203.

废除了《法律要略》。不过,在他统治的法兰克—西班牙(Franco-Spanish)地区以外,《要略》的流行仍未停止。[1]

五、《西哥特法典》

《西哥特法典》由 7 世纪中叶西哥特国王智达斯维德(Chindasvind)和理塞斯维德制定。其中的罗马法成分,渊源于上文所述西哥特国王阿拉里克二世召集罗马法学家编辑的《阿拉里克法律要略》。654 年,《西哥特法典》颁布,与此同时,《阿拉里克法律要略》在西哥特王国停止适用。但是,后者仍是西班牙民族法律的基础,直至 1348 年西班牙国王颁布的《七章律》(Siete Partidas,又译《七部律》)中仍是重要的渊源,甚至至今,其效力仍未被西班牙立法当局废止。如前所述,相对于真正的罗马法而言,初生的日耳曼法实在太过简单、粗陋,即使被涂抹上日耳曼色彩,仍然被贬称为"粗俗法"(Vulgar Roman Law;德语为 Vulgärrecht)。

阿拉里克二世为避免发生激烈冲突而为罗马人颁布法典的努力并未获得预期的成功,他本人也死于与罗马人之间的战争中。"此后紧接着的一段历史是西哥特王国充满动荡和骚乱的时期。"[2]莱奥维希尔德(Levoigild,568—586 年在位)之后,西哥特在伊比利亚半岛重新确立了统治。569 年,莱奥维希尔德在托莱多被拥立为王,娶了阿萨纳吉尔德(Athanagild,554—567 年在位)的遗孀高顺斯(Gosunth)为妻,最大限度地争取到政治支持。在任期内,他以武力统一了伊比利亚半岛,为西哥特在伊比利亚半岛恢复统治建立了不朽的功勋。在他统治期间,西哥特王国的领土得到扩张,一改阿拉里克二世去世以来的动荡局面。

在平定内乱和防卫外敌侵略的斗争中,莱奥维希尔德终于扭转了西哥特王国颓废的趋势,在半岛大部分地区确立了自己的权威,并且认识到提高君主地位的必要性。他在《尤列克法典》的基础上进行修改,颁布了《修订法典》,即《莱奥维希尔德法典》(Code of Leovigild or Codex Revisus)。此外,他还采取了许多措施,希望西哥特人能从罗马分离出来,并彻底实现独立。但事实证明,这些措施往往

---

[1]〔英〕梅特兰等:《欧陆法律史概览:事件,渊源,人物及运动》,屈文生等译,上海人民出版社 2008 年版,第 16 页。另请参考〔法〕孟德斯鸠:《论法的精神》(下册),张雁深译,商务印书馆 1997 年版,第 219 页。

[2] E.A. Thompson, *The Goths in Spain*, Oxford, 1969, pp.7—19.

事倍功半，甚至徒劳无益。没有人可以阻挡西哥特人与罗马人联系的日益密切。

　　莱奥维希尔德武力统一西班牙后，其统治所依赖的力量无非两个方面：哥特军事贵族和西班牙地区罗马化的地方贵族。事实上，罗马帝国后期，地方统治体制就采取军政分离的制度，具体到西班牙地区为哥特人分管军事、罗马地方贵族掌管地方政务。在西哥特统治西班牙时期，这两方阵营统一在勒菲吉尔德之下，在政治和军事上共同合作。但是，宗教领域的分歧却成为两方阵营斗争的焦点，哥特人信仰阿里乌斯派，而地方旧罗马贵族多信仰天主教派，因此，宗教斗争成为威胁王国正常运行的首要因素。双方阵营在宗教领域的分歧必然引起斗争，乃至直接威胁到王国的政治稳定和安全。

　　正是在此意义上，《修订法典》中的两项内容尤其引人瞩目：一是废止原来的异族通婚的禁令，二是加强宗教的统一。莱奥维希尔德计划在修改阿里乌斯教教义的前提下，作出一定的让步，使宗教实现统一。[1] 约 580 年，他在托莱多召开了全国性的阿里乌斯教派宗教会议，会议最显著的成果，就是修改了阿里乌斯教派部分教义，承认"圣子与圣父地位平等，圣子与圣父同一，并且永生"这一理念，藉此减少天主教和阿里乌斯教派关于三位一体学说的分歧，缓和王国内部的宗教及政治纷争，让天主教徒，至少是天主教的主教们更容易接受。[2]

　　6 世纪末，西哥特历史发展实现了重要的转折。586 年，莱奥维希尔德的儿子瑞卡尔德一世（Reccared I，586—601 年在位）继承王位。589 年，瑞卡尔德主持召开第三次托莱多宗教会议，决定西哥特王国正式放弃阿里乌斯异端，改宗天主教。这一改信的重大意义，在于西哥特教会内所有基督徒实现团结，成为实施统一法律的强大力量。[3] 除国王和王后外，还有 72 位主教和一些次级教会人员以及一些哥特贵族参加了这次会议。[4] 会议上最终确立西哥特社会放弃阿里乌斯教派，改宗天主教，并制定相应法律来管理今后的教会运作。在法律特权方面，规定教职人员的纷争要交由教廷特别法庭处理，教职人员禁止向世俗社会提出法律起诉，

[1] 李秀清：《日耳曼法研究》，商务印书馆 2005 年版，第 16 页。

[2] Collins Roger, *Visigothic Spain：407—711*, London：Blackwell Publishing，2006，p.57.

[3] P.D.King, *Law and Society in the Visigothic Kingdom*，Cambridge University Press，1972，p.16.

[4] 具体人数不确定，也有 67 位主教的说法，这里采用柯林斯·罗格的观点。Collins Roger, Law, *Culture and Regionalism in Early Medieval Spain*，p.5.

否则将被开除教籍。自此,区域的和宗教的法律整体以宗教会议决议形式开始存在。

斯维提拉(Svintila,621—631年在位)时期,王国虽然得到进一步的统一,实力也有所增强,但法律的统一仍然毫无建树。

642年,智达斯维德登上王位,法典的编纂终于有了很大起色。643—644年间,他颁布了西哥特王国第一部区域性法典,虽然该法典存在时间不长,但却为其儿子理塞斯维德刊印《西哥特法典》奠定了坚实的基础。《法典》与历史阶段的划分相对应,也分为两个部分,第一部分被称作《古代法》(Antiqua),内容是针对先前立法者法律作品所作的汇编及增补;第二部分就是我们今天所称的《西哥特法典》。

在智达斯维德和理塞斯维德统治时期,他们把罗马法和日耳曼法融合为一个法律体系,同时,宣布废止适用于罗马臣民的《阿拉里克法律要略》,以适应时代要求。

约654年,理塞斯维德批准颁布了这部法典,其大部分内容在其父智达斯维德时期就已定型。法典共有12卷,一名《判决书集》(Liber Iudiciorum)。每卷都有标题和Erae,少数还有Capitula。每个Erae都有名称,大部分是antique(古老的),还有的以西哥特国王的名称命名。那些被称为antique的部分,应该属于失传的《利奥维吉尔德法典》。

从结构看,《西哥特法典》与罗马法著作一样,除序言外,分为12卷,每卷都有标题,又都划分为篇,篇下设章或敕令,每则敕令上,都有王室制定者的名字,或注明基于《古代法》或它的修正本。《古代法》在编排上并未细化到各个主题,采用的编排方式是一章接着一章。法典的主要内容,来自此前不同时期西哥特王国以国王名义——尤其是国王莱奥维希尔德、智达斯维德和理塞斯维德——颁布的法典条款。[1]有学者认为,这部法典"同时兼有立法的、哲学的和宗教的性质,具有法律、科学和布道等多种性能",[2]所以不仅是一部法律条款的总汇,不仅是一部法典,还是一种哲学体系、一种学说,一本包含了道德箴言、恫吓和忠告于一体的总集,是一部对后世有重大影响、内容丰富的立法作品,一部集政治、民事和刑事等法律内容为一体的综合性大典。

《西哥特法典》并非是最终的西哥特法律汇编。681年,在国王埃尔韦格(King

---

[1] P.D.King, *Law and Society in the Visigothic Kingdom*, Cambridge University Press, 1972, p.19.

[2] 〔法〕基佐:《法国文明史》(第一卷),沅芷、伊信译,商务印书馆1999年版,第260页。

Ervig, 680—687 年在位）的主持下，法典得到了扩编，被称作《西哥特埃尔韦格法典》（*Lex Visigothorum Ervigiana*）。国王埃尔吉卡（Ergica，687—701 年在位）期间，又有进一步的增订。该法典具有较完备的体系，也分 12 卷，卷下设篇章，但各篇的章数并不均等，最少的篇只有 2 章，多则 7 章。各章又分为彼此独立的带有标题的若干条款，最多的一章含有 32 个条文。每篇都有一个意指本篇大致内容的简短标题，只有第一篇例外，它的标题为"关于立法规则"（De instrumentis legalibus），事实上，其中规定的却是法律哲学方面的内容，包括立法者的义务、正确法律的性质等。[1] 梅特兰认为，这部作品的风格夸大而冗长，其中充斥着道德非议和单调乏味的解释，同时，"它的拉丁文风和思路要旨都优于其他日耳曼法典，它仔细地效仿过罗马法和基督教教规"。[2]

　　几乎每个西哥特国王都对法律进行革新和补充，使《西哥特法典》具有以命令方式表达立法意旨的特征。历代的日耳曼统治者们，都自觉地把日耳曼法和罗马法因素结合起来，使得后人想要分清这些法规中包含的各种因素，变得极为困难，更何况，教会法规对其影响也日渐加强。它在民间的普及度十分广泛，西哥特王国在后来遭到阿拉伯人征服之后，在阿拉伯人未能攻破的地区仍得以幸存。正是出于上述原因，后世许多法典都奉之为楷模，它一直是其他日耳曼部族法典的渊源。

第五节　勃艮第王国的法律

一、勃艮第王国和贡都巴德国王

　　勃艮第王国，是 5 世纪初勃艮第人在西罗马帝国境内高卢东南部建立的日耳

---

[1] A. K. Ziegker, *Church and State in Visigothic in Spain*, Washington D. C., 1930, pp.70—73.

[2] 〔英〕梅特兰等：《欧陆法律史概览：事件，渊源，人物及运动》，屈文生等译，上海人民出版社 2008 年版，第 43—44 页。

曼国家。

勃艮第人是日耳曼民族之一，原属斯堪的纳维亚日耳曼人的一支，居住在波罗的海南岸的波恩荷尔姆岛，后来迁移至维斯杜拉河下游。他们与罗马帝国的最初接触，大约在 3 世纪。约在 4 世纪末，勃艮第人随着蛮族入侵的旋风来到欧陆中部。5 世纪初，罗马帝国逐渐衰落，蛮族人不断侵入罗马帝国境内，勃艮第人也进抵莱茵河畔，主要活动中心在沃尔姆斯（Worms）一带。

406 年，勃艮第人开始出现在莱茵河西岸，发动了进攻罗马人的战争。罗马皇帝霍诺里乌斯（Honorius，395—423 年在位）迫于压力，授予勃艮第人土地，使他们作为同盟者，在罗马帝国境内定居下来。413 年，勃艮第人在罗马帝国境内建立了以沃尔姆斯为首都的王国。436 年，他们被匈奴雇佣兵所灭，许多勃艮第人与国王广德哈尔（Gundahar）同时遇害。443 年，他们以西罗马帝国同盟者的身份，居住在萨伏依（Savoy），一些勃艮第人作为罗马盟军，参与了 451 年的沙隆会战（Battle of Châlons）。

452 年，勃艮第人以里昂为中心建立了第二个勃艮第王国，[1] 约 457 年，又占据了罗纳河和索恩河流域。遭受匈奴人侵袭后残存的勃艮第人，被罗马帝国赐予日内瓦以北的萨堡迪（Sabaudia）地区的土地，从此，勃艮第王国沿着罗纳河渐渐向南部扩展。法兰克人进犯北高卢时，居住在莱茵河上游的勃艮第人，进入了高卢东南部的罗纳河流域。勃艮第王国虽然不大，但却占据了高卢东部的一块肥沃土地，并切断了罗马帝国和北高卢之间的联系。

勃艮第国王广迪科（Gundioc，437—474 年在位）死后，诸子争位。474 年，贡都巴德（Gundobad，474—516 年在位）杀死其弟希尔佩里克（Chilperic），成为勃艮第人的国王。500 年，他的另一个弟弟戈迪吉塞尔（Godegisel）逃到法兰克王国，唆使国王克洛维攻打贡都巴德。在武耶战役（Battle of Vouillé）中，贡都巴德兵败，被迫向克洛维纳贡。不久，贡都巴德恢复实力，停止向法兰克王国纳贡，并杀戈迪吉塞尔，巩固了对勃艮第的统治。

贡都巴德统治时期，勃艮第王国的实力达致鼎盛。虽然在西部和南部，它

---

[1] 关于此点仍有争议，也有学者认为，是公元 443 年，在国王广迪科（Gundioc，437—474 年）的领导下建立了相对稳固的第二个王国。李秀清：《日耳曼法研究》，商务印书馆 2005 年版，第 25 页。

受到强大的西哥特人的威胁，同时还受到来自法兰克王国的威胁，但是，勃艮第王国不但没有被摧毁，反而将王国的版图扩张得非常辽阔，西北延伸至朗格勒斯（Langres），东北至侏罗纪（Jurassic）北面，东至阿尔卑斯山脉，西到罗纳河的部分流域和卢瓦尔河的上游。

贡都巴德对高卢的罗马居民采取宽容政策，尝试制定能公平对待勃艮第人和罗马人法典。他以拉丁文颁布《贡都巴德法典》（Lex Burgundionum，亦称《勃艮第法典》），为勃艮第人和罗马人所通用。又颁布《勃艮第罗马法典》，专为罗马人使用。在他统治下，勃艮第人相对和平地逐渐进入罗马帝国的罗纳河流域，甚至可能是受到寻求招募兵员的罗马人的邀请，才进入了帝国的境内。[1] 他们没有必要采取激烈的措施，迫使居民中的一方去接受另一方的习惯或法律。因此，在贡都巴德统治时期，开始了将勃艮第习惯法典化的工作，最终完成这一工作的，则是他的儿子西吉斯蒙德（Sigismund，516—524 年在位）。

在贡都巴德统治下，勃艮第人并不强迫罗马人必须遵守他们的习惯，而是采取使勃艮第人与罗马人各自遵守本民族的习惯或法律的措施。作为同盟者定居于罗马帝国的勃艮第人，有权拥有原属罗马人的一部分土地，为此，需要制定法律，调整两个民族的经济关系及社会关系。法典既为勃艮第人制定的，也为解决罗马人和勃艮第人之间可能发生的争讼而制定的。当争讼发生时，由罗马人和勃艮第人各占法庭的半数，体现了超越民族的公平性。[2] 孟德斯鸠非常推崇贡都巴德制定的法典，认为它非常公平，并不厚勃艮第人而薄罗马人。

516 年，贡都巴德去世，其子西吉斯蒙德继位，勃艮第王国的处境大不如以前。勃艮第人原信基督教的阿里乌斯派，但对罗马教会友好相待。西吉斯蒙德在位时，勃艮第人皈依罗马教会。从 523 年起，法兰克人连续进攻勃艮第王国，西吉斯蒙德战败被俘，次年被杀。532 年，勃艮第人终于被打败。533 年，克洛维的几个儿子联合起来，消灭了勃艮第王国，并从东哥特人手中夺取了普罗旺斯（Provence）地区。534 年，法兰克统治者瓜分了勃艮第王国。

之后，勃艮第作为法兰克王国下的一个次级王国存在，国王由墨洛温王族担任。

---

[1] 李秀清：《日耳曼法研究》，商务印书馆 2005 年版，第 26 页。

[2] 〔法〕孟德斯鸠：《论法的精神》（下册），张雁深译，商务印书馆 1997 年版，第 219 页。

此时的勃艮第王国，不仅包含原先勃艮第王国的版图，还包括普罗旺斯。虽然面积有所扩大，有时甚至像是一个半独立的实体，实际上，在法兰克王国内部，它的话语权已经很小。不过，勃艮第的伯爵们仍然拥有较强的力量，相对独立于法兰克人的统治。"因此，独立的传统在区域内得以保留下来，已经灭亡的勃艮第王国，也因而在整个中世纪历史中扮演着重要的角色。"[1] 即使后来勃艮第被合并于次级王国纽斯特里亚（Neustria），仍能保持相对的自主权。至加洛林王朝时代，勃艮第仍处于统一的帝国之下，直到凡尔登条约的签订。

二、《勃艮第法典》

关于《勃艮第法典》（Lex Burgundionum，又称为 Liber Legum Gundobadi，Lex Gundobada，La Loi Gombette，Gombata 等）的记载很少，所以，要将其历史叙述清楚，不是一件容易的事。即使是同一位学者，在提及勃艮第的法典立法史时，也常常会自相矛盾。如基佐在其《法国文明史》中，就曾笼统地说："勃艮第人的法律则是从 517 年开始的"[2]，有时却又说："勃艮第人的法典是在 467 年或 468 年和 535 年之间编纂的"[3]。

不过，可以肯定的是，《勃艮第法典》的第一位制定者是贡都巴德国王，这部法典既适用于勃艮第人之间的纠纷，也适用于勃艮第人与罗马人之间的纠纷。法典原文记载中，署有贡都巴德的名字"gondebada"，那些确认此法为他们"属人法"的人们，则被称为贡都巴德人"gondebadi"。

《勃艮第法典》由贡都巴德和他的先王们制定的法令构成，其条文内容分布于"主敕令"（prima constitutio）之下。法典留存 13 个文稿，全部为 9 世纪后的作品。其中，5 个文稿为 105 条，其他的为 88 条，或在这些条款基础上有不同数量的补充。如学者所言，"从这些文稿可以看出，法典显然并不是在同一个时间里组合而成的，而且从其内容上看，前 88 条出台的时间似乎相对早些，第 88 条至第 105 条

---

[1] *The Burgundian Code*, Translated by Katherine Fischer Drew, University of Pennsylvania Press, 1972, "Introduction", p.3.

[2]〔法〕基佐：《法国文明史》（第一卷），沅芷、伊信译，商务印书馆 1999 年版，第 168 页。

[3] 同上书，第 250 页。

和宪法教令集（Constitutiones Extravagantes）部分似乎是后来补充的——但它们并不完全为不相同的法律，补充部分仅仅是对已有条款作更正确的界定而已。"[1]法典的第42条至第88条，依据不同次序而注明日期为501年至517年，那些注明为516年前的条款，是国王贡都巴德所颁布，此年之后的条款则是西吉斯蒙德颁布的。从法典文字修辞风格和内容中提到的"较早的法律"字样可以看出，这些条款中没有一条颁布于501年之前。[2]

按照基佐的观点，《勃艮第法典》由三部分条款组成，分属于不同的时期，包括最初41条的第一部分，显然是国王贡都巴德统治时期编成，且在501年以前似乎已经颁布；从第42条起，立法的性质发生改变，新的条款对旧的法律几乎无任何改动，而是把旧的条款加以说明、改进、完善并明确地公布出来，应为西吉斯蒙德于517年前后整理公布；最后部分由两个补篇构成，大概也是西吉斯蒙德以增补或附录的形式加入的。[3]一些学者将后面这些条款称为"additamenta"（增补、附录），也同意这样的观点，即法典后面的附加为私人所为，而非官方的表述。[4]

梅特兰也认为，《勃艮第法典》的编排缺乏顺序性，充分展现了其立法过程的模糊性。[5]与基佐类似，他也把法典条文分为三部分，第1至41篇看来最为古老，可能是贡都巴德保留下来的早期法令；第42至88篇的形式看来较为合理，都标注了日期，陈述了原因，提及了曾修改过的早期法律，应该是贡都巴德制定的文本；第89篇至结尾则属于一个大杂烩，可能并不是原文本的组成部分，而是西吉斯蒙德的补充法令。[6]很多学者曾认为，《勃艮第法典》的制定时间可以追溯至贡都巴德执政后不久，但是，该法典中的起始部分，即第2条至第41条，不可能是在西哥特国王尤列克于476年颁布其最早版本的《尤列克法典》之前编纂的，认为《尤

[1] 李秀清：《日耳曼法研究》，商务印书馆2005年版，第28页。

[2] *The Burgundian Code*, Translated by Katherine Fischer Drew, University of Pennsylvania Press, 1972, "Introduction", p.7.

[3]〔法〕基佐：《法国文明史》（第一卷），沅芷、伊信译，商务印书馆1999年版，第250—251页。

[4] *The Burgundian Code*, Translated by Katherine Fischer Drew, University of Pennsylvania Press, 1972, "Introduction", p.6.

[5]〔英〕梅特兰等：《欧陆法律史概览：事件，渊源，人物及运动》，屈文生等译，上海人民出版社2008年版，第42页。

[6] 同上。

列克法典》为贡都巴德编纂法典的部分内容提供了某些范例，显然更合乎情理。[1]

就整部法典来看，可以看到罗马法的某些明确的印记，如其中提到，"正如我们的前辈们所确立的那样，根据罗马法裁决罗马人之间的诉讼"[2]。在分析勃艮第王国的法律之所以深受罗马法影响时，应当注意这样一个事实：贡都巴德曾对勃艮第王国立法作出了重要贡献，而在他于 474 年成为国王之前，曾任职于罗马帝国法院。[3]《勃艮第法典》中所使用的氏族成员 "fara-manni" 一词，同时也指勃艮第人，这是针对罗马居民说的。既然罗马居民不包括在勃艮第氏族内，而在勃艮第人那里，土地的分配是按照氏族进行的，所以日耳曼法学家们好几百年为之绞尽脑汁的 "faramanni" 问题，如此便可以解决。根据《勃艮第法典》，勃艮第人从国王那里得到的土地若发生纠纷，不管是被告，还是原告，都允许根据罗马法解决案件。[4]这是因为，国王所赠的土地都是原属罗马帝国国库所有的土地。但法典内容无论是其前半部分还是后来修改而成的条款，都主要是寻求调整私人之间的关系，诉讼程序在法典中所占的比例较高。

《勃艮第法典》涉及民事方面的法律条款内容，反映了日耳曼法中的典型夫妻财产制，即共同财产制。这一制度的产生和日耳曼习惯法上的团体主义有一定的关系，同时受基督教夫妻一体观念的影响。[5] 具体来讲，可分为所得共同制和一般共同制（allgemeine Gütergemeinschaft）。一般共同制是指夫妻双方结婚后，财产合二为一，在婚姻生效期间共同使用和管理，夫妻间的共同所有关系及于一切财产。

在所得共同制当中，夫妻在婚姻关系存续中所得的不动产及一切动产，属于夫妻共有财产，由夫妻双方享有共有权。婚姻存续中取得的不动产，应以夫妻俩人的名义登记。婚前各自的财产仍属各自所有，但其中的不动产和相关的孳息收入，

---

〔1〕 如法典禁止实行 451 年以前的法律事务，这一时限在《勃艮第法典》中是因为凯伦斯（Chalons）战役而令人瞩目，在《尤列克法典》中是因为在对抗匈奴人的战役中狄奥多里克死亡而引人注意。见 *The Burgundian Code*, Translated by Katherine Fischer Drew, University of Pennsylvania Press, 1972, "Introduction", p.6.

〔2〕 *The Burgundian Code*, Translated by Katherine Fischer Drew, University of Pennsylvania Press, 1972, Law of Gundobad "Preface" 8.

〔3〕 *The Laws of the Salian Franks*, Translated and with an Introduction by Katherine Fischer Drew, University of Pennsylvania Press, 1991, pp.28—29.

〔4〕 "Law of Gundobad" IV.5., *The Burgundian Code*, Translated by Katherine Fischer Drew, University of Pennsylvania Press, 1972.

〔5〕 林秀雄：《夫妻财产制之研究》，中国政法大学出版社 2001 年版，第 32 页。

则由双方共同享有。基于丈夫的夫权地位，丈夫对婚姻中的全部共有财产享有"守护权"，即独占管理、收益和处分权能。但对于共有的不动产，不经夫妻双方同意，丈夫不得独自处分。这种夫妻共同财产制的形式，必然影响到继承的问题。《勃艮第法典》第 24 条第 1 款规定，勃艮第妇女在丈夫死后，根据习惯再结第二次婚或第三次婚，假如其每次结婚均生有儿子，则她在世时可以根据用益权占有婚姻赠与财产，但其死后，她从其父亲那里得到的赠与属于她的每个儿子，因此该妇女无权将此财产赠与、出卖或者转让于他人。

当勃艮第王国被法兰克人征服后，《勃艮第法典》遭到了法兰克神职人员的反对，尽管如此，这部法典仍然作为勃艮第人的"属人法"被保留下来，对勃艮第人继续生效。在法典的后半部分中，可以看到这样一种倾向：简单的习惯规则已经逐渐发展为更为复杂的国王立法。"虽然《勃艮第法典》是诸蛮族法典中涉及政治性内容最少的一部，但是它的序言、它的编纂风格以及立法精神，都能反映出此时勃艮第国王已经不再是一个单纯的军事首领或单纯的大业主，而王权已脱离了它的野蛮状态，以便成为一种公众的权力。"[1] 它代表着后来欧洲法律发展的一个过渡阶段，反映了日耳曼法律与罗马法律的最早融合。如基佐所言："《勃艮第法典》代表着脱离基于道德认可的部落习惯向基于政治的权威和国王权力的国王立法的转变"。[2]

三、《勃艮第罗马法典》

《勃艮第罗马法典》(Lex Romana Burgundionum)，简称 LRB，是为罗马人制定的、调整双方当事人都为罗马人的纠纷的法律，主要适用于法国的中东部地区。其结构和内容与《勃艮第法典》极为相似，内容涵盖民法、刑法及程序法。

因为早期原稿中的一个讹误，《勃艮第罗马法典》又称《帕比安解答法》(Responsum Papiani)，有时也称《解答法》(Liber Responsorum) 或《帕氏法》(Papianus)。之所以有《帕氏法》的叫法，是因为人们在《阿拉里克法律要略》的

---

[1]〔法〕基佐：《法国文明史》(第一卷)，沅芷、伊信译，商务印书馆 1999 年版，第 257 页。

[2] *The Burgundian Code*，Translated by Katherine Fischer Drew，University of Pennsylvania Press，1972，"Introduction"，p.10.

一本手稿末尾，发现了"Papian"，应为古典法学家帕比尼安（Panpinian）。这段文字被误认为是勃艮第法的开头，"因为碰巧的是，勃艮第法也书写在同一张羊皮纸之上"。[1] 1566 年，法国人文主义法学派的主要代表人物居亚斯（Jacques Cujas，1522—1590 年）发现后，便将其命名为《帕比尼安的法律问答汇编》并出版，之后一直沿用此书名。事实上，帕比尼安的解答只是构成了《阿拉里克法律要略》的最后一节。

对于居亚斯为何如此命名该著作，萨维尼（F. C. von Savigny，1779—1861 年）曾作过猜测。他认为，居亚斯在《阿拉里克法律要略》的一部手稿末尾发现了《勃艮第罗马法典》的手稿，而未注意到这两部著作是分开的，《要略》以帕比尼安的《法律问题汇编》的一段文字为结尾，居亚斯无意中把这段文字和这一篇著作都归属于《勃艮第罗马法典》，所以《勃艮第罗马法典》也就被误称为"帕比尼安法"（Papian）。[2] 虽然该法内容详尽，但并未取代当时在勃艮第适用的其他罗马法，颁布它的目的，仅是作为法官裁判适用的补充制度。法典颁布的日期并无精确记载，一种说法是在国王贡都巴德领导下编纂而成的，还有一种说法是他的儿子西吉斯蒙德于 517 年颁布的。梅特兰说："西吉斯蒙德似乎是序言的作者。如果他不只是修订者，而是原作的制定者，那么，这部法典的最早日期应是公元 517 年"。[3]

实际上，不管是哪个国王在位期间颁布的，可以确定无疑的是，其内容是出自当地罗马法学家之手，主要依据有三项：一是保罗的判决，二是盖尤斯的著作，三是学术解释（school interpretation）。[4] 虽然法典中贯穿了勃艮第人特有的日耳曼法条文，按照主题顺序排列，分为 47 篇，占据了法典的大部分篇幅。但是，该法的渊源中也有罗马法（包括习惯、《狄奥多西法典》、《新律》、盖尤斯和保罗的法学著作等）、《格列高利法典》和《赫尔莫杰尼安法典》，如梅特兰所言，"我们无法确定这些法律渊源的使用是源于原始法律文本，还是仅仅引自《阿拉里克法律要略》。而要回答这个问题，除非有人可以明确地承认勃艮第人的文献

[1]〔英〕梅特兰等：《欧陆法律史概览：事件，渊源，人物及运动》，屈文生等译，上海人民出版社 2008 年版，第 16 页。

[2]〔法〕基佐：《法国文明史》（第一卷），沅芷、伊信译，商务印书馆 1999 年版，第 276—277 页。

[3]〔英〕梅特兰等：《欧陆法律史概览：事件，渊源，人物及运动》，屈文生等译，上海人民出版社 2008 年版，第 16 页。

[4] 李秀清：《日耳曼法研究》，商务印书馆 2005 年版，第 32 页。

早于西哥特人，也就是早于公元 506 年；或者除非有人能够得到这样的推论——在'勃艮第法'中出现的某些罗马法章节，而在西哥特人的制定法中却无法找到。"[1]

也有学者认为，《勃艮第罗马法典》的有些部分确实参考了《阿拉里克法律要略》的规定，罗马法学家帕比尼安的法学著作，对于勃艮第人的这部法律也有渊源性的影响。[2]但是，该法典并不具有长期的影响力，自 534 年法兰克人征服勃艮第后，它就被更广泛、更能满足世俗生活需求的《阿拉里克法律要略》取代了。[3]

对于《勃艮第罗马法典》颁布时间的争议，与勃艮第王国历史发展的复杂性有关。比如，对于 5 世纪初勃艮第人进入罗马帝国不久建立的以沃尔姆斯为首都的王国，学界对其情况就知之甚少。贡都巴德进行的法典编纂工作，是不是勃艮第王国历史上将习惯法成文化的最早尝试，也只是推测，较多学者仍持否定意见。[4]不过，可以肯定的是，"一个不成文的法律体本身不太可能有效地为已经受到相对复杂并且发达的制度影响而实行统治的人提供先例"。[5]正如马克思所指出的那样："野蛮的征服者总是被那些他们所征服的民族的较高文明所征服，这是一条永恒的历史规律。"[6]

贡都巴德编纂法典之前，勃艮第王国或许已经有过将习惯法成文化的尝试，正如有些学者所揭示的那样："我们在广多巴德（即贡都巴德，由于翻译的称呼方法不一样——笔者注）初期的法律条款中发现一些附注，其中提到所谓'较早期的法律'，但它们并未被包含在法典之中，而且也没有流传下来。"[7]当然，也有可能是在进行官方法律汇编之前，贡都巴德国王曾制定过成文法律，但并不是所有这些法律条款都被包含在后来正式颁布的法典之中。无论如何，这说明日耳曼人的法律不受地域限制。正是这一传统和特性，使得进入罗马帝国境内的日耳曼征服者们完全没有想到要使自己的法律趋于统一，为《勃艮第法典》和《勃艮第罗

---

[1]〔英〕梅特兰等：《欧陆法律史概览：事件，渊源，人物及运动》，屈文生等译，上海人民出版社 2008 年版，第 16 页。

[2] Peter Stein, *Roman Law in European History*, Cambridge University Press, 1999, p.39.

[3] *The Burgundian Code*, Translated by Katherine Fischer Drew, University of Pennsylvania Press, 1972, "Introduction", p.6.

[4] 李秀清：《日耳曼法研究》，商务印书馆 2005 年版，第 33 页。

[5] 同上。

[6]《马克思恩格斯全集》（第 9 卷），人民出版社 1995 年版，第 247 页。

[7] 李秀清：《日耳曼法研究》，商务印书馆 2005 年版，第 33 页。

马法典》分别统治和管理王国内的本民族人和罗马人提供了依据。

第六节　法兰克王国的法律

一、法兰克王国的崛起

法兰克王国是 5 世纪末至 10 世纪末由日耳曼法兰克人在西欧和中欧地区建立的封建王国，它是一个多民族国家，其人民主要由民族大迁徙过程中从日耳曼尼亚迁入的民族组成。法兰克人是日耳曼人中的一支，并组成强大的部落，3 世纪时南迁进入高卢东北，定居于莱茵河下游地区，处于原始氏族部落社会阶段。

4 世纪初，法兰克人以同盟者的身份定居于罗马帝国境内的高卢东北一隅。此时，罗马帝国本身的军事力量已无法保障其边境的安全，因此，罗马人允许部分被称为同盟者的外族进驻帝国边境，以维持这些地区的安全。然而，当西罗马帝国开始瓦解时，法兰克人便乘机扩展地盘。一开始，高卢北部的苏瓦松（Soissons）附近，还有一块与罗马帝国的本土隔离但依然效忠于罗马的土地。486 年，法兰克人在克洛维一世的带领下，战胜罗马帝国在北部高卢的最后统治者西格里乌斯（Syagrius，今皮卡第大区的苏瓦松王国的统治者），将地盘就扩张到了卢瓦尔河畔。

克洛维一世原本不过是众多法兰克部落首领中的一个，他接受了罗马的管理机构后，统一了其他部落，建立了历史上第一个法兰克人的国家，并以自己祖父的名字将王国命名为墨洛温王朝。

481 年，克洛维任部落酋长后，开始全力扩张，消灭和兼并了周边的一些零散部族。486 年，他们击溃西罗马在高卢的残余势力，占领高卢地区，建立了墨洛温王朝，定都巴黎。491 年，克洛维一世又在其领地以东的图林根（Thüringen）地区取得一系列胜利。496 年，他征服阿勒曼人，使法兰克人解除威胁。500 年，克洛维征服第戎（Dijon），但未能征服勃艮第王国。507 年，在阿摩里卡人（Armoricans）

的帮助下，克洛维一世战胜了图卢兹的西哥特王国，将其赶往西班牙并趁机占领了今法国西南部阿基坦的大部分地区，几乎将西哥特人完全逐出高卢。

在法兰克人扩张过程中，克洛维一世没收死去或逃亡的地主的土地，将它们收归王有，使自己成为王国中最大的地主。他还将自己的土地赠给其他的贵族，以此笼络人心，逐渐演化出了采邑制。国王将他的领地有限期地租给手下的人，解决了巨大财产的管理问题。此时的法兰克王国国内，几乎没有货币贸易，土地及其采邑体制成为社会的基础。除采邑外，天主教会是国王的第二支柱。498 年，在克劳蒂尔德（Saint Clotilde，475—545 年）的影响下，克洛维皈依基督教，通过洗礼，获得了天主教会的支持。这样，法兰克人受到了当地高卢人和罗马人的支持，标志着高卢古代后期时代的结束和中世纪早期的开始。国王通过派遣伯爵和主教充当信使的方式，使他的命令得到服从，在征服西哥特人和勃艮第人时，获得了当地天主教僧侣的热烈赞助。作为报酬，克洛维将那些被占据的阿里乌斯教会的财产全都分给了他们。[1] 511 年，克洛维召开帝国大会，使自己获得了影响主教任命的权力。同时，他试图在整个法兰克王国制定统一的教会法。6 世纪初（507 年之后），《萨利克法典》被制定完成，这是一部拉丁文的法兰克法典。

法兰克王国采用了封建制度，国王将领土分封给属下（大封建主），属下再将领土分封给他们的属下（小封建主），而农民则依赖着小封建主，基本没有自由。政治上，法兰克王室也采取国王死后诸子平分领土的继承制度，使王国经常处于分裂、混战和再统一的反复过程中，同时又不断向外扩张。封建主实力强劲，极大地削弱了王权，王国权力逐步落入掌握宫廷事务的宫相之手。511 年克洛维死后，他的王国被四个儿子瓜分。虽然他的后代不时得以统一整个王国，但在日耳曼人的传统影响下，王国往往在国王死后被分给他的儿子。639 年达格勃特一世（Dagobert I，629—639 年在位）死后，他的儿子得以再次继承一个统一的王国，但国家的实权掌握在宫相和王太后手中，这些宫相试图掌握整个王国的权力。

从 657 年到 662 年，一个宫相的儿子以被国王收养的方式得以登上王位。687 年，奥斯特拉西亚（Austrasia）的宫相丕平（Pepin）战胜了整个王国的统治者，为丕平

---

[1]〔美〕汤普逊：《中世纪经济社会史》（上），耿淡如译，商务印书馆 1984 年版，第 104 页。

时代和卡洛林王朝（也译为加洛林王朝）的上升铺平了道路，但当时丕平还不敢篡权。8世纪前半叶，宫相查理·马特（Charles Martel，Charles the Hammer，绰号"铁锤"查理，676—741年）出于加强统治和进行征战的需要，推行军事采邑制，初步奠定了封建等级制度的基础。732年，在普瓦捷战役（The battle of Poitiers）中击败阿拉伯人，阻止其进一步向西欧扩张。733年，迫使勃艮第称臣。734年，又征服弗里斯兰人。

751年，宫相在教皇的支持下，篡夺墨洛温朝王位，建立起加洛林王朝。丕平之子查理在位时，继续大规模扩张。这同时开创了教皇废立君主的先例，为此后教权高于王权奠定了基础。为了酬谢罗马教皇的支持，矮子丕平（即丕平三世）两次远征意大利（754和756年）迫使伦巴第国王爱斯托夫把所侵占的罗马地区诸城市和拉文那总督区交给教皇统治。在丕平的协助下，意大利中部出现了"教皇国"，这个特殊的国家存在了一千多年，对欧洲政治产生了广泛而深刻的影响。768年，丕平去世，为儿子们留下了一个政治上和经济上都欣欣向荣的王国。公元800年，查理加冕称帝，是为查理曼帝国，达到了实力的巅峰。

查理大帝（768—814年在位）统治期间，连年征战，法兰克王国成为统治西欧大部分地区包括多个部族的大帝国。由于其弟死于771年，使他本人成为帝国的唯一统治者。774年，查理占领了整个伦巴第王国，势力进一步向东扩展，危及到撒克逊人的利益。在他统治期间，王国与教会关系更加密切，王权和教权成为他扩展国土的两把宝剑。他曾亲自主持16次宗教会议，十分注意教会的利益，全力维护神权政治。他的王国的扩张也受到教会的支持，与基督教的传播同步进行。正如汤普逊所说的那样："这传教兼殖民的混合运动，是直接受着法兰克朝廷的鼓励而进行的"。[1] 法兰克军队所到之处，教区、修道院纷纷建立。730年，查理颁布撒克逊地区教令，强迫撒克逊人接受基督教，违者处死。

785年，撒克逊公爵威德金特（Wittekind，生卒年不详）臣服于查理，但是，由于境内各地区缺乏经济和文化上的联系，封建主割据势力强大，双方之间的战争一直持续到804年。查理大帝死后，王国陷入混战，连绵的战争进一步推进了封建化的进程，受大小封建主统治的农民数目大增。封建统治者，尤其国王（后

---

[1]〔美〕汤普逊：《中世纪经济社会史》（上），耿淡如译，商务印书馆1984年版，第294页。

来皇帝）和公爵的权力大增，教会的权力也得到巩固。为了巩固国家的权力，查理在边界建立了一系列防卫缓冲区和进攻集合区，封给有特权的伯爵。这些边界地区实际上处于帝国领域之外，而不是帝国的一部分。他向这些地区移民，让农民到那里去守护这些地区，并在那里建造城堡。其重要的边界地区，如克恩顿（德文 Kärnten，英文 Carinthia）和其北部的边界地区，后来形成了奥地利。

793 年，查理对王国内部的管理体制进行改革，以进一步巩固其统治。在日耳曼人的中央机构中，王宫作为君主的居住地和中央行政管理机构所在地至关重要，而查理特别注意到这一点。伯爵管理国王的财产，国王通过他的信使向伯爵发布命令，同时处置伯爵之间的争议。亚琛成为皇帝宫殿和查理统治下的法兰克王国的中心。800 年 12 月 25 日，查理在罗马被利奥三世（英文 Pope Leo III，法文 Léon III，795—816 年在位）加冕为皇帝，称为"罗马人的皇帝"，俨然成为古罗马皇帝的继承人，这是他权力的顶峰。这时，欧洲的王权与教权实现了紧密的联盟，国王为了使王权"神圣化"和"合法化"，要得到教会的"加冕"和承认；教会势力的扩展也有赖王权，双方互利互补的合作关系由此可见一斑。

法兰克王国在日耳曼人所建国家中存在最久，对西欧封建制度的发展和罗马教会在西欧统治地位的巩固起了重大作用。查理统治了 46 年，他死于 814 年，他的儿子路易成为皇帝。早在 806 年，查理就已规定在他死后，王国按日耳曼传统由他的儿子瓜分。但是，路易决定不顾这个遗嘱，以保存帝国的统一。817 年，他发布了一个法令，防止帝国的分割，理由是皇帝的名称是不可分的。他指定儿子洛泰尔（即洛泰尔一世，英文 Lothair，德文 Lothar，法文 Lothaire，意大利文 Lotario，818—855 年意大利国王，840—855 年罗马帝国皇帝）为副皇帝，并在法令中规定皇帝的长子继承皇帝位。他的这个决定获得了教会的支持，教会认为，帝国的统一与教会的统一是一样的。如此，帝国的主教进一步介入了政治：他们成为期望分国的皇帝儿子们的对手。自 829 年开始，皇帝与他的儿子们之间发生武装冲突。路易死于 840 年，他的儿子洛泰尔一世成为唯一的统治者，但是，843 年他的三个儿子还是在《凡尔登条约》里决定三分帝国。843 年，《凡尔登条约》签订后，分裂为东、西、中三个王国，即后来德国、法国和意大利的雏形，它们分别于 911、987、887 年覆灭。

二、《萨利克法典》

《萨利克法典》（The Salic Laws；Lex Salica），是大约 5 世纪末、6 世纪初萨利克人的习惯法汇编，是墨洛温王朝的创始人克洛维统治后期（约 507—511 年）颁布的，是最著名的日耳曼法典。它是一部刑法典和程序法典，列举了各种违法犯罪应科处的赔偿金，也包括一些民法的法令，其中有一章宣布女儿不得继承土地，具有较多原始的和不完整的特征，因此成为早期法律文献中较为模糊的一种。[1]

《萨利克法典》的主要内容，来源于法兰克人萨利克部族中通行的各种习惯法。6 世纪初，这些习惯法被法兰克王国国王克洛维一世汇编为法律，克洛维之后的统治者又两度重新修订。加洛林王朝统治时期，又经反复修改和系统化，使该法典成为查理曼帝国法律的基础。

作为所有法兰克法典中的基础法典，《萨利克法典》也是保存至今最古老的日耳曼成文法典，可与之相比的只有《西哥特法典》（假定后者的制定者确是尤列克的话）。[2] 对于它的确切编纂时间，学界并未形成定论。但通过对现存 80 余个原稿进行研究，一般认为该法典颁布于克洛维时期，大约在 507 年到 511 年之间。[3] 本书认为，《萨利克法典》是克洛维时期颁布，并经其后的统治者修订和增补。

法典总计 65 章，每章含若干条。法典着重于对古老习俗的整理汇编，而不是制定和规范新兴社会现象和社会体制，因而，较大程度地保留了萨利克法兰克人从原始社会向封建社会过渡时期的风貌，具有特殊的历史价值。在罗马帝国崩溃后，这些规则成为西方法文化的重要组成部分，反映了西方社会从奴隶制向封建制社会的转型，对日后西欧封建政治也有重大影响。这些规则很大程度上反映了日耳曼法的一种特征，它产生于古老的习俗，而不是统治者的意志，相当程度地超越王权，使得没有一个国王可以绝对地专制，成为中世纪西欧政治的重要特点。正是在此意义上，人们认为，民主起源于日耳曼的丛林之中。

---

[1] 16 世纪时，这一章曾被错误地引来作为妇女不能继承王位这一法律推定的权威依据。

[2] 〔英〕梅特兰等：《欧陆法律史概览：事件，渊源，人物及运动》，屈文生等译，上海人民出版社 2008 年版，第 48 页。

[3] 李秀清：《撒里克法典若干问题之探析》，载《比较法研究》2005 年第 1 期。

在总共418条的法典中，有343条是禁止犯罪的，偷盗、杀人放火和侵犯地界，都要受到制裁。[1] 法典序言宣称："法兰克人和伟大的国王共同做出决定，为了维护互相之间的和平相处，必须禁止每一件暴力争斗，我们通过强权征服周边部族，同样也通过立法征服他们，那么针对不法行为就可以通过诉讼加以解决。"[2] 法典规定："偷窃葡萄而被擒获，应罚600银币，折合15金币"。还规定："如果有人放火焚烧住宅及其附属建筑物，应罚2500银币，折合63金币"，当时，两个金币可以买一头牛。

为了减少矛盾激化和武力斗争，法典确立了"化干戈为玉帛"的偿命金制度，以限制此前盛行的血亲复仇制。偿命金数量的多少，因加害人和被害人社会地位的不同而有区别，说明在法兰克人中已出现明显的等级分化。在该法典遗留的断章中，大部分都是规定罚金或赔偿金额度的，目的显然是制止人们在处理争端时使用暴力，或者为人们解决争议提供另外的方法。

国王和贵族居于社会上层，伯爵的偿命金高达600金币。处于社会中层的是有自由之身的法兰克人，偿命金是200金币，仅相当于伯爵的1/3。罗马人的偿命金为自由人的半数，只有100金币。但是，如果杀死在王宫中赴宴的罗马人，就要支付300金币的偿命金，凸显了国王的尊贵。从法典第14条对抢劫犯的处罚也可以看出，罗马人地位低下，法兰克人抢劫罗马人罚35金币，罗马人抢劫法兰克人要罚63金币。[3] 至于奴隶，地位如同畜产，不被当作人来看待。总体来说，赔偿金和罚金是日耳曼部族法的核心内容之一，《萨利克法典》也不例外，显示了这一时期日耳曼人倾向建立和平和秩序的信念。[4]

从《萨利克法典》的一些条文中，还可看到法兰克王国农村公社的分化。例如，耕地和草地已停止分配，而且可以继承，虽然最初只限于男性直系亲属继承。法典第19章第4条最初规定："土地遗产无论如何不得传给妇女，而应把全部土地传给男性，就是兄弟"。[5] 通过这些规则，国王试图以其权威，阻断"全体亲属"范

---

〔1〕 *The Laws of the Salian Franks*, Translated and with an Introduction by Katherine Fischer Drew, University of Pennsylvania Press, 1991, pp.59—61.

〔2〕 Karl Kroeschell, *Deutsche Rechtsgeschichte*（*1 bis1250*）, Hamburg 1972, S. 35—37.

〔3〕 Patrick J. Geary, *Readings in Medieval History*, Canada, Broadview press, 1989.

〔4〕 高仰光：《论日耳曼法中的赔命价制度》，载《比较法研究》2006年第3期。

〔5〕 周一良、吴于廑主编：《世界通史资料选辑》（中古部分），商务印书馆1974年版，第28页。

畴内的不同支脉之间的联系，削弱氏族观念，以建立和巩固国家观念。

到克洛维时期，法兰克人已经进入农耕阶段，虽然畜牧业仍是重要生产部门，法典中也多次提到马、牛、羊等牲畜，但农业耕作无疑已成为法兰克人的主要生产方式，法典中出现了大量处理农耕纠纷的规定。例如，擅自翻耕他人土地者罚款 15 金币，翻耕后又私自播种的罚款 45 金币；如果有猪或其它牲畜跑到别人谷田中，牲畜的主人罚款 15 金币；[1] 在他人已经出芽的田地中拖着耙走，或在田中没有路的地方驶车，要罚款 3 金币；在开始吐穗的谷田中驶车，则罚款 15 金币。[2]

法典表明，这时法兰克社会的基本经济组织仍是马尔克公社，但已进入了马尔克发展的后期阶段。法兰克王国对被征服地区的土地分配，最初是按照马尔克制度进行的，主要方式是抽签，把耕地和宅基地平均地分配给各户。马尔克旧制规定土地所有权仍属公共所有，耕地需要定期分配，但是，随着生产的发展，马尔克松散、瓦解的趋势已十分明显。《萨利克法典》第 59 条"关于自由份地"的规定，说明马尔克的耕地不再定期分配，而是交给社员世袭使用。[3] 后来，国王希尔佩里克又颁布了一道修改《萨利克法典》的敕令，规定如果有人死去而无子嗣者，土地可由妇女继承，不需交还公社。"份地"可以继承，土地私有制已确定无疑，其意旨无疑是为巩固"劳作所属的人"对于土地的既得利益。[4]

《萨利克法典》的许多"子法"都遵循"平等原则"和"绝缘规则"，并把它们借用到后世的财产继承制度中。例如，1463 年安茹（Anjou）和缅因（Maine）地区的习惯法规定，在没有近亲的情况下，死者的遗产应由父系和母系的亲属分别继承一半，如有一支缺失，则由死者的领主获得该支的应继承份。[5] 并且，"一般亲族"的范畴发生了扩展，实际上使"平等原则"和"绝缘规则"更有力地促进了封建割据的发展。在斯兰地区，就曾发展出这样的遗产继承规则，如果父系亲属与母系亲属都缺失，则必须诉诸"祖父"、"祖母"、"外祖父"、"外祖母"这四支，每一支可获死者遗产的 1/4；如果这四支当中有一支或若干支依然缺失，那么须向

---

[1] 王建吉：《世界古代中世纪史教学参考手册》，北京大学出版社 1993 年版，第 341、339 页。

[2] Patrick J. Geary, *Readings in Medieval History*, Canada, Broadview press, 1989.

[3] 法典规定"土地遗产无论如何不得遗传于妇女，而应把全部土地传给男性"，如无男性亲属继承则交还马尔克。

[4] 法典第 9 条规定了对于侵害私人份地的有关处罚，罚金为 30 金币。

[5] 高仰光：《论日耳曼法中的赔命价制度》，载《比较法研究》2006 年第 3 期。

上诉诸八支"曾祖辈亲"中相应的支脉，这八支"曾祖辈亲"中的每一支可以获得死者遗产的 1/8；如果还不能满足条件，那么国王才可以取得相应的继承份。[1]

5 世纪时，虽然远未形成完备的司法体系，但是，法兰克人解决纠纷的手段已处于私力救济向公力救济转变过程之中。[2] 相比同时期的其他蛮族法典，《萨利克法典》包含的司法程序条文较多，可见当时法兰克司法审判制度的发展：国王任命的伯爵，既是行政机构，也是司法机构，其下设百夫长（centenarius or thunginus）[3]，亦由国王任命，是具体司法事务的主要承担者，主要职责是召集并主持法庭，包括为处理临时事件召集特别会议，主持需要法庭见证的特别仪式，如寡妇再嫁、收养继承人并赠与财产、脱离亲属关系等。[4] 但是，他们没有裁决权，更没有司法解释权，强制能力极其有限。第 54 章"杀害伯爵"条款中，伯爵[5] 作为国王的仆从，偿命金是杀死普通自由人的 3 倍，但百夫长没有列入 [6]，可见百夫长在日常司法实践中不享受特别权力。

《萨利克法典》运行的时代，处于公力救济体制的形成初期，法庭的功能非常简单，伯爵、百夫长、审判员之外，没有额外的执法人员，控告者不但负责向法庭提起诉讼，还要负责将被告带至法庭。这自然导致人们不愿轻易诉诸法庭，只有"侵权行为如果情况已很明显，则由被害人及其亲属进行复仇或接受加害人的赎罪金而和解；只是在情况不明，是非、责任尚待确定时才向法庭起诉。"[7]

法兰克法庭只是指定地点，组织审判人员，虽有法庭传唤等规定，却无执法组织，法律执行更多依赖人们对共同体习惯的尊重。当然，为了维护法庭作为解决民事刑事纠纷合法机构的权威，法典规定，收到传唤而无正当理由不出庭，处以 600 第纳尔（Denare）罚金。[8] 法庭不能解决的问题，可以提交享有终审权的国

[1] Heinrich Brunner, *Sippe und Wergeld nach niederdeutschen Rechten*, ZRG GA3, 1882, S.32.

[2] 徐昕：《私力救济考》，载《华中法律评论》2007 年第 1 辑第 1 卷。

[3] Alexander Callander Murray, *The Position of the Grafio in the Constitutional history of Merovingian Gaul*, Speculum, Vol.61, No.4 Oct., 1986, pp.787—805.

[4]《世界著名法典汉译丛书》编委会编：《萨利克法典》，何平校对，法律出版社 2000 年版，第 44、46、60 章。

[5] 该条原文中，除伯爵 count 外，还包括 sagibaron，根据 Jean Brissaud 的解释，sagibaron 是国王的代理人，负责收集罚金，类似于勃艮第人的"wittiscalci"。见 Jean Brissaud, *A History of French Public Law*, Washington, D.C.: Beard Books, 2001, p.91.

[6] Jean Brissaud, *A History of French Public Law*, Washington, D.C.: Beard Books, 2001, p.91.

[7] 由嵘主编：《外国法制史》，北京大学出版社 1992 年版，第 85 页。

[8] 汪丽红：《萨利克法典与法兰克早期社会》，载《历史教学问题》2010 年第 5 期。

王，"拒绝出庭或者拖延执行审判员的判决，不愿意支付罚金或接受神判或其他处罚，需被带到国王面前。"[1]

与现代审判制度不同，宣誓是法兰克人最有效和最重要的裁决证据。在法庭上，没有证据审查的制度或程序，诉讼人证明控诉正当，或者被告人证明自己无罪等，都依靠宣誓。法庭采取以上手段后，如仍无法裁决事实，则将裁判权交给神明。沸水神判是法兰克人最常采用的方法：犯罪嫌疑人将手伸入沸水中，取出石块或其他物件，如果烫伤处平整，表示神明认为无罪，如果烫伤处溃烂，则是神明判决有罪的标志。如果当事人不愿意接受沸水神判，也可以在助誓者的帮助下，通过金钱赎买。[2]如学者所言，"萨利克法典是法条、赔偿的汇编，偶有程序；它只是偶尔谈及行政和司法官员，没有权力和司法权限的全面叙述。"[3]

值得一提的是，法典中有很多针对妇女的保护性措施，尤其是对于育龄妇女的特殊保护。当时，西欧的死亡率很高，平均寿命很短，对农业社会而言，劳动力的增加，是改善自身经济状况的最为重要和便捷的因素。特别是对战乱不息的中世纪早期来说，人口的多少更是关乎生存的大事，因而，其特殊保护的目的就不言而喻了。法典规定：具有生育史的女自由人偿命金和伯爵一样同为600金币，怀孕的女自由人偿命金甚至比伯爵还高100金币。与此形成鲜明对比的是，"再无生育能力"的女自由人，偿命金只有200金币。[4]是否怀孕和有无生育能力这两个条件的不同，竟然形成如此强烈的反差，反映了法兰克人对人口增长的渴望。

当然，作为一个多元文化交融时期的产物，《萨利克法典》也存在法律条款排列混乱、不具备法律抽象能力、没有真正的程序法、各项规定简单粗糙、涵盖范围狭小等方面的不足。因此有学者认为，它不是法典，而是由频繁重复、含义不清楚的条款构成的法律汇编。[5]但是，作为重要的日耳曼法典的代表，它具有广泛的适用性和权威性，具有时代的烙印。在它的背景之后，隐含着一个广阔的文

[1]《世界著名法典汉译丛书》编委会编：《萨利克法典》，何平校对，法律出版社2000年版，第56章。

[2] 同上书，第53章。

[3] Alexander Callander Murray, *The Position of the Grafio in the Constitutional histoy of Merovingian Gaul, Speculum,* Vol.61, No.4 Oct. 1986, p.805.

[4] Patrick J. Greay, *Readings in Medieval History,* Canada, Broadview Press, 1989.

[5] *Laws of the Slaian and Ripuarian Franks,* Translted and with an Introduction by Theodore John Rivers, AMS Press, New York, 1986, p.2.

化空间，基督教为它提供了一种新的世界观和人生哲学，对了解西欧社会的早期立法史和法兰克王国的社会概况，具有学术上的参考价值。更为重要的是，由《萨利克法典》可以窥见罗马法与日耳曼法在私法领域的暗中契合，使得西方传统的私法文化不至于中断。

三、《利普里安法典》

《利普里安法典》（The Ripuarian Laws；Lex Ripuaria）的制定史，与前述法典一样存在着一些争议。

基佐认为，该法典在克洛泰尔二世（Chlothachar Ⅱ, Chlotar Ⅱ, Clothar Ⅱ, Clotaire Ⅱ, Chlotochar Ⅱ, or Hlothar Ⅱ, 584—629 年在位）时期编成，只是在达格勃特一世时期，才具有后人所看到的这种确定形式。[1] 有学者进一步解释说，科隆主教查尼勃特（Chunibert）和公爵阿达吉斯尔（Adalgisel）可能曾帮助达格勃特进行这一立法工作。"该法适用于利普里安法兰克人居住的公国，这些公国是隶属于萨利法兰克王国的，故此法典也应该是在萨利法兰克人的干预下完成的。同时，法典条款还明显受到 614 年克洛泰尔二世颁布的《巴黎敕令》（Paris Edict）的影响。"[2] 也有学者提出，《利普里安法典》的编纂应该归功于狄奥多里克。[3] 还有学者提出，《利普里安法典》编纂于 6 世纪的某个时期，也许是在 596 年之前编纂的。[4] 另有学者根据法典的风格和语言特色，提出它是由墨洛温王朝的最后一位国王希尔代里克三世（Childeric Ⅲ, 743—751 年在位）的宫相丕平任职期间制定的，但遭到较多质疑。[5]

梅特兰认为，《利普里安法典》制定于墨洛温王朝，其前言与《阿勒曼尼法典》

---

[1]〔法〕基佐：《法国文明史》（第一卷），沅芷、伊信译，商务印书馆 1999 年版，第 245 页。

[2] *Laws of the Salian and Ripuarian Franks*, Translated and with an Introduction by Theodore John Rivers, AMS Press, New York, 1986, p.8.

[3] Son of Clovis，克洛维之子。在克洛维死后，他成为东部法兰克人、即利普里安法兰克人的国王，按照这一说法，法典应该编纂于 511 年至 534 年之间。

[4] J. W. Wessels, *History of the Roman-Dutch Law*, African Book Company, Limited, 1908, p.39.

[5] *Laws of the Salian and Ripuarian Franks*, Translated and with an Introduction by Theodore John Rivers, AMS Press, New York, 1986, pp.7—8.

(Lex Alamannorum，or Alamannic Code）和《巴伐利亚法典》的前言相同，故可将该汇编确定在后世的几位法典制定者之间，从狄奥多里克到达格勃特，即从 6 世纪前半叶至 7 世纪前半叶。他认为："不可能再晚于此时期，因为一些法律条文表明，法兰西的王室法庭在此时尚未经历国内革命——这场革命赋予'宫相'们事实的王权，事后把他们推上王座，从而取代了墨洛温王朝。"[1]

在后来的另一个时期，该法典得到了补充。流传下来的《利普里安法典》有 35 个原稿和若干内容不完整的文本，时间大部分都注明是 9 世纪和 10 世纪，只有一个原稿属于 8 世纪后期产生。在这些补充法令中，一些源于加洛林王朝。大致可以确定的是，《利普里安法典》的制定分为两个时期：原作编纂的内容主要体现在第 1—31 章[2]、第 65—79 章，这部分可能属于较早的部分；其余部分从第 32—64 章，借用了大量《萨利克法典》的条文，可能是对后者的重编。

根据它们使用的拉丁文，这些文稿可以分为两组：一组为 13 个，另一组为 22 个。确实有一部"备忘录"被称为《利普里安王室补充法令集》（Capitulare legi Ribuariae additum），"它很可能就是在 802 年的'艾克斯公民大会'上制定的，在这次会议上，查理曼计划对所有部落法典进行必要的修改。"[3] 也有学者称，"相对而言，《利普里安法典》更是一个法典，而非简单的习惯汇编，它应是专门为生活在萨利克规则之下的利普里安人而颁布的。"[4] 法典条文分为四部分，第三部分（65—79 章）并没有明确受到《萨利克法典》的影响，第四部分（80—89 章）则显示出受到《萨利克法典》影响的特征。[5] 不可否认，《利普里安法典》的制定的确吸收了部分《萨利克法典》的内容，如学者所言，"在对照两者的具体条文后可知，《利普里安法典》与《萨利克法典》也存在不同之处。相对而言，民事法律条款在《利

---

[1]〔英〕梅特兰等：《欧陆法律史概览：事件，渊源，人物及运动》，屈文生等译，上海人民出版社 2008 年版，第 48 页。

[2] 由对各种人身伤害应受的具体惩罚的条款组成，它们还显示出受到基督教的影响。

[3]〔英〕梅特兰等：《欧陆法律史概览：事件，渊源，人物及运动》，屈文生等译，上海人民出版社 2008 年版，第 48 页。

[4] *Laws of the Salian and Ripuarian Franks*，Translated and with an Introduction by Theodore John Rivers，AMS Press，New York，1986，p.8.

[5] 同上书，p.10.

普里安法典》中占有较大比重。"[1]

由于日耳曼王国的立法往往由受过罗马法训练的专业人士起草，因此，《利普里安法典》受罗马法影响的痕迹，可以说非常明显。[2]当时所谓的"粗俗罗马法"，构成了中世纪早期欧洲的普通法[3]，并且，在这种粗俗罗马法中，罗马法规则与日耳曼规则相互结合、难以分清。[4]在公元 8、9 世纪的法兰克王国，罗马法已被赋予某种普遍效力，加洛林诸王均承认罗马诸皇帝之立法的效力。[5]

有学者进一步指出，公元 8 世纪罗马法对日耳曼实体法产生了更大的影响，[6]所以，《利普里安法典》的若干条款明确接受了罗马法。例如，法典第 61 章第 1款规定："任何人解放自己的奴隶并且公开地授予他以罗马人的法律地位和自由，假如该解放奴死亡时没有继承人，他的遗产归国库所有"[7]；紧接着第 2 款规定："如果该解放奴犯了罪，应根据罗马法审判他，如果他遭到杀害，杀人者须交 100 索尔第（solidi，又称"苏"sous）的罚款。"[8]

由于处于法兰克王国时期，《利普里安法典》不可避免地吸纳了一些其他日耳曼人的立法内容。例如，它与出现时间较早的《阿勒曼尼法典》[9]的后一部分，在关于偿命金的论述顺序上基本相似，都出现了教会奴隶、教会自由人、僧侣、教士、神甫、主教这一系列逐渐升高的等级。尤其是《利普里安法典》与《勃艮第法典》存在许多类似的条款，以至于前者的一些条款，可以在后者中直接找到。有学者解释说，"这也许部分是因为勃艮第人常出席墨洛温王朝的法院，并具有一定影响之故。"[10]也有学者认为"或许是因为两者都一起受到其他法律的影响，比

〔1〕 Guy Carleton Lee，*History Jurisprudence*，Ered B. Rothman & Co.，Littleton，Colorado，1982，p.382.

〔2〕 Maurizio Lupoi，*The Origins of the European Legal Order*，Cambridge University Press，1999，p. 34.

〔3〕 同上书，p. 39.

〔4〕 同上。

〔5〕 Rudolf Hübner，*A History of Germanic Private Law*，The Continental Legal History Series，V. Ⅳ，Boston Little，Brown and Company，1918，p. 16.

〔6〕 Peter Stein，*Roman Law in European History*，Cambridge University Press，1999，p. 39.

〔7〕 *Laws of the Salian and Ripuarian Franks*，Translated and with an Introduction by Theodore John Rivers，AMS Press，New York，1986，p.200.

〔8〕 同上。

〔9〕 Karl August Eckhardt，*Germanenrechte*，*Die Gesetze des Merowingerreiches*，Leges Alamannorum，S. 481—741.

〔10〕 李秀清：《日耳曼法研究》，商务印书馆 2005 年版，第 67—68 页。

如两者都强调特许状重要性的内容,无疑是因为它们都受到罗马法影响的结果。"[1]

《利普里安法典》体现了对其他被征服部族的法律宽容政策,例如,法典第 31 章的某些规定,容许被征服其他部落适用各自的法律:"我们命令,在利普里安人的领土内,不管是法兰克人、勃艮第人、阿勒曼人,还是定居此地其他部落的人,当被传唤出庭时,让他根据其出生时自己部落的法律作出反应;如果他被定罪的,将根据自己部落的法律,而不是根据利普里安人的法律承担损失。"[2]

对此,马克·布洛赫曾讨论道:"在 9 世纪前的封建欧洲,如果一位法官必须说明法律是什么时,他要做的第一件事就是查阅文献。这些文献包括: 罗马法汇编——如果案件需要按罗马法处理;日耳曼各族的习惯法——这些习惯法已逐渐全部形诸文字;最后是蛮族各王国统治者颁布的大量法规敕令"。[3] 这说明,随着法兰克王国的发展,王国内其他日耳曼人不断增多,全面承认各部落都可适用各自的法律,也就是实行绝对的属人法原则。[4]

最后,必须指出的是,《利普里安法典》同样深受宗教因素的影响。该法典第 58 章第 1 款规定:"为了安抚自己的灵魂,或为了依照罗马法得其价格而希望解放自己的奴隶,任何利普里安自由民或教会的解放奴,都应来到教堂,站在牧师、助祭之前,根据特许状将他交出去,或者在所有神职人员或俗人之前,把他交给主教。"[5] 依据法典规定,通过扔硬币的方式获得解放的解放奴,就遵从利普里安人的法律[6];根据罗马法授予解放证书的方式或者在教堂里举行解放的方式而获得解放的解放奴,则遵从罗马法生活。[7]

---

[1] *Laws of the Salian and Ripuarian Franks*, Translated and with an Introduction by Theodore John Rivers, AMS Press, New York, 1986, pp.9—10.

[2] Lex Ripuaria 35 (31) . 3—4., *Laws of the Salian and Ripuarian Franks*, Translated and with an Introduction by Theodore John Rivers, AMS Press, New York, 1986.

[3]〔法〕马克·布洛赫:《封建社会》(上卷),张绪山译,商务印书馆 2004 版,第 195 页。

[4] Carl von Savigny, *The History of the Roman Law during the Middle Ages* (Vol. I), translated by E. Cathcart, Hyperion Press, Inc., 1979, pp.102—104.

[5] *Laws of the Salian and Ripuarian Franks*, Translated and with an Introduction by Theodore John Rivers, AMS Press, New York, 1986, p.195.

[6] Lex Ripuaria 60 (57) . 1., *Laws of the Salian and Ripuarian Franks*, Translated and with an Introduction by Theodore John Rivers, AMS Press, New York, 1986.

[7] Lex Ripuaria 40 (36) . 5., *Laws of the Salian and Ripuarian Franks*, Translated and with an Introduction by Theodore John Rivers, AMS Press, New York, 1986.

在法兰克王国，受国王保护的教堂及修道院并不适用罗马法，而是遵从法兰克法，属于国王以外其他人的私人教堂，也非依罗马法，而是根据各所有人的法律。教会根据赠与所得的土地并非依教会法，而是根据赠与人的法律。对于教会和修道院中的个人，"过去认为他们一概是生活于罗马法之下，但后经研究表明，法兰克人出身的神职人员是生活于法兰克法律之下，这从《利普里安法典》的规定得到了印证"。[1] 在有关基督徒的自由人与基督徒的奴隶之间的婚姻、与女奴通奸等方面，《利普里安法典》尤其受到地方教会会议的影响。从许多条文来看，教会享有一定的特权，甚至在某些方面还享有与国王相同的特权。

四、查理曼的法典编纂

（一）查理曼帝国及其法典编纂

查理曼是法兰克王国的国王，加洛林王朝最著名的君主，神圣罗马帝国的奠基人。[2] 这一时期相当于中国的唐代中期。

查理曼恪守宗教礼节，对于传教和教会的学校，都具有浓厚的兴趣。历史学家称其"虽然不能写作，但是懂得日耳曼语，并且学着阅读拉丁文，更十分羡慕别人的学问。总之，是一位伟大的组织者、行政者，真正的大政治家。"[3] 800 年，他由教皇利奥三世加冕于罗马，成为他所扩张地区的皇帝。由于在行政、司法、军事及经济等方面的杰出建树，以及大力发展文化教育事业，他还被后世尊称为"欧洲之父"。

查理曼在位时间很长，达四十多年之久。其间，他领导了 53 次重要的远征，彻底制服了仍在企图摆脱蛮族统治的罗马人，继而彻底制服了尚未完全立稳脚跟的其他日耳曼后来者，建立了不可磨灭的功勋。[4] 在他统治时期，法兰克王国不

---

[1] Lex Ripuaria 61 (58) . 1.; 64 (61) .1., *Laws of the Salian and Ripuarian Franks*, Translated and with an Introduction by Theodore John Rivers, AMS Press, New York, 1986.

[2] 法语、英语: Charlemagne ; 德语: Karl der Große ; 拉丁语: Carolus Magnus，或称查理、卡尔大帝、伟大的野蛮人查理曼等。

[3] 〔英〕卡尔登·海士、汤姆·蒙:《世界史:中古篇》，徐宗铎、伍鑫甫译，世界书局印行 1976 年版，第 78—79 页。

[4] 〔法〕基佐:《法国文明史》（第二卷），沅芷、伊信译，商务印书馆 1999 年版，第 104—105 页。

断兼并邻国，扩张版图，实力达到鼎盛。他在位的时期，是欧洲中世纪的一个重要转型期，无论在政治制度、经济体制还是文化方面，都进入了一个从冲突到融合的阶段。

值得注意的是，法律因素和宗教因素与查理曼的王权扩张有密不可分的关系。罗马法为查理曼的立法特权提供了依据："罗马法中有皇帝是法律的源泉这一原则，依据的理论是人民将古老的权利交给了皇帝。"[1] 800 年他接受教皇利奥三世加冕称帝后，教会又进一步贡献了君权神授的观念，此时的查理曼已不再是一个征服者，而是成了名副其实的全体基督教世界的领袖。依照其教义，作为君主的他必须以基督王国保护者的资格，保证及维护西方世界宗教之统一，担负起为人民福祉立法的专有使命。由此，法权、王权、教权实现了紧密的融合，西方世界只有一个最高世俗领袖和一个最高宗教领袖的观念自此形成，更重要的是，王权中涌现出了法律的新源泉。[2]

然而，皇权的基础有罗马和基督教两个因素之后，就不可避免地会发生统一王国观念与古代法兰克人观念及习惯的冲突，尤其是出现了王国权力不可分与王权可分这一对矛盾。在皇帝新颁布的大多数法律中，可以略窥其矛盾之端倪，例如，查理曼加冕后，积极地实行中央集权，以使王国内所有民族中都能树立起坚定的统一王国的观念，为此，他提出了实现继承罗马法的任务和推动法律统一的举措，罗马法和教会法也因而被注入了新的潜力。

自此，数世纪以来罗马教廷与基督教化的法兰克王国之间的持久合作，终于造就了查理曼帝国。查理曼时代，教皇不敢明言将教权置于俗权之上，只能以给查理曼加冕来作暗示：教皇通过为皇帝加冕，成为尘世统治者封号的赐予者，同时也是查理曼帝国的赐予者，但毕竟只是暗示而已。查理曼之后，罗马教廷日渐明确地声称这种权利，以实现其统治世界的理想。9 世纪后期，著名的教会理论家兰

---

[1] 〔英〕梅特兰等:《欧陆法律史概览:事件,渊源,人物及运动》,屈文生等译,上海人民出版社 2008 年版,第 31 页。

[2] "基督教国家"（Christendom, 或 Republica Christiana）是一个特指中世纪欧洲神权统治机制的概念。国内学术界也有人把 Christendom 译作"基督教世界",因为从现代标准来看,它不是真正意义上的"被视为个体且是与其他国家地位相等的全能性领土实体"的国家,而只是"一个真正普世性的秩序,其确切的名称是教会"。John N.Figgis, *From Gerson to Grotius（1414—1625）*, Cambridge (Eng.), 1907, pp.15—16.

斯大主教欣克马（Hincmar，约806—882年）即提出"圣权大于王权，因为主教为国王权威作确认，却不由国王来确认主教"。[1]

查理曼所颁布法令，根据性质的不同，可以分为世俗法令和教会法令；根据主题的不同，还可以分为道德法令、政治法令、刑事法令、民事法令、宗教法令、教规法令、家庭法令、临时法令等。其中的政治类法令，包括查理曼用以保证自己的命令在其所辖各国境内贯彻执行的各种法律和措施，还涉及到司法行政、治安法规、地方法院的开庭和庭期，乃至地方法院应遵守的礼仪及军事机关等条款。教会法令涉及教会的人、财产、教会功能及其他利益。查理曼使基督教成为法兰克的国家意识形态后，将其视为凝聚国家的力量，因此对如何归化异教徒、保证教会秩序、确立皇帝对教皇的权力等问题都非常关心。在查理曼治下，原本只是教会会议或主教的教规或教令的教会法，成为由皇帝作为守护人的具有国家效力的法。

查理曼颁布的法令还可以划分为普遍法和特别法。前者适用于整个帝国，后者只适用于部分地区。查理曼如此重视宗教，其目的就是通过基督教精神，确立一个帝国的意识形态。学者指出："加洛林国王们在他们无数的法律和条例中所实行的教育和规训措施，是向法兰克人民传达他们是'上帝的人'，目的是宣传他们作为'基督教的人'的再生。这种转变或再生要抛却他们过去所发展的传统和习俗：这些神的人要通过遵奉相关的法律、原则和禁令，通过抛弃过时的法律和习俗，来生活和安排公共和私人事务，来组织自己。换句话说，整个社会要从教会的角度来看，是建立在上帝的律法上，而不是法兰克、日耳曼和其他自然产生的习惯和惯例上。这就是查理大帝法令集的重要意义之一。"[2]

（二）查理曼法典编纂与欧洲政治法制进程

查理曼时期的法律制度，对整个欧洲的法律来说，都有非常重大的意义，如梅特兰所言，它"使得许多法律体系间的关系变得十分紧密，并受到了同样认可

[1] Richard Southern, *Western Society and the Church in the Middle Ages*, London, 1970, p.176.

[2] Walter Ullmann, *The Carolingian Renaissance and the Idea of Kingship*, London: Methuen& Co Ltd, 1969, p. 22.

和具有了同等的效力"。[1] 在查理曼之前，还没有这么多的民族曾被统一到同一位统治者之下，并且它们的部落的、通俗的法律体系之上，雄踞着帝国的立法特权（lawmaking prerogative）。

为将实际的立法权牢牢掌握在自己的手中，他采取了多种方式，其中值得注意的是皇帝的"禁止诏"（ban）或"制裁"。通过这种方式，查理曼力求自己推行的法令得以切实地执行。有学者认为，"这只是一种罚金，然而，这种罚金科处的对象，并非那些对皇帝作为守护人的公共和平构成破坏的人，而是那些违反皇帝的命令，对皇帝个人构成冒犯的人。"[2] 由此可见查理曼利用发布规条的契机强化王权之一斑。

查理曼在利用、扶持教会的同时，从未放弃对帝国教会的控制。他在位期间，亲自主持了16次宗教会议，其会议的决议由他颁布。例如，789年发布的《通令》，对教会和神职人员的活动作出极为烦琐的规定，以便从细微之处监视教会。又如，规定神职人员的讲道训诲，不准稍离《圣经》；主教及修道院院长应按其财产规模，为帝国军队出人出钱；甚至宗教信条和仪式的细节，也由皇帝《通令》予以规定，违反者由国家判罪监禁。[3]

查理曼还强迫其征服地区的百姓，由其他信仰改宗基督教，对拒绝者处以死刑。780年，在《撒克逊法令》（Capitulary for Saxony），他规定不愿受洗礼继续信奉异教者处死刑。任何人如勾结异教徒、制造阴谋、反对基督教、杀害主教、教士或教堂职员者，处以死刑。不把小孩送往教堂接受洗礼者，课以罚金。居民被强制向教会交纳什一税。教会有权审判本区内民事和刑事案件。[4] 教会的术语也在一定程度上起到了影响作用，教会将"法令（Capituli 或 Capitularies）"一语用于教会会议的教条和条例上。"当我们注意到，国王的法律通常只是重复教会规则，国家在立法及其他事务方面与教会保持着最直接联系时，这一用语的借用就变得很容易理解。"[5]

查理曼时代，处理教会事务和世俗事务的法令，已经区分开来。世俗事务的

[1]〔英〕梅特兰等:《欧陆法律史概览:事件，渊源，人物及运动》，屈文生等译，上海人民出版社2008年版，第31页。

[2] 同上书，第32页。

[3] 杨真:《基督教史纲》，三联书店1979年版，第151页。

[4] 周一良、吴于廑主编:《世界通史资料选辑》（中古部分），商务印书馆1974年版，第36—39页。

[5]〔英〕梅特兰等:《欧陆法律史概览:事件，渊源，人物及运动》，屈文生等译，上海人民出版社2008年版，第33页。

法令，主要分为三个方面，一是对前代墨洛温王朝和日耳曼人《萨利克法典》的法律补充，这些补充的法律与原有法律具有同等的地位，主要适用于服从这类法律的那些人，主要包含赔偿金的数额、程序规则和民法要点等，是在民众大会上经民众同意而宣布的。二是国王和显贵会议达成一致而形成的法律。三是指导性文件，是国王的个人决定。但如学者所言，"由于现在并没有留存最原始的法令集，同时，加洛林时代并没有按照一个固定法律体系进行立法的习惯，因此，很难对它们的性质进行明确界定，所述的区别也并不是很确切的。"[1]

查理曼曾将其征服的土地赠给教会僧侣，使他们得以在庞大的领地内，采用庄园的管理方式和制度，获得大量的资财。教会和僧侣成为大土地的所有者，他们把土地分成小块，租给农奴耕种，然后收取地租、征发劳役。在这些土地所有者中，教皇显然是头号人物，他在教皇国内，行使着类似世俗君主的权利。

教会经济实力的迅速提升，不但获得自给自足，甚至足以与其他大封建主乃至国王抗衡，是否导致其在政治上与国王齐驾，甚至导致了日后教皇权力的膨胀、十字军东侵、教权和王权之争，实在耐人寻味。不过非常清楚的是，至少在查理曼时代，他是非常谨慎地对待教会在经济等方面的影响力的。查理曼既努力维护教会的尊严和权力，又严密地监视教会，不失时机地扑灭任何异端，保证教会的纯洁，通过借助教会的力量，使国王与附庸的臣属关系合法化、神圣化。

由于上述原因，查理曼的军队征服到哪里，就在哪里强制推行基督教化，教会的势力就扩张到哪里。他在伦巴第、巴伐利亚、撒克逊等被征服地区设立伯爵辖区制的同时，设立或重新划分主教区，建立修道院，任命法兰克人为大主教和修道院长。后者享有国王给予的特许权，国王是上帝的代理人，代表了上帝在世俗的权力。被征服者的被征服不但是军事性的，同时也是宗教性的，国王在对被征服者受封的同时，常以宗教形式作为宣誓的模式。

(三)《法令集》

查理曼时代的立法业绩中，最突出者当属查理曼的《法令集》(Capitulary)。

---

[1] 赵立行:《查理大帝"法令集"浅析》，载《山东社会科学》2008 年第 11 期。

它是查理曼改造旧有法律、制定新规定、适应社会发展需要的重要成果，也是其维护皇权至上、确立基督教和庄园经济模式的重要一环。无论对于查理曼的统治，还是保持加洛林帝国（L'empire carolingien，800—843 年）的稳定，抑或整合不同文化和势力方面，《法令集》都有重要的作用。《查理大帝传》曾提到："在接受皇帝称号以后，他注意到他的臣民的法律体系存在着很多缺点，因为法兰克人有两套法律体系，在许多方面，二者差别甚多，因此他决定增补所缺少的部分，调和二者的歧异，并订正内容或文字方面的错误。他的全部计划远未完成，他只是增添了一些律令，并补足了一些不完备之处。但是他发布命令：凡属他领域之内的一切不足的法律和规章之尚未成文者，应当收集起来，并且写成文字。"[1]

《法令集》是查理曼时代颁布的法令和书写的命令。查理曼对法律非常注重，因此，在他统治期间，留下了大量的法令。这些体现皇家权威的法律命令，主要由书面文件构成，而且法令和命令被明显地区分为不同章节。皇家法律文件的名称，因种类不同而常具有不同的名称，如 "notitiæ"（公告；消息）、"brevia"（谕令）、"decreta"（圣裁）、"auctoritates"（圣意）、"edicta"（敕令）等，它们大部分由国王亲自颁布，有时也由国王和他的顾问们发布。当它们真正成为皇家法律时，它们才以"法令"这个专门术语为人们所知，成为与早期民众大会通过的习惯法那样的法律。[2]

《法令集》编辑出来后，便被送达法兰克王国的各地官员、大主教、主教、巡按使和郡守，并将其抄本保存在帝国的档案库里。"这样的'法令集'并不是查理大帝时期才有的，也不是查理大帝时期所独有的，但查理大帝时期最为丰富。"[3]

冈绍夫曾对这些《法令集》的出台经过及性质进行过专门研究，他指出，当皇帝与大臣们就某一法令的内容进行商议，以及将其口述给书记官时，所使用的是当地土语，然后书记官用拉丁语抄录；我们不可能根据法令的内容进行合理的分类，因为尽管许多法令是针对帝国全境的，但是有些法令仅仅是用于德国和高卢地区，有些则只适用于意大利；有时候，一则法令只处理一个主题，比如教会改革、

---

〔1〕〔法兰克〕艾因哈德：《查理大帝传》，威国淦译，商务印书馆 1996 年版，第 30 页。

〔2〕此处把 Capitularies 称为法令，是借用了姚梅镇教授在翻译孟罗·斯密的《欧陆法律发达史》将其翻译为法令，中国政法大学出版社 2003 年版，第 136 页。

〔3〕赵立行：《查理大帝"法令集"浅析》，载《山东社会科学》2008 年第 11 期。

军事义务、皇家领地的管理等,而且有时候法令集所处理的只是皇家所关注的问题;颁布法令的主动权完全掌握在皇帝手里,尽管在起草这些法令的时候,皇帝的近臣、法庭的法官以及有影响的人物也会参与商议,商议后还要将草稿提交贵族会议,但是这仅仅是个形式,他们没有权利作出相反的决定。[1]

其实,"法令"这个名称非常古老,利乌特普兰德(Liutprand,712—744 年在位)国王和爱斯托夫国王在《伦巴第法令》中,也曾使用这一术语:Capitula 表示法令中的单独几个条款,而 Capitulare 则表示所有条款或作为一个整体的法令。但是,梅特兰指出,"但是在王室法律这个意义上,Capitulary 一词的使用则直至此种立法在本质上变成政治行为时才得以开始,也就是说,王权直至发展到法兰克时期,即加洛林王朝取代了墨洛温王朝之时。"[2]

冈绍夫认为,《法令集》和"法律"的性质有着根本的不同。加洛林时代,公法是君主口头的法令,是君主的决定。这些口头法令只有某些部分予以公布,当某些部分被写进"法令集"时,那些完全或者部分改变了现行法律的内容可被视为法律,但"法令集"中的大部分句子并不是法令,而是规定或行政性的命令。[3]因此,无论是从要旨还是从功效来看,法令的范围变得非常宽泛,它成了王室立法的体现,以至无论是世俗的还是教会的事务、公事还是私事、政治事务还是行政事务,乃至军事的还是非军事的、商业的还是教育的、国内的还是国外的事务,都统统地被归入到皇家管辖权内,并得到重述或改革。"法令具有一般法的效力,对帝国内所有臣民适用,没有任何古代的属人限制或类似的其他限制。法令的效力渊源不受限制,它们成为所有行为的规则。"[4]无论这些"法令集"是否形成系统,它的性质是否等同于我们所理解的法律,它都反映了查理大帝时代修改和重新编纂法令的活跃,从中我们也可以了解当时社会的基本状况。如学者总结的那样:"法令集是查理大帝改造旧有法律、制定新法律规定,适应社会发展需要的重要成果。法令是查理大帝维持皇权至上、确立基督教和庄园经济模式的重要一环,对维护

[1] Francois L. Ganshof, *Watwaren de Capitularia*, Reviewed by Bryce Lyon, Speculum, Vol. 33, No. 1. (Jan., 1958).

[2]〔英〕梅特兰等:《欧陆法律史概览:事件,渊源,人物及运动》,屈文生等译,上海人民出版社 2008 年版,第 33 页。

[3] Francois L. Ganshof, *Watwaren de Capitularia*, Reviewed by Bryce Lyon, Speculum, Vol. 33, No. 1.1958.

[4]〔英〕梅特兰等:《欧陆法律史概览:事件,渊源,人物及运动》,屈文生等译,上海人民出版社 2008 年版,第 34 页。

查理大帝的统治、保持加洛林帝国的稳定以及整合不同文化和势力方面起到了重要作用。"[1]

(四)《庄园敕令》

查理曼时期，庄园制得到充分的发展。812 年，他颁布了著名的《庄园敕令》，共 70 条，详细地规定了庄园里各个部门的组织形式和生产管理方式，对庄园制经济进行鼓励和发展。敕令对庄园有严格的管理制度，如第 62 条规定，"我命令每个管理人员，每年必须将我的收入报告给我，其中必须包括以下项目：我的耕夫用牛所耕的土地和庄园上的佃农们所应当耕的土地；打猎、地租、各种贡物与罚款的账目；未经我同意而在我的树林里所猎获的禽兽；各种罚款，得自磨房、森林、田地、桥梁、船只的各种收益；自由人和对我的国库有纳税义务的人的数目；市集、葡萄园和对我有义务的人，饲料草、柴木、火把、木板与其他木材；荒地；蔬菜、谷物；羊毛、亚麻、苎麻；树生水果、大小干果；嫁接的树木；各园囿；芜菁；鱼塘；皮革、毛皮、兽角；蜂蜜与蜂蜡；猪油、牛羊脂油、胰皂；莓果酒、熟酒、蜜酒、醋、啤酒、新旧葡萄酒、新谷陈谷；母鸡与鸡蛋；鹅、渔夫、铁匠、制刀剑匠人、鞋匠的数目；仓和箱的数目；旋匠与皮鞍匠；铁与其他金属的矿坑与化炼厂；铅矿；小马和马驹。以上各项务必在圣诞节前，分类列账，井井有条地报告给我，使我可以知道各种财产的数目。"[2]

《庄园敕令》第 30 条要求，"管理人员把庄园的产品分为两类：一类供国王的日常需要，一类供应战争需要。"[3] 第 28 条则规定，"每年的四旬斋棕榈主日，管理人应依我的命令，在我知道本年度我收入总额账册后，把我经营的款项送到。"[4] 第 55 条规定，"管理人应把一切为我的需要而拨给、用去和提出的东西，记入一本账册内，把一切自己用去的东西，记入另一本特种账册内，向我汇报。"[5]

---

[1] 赵立行：《查理大帝"法令集"浅析》，载《山东社会科学》2008 年第 11 期。

[2] Geary P J., *Readings in Medieval History*, Broadview Press Peterborough, 1995, p.330.

[3] 同上书，p.329.

[4] 同上书，p.327.

[5] 同上书，p.325.

　　《庄园敕令》始终围绕庄园经济的顺利运转展开，通过法令的规定，使得庄园井然有序地运转。例如其中规定，管家安排好各个部门的工作，提到了铁匠、金匠、鞋匠、车床、木匠、刀剑匠、渔夫、制皂匠、酿酒师、猎鹰者、做蛋糕的师傅等。除了男人的工作，管家还要安排好女人的工作。[1]敕令甚至规定，管家应如何地细心照看和管理用手制作和准备的物品。管家有很大的管理权，但法令对管家的行为也作了限制，他必须定期向国王汇报，听从国王和王后的命令。

　　《庄园敕令》中列举了许多名称，有工匠、家庭服务者等，这些大多都是农奴。他们虽然有一块土地，但他不是这块土地的主人，只对这块土地拥有使用权，他要对庄园的领主缴纳支付物、地租，为领主服务和服强迫的劳役，处于领主的统治之下。[2]

　　查理曼时期，整个社会以土地为纽带，形成了依附关系的社会形态，社会财富主要来自于农业生产，对农业及农产品极其注重。在《庄园敕令》中，提到多种土地类型：林地（第36条）、草地（第37条）、可耕地（第37条）、份地（第50条）等，这些土地是维持庄园生活不可或缺的要素。

　　畜牧业也是查理曼时代经济社会中不可或缺的一部分，牲畜业一方面为庄园提供畜产品，包括肉和奶制品，另一方面为农业提供动力，牲畜的皮毛也是手工作坊的重要原料。[3]《庄园敕令》第40条甚至还提到："我的庄园的每个管理人员，应饲养天鹅、孔雀、雉、野鸭、鸽子、鹧鸪、斑鸠等禽兽，以增加庄园的美观。"[4]除规定男人从事的手工部门外，敕令还提到妇女作坊，对男女工人作了分配。[5]"庄园全年的劳务都安排在日程上，包括收割、运肥料和向附近城市运送木材。如果取得在主人的森林里伐木、喂猪，在主人的麦茬地里放牛，在主人磨坊里磨麦等一系列权利，需要向主人交费。另外，必须向教会纳什一税，并交一笔军役税——免除军役的代价。"[6]由上可知，庄园不但是封建主们的主要

〔1〕Geary P J., *Readings in Medieval History*, Broadview Press Peterborough, 1995, p.326.

〔2〕〔比〕亨利·皮朗：《中世纪欧洲经济社会史》，乐文译，上海人民出版社2001年版，第68页。

〔3〕〔法〕布瓦松纳：《中世纪欧洲生活和劳动》，潘源来译，商务印书馆1985年版，第74—75页。

〔4〕Geary P J., *Readings in Medieval History*, Broadview Press Peterborough, 1995, p.328.

〔5〕〔法〕布瓦松纳：《中世纪欧洲生活和劳动》，潘源来译，商务印书馆1985年版，第104页。

〔6〕美国时代—生活图书公司：《骑士时代：中世纪欧洲：公元800—1500》，侯树栋译，山东画报出版社2001年版，第89—95页。

收入来源，而且"一个庄园就是一个农业、畜牧业、手工作坊相结合，自给自足的生产消费单位"。[1]

（五）《撒克逊法令》、《巡按使法令》及其他

在征服了撒克逊人后，查理曼迫使他们也接受基督教，并与法兰克人融为一族。为了保证征服撒克逊的成果，查理曼专门颁布了《撒克逊法令》。其中规定："所有的婴儿在一年内都要受洗；根据法令，如果任何人不愿在一年内将自己的孩子带来受洗，而又没有得到教士的建议或允许，如果是一名贵族，就要向国库缴纳120个索，如果是一名自由人，则缴纳60索，如果是一名获得自由的人，则要缴纳30个索。"如果撒克逊族的任何人"不希望受洗、不愿意接受洗礼以及希望继续当一名异教徒，那么就要被判处死刑"。

任何撒克逊人在成为基督徒后，都要严格履行作为基督徒的各种义务，包括向教会奉献财产。《撒克逊法令》规定："教区居民要给每座教堂一座房屋和两曼斯（mansi）土地，贵族、自由人以及获得自由的人，每120个人要给教会提供一名男仆和女仆。"[2] 还包括作为一名基督徒向教会缴纳的什一税，法令规定："所有人都要向教会和教士缴纳什一税和提供劳动；贵族和自由人以及获得自由的人，都要像上帝给与每个基督徒的那样，返还其中的一部分给上帝。"

法令要求基督徒必须按照基督教的规则生活，否则就会面临处罚。法令规定："在安息日，任何会议和公共司法会议都不能召开，除非出于特别需要或战争所迫，但是所有人都要进入教堂聆听上帝的话，自由祈祷或做善事。同样，在特定的节日，他们要将自己献给上帝和教会的仪式，禁止参加世俗的集会"；"任何人如果缔结了被禁止的或非法的婚姻，贵族要被罚款60个索，自由人罚款30个索，获得自由的人则罚款15个索"。[3]

---

〔1〕〔美〕汤普逊：《中世纪经济社会史》（上），耿淡如译，商务印书馆1961年版，第147页。

〔2〕 *In Boretius*, No. 26, p. 68, trans. By D. C. Munro in University of Pennsylvania. Dept. of History: Translations and Reprints from the Original Sources of European History, published for the Dept. of History of the University of Pennsylvania., Philadelphia, University of Pennsylvania Press〔1900〕. Vol. VI, No. 5, pp. 2—4.

〔3〕 同上。

查理曼最终的目的，是为了统一王国，他在提高中央立法权威、颁布国王法规、建立从中央到地方的法院系统等方面作出的努力，目的均在于此。他对教会的尊崇也不是毫无限度的，一切都围绕着他的最终目的运行着。例如，他在《巡按使法令》（General Capitulary of the Missi）中规定，僧侣们"无论如何不能涉足世俗的事务。不能走出修道院半步，除非情不得已；教士们应该待在他们自己的教区里。如果有必要派某人外出，要得到教士们的同意，被派遣出去的人要没有任何值得怀疑的地方。没有罪恶，也没有罪恶的记录。"[1]

在《巡按使法令》中，查理曼通过设立巡按使（itinerant deputies missi），由其代表皇帝督导各地，务必按照法律规则行事。巡按使的任务，除督促地方官员和贵族根据正确的法律生活外，如果发现谬误，违背了已经制定的法律，必须谨慎调查，并向皇帝汇报。任何时候，任何人，如果声称遭到别人不公正的对待，都可由巡按使谨慎调查。如果巡按使和地方伯爵不能对案件中的谬误进行纠正，必须毫不含糊地将此情况报告给皇帝进行裁决，通过皇帝的权力以实现正义。[2]

《巡按使法令》不仅体现了查理曼对地方社会的法律控制，同时也体现了他对法律运作公开性的重视。按照这种规定，法令需经公布程序并被记录在案，公布可通过若干种形式进行。如在国民大会上制定，则将其副本发至出席大会的贵族手中，让他们带回自己的封地后，在教堂或其他公众集会上公开宣读，还可以通过皇帝的巡按使，通过他们周期性的巡察行程将副本带至所辖区域。

查理曼时期法律运作公开，还有一种常用的做法，即王室尚书院（royal chancery，又译作"中书法庭"）的最高长官将作准副本送达至高级别的官员手中，后者再以同样的方式，传达给他们的属下，直至法典的内容为众人所知。巡按使可以发布巡按使令（capituli miss orum），相对于独立法令（capitula per scribenda）来说，它更具特色。前者是由与特别法无关的法令组成，适用于全体国民；后者则是由皇帝定期派往不同地区的行政官员——巡按使按照其要求来了解地方臣民的行为，检查其他涉及公共利益的事务。

---

[1] *In Boretius*, No. 60, p. 147, trans. By D. C. Munro, in University of Pennsylvania. Dept. of History: Translations and Reprints from the Original Sources of European History, Vol. VI, No. 5, pp. 20—21.

[2] 同上书, pp. 16—18.

在上述法令中，充分体现了查理曼对巡按使履行职责的重视，及其在实现地方控制中的功能。法令第九条规定："任何人不得以某种原因，在理由不充分的情况下，因为希望有所得而在法庭上不公正地袒护另一个人，或是在理由不充分的情况下，因为自己善于理论或是渴望压制别人而妨碍司法公正。……在任何案件中，都要根据正义和法律这样做；任何人都没有权力用贿赂、酬金和任何罪恶的阿谀奉承，或者碍于关系而妨碍正义。任何人都不能在任何事情上不公正地赞同另一个人，而是要满怀热情和良好愿望准备实施正义。"[1]

查理曼还颁布了《关于农奴的法令》，其中规定："那些居住在其他人领地内的农奴，如果以前的主人索要他，那么除了以前的地方外，他不能被送到其他地方。他原来住在什么地方，就应该回到哪里，并要对他们的地位和亲属关系进行细致调查。"[2] 该法令明显体现了封闭、缺乏联系的庄园形态。

查理曼还颁布了《关于商品价值的法令》，力求使铸币在全帝国境内整齐划一。日耳曼新银币"第纳尔"直接源于上述日耳曼的地方化银制辅币，于755年（丕平在位期间）得以标准化。查理曼时期，出现了铸币粗制滥造的现象，破坏了经济的稳定，也妨碍了王权的一统。查理曼规定："由于在许多地方出现了假币，违背了正义和我们的法律，我们命令除了宫廷之外，任何地方都不得造币，除非我们下令进行。但是那些现在流通的第纳尔，如果是用足够分量的优质金属制造则可以接受。"[3]

通过关于巡按使、农奴和货币铸造的法令等，查理曼努力祛除社会的离心倾向，把他的统治区域置于以其为绝对权威的统一秩序之中。如冈绍夫所言："查理曼法令集的目标是双重的，一方面，正确地执行已经被忽视的传统法规，另一方面，则是使这些规则适应新的形势，在这样的形势下，通常会创立新的规则。"[4]

[1] *In Boretius*, No. 60, p. 147, trans. By D. C. Munro, in University of Pennsylvania. Dept. of History: Translations and Reprints from the Original Sources of European History, pp. 16—18.

[2] Roy C. Cave & Herbert H. Coulson, *A Source Book for Medieval Economic History*, New York: Biblo & Tannen, 1965, p. 273.

[3] 同上书，p. 131.

[4] Franois L. Ganshof, *The Impact of Charlemagne on the Institutions of the Frankish Realm*, Speculum, Vo. l 40, No. 1. (Jan., 1965).

第七节   伦巴第王国的法律

一、伦巴第王国的历史进程

伦巴第人是日耳曼民族的一支。伦巴第王国是东哥特王国灭亡后，日耳曼人在意大利北部及南部贝内文托（Benevento）地区建立的封建王国。

关于拉丁语"Langobardi"、意大利语"Longobardi"的中译名，要先作一些说明。从目前可见的各种资料看，主要有"伦巴德"、"伦巴底"和"伦巴第"三种译法。有学者主张，"伦巴第（底）"通常指意大利北部与瑞士及奥地利接壤地带的这片地区，而"伦巴德"更多被用于指伦巴第王国或伦巴第人，其说亦非无据。不过，考虑到译名的统一，加之目前意大利驻华单位所在地点称"Longobardi"者，多数被译为"伦巴第"，因此本书亦将上述拉丁语"Langobardi"和意大利语"Longobardi"一律译为"伦巴第"。有意思的是，英语中的姓氏"Lombard"（商务版《英语姓名译名手册》译为"隆巴德"），则在语源上与"长着长胡子的人"（long beard）一词有关，据称早期确曾被用于指称来自"放贷者"。

1 世纪前后，伦巴第人居住在易北河下游一带。5 世纪初，迁至多瑙河中游。后因阿瓦尔人（Avars）侵袭，首领阿尔波因（德文 Alboin，意大利文 Alboino，568—573 年在位）率部于 568 年进入拜占庭帝国统治下的意大利，占领伦巴第和托斯卡纳等地，建立，后又攻占帕维亚（Pavia）并定都于此。其疆域大体包括近代的伦巴第以及威尼西亚（Venetia）、利古里亚（Liguria）和托斯卡纳（Toscana）的大部分地区，中间被教皇领地割断，北部拉文那地区、南端及西西里为拜占庭帝国统治。

6 世纪中叶，伦巴第王国的首位国王阿尔波因发动了对格庇迪（Gepids）国王库尼蒙德（Cunimund）的战争。战争初期，伦巴第遭到失败，遂与阿瓦尔人结盟，于 567 年再次入侵格庇迪，击败并杀死库尼蒙德，强迫他的女儿罗沙蒙德（Rosa-

mond）与其结婚。伦巴第人与阿瓦尔人将格庇迪国夷为平地后,阿尔波因开始对他的同盟者心怀畏惧,因为他们人数众多,又凶猛残忍。568 年,阿尔波因与阿瓦尔人达成协议,伦巴第人将潘诺尼亚和诺里孔交给阿瓦尔人,阿瓦尔人则帮助伦巴第人向南迁移作为交换。

568 年,伦巴第人入侵意大利。在两万名撒克逊人的配合下,近五万名伦巴第士兵翻越阿尔卑斯山,入侵意大利。569 年,在意大利北部的拉文那郊区,伦巴第人击败了罗马将军龙笈纳斯的部队,蹂躏了整个波河流域。572 年,米兰被占领,帕维亚在三天围攻之后也告陷落。伦巴第人自此开始在意大利北部地区定居,将帕维亚作为首都。不久,他们将罗马军队从意大利的大部分地区驱赶出去,只有沿海的一些大城市,还控制在君士坦丁堡的手中。

在阿尔波因的统治下,伦巴第王国建立起无敌的名声。如吉本所言,"在查理大帝时代,巴伐利亚人、撒克逊人以及其他使用条顿语的部族,对于英雄的事迹仍旧歌颂不绝,这些都要归于伦巴第国王的英勇、慷慨和财富。"[1] 然而天有不测风云,573 年,阿尔波因的妻子罗沙蒙德为报杀父之仇,暗杀了阿尔波因。伦巴第王位由克莱夫（Cleph,573—575 年在位）继位,不过他只统治了 18 个月。克莱夫死后,伦巴第人没有选出继任者,由各公爵在特定的城邦领土内行使权力。从 575 年一直持续到 584 年,被称为王位虚悬期,王国陷于混乱。

即使如此,由于伦巴第军事贵族实力非常强大,因此,他们征服意大利的势头仍未有所减弱。585 年,当伦巴第人与罗马军队在意大利交战时,法兰克国王希尔德贝特（Childebert Ⅱ,570—595 年在位）进行了干涉。在君士坦丁堡的资助下,希尔德贝特三次翻越阿尔卑斯山脉进入意大利境内,同伦巴第国王奥塔里（Authari,公元 584—590 年在位）作战,取得了胜利。由于同罗马军队无法进行合作,希尔德贝特率法兰克军队撤出了意大利。意大利地区再次陷入混乱状态,伦巴第王国之后的各个相对独立势力集团彼此缠斗,连绵不休。

在战争中,伦巴第人杀死大批罗马显贵,没收了许多奴隶主和教会的地产,并向保留地产的罗马人索取三分之一的收获物作贡赋,促进了意大利北部封建生产关系的转化。与此同时,伦巴第血缘公社开始瓦解,建立起以地域划分的农村公社,即马尔克公社。土地可以买卖、转让和抵押,农村公社内部逐步两极分化,

[1]〔英〕爱德华·吉本:《罗马帝国衰亡史》(第 4 卷),席代岳译,吉林出版集团有限责任公司 2007 年版,第 290 页。

大部分社员失掉份地,与原罗马的自耕农一起沦为半自由的佃农。在这种生产形式的影响下,罗马奴隶及释放奴隶逐渐同伦巴第的半自由人融合成依附农民。而伦巴第的军事贵族夺占大量土地,成为大地产所有者。

不过,在维护日耳曼人之制度上,伦巴第人不同于哥特人。伦巴第人成为北意大利主人后,他们视罗马人为被征服的人,完全弃置了罗马的行政治理。伦巴第法努力维护日耳曼法的纯洁性,使之不受罗马法影响。伦巴第的日耳曼政令适用范围广泛,调整罗马人与伦巴第人之间的关系,只有对罗马人与罗马人之间关系包括其家庭与继承问题才适用罗马法。其间,伦巴第人的不少特殊的传统和成就被保留和传承下来,特别是在艺术、语言和法律方面,例如,那些最早在西欧从事信贷和高利贷业务的意大利人被称为"伦巴第人";金融机构所在的街道被称为"伦巴第街";所有的短期贷款利率在法国被称为"伦巴第人利率"。

6世纪末,罗塔里成为伦巴第王国的国王。他死后,由都灵公爵阿吉卢尔夫(Agilulf,590—615年在位)继任王位。再之后,就是著名的国王罗退尔(Rothari or Rothair,636—652年在位)。643年,罗退尔指令各公侯交出一半地产,以助王室,国势稳定。同年,他主持编纂法典,将即位起颁布的敕令及一些行之有效的习惯汇编起来,史称《罗退尔敕令》(Rothari's Edict or Rothair's Edic),又称《伦巴第法典》。此后各代国王陆续增补,形成伦巴第人习惯法的汇编。它是伦巴第人最早的法典,是在伦巴第人封建关系形成过程中编纂的,并促进了这种关系的形成,因此成为研究7世纪前后伦巴第生活习俗、国家机构、司法制度、社会经济关系和阶级状况的重要资料。

727年,国王利乌特普兰德颁布一系列法令,进一步强化王权。利乌特普兰德修明内政,然后逐渐收复仍然处于拜占庭统治下的地区。其后,伦巴第加强对外贸易,积极扩张,势力达到意大利中部,建立起斯波莱托和贝内文托(Duchy of Benevento)两个独立公国。如同罗退尔一样,利乌特普兰德也是一位有作为的国王,他修订了《伦巴第法典》。罗退尔时期法典规定,彩礼归新娘的父亲保有,利乌特普兰德时期则修订为,赠礼由新娘取得,新娘的家人只能得到象征性的补偿。

751年,爱斯托夫率伦巴第军队攻占拉文那,企图夺取教皇驻地罗马城。应罗马教皇斯德望二世(Papa Stephanus II,752—757年在位)之请,法兰克国王矮子丕平于 754 年和 756 年两次远征意大利，击败伦巴第人，夺回拉文那，交还教皇。战役结束后，法兰克人没有放弃控制欧洲西南部的良机，于 773 年再次围困伦巴第。此时的伦巴第军队已不复阿尔波因时代之勇，法兰克人俘获了其末代君主德西迪里厄斯（Desiderius，756—774 年在位），并将其废黜。查理大帝兼为法兰克和伦巴第之主，伦巴第人对意大利的统治自此结束。774 年，伦巴第完全被并入加洛林帝国，成为其地区之一。

二、《伦巴第法典》

《伦巴第法典》又称《罗退尔敕令》，有时也被称为《罗退尔法典》，是指从 636 年布蕾莎公爵罗退尔被举为国王始至其 652 年去世止，所有的敕令和不成文习惯汇编而成的法典，是日耳曼习惯的成文记载之一，属于蛮族法之一种。它是伦巴第人最早的成文法典，共有 388 条。罗退尔之后的历代国王，还对其进行了修订和补充，如贝内文托公爵格利瓦特（Grimvald or Grimoald，662—671 年在位）于 668 年对《罗退尔敕令》作简短补充的法律文件，被称之为《格利瓦特法律》。

罗退尔编纂《伦巴第法典》的主要原因，是对于 6 世纪征战之后伦巴第民族状况发生巨大变化、传统习俗难以适应新情况的敏锐意识。《伦巴第法典》与后世国王的立法的显著区别，正在于它们所要达到的目的不同。《伦巴第法典》的目的，在于给臣民一部成文法典，根据形势发展的需求，给予新的行动指南。而罗退尔以后的国王，只是想改善或补充现存的成文法律，借鉴昨天已有的法律和经验而已。[1]

在所有的日耳曼民族中，伦巴第人属于特殊热衷于习惯的一支，就此意义而言，"立法"这个词汇几乎不能准确描绘罗退尔颁布法令的活动，因为，它只是根据伦巴第人进入和定居意大利的过程中所获得的经验，对日耳曼习惯作了一些轻微的修改而已。[2] 之所以有《伦巴第法典》、《罗退尔敕令》、《罗退尔法典》等诸多称谓，即此之由。

---

[1]〔英〕梅特兰等：《欧陆法律史概览：事件，渊源，人物及运动》，屈文生等译，上海人民出版社 2008 年版，第 26 页。

[2] Katherine Fischer Drew, *Law and Society in Early Medieval Europe：Studies in Legal History* II，Variorum Reprints，London，1988，p.25.

但是，也有学者认为，这种立法成果比其他任何日耳曼法律更应享有"法典"之名，因为，它几乎是伦巴第法律规则的完整陈述，更重要的是，它是根据一个基本的目录结构被组织起来的，"是一部体系编排比较清晰、条款规定极其明确的列举式法典"。[1]

无论是伦巴第立法的制定者，还是后世的使用者，都将《伦巴第法典》称为"敕令"或"法令"。在法典的序言中，罗退尔提到他向伦巴第的老人们查证或收集民族习惯，显示法典确实是建立在伦巴第民族的古老习惯之上，并非因事设制而形成的敕令，而具有习惯汇编的性质。罗退尔之后的国王的立法，通常由一系列不同立法组成，缺乏系统的安排，而《伦巴第法典》的显著特点正在于其系统的安排，体现出清晰可见的完整体系。

法典序言中，罗退尔还声称，制定该《敕令》的目的，是出于对国民福祉的关怀。在结尾处，他还提到公证人安索尔德（Ansoald）的名字，负责签名证明敕令副本的真实性。梅特兰认为，"从他的名字和职务来看，他应当是日耳曼人。这样，在此项立法中，罗马人如果分担了工作的话，也仅是次要工作。"[2]可见，《伦巴第法典》是在日耳曼法律顾问们（Councilors）的见证之下，从零散的习惯转化为了成文法。

在众多意大利的入侵者中，伦巴第人与罗马人相差最远。如梅特兰所言，"他们带着对罗马帝国的敌意，自始至终对这个国家保持着基本敌对态度。"[3]他们对教会的态度也是如此，极具敌意。当时，大部分伦巴第人尚为异教徒，国王本人也是阿里乌斯教徒；皈依之后，由于他们有着控制整个意大利的强烈愿望，又开始与主教竞争，设法抵制罗马教会法则和罗马帝国制度。"尽管在文明上处于劣势，他们纯然凭借武力的优势，取得了胜利，维系了国家的存在，并执着地使自己的民族习惯保留了下来。不过，这种局面的形成，显然是多种不同因素叠加的结果；这也形成了该时代的鲜明特征，并合理解释了这一时期的伦巴第法律所具备的特点。"[4]

---

[1] 李秀清：《日耳曼法研究》，商务印书馆 2005 年版，第 36 页。

[2] 〔英〕梅特兰等：《欧陆法律史概览：事件，渊源，人物及运动》，屈文生等译，上海人民出版社 2008 年版，第 25 页。

[3] 同上书，第 23—24 页。

[4] 同上书，第 24 页。

很大程度上为了坚守自己的传统，伦巴第人接触罗马人后，便开始将他们古老的习惯写成文字，正由于此，在最初的《伦巴第法典》中，竟然显示了它未受到明显的罗马或教会影响的特征。在《伦巴第法典》中，没有包含特别调整罗马人的条文，"凡罗马人与伦巴第人之间发生纠纷时，不问情形如何，罗马人都须受伦巴第法之约束，反之，当罗马人彼此间发生纠纷时，则仍然受罗马法调整。"[1]

借助征服的力量，伦巴第人在 7 世纪的西南欧占据统治地位，即使如此，他们仍为保护本民族的古老习惯免遭废弃或衰退，而将它们形成文字。他们的立法绝非应景之作，而是严格的罗马法意义上的"法律"或"制定法"(statutes)，目的是挽救其民族文化、民族法和民族本身，可谓意在长远。[2] 作为由传统习惯汇编而成的法典，《伦巴第法典》是一部优秀的立法作品，其形式和体系均自成一体，不只是一系列干巴巴的规则汇集，还尝试着陈述理由、提供定义，甚至发展法律原则。所有这些都与其他日耳曼法律明显不同，具有重要的历史价值。其系统化的顺序安排，排列的如此得当，以至于其总体形式从未被后来的立法重新塑造。[3]

《伦巴第法典》规定，所有来自王国以外的人，进入王国后，都必须根据伦巴第的法律生活，除非得到国王的恩宠，他们才能根据自己的法律生活。[4] 显然，法典的效力是普遍的，同时适用于罗马人和伦巴第人。在伦巴第王国内，除伦巴第法和罗马法外，其他法律原则上不被适用，王国内其他部落的人都应该遵照伦巴第的法律。在没被法典改变的情况下，伦巴第的征服者们也保存自己的古老习惯。不过，罗退尔为两族人民提供共同之法的计划，并没有越出一定的法律领域，如梅特兰所言，"不能得出这样的结论，即法律被法典化和统一起来，就是为了两个民族能共同适用。在法典中，没有明确的条文规定，或没有公共政策禁止，或当事人没有一方是伦巴第人时，罗马人仍由罗马法调整。"[5]

---

[1]〔美〕孟罗·斯密:《欧陆法律发达史》，姚梅镇译，中国政法大学出版社 1999 年版，第 91 页。

[2]〔英〕梅特兰等:《欧陆法律史概览:事件，渊源，人物及运动》，屈文生等译，上海人民出版社 2008 年版，第 24 页。

[3]例如，当时的伦巴第法创造了督促程序，法官应一方当事人的申请，可以向被申请方发出履行或偿付的命令（德语为 Erfüllungs-oder Zahlungsgebot），若接到命令的人在指定时间内没有就主张提出争议并由此引发对争辩的听审，法官所发出的命令则可通过执行程序强制执行，这一程序延续至今。

[4] *Lombard Laws*, translated with an introduction by Katherine Fischer Drew, University of Pennsylvania Press, 1973, Rothair's Edict 367.

[5]〔英〕梅特兰等:《欧陆法律史概览:事件，渊源，人物及运动》，屈文生等译，上海人民出版社 2008 年版，第 24 页。

对《伦巴第法典》进行补充的法律也坚持这样的原则。如《格利瓦特法律》共 9 条，依次为关于为主人服务了 30 年的男女奴隶的规定、关于保持了 30 年自由的自由民的规定、关于犯了被处支付 900 索里达（Solidus，又译为索里德，复数为 Solidi，常译为索尔第，当时流行的货币单位）的犯罪的奴隶的规定、关于已占有 30 年的财产的规定、关于父亲死后继续留在祖父家中的孙子的继承的规定、关于被离弃的妻子的规定、关于妻子犯罪的规定、关于明知某男子已有妻室仍进入他家里的妇女的规定、关于犯盗窃罪的妇女的规定。在奴隶问题方面，伦巴第人原则上坚持，被放奴隶遵从解放他的主人的法律而生活；如果被放奴隶有两个主人，一个为罗马人，另一个为伦巴第人，则其法律适用由两位主人协商而定，协商不成的，原则上按照罗马法生活。

当然，即使伦巴第人努力维护自己的传统，相对于积累丰厚的罗马文化而言，伦巴第人的文化毕竟要粗糙得多，在法律方面也有鲜明的反映。当地的罗马居民，经常能够成功地用自己先进的文化，缓慢而深刻地影响伦巴第的征服者。这种影响就短期而言，体现在具体的规则方面，就长期而言，则体现在抽象的语言元素之中。《伦巴第法典》使用的语言，是当时交易文书中常用的语言，就体现了这种影响。只不过，其精确性会因抄写水平的变化而有所不同。《伦巴第法典》的语言，就是那一时期意大利罗马人所说的语言，这是罗马文化从一开始起就对外来的日耳曼文化产生深刻影响的鲜明表征。此外，也有一些罗马法和教会法（canon law）的规条，在其中留下更为直接的印迹，这很可能是因为，某些立法中被赋予重任或享有权威的人员是罗马人中的神职人员。

相对于后世受罗马法影响日深的日耳曼法而言，《伦巴第法典》代表着纯正的伦巴第日耳曼法。它的日耳曼法的特性，尤其体现在有关父权（paternal authority）、继承（succession）、自力救济（self-redress）和罚金等方面。值得注意的是，其间，很少发现其他日耳曼部落法律要素的痕迹，即之前与其他日耳曼部落尤其是斯堪的纳维亚民族（Scandinavian）和撒克逊民族交往过程中产生的痕迹。

在罗退尔之后陆续修撰法律的国王中，格利瓦特是第一个运用该权力的人。668年，他命令剔出法令中与文明进步不相协调和不公正的地方，获得了国民大会的同意。其后，国王利乌特普兰德也展示了非凡的立法能力。若干原因促成了这次多产的立法，其一，是教会；其二，是罗马法的持久而强大的影响；其三，则是对加强国家实力和国王权力的期待。通过这次立法，伦巴第的公共管理机构的组织得以加强，伦巴第人的物质生产能力提到提高，精神生活方面也得到了法律的有益调整。

伦巴第王国的立法，除《伦巴第法典》中已包含的法条外，还有一些其他的形式。一是没有提交民众大会（popular assembly）批准，因而并非严格意义上的制定法，其效力展现必须依赖国王的权力。二是乡规民约（popular customs），当立法者的意图涉及公序良俗（public policy）时，这些乡规民约通常会被融入《法典》之中，有些习惯始终不会发生改变，而是继续在民间实践中得到遵守，即使在法庭上也得到遵循。三是由人民在"大会"上表决的纯粹的日耳曼制定法，被称为"军民协定"（pactus）。[1]

伦巴第的司法实践，对于法律的保留和发展，也往往会起到很大的作用。在前述的利乌特普兰德国王的立法中，已经以判决的形式存在的规条，就占据一定比例，法官通过它们来裁定法律纠纷。与当代英美法系的判例体制不同，作为王权国家的伦巴第，当然还没有建立分权体制，当时的公民大会是一个综合性的权力机构，制定法是由公民大会通过，与此同时，公民大会也行使司法权。这对于理解当代英美法系的最高法院同时掌握立法权和司法权，有相当重要的参考意义。

在《伦巴第法典》中，对犯罪的方式和特征只有少量规定，而对刑罚措施则记录甚详，在记载罚金或赔偿的数额时，尤其不厌其烦，显示出其条规与案例兼融的早期法特征。它只是记录那些最需要记载的部分，大部分是不成文习惯，一旦产生争议或面临废弃不用之险，就必须进行补充和修改。因此，尽管拥有一个较为完整的法典体系，上述特征使之与当时急速变化时代形势仍能保持较紧密的联系。

伦巴第的立法展现出日耳曼法尊重传统与习惯的重要特征，因而民众（而非国王）在法律的产生与发展中居于重要地位。早期社会的日耳曼法，源于皇帝的立法因为没有民众的参与，虽然被赋予法律的实际效力，却不能享有法律之名，不能成为"法"（lex 或 statute）的组成部分。直至封建王权体制建立起来后，这种情况才得到改变，皇帝的地位变得高于古老的民众大会。所有权贵原先以自身名义拥有的权力和责任，至此全部消失，转而成为从上至下都对国王（Emperor-king）负责的官员，接受国王任命、指挥和罢免，并成为国王发布命令和执行政策的工具。

---

[1]〔英〕梅特兰等：《欧陆法律史概览：事件，渊源，人物及运动》，屈文生等译，上海人民出版社 2008 年版，第 25 页。

　　与尊重传统的特征相符，伦巴第人与其他日耳曼人一样，非常注重本民族中的长者在规则确立方面的功能和地位。长者们主动承担起收集规则的任务，并负责阐明规则的涵义与执行方式，有时交由民众议会表决，以确立其权威性。罗退尔曾称，为了制定《伦巴第法典》，他曾向长者咨询。哥特的狄奥多里克也声称，为制定《萨利克法典》有过类似的经历。法兰克的查理曼制定《弗里斯兰法典》(Frisian Code)时，曾将工作委任给"智者"(sapientes)佛莱玛(vlemar)和萨斯蒙德(sasmond)，并称法典为《智者汇编》(sapientibus composita)，亦可谓其中适例。[1]

　　与之相适应，日耳曼法与罗马的执政官法有相似之处，两者都不是真正的法(lex)，只是在实践中由于行政长官的权力，而具有"法律"的效力。它们的目的和结果十分一致，在发展方式方面就更是如此。在罗马，通过利用罗马民众生活中产生的新元素，执政官法律体系发展并改善了罗马的本族法，改变了古代的僵硬旧制，适用范围也从只局限于罗马公民，拓展到包括其他民众。与之类似，日耳曼王室法也利用了先进的原则，将它们运用到了本来较为粗野的部落法中，使之得以进步。新加入的规则凭借其先进性，逐渐获得居民们的共同承认，取代了早期流传下来的粗糙规则，实现与时代的发展潮流的同步。王权成为法律规则不断涌现的新源泉，更重要的是，它不会让人民的法律之泉的枯竭，而会对其起到增加和促进的作用。

　　伴随着伦巴第王国与周边势力的争战，王权逐步兴盛，与之同步的是民众大会的渐趋衰落，古老的政治体系难以避免地拜倒在皇权之下。自由民中的一大部分，由于分散于广阔的区域，既要努力维护地方，又要克服艰险的路途，后来相继无法出席大会。民众大会对王国事务的影响逐渐减少，进而变质为形式性机构。居于中央的国王和国王任命的人，逐渐把持了那些最机要的权位，成为至关重要的政务管理者。国王会议(royal council，或称王室会议)取代民众会议成为实权性机构，国王则成为这一实权的核心。在事务频繁的司法领域，则更是如此，即使民众法庭被保存了下来，它们之上有了王室法庭(royal tribunal)，后者为下级法庭提供可援用的先例，并支配了司法权的运作。

　　除外部征战与内部统驭的需求之外，罗马因素与基督教因素也成为伦巴第王

---

[1]〔英〕梅特兰等：《欧陆法律史概览：事件，渊源，人物及运动》，屈文生等译，上海人民出版社2008年版，第40页。

权成长的基础。罗马法和基督教教会法的存在，为新生的伦巴第王权注入了新的活力，这在伦巴第国王颁布的大多数新法中均可见其端倪。王权与教权相互依重，国王的法律通常只是重复教会规则，在立法及其他公共事务方面，王权与教权保持着最直接的联系。由此，古代的日耳曼部落法律体系中的一些过时部分被主动丢弃，另一些不符合王权加强的部分也被改变，尤其是那些主张充分自治的部分。在此进程中，上述部分以不同的方式和速度改进提高，并最终都紧密地结合在一起，型构了符合时代需求的新法律体系。

时代的发展，使法令的数量变得日益庞大，原始的法令保存方法已不敷其需，系统的汇编工作变得十分迫切。最初对此作出反应的，如同罗马的狄奥多西时期一样，是私人法律顾问领域的专家，他们的汇编工作暂时满足了这一需要。随着私人编纂的盛行，官方也逐渐意识到了这一点并取而代之，这种现象在法律发展史中并不鲜见。[1]或许可以说，王权的演进与法律的发展呈现出互利的关系，王权只有能够有效地整合旧规与新制，将其统治区域的资源有效地控制在手中，对获得利益和失去利益的各种集团进行积极的平衡，才能建立真正有效的统治并实现国家的强大。

必须承认，伦巴第王国在日耳曼法与封建王权的整合方面作出了较多的贡献，并为后来的法兰克王国的统治奠定了良好的基础。9世纪初，当查理曼以自己的名义对法兰克的法规制度进行宣布时，各种法律之间的关系已被安排得非常紧密。虽然在查理曼之前，还没有这么多的民族被统一在同一位统治者之下，但经历了罗退尔等为代表的伦巴第国王们的立法，《伦巴第法典》实现了日耳曼法的有效进化，受到了各方面的认可。在这些部落法律或通俗法律体系之上，雄踞着宣称享有立法特权的强大王国。

三、《利乌特普兰德法律》

《利乌特普兰德法律》（Notitia de actoribus regis，又译为《王室管理人公告》，

---

[1]〔英〕梅特兰等:《欧陆法律史概览:事件，渊源，人物及运动》，屈文生等译，上海人民出版社2008年版，第35页。

Notice concerning royal administrators）是指国王于 713 年至 735 年间颁布的对伦巴第法律进行增补的 153 章补充法令，分成 15 组，称作 "卷"（Volumina），分别提交给大会获得批准。

当时，由于伦巴第人已改宗罗马基督教，因此与《罗退尔敕令》相比，该法律明显受到教会势力的影响，内容方面有了明显的变化，如在序言及其后各次颁布法令时所设的序言中，常常引用《圣经》的段落。正如 8 世纪时教皇卜尼法斯（Papa Bonifacius or Papa Boniface）所说，"主教们的职责是指出何为邪恶，为弱者带来力量，宽恕那些有过错者；在这之后，是国王的使命，因为除了上帝的权力之外，没有任何其他权力；同样地，由国王委派的掌权者和法官们必须服务于主教。……国王是在主教之后的。"[1]

利乌特普兰德统治时期，教会的势力迅速扩张。他极力促成教条成为法律，表现得相当虔诚。有时，他直接根据教会的要求，进行必要的立法。[2] 他还经常向伦巴第法律引进神职人员所倡导的原则，如亡者向平民遗赠物的理论[3]、婚姻的阻却[4]、通过宗教仪式解放奴隶[5]、教皇至上的认可[6]、神职人员的特权及对尚存异教徒的惩罚[7]，等等。此外，还有不少与教会条规有关的条文，对统治秩序、行政程序、财产法以及家庭法产生影响。很大程度上由于这个原因，《利乌特普兰德法律》条款冗长，与此前的伦巴第法律形成鲜明的对比。

与教会法一样对于利乌特普兰德的立法构成重要影响的，当然还有罗马法。在妇女继承权、未成年人的监护、权利时效、遗嘱、抵押等每一处改革中，都能找到罗马法的痕迹。许罗马人之间的纠纷，也一如《伦巴第法典》的规定，适用罗马法。

该法第 91 条规定，"准备制作特许状的抄写员，应根据伦巴第人的法律，或

---

[1] George Duby, *The Three Orders*, *Feudal Society Imagined*, The University of Chicago Press, 1980, p.75.

[2] Laws of King Liutprand 33, *The Lombard Laws*, Translated with an Introduction by Katherine Fischer Drew, University of Pennsylvania Press, 1993.

[3] 同上。

[4] 同上。

[5] 同上。

[6] 同上。

[7] 同上。

者根据罗马人的法律"[1]，这是罗马人的法律与伦巴第人的法律同时存在的例证。第
127 条规定，一罗马男子与一伦巴第妇女结婚，并得到她的监护权之后，此妇女就
成为罗马人，这一婚姻所生的孩子就成为罗马人，并应按照"他们的罗马人的父
亲的法律"而生活。[2]

　　《利乌特普兰德法律》受罗马法影响的痕迹，还表现在商业事务法律方式，如
规定在转让财产和成立债务时主要依据正式书面文件，这是其他日耳曼法未曾涉
及的内容。[3] 不过，正如孟德斯鸠所评论的那样，"伦巴第法律不像罗马法那样庄
严雄伟，无法使意大利人回忆起曾经统治过强大帝国的辉煌。伦巴第法也没有罗
马法那种宏大宽广的幅度，它仅仅是对某一些案件有规定，而后者则包罗万象，
故能更好地补充适应城市生活的需要"。[4]

　　利乌特普兰德时代的伦巴第王国，国王的实权比之前有进一步的增强，公共
管理机构的组织也随之得以加强。加之利乌特普兰德又是伦巴第历史上较有权威
的国王，不仅扩展了对意大利的征服，还保持了与法兰克王国的友好关系，因此
社会经济生活呈现良好的秩序。难能可贵的是，利乌特普兰德虽为天主教徒，却
拥有较为宽容的宗教情怀，常将立法归因于大众的需要，如梅特兰所描绘的那样，
"当个人诉讼被拿到会议时，他们或寻求解释，或寻求对某一先前立法的修正，甚
至是要求确定某一新的法律原则。"[5] 在处理完诉讼后，它的基本原则会被插入制
定法之中，并且书中有时会明确注明它们就是法律的渊源。[6] 他利用罗退尔留下
的权力来修改法律，使其与神授法相和谐，与他的内心灵感、国民的精神需要以
及王国的和平、繁荣相一致。

　　在《利乌特普兰德法律》中，契约方面原则上是当事人各自按照自己的法律

〔1〕Laws of King Liutprand 91, *The Lombard Laws*, Translated with an Introduction by Katherine Fischer Drew,
　　University of Pennsylvania Press, 1993.

〔2〕Laws of King Liutprand 127, *The Lombard Laws*, Translated with an Introduction by Katherine Fischer Drew,
　　University of Pennsylvania Press, 1993.

〔3〕Peter Stein, *Roman Law in European History*, Cambridge University Press, 1999, p.40.

〔4〕〔法〕孟德斯鸠：《论法的精神》(下册)，张雁深译，商务印书馆 1997 年版，第 211 页。

〔5〕〔英〕梅特兰等：《欧陆法律史概览：事件，渊源，人物及运动》，屈文生等译，上海人民出版社 2008 年版，
　　第 28 页。

〔6〕Laws of King Liutprand 127, 135, 136, 137, 138, 141, The Lombard Laws, Translated with an Introduction by
　　Katherine Fischer Drew, University of Pennsylvania Press, 1993.

承担义务。[1]关于伦巴第人的回赠,根据赠与人的法律决定。关于土地的让与行为,其方式根据让与人的法律决定,"但若是赠与教会以土地等财产而发生诉讼的,并非根据土地的现所有人,即教会的法律,而是根据土地的前所有人,也即赠与人的法律处理。已婚妇女让与自己继承而得的财产的,并不按照丈夫的法律,而是根据妻子自己出生时的法律。僧尼若让与自己继承而得的不动产,根据她自己出生时的法律,而不是根据罗马法。"[2]

利乌特普兰德统治时期,国王的中央集权化达到极大的增强,那些将自己视为地方行政、司法和军事政权世袭享有者的公爵们,则成为他的反对者。[3]不过,利乌特普兰德以牺牲地方利益为代价,增加国王官员的权力,这种做法取得了实效,即使在他去世之后,伦巴第王国仍是一个拥有足够中央权威和组织效率的王国,对法律的增补活动也在伦巴第王国的最后时期仍得以继续。

如前所述,王权的增强淹没了民众大会的传统权威。除了《利乌特普兰德法律》中的法规外,利乌特普兰德在位期间的其他立法,并没有提交民众大会批准,却依靠国王的权力得到运作。[4]各地的公爵认为公国利益高于一切,导致伦巴第人最终未能发展出如同法兰克王国那样凌驾于地方利益之上的国王权威。加上罗马法在伦巴第王国有较大范围的保留,影响了伦巴第各个时期的立法成果在王国内的效力。正如历史学家特伦巴赫所揭示的那样:"从加洛林时期一直到中世纪晚期,体现了国家集合体和统一趋向的王权只是一个具有各种不同用途的工具。"[5]

如前所述,在伦巴第王国的中央立法之外,还存在着与其政权形态相对应的次级法律渊源,如乡规民约等。这些乡规民约有时也会被融入《法令》之中,以

---

[1] Laws of King Liutprand 91, *The Lombard Laws*, Translated with an Introduction by Katherine Fischer Drew, University of Pennsylvania Press, 1993.

[2]〔日〕久保正幡:《西洋法制史研究》,岩波书店1952年版,第317页。

[3] *The Lombard Laws*, Translated with an Introduction by Katherine Fischer Drew, University of Pennsylvania Press, 1993, "Introduction", p.18.

[4]〔英〕梅特兰等:《欧陆法律史概览:事件,渊源,人物及运动》,屈文生等译,上海人民出版社2008年版,第30页。

[5] G. Tellenbach, *Vom karolingischen Reichsadel zum deutschen Reichsfürstenstand*, T.Mayer, Adel und Bauern in deutschen Staat des Mittelalters, Leipzig, 1943, S.27.

维护地方秩序的稳定和所谓公序良俗。"有些习惯始终不会发生改变，它们继续在民间实践中得到遵守，并在法庭上也有效——的确，它们有时还会被明确地规定在《法令》之中。"[1]"赔命金"数额就是一个典型的例证，国家法的规定无法体现地方社会的无限复杂性，其具体数额，只能留给地方习惯来估定，与之类似的还有释放奴隶以及无子嗣奴隶的财产继承权等问题。

司法实践对法律的保留和发展起到很大作用，是伦巴第法的重要特征之一。面对纠纷，即使不存在成文法条，法官仍可以按照习惯作出判决，其判决又构成其后法官的参考依据。构成《利乌特普兰德法律》的很大一部分，早已以判决的形式存在，使法官可以通过它们来裁定法律纠纷。梅特兰对此概括道："如果我们可以想到，司法判决和制定法都出自单一的国家机关时，两者之间的关系及司法判例的强大影响，就会变得更加清晰。"[2]

伦巴第人尊重传统习惯和发挥司法判决在法律发展中的功能的特点，使其法律具有相当高的延展能力和适应性。当伦巴第王国被法兰克征服之后，法兰克的统治者并没有取消伦巴第法律的效力，反而允许它们继续在意大利的加洛林王国内继续生效直至10世纪。不仅如此，在此期间，他们还增加颁布了一些自己的法规，补充到伦巴第的法律之中。

第八节　巴伐利亚王国的法律

一、巴伐利亚部族概论

"巴伐利亚"一词最早出自 Bayuwaren，是罗马帝国统治现德国中南部时给予

---

[1]〔英〕梅特兰等:《欧陆法律史概览:事件，渊源，人物及运动》，屈文生等译，上海人民出版社2008年版，第31页。

[2]同上。

该地区的名称。[1] 约 520 年，法兰克人也用这一词指称该地区。

早在罗马时期，基督教就在巴伐利亚地区传播。696 年，沃尔姆斯主教鲁伯特应公爵狄奥多西一世之邀来到这里，开始了一个新的时代。8 世纪早期，得益于圣卜尼法斯（St.Boniface，？—754 年）的努力，该地民众普遍改宗天主教，从此巴伐利亚一直成为天主教区。734 年，圣卜尼法斯来到这里调查异教回潮和叛教的情况，重组巴伐利亚教会和萨尔兹堡（Salzburg）、弗赖辛（Freising）、雷根斯堡（Regensburg）和帕骚（Passau）等主教区。14 世纪，巴伐利亚抗拒宗教改革，仍坚持崇信罗马天主教。

历史上曾有两个巴伐利亚王国：一个是指由加洛林王朝统治巴伐利亚的短暂王国，在该时期有三位统治者值得注意，分别是路易二世（Louis Ⅱ, Ludwig, or Lewis，又称"日耳曼人路易"，817—843 年巴伐利亚国王，843—876 年东法兰克国王）、卡洛曼（Carloman，876—880 年巴伐利亚国王，877—879 年意大利国王）及路易三世（Louis Ⅲ, or Louis the Younger，876—882 年撒克逊国王，880—882 年巴伐利亚国王，879—882 年西法兰克国王），路易三世之后，巴伐利亚再次成为一个公国。第二个是 1805 年直至 1918 年王国被废除之前，世袭的维特尔斯巴赫王朝统治巴伐利亚的王国，这是巴伐利亚历史上第二个王国。

巴伐利亚公国是中世纪的南德意志邦国，始建于约 6 世纪。公国历经阿芝诺芬（Agilolfings）、韦尔夫和维特尔斯巴赫等家族的统治，权属几经更迭，但一直是德意志南部的要邦。法兰克人将这个边境地区视为抵挡东方民族，如阿瓦尔人和斯拉夫人的缓冲区和军队人力来源地。550 年左右，他们任命了一位公爵统治这里，可能是法兰克人，也可能是从当地的领导家族中选出的，代表法兰克国王，成为巴伐利亚的地区统治者。目前所知的第一位巴伐利亚公爵，就是强大的阿芝诺芬家族的成员加里博尔德一世（Garibald Ⅰ or Garivald，555—591 年巴伐利亚公爵）。这个家族的统治极为悠久，一直延续到 788 年。

在一个半世纪中，阿芝诺芬家族的公爵们抵挡了来自东方的斯拉夫人的入侵。狄奥多西一世时代（结束于 717 年），巴伐利亚与崛起的法兰克王国交恶。查理·马特成为法兰克王国的实际统治者后，一度严密控制巴伐利亚，并相继以藐视权威

---

〔1〕巴伐利亚（德语：Bayern），也常被称为拜恩、拜仁或巴燕，巴伐利亚来自其拉丁文名称 Bavaria 的音译。

的罪名废黜了两任公爵。矮子丕平也维护着法兰克的权威，安排多桩自己家族与阿芝诺芬家族的联姻，后者与伦巴第人的国王们也有类似的姻亲关系。令法兰克人颇感宽慰是，巴伐利亚的多次叛乱都是由家庭争吵而非被压迫的人民不满引发的，这使得他们可以轻易镇压。

757 年，巴伐利亚公爵塔西洛三世（Duke Tassilo，748—788 巴伐利亚公爵）被迫承认法兰克国王矮子丕平的最高权威，但是，不久之后，他拒绝参加对阿基坦的战争。即使法兰克人的实力远胜于己，塔西洛仍以极为骑墙的态度待之，781 年一度表示效忠，嗣后又以自己的名义处理宗教和民事事务，拒绝参加法兰克人召开的大会，保持独立统治者的身份，787 年，又因法兰克军队的到来而再度表示效忠。他控制了阿尔卑斯山的关口，与阿瓦尔人建立联盟，又成为伦巴第国王德西迪里厄斯的女婿，这些因素使他难以避免地成为法兰克王国的心腹大患，查理曼决心消灭他。788 年，巴伐利亚的最后一位公爵塔西洛三世被查理大帝罢黜。794 年，塔西洛在法兰克福进入修道院，正式放弃公国，得到查理大帝的宽恕。

799 年以前，查理曼的表兄格罗尔德统治着巴伐利亚。该年他在与阿瓦尔人的战役中战死后，法兰克的伯爵们接管了政权，将巴伐利亚并入查理曼帝国。查理曼采取发展学术、改善民生的措施，使帝国国势日盛。因此，巴伐利亚人对于公国的覆灭和并入法兰克，并没有采取过激的抵抗措施，而是在教会的影响下，完全地并入了法兰克的领地。兼并的过程如此平顺，以至于查理曼只针对巴伐利亚事务发布了两道教会法规而已。

加洛林时期的巴伐利亚公国，与加洛林帝国的关系甚密。加洛林帝国覆灭后的若干年间，巴伐利亚的边界一直处于变动中，在 955 年之后很长一段时间内在扩张。在西边，列奇是士瓦本和巴伐利亚的分界点，其他三面，巴伐利亚利用各种机会扩张，在多瑙河以北取得大片土地。

817 年，法兰克帝国濒临瓜分，巴伐利亚属于东法兰克国王——日耳曼人路易。在 843 年的《凡尔登条约》中，巴伐利亚得到了扩大，以雷根斯堡为中心获得了蓬勃的发展。路易将其政府置于雷根斯堡，并为保护这里的安全，发动了数次针对斯拉夫人的战争。865 年，路易分割领地，巴伐利亚属于长子卡洛曼，之前，他已受命管理这一地区。880 年，路易去世，巴伐利亚成为皇帝胖子查理（德文 Karl der Dicke，法文 Charles le Gros，约 876—887 年东法兰克国王，公元 884—887 年西法兰克国王）的广大领土的一部分。这位查理是个无能的统治者，让卡洛曼的私生子阿尔努夫（Arnulf of Carinthia，896—899 年神圣罗马帝国皇帝，公元 894—899 年意大利国王，887—899 年东法兰克国王）负责此地的防务。887 年，阿尔努夫依靠巴伐利亚人的支持，竟然与查理对阵，并在次年被选为德意志国王。

899 年，巴伐利亚到了"幼儿"路易（Louis the Child，900—911 年为东法兰克国王）手中，面对匈牙利人不断发动侵略，抵御能力不断趋于微弱。907 年 7 月 5 日，在普雷斯堡一役，巴伐利亚人遭受灭顶之灾，几个较强大的部落被敌人消灭殆尽。但是，"幼儿"路易的儿子"坏人"阿尔努夫（Arnulf the Bad，907—937 年在位）召集了部落余部，奇迹般地驱逐了匈牙利人，并于 911 年成为巴伐利亚公爵，将巴伐利亚和卡林西亚统一在自己治下。德意志国王康拉德一世（英文 Conrad Ⅰ，德文 Konrad Ⅰ，911 —918 年在位）要求阿尔努夫承认其最高权威，被阿尔努夫拒绝后，向他发起进攻，但遭到失败。920 年，康拉德的继任者"捕鸟者"亨利（Heinrich Ⅰ der Vogler，919—936 年东法兰克国王）承认阿尔努夫为公爵，认可他任命主教、铸造货币和签署法律的权利。

数年后，上述争端在阿尔努夫的继任者艾伯哈德（Eberhard，Duke of Bavaria，907—937 年巴伐利亚公爵）与"捕鸟者"亨利的儿子奥托大帝（Otto Ⅰ，又称奥托大帝，Otto der Große，936— 973 年东法兰克国王，962—973 年罗马帝国皇帝）之间，以不同的形式再次爆发。艾伯哈德未能像父亲一样成功，于 938 年逃离巴伐利亚，奥托将公爵之位给了前公爵的叔叔贝托尔德（Berthold，938—947 年巴伐利亚公爵），但减少了其特权。奥托还任命艾伯哈德的弟弟小阿尔努夫为行宫伯爵，以维护王室利益。947 年，贝托尔德去世，奥托将公爵之位给予他自己的弟弟亨利，亨利之前已与公爵阿尔努夫的女儿朱迪丝联姻。巴伐利亚人不喜欢亨利，因此，在他短暂的统治期间，不得不忙于处置与民众之间的激烈矛盾。

955 年，匈牙利人在莱希费尔德被击败，他们的劫掠终于结束，公国的领地获得扩张，一度延伸至意大利的部分地区。该年，亨利二世（Henry Ⅱ, 951—995 年，巴伐利亚公爵，又称"争吵者"亨利，the Quarrelsome）继位。974 年，由于国王将士瓦本公国赐给奥托大帝的孙子奥托，后者是亨利的敌人。还将新成立的巴伐利亚东方边区（后来的奥地利）赐给巴本堡（Babenberg）伯爵利奥波德（Leopold Ⅰ, 976—994 年奥地利伯爵）。"争吵者"亨利心怀不满，参与了对国王奥托二世（Otto Ⅱ, 961—983 年东法兰克国王，967—983 年罗马帝国皇帝）的密谋叛乱，但很快失败。从监狱中逃亡的亨利，继续着自己的计划，于 976 年正式把爵位给予士瓦本公爵奥托。同时，卡林西亚也成为独立公国，行宫伯爵也重建了，巴伐利亚教会改由国王而非公爵控制。

985 年，"争吵者"亨利成功复位，恢复了国内秩序，签署了一些重要的法案，并采取措施改革修道院，用行动证明了自己是一个合格的统治者。1002 年，他的儿子和继任者于 1002 年被选为德意志国王亨利二世（Henry Ⅱ, 又称圣亨利，Saint Henry, 995—1024 年巴伐利亚公爵，1002—1024 年德意志国王，1004—1024 年意大利国王，1014—1024 年神圣罗马帝国皇帝），遂将巴伐利亚给了自己的表兄卢森堡家族的亨利。后者于 1026 年去世后，又将爵位传给亨利，即后来的皇帝亨利三世（Heinrich Ⅲ, 1026—1041 年巴伐利亚公爵，1038—1045 年士瓦本公爵，1039—1056 年罗马人民的国王，1046—1056 年罗马帝国皇帝）。再往后，爵位又传至卢森堡家族另一个成员公爵亨利七世（Henry Ⅶ, Duke of Bavaria, 1042—1047 年巴伐利亚公爵）手中。1061 年，德意志国王的母亲兼摄政艾格尼丝将公国给予诺德海姆家族的奥托。1070 年，国王亨利四世罢黜了公爵奥托，将公国给了韦尔夫伯爵，一位在北意大利很有影响力的巴伐利亚家族成员。但是，由于在与教皇格列高利七世与亨利的斗争中支持前者，韦尔夫失去但后来又重新得到了巴伐利亚。其后，他的两个儿子先后继位，1101 年韦尔夫二世继位，1120 年亨利九世（Henry Ⅸ, 1120—1126 年巴伐利亚公爵）继位，他们在德意志诸侯中都颇有影响力。

1126 年，亨利九世的儿子"骄傲者"亨利（Henry the Proud, 1126—1139 年巴伐利亚公爵，1137—1139 年撒克逊公爵）继位，并于 1137 年得到了撒克逊公国。国王康拉德三世（Konrad Ⅲ, 1138—1152 年在位）对他的权势颇感忌惮，拒绝两国由一人统治，并废黜了亨利。他将巴伐利亚赐给奥地利藩侯利奥波德四世（Leopold Ⅳ，1139—1141 年巴伐利亚公爵，1136—1141 年奥地利藩侯）。利奥波德于 1141 年去世后，国王自己占有了公国。但是，面对混乱不堪的局面，康拉德又在 1143 年将公国给了奥地利藩侯亨利。1156 年，为了恢复德意志的和平，当时的皇帝腓特烈一世（Frederick Ⅰ，1152—1190 年为德意志国王，1155—1190 年为神圣罗马帝国皇帝，其绰号"红胡子"用意大利语称为"巴巴罗萨"，故他也被称为腓特烈·巴巴罗萨）说服亨利将巴伐利亚给"骄傲者"亨利的儿子撒克逊公爵——"狮子"亨利（Henry the Lion，1142—1180 年撒克逊公爵，1156—1180 年巴伐利亚公爵）。作为回报，奥地利在《小特权敕令》（*Privilegium Minus*）中从边区提升为独立的公国，"狮子"亨利建立了慕尼黑。

"狮子"亨利将巨大精力放在他北边的撒克逊公国，而非南边的巴伐利亚公国，当巴伐利亚继承争端在 1156 年结束后，恩斯和伊恩之间的地区成为奥地利的一部分。随着之前属于巴伐利亚的一些土地，如斯蒂利亚边区（1180 年升为公国）和蒂罗尔（Tirol）伯国越来越重要，巴伐利亚的绝对和相对力量都在下降，在各个方向都缺乏扩张的机遇。相邻的卡林西亚公国（Herzogtum Kärnten）、萨尔兹堡大主教的大片领地，还有神职人员和贵族普遍要求获得更多的独立，这些都阻碍了巴伐利亚的扩张。公爵们为发展力量和统一公国而采取了许多成功的措施，但很快遇到了家庭内部不同成员间分裂的问题，使巴伐利亚的历史成为一部充斥着战争和衰落的领地分裂史。

1180 年，"狮子"亨利被帝国监禁，公国被腓特烈一世给了巴伐利亚的维特尔斯巴赫家族的成员，舍耶恩伯爵的后裔奥托，一个新的时代开始了。从此，直至 1918 年，巴伐利亚一直都在维特尔斯巴赫家族的统治之下，1214 年，还得到了选帝侯的称号。维特尔斯巴赫家族的奥托在阿尔滕堡（Altenburg）取得爵位的时间，还要追溯到 1180 年 9 月。那时，巴伐利亚包括林山、伊恩，阿尔卑斯和列奇，奥托公爵还只能对维特尔斯巴赫、凯尔海姆（Kelheim）和施特劳宾（Straubing）等一小片领地实施统治。1255 年巴伐利亚第一次分裂成若干数个公国，1506 年再次统一，慕尼黑成为唯一的首都。1623 年，巴伐利亚公爵取代了他们的表亲普法尔茨（Pfalz）公爵，获得了神圣罗马帝国内强大的选帝侯名衔，从那时起，不但决定了巴伐利亚拥有选举德意志国王和神圣罗马帝国皇帝的权利，也获得在帝国法律之下的特别正式地位。

二、《巴伐利亚法典》

由于巴伐利亚部族的混乱与巴伐利亚公国的交替，《巴伐利亚法典》也分为几个时期。初期的巴伐利亚法律，修撰于 739 至 748 年之间。后来添加的补充条款，则体现了法兰克人的影响。

无论在内容还是形式方面，《巴伐利亚法典》都与《阿勒曼尼法典》紧密相关。[1] 法典的独特之处，在于内容上融合了不同种日耳曼法律体系，形式上富于变化，不仅展示了巴伐利亚法的要素，即纷繁复杂的巴伐利亚各"部族地方规则"[2]，还包括外国法这一大要素，其中阿勒曼尼规则占支配地位。正是在此意义上，梅特兰认为，该法典的可信度并不高，无法确定法典起源的精确日期，但是，可以从中找到来自不同民族的因素。[3] 但也有学者认为，"士瓦本人之法典包括《阿勒曼尼法典》及其分支巴伐利亚法典"。[4]

根据《巴伐利亚法典》的规定，公爵享有 5 倍的赎罪抚恤金，可以召集贵族和神职人员以备咨询、召开大会、行使司法权和财政权。[5] 当时有五个贵族家族，可能代表之前种族的划分，从属于这些贵族的有自由人和释奴。法律将整个巴伐利亚分为若干伯国，由伯爵统治，他们分别得到法官的辅佐，后者负责宣布法律。

《巴伐利亚法典》中，外来法源的因素十分明显，如"法兰克规则"多是关于公法的规定。这并不奇怪，当时巴伐利亚是臣服于墨洛温王权的。又如，"西哥特规则"在法典中也有所体现，这与巴伐利亚人与高卢南部省份（属西哥特王国）的

---

〔1〕《阿勒曼尼法典》（*Alamannic Code*）的发祥地在德意志南部，尤其是士瓦本及士瓦本相邻地区，它的"前言"同样是《利普里安法典》和《巴伐利亚法典》的"前言"。

〔2〕这一部分使得《巴伐利亚法典》被称为"约章"。

〔3〕〔英〕梅特兰等：《欧陆法律史概览：事件，渊源，人物及运动》，屈文生等译，上海人民出版社 2008 年版，第 46 页。

〔4〕苏彦新：《近代西欧大陆私法的历史基础——以中世纪罗马法为中心》，2010 年华东政法大学博士论文，第 109 页。

〔5〕尽管公爵头衔属于阿芝诺芬家族，但是公爵必须由人民选择，选举结果也必须得到他效忠的法兰克国王的认可。

毗邻关系有关。梅特兰曾指出,"编纂者得到的《西哥特法典》文本,可能是高卢南部发生分裂前生效的版本,而不是李塞斯文的修订版本"。[1] 在法典中的一些条文中,还包含着《伦巴第法典》,表明巴伐利亚与伦巴第之间,也曾有过密切的交往。

日耳曼农村公社的社员,最初是以大家庭的形式占有份地的,包括耕地、果园、草地等。耕地和草地受到法律的保护,几乎在所有"蛮族"国家法典中,对此都有明文规定。如8世纪编纂的《巴伐利亚法典》第十七章第一条中规定:"非法强占他人耕地,非法开垦他人草地的人,将被从有争议的地段上驱逐出去,并课以六个索里德的罚金。"[2] 随着生产力的发展和贫富分化的加剧,其他私有财产也开始出现,并且同样得到了法律的保护。《巴伐利亚法典》提到,个别富裕社员拥有几大群猪,一群便在七十头以上。他的猪由一个专用牧人照管,如有人试图偷盗而将猪群驱散,须罚金十二个索里德(Solidus,又译为索里达)。[3]

此外,公社社员对公社的公有地(森林、草场、荒地)的分割和侵占,是公社土地所有制进一步被破坏的征兆。在一些蛮族法典中谈到森林被分割为林段并为社员所占有,其面积一般与份地面积相等。虽然林段最高所有权仍属公社,但社员的占用也受到法律保护。《巴伐利亚法典》有类似规定,砍伐别人林里的野生果树或浆果、灌木要罚一个索里德。如果砍伐多达六棵,罚金要提高。法典中还有这样的条文,如果某人的蜂群飞到别人林段的树木上,可设法驱赶(烟熏或用斧子在树上敲击三下),但绝不能毁林。[4]

这种私有制在日耳曼人征服罗马帝国的过程中,特别在蛮族国家建立之后,由于受罗马大土地私有制的影响,才迅速向两极分化,除一小部分富裕公社社员上升为小地主外,大部分社员则沦为依附农民,他们的份地为封建大地产所吞食,使日耳曼农村公社更加迅速走向解体。在《巴伐利亚法典》第三章中,谈到五个最富裕、最有权势的家族:Huosi、Trozza、Fagana、Hahiliiga、Anniona,他们是从公社社员分化出来的,其偿命金竟高达六百四十个索里德,仅次于公爵的九百索

---

[1]〔英〕梅特兰等:《欧陆法律史概览:事件,渊源,人物及运动》,屈文生等译,上海人民出版社 2008 年版,第 47 页。

[2] 尹曲:《日耳曼农村公社的瓦解与自由农民农奴化》,载《历史研究》1982 年第 2 期。

[3] 同上。

[4] 同上。

里德偿命金，普通自由人的偿命金只有二百个索里德。

由于动产积累的不均，致使公社内部的平等关系遭到了破坏，土地公有制也趋向瓦解，盗抢事件的频繁发生也破坏了社会秩序。原来由公社掌握的份地，开始进入由私人掌握的自主地的阶段，土地自由买卖的现象开始出现。《巴伐利亚法典》规定：出现有争议的土地时，卖者须在十二个证人陪同下重新宣誓，以证实其土地所有权。[1] 法典还规定，向教会赠予，只能在赠予者与儿子析产以后，才能把属自己的那一份赠出。[2] 这些情况都意味着，份地已经因为买卖或赠与而出现了分裂，其中一部分已落到他人手中，公社对于这种现象无权干涉，因为份地已成为社员的自主地，他们有权抵押、转让或者出卖。

《巴伐利亚法典》中还规定，如果有人因贫困而借债，必须把财产交给债权人作为还债的抵押品，在全部债务还清之后，才可以把这一财产再收回来。[3] 自然，并非所有的自由公社社员在失掉土地之后，都经历了自由佃农阶段；部分贫困社员由于欠债和交纳不起沉重的罚金以及天灾人祸等原因，也可能直接沦为依附的农奴。沉重而名目繁多的罚金，也是自由农民直接沦为农奴的重要原因。法典还规定，禁止任何自由人因欠债而将另一个自由人作抵押，违者罚款四十个索里德。由此反观，事实上必然存在自由人因欠债，而被作为债权人的抵押品而丧失自由的情况。

《巴伐利亚法典》规定："一个人如果杀死了主教而又付不起偿命金，他就得把自己及妻子儿女一起交给教会作为农奴。"[4] 主教的偿命金，不是以一般货币单位来计算的，而要以黄金支付，其重量要与按被杀主教个子大小特地为之制作的一套铅衣相等，连最富裕的农民也支付不起，等待他的便是沦为农奴的命运。杀死一个神甫也要支付三百个索里德的罚金，这相当于一百五十头牛的价钱，这也是一般自由农民支付不起的罚金，足以使他们破产而沦为农奴。

尽管《巴伐利亚法典》有多重的渊源，它们进入法典的方式也不尽相同。除上述对主教、神甫的特殊保护外，《巴伐利亚法典》中还有许多体现教会法影响的痕迹，如它继受了教会会议针对神职人员制定的规则等，说明法典的编纂时期，

---

[1] 尹曲：《日耳曼农村公社的瓦解与自由农民农奴化》，载《历史研究》1982 年第 2 期。

[2] 同上。

[3] 同上。

[4] 同上。

发生在巴伐利亚教会改革期间，因此梅特兰认为，"它们被汇编成单一文本的时间，约在 8 世纪中期"。[1]

梅特兰得出上述结论，依据的是墨洛温王朝时代的政治环境，那时，宫相们已经掌控权力，朗特弗里公爵（Duke Lanfred）的《阿勒曼尼法典》也已编纂完毕，曾对原作进行增补的塔西洛公爵则还没有开始统治巴伐利亚。[2] 但是，"人们认为《法典》还包括查理曼在 9 世纪初制定的两部法令，它们为《法典》引入了新的条文，并对由他派到巴伐利亚的巡回法官做出了指导性说明。"[3]

《巴伐利亚法典》中，还为教会利用宗教特权奴役农民提供保护。如果自由人于星期天为其依附的宗主工作，驾牛犁或驱车往田中，就要丧失一头牛；如他于假日割草、收割庄稼，那就应令其停止工作；如他于第二次命令时才停止，则要鞭五十下；此后如仍然在星期天工作，则没收其 1/3 财产，直到最后要剥夺他的自由，降为奴隶，理由是"他不愿在神圣的假日中自由"。[4] 自由人在星期天工作，必然是出于贫困所迫，却被教会规则利用，强迫其交出成果，甚至变成奴隶。

《巴伐利亚法典》反映了当时社员拥有数量不等的动产，还占有一些非自由人作为辅助劳动力。侵犯这些私有财产，会受到法律的制裁。由于动产积累的不断增加，公社内部的矛盾也在激化。任意侵犯地界、盗窃牲畜财物的事件不断发生。从《巴伐利亚法典》所列举的事例中可见，自由农民在暴力威胁下沦为农奴的过程，首先是被没收生产工具，特别是耕牛；其次是财产被直接侵吞，有时一次性被没收财产的三分之一；然后是对人身自由的直接侵犯，先是鞭打，最后是变成奴隶。

18 世纪的《巴伐利亚法典》（Codex Maximinaneus Bavaricus Civilis）虽然并不属于中世纪世俗法的范围，但由于极富特色而在法学和史学界广受重视，更重要的是，它是中世纪世俗法中都市法、地方法、采邑法被合编为统一的法典的开始。为便

---

[1]〔英〕梅特兰等：《欧陆法律史概览：事件，渊源，人物及运动》，屈文生等译，上海人民出版社 2008 年版，第 47 页。

[2] 他增补的主要有两个法令，它们分别于 772 年和 774 年由会议同意批准，用以完善《巴伐利亚法典》。

[3]〔英〕梅特兰等：《欧陆法律史概览：事件，渊源，人物及运动》，屈文生等译，上海人民出版社 2008 年版，第 47 页。

[4] 马克垚：《西欧封建经济形态研究》，人民出版社 1985 年版，第 89 页。

于读者了解其内容，并与 8 世纪的《巴伐利亚法典》作出区分，以下作简要介绍。

18 世纪前期，巴伐利亚地区的法律处于一种较为混乱的状态。1746 年，腓特烈大帝（也称腓特烈二世，Friedrich Ⅱ von Preußen, der Große，1740—1786 年普鲁士国王）通过命令，推动巴伐利亚开始了法典化的改革。1751 年，颁布了刑法典。1753 年，颁布了民事诉讼法典。1756 年，颁布了民法典，全称为《巴伐利亚马克希米里安民法典》，后被称为《巴伐利亚法典》。

这部《巴伐利亚法典》是法制史上第一部规定国际私法规范的法典，采取了法则区别学说[1] 的几项原则，没有采取动产随人的规则，而是规定不分动产和不动产、有形财产和无形财产均适用财产所在地法，反映了涉外民商事法律关系的发展。[2] 德国法史学家维亚克尔（Franz Wieacker，公元 1908—1994 年）曾这样评价这部法典："它经过了仔细的全盘规划，用简明而通俗的德语书写以及审慎地决定解决纠纷的方案，透出理性的特色。"[3]

这部《巴伐利亚法典》的另一重要意义在于，它不但开启了巴伐利亚的法典化运动，而且启动了席卷欧洲长达一多个世纪的大规模立法运动。它昭示了中世纪结束之后世俗法律发展的基本态势，古老的罗马法已不敷现代之用，法典化的诉求实质上也是重整规则体系，建立符合现代理性精神的法律体系。这一思路与建立在成熟的市民生活基础上的"民法"法系传统不谋而合，导致了拥有宏大体系的近代法典的诞生。

《巴伐利亚民法典》仍然以查士丁尼的《法学阶梯》为蓝本，分四编：第一编包括自然法与正义、法的分类、与人的身份相应的权利和义务、家庭、婚姻、监护等；第二编包括财产权利与义务的总则、所有权、所有权的取得、时效、占有、不动

---

[1] 法则区别说是 13 世纪左右意大利著名注释法学家巴托鲁斯在前人研究的基础上创立的。该学说从法则自身的性质入手将所有法则分为"物的法则"、"人的法则"和"混合法则"。"物法"是属地的，其适用范围是制定者管辖领土内的物；"人法"是属人的，它不但应用于制定者管辖领土内的属民，而且在它的属民到了别的主权者管辖领土内时，也一样适用；"混合法"是涉及行为的法则，适用于法则制定者领土内订立的契约，是既涉及人又涉及物的。

[2] 也有观点认为，《巴伐利亚法典》是一部个人作品，是选帝候约瑟夫三世（Max Joseph Ⅲ, 1745—1777 年在位）的大臣科里梅尔（W. X. A. von Kreittmary, 1704—1790）创作的。

[3] See Franz Wieacker, *A History of Private Law in Europe*, *With Particular Reference to Germany*, translated by Tony Weir, Clarendon Press, 1995 , p.260.

产抵押、地役权、相邻权、用益权等；第三编是继承法；第四编是债法，包括债法的总则以及各个类型的契约。[1] 在关于犯罪的部分，《巴伐利亚法典》没有指出犯罪的社会本质，而是将犯罪概念的定罪功能交付、传递给了犯罪构成，使犯罪构成实际发挥起定罪的作用。

从18世纪中叶开始，到19世纪70年代，涉外民商事关系广泛地涉及到国际经济贸易领域，如涉外货物运输合同、海上运输合同及海上运输保险合同方面的问题。面对这种日趋复杂的涉外民商事关系，学说法阶段的纯粹理论指导已不能适应需求，无法解决这样复杂的关系，于是，国际私法发展到了国内立法阶段，正是在这种历史契机面前，《巴伐利亚法典》应运而生。[2]

作为欧洲启蒙时期最早的民法典，《巴伐利亚民法典》从诞生之初，直至今日仍然受到世人瞩目。[3] 艾伦·沃森（Alan Watson）曾感慨道："从最早的1756年的巴伐利亚法典化运动，至19世纪末期为止的大规模立法活动，多数都是在罗马法已然不敷现代之用，并已达到昭然若揭之时，才会出现法典化诉求。"[4] 多数学者承认，欧洲最早在国内立法中规定冲突规则的是1756年的《巴伐利亚法典》和1794年的《普鲁士法典》（又称"普鲁士普通邦法"，Allgemeines Landrecht für die Preußischen Staaten，ALR），尽管它们只是18纪两个封建王国的法典。

1813年，《巴伐利亚法典》修订版颁行，更富现代意义的法律原则被融入其中，但是，其中的犯罪构成原则，最初却是中世纪纠问式诉讼程序中的概念。在由费尔巴哈草拟的《巴伐利亚法典》第27条中规定："当违法行为包含依法属于某罪

---

[1]〔美〕艾伦·沃森：《民法法系的演变及形成》，李静冰、姚新华译，中国政法大学出版社1997年版，第151页。

[2] 同上书，第136页。

[3] 如1819年慕尼黑科学院组织的学术竞赛试题就包括："民事诉讼程序和刑事诉讼程序在古代日耳曼法和巴伐利亚法中是如何形成的"；"诉讼程序的缩减与制定法的完全实行曾带来何种积极和消极影响"；"这些诉讼程序在何时、何种情况下、如何被舍弃"。Planck, Hist. M., ps；*Maurer, Geschichte des altgermanischen und namentlich altvairischen öffentlich-mündlichen Gerichtsverfahrens*, Heibelberg, 1824, Preface. 1821年4月，慕尼黑科学院再次以此为主题组织学术竞赛，最终，1823年3月28日以Ludovico Maurer的作品《古代德意志法，特别是巴伐利亚法典诉讼法的历史》获得桂冠而圆满结束，还因为该作品充分回应了上述问题而成为传世之作。〔意〕朱赛培·乔温达：《民事诉讼中的罗马法因素和日耳曼法因素》，张礼洪译，载《司法》2009年第4辑。

[4] Alan Watson, *The Evolution of Western Private Law*, pp.256—258.

概念的全部要件时，就认为它是犯罪。"[1] 费尔巴哈（Ludwig Andreas Feuerbach，1804—1872 年）从法律规定出发，将犯罪的违法性同构成要件结合起来，形成了犯罪构成的客观结构论。德国统一后，于 1871 年对 1813 年版《巴伐利亚法典》和 1851 年《普鲁士刑法典》略加修订，成为《德意志联邦刑法典》，后来还对日本和清政府的修律活动产生了重大影响。[2]

第九节　阿勒曼人的法律

一、阿勒曼人沿革

阿勒曼人是日耳曼人中的一支，列支敦士登人（Liechtensteiner）即其后裔。其名称源于莱茵河上游区域的日耳曼部落同盟，最初是由几支零星的部落组成，在苏维汇居民集团中，始终是一个松散的部落联盟，但其形成部族同盟的缘由不明。

213 年，罗马皇帝卡拉卡拉宣称击败了阿勒曼人，在其进攻阿勒曼人的记载中最早提到此名。其后数十年中，他们对罗马诸行省的威胁日趋严重。按照罗马人的观点，就像法兰克人一样，阿勒曼联盟具有相当的攻击性。他们使罗马人无法越过莱茵河和下日耳曼行省，还经常侵扰罗马的上日耳曼行省[3]。中欧腹地古时曾以日耳曼尼亚（Germania,即"日耳曼人的土地"）著称,是日耳曼人在欧陆的最大聚居地。

---

[1] 德国刑法学家费尔巴哈从罪刑法定主义原则出发，要求在确认任何行为为犯罪并对之课以任何刑罚时，都必须根据法律的规定来确定，他指出：犯罪构成是违法行为中所包含的各个行为或事实要件的总和。陈兴良：《犯罪构成的体系性思考》，载《法制与社会发展》2003 年第 3 期。

[2] 对此学者评价说："远在 1871 年帝国刑法出现之前，德国刑法的改革已经相当广泛而深入，无论是中世纪时期的刑法，还是其后的卡罗林娜法典、巴伐利亚法典和普鲁士法典，在适应形势、不断变革方面都具有相当的特色。"〔德〕弗兰茨·冯·李斯特、埃贝哈德·施密特：《德国刑法教科书》，徐久生译，法律出版社 2000 年版，第 35—73 页。

[3] 公元 1 世纪，莱茵河成为罗马控制下的高卢人与日耳曼人的地理界线，日耳曼人、凯尔特人以及其他与此同源的部族居住在罗马帝国的边界。罗马人沿着莱茵河，设立了上日耳曼和下日耳曼两个行省。上日耳曼包括了莱茵河与多瑙河的上游流域，以及黑森林部分地区，罗马人在此建了日耳曼长城用来防御敌人的入侵。

10 世纪后，其居民始自称德意志人（Deutsche，在古高地德语中意为"人民"），其国土遂有"Deutschland"（德意志人的土地）之称。而"德国"在法语中却被称为"Allemagne"，西班牙语中的"德国"为"Alemania"，即由阿勒曼人之名而来。

约 260 年，阿勒曼人占领阿格里戴克美特（Agri Decumates）"十营房"地区。277 年，普洛布斯将入侵的法兰克人和阿勒曼人赶到了莱茵河右岸，其中约 1.5 万人被编入军队。如汤普森所言，普洛布斯"把汪达尔人移植到不列颠，阿勒曼人到亚尔萨斯，革坡德人和加森基人（哥特人）到米西亚，法兰克人到安如，甚至到黑海沿岸的本都，又有几千几万的巴斯特尼人，即凯尔特人的最后一支，也从莱茵河东岸携老扶幼，移入色雷斯去。"[1]

4 世纪后，蛮族入侵的次数和规模，都超过了 3 世纪。356 年，大群法兰克人、阿勒曼人、撒克逊人越过莱茵河，高卢深受其害。5 世纪末，他们扩张到阿尔萨斯（Alsace）和瑞士北部，在这些地区使用德语。496 年，被克洛维征服，并入法兰克王国版图，法语与欧洲的其他语言对德意志人没有同一的称呼，如在法、西、葡、意语中称其为"阿勒曼人"，在波罗的海北岸、东岸的语言中称"撒克逊人"，波兰语中称"尼姆西人"（Niemcy）等等。有学者认为，在 5 世纪将说德语的阿勒曼人和说拉丁语的勃艮第人分离开来的界线，实际上和今天将瑞士分为法语区和德语区的界线是一样的。[2]

在 4 世纪的漫长时间里，阿勒曼人不时越过防御，入侵罗马帝国边境。5 世纪，阿勒曼人扩展到了阿尔萨斯、瑞士高原与今日的巴伐利亚和奥地利部分地区，靠近易北河。476 年，"蛮族"将领奥多亚克废除西罗马皇帝奥古斯都，西罗马帝国分裂为十个王国，阿勒曼尼王国是其中之一。它在国家形成史上占据着重要位置，列宁认为"典型的正常的国家形式"[3]的民族—国家（nation-state）起源于欧洲，即此之谓。

"阿勒曼尼语"原指阿勒曼人说的语言。阿勒曼尼语包括一系列方言，与巴伐利亚—奥地利语（Bairisch-Österreichisch）同属上德意志语（Oberdeutsch）。阿勒曼尼语分为四个方言组，其中又包含了很多方言和次方言（Subdialekt）。[4] 阿勒曼尼

[1]〔美〕汤普逊：《中世纪经济社会史》（上），耿淡如译，商务印书馆 1997 年版，第 62 页。

[2] Kurt Mayer, *Cultural Pluralism and Linguistic Equilibrium in Switzerland*, in Joseph J. Spengler and Otis Dudley Duncan, eds., Demographic Analysis, Glencoe, 1956.

[3]〔前苏联〕列宁：《列宁全集》，人民出版社 1988 年版，第 25 卷，第 225 页。

[4] 现在全球约有 1000 万人在六个不同的国家和地区使用这种语言，计有瑞士、德国、奥地利、列支敦士登、法国的阿尔萨斯（Elsass）、委内瑞拉的德国村（Colonia Tovar）。

语虽说是方言，但以德语为母语的人要理解阿勒曼尼语、跟阿勒曼尼语的使用者沟通，尤其是要理解阿勒曼尼语的南部方言，仍然会有一些困难。因此，一些语言学者考虑到理解和沟通方面的问题，也为了区分不同的语言和方言，把阿勒曼尼语单独看作一种语言。[1] 阿勒曼尼语本身也包括各种方言，而且在说阿勒曼尼语的人之间也可能因为地域不同而引起不同程度的沟通问题，因此有些本属阿勒曼尼语的语言会渐渐独立。[2] 就德语语域的语言学角度而言，在众多的德语方言中，只有当一种方言成为了某个区域的标准语言后，才可以被视为独立语言。而实际情况是，在阿勒曼尼语区高地德语（Hochdeutsch）也就是标准德语才是普遍被使用的标准语言，只有在瑞士的少数地区，阿勒曼尼语才有成为标准语言的倾向。从长远上看，该语种更有可能成为一种"文化方言"。

8 世纪，他们到了阿尔卑斯山的山谷地区。根据《罗马皇帝传》（Historia Augusta），该联盟在 3 世纪罗马皇帝普罗库鲁斯（Proculus，280 年罗马帝国皇帝）之后，组成了一个称为"阿勒曼尼亚"（Alamannia）的独立国家，但经常臣服于法兰克人之下。总的来说，德意志语族由过去的几个日耳曼人族支——东法兰克、撒克逊、阿勒曼、巴伐利亚等联合组成。

在中世纪晚期，伴随着罗马帝国的崩溃，拜占庭宗教势力已经无法继续实行有效的统治，欧洲大陆上真正的政治实体，是封建"诸侯"。尽管统治者经常使用种族称号，如盎格鲁王、法兰克王国等，但是，这些"领地"或"王国"并不代表着一种种族或民族的"单位"。[3]

同其他蛮族王国一样，一开始，阿勒曼人并不充分重视罗马文明，而是对其采取鄙视的态度。他们关闭了罗马人开办的公共学校、废除了拉丁文和罗马法典，

---

[1] 比如美国国际语言暑期学院（SIL International）和联合国教科文组织（UNESCO）就把阿勒曼尼语当作一种独立的语言来看待，并为其定义了国际标准规范（即 ISO 639）的独立编码。

[2] 如士瓦本语（Schwäbisch）就从南阿勒曼尼语中脱离出来。

[3] 一个突出的例子是法兰克人本身就是一个民族联盟，他们通过征服其他日耳曼人，例如勃艮第人和阿勒曼人等，并逐渐同他们融合在一起。他们还统治着罗马化的高卢人、意大利人、从不列颠逃亡出来的凯尔特人以及若干斯拉夫人。显然，这样一种统治区不能算是一个种族的统一体，更不能算是一个文化的统一体，其中有多种方言，多种语言，不同的习惯，而且每个群体通常有不同的法律。即使在地理上也是如此，因为每个统治地区只是一个大致上划分的地理单位。它可能有一个核心，却难以确定自己的边界——到处都有争夺的区域和松散地依附的、或多或少自主的群体。〔美〕西里尔·E. 布莱克编：《比较现代化》，上海译文出版社 1996 年版，第 159 页。

取而代之的是古老的习惯法。如梅特兰所言："日耳曼入侵者的法律变得重要起来，与之对应的是，日耳曼人在政权中也占据了最高统治地位。胜利的日耳曼部落在所有的民族中具有主导力量。在他们侵占意大利的最初，其法律的形式只有一种——不成文的习惯。"[1]

阿勒曼人保持着日耳曼人的惯有风格，他们在摧毁罗马奴隶制的同时，对罗马灿烂的文明也一并摧毁。他们通过部落中的长者之口，将传统与习惯流传下来，国王偶尔也将这些长者召集起来，并要求他们说出法律。即使是国王自己也不能制定法律，而只能说出部落的习惯。[2] 就像伯尔曼概括的那样，在当时的西欧，"不存在受过训练并在教会法院、王室法院、城市法院、庄园法院、商法院或其他法院中充任法官、律师或顾问的法律家阶层。没有把法律当作一种原则的体系，一种法律大全的概念；在这种大全中，不同的、矛盾的习惯和法律得以协调，没有任何法律教科书，也没有任何教授去注释它们。"[3]

二、《阿勒曼尼法典》

《阿勒曼尼法典》(Alamannic Code, or Lex Alamannorum)的发祥地在德意志南部，尤其是士瓦本及士瓦本相邻地区，而士瓦本又曾被称为阿勒曼尼亚，就是得名于同苏维汇人共居于此的阿勒曼人。[4]

《阿勒曼尼法典》的"前言"中，说明了法典制定的目的，该前言同样是《利普里安法典》和《巴伐利亚法典》的前言。梅特兰认为，"这一前言没有多少权威性"，因为"并没有它的原始誊本，并且它的陈述与我们在其他原始材料中发现的不相一致"。[5] 由此可见，法典文本的诞生，可能发生在不同的时期，具有一定的模糊性。

《阿勒曼尼法典》的内容分以下几部分：第一部分是 1 至 23 章，这部分是教

---

[1]〔英〕梅特兰等：《欧陆法律史概览》，屈文生等译，上海人民出版社 2008 年版，第 22 页。

[2] Katherine Fischer Drew, *Law and Society in Early Medieval Europe: Studies in Legal History*, London, Variorum Reprints, 1988, p.11.

[3]〔美〕哈罗德·J. 伯尔曼：《法律与革命——西方法律传统的形成》，贺卫方等译，中国大百科全书出版社 1993 年版，第 92 页。

[4] Courtlandt Canby, *Encyclopedia of Historic Places*, New York, 1984, vol.17, p.901.

[5]〔英〕梅特兰等：《欧陆法律史概览：事件，渊源，人物及运动》，屈文生等译，上海人民出版社 2008 年版，第 45 页。

会法（causoe ecclesiasticoe）的内容，如有关以教会形式释放奴隶的规定，说明自从有《阿勒曼尼约章》（Pactus Alamannorum）以来，教会法的影响一直很强，这一部分即是迎合教会的利益而设定的。第二部分包括第 24 至 44 章，是关于公法（causoe quoe ad ducem pertinent）方面的；第三部分从 45 至 98 章，是有关私法（causoe quoe soepe solent contingere in populo）的内容；最后一部分是第 99 至 104 章，附加于朗特弗里的原始文本之上。"这种方式在加洛林时期比较常见，这可能是响应查理曼于 802 年制定的普通法令的结果。"[1]

法典的《阿勒曼尼约章》部分，约可追溯到 6 世纪末、7 世纪初，有学者估计其编纂于公元 613 至 623 年之间。[2] 法典前言中，提到狄奥多里克制定法律的计划没有实现，但德伯特二世（Debert Ⅱ）做到了，克洛泰尔完善了法典，达格勃特则修订了它，因此，达格勃特被认为是《阿勒曼尼法典》的真正作者。其实，从法典的第一部分的名称"Pactus"（公约）[3] 及开篇中的"et sic convenit"（按照契约）可见，它很可能是由人民表决制定的。

《阿勒曼尼法典》修撰时期，基督教已被引入，所以不可避免地带有宗教因素。封建制度带来的法律领域结果，不再是法律的属人性，而是特殊性、多样性与差异性。日耳曼受到罗马法与教会法的影响，则是不可逆转的趋势，日耳曼法中不断地混入罗马法的因素，正如兰克所言："教会、王权、宪法、管理、法律、文学，所有这一切从这时起都渐渐发展成为罗马—日耳曼式的了"。[4]

在罗马—拜占庭的漫长历史中，即从戴克里先时期到十字军攻克君士坦丁堡（1204 年），执事官制度的兴衰是一个极其引人注目的现象。在戴克里先时代，执事官尚未拥有特殊的地位。从 4 至 6 世纪君士坦丁王朝起，执事官的权力不断膨胀，成为帝国文官中地位最显赫、影响力最大的重臣，其权力触及到政府和国家众多不同领域。[5] 5 世纪，宫廷禁军开始出现蛮族化趋势，许多日耳曼人，包括法兰克

〔1〕［英］梅特兰等：《欧陆法律史概览：事件，渊源，人物及运动》，屈文生等译，上海人民出版社 2008 年版，第 46 页。

〔2〕高仰光：《论日耳曼法中的赔命价制度》，载《比较法研究》2006 年第 3 期。

〔3〕依据日耳曼传统，如部落法需记载或修改，需要首先召集民众会议，以此种方式而产生的立法被称为"公约"，以表明它建立在民众同意的基础上，其含义与罗马史上的"lex"接近。

〔4〕［德］利奥波德·冯·兰克：《历史上的各个时代》，杨培英译，北京大学出版社 2010 年版，第 37 页。

〔5〕Boak, A. E. R., *The Master of the Offices in Later Roman and Byzantine Empire*, MicMilan, 1924, p.1. 另见徐家玲：《早期拜占庭和查士丁尼时代研究》，东北师范大学出版社 1998 年版，第 6—12 页。

人和阿勒曼人、亚美尼亚人（Armenians）和伊苏里亚人（Isaurians），成为禁军的主力，阿勒曼人与法兰克关系开始密切。但是，7 世纪以后，执事官的权力又不断衰弱，其权力也逐渐转移至其他宫廷官员手中，最后只剩下一个空衔，沦为宫廷礼仪中一个普通队列成员。

戴克里先执政以后，"当边境防御的需要使分割王权成为必要之时，罗马再也不可能继续作为两位或四位统治者其中之一的驻地。"[1] 戴克里先常驻尼科米底亚（Nicomedia），此城位于马尔马拉海一处纵深海湾的端角，在那里，可以监视哥特人以及威胁下多瑙河地区的其他蛮族部落的动向。这里也是与波斯人交战的战场，当阿勒曼人的频繁入侵使米兰变成边境要塞时，马克西米阿努斯（Gaius Valerius Galerius Maximinus，308—313 年在位）将驻地设在米兰，此城位于阿尔卑斯山脚下，对于观察日耳曼人的动向而言，比罗马城便利得多。

这一时期，阿勒曼人与法兰克人的同盟关系依然密切，罗马帝国时期的金本位铸币制度也影响到了当时的日耳曼各部族，包括法兰克人和阿勒曼人。他们以罗马—拜占庭金币为标准，并各自发展出本地化的小额铸币。其间也有一些差异，如 1 个索里达，在萨利安—法兰克可以兑换 40 个本地小银币第纳尔，在巴伐利亚则能够兑换 36 个本地小银币第纳尔，巴伐利亚人也可以如同阿勒曼人那样，兑换 12 个大银币萨格（Saigae），里普阿尔—法兰克人则只使用兑换率为 1：12 的大银币第纳尔。[2]

在萨利安—法兰克、勃艮第、伦巴第、阿勒曼、巴伐利亚以及里普阿尔—法兰克的部族法中所提到的索里达，是指存在铸币实体的罗马金索里达，这表明，法典的前一部分不可能是 7 世纪后半期的情况。再者，7 至 8 世纪，莱茵河畔的佛朗克族人、阿勒曼人和巴伐利亚人颁布的法典中，新娘的家庭丧失了所有的对新娘在婚姻中让渡的财产的控制权，也是一致的。在她丈夫去世后，她有权得到法律所规定的财产数额作为她的法定妆奁；如果她没有子女，她就可以任意支配这份财产；如果有子女，她享有用益权。

11 世纪末期至 16 世纪，欧洲发生了罗马法的复兴运动，但是，这种世俗化的

---

〔1〕 J.Burckhardt, *The Age of Constantine The Great*, University of California Press, 1983, p.54.

〔2〕 高仰光：《论日耳曼法中的赔命价制度》，载《比较法研究》2006 年第 3 期。

努力终因缺乏一个强有力的世俗权力的支撑，而主要停留于思想层面。与掌握着中央权力的法兰克人不同，西日耳曼部族偏安一隅，其社会生活较少涉及与罗马人的纠葛，在法兰克帝国东扩之前，也较少受到基督教的影响，因此，属于西日耳曼人的《阿勒曼尼法典》在划分社会等级的问题上，显现出较强的地方性和世俗性。

《阿勒曼尼法典》的前一部分，就表现出它作为蛮族法典的地方性和世俗性，比如在前一部分的赔命价体系中，开始具有结构化的设计特点，论述的顺序依次为自由人、半自由人、奴隶、女自由人、女半自由人、女奴隶，完全没有提到其他部族的人。[1] 有学者认为，原因在于"阿雷曼人（即阿勒曼人）脱离当时的权力中心，因而社会主要矛盾是在内部而非外部"。[2] 也有的学者认为，蛮族"在原有西方版图上建立的社会是一个两元的社会，这在许多地方一直持续到 8 世纪"。[3]

不过，即使《阿勒曼尼法典》的前一部分具有较为封闭的地方性，仍然反映出日耳曼人初步接纳基督教及其教会体系的特征。496 年，在法兰克统治者的刀剑强迫之下，阿勒曼人接受基督教，但所信奉的是独特的"日耳曼化的基督教"。

《阿勒曼尼法典》的后半部分才是真正严格意义上的"阿勒曼尼法"，其法律规则、法典形式以及政治环境，无不说明它的诞生较晚，有学者推测其"是在公元 712—730 年之间完成的"。[4] 也有学者认为，阿勒曼尼法的颁布时期可能是克洛泰尔四世（Clotaire IV，717—719 年在位）时期。[5] 从法典的内容来看，朗特弗里公爵应该是最主要的作者，他的统治时期为 709—730 年，最后被法兰克宫相查理·马特击败身死。

阿勒曼公国于 730 年终结后，确认了法兰克的宗主权，但是，事实上法兰克人的控制仍然很薄弱，阿勒曼实质上仍处于一种独立的状态。只不过随着基督教的影响日渐深入，教会法的影响也日渐加深，赔命价体系中加入了教会奴隶、教

---

[1] 关于《阿勒曼尼法典》的具体内容可见卡尔·奥古斯特·埃克哈特（Karl August Eckhardt）翻译的德译本。Karl August Eckhardt, *Germanenrechte*, *Die Gesetze des Merowingerreiches*, Leges Alamannorum, S. 481—741.

[2] 高仰光：《论日耳曼法中的赔命价制度》，载《比较法研究》2006 年第 3 期。

[3] Tanley Chodorow, *The Other Side of Western Civilization*, Orlando: Harcourt Brace Jovanovich, Inc., 1984, p.93.

[4] 高仰光：《论日耳曼法中的赔命价制度》，载《比较法研究》2006 年第 3 期。

[5] 〔英〕梅特兰等：《欧陆法律史概览：事件，渊源，人物及运动》，屈文生等译，上海人民出版社 2008 年版，第 46 页。

会自由人、僧侣、教士、神甫、主教，其赔偿等级逐次升高，与同期的《利普里安法典》中的相关规定相似。[1] 也有学者称这后一部分"应当是一部在其古代的约章及地方习惯的基础上而被编纂的一部法典"[2]。

有些誊本甚至提到，阿勒曼尼法是在法兰克国王克洛泰尔二世时期创作的，他有可能是原始文本的制定者，朗特弗里只是对它做了修订。但有学者坚称"这种连续编纂的假设站不住脚"，论据是"这一时期的政治条件和其他事实，以及明显的形式统一，都使我们不能将《阿勒曼尼法》归于克洛泰尔二世时代"。[3] 甚至早期的《约章》是否在他的命令下制定的也无法证明。

当然，查理曼时期，皇帝曾命令编纂原来都是靠口述流传的日耳曼部族的法律，包括《阿勒曼尼法典》，所基于的理念就是"一切部族的法律和规章尚未成文者，应当收集起来，并写成文字"。[4] 他先后命令对《萨利克法典》、《阿勒曼尼法典》、《巴伐利亚法典》进行修订，又命令重新编纂《撒克逊法典》等法律文件。802 年，他还委派专员来完成这项工作。[5] 他所颁布的这些成文法律，适用于加洛林版图下的所有人，使日耳曼习惯法包括《阿勒曼尼法典》在西北欧得以广泛传播。

742 年 4 月，卡尔曼首次主持了法兰克宗教会议，对教会内部的事务做出了决定。这次会议所要解决的关键问题，是如何建立教会的等级体制，引入教皇格列高利一世在盎格鲁-撒克逊教会建立起来的由主教区和大主教区组成的教会组织体系。自从墨洛温王朝晚期以来，东法兰克一直缺少这种结构严密的教会组织。[6] 在此背景下，阿勒曼地区的教会组织也以包尼法修斯的教会原则改组或重建，以本尼迪克院规整顿修道院。于是，阿勒曼地区的主教深受卜尼法斯等人传教的影响，所以这一时期，法典的宗教因素日益加强。

---

[1] Karl August Eckhardt, *Germanenrechte*, *Die Gesetze des Merowingerreiches*, Leges Alamannorum, S. 481—741.

[2] 〔英〕梅特兰等:《欧陆法律史概览:事件，渊源，人物及运动》，屈文生等译，上海人民出版社 2008 年版，第 46 页。

[3] 同上。

[4] 〔法〕艾因哈德:《查理大帝传》，戚国淦译，商务印书馆 1979 年版，第 30 页。

[5] Riché Pierre, *Daily Life in the World of Charelmagne*, Translated by Jo Ann Mc Namara, Philadelphia: University of Pennsylvania Press, 1978, p.11.

[6] Eyck, F., *Religion and Politics in German History*, p.29.

加洛林王朝时期任梅斯大主教的克劳德冈，试图以这种形式把王国内的各地方教会联合起来。762 年的宗教会议上，更有 44 名教会人士联名签署文件，签名者来自的地区范围也更加广泛，使文件更具有组织性、宗教强制力和法律权威。查理曼时期，神职人员并不遵从罗马法，而是根据各自出生时的法律生活，对于阿勒曼人、巴伐利亚人等也是按照这样的方式。[1]

公元 900 年以后，马扎尔人（即匈牙利人，Magyars, or Hungarians）入侵，成为德意志人的死敌，他们像黑色的"魔鬼尖刀"掠过易北河刺向德意志的腹地。为了阻击侵犯，同族的日耳曼人族支，在撒克逊公爵的领导之下，由撒克逊、法兰克、阿勒曼和巴伐利亚等联合组成一支强大的军队。他们于 933 年和 955 年取得的两次胜利，被认为是这些日耳曼族支共有的荣誉和历史业绩。这些业绩助长了日耳曼民族意识的形成与巩固。13 世纪，德意志人的自我意识发展到顶峰，成文法典对德意志人、土地和习俗等做出了明确的规定。《撒克逊法鉴》（即《撒克逊明镜》，Sachsenspiegel, Mirror of the Saxons）中，明确地列举了德意志的土地包括撒克逊、巴伐利亚、法兰克和士瓦本（阿勒曼）四个主要公国，明确规定了德意志国王可以召集德意志土地上的诸侯，在危急时刻出兵勤王，并详尽地列举了神圣罗马帝国属下的德语居民的义务。[2]

参考文献

一、西文

1. Roberta Anderson, Dominic Aidan Bellenger (ed.), *Medieval Worlds: A Sourcebook*, Routledge, 2003.

2. Karl Siegfried Bader, *Dorfgenossengschaft und Dorfgemeinde*, Köln, 1962.

3. Karl Bosl, Gesellschaft im Aufbruch, *Die Welt des Mittelaltersund ihre Menschen*, Re-

---

[1] 李秀清：《论日耳曼法的属人性》，载《法律文化研究》2006 年第 2 辑。

[2] K. G. Hugelman, *Staernme*, *Nation und Nationalstaat in deutschen Mittelaltert*, München, 1955, S.47—48.

gensburg, 1991.

4. Otto Brunner, *Europäisches Bauerntum*, in Otto Brunner（ed.）*Neue Wege der Verfassungs und Sozialgeschichte*, Göttingen, 1968.

5. Jacob Burckhardt, *The Age of Constantine The Great*, University of California Press, 1983.

6. James Henderson Burns（ed.）, *The Cambridge History of Medieval Political Thought* c. 350—c. 1450, Cambridge University Press, 1997（2nd）.

7. Tanley Chodorow, *The Other Side of Western Civilization*, Harcourt Brace Jovanovich Inc., 1984.

8. Maria Doboz, *The Saxon Mirror*, *A Sachsenspiegel of the Fourteenth Century*, Philadelphia 1999.

9. Katherine Fischer Drew（Translated and with an Introduction）, *The Laws of the Salian Franks*, University of Pennsylvania Press, 1991.

10. Georges Duby, *The Three Orders: Feudal Society Imagined.*Trans., Arthur Goldhammer, The University of Chicago Press, 1980.

11. Carl Friedrich Eichhorn, *Einleitung in das deutsche Privatrecht*, Vandenhoeck und Ruprecht, 1823.

12. Nigel G. Foster, *German Law and Legal System*, Blackstone Press Limited, 1993.

13. Patrick J. Geary, *Readings in Medieval History*, Broadview Press Peterborough, 1995.

14. Jacques Le Goff, *Der Mensch des Mittelalters*, Frankfurt, 1989.

15. Jacques Le Goff, *Is Politics Still the Backbone of History?* In Stuart Clark（ed.）, *The Annales School: Critical Assessments*, vol. II., Routledge, 1999.

16. Jacques Le Goff, *The Birth of Europe*, Trans. by Janet Lloyd, Blackwell Publishing Ltd., 2005.

17. Jill Harries, *Not the Theodosian Code: Euric's Law and late Fifth-century Gaul*, *Society and Culture in Late Antique Gaul*（Edited by Ralph W. Mathisen and Danuta Shanzer）, Ashgate Publishing Limited, 2001.

18. Charles Homer Haskins, *The Renaissance of the Twelfth Century*, Harvard University, 1927.

19. Peter J. Heather, *The Goths*, Wiley Blackwell, 1998.

20. Peter J. Heather, *The Visigoths from the Migration Period to the Seventh Century: An Ethnographic Perspective*, Woodbridge, Boydell Press, 1999.

21. W.S.Holdsworth, A.L.Goodhart, H.G.Hanbury, J.M.Burk, *A History of English Law*, Vol.2.London Methuen, 1956.

22. K. G. Hugelman, *Staernme*, *Nation und Nationalstaat in deutschen Mittelaltert*, Müchen, 1955.

23. Rudolf Hübner, *A History of Germanic Private Law*, The Continental Legal History Se-

ries, Boston Little Brown and Company, 1918.

24. Edward James (ed.) *Visigothic Spain : New Approaches*, Oxford University Press, 1980.

25. P.D.King, *Law and Society in the Visigothic Kingdom*, Cambridge University Press, 1972.

26. Karl Kroeschell, *Deutsche Rechtsgeschichte*, (1 bis1250), Hamburg, 1972.

27. Guy Carleton Lee, *History Jurisprudence*, Ered B. Rothman & Co., Littleton, Colorado, 1982.

28. Maurizio Lupoi, *The Origins of the European Legal Order*, Cambridge University Press, 1999.

29. Werner Rösener Lusener, *Bauern im Mittelalter*, München, 1985.

30. Carl Joseph Anton Mittermaier, *Grundsätze des Gemeinen Deutschen Privatrechts*, 1827.

31. Heinrich Mitteis, *Deutsche Rechtsgeschichte*, 11. ergänzte Auflage, München, 1969.

32. Riché Pierre, *Daily Life in the World of Charelmagne*, Translated by Jo Ann Mc Namara, University of Pennsylvania Press, 1978.

33. Olivia F. Robinson, T. David Fergus and Willinm Morrison Gordon, *An Introduction To European Legal History*, Professional Books Limited, 1985.

34. Collins Roger, *Merida and Toledo* (550—585) , in Edward James (ed.) , *Visigothic Spain : New Approaches*, Oxford University Press, 1980.

35. Collins Roger, *Early Medieval Europe*, 300—1000. (2nd.), Palgrave Macmillan Publishing, 1999.

36. Carl von Savigny, *The History of the Roman Law during the Middle Ages* (Vol.I), translated by E. Cathcart, Hyperion Press, Inc., 1979.

37. Peter Stein, *Roman Law in European History*, Cambridge University Press, 1999.

38. James Westfall Thompson, *The Middle Ages 300—1500*, New York, 1972.

39. Walter Ullmann, *The Carolingian Renaissance and the Idea of Kingship*, Methuen& Co Ltd, 1969.

40. Franz Varrentrapp, *Rechtsgeschichte und Recht der gemeinen Marken in Hessen*, Elwert, 1909.

41. Max Weber, *Der Streit um den Charakter der altgermanischen Sozialverfassung*, M. Weber, *Deutschen Literatur des letzten Jahrhunderts*, Tübingen, 1924.

42. J. W. Wessels, *History of the Roman-Dutch Law*, African Book Company, Limited, 1908.

43. Dorothy Whitelock (ed.) , *English Historical Documents*, *Vol. I*, c. 500—1042, London: Routledge, 1981, 1998 (2nd) .

44. Herwig Wolram, *History of the Goths*, University of California Press, 1990.

45. Aloysius K. Ziegker, *Church and State in Visigothic in Spain*, Washington D. C., 1930.

46. *The Burgundian Code*, Translated by Katherine Fischer Drew, University of Pennsylvania Press, 1972.

47. *Laws of King Liutprand 33*, *The Lombard Laws*, Translated with an Introduction by Katherine Fischer Drew, University of Pennsylvania Press, 1993.

48. *Laws of the Salian and Ripuarian Franks*, translated and with an introduction by Theodore John Rivers, AMS Press, New York, 1986, Lex Ribuaria 35（31）.

49. Heinrich Brunner, *Sippe und Wergeld nach niederdeutschen Rechten*, ZRG GA3, 1882.

50. Karl August Eckhardt, *Germanenrechte*, *Die Gesetze des Merowingerreiches*, Leges Alamannorum.

51. Francois L. Ganshof, Watwaren de Capitularia, Reviewed by Bryce Lyon, *Speculum*, Vo.l 33, No. 1. Jan. 1958.

52. Alexander Callander Murray, The Position of the Grafio in the Constitutional History of Merovingian Gaul, *Speculum*, Vol.61, No.4 Oct.1986.

53. O. G. Oexle, Die funktionale Dreiteilung der 'Gesellschaft' bei Adalbero von Laon, *Early medieval studies journal*, 1978（12）.

54. E. A. Thompson, *Visigothic Spain*, *The English Historical Review*, 1998, Ⅵ.

55. E. A. Thompson, *The Visigoth from Fritigern to Euric*, *Historia*, 1963, Ⅻ.

二、译著

1.〔古罗马〕塔西佗:《阿古利可拉传／日耳曼尼亚志》，马雍、傅正元译，商务印书馆 1959 年版。

2.〔法兰克〕艾因哈德:《查理大帝传》，戚国淦译，商务印书馆 1996 年版。

3.〔英〕詹姆斯·布赖斯:《神圣罗马帝国》，孙秉莹、谢德风、赵世瑜译，商务印书馆 1998 年版。

4.〔英〕爱德华·吉本:《罗马帝国衰亡史》（第 4 卷），席代岳译，吉林出版集团有限责任公司 2007 年版。

5.〔英〕佩里·安德森:《从古代到封建主义的过渡》，郭方、刘健译，上海人民出版社 2001 年版。

6.〔英〕梅特兰等:《欧陆法律史概览:事件，渊源，人物及运动》，屈文生等译，上海人民出版社 2008 年版。

7.〔英〕梅因:《古代法》，沈景一译，商务印书馆 1984 年重印本。

8.〔英〕卡尔登·海士、汤姆·蒙:《世界史:中古篇》，徐宗铎、伍蠡甫译，世界书局印行 1976 年版。

9.〔美〕艾伦·沃森:《民法法系的演变及形成》，李静冰、姚新华译，中国政法大学出版社 1997 年版。

10.〔美〕孟罗·斯密:《欧陆法律发达史》，姚梅镇译，中国政法大学出版社 1999 年版。

11.〔美〕哈罗德·J.伯尔曼:《法律与革命——西方法律传统的形成》，贺卫方等译，中国大百科全书出版社 1993 年版。

12.〔美〕汤普逊:《中世纪经济社会史》,耿淡如译,商务印书馆 1961 年版。

13.〔美〕菲利普·李·拉尔夫、罗伯特·E.勒纳、斯坦迪什·米查姆、爱德华·伯恩斯等:《世界文明史》,赵丰等译,商务印书馆 2006 年版。

14.〔德〕埃里希·卡勒尔:《德意志人》,黄正柏、刑开顺、袁正清译,商务印书馆 1999 年版。

15.〔德〕弗兰茨·梅林:《中世纪末期以来的德国史》,张才尧译,三联书店 1985 年版。

16.〔德〕利奥波德·冯·兰克:《历史上的各个时代》,杨培英译,北京大学出版社 2010 年版。

17.〔德〕汉斯—维尔纳·格茨（Hans-Werner Goetz）:《欧洲中世纪生活》,王亚平译,东方出版社 2002 年版。

18.〔法〕基佐:《法国文明史》,沅芷、伊信译,商务印书馆 1999 版。

19.〔法〕马克·布洛赫:《法国农村史》,余中先等译,商务印书馆 1991 年版。

20.〔法〕布瓦松纳:《中世纪欧洲生活和劳动》,潘源来译,北京:商务印书馆 1985 年版。

21.〔法〕孟德斯鸠:《论法的精神》,张雁深译,商务印书馆 2004 年版。

22.〔日〕久保正幡:《西洋法制史研究》,岩波书店 1952 年版。

23.〔比〕亨利·皮朗:《中世纪欧洲经济社会史》,乐文译,上海人民出版社 1984 年版。

24.〔日〕穗积陈重:《法律进化论》,黄尊三等译,中国政法大学出版社 1997 年版。

25.〔日〕喜多了佑:《外观优越的法理》,千仓书房 1976 年版。

26.〔苏联〕科斯敏斯基·斯卡斯金:《中世纪史》,朱永庆等译,三联书店 1957 年版。

三、著作

1. 阿依古丽:《财产法律制度视角下的日耳曼法与罗马法的差异》,载《求索》2010 年第 6 期。

2. 陈雄章、李庭华:《浅论基督教与中世纪西欧各民族的宗法制度》,载《广西教育学院学报》1996 年第 3 期。

3. 陈文海:《从"蛮族"首领到"圣徒"国王——论克洛维在中世纪法国的形象及其演绎》,载《史学集刊》2006 年第 6 期。

4. 陈文海:《〈撒利克法典〉在法国中世纪后期的复兴和演化》,载《历史研究》1998 年第 6 期。

5. 戴东雄:《中世纪意大利法学与德国的继受罗马法》,中国政法大学出版社 2003 年版。

6. 丁建弘:《德国通史》,上海科学院出版社 2002 年版。

7. 冯卓慧:《罗马私法进化论》,陕西人民出版社 1992 年版。

8. 何勤华主编:《外国法制史》,法律出版社 2011 年版。

9. 侯建新:《社会转型时期西欧与中国》,高等教育出版社 2005 年版。

10.侯建新:《让历史的解释更有说服力:从经济史到经济——社会史》,载《清华大学学报》（哲学社会科学版）2007 年第 5 期。

11. 侯建新:《经济—社会史:欧洲社会转型研究的重要平台》,载《史学理论研究》2011年第 4 期。

12. 侯建新:《西欧崛起:经济与社会互动的历史及相关学科》,载《社会科学战线》2008年第 4 期。

13. 李青:《日耳曼法"以手护手"原则研究》,载《安徽工业大学学报》(社会科学版)2009 年第 2 期。

14. 李双元:《国际私法学》,北京大学出版社 2000 年版。

15. 李宜琛:《日耳曼法概说》,中国政法大学出版社,2003 年版。

16. 由嵘:《日耳曼法简介》,法律出版社 1987 年版。

17. 李秀清:《日耳曼法研究》,商务印书馆 2005 年版。

18. 李秀清:《撒里克法典若干问题之探析》,载《比较法研究》2005 年第 1 期。

19. 林秀雄:《夫妻财产制之研究》,北京:中国政法大学出版社 2001 年版。

20. 刘兰兰:《罗马法与日耳曼法占有制度之比较》,载《理论与实践》2009 年第 2 期。

21. 高仰光:《论日耳曼法中的赔命价制度》,载《比较法研究》2006 年第 3 期。

22. 马克垚:《西欧封建经济形态研究》,中国大百科全书出版社 2009 年版。

23. 马克垚:《应如何理解西欧"封建化"问题》,载《历史研究》1982 年第 4 期。

24. 孟广林:《世界中世纪史》,中国人民大学出版社 2010 年版。

25. 孟广林:《近百年来西方的西欧封建王权理论》,载《历史研究》1995 年第 2 期。

26. 彭小瑜:《教会法研究:历史与理论》,商务印书馆 2011 年版。

27. 彭小瑜:《近代西方古文献学的发源》,载《世界历史》2001 年第 1 期。

28. 苏彦新:《中世纪古典教会法论析》,载《环球法律评论》2011 年第 4 期。

29. 苏彦新:《罗马法在中世纪西欧大陆的影响》,载《外国法译评》1997 年第 4 期。

30. 史商宽:《物权法论》,台北:台湾三民书局 1957 年版。

31. 叶秋华:《西欧中世纪法制发展特点论析》,载《南京师大学报》《社会科学版》1999年第 6 期。

32. 尹曲:《日耳曼农村公社的瓦解与自由农民农奴化》,载《历史研究》1982 年第 2 期。

33. 易继明:《论日耳曼财产法的团体主义特征》,载《比较法研究》2001 年第 3 期。

34. 汪军民:《论罗马法与日耳曼法中土地制度的差异与统一》,载《理论月刊》,2006 年第 18 期。

35. 汪丽红:《萨利克法典与法兰克早期社会》,载《历史教学问题》2010 年第 5 期。

36. 王亚平:《浅析中世纪西欧社会中的三个等级》,载《世界历史》2006 年第 4 期。

37. 王泽鉴:《民法物权》,北京:中国政法大学出版社 2001 年版。

38. 由嵘主编:《外国法制史》,北京大学出版社 1992 年版。

39. 赵立行:《查理大帝"法令集"浅析》,载《山东社会科学》2008 年第 11 期。

40. 赵文洪:《中世纪西欧三个等级的观念初探》,载《史学月刊》2005 年第 5 期。

41. 赵文洪:《公地制度中的平等精神》,载《史学集刊》2010 年第 4 期。

42. 赵文洪:《公地制度中财产权利的公共性》,载《世界历史》2009 年第 2 期。

43. 赵文洪：《欧洲公地制度的政治学遗产》，载《学海》2011 年第 2 期。

44. 曾尔恕主编：《外国法制史》，北京大学出版社 2003 年版。

45. 周枏：《罗马法原论》，北京：商务印书馆 1994 年版。

46. 周一良、吴于廑主编：《世界通史资料选辑》（中古部分），商务印书馆 1974 年版。

47. 朱伟奇：《中世纪西欧的封建等级制度及其成因》，载《北方论丛》1997 年第 4 期。

48.《世界著名法典汉译丛书》编委会编：《萨利克法典》,何平校对,法律出版社 2000 年版。

第二章　王室法

第一节　欧陆王室法的产生

一、教会、王室与王室法

476 年西罗马帝国灭亡后，欧洲进入了所谓"信仰时代"。如果说可以将公元 500 年归入"古典晚期"，罗马因素作为一笔巨大的文明遗产仍有本质上的影响，那么，公元 700 年就绝非罗马文明翻版的"中世纪"了。[1] 其重要表征即教会对于以王室为代表的各种世俗权力的主导性。

在中世纪近千年的历史中，封建制度虽然在经济上占据统治地位，但在政治意识形态上，封建政权始终达不到集权的程度，呈现出各自为政的形态，教会主导的宗教力量则成了维系整个欧洲的纽带。[2] 直到从文艺复兴之后，资本主义开始抬头，独立于神的个人意识被唤醒，教会的力量才有所减弱。近代各民族国家的建立，是中世纪结束的标志，物质利益上占有优势的集团自此取代教会成为芸

---

[1] 侯树栋:《断裂,还是连续:中世纪早期文明与罗马文明之关系研究的新动向》,载《史学月刊》2011 年第 1 期,第 133 页。

[2] 本章讨论封建制度,主要是为了介绍西方中世纪时期的封建君臣关系(包括人身和土地关系)以及由此产生的相关王室法问题,而且只涉及西方学者的看法。不讨论马克思、恩格斯的封建学说,也不讨论中国的封建社会。参见马克垚:《封建经济政治概论》,人民出版社 2010 年版,第 178 页。

芸众生的领袖。[1]

然而，"中世纪"一词自 15 世纪后期才开始被人文主义者使用，既意味着旧时代的结束，也意味着新时代中"人"的因素的主导性。在中世纪，只有教会有较为统一的组织，整个欧洲都缺少强有力的、在政治上有充分号召力的政权。封建割据带来频繁的战争，大多数人生存无依，不得不沉浸在宗教的麻醉之中，导致社会生产力和科技发展极为缓慢。职是之故，中世纪，准确地说是中世纪的早期，被许多人认为是一个完全黑暗的时代。

但是，对中世纪教权予以过高估计，完全贬斥王权的重要性，并不能密切契合中世纪历史进程的实情。应当说，中世纪教权的崇高性并非天然合法，而是在与王权的斗争史中渐次获得的。基督教通过从圣经中引入古希伯来的涂油礼，在确认王权神圣性的过程中提升自己的权位。1059 年，教皇尼古拉斯二世召开宗教会议，对教皇选举办法进行了改革，确立了教皇只能由教会自主决定，世俗君主无权干涉的原则。1073 年，克吕尼修道院（Cluny Abbey）修士格列高利七世未经神圣罗马帝国（Sacrum Romanorum Imperium nationis Germanicae，962—1806）皇帝同意，当选并登上教皇宝座。1073 年至 1085 年在位期间，他积极支持克吕尼运动(即克吕尼改革，Cluniac Reform or Clunian Reform)，并于 1074 年召开宗教会议，谴责圣职买卖，由此开始了一直持续到 1122 年的教皇革命。

教皇革命的开端，是罗马教皇企图把数世纪以来一直在教会生活中扮演主角的基督教皇帝，降低至低微的俗人的地位。皇帝和国王是俗人，只负责现世的事务，现世的、世俗的东西，显然比精神的东西价值小。[2] 正如伯尔曼所宣称的那样，教皇革命在西方基督教世界产生了一种新的王权概念，即国王不再是教会的最高首脑。在所谓"精神的"事务方面，罗马主教是最高的权威，不仅对国王们是如此，即使是对最重要的主教者皇帝也是如此。由此，王室在教会事务方面的权威被削弱了。

但是，历史发展的进程与结果却并非教士们所能预料和主宰。教士对国王的祝圣，在标志教权至上的同时，也是一把双刃剑，最终还是将王权扶植成了教会

---

[1] 关于世界中世纪史的下限，即世界近代史的开端问题，有较多的分歧和争议。笔者赞成按各国的历史实际进行国别的断代分期的观点。详见刘明翰：《略论世界中世纪史的体系问题》，载《求是学刊》1980 年第 3 期，第 72 页。

[2] 〔美〕哈罗德·J. 伯尔曼：《法律与革命——西方法律传统的形成》，贺卫方等译，法律出版社 2008 年版，第 106 页。

权势的争夺和瓜分者。教皇革命使王权对其他世俗政治组织，诸如地方和城市方面的权威得到了很大的加强。从长远来看，教皇革命不但旨在维护教权的地位，更起到了从政治上确认了王权的历史效果。

王权在与教权争夺权势的过程中，不得不借助法律的力量。正是在此意义上，作为介于欧洲古代史与近代史之间的承上启下的时代，中世纪在法律文明史上有着特殊的地位。概而言之，中世纪的法将罗马法的种子埋藏在以教会法为主要成分，辅以王室法和地方法的土壤里，尽管萌发得缓慢而曲折，但还是破土而出，在欧洲各地发芽生长，最终幸运地成为了新时代曙光的迎接者。在这一过程中，王室法虽然不是主导因素，但却是必不可少的催化力量。

二、王室法的界定

（一）立法目的和思想基础

王室法是各王国的王室所颁布，在王国境内普遍适用的世俗法。统治者君主本人成为法律的制定者，成为宪法性人物。巩固封建王权，维护王权在世俗领域的最高权威，是王室法最根本的立法目的。王室法产生于向封建主义过渡的时期，发展于中世纪的封建社会，终结于资产阶级革命。法律史家泰格（Tiger）、利维（Levy）对王室法的定义是：推动建立早期现代国家为求巩固势力而制定的法规。[1]

11 至 13 世纪，欧洲各地王权和王室法的发展非常不平衡，但是，如果忽略地方上的差异，把注意力集中在基本的宪法性原则上，则可以得出一个概括性的结论：当时普遍流行着这样一种信念，即国王本身受法律约束，在国王的命令是非法的情形下，臣民有权利不服从这种命令。国王的权力也受到宪法的限制，臣民甚至有抵制错误的命令乃至诉诸暴力反抗暴君的权利和义务。[2]

当然，在一个强大的政权机器面前，作为个人的臣民的力量是相当弱小的，抵制错误也许还能个别实现，推翻暴政更具有极大的困难。但是，中世纪"国王在法律之下"的理论，终究是"法治"思想的萌芽，其意义不容低估。

---

〔1〕郭义贵：《西欧中世纪法律概略》，中国社会科学出版社 2008 年版，第 15 页。

〔2〕梁治平：《"公法"与"公法文化"》，载爱思想网：http://www.aisixiang.com/data/18275.html，最后访问时间：2012 年 8 月 8 日。

（二）王室法与其他世俗法

除了从立法者和功能方面对王室法进行界定，还须注意王室法作为封建世俗法的一种，与同时期的其他世俗法，包括城市法、习惯法、庄园法、役务法（Servitary Law）、邦法等。地方法在形成途径、适用范围和主要功能等方面，都与王室法有明显的区别。

城市法是在中世纪西欧城市中形成、发展、适用的法律体系，其内容一般涉及商业、贸易、征税、城市自治及城市居民的法律地位等，[1] 其商法与海商法的内容尤其重要，仅在主要内容方面，就能与王室法进行区分。

习惯法来源于经过较长时期形成的大众习俗，具有属地性和民族性，主要用于补充成文法的不足。法兰克国王矮子丕平的一条法令称：法无规定的，习惯有效，习惯的效力不高于立法。[2] 大部分重要的"庄园法"都形成和发展于习惯法，"役务法"则适用于庄园范围内，主要为庄园内的行政服务体系服务。[3]

有的习惯法经过长期的演变，由习惯法转变为成文法。比如，1450 年前后出现的佚名论著《大论文》，承认《萨利克法典》是 4 位智慧的显贵根据古代习惯法编纂而成，同时也指出，《萨利克法典》受国王及其中央政权支配，法典的诞生导源于权力上层的意志，而普通民众的作用已不复存在或至少说已相形见绌。随着《大论文》的广泛流传，从 15 世纪中期开始，法国社会各个阶层特别是上层社会和知识界人士逐渐抛弃了《萨利克法典》是习惯法的传统提法，而将该法典称之为"法令"、"敕令"、"宪法"和"条令"。15 世纪以后，出于解决王位争端的需要，法国王室重点宣扬《萨利克法典》的禁止女子及母系男性继承王位原则和长子继承制原则，《萨利克法典》顺利地转化为法国的王位继承法。[4]

邦法更是典型的地方法，仅在特定邦国的范围内适用。如构成德意志地方法

---

[1] 何勤华主编：《外国法制史》（第四版），法律出版社 2006 年版，第 108 页。

[2] 〔英〕梅特兰等：《欧陆法律史概览：事件，渊源，人物及运动》，屈文生等译，上海人民出版社 2008 年版，第 65 页。

[3] 同上书，第 253—254 页。

[4] 陈文海：《〈撒利克法典〉在法国中世纪后期的复兴和演化》，载《历史研究》1998 年第 6 期，第 117—119 页。

的主体部分的邦法[1]，是由实际代替帝国政府对各封建领地行使独立统治权的各邦国领主制定的。邦法往往由民间人士写成，如《撒克逊明镜》的作者艾克·冯·雷普戈，就是一位撒克逊的骑士和非职业法官。[2] 王室法的制定者，通常是国王及国王授权的个人或者机构。

三、王权的兴起与王室法发展

中世纪西欧王权的兴起，除了依赖武力之外，法律也是其重要的依赖力量。日耳曼人入侵后，西欧既失去了统一的政治统治力量，统一而成文的罗马法不能通行，几乎回到了完全由习惯支配的时代。拉丁文成为知识阶级的专用语言，失去了法律教育的民众，不再了解用拉丁文表述的罗马法。一些法学家对法律解释不忠实，经常曲解法律，也使民众对成文法失去信任，转而求助于习俗。

从 11 世纪起，意大利人又开始重视法律。[3] 这固然与罗马法原始文本的发现有关，但是更为本质的，显然是社会的发展进入了新的阶段，那些因人口流动与贸易频繁而产生的问题，无法以教会条规来解释，重见天日的罗马法从故纸堆变成了稀世珍宝。以意大利为中心，欧洲开始了重新研究、提倡罗马法的罗马法复兴运动。罗马法复兴的过程中，受过罗马法教育的人，努力充实法律文本的架构，消除法律条文的相互矛盾之处，使习惯法逐渐丧失了支配力，推动了成文法的发展以至法律的统一，进而有助于王权及至中央集权的加强。

11 世纪以前，教会法是唯一得到较为普遍适用的法律体系，罗马法的作用远不如教会法。但是正如伯尔曼所言，"不能把王室立法权发展的动因和原因归之于罗马法的发现"[4]，11 世纪开始的教皇革命，恰恰是促成王权加强的主因。虽然教皇革命的目的，是为了加强教会对王室的权威，但是，新的王权的法律概念，也更多地得力于教皇权力的法律概念。"教皇革命在西方基督教世界产生了一种新的王权概念"，这一概念最初是由教皇格列高利七世于 1075 年在他的《教皇敕令》

---

[1] 何勤华、李秀清主编：《外国法制史》，复旦大学出版社 2002 年版，第 350 页。

[2] 〔英〕梅特兰等：《欧陆法律史概览：事件，渊源，人物及运动》，屈文生等译，上海人民出版社 2008 年版，第 247 页。

[3] 阎宗临：《世界古代中世纪史》，广西师范大学出版社 2007 年版，第 225—226 页。

[4] 〔美〕哈罗德·J. 伯尔曼：《法律与革命——西方法律传统的形成》，贺卫方等译，法律出版社 2008 年版，第 396 页。

(*Dictates of the Pope*，or *Dictatus Papae*）中宣布的。教皇作为教会的首脑，有权力根据自己通过立法和司法判决形成的法律体系进行统治；故而，国王们像教皇一样，也借助于专门指派的受过专业培训的官吏进行立法和司法，并形成法律体系，来统治他们各自的王国。[1] 正是在此基础上，出于处理世俗事务的需要，在教会法体系模式下，建立起了各具特色的王室法体系。教会法成为催生王室法的主要力量，教会对王室立法权的确认是王权兴起的法律基础。

为了实现上述新的王权的法律概念所内含的统治手段，国王颁布法律进行立法，并建立了王室法院，以承担适用王室法的司法职能，使法律的王权概念成为现实。同时，王室法院还适用"地域法"，即被认为对王权所辖的全部领土具有拘束力的法。这样，地域性的和法律的王权概念的结合，在欧洲的每个王国中，产生了一种王室的法律体系。国王的立法和王室法院的普通法，逐渐取代了本国领土中比较疏离的部落、地方以及区域性的法律。[2] 国王通过立法和司法实现王权，保障法律统一状态的存续，进而，也是更为重要的，促进了其统治区域内部的民族融合和领土统一。

在众多欧陆王国中，以下几位君主为封建王室法的发展作出了杰出的贡献：[3]

查理一世，768 年至 814 年是法兰克王国加洛林王朝的国王。查理在 800 年由教皇利奥三世加冕于罗马，成为其统治地区的皇帝，后人也称他为查理大帝，汉语音译为查理曼。

亨利四世（Heinrich Ⅳ，参照 Henry Ⅳ），1054 年至 1056 年与亨利三世共治神圣罗马帝国的法兰克尼亚（Franconia）王朝。1055 年起为巴伐利亚公爵。1056 年至 1105 年期间为法兰克尼亚王朝的第三任"罗马人的国王"。[4] 1084 年加冕为神圣罗马帝国皇帝。

罗杰二世（Roger Ⅱ，1095—1154 年），1105 年至 1130 年为西西里（Sicily）公爵。1130 年至 1154 年期间为西西里国王。

---

[1] 〔美〕哈罗德·J. 伯尔曼：《法律与革命——西方法律传统的形成》，贺卫方等译，法律出版社 2008 年版，第 395—396 页。

[2] 同上书，第 397 页。

[3] 同上。

[4] 在神圣罗马帝国（962—1816 年）时期，由选帝侯直接选举的称为"罗马人的国王"，"罗马人民的国王"只有进军罗马，并受到教皇的加冕，才能成为神圣罗马帝国皇帝。

腓特烈一世，1147 年至 1152 年为士瓦本公爵，称腓特烈三世。[1] 1152 年至 1190 年为神圣罗马帝国的霍亨斯陶芬（Hohenstaufen）王朝"罗马人的国王"。1154 年至 1186 年期间是意大利国王。1155 年加冕为神圣罗马帝国皇帝。[2]

腓力二世（Philippe II Auguste，1180—1223 年法王），是法国国王路易七世（又称"年轻的路易"，Louis VII le Jeune，1137—1180 年在位）的独子。1180 年至 1223 年期间是法国卡佩（Capet）王朝的第七任国王。他被称为"高贵王"、"奥古斯都（Auguste）"，其后辈还称其为"奥古斯都·腓力"。

腓特烈二世，1198 年起为西西里国王，称腓特烈一世。1212 年至 1250 年期间是神圣罗马帝国的霍亨斯陶芬王朝"罗马人的国王"。1220 年加冕为神圣罗马帝国皇帝。1225 年至 1228 年期间是耶路撒冷国王。由于意大利王国是神圣罗马帝国的一部分，腓特烈二世还兼领意大利国王。

路易九世（Louis IX，1226—1270 年法兰西国王），1226 年至 1270 年期间是法国卡佩王朝的第九任国王，被尊为"圣·路易"（Saint-Louis），绰号"完美怪物"。

查理四世，1346 年至 1378 年期间是神圣罗马帝国卢森堡王朝波希米亚王国（Königreich Böhmen）的"罗马人的国王"，1355 年加冕为神圣罗马帝国皇帝。

第二节　日耳曼诸国的王室法

一、日耳曼诸国概况

日耳曼人是一个广泛的部落民族集团的统称。在民族大迁徙的过程中，从 5 世纪后期起，日耳曼人逐步在欧洲大陆成立了一系列国家，其中在中世纪期间存

---

[1] 因为腓特烈一世的父亲在士瓦本公爵的列表中称腓特烈二世，所以腓特烈一世继承了他父亲的爵位后，在士瓦本公爵的列表中称腓特烈三世。

[2] Friedrich 的另一种常见的汉音译法是"弗里德里克"或"弗雷德里克"，此处采用通译"腓特烈"。与之类似的还有法王腓力有时也被译为"菲利普"。"红胡子"则是"蓄有红胡子的人"的简称，德语为 Barbarossa，音译为"巴巴罗萨"，因此，腓特烈一世也被称为"巴巴罗萨大帝"。

续的有：419 年以图卢兹为中心建立的西哥特王国，457 年以里昂为中心的勃艮第王国，486 年以高卢为中心建立的法兰克王国，493 年以意大利为中心建立的东哥特王国，568 年以帕维亚为中心建立的伦巴第王国等。[1]

这些王国，后世称为"蛮族国家"。日耳曼法就是中世纪欧洲各日耳曼王国中适用于日耳曼人的法律的总称，是在日耳曼人的原始习俗基础上发展起来的早期封建法。在日耳曼时期，日耳曼人在政权中占据了最高统治地位，权力逐步集中，统治者的权力相对于人民而言急剧增加，最终几乎独立于人民。这样，人民制定的法律与统治者个人制定的法律的对立，就不可避免地增多，加速了王室法律体系的产生。

由于各种复杂因素的存在，王室法的建立并不简单易行。但是，国王拥有民众大会所缺乏的一系列措施，足以保证立法和司法判决的实现。这些措施中，包括罗马法和教会法的原则，当然，更重要的是他们掌握的武力。罗马法中有"最高统治者的意志就是法律"的原则，教会法运用神圣的形式和程序，授任皇帝承担保护人民福祉的责任。正是在此意义上，在日耳曼法在逐渐王室化的过程中，将罗马法和教会法的原则逐渐吸收进自己的体系。

日耳曼王室法的发展，大致可分为如下两个阶段。

（一）部落法时代

部落法时代，是指公元 5 至 9 世纪。[2] 这一阶段中，居住于北欧和东欧的未开化地区的日耳曼人，向南欧和西欧移民，建立新的定居点。漂泊远方，世易时移，并将部落法律用文字书写下来。[3] 西罗马帝国开始衰亡之初，严格意义的封建制的条件尚没有出现，但由于地方的分崩离析，其萌芽实已出现。9 世纪时，西欧大陆的日耳曼王国，几乎都已进入封建时期。[4]

在入侵的日耳曼人为他们统治下的罗马臣民制定的所有法律中，西哥特人的

---

[1] 何勤华主编：《德国法律发达史》，法律出版社 2000 年版，第 4 页。

[2] 李宜琛：《日耳曼法概说》，夏新华、胡旭晟校，中国政法大学出版社 2003 年版，第 2 页。

[3] 〔美〕约翰·H. 威格摩尔：《世界法系概览》（下），何勤华、李秀清、郭光东等译，上海人民出版社 2004 年版，第 704 页。

[4] 李秀清：《日耳曼法研究》，商务印书馆 2005 年版，第 174 页。

法律最为重要。7 世纪中期以前，西哥特的法律尚未统一，不过，他们的习惯逐渐发展为王室法律，在王室授权之下，也编纂了罗马法典，适用于哥特人的国王所统治之下的罗马臣民，直至 714 年西哥特王国被阿拉伯人攻灭。[1]

颁行于 506 年《阿拉里克法律要略》，是西哥特国王阿拉里克二世的作品，专为王国内的罗马臣民而制定。[2] 君士坦丁三世（Constantine Ⅲ）、君士坦丁一世和约维努斯（Jovinus）试图统治过罗马帝国的西部，但都没有逃脱失败的命运，而中部高原和南部高卢的高卢—罗马（Gallo-Roman）贵族，却因为他们的杰出代表阿维都斯（Avitus）而得到顺利地发展，后者在西哥特的狄奥多里克二世（Theoderic Ⅱ，453—466 年西哥特国王）的支持下成为国王。[3]

勃艮第国王贡都巴德在名为"主敕令"的文件中，为他的民族颁布了一部成文法典。这部《勃艮第法典》不仅对勃艮第人有效，对所有与勃艮第人交往中的罗马臣民也具有强制力。它的内容涵盖民法、刑法和程序法。条文分为三部分，第 1 篇至第 41 篇，是贡都巴德保留下来的早期法令；第 42 篇至第 88 篇，是贡都巴德制定的文本；第 89 篇至结尾，是继承贡都巴德王位的西吉斯蒙德的补充法令。贡都巴德还颁布了《新律》（Novellae），即补充法令，用新增的法令取代原先的文本。[4] 553 年，勃艮第王国被法兰克王国兼并。

从 476 年到 489 年，奥多亚克及其家族奠定了东哥特王国建国的基础。作为部落联盟的领袖，奥多亚克不但凌驾于各地封建主之上，而且享有优于罗马行省长官的地位。狄奥多里克继承了其地位和权势，颁布了《狄奥多里克法令》，时称"告谕"。编纂的年代，大约在 511 年至 515 年之间。[5] 学者认为，狄奥多里克颁布"告谕"的意图，是以哥特人的习惯为基础，制定拘束哥特人的规则；以罗马人的法律为依据，制定拘束罗马人的规则。该法典的大部分是根据以前的狄奥多西二世（Theodosius Ⅱ，408 年至 450 年拜占庭帝国皇帝）的法典制定的，反映了蛮族

---

[1]〔美〕孟罗·斯密:《欧陆法律发达史》，姚梅镇译，王健、刘洋校，中国政法大学出版社 2003 年版，第 151 页。

[2]〔英〕梅特兰等:《欧陆法律史概览: 事件，渊源，人物及运动》，屈文生等译，上海人民出版社 2008 年版，第 10、15 页。

[3] Margaret Deanesly, *A History of Early Medieval Europe* 476 *to* 911, London，Methuen & Co. Ltd，1956, p.54.

[4]〔英〕梅特兰等:《欧陆法律史概览: 事件，渊源，人物及运动》，屈文生等译，上海人民出版社 2008 年版，第 16、42 页。

[5] Margaret Deanesly, *A History of Early Medieval Europe* 476 *to* 911, London，Methuen & Co. Ltd，1956, p33.

建立法制的最初计划。然而，555 年，东罗马皇帝查士丁尼征服东哥特王国，使该法典并未实施多久。[1]

日耳曼王室法与从习俗发展而来的部落法是不同的：首先，部落法为原始法和严格法；而王室法则为进步且渐趋衡平的法律；其次，王室法不因人而异，凡同一地区的，同样适用，甚至是在帝国范围内同样适用；最后，王室法的效力高于包含部落法在内的其他法律，凡与王室法相冲突的均告无效。日耳曼王室法将这些原则运用到了粗野的部落法中，使部落法得以进步，成为早期君王改造部落习惯的典例。[2] 然而，部落习惯被辑录之后，必然在许多方面接受批判和改造，以适应新的国家环境，这种保留与改变的同步，使得王室法成为习惯法的修正体系。[3]

（二）国家法时代

国家法时代是 10 世纪至 15 世纪。在该阶段，出现民族大融合和法律的本土化，地方习惯法被编纂成法典。该阶段又大致分为以下两个时代：[4] 一是 10 世纪至 12 世纪，为封建法时代，文艺复兴的曙光重现，罗马法衰落，日耳曼法取代罗马法得到发展，封建君主经开始凭借武力来抑止社会动荡。二是 13 世纪至 15 世纪，为都市法时代。直至近代，因资本主义蓬勃发展，罗马法再次被继受，日耳曼法逐渐被废止。

二、伦巴第王国的王室法

568 年，伦巴第人占领意大利北部和中部，建立以帕维亚为中心的伦巴第王国。从建立伦巴第王国到 774 年被法兰克人征服，伦巴第的国王们进行了若干立法活动。5 至 9 世纪时，伦巴第法典已经形成，此时的伦巴第人尚为异教信徒。在罗马人与

---

[1]〔美〕莫里斯：《法律发达史》，王学文译，姚秀兰校，中国政法大学出版社 2003 年版，第 166—167 页。

[2]〔英〕梅特兰等：《欧陆法律史概览：事件，渊源，人物及运动》，屈文生等译，上海人民出版社 2008 年版，第 33 页。

[3] 顾盈颖：《中世纪西欧王权与法律关系的变革——论王室法的兴起》，华东政法大学 2006 年硕士论文，第 40 页。

[4] 李宜琛：《日耳曼法概说》，夏新华、胡旭晟校，中国政法大学出版社 2003 年版，第 2—3 页。

伦巴第人间发生争执时，不问其情形如何，对罗马人适用伦巴第法的规定；在罗马人自身间发生争执时，则适用罗马法的规定。[1]

（一）《罗退尔敕令》

643年，由伦巴第王罗退尔所主持制定的共388条的《罗退尔敕令》，是伦巴第法最早的成文记载与编订，也是日耳曼习惯的成文记载之一，被誉为日耳曼人最优秀的法律作品。[2] 该法令与后世国王的法律相比具有显著的特点：首先，它是一部新的作品，罗退尔以后的国王，则只是对该法令进行改善或者补充。其次，它代表纯正的伦巴第法，很少能发现其他日耳曼部落法律要素的痕迹。第三，它具有系统的安排：第一编《刑法》，第二编《家庭法》，第三编《财产法》，第四编《附录》和《补充事项》，体现了一个完整的法律体系。

（二）对《罗退尔敕令》的修改和补充

668年，格里莫阿尔德成为第一个对《罗退尔敕令》进行修正的国王，其修正目的在于剔除法令中与文明进步不相协调和不公正的地方。713年至735年，国王利乌特普兰德颁布了153条统称为《利乌特普兰德法律》的补充法令，对伦巴第法律作出了重要的增补。[3] 新法典的文字较为冗长，在法律篇首有说明该法颁布目的的序文，在序文中，引用了《圣经》的语言。利乌特普兰德始终以一种开放的态度对待古典罗马法，这些在其法律的用语和思想，在妇女继承权、未成年人的监护、权利时效、遗嘱、抵押的法律规定中都能看出。而且，在8世纪初期伦巴第的立法当中，还出现了许多法学理论的分析。[4]

利乌特普兰德时期的立法变化，主要基于以下原因：首先，教会势力的扩张，

---

〔1〕〔英〕梅特兰等：《欧陆法律史概览：事件，渊源，人物及运动》，屈文生等译，上海人民出版社2008年版，第139页。

〔2〕同上书，第26—27页。

〔3〕何勤华、李秀清主编：《意大利法律发达史》，法律出版社2006年版，第9页。

〔4〕李栋：《中世纪前期罗马法在西欧的延续与复兴》，载《法律科学》2011年第5期，第32—33页。

使王室法与神授法相和谐成为必要和可能；其次，罗马法的用语和思想，对于日耳曼王国的王室立法产生了深刻的影响。第三，国家权力的增强，使制定新法以适应变化了的形势成为必要。[1] 最后，此时的伦巴第人已为正宗的基督教徒，受到基督教会的影响，规定对遵从异教习惯的行为处以刑罚。

746 年及 755 年，伦巴第国王拉奇（Rachi）、爱斯托夫等又先后增订了数章法令。拉奇于 746 年补充了 14 章。750 年到 754 年，爱斯托夫补充了 22 个新章节，成为伦巴第王朝的最后一位立法者。[2] 历次增订都是出自政府官吏的提议，且经人民同意，并由伦巴第议会通过。在伦巴第人统治下的意大利，与在西哥特人统治下的西班牙，以及在加洛林王朝统治下的法兰克帝国相同，都有一种被称为"贵人会议"的组织，代替了由古代日耳曼全体自由民出席的部族大会。在这种"贵人会议"上，早期部族大会中的"人民的同意"，已经沦为纯粹的仪式。[3]

伦巴第的皇家立法，除了《罗退尔敕令》中含有的法规外，还包括《王室管理人公告》（即《利乌特普兰德法律》）、《建筑师偿付表》（*Memoratorium de merce-dibus magistri commacinorum*）等其他立法，并没有提交民众大会批准，因而并非严格意义上的制定法。它们的生效与实施，依赖的是颁布它们的国王的权威。[4]

三、法兰克王国的王室法

（一）概述

在古罗马帝国开国皇帝奥古斯都（Augustus，公元前 27—前 14 年在位）时期以前，勃艮第人就从波罗的海往南，向莱茵河流域迁徙，在高卢地区建立了国家。这批居住在莱茵河流域的勃艮第人，就是后来的法兰克人。当时，匈奴王阿提拉控制了从里海延伸至莱茵河的地区，统治了 20 年之久。而在阿提拉时期之前，法

[1]〔英〕梅特兰等:《欧陆法律史概览:事件，渊源，人物及运动》，屈文生等译，上海人民出版社 2008 年版，第 28 页。
[2] 同上书，第 29 页。
[3] 同上书，第 140—141 页。
[4] 同上书，第 30 页。

兰克人和匈奴人曾在中欧互为邻邦。[1]

法兰克人对高卢地区的占领和统一,是萨利法兰克人(Salian Franks)首领克洛维完成的。481年,他建立了墨洛温王朝,成为法兰克王国的创立者。西罗马帝国灭亡后,日耳曼各蛮族王国之间烽烟再起,在这些战争中,法兰克逐步取得胜利。[2]到克洛维时,他已成为西欧的实际统治者,支配着广阔的地域,486年,又将统治区扩展至鲁昂(Rouen)、兰斯和巴黎。[3]496年,克洛维皈依基督教,蛮族的军事活力和教会的稳定行政管理能力实现了结合,教会不但垄断了知识,而且赢得了国家政权和武力的支持。[4]

6世纪初,法兰克王国更日趋强大。6世纪中期,法兰克王国已成为西欧日耳曼人的最强大的国家,分为奥斯特拉西亚、纽斯特里亚、勃艮第、阿基坦四个公国,每个公国都有一位国王。圣格列高利一世的努力,为处理王权与教权的关系奠定了基础。573年,圣格列高利一世成为图尔(Tours)主教。当时,法兰西中部又重新并入西日贝尔一世(Sigebert I,561—575年为四位法兰克国王之一)国王统治下的奥斯特拉西亚王国。圣格列高利一世为人忠诚,处事审慎,又深具胆识,这些品质使他成功地避免被卷入激烈的政治斗争。[5]他肩负着教会赋予的职责,严格地保持独立,为基督教在法兰克王国得到广泛传播建立了功勋,为罗马教廷赢得了权威。[6]

8世纪,法兰克王国发生政权更迭,但国力仍然强大,实现了持续的扩张。752年,法兰克宫相矮子丕平利用教会的支持,宣布废黜墨洛温王朝的最后一任国王希尔代里克三世,篡夺了王位,建立了加洛林王朝。[7]在对外征服过程中,法兰克王国

---

[1] Margaret Deanesly, *A History of Early Medieval Europe* 476 to 911, London, Methuen & Co. Ltd, 1956, pp.30—31.

[2] 何勤华:《法律文化史谭》,商务印书馆2004年版,第407页。

[3] Margaret Deanesly, *A History of Early Medieval Europe* 476 to 911, p.58.

[4] 李锐:《中世纪的王权与法——在历史中审视西方的法治传统》,载《法制与社会》2009年第11期,第3页。

[5] 西日贝尔一世娶布隆希尔德为奥斯特拉西亚王国的王后,希尔佩里克一世(Chilperic I,纽斯特里亚王国国王,公元567—584年在位)娶布隆希尔德的姐姐加尔斯特温(Galsuinthe)为纽斯特里亚王国王后。弗蕾德贡德是希尔佩里克一世的情人,后唆使希尔佩里克一世杀死加尔斯特温,当上纽斯特里亚王国的王后,引发奥斯特拉西亚和纽斯特里亚延续近30年的仇杀,削弱了墨洛温王朝王室的势力。

[6] Margaret Deanesly, *A History of Early Medieval Europe* 476 to 911, London, Methuen & Co. Ltd, 1956, p.57.

[7] 752年,伦巴第人袭击罗马城,教皇斯德望二世(Stéphanos II,752—757年在位)向丕平求援并投其所愿,声称"掌握实权者应为王"。丕平当年就逼国王入修道院为僧,然后通过"诸侯选举",登上王位。参见孙庆芳:《教皇史话》,商务印书馆1985年版,第13—14页。

向加洛林帝国转化，其领土几乎囊括了除西班牙和意大利半岛以外的西欧大陆。[1]
随着日耳曼国家的发展，国王权力日益增大，发布的命令也不断增多。丕平为了
感谢教皇的支持，把从拉文那到罗马的大片土地赠给教皇，史称"丕平献土"，这
标志着"教皇国"的形成。[2]

　　丕平的儿子，即查理大帝，以军事实力在欧洲恢复了罗马式的和平，收复了
西罗马帝国在欧洲的大部分领土以及日耳曼本土。他在位时期，法兰克王国的版
图达到极限，成为"加洛林帝国"，他也由国王变成皇帝。他的帝国又称查理曼帝国，
标志着西欧大陆曾经实现基本的统一。800 年，教皇利奥三世为报答查理对自己的
支持，为查理加冕，称之为"罗马人的皇帝"。这不仅影响到"君权神授"思想的
发展，而且使王权变得更加强大：此时，王室法令更多，甚至企图发展一种取代各
种法律的统一的王室法。

　　但是，当时封建割据已经形成，依靠军事行政力量推行的法律，难以深入到
社会生活中，取代分散且彼此存在较大差异的部族法。随着帝国的解体，查理曼
"一个君主，一种法律"的法律统一理想，最终未能如愿以偿。[3] 查理曼帝国毕竟
是依靠武力建立的，由众多民族和种族组成，各地区的发展也极不平衡。这种松
散联合的帝国，内部缺乏必要的经济和文化联系，难以长久。

　　814 年，查理的儿子路易继位。在查理大帝及其子路易统治时期，法兰克的封
建化过程基本完成，形成了以国王为最大封建主，其下有公爵、伯爵、主教等大
封建主，再下为中小封建主的金字塔式的等级制度。[4] 路易将帝国划分给三个儿
子分别管理，导致三子之间的长期内战，直至于 843 年签订《凡尔登条约》，奠定
了西欧诸国的基础。

　　《凡尔登条约》将法兰克王国分裂为西法兰克王国、中法兰克王国和东法兰克
王国，分别成为近代法国、意大利和德国三国的雏形。在东、西法兰克之间，还
有一个不明确的中间地带，其中一部分构成后来的瑞士、比利时、荷兰和卢森堡；
另有一部分一直是法、德两国争夺的边界地区，即阿尔萨斯和洛林。[5]

---

〔1〕谢丰斋编著:《世界中古史——公元 5 世纪至 15 世纪的古代世界》，世界知识出版社 2009 年版，第 162 页。

〔2〕郭义贵:《西欧中世纪法律概略》，中国社会科学出版社 2008 年版，第 63 页。

〔3〕同上。

〔4〕谢丰斋编著:《世界中古史——公元 5 世纪至 15 世纪的古代世界》，世界知识出版社 2009 年版，第 167 页。

〔5〕同上书，第 165 页。

877 年，法兰克帝国皇帝"秃头查理"（Charles le Chauve，840—877 年法兰克国王，875—877 年神圣罗马帝国皇帝）在封臣的压力下，被迫签定《基尔希法令》（*Capitulary of Kiersy*），规定大封臣的采邑可以世袭。至此，采邑只有因特定的原因，并经正当法律程序，才能被撤销。然而，尽管面临着地方贵族的压力，法律统一的总体趋向都未改变。对思想实施统治的教会，一旦与王权结合起来，必然形成对于封建分裂秩序的统一力量。[1]

（二）王室立法与司法

克洛维皈依天主教后，下令宗教会议的法规具有法律效力，以进一步赢得基督教徒的支持，开了教会法向王室法渗透的先例。到 7 世纪初，国王在订法时，还吸收主教参加。在法兰克，主教政治上享有权力，不但有权修改法官的判决，还有权处分渎职的法官。[2]

在克洛维时期，诞生了《萨利克法典》、《利普里安法典》、《巴伐利亚法典》、《弗里斯兰法》、《撒克逊法》（*Lex Saxonum*）等成文法典。[3] 其中，《萨利克法典》或称《法兰克人的萨利克法典》，约于 500 年编成，是一系列日耳曼部落法典中的第一部。这些法典并不是一次编成的，其中包含的法规，是通过中央王权以王室法令的形式逐步加以修订、补充而形成的。依据这些法规，法兰克的国王们据以管理王室的地产，消除封建主之间的误解，强化他们对于国王的义务。

在法兰克王国中，法兰克人始终是寻求法律统一的最强大的力量。墨洛温王朝时期，法兰克人的法律统一观念对于各部族的影响，还只是无意中潜移默化的结果。到了加洛林王朝，由于领土的扩张、民族复杂性的增加，法兰克人已经有了寻求法律统一的明确意图。当时，王室官吏凭借其享有的行政大权，不用事前正式宣示，即可直接执行一项新规则，如果该项新规则在此之后被不断地实行，就变为行政习惯，成为法律渊源之一。

从那时起，法兰克王朝开始通过颁布王室命令，行使独立的中央立法权。王室法院建立后，以维持"国王之和平"为使命，任命王室代表，占据司法要职。

---

[1]〔英〕梅特兰等：《欧陆法律史概览：事件，渊源，人物及运动》，屈文生等译，上海人民出版社 2008 年版，第 59 页。
[2] 刘明翰：《罗马教皇列传》，东方出版社 1994 年版，第 24—25 页。
[3] 何勤华、李秀清主编：《外国法制史》，复旦大学出版社 2002 年版，第 79 页。

这些法律运作模式，使国王处于越来越有利的地位，可以强行通过命令，无须取得民众的同意。[1] 经由这些途径，王室法通过行政习惯、立法与司法判决这三种官方渊源，得以长足发展，成为其后法律渐次统一的重要因素。

法兰克王室的法令，需要严格的公布程序，并将此程序记录在案。法令数量巨大，保存方法原始，而且王室档案库组织不健全、管理腐败，因此，系统汇编法令的工作（按序排列，以防遗失）变得十分迫切。但是，这方面的官方规定并不存在，倒是私人汇编满足了此项需要。有两部私人汇编集值得关注，一部是《安塞继修氏法令汇编》（*Ansegisus of Fontanelle*），于 827 年完成，由于被多数人采用，成为实际上的官方性质的编纂集；另一部是《本尼迪克特·莱维塔法令汇编》（*Benedict Levita*），出现在 9 世纪中期，不过梅特兰认为这部汇编集实为伪作，其编修无非是补充《安塞继修氏法令汇编》的不足。[2]

墨洛温王朝时期，法兰克君主可以根据当事人的上诉，将案件从王室法院之外的法院调至王室法院判决，或者交由王室官吏判决。王室法院所适用的诉讼程序，一般是纠问式诉讼程序。

按照加洛林王朝的判例，对自由人和自由财产的审判，应在法庭或者贵族（或其代理人）举行的会议上进行。对于当时会议的情况，目前所知甚少，但这些会议确曾举行却并无疑义。贵族们同时也担任王室的官员，他们需要举行会议来通过王室命令、加强王权并征收税款，以及根据王室法采取没收财产的措施。[3]

（三）王室法分类

墨洛温时代的王室法令，有五花八门的名称。到了加洛林时代，王室法令的名称开始归于统一，一律称为"法令"。按照不同的标准，王室法可以有不同的分类。按性质可以分为教会法令（因教权从属于王权）与世俗法令两种。世俗法令还可

[1]〔美〕孟罗·斯密:《欧陆法律发达史》，姚梅镇译，王健、刘洋校，中国政法大学出版社 2003 年版，第 193—195 页。

[2]〔英〕梅特兰等:《欧陆法律史概览: 事件，渊源，人物及运动》，屈文生等译，上海人民出版社 2008 年版，第 35—36 页。

[3] Susan Reynolds, *Fiefs and Vassals: the Medieval Evidence Reinterpreted*, Oxford, Oxford University Press Inc., 2001, p.411.

以分为普遍法和特别法两种,普遍法适用于整个帝国,特别法只适用于部分地区。[1]

根据另一套标准,世俗法令又可以分为三种:

1. 补充部族法效力的法令。它是为了补充或修改"现有法"而颁布的,应经民众大会同意。如果现有法是指某个具体民族的"法",则其拘束力只及于明确的某一特定民族;如果现有法是指全部法律体系,或一特定国家的法律,则其效力及于该国的所有居民。

2. 独立法令。它由同特别法无关的法令组成,应由高级僧侣和世俗显贵组成的御前会议同意。它的效力范围是"属地的",适用于全体国民。国王有权废除由他本人或者他的祖先制定的独立法令。

3. 巡按使令。[2]"巡按使"是由国王定期派往不同地区的行政官员,通过他们了解地方臣民的行为,检查其他涉及公共利益的事务。[3]巡按使令包括"巡按使"对其职务内收到的要求和询问作出的回复和审判裁定。

从内容上看,加洛林王室的法令,包括具有长期效力的法律条文(例如有关行政管理方面的决定及其具体实施办法)、刑法(稳定性不如前者)和关于公共权力、管理权力及教会权利的规定等。这些权利或权力,来源于国王的司法权,违反这些法令意味着对国王的侵犯,国王有权下令处罚。[4]从功效来看,"法令"的范围变得十分宽泛,是王室立法的主体。

(四) 查理曼时代的王室法

在查理曼时代,由于基督教化的加强,国王在僧俗两方面都是基督的代理人,成为教会和国家的统治者。[5]为了进一步加强王权,查理曼还提出了用王室法令取代部族"公约",并废止了民众大会的立法权,由贵族组成的"贵族会议"和"法律智人团"参与立法活动。这样,源于国王的立法,被给予法律的全部效力,复

[1] 林榕年主编:《外国法制史》,中国人民大学出版社 2006 年版,第 94 页。

[2] 也被称为对官吏下达的训令,或者包含对王室巡按使所下训令的法令。

[3] [英] 梅特兰等:《欧陆法律史概览:事件,渊源,人物及运动》,屈文生等译,上海人民出版社 2008 年版,第 35 页。

[4] 王亚平:《西欧法律演变的社会根源》,人民出版社 2009 年版,第 175—176 页。

[5] 同上书,第 176 页。

兴了的国王的地位，超过了古老的民众制度。[1] 其后，民众会议形同虚设，直至转变成王室会议。

在立法程序方面也有重大的改革。立法动议由国王或者公爵首先发出，然后向"法律智人团"进行法律咨询。后者根据询问与解答草拟法律草案，然后提交"贵族会议"通过。这样，立法权直接控制在国王之手，在法律的序言中，也直接宣告全部法律为"君主创议所制定"。[2]

查理曼还采取了很多的方式，将立法权牢牢掌控在自己手中。其中尤其值得注意的是"禁止诏"或称"制裁令"。这是一种罚金，科处的对象是那些违反国王命令或对国王构成冒犯的人。通过这种手段，国王推行自己的法令，使它们得以执行。此外，国王还赐予封臣以土地等利益，要求他们对国王效忠，并履行誓言，遵守国王的命令，若有不忠行为则削夺其封地。这些封臣在数量上持续增多，正是王室立法得以增强的原因之一。[3]

查理曼在位时期，在皇帝之下，世俗贵族和教会上层形成封建主阶级中两个势均力敌的组成部分。查理派往各地巡视的两人一组的巡按使，一人是主教，一人是伯爵。五月校场是查理亲自主持的封建主阶级代表会议，会上教会上层和世俗封建贵族分列两边，各有平等的发言权。查理曾召开宗教会议十六次，其决议由皇帝以敕令公布，有法律作用。[4]

在司法方面，查理曼保存了民众的正义法庭，但是，在它们之上，还有王室法庭。后者的判决起支配作用，为下级法庭提供可供援用的先例。[5] 王室法院由国王或宫相主持，国王可以根据当事人的申请，将案件从普通地方法院移至王室法院。为了应对司法事务的增加，查理曼发展了墨洛温时代的巡按使制度，将全国分为几个巡按区，派遣巡按使到各地监督地方行政，保障国王在王室领地内的权利，并主持审判，监督地方司法。

[1]〔英〕梅特兰等：《欧陆法律史概览：事件，渊源，人物及运动》，屈文生等译，上海人民出版社2008年版，第32页。

[2] 何勤华、李秀清主编：《外国法制史》，复旦大学出版社2002年版，第79页。

[3]〔英〕梅特兰等：《欧陆法律史概览：事件，渊源，人物及运动》，屈文生等译，上海人民出版社2008年版，第32页。

[4] 胡玉堂：《中世纪西欧的政权、教权与封建制度》，载《历史研究》1981年第5期，第154—155页。

[5]〔英〕梅特兰等：《欧陆法律史概览：事件，渊源，人物及运动》，屈文生等译，上海人民出版社2008年版，第32页。

巡按使在各地审讯，并检举应受处罚却未被控告的犯人。他们还注意考察各地的司法对寡妇、孤儿的处置方式，以及对于无人救助者是否公平。巡按使设立的法庭，在地方形成了巡回法院，是王室法院的特别法庭，加强了王室法院的势力和管辖权。查理曼还进行了司法改革，取消了自由民出席审判会议的义务，并将原先由选举产生的主持"百户会议"审判的"拉欣布尔格"，逐渐发展为出自大封建主的终身任职的法官。[1] 此外，国王所任命的地方官员，如郡伯或子爵等，在处罚犯罪及执行判决方面的权力有所增强。在犯罪人当场被捕，或被追捕到案时，如果犯罪人没有抗拒，不能将犯罪人就地处决，应将犯罪人送交王室官员审判。

第三节　意大利王室法

一、意大利王室法概况

意大利王室法的发展，可以分成两个主要阶段，第一阶段从 5 世纪至 11 世纪，第二阶段从 11 世纪至 19 世纪。

（一）第一阶段

意大利半岛原属西罗马帝国。公元 476 年，西哥特人入侵，西罗马帝国灭亡。535 年，东罗马帝国皇帝查士丁尼一世一度战胜哥特人，短暂复兴了意大利地区，但是，东罗马帝国过于衰弱，无法真正有效地统治意大利。568 年，伦巴第人侵入意大利北部，建立伦巴第王国。第一位统治意大利地区的伦巴第人领袖是阿尔波因。

774 年，伦巴第王国被法兰克王国攻灭。所谓"意大利"的国王，乃是加洛林

---

[1] 何勤华主编：《德国法律发达史》，法律出版社 2000 年版，第 17 页。

王朝时期才开始使用的头衔。后来拥有这一头衔的人，也只是名义上声称对意大利拥有统治权，因为 1861 年之前，意大利地区从未真正统一过。意大利历史学家波地尔半带调侃地说，意大利贵族们喜欢同时选举两位君主，但他们对这两位君主都可以不服从。从 888 年至 951 年，意大利经历了十个君主的统治，可见其王位更替之迅速，贵族们实力雄厚，以至于政权难以获得必要的稳定性。[1]

967 年，神圣罗马帝国首任皇帝奥托一世对意大利作出一项法令，即围绕书面证据真实性有关地产方面的抗辩，只能根据决斗而非宣誓来判定。决斗逐渐演变为正式的司法制度，并为中世纪欧洲广泛采用。[2]

11 世纪初，拜占庭人、穆斯林和伦巴第人分别控制着南意大利的一些地区：拜占庭将卡拉布里亚（Calabria）和阿普利亚（Apulia）纳入其领土范围，并在名义上控制着那不勒斯（Naples）、阿玛菲（Amalfi）和加埃塔（Gaeta）公爵领地（dukedoms）；善战的穆斯林部族控制着西西里，西西里还有包括萨莱诺在内的三个伦巴第公国；此外，主要来自诺曼底公国的法国北部骑士在南意大利组成了一个松散的政治联盟，南意大利在政治上处于高度分裂的状态。[3]

1015 年，日耳曼人的分支之一诺曼人开始入侵意大利，并成为意大利王国的统治者。1037 年起，他们颁布敕令，产出了一批重要的法律文献，除了为法律提供注释外，也开始记录"法庭上的良好惯例"。这是诺曼人引以为荣的惯习，他们进入不列颠后亦是如此。[4] 1071 年，在"征服者"罗伯特（Robert Guiscard，公元1015—1085 年）的率领下，诺曼人控制了整个南意大利。1095 年，罗伯特征服土地的事实得到教皇尼古拉斯二世的承认。

不过，直至 11 世纪末，意大利在政治上仍然四分五裂，南部意大利和西西里属于西西里王国，中部意大利的大部分土地是教皇辖地，北部伦巴第和中部托斯卡纳则有许多城市国家，西北部有若干封建诸侯的领地。意大利比以往更加只

[1]〔美〕孟罗·斯密：《欧陆法律发达史》，姚梅镇译，王健、刘洋校，中国政法大学出版社 2003 年版，第 233—234 页。

[2] 郑智航：《中世纪西欧法律的内在逻辑与现代法律的开启》，载《法制与社会发展》2011 年第 1 期，第 120 页。

[3] David Ditchburn, Simon Maclean, *Atlas of Medieval Europe*, London, Routledge, 2007, p.39.

[4]〔法〕马克·布洛赫：《封建社会》（上卷），张绪山译，郭守田、徐家玲校，商务印书馆 2004 年版，第 296—297 页。

是一个地理名称，而非政治单位。这一时期的意大利法，也呈现出充分的多元性，教会法和地方法盛行，王室法的发展则受到集权衰弱的极大限制。

（二）第二阶段

12 世纪初，诺曼人将包括西西里岛在内的整个南意大利地区，划为一个国家即西西里王国。在意大利南部，也开始出现一些统一的政治组织。一定程度上由于教权对王权影响的深化，意大利进入了一个重要的政治转轨时期。1130 年，罗伯特的侄子罗杰二世在西西里的巴勒莫（Palermo）大教堂加冕为西西里国王，但教皇和神圣罗马帝国皇帝均不予认可。霍亨斯陶芬家族的腓特烈一世入侵意大利，在 1154 年至 1186 年期间成为意大利国王，并于 1155 年获得罗马教皇的加冕。

腓特烈一世在意大利的统治很成功，12 世纪后期，南意大利和西西里在政治、经济、文化各方面盛极一时。这引起了意大利旧封建主的恐慌，1167 年，伦巴第、帕尔马、威尼斯等城市组成城市联盟，即伦巴第联盟（Lombard League），并得到了罗马教皇亚历山大三世（Alexander III，1159—1181 年在位）的支持。伦巴第联盟的建立，加上意大利分裂的大格局，使腓特烈一世意识到，不可能实现对意大利进行直接统治的计划。1183 年，他签署了著名的《康斯坦斯和约》（Peace of Constance），确立了国王作为最高统治者所受到的限制，巩固了城市的独立地位，国王则获得年度纳贡的回报。[1]

1186 年，腓特烈一世让自己的儿子，即后来继位为德意志国王的亨利六世（Heinrich VI，1190—1197 年在位，1191 年加冕为神圣罗马帝国皇帝），与诺曼人统治的西西里王国唯一的女继承人康斯坦斯结婚。他希望用封建联姻继承的手段，把南意大利并入神圣罗马帝国的版图。1189 年，他号召组织了第三次十字军东征，但于次年横渡萨勒夫河时落水而亡。亨利六世继承了其德意志王位。

1209 年，亨利六世的儿子（即后来的腓特烈二世皇帝）在其监护人教皇英诺森三世（Innocent III，1198—1216 年在位）的准许下，与阿拉贡的康斯坦斯结婚，妻子带来了丰厚的嫁妆，包括一批骑士。霍亨斯陶芬家族以此为基础，很快挫败

[1] David Ditchburn, Simon Maclean, *Atlas of Medieval Europe*, London, Routledge, 2007, p.154.

了西西里贵族的阴谋叛乱，控制了西西里的军政大权。1237 年，西西里国王腓特烈二世率军攻入北意大利，将他在西西里建立的中央集权体制移植到占领区。

1266 年，法王路易九世的弟弟，即安茹的查理一世（Charles Ⅰ or Carlo Ⅰ，即安茹的查理，1227—1285 年）击败了腓特烈二世的儿子曼弗雷迪（Manfredi），并受教会之请登上了西西里的王位。1282 年，查理一世的暴政引起了被称作"西西里的黄昏"（Sicilian Vespers）的起义，该起义最终导致法兰西人从西西里岛上被赶走，意大利南部在与西西里分离后，改称那不勒斯王国，而西西里本身由西班牙的阿拉贡王室统治。

1409 年以前，西西里岛由阿拉贡王的亲属作为独立王国统治，后被并入阿拉贡帝国；那不勒斯王国则由安茹人统治，直到阿拉贡的阿方索五世（Alfonso V el Magnánimo，1416—1458 年期间为阿拉贡和西西里国王）于 1443 年攻陷那不勒斯，将两王位强行合一。不过，阿方索五世死前又将它们分割，将那不勒斯传给儿子那不勒斯的斐迪南一世，阿拉贡和西西里岛则传给其弟阿拉贡的约翰二世。

尽管政权更迭频繁，统治者如走马灯似的变换，但是，西西里王国的王室立法却在欧洲同时期的王室法中占据显著位置，对于欧洲王室法的研究具有重要意义。诺曼人建立的西西里王国，除利用既存制度外，还创设了与王室法院密切关联的中央机构，如文秘署、财政署等。他们还从王室法院派出巡回法官，如同在不列颠所做的那样，到各地主持巡回审判，并创立了王室执行官（baiuli）制度。从罗杰二世 1112 年登基，到腓特烈二世 1250 年去世，约一个半世纪中，南意大利的统治者们，一直是西欧最强有力、最富有和文化上最发达的统治者。国王虽在法律之上，不过同时有着依法而治的牢固信念。[1]

王朝的快速更替，使那不勒斯王国、西西里王国的立法中，拥有各种完全不同来源的法规。伦巴第人最初也占有一席之地，《那不勒斯执政官约翰与格列高利协议》就是他们的成果。诺曼人取代了他们占领南意大利后，制定了《西西里国王条例》。1140 年，罗杰二世颁布了《阿里亚诺法令》（Assizes of Ariano）。1213 年，在腓特烈二世的倡议下，意大利制定出一部系统化的诺曼人的西西里法典，即《西西里王国宪法》。《西西里王国宪法》是当时最完善的法典之一，第一编规定公法，

---

[1] 何勤华、李秀清主编：《意大利法律发达史》，法律出版社 2006 年版，第 18 页。

第二编规定司法程序，第三编规定封建法，并附带规定普通法律。不过，其中包含的私法法规极少。直至 1819 年前，该法典仍在名义上有效。[1]

在士瓦本王朝统治期间，最具有代表性的法律是腓特烈二世皇帝于 1231 年颁布的《西西里岛敕令集》。1231 年，腓特烈二世还颁布了《奥古斯都法》(*Liber Augustalis*)。1282 年，西西里从那不勒斯分裂出来，那不勒斯的安茹王朝对其法国臣民适用《法律汇编》。到阿拉贡王朝统治的西西里时，王室编订了《国王敕令》作为普遍适用的法律。

13 世纪，在兼领意大利王号的神圣罗马帝国皇帝的主持下，意大利北部已定期举行国会。经这种国会批准的法律，是以帝国法律的形式公布的，所规定的内容主要是封建法和公法。[2] 15 世纪，意大利成为文艺复兴的发源地。16 世纪早期，意大利的大部分领土处于奥地利哈布斯堡王朝统治之下。1796 年，拿破仑(Napoléon Bonaparte，公元 1799—1804 年法兰西第一共和国第一执政，公元 1804—1814 年法兰西第一帝国皇帝，1815 年百日王朝皇帝) 入侵意大利，使意大利进入统一的进程。1861 年，真正统一的意大利宣布成立。

二、罗杰二世时期的王室法

罗杰二世生于 1095 年，他自号西西里公爵，他的父亲是罗杰一世 (Roger Ⅰ，1071—1101 年在位)。1095 年，罗马教皇号召十字军东征，罗杰一世和他的哥哥罗伯特鼓动其追随者们为基督而战，在此过程中，他们借助教会力量取得了政治上的权威。他们以维持和平为口号，不但使诺曼人在南意大利获得合法的国家统治权，而且形成了通过法律规则改造世界的文明形式。罗杰二世执政期间，西西里岛的巴勒莫一度成为西方世界中最富世界主义色彩的城市，为意大利人获取了无限荣光。[3]

罗杰二世有多重性格，集开明的宽容与可怕的残暴于一身。根据与其同时代

---

[1]〔美〕孟罗·斯密:《欧陆法律发达史》，姚梅镇译，王健、刘洋校，中国政法大学出版社 2003 年版，第 376 页。

[2]同上。

[3]〔美〕哈罗德·J.伯尔曼:《法律与革命——西方法律传统的形成》，贺卫方等译，法律出版社 2008 年版，第 403 页。

的编年史家的记载，罗杰二世渴望权力和荣耀，但宁可更多地通过外交和谋略，而不是通过战争获得和维持它们。与其他君主不同的是，他非常重视法律，把法律看作通往权力与荣耀的钥匙和维持安宁的手段。[1]

（一）罗杰二世时代的立法成果

罗杰二世颁布了《阿里亚诺法令》，被认为是西方历史上第一部近代的王室法典。因为它是由作为"立法者"的国王制定的，旨在系统地表达那些被认为是法律制度的基本特征，而不只是对已有规则和原则的汇编。

《阿里亚诺法令》除序言外共有44条，内容涉及法律解释、教会特权、对国王犯罪、婚姻家庭、杀人绑架等。第1条的题目是"关于法律的解释"，规定如果该法令的规定有不明确之处，应予以解释。第2条的题目是"关于神圣教会的特权"，阐明了王权对教会的保护。第5条至第16条明确地阐明了教会的权利。第17条至第21条是关于对反对国王的犯罪的处理，包括不服从国王判决的犯罪、谋反、伪造王室文件和伪造货币等。第22条是关于对弄虚作假类犯罪案件适用的纠问式诉讼程序。第27条涉及家庭法，包括婚姻方面的仪式等。第35条规定，依照受害人的地位，对加害人进行惩罚。最后一条规定，法官如欺骗性地或过失地作出一项错误的判决，应受惩罚。

《阿里亚诺法令》吸收了习惯法、自然法、神法，并融合了来自拜占庭、穆斯林、伦巴第、诺曼和罗马——教会法律传统的许多不同特性。[2] 不过，其中心内容是明确了王权对教会、贵族、城市和普通民众的最高权威。[3] 全部民众都直接地服从王权，所有城市、城镇都由国王任命的王室官吏领导，对于违反信仰规定的异端人士，国王享有惩罚的权力。[4]

罗杰二世还发布了《封臣明细表》（*Catalogus of Baronum*）限定每位封臣向国

---

[1] 〔美〕哈罗德·J. 伯尔曼：《法律与革命——西方法律传统的形成》，贺卫方等译，法律出版社2008年版，第408页。

[2] 同上书，第409—411页。

[3] 何勤华、李秀清主编：《意大利法律发达史》，法律出版社2006年版，第18页。

[4] 〔美〕哈罗德·J. 伯尔曼：《法律与革命——西方法律传统的形成》，贺卫方等译，法律出版社2008年版，第411页。

王提供装备起来的骑士的数量。这是最低的限额，如果需要，国王会向全国募集军队，当然，也有以支付金钱代替骑士服役的规定。《封臣明细表》通过军事服役制，反映了西西里的君主制对封建贵族的中央集权控制。[1]

（二）罗杰二世时代的司法

罗杰二世时代的司法成就，得益于其先辈的创造性努力。罗杰一世和罗伯特一面试图与教皇结盟，一面对其王国领地内的教会行使最高权力。他们都对强化教会法表示关注，创立了审判神职人员的独立的教会司法管辖权。这种教会和教会法，是他们自己的教会和他们自己的教会法。罗杰二世沿袭了他们的做法，在法律领域中开辟了西西里国王对高级审判事务的独立的管辖权，然后又创设出统一和发展的法律体系，通过相互关联的原则和规则，将这种管辖权界定为合法。[2]

在城市中，罗杰二世使用当地的专业法官，并把专业法官体制运用于王室法庭。1136 年，罗杰二世任命了一位首席法官，负责受理案件和领导王室的司法机构。巴勒莫的高等法院，负责受理最重要的案件。这些专业法官在法院体系中日益发挥作用，至 11 世纪 40 年代后，其主导作用已非常突出，在各省的法院中也非常普遍。许多身为主教和大主教的专业法官，被安置到王国的主要分区，对严重犯罪享有管辖权。从王室法院派出的专业法官，到各地主持巡回审判，这种巡回法官体制也被永久性地确定下来。[3]

马克斯·霍夫曼（Max Hofmann）曾恰当地称罗杰二世为"第一位近代的君主"，"建立了西欧第一个近代专制君主制"。不止如此，罗杰二世还创立了近代第一个王室法律体系，他的立法以法律原则为主要形式，成为王室法律系统中最重要的部分。他统一了由于多语种而具有极大差异的民众，使这些先前仅有最虚弱的法

---

[1]〔美〕哈罗德·J. 伯尔曼:《法律与革命——西方法律传统的形成》，贺卫方等译，法律出版社 2008 年版，第 406 页。

[2] 同上书，第 401，409 页。

[3] 同上书，第 405—406，413 页。

律传统的人，从此处身于统一的、发展中的、由王室法院适用的法律规则和诉讼程序之下，那些原本复杂而混乱的生活从此获得了王室司法的良性管制。[1]

三、腓特烈二世时期的王室法

（一）王室法权威的增强

在罗杰二世的基础之上，他的后继者们根据新的时势，又颁布了新法律，但又使整个制度的基本原则维持不变。[2] 其中，腓特烈二世就在此方面作出了显著的贡献。

由于男系族裔的败落，阿拉贡的康斯坦斯承继了西西里的皇位，成为西西里女王。1186 年是个重要的年份，这一年，康斯坦斯与霍亨斯陶芬朝王子德意志国王亨利六世成婚，他们的儿子于 1197 年继承了西西里的王位，是为腓特烈二世，时年 3 岁。1208 年，腓特烈二世开始亲政，他行使强权，不仅将南意大利和虽由他世袭统治但名义上属于神圣罗马帝国的领土纳入自己的统治区域，还将北意大利的城市收归己有。1212 年，教皇指定腓特烈二世为德皇。作为回报，腓特烈二世宣誓不把原教皇领地西西里统一在帝国之内，即保持德意志、西西里两个王位分离。[3]

在腓特烈二世的努力下，意大利的大部分地区曾一度与神圣罗马帝国结合成君合国。在西西里，腓特烈二世大力削弱领主贵族和教会的力量，努力恢复王国对于教会的权威。他兴建城堡、海港，建海军、商船队等，增进王权的统驭力。1231 年，他下令颁布西西里新宪法。

为了对抗教会的权威，腓特烈二世不顾教皇开除教籍的威胁，毅然领导十字军东征，并自立为耶路撒冷之王（1229—1243 年）。为了扩大王权，腓特烈二世不仅使用武力，也使用法律的力量与教皇抗争。

---

[1]〔美〕哈罗德·J.伯尔曼：《法律与革命——西方法律传统的形成》，贺卫方等译，法律出版社 2008 年版，第 409 页。

[2] 同上书，第 414 页。

[3] 刘明翰：《罗马教皇列传》，东方出版社 1994 年版，第 72 页。

1245 年，教皇英诺森四世（Innocent IV，1243—1254 年在位）召开宗教大会，废黜了他的皇位，剥夺了他的权力。直到去世前，腓特烈二世都未曾放弃过与教皇的争斗。他虽然没有实现成为基督教世界绝对统治者的理想，却完成了他的外祖父罗杰二世曾经开始的国家权力中央集权化和官僚化的过程。[1]

在腓特烈二世的影响下，意大利迅速繁荣起来，显著的标志之一是文艺学术的空前活跃。在他去世之后的半个世纪，意大利就进入了伟大的文艺复兴运动时代。王室法的权威来自王权，腓特烈二世为增强王权所作的努力和贡献，使王室法的发展建立在雄厚的基础上。

（二）《奥古斯都法》

《奥古斯都法》是腓特烈二世颁布的重要法律，又称《奥古斯都法典》，或称《梅尔菲宪章》。它是由曾受过博洛尼亚（Bologna）经院式法律科学训练的专家起草的，因而富有理性的特色。除序言外，共有三篇：

第一篇主要涉及公共秩序问题。其中规定了对异端的检举、暴力犯罪、对王室官吏的犯罪、王室官吏实施犯罪等。该篇反映了西西里司法行政的重要特征，也包括了刑事实体法、民事预审程序等内容。虽然没有关于叛国罪的专条规定，却将异端归入类似于叛国罪的"公共犯罪"。法典极力强调，受害人应诉诸法院的公力救济，而非自行私力解决，但也授予了自卫的权利，只不过自卫必须直接行使，而且应当与攻击相适应。这一规定，与现代刑法中的正当防卫规则已经相当接近。使用禁止的武器攻击他人，将被处以断手的惩罚。对于贪污公款的王室官吏或者法官，则处以死刑。只有经王室法院的法官和国王审查和批准的人，才能作为律师在该法庭进行辩护。

第二篇主要涉及民事和刑事诉讼程序。国王大法庭的首席法官，或者地区法院的高级法官，负责确定起诉和讯问的开始。被讯问人应当发誓，为其言论承担

---

[1]〔美〕哈罗德·J.伯尔曼：《法律与革命——西方法律传统的形成》，贺卫方等译，法律出版社 2008 年版，第 414 页。

神圣的责任。神明裁判被彻底废除，除极少数案件如叛国、盗窃谋杀和投毒外，决斗裁判也被废除。对伯爵的刑事指控是否成立，取决于证人的数量，同时取决于证人的等级。在上诉审中不接受原审的证据，除非是上诉人在原审中未能提出的新证据。但对于叛逆的指控，仍适用决斗裁判，该法典规定："我们希望单人的战斗，通常称作决斗，不存在于我们臣民之间的案件中……我们将叛逆的指控作为一项特例，对其仍保留决斗裁判"。[1]

第三篇主要涉及包括王室和封建实体民法及混合过错的规定。[2] 在王室财产与封建财产的关系上，不言自明，王室对封建财产的限制是主要的。《奥古斯都法》的后半部分有 50 条涉及了这方面的重要规定，如关于保持空气清洁的规定，关于打击制假售假商品的行为的规定；关于统一度量衡制度的规定等。

《奥古斯都法典》中，共有 62 条涉及腓特烈二世在西西里的先王——罗杰二世、威廉一世和威廉二世。就此意义而言，它仍非体系完整的法典，许多内容是重申以往西西里王国的立法。如其中重申了罗杰二世订立的关于妇女法律地位的规定；又如，沿袭罗杰二世的法律，禁止世俗和宗教贵族转让或削减王室财产和王室权利。同时，该法典中也对先王们制定的原则、规则和程序等进行了完善。

13 世纪中叶西西里王权的大幅增强，也在《奥古斯都法典》中得到充分的体现。例如，在其序言中有："各国王侯是决定人的生杀的法官，并在某种方式上是神命的执行者，有权决定每个人的命运、财产和地位如何。"其中还宣称："王侯保卫神圣的教会，对上帝负责。"总体来看，其立法目的是试图根据西西里王国的历史条件，谋求满足随时变化着的统治的需要。

当然，主张绝对专制王权的腓特烈二世，仍然不得不在立法中承认封建法的地位。在《奥古斯都法典》中，有伯爵、男爵和其他骑士阶层的人士应由同等地位的人审判的规定。非贵族对贵族的犯罪，处以较重的刑罚。贵族在债务诉讼中的誓言，比地位低的人的誓言更有效力。对于在法律诉讼中不愿为领主担保作证或做解释的封臣，或者对领主及其妻子儿女犯有重罪的封臣，规定了领主有权强占其财产。

---

[1] 〔英〕罗伯特·巴特莱特：《中世纪神判》，徐昕、喻中胜、徐昀译，浙江人民出版社 2007 年版，第 140—141 页。

[2] 何勤华、李秀清主编：《意大利法律发达史》，法律出版社 2006 年版，第 18—19 页。

《奥古斯都法典》也承认教会法的地位，规定对于神职人员的犯罪，除了叛国罪或者其他应由国王的法院管辖的重罪，应根据教规和教会法，由教会和教会法院进行审判。此外，其中有很少几处涉及城市法，但主要以否定的词语表述。如规定将城市和城镇（公社）的全体人口作为永久的强制劳动者，不再准许城市居民回避中央或地区王室法院的管辖权，任何被起诉的公社都必须应诉，而接受城市官职的人应受到死刑的惩罚。

第四节　法兰西王室法

一、法兰西王室法概述

公元 843 年《凡尔登条约》签署后，查理曼帝国分裂。秃头查理获得西法兰克，开始了加洛林王朝西法兰克支系的统治。西法兰克王国就是后来的法兰西王国（Royaume de France，987—1792 年，1814—1848 年复辟），是近代法国的前身。

胖子查理在位期间，法兰克帝国曾经短暂地重新统一。887 年，胖子查理被废黜，帝国彻底分裂，西法兰克的王位辗转于加洛林与卡佩两大家族。9 世纪中期，北欧的诺曼人频繁地侵扰北法地区，并于 911 年武力迫使西法兰克王查理三世（Charles III the Simple，即昏庸者查理，879—929 年法国国王）将今法国诺曼底半岛一带封给诺曼人首领罗伦（Rollo，约 860—931 年），罗伦由此建立了诺曼底公国。

公元 987 年，路易五世驾崩，无嗣，法兰西公爵于格·卡佩（Hugh Capet，987—996 年法国国王）被教俗贵族选为国王。自此，卡佩王朝取代加洛林王朝，西法兰克帝国结束，法兰西王国建立。1328 年，卡佩王室绝嗣，卡佩家族的两大支系瓦卢瓦家族、波旁家族相继统治法国，但一般把它们与卡佩王朝的直系区别开来，分别称为瓦卢瓦王朝（House of Valois，1328—1589 年）和波旁王朝（House of Bourbon , 1589—1792 年）。

中世纪法兰西地区的历史，大致可以分为封建割据、等级代表君主制和君主专制时期。在这三个时期中，伴随着王权的变迁，王室法的内容与形式也不断地演变。[1]

（一）封建割据时期（9 世纪至 12 世纪）

法兰西王国始建之初，卡佩王室的君主不过是形式上的国王，在其周围还有大大小小的封建领主，他们各自享有着特权，国王对他们的控制是松散的。于格·卡佩只控制了法国东北部位于巴黎中央的一块狭小地区，比加洛林王朝王室所控制的区域要小得多，甚至可以说，只是加洛林王朝的首都拉昂（laon）及其往东北方向的延伸而已。[2]

国王并不享有很高的权威，法律也会陷于杂乱、分散和不统一的状态。[3] 但是，任何权力由于对利益的支配而具有自我加强、自我扩张的本能，中世纪的法兰西王权亦是如此。传统的封君、陪臣制度，虽然并未在早期贵族中统一实行，但是，自 11 世纪起，"采邑"一词逐渐得到广泛的运用，成为国王与陪臣的法律关系日益明晰的标志，并逐渐形成了国王作为最具权威的最高领主的趋势。[4]

法国王权加强，至迟可自 12 世纪的路易六世（Louis VI，又称胖子路易，Louis le Gros， 1108—1137 年在位）谈起。他定都巴黎，并以巴黎为中心，削平了卢瓦尔河（Loire River）以北的封建割据势力。为了加强中央权力，他设立了"御前会议"，吸收市民阶层的代表进入御前会议，并赋予御前会议咨询、立法和司法的功能。[5] 他还规定，如果一位公民在城市里住满一年零一天，就可获得个人自由。这一规定为其后世所沿袭。

路易六世统治时期，法兰西地区的法律和司法开始向统一化迈进，个人的平等和自由程度也有所提高。为了控制私人之间的争战，他还设立了调解程序，违

---

[1] 何勤华主编：《法国法律发达史》，法律出版社 2001 年版，第 14 页。

[2] Beryl Smalley, J.M. Wallace-Hadrill, *France: Government and Society: An Historical Survey*，London，Methuen Young，1957，p.67.

[3] 何勤华主编：《外国法制史》（第四版），法律出版社 2006 年版，第 228 页。

[4] David Ditchburn, Simon Maclean, *Atlas of Medieval Europe*，London，Routledge，2007，p.39.

[5] 谢丰斋编著：《世界中古史——公元 5 世纪至 15 世纪的古代世界》，世界知识出版社 2009 年版，第 184 页。

反和平宣誓的行为将受到严厉的惩罚，而与犯罪有关的规定，也变得越来越详尽。通过这些改革，国王一定程度上化解了市民之间原来存在的矛盾，促进了城市的团结和发展。[1]

与路易六世一样，路易七世也采用了较成熟的政治和法律措施，并通过明智的联姻，增加领土和实力。[2] 但是，那时的王权毕竟还不够强大，直到12世纪初，王室的领地仍仅限于巴黎、奥尔良、布尔格等地区，只占整个王国地域的十分之一。[3] 1166年，路易七世对全国境内的所有人征收为期五年的税，税率为百分之一。当时王室税收除了来自王权直接统治下的平民和教会，据说还有来自耶路撒冷王国的支持。[4]

路易七世时，国王也直接控制着许多城市，并且也会居住在城市里。与德意志和意大利的皇权真空不同，法国国王的权力还是很大。城市市长往往由国王任命或是国王的亲信，路易七世也通过城市同地方领主作斗争，推行了一系列有利于城市发展的措施，给予城市宪章。[5]

通过努力，至12世纪中期，路易七世已有足够的军事力量来对他的陪臣强制执行王室法庭的决定，这使得王室法庭的司法审判权得到显著增强。[6]12世纪后期，王室法院对初审案件的管辖范围大为扩展，涉及破坏安宁和对自由持有地占有发生争议的案件，均被纳入王室法院的管辖。

（二）等级代表君主制时期（13世纪至16世纪）

12、13世纪的王室法，仍然是一种法律的汇编，王室法院所适用的法律也大

〔1〕 Wim Blockmans, *Constructing a Sense of Community in Rapidly Growing European Cities in the Eleventh to Thirteenth Centuries*, In *Historical Research*, Institute of Historical Research, Vol. LXXXIII, No.222, 2010, pp.578—579.

〔2〕 郭义贵：《西欧中世纪法律概略》，中国社会科学出版社2008年版，第322页。

〔3〕 王亚平：《西欧法律演变的社会根源》，人民出版社2009年版，第186页。

〔4〕 Susan Reynolds, *Fiefs and Vassals: the Medieval Evidence Reinterpreted*, Oxford, Oxford University Press Inc., 2001, p.314.

〔5〕 朱明：《城市的空气不一定自由——重新审视西欧中世纪城市的"自由"》，载《史林》2010年第2期，第52页。

〔6〕 Andrew West, Yvon Desdevises, Alain Fenet, Dominique Gaurier, Marie-Clet Heussaff, *the French Legal System: an Introduction*, London, Fourmat Publishing, 1992, p.7.

部分是习惯法。然而，王室法令的地位正在逐步提高，尤其是路易九世时期（即圣·路易时代，公元 1226—1270 年）的改革运动，进一步削弱了地方封建主的势力，拓展了王室法令的适用范围。13 世纪中期以后，法国君主的权力进一步加强，国王的司法权威也得到扩大。

1283 年，菲利普·德·博马努瓦尔（Philippe de Beaumanoir，1250—1296 年）撰写了《博韦的习俗和惯例》（Books of the Customs and Usages of Beauvaisians），成为记载这一时期法国王室法院所适用的习惯法的经典著作。虽然习惯法因地而异，细节上也变化多端，但把习惯概念化的方式，以及解释它们所依据的基本原则，却明显是统一的。王室法院、公爵和伯爵法院、小领主法院（Court Baron）适用的法国习惯法，都以刑法作为最重要的部分。与此同时，法国各省及各区的地方习惯法，也纷纷由各王室巡按使汇集整理，编为各种官订法典。[1]

1254 年至 1318 年，王室制定了一系列专门法令，由王室最高法院适用。路易九世之孙腓力四世（Philippe le Bel，即"美男子"腓力，公元 1285—1314 年在位）继位后，由于得到军事方面的强大支持，加之其维持既有政策，从而得以更和平的策略树立王室权威。他促成购买或兼并土地的协定，通过联姻建立政治联盟，通过与以教会领主为主的其他封建主共享司法权力，达到完全控制教权的目的，又对尚未确定的继承法进行精明的操控。[2]他控制了纳瓦拉（Navarre）和香巴尼（Champagne，旧译香槟），从新增的领地里夺取了大量的财富。虽然在王室领地之外，他并没有强制增加税收的权力，但他发展出一种通过地方代表会议来征收直接税的系统，以增加王室的收入和权力。[3]此外，他还在城市中规范一系列度量衡，并涉入行业、司法、金融等各个领域。[4]

腓力四世还设立了检察官一职，代表国王对地方当局实行监督，并以国家公诉人的身份，对罪犯进行侦查、听取私人告密、批准对被告的起诉书、参加法庭审讯。这套检察官制度，被认为是现代意义的检察制度的开端。[5]

---

[1]〔美〕孟罗·斯密:《欧陆法律发达史》，姚梅镇译，王健、刘洋校，中国政法大学出版社 2003 年版，第 367 页。

[2] David Ditchburn, Simon Maclean, *Atlas of Medieval Europe*, London, Routledge, 2007, p.131.

[3] Beryl Smalley, J.M. Wallace-Hadrill, *France: Government and Society: An Historical Survey*, London, Methuen Young, 1957, pp.68—69.

[4] 朱明:《城市的空气不一定自由——重新审视西欧中世纪城市的"自由"》，载《史林》2010 年第 2 期，第 52 页。

[5] 何勤华主编:《法国法律发达史》，法律出版社 2001 年版，第 31 页。

1302 年，腓力四世召开了法国历史上的第一次三级会议，通过了反对教皇的决议。所谓"三级"，分别是高级教士、世俗贵族和富裕市民。会上把教皇攻击法王的一系列通谕展示给与会人员。接着，大法官以腓力四世的名义，引用大量圣经中有关的词句，论证王权早于教会神权，煽起对抗教皇的民族情绪。[1] 不仅如此，1303 年，腓力四世还鼓动传讯教皇使团囚禁了教皇，甚至插手罗马教廷事务。[2]

腓力四世将教廷设在法国南部的阿维农（Avignon，又译阿维尼翁），不准新教皇去罗马上任，此即 1308 年至 1371 年的所谓"阿维农之囚"（Prisoner of avignon，又译"阿维尼翁之囚"）。[3] 1314 年，为了筹措对英国和佛兰德的战争经费，腓力四世再次召开三级会议。这两次三级会议的召开具有非凡的意义，三级会议由国王控制，成为国王在非常时刻解决非常问题的工具，标志着法国由封建割据时期，过渡到等级代表君主制时期。

腓力四世时期以前，除路易九世时期外，王室法令都未能在整个王国得到统一适用。腓力四世时期以后，王室法令开始被适用于整个王国。依据这些法令，国王不仅解决他们的家务事，而且解决一些普遍性的问题，如物价、决斗、安全和铸币等。[4]

这些法令有些被称为"原令状令"、"权威"或"敕令"，有些被称为"敕裁"、"告示"或"国事诏书"，还有被称为"稳定令"或"圣秩"，也有被称为"法规"、"法令"的，在较长时间里，各种称呼的具体使用情况还不太确定。后来，经过长期实践，才渐渐确定一些相对固定的用途："法令"是指对整个王国或至少对王室的统治范围有效的一般立法；"告示"仅属于某一方面的"法令"，或者仅适用王国一部分的"法令"；"声明"是指对"法令"或"告示"的解释性法规，但是在扩大或限制它们时经常发生变化。[5]

腓力六世（Philippe VI，1328—1350 年在位）是瓦卢瓦王朝的第一位国王。作为一位保守的统治者，他登基后做的第一件大事，就是在诸侯们的要求下，介入

---

[1] 刘明翰：《罗马教皇列传》，东方出版社 1994 年版，第 90 页。

[2] 孙庆芳：《教皇史话》，商务印书馆 1985 年版，第 44 页。

[3] 谢丰斋编著：《世界中古史——公元 5 世纪至 15 世纪的古代世界》，世界知识出版社 2009 年版，第 185 页。

[4] 〔法〕罗伯特·福西耶主编：《剑桥插图中世纪史.1250—1520》，郭方等译，山东画报出版社 2009 年版，第 24 页。

[5] 〔美〕孟罗·斯密：《欧陆法律发达史》，姚梅镇译，王健、刘洋校，中国政法大学出版社 2003 年版，第 196 页。

了对佛兰德城市叛乱的镇压。[1] 1337 年，英王爱德华三世要求继承法国王位，引发了腓力六世与爱德华三世的王位之争，这成为英法百年战争（英文 Hundred Years' War，法文 Guerre de Cent Ans，1337—1453 年）的开始。[2] 战争初期，法军两次惨败，导致了严重的国内危机。战争削弱了中央王权，导致了朗格多克等地区的独立主义倾向，但是战争同样打击了地方势力，因而它们未能借王权衰弱之机，发展对中央的离心化倾向。

14 世纪中叶以后，出现了对王室百合最具权威性的解释。1376 年，王室颁发特许状，决定在利马伊（Limay）修建一所修道院。在特许状中，王室对百合花的寓意作了明确阐述：百合花是法兰西王国的象征，是王国一切美德和繁荣昌盛的标志，它向全世界昭示了法兰西王国的伟大；同时，百合花本身就是"三位一体"，它无与伦比地展现了法兰西王室的尊严和崇高。[3]

英法百年战争以法国胜利告终后，法国收回了英王在欧陆占有的大部分领地，并在 15 世纪形成了更为统一的民族国家。法国王室实力大增，领地与王室封地的面积从原来占王国地域的十分之一，一举扩大到四分之一。为了恢复生产和生活，查理七世（Charles VII le Victorieux，1422—1461 年在位）实行优惠的租地政策，吸引人们回到土地上来。[4]

在生产生活得到恢复、国家统一进程不断加速的同时，法国人也开始了对历史的反思，通过确立一系列规则，力图避免过去曾出现的频繁战事和残酷杀戮。[5] 为了防止以屠杀来镇压抵抗，法国的战争法不仅规定了主要原则，还包括行军作战的细节，例如，只有恰当给予的投降机会被拒绝，且第一枪发出以后，围攻才能正式地开始；攻击开始，意味着在攻击范围内的人身和财产被处于攻击者的控制之中。[6]

---

[1] Denys Hay, *Europe in the Fourteenth and Fifteenth Centuries*, New York, Longman Inc., 1989, p.144.

[2]〔法〕罗伯特·福西耶主编：《剑桥插图中世纪史.1250—1520》，郭方等译，山东画报出版社 2009 年版，第 44 页。

[3] 陈文海：《中世纪法兰西王室徽章研究——百合花象征主义的神学渊源及内涵》，载《历史研究》2000 年第 5 期，第 135 页。

[4] Beryl Smalley, J.M. Wallace-Hadrill, *France: Government and Society: An Historical Survey*, London, Methuen Young, 1957, p.83.

[5] The Editor of BBC History Magazine, *Medieval Warfare*, In *BBC History Magazine*, Vol.10, No.8, 2009, p. 47.

[6] 如 1190 年法国国王路易六世（Louis le Gros, 1081—1137, 1108—1137 年在位）曾将战俘阉割并剖腹，让碎尸沿着塞纳河漂流到敌军的阵营，中世纪时期，类似的残酷做法并不鲜见。SeeThe Editor of BBC History Magazine, *Henry V: the Cruel King*, In *BBC History Magazine*, Vol.10, No.10, 2009, p. 31.

战争法对外发挥功能,和平法则是对内的和平措施。中世纪君主制发展过程中,一个突出的特点就是重视维护和平。与教会的和平、行会的和平相比,国王的和平(King's Peace,又译"国王的安宁")最为强大,实现得最好,法国也不例外。1410 年,查理六世(Charles VI le Insense,1380—1422 年在位)在《1410 年法典》中明令指示他的王室官员,如果不能使破坏和平的真正元凶归案,则可以逮捕并监禁其至亲,甚至好友。[1]

路易十二(Louis XII,被称为"人民之父",le Père du Peuple,公元 1498—1515 年在位)占领了米兰,帮助教皇亚历山大六世占领罗马尼阿(Romagnali,又译"罗马涅",意大利中部地区),并和西班牙一起瓜分那不勒斯王国。后来,形势发生转变,法国在与西班牙的冲突中落败。路易十二在丧失了伦巴第后,退出了对意大利的争夺。但是,对外的失败并不能掩盖路易十二对内的相对成功,他致力于改革司法系统和减轻税负,使自己获得了"人民之父"的称誉。[2]

(三)君主专制时期(16 世纪到 18 世纪)

16 至 18 世纪的法国,处于从封建社会向资本主义社会过渡的重要时期。16 世纪,法国的封建统治阶级内部矛盾加剧,资产阶级和中小贵族支持的胡格诺(Huguenot)贵族集团,与代表北方大封建主利益的天主教贵族集团之间,爆发了三十多年的宗教战争。然而,16 世纪 50 年代的战争,被影响逐渐扩大的新的改革精神所取代。这一精神最先由红衣主教瑞洛兰(Lorraine)倡导,他的主张得到了罗马天主教会第 19 次普世会议(Council of Trent,1545—1563 年,包含了 25 场会议)的支持。[3]

1563 年,在鲁昂审判会议上,查理九世(Charles IX,1560—1574 年在位)迫使最高法院接受和平法令,赋予国王立法方面的权威,促使王权进一步迈向强大。但是,宗教方面的纷争扰乱了这一进程。1572 年 8 月 24 日夜,查理九世在其母凯瑟琳皇后等的胁迫下,利用其妹玛戈与纳瓦拉的亨利在巴黎举行婚礼、大批新教

---

[1]〔英〕爱德华·甄克斯:《中世纪的法律与政治》,屈文生、任海涛译,中国政法大学出版社 2010 年版,第 83 页。

[2]〔意〕马基雅维里:《君主论》,王水译,上海三联书店 2008 年版,第 15—17 页。

[3] Luc Racaut, *Education of the Laity and Advocacy of Violence in Print during the French Wars of Religion*, In *History*, Blackwell Publishing Ltd., Vol.95, No.318, 2010, p. 174.

徒云集观礼之机，展开了对他们的血腥屠杀。[1] 屠杀迅速扩展到全国，数万新教徒被杀，幸存的新教徒不甘失败，天主教也分为三派，酿成了法国第二次宗教战争，使王权遭到很大的侵蚀。

天主教一方的亨利三世（Henri Ⅲ，法国瓦卢瓦王朝国王，1574—1589 年在位）继位后，努力提升公共服务的价值，试图恢复王权的实力。他认为，"对权力的欲望"是调和宗教战争的过激面的最佳着力点，榜样的力量则将促使贵族们维持各省份的和平。[2] 这些措施为近代国家的专业行政部门的出现奠定了基础，但是，他在1589 年遇刺身亡，没有子嗣。在此过程中，幸免于难的新教一方的亨利四世，得以继承王位。瓦卢瓦王朝自此结束，波旁王朝开始。[3]

1598 年，亨利四世颁布了著名的《南特敕令》（Edict of Nantes），承认天主教为法国国教，同时承认胡格诺教徒的信仰自由，保留其 100 多个要塞。《南特敕令》颁布的同时，亨利四世还在给最高法院的信中，以波旁王朝第一位皇帝的身份，谴责了谋杀其前任亨利三世的行为，并将矛头直接指向一些神职人员煽动叛乱的言论。[4] 这些举措同样是为增进王权服务的，并且由于其策略性而取得良好效果。

亨利四世在位期间，还通过一系列医治战争创伤、振兴国内经济的政策，加强国王的专制政权。[5] 最高法院自身没有立法权，但王室法令经过最高法院的登记，就能成为法律。这使位于巴黎的最高法院的司法审判权，远胜于任何一个省的法院，从而在推行王室法令的进程中起到关键作用。[6] 不过，宗教纷争余波未平，1610 年，亨利四世被宗教狂热分子刺杀，但是，法国王权已经走上了强大之路。[7]

---

〔1〕8 月 25 日是法国的圣巴托罗缪节即狂欢节。1572 年的这场天主教对胡格诺派新教徒的大屠杀，发生在节日前夜，故史称"圣巴托罗缪节大屠杀"或"圣巴托罗缪之夜"（St Bartholomew's Day Massacre）。

〔2〕Luc Racaut, *Reason of State*, *Religious Passions*, *and the French Wars of Religion*, In the *Historical Journal*, Cambridge University Press, Vol.52,4, 2009, pp.1078—1079.

〔3〕同上书，p.1080.

〔4〕Luc Racaut, *Education of the Laity and Advocacy of Violence in Print during the French Wars of Religion*, In *History*, Blackwell Publishing Ltd., Vol.95, No.318, 2010, pp.174—175.

〔5〕谢丰斋编著：《世界中古史——公元 5 至 15 世纪的古代世界》，世界知识出版社 2009 年版，第 269 页。

〔6〕Luc Racaut, *Reason of State*, *Religious Passions*, *and the French Wars of Religion*, In the *Historical Journal*, Cambridge University Press, Vol.52,4, 2009, p.1079.

〔7〕Luc Racaut, *Education of the Laity and Advocacy of Violence in Print during the French Wars of Religion*, In *History*, Blackwell Publishing Ltd., Vol.95, No.318, 2010, p.175.

17世纪，法国专制王权进入极盛时期。路易十四（Louis XIV，自号"太阳王"，le Roi Soleil，1643—1715年在位）大力削弱地方贵族的权力。他适时增修法令，颁布了1667年民法、1670年刑法、1672年海事法、1673年商法和1679年森林法等法案，大力倡导依照国王法令的治理秩序。此外，他还享有亲自审判案件的权力。

为了扩充王权，路易十四同时蔑视并想方设法取缔那些与之相悖的法律。由于具有法定继承权的嗣子相继去世，为了避免王室断后，他打破法国无私生子继位的先例。由于荷兰战争的紧急情形，他禁止巴黎最高法院在法令提案登记完成前提出反对意见，凌驾于法律之上。1685年，他颁布了限制法国殖民地奴隶的权利的"黑色法令"。

路易十四在位时期，法国的司法、财政、行政诸部门的官职数量，已超过4000人，大部分官职之上，都盘踞着世袭贵族和有官瘾的富裕市民阶级。贵族代表封建旧势力，富裕市民则是新兴的小资产者的代表，他们虽然都是王权增强的获利者，但后者之中也隐藏着革命性的力量。[1] 随着国王所颁布的法律的地位得到提高，市民阶层也得到了迅速的发展。[2] 到了路易十五（Louis XV，亦称"被喜爱者"，le Bien-Aimé，1715—1774年在位）统治时期，经济虽然进一步发展，但随之而来的却是专制王权日趋衰落。1789年，法国大革命爆发，全国民众起而反对封建特权。1789年至1791年间颁布的一系列法令，恢复了在法国的新教徒和犹太人的民事权利。[3]

（四）法兰西王室法的思想

从上文阐述的法国王室法三个阶段的发展历程看，在立法指导思想方面，绝对王权的观念及法律至上的思想，对法国王室法的发展有重要的影响。12、13世纪，法国商品经济得到发展，需要统一国内市场，王权适应这种需要，得到加强。这时候，法国出现了一派法学家，他们根据古罗马法，提出了国家权力至高无上的学说。[4]

---

〔1〕〔日〕大木雅夫：《东西方的法观念比较》，华夏、战宪斌译，北京大学出版社2004年版，第50页。

〔2〕Brice Dickson，*Introduction to French Law*，London，Pitman Publishing，1994，p.3.

〔3〕Andrew West, Yvon Desdevises, Alain Fenet, Dominique Gaurier, Marie-Clet Heussaff, *the French Legal System: an Intoduction*，London，Fourmat Publishing，1992，p.21.

〔4〕孙庆芳：《教皇史话》，商务印书馆1985年版，第41页。

在腓力四世与教皇的斗争中，出现了"国王在他的领土内是皇帝（rex impera-tor in regno suo est）"的格言。到 14 世纪末，王权已得到大多数法国法学家们的支持，法国的法学家一般都主张国王有和皇帝一样的权力。[1] 作为罗马法学者，这些法学家是绝对王权的充满信心的支持者，国王被视为审判权的垄断者，所谓"王之所欲，即法之所欲"。法学家的理论，有时甚至是赤裸裸地对王权的礼赞。在对抗教会审判权、扩大国王审判权的过程中，"王之所欲，即法之民欲"的理论，把半教会、半世俗的案件也置于国王的管辖之下。[2]

值得注意的是，建立在王权神授学说之上的绝对王政，至少对当时的法国人来说，并不完全意味着专制。毕竟，在许多场合，法国的王权仍然受到许多因素的制约，尤其是教权，还有关于"善"的内心确信，博马努瓦尔指出，法官可以不执行令他"良心有愧"的命令；卡佩王朝的官吏一心支持与个人私利没有关系的王室利益和权利，甚至在他们认为有违真正的君主利益时，也不惜无视国王的个人愿望，坚持按法律要求行事。[3] 在相当长的时间里，封建势力的增长和教会的盘踞，加上较大的司法自由裁量空间，影响了法国制定统一法规的进程和时机的把握，直到《拿破仑法典》（即《法国民法典》，Code civil des Français）颁布，法国才形成了统一法律体系。[4]

二、王室法令与王室司法

（一）王室法令

中世纪后期，法国的王室法令逐渐发展起来。16 世纪以前，还只涉及公法领域，16 世纪以后则开始涉及私法领域，这也是王权增长的轨迹之一。1539 年《维勒—柯特雷法令》（*Ordinance of Villers-Cotterets*）是弗朗西斯一世（Francis Ⅰ，1515—

---

[1] 马克垚：《封建经济政治概论》，人民出版社 2010 年版，第 270—271 页。

[2] 〔日〕大木雅夫：《东西方的法观念比较》，华夏、战宪斌译，北京大学出版社 2004 年版，第 49 页。

[3] Robert Fawtier, *The Capetian Kings of France: Monarchy & Nation*（987—1328），p.182. 转引自徐延昭：《浅析中世纪晚期西欧官吏阶层的产生》，载《史学集刊》2011 年第 4 期，第 127 页。

[4] 〔美〕约翰·梅西·赞恩：《法律的历程》，刘睿铭编译，江西高校出版社 2009 年版，第 141 页。

1547 年在位）时颁布的，规定了民事主体资格的登记制度。1566 年的《木兰法令》（Ordinance of Moulins）规定，在民事诉讼中使用书面证据。1579 年的《布卢瓦法令》规定了婚姻的形式要件。1667 年的《民事诉讼法令》（*Civil Procedure Ordinance*）力求提高诉讼效率，限制法官的自由裁量。1670 年的《刑法法令》则保留了"刑讯逼供"和"主教告诫"。1673 年的《商法法令》将商业法（限于陆上商业）进行了法典化。1681 年的《海商法令》（*Ordinance of Commerce*）则对海商法进行了法典化。[1] 法国大革命前，王室法令在相当程度上推进了法国法的统一，尤其是在民事诉讼程序方面。

从形式方面看，瓦卢瓦王朝的王室法令，可分为"证书"、"专门许可证"、"封印许可证"。"证书"是最正式的法令形式，由"中书法庭"（Royal Chancery，又译王室尚书院）签发，目的在于证明"训令"以及重要判决的真实性。路易九世时期，"证书"已变得极为罕见。"王室许可证"的形式较"证书"更为简明，"证书"一经废弃后，国王的所有法令通过"王室许可证"畅行天下，无论他们是由"中书法庭"签发（专门许可证），还是直接由君主签发（封印许可证）。"专门许可证"的效力只能通过"封印"来证明。

其后，"专门许可证"的一些特定形式与"证书"很相似，被用来证明更为重要的王室立法。"封印许可证"的开头常写有"代表国王"（De par le Roy），在结尾处署有日期、国王签名、"御玺"盖印。"封印许可证"附有"御玺"大印或者"国王图章"，属于他的私人通信，起到传递密令的作用，被用来处理机密性质的事件。弗朗西斯一世时期，国王签名成为"真实有效"的保证，盖印亦同。当然，法令文书上的实际签名往往并非国王亲笔，而是临摹。[2]

法国的王室法令虽然历时久远，但仍或以原本或以副本的形式保存下来。最常见的是以"记录簿"中的副本形式而被保留下来的。"中书法庭"的"记录簿"，包括政治的和领土的文件和国王发布的立法之副本，其中涵盖了 1302 年到 1568 年的王室立法，但并非这一时期的全部王室立法。"高等法院的登记"则是"具有普

---

[1]〔英〕梅特兰等：《欧陆法律史概览：事件，渊源，人物及运动》，屈文生等译，上海人民出版社 2008 年版，第 208—210 页。

[2] 同上书，第 195—196 页。

遍效力的法令"如"法令"被送至"王室法院"(如"高等法院"、"会计法院"、"金融法院"、"援助法院")后,还会送至"郡守"以及各职能部门,它们被记入有关"记录簿",形成"高等法院的登记"。[1]

(二) 王室司法

在中世纪的法国,国王是臣民们天生的最高法官的观念,在贵族与民众中得到普遍认可,但是,将这一观点付诸实践,却面临着司法权分裂的障碍。

11 世纪,卡佩王朝的王室法,作用大致限于审理涉及国王的直接依附者及其教会的案件,或者只是偶尔地、收效甚微地充当拥有司法权的封建法庭,在理论上对国王属下的重要附庸行使权力。[2]

君主专制时期,法国王室的颁令权,逐渐有演变为国家立法权的趋势。[3] 出于扩大王室法管辖权的需要,王室法院成立了。最初,还只是法国北部建立了王室法院,后来,在南部诸地也成立了相应的组织,王室法院系统在法国全国得以建立。

三、腓力二世时期的王室法

腓力二世是法国国家和王室法律的创立者,是伟大的政治家和军事家,作为行政管理者和立法者,也拥有非常杰出的才能。他把法律作为一种权力工具的信念,与把法律作为一种正义工具的信念相一致。他要"为上层和下层、穷人和富人主持正义",这一立法思想和司法理念,后来也成为他死前留给其子路易的政治遗嘱。[4]

---

[1]〔英〕梅特兰等:《欧陆法律史概览:事件,渊源,人物及运动》,屈文生等译,上海人民出版社 2008 年版,第 195 页。

[2]〔法〕马克·布洛赫:《封建社会》(下卷),李增洪、侯树栋、张绪山译,张绪山校,上海人民出版社 2004 年版,第 602 页。

[3]〔美〕孟罗·斯密:《欧陆法律发达史》,姚梅镇译,王健、刘洋校,中国政法大学出版社 2003 年版,第 239 页。

[4]〔美〕哈罗德·J. 伯尔曼:《法律与革命——西方法律传统的形成》,贺卫方等译,法律出版社 2008 年版,第 450,451—452 页。

（一）王室法适用范围的扩张

12 世纪早期，王室法令还很不统一，我们只能从编年史家的记述中，了解到王室法庭成员的职责，并从当时的王室文件所附的见证人名单中，了解参加王室法庭的人员。

12 世纪中期的法国，除了扎根于地方的领主法院（Seignorial courts）外，行使审判权的机构还有巡回的王室法庭。国王通过王室法庭，维持他对领地的统治。[1]由于王室领地分布分散，且远小于地方封建领主的土地，王室法的适用区域受到很大限制。因此，加强集权、扩张王室领地成了扩大王室法适用范围的首要措施。

1180 年腓力二世继位后，大力奉行使国家集权化的政策，抑制使法国王权陷于瘫痪的强大诸侯，促进卡佩王朝走向强盛。通过四次大规模的合并，王室领地得到了直接扩大，腓力二世事实上成为法国最大的封建领主。

1188 年，腓力二世越来越不满足于和英格兰金雀花王朝（Plantagenet）保持平起平坐的竞争地位，开始在金雀花王朝控制的法兰西王国西部地区谋求恢复有效统治，而不仅是名义上的统治。[2]他不屈不挠地与强大的金雀花王朝展开了持久战争，又通过许多计谋取胜，大大扩展了法国王室领地。通过联姻和征服，特别是 1214 年的布汶战役（Battle of Bouvines），腓力二世事实上创立了法兰西帝国。

腓力二世时期，诺曼人的法律制度对法国王室法产生了直接而重要的影响，是使法国王室法的适用范围得以扩大的另一重要因素。诺曼底公国自诞生起，就是一个诺曼人主导的完全独立的地方自治政权。1203 年至 1204 年，以征服鲁昂为标志，腓力二世征服了诺曼底公国，将其并入他所建立的法兰西帝国。1206 年，腓力二世从英国人手中夺取了阿基坦、安茹和图赖讷（Touraine），并于 1207

---

[1] Baldwin, John W., *The Government of Philip Augustus: Foundations of French Royal Power in the Middle Ages*, Berkeley, University of California Press, 1986, p.31.

[2] Lindsay Diggelmann, *Hewing the Ancient Elm: Anger, Arboricide, and Medieval Kingship*, In *The Journal of Medieval and Early Modern Studies*, Vol.40, No.2, 2010, p.259.

年侵入英王约翰（John，又称"失地王"约翰或"无地王"约翰，John Lackland，1199—1216 年英格兰国王）的领地普瓦图（Poitou）。[1]

在其后的二十年里，腓力二世将诺曼人的某些基本法律制度采用到法国的王室法律之中，诺曼人的行政管理和司法制度的一些重要特性被逐渐移植于法国法。[2]尤其是征服诺曼底公国之后，腓力二世在他的全部领土上引进了类似于盎格鲁—诺曼（Anglo-Norman，指诺曼人征服英国之后英格兰）的巡回法官和郡长等制度，使腓力二世时期的王室法带有诺曼王室法中的集权色彩。

腓力二世还推行封建领主等级制，不断地要求用金钱支付代替履行封建义务，以便用于王室雇佣军的开支。他宣称自己对贵族享有领土之权。他挑拨神职人员、封建领主和城市及城镇当局，使他们彼此对抗，并支持城市和城镇，授予他们很大的自治权。他还支持大商人，授予他们贸易特权和垄断权。[3]通过这些措施，腓力二世在教会法、王室法和地方法并立的法律格局中，为王室法争取到了更大的适用空间。

（二）王室司法机构的壮大

在抑制诸侯贵族势力的同时，腓力二世借助土地制度的演变，完善管理地方的邑吏、邑长等一系列制度，以加强王室司法审判权。在罗马帝国晚期形成的大地产制的影响下，小生产者不能完全摆脱大领主（tenants in chief，直译为"首席占有者"）的控制，必须服从大领主主持的法庭的审判。腓力二世时期，采邑制受到冲击，地产制发生变化：领地的共同继承权，导致地产被分割；管理者抢夺教会的土地，导致土地管理形式的嬗变；实物地租和货币地租的固定化，导致带有人身依附关系的劳役的消亡。这些变化都削弱了领主的司法权，为王室司法审判权的增长创造了条件。[4]

腓力二世以前，法兰西王国的国王们已经采取让地方人士担任"邑吏"的方式，

---

[1] The Editor of BBC History Magazine, *John's Battle*, In *BBC History Magazine*, Vol.11, No.6, 2010, p. 26.

[2]〔美〕哈罗德·J. 伯尔曼：《法律与革命——西方法律传统的形成》，贺卫方等译，法律出版社 2008 年版，第 449 页。

[3] 同上书，第 452 页。

[4] 王亚平：《西欧法律演变的社会根源》，人民出版社 2009 年版，第 189—190 页。

驻留在王室的土地上，作为管理人和代理统治官。他们保证税款上缴王室，必要时逮捕和审判违法者，还肩负着召集骑士等职责。他们行使权力时，要向王室支付租金，国王还会派遣督察官去检查邑吏。腓力二世时期，增加了督察官的数量，提高了他们的威望，并创立了新型的邑长制度，从而谋求在封建领地上更好地实现国王的利益。邑长受国王指导，在许多事务上能够代表国王，还监管国王的财务运转，并向国王报告工作。他们还被授权审理王室法院的王室诉讼，在这方面享有国王的特权。[1]

王权的强弱，从王室法院审理案件的数量上可见一斑。1137 年至 1180 年间，王室法院审理的案件一直很少，每年甚至不到两件。这些案件主要是对大封建领主提起，但得不到受理，或者当事人认为判决错误的案件，或者是宗教领主和国王已经授予自由特许状的城市公社之间争议的案件。腓力二世所继承的王室法院体系，继承的仍然是封建式的精神和传统，由宗教界和世俗世袭权贵以及选自贵族的王室官吏所组成。他们在国王召集时，在法院举行会议，仍然属于集咨询、司法和立法的职能于一体的机构。腓力二世向往王室官吏权力的增加，向往世袭贵族及王室封臣权力的减弱，因此，在他统治时期，王室法院的财政和司法职能分离开来，王室文秘署变成一个协调其他政府部分的机构。[2]

1190 年，腓力二世建立了邑长法院制度，同年的一项王室法令指示，邑长每月巡回一次，在 4 名地方贤达的咨议下，审理权利请求。他又为每一位邑长指定了固定的管区，在此管区中，作为王室施政官和王室法官。在邑长管区内，邑吏法庭的判决可上诉至邑长法庭，较为重要的案件，留给邑长法庭进行初审。从当事人处获得的诉讼费，和向与该审判有关社区征收的税务等案件收入，均上交王室或中间领主。邑长法院的审判程序是口头的，但法庭要作书面记录，以便上诉时使用。腓力二世建立邑长法院的立法，还加强了对村民参与案件审判的依赖。[3] 1190 年后，全法兰西王国的王室法院的诉讼程序实现了统一。

---

〔1〕〔美〕哈罗德·J. 伯尔曼：《法律与革命——西方法律传统的形成》，贺卫方等译，法律出版社 2008 年版，第 453—454 页。

〔2〕同上书，第 452—453 页。

〔3〕同上书，第 454，462，457 页。

腓力二世还构建了统一的政治和法律机构，使它们不仅适用于王室继承的属于他的领土，而且适用于他通过军事和政治手段取得的领土。他对在他的王国内的全部各类政治体（包括公爵领地、伯爵领地和封建领地）也进行管理，并制定适用于它们的法律。法国的王室法还按照封建法，对不动产和动产作了明确的区分，以便王室能更好地管理领主通过封建法所享有的不动产的权利。对于各种政治实体之间发生的某些特殊案件，王室法院还享有专属的司法管辖权。[1]

在中央的公爵领地和伯爵领地法院中，有主持法官和陪审员，判决是由外行的"陪审员"作出。在确认地方习惯的过程中，这项制度有很大的作用。法官可以召集 12 名有知识的人，要求他们通过一位发言人，报告某一特定习惯的内容，或者某些习惯是否存在。[2] 1211 年，腓力二世在诺曼底的神职人员中适用"王剑之诉"，即高级领主对其领地内发生的不法行为享有类似于国王对国王之诉所享有的权利。腓力二世强调，任何不法行为均应在法国法庭中得到公正审判，这一宣称同样具有加强王权的效应。[3]

四、路易九世时期的王室法

路易九世是一个虔诚的基督教徒，曾发起第七次、第八次十字军东征，不但建立了"基督教国家"，而且还建立了神圣、公正的声望，在许多场合被选为仲裁者。在他统治时期，法兰西王国在政治、经济上称霸欧洲，被称作"圣路易的黄金世纪"。他统率着欧洲最庞大的军队，治理着欧洲最富有的国家，而且使法国成为当时欧洲艺术和知识的中心。

欧洲人对路易九世的敬重，将其奉为"中世纪法国乃至全欧洲君主中的楷模"，既源于其强大的军事实力，也源于仁厚的个人气质事权力。在连年的战乱、屠杀

---

[1]〔美〕哈罗德·J.伯尔曼：《法律与革命——西方法律传统的形成》，贺卫方等译，法律出版社 2008 年版，第461，451，462 页。

[2] 同上。

[3] Baldwin, John W., *The Government of Philip Augustus: Foundations of French Royal Power in the Middle Ages*, Berkeley, University of California Press, 1986, p.140.

和劫掠之下，暴力成为中世纪欧洲的特殊印记和社会毒瘤。甚至在法律领域亦是如此，习惯领域的一些原则，几乎把一切篡夺行为都合法化了。受暴行伤害的人们，长期呼唤和平，却没有任何结果。因此，对于国王或诸侯来说，最高的称颂莫过于"和平缔造者"。路易九世正是如此，他对和平充满急切之情，"愿国家和平"是他加冕时的祷词。[1]

在欧洲基督教国家中，路易九世实行睦邻政策，不主动挑起战争，主张以公正和宽大为原则处理彼此争端，使他获得很高的声誉。此外，他是罕见的亲民国王，每次做完弥撒之后，会坐在樊尚森林中接受国民的申诉，并亲自审理案件，艺术家曾用油画记录了路易九世审判的场景，他坐在大橡树下，亲自主持审判并执行裁决。

（一）路易九世时期的法令

路易九世时期，王室权威得到加强，国王颁布法规和法令，得以明确改变先前已存在的法律。路易九世不再以第三人称，而是以第一人称的身份颁布法令。更重要的是，法令的效力得以扩大。例如，1223 年和 1230 年先后颁布的两个关于犹太人权利的法令，面向的贵族不仅有与法国国王有采邑誓约关系的贵族，还包括那些与国王没有采邑关系的贵族。

1247 年，路易九世派遣由方济各（Franciscans）[2] 和多米尼克（Dominicans）[3] 修士组成的调查组织，到各地对地方官员的行为进行调查。[4] 与之类似的是，1254 年的巴黎训令和朗格多克地区习俗改革，不但取消了一切有害于王权利益的地方习俗，而且把在王室领地内施行的官吏制度，在王国内其他地区推行。这项训令旨在加强对地方官员的行为的控制，被称为"国王第一敕令"，也被看作是"法国

---

[1]〔法〕马克·布洛赫：《封建社会》（下卷），李增洪、侯树栋、张绪山译，张绪山校，上海人民出版社 2004 年版，第 657—658 页。

[2] 方济各会，拉丁文 Ordo Fratrum Minorum，又称方济会，或译法兰西斯会、佛兰西斯会，是天主教托钵修会派别之一，谨守遵行基督耶稣的教训，将《圣经》真理一字一句地实行出来。其会士着灰色会服，故亦称"灰衣修士"。

[3] 多米尼克会，拉丁文 Ordo Dominicanorum，又译为道明会、多明我会，亦称"宣道兄弟会"，拉丁文 Ordo Praedicatorum，是天主教托钵修会的主要派别之一。会士均披黑色斗篷，因此称为"黑衣修士"。

[4] 马克垚：《封建经济政治概论》，人民出版社 2010 年版，第 270 页。

的自由宪章"。[1]

王室法令的调整范围也有所扩大。路易九世经常召开御前会议，通过御前会议颁布一系列的法令，内容涉及议会、赋税和货币改革、社会等级权利等诸多方面。还有一些法令涉及道德改革，如"1254 年法令"。这些"法令"调整范围不断在扩大，几乎囊括一切事务，包括行政、司法、金融以及王国治安。[2]

路易九世直接或通过他的顾问，以明确规范的文本，谨慎地制定出法庭、政府乃至整个王国的治理守则。这些规范文本，就是名为"王室之镜"（Mirrors of Princes）的手册，该手册至少有五本，注明一个好国王和他的顾问应该是怎样的，他们日常遵循的行为规范，以及他们鼓励或者强制他人同样遵循这些规范。任何个人或利益群体，可以合法地将他们的意愿告知国王及其代理人，以便政府做出正当的决定。

当然，在很多方面，王室仍然难免受到各种利益群体的影响。后者总是想方设法投王室所好，以影响政府的决定。为了避免官员腐败，路易九世公示了合法馈赠和非法馈赠的官方标准，作为认定是否构成贪污的参考。[3]

从内容上看，路易九世时期的王室法令，大部分是行政、司法的组织和程序方面的规定，刑法方面的法令并不多见，私法方面则特别少，几近于无。就此而言，该时期的王室法令基本属于政治性或行政性的法规体系。由于直接录自罗马民法，路易九世的一些"敕令"受到罗马传统的影响。他编定的法兰西法，直到路易十四的时候仍在使用，或虽稍有更动而实质上并无改变。[4]

（二）路易九世的司法改革

路易九世在司法改革方面的一些举措，影响更为深远，使他获得很高的声誉。

---

[1] 王亚平：《西欧法律演变的社会根源》，人民出版社 2009 年版，第 193—194，389—390 页。

[2] 〔英〕梅特兰等：《欧陆法律史概览：事件，渊源，人物及运动》，屈文生等译，上海人民出版社 2008 年版，第 197 页。

[3] William Chester Jordan, *Anti-corruption Campaigns in Thirteenth-century Europe*, In *Journal of Medieval History*, Elsevier Ltd., No.35, 2009, pp.208—209.

[4] 〔美〕莫里斯：《法律发达史》，王学文译，姚秀兰校，中国政法大学出版社 2003 年版，第 181 页。

那些，已经有了关于王室法院的诉讼程序的一定程式性规定，在此基础上，路易九世对司法程序进行了改革。改革的第一步，就是 1260 年（也有观点认为是 1258 年）颁布废除在王室统治范围内的决斗裁判法（或称"决斗断讼法"，Wager of Battle）的著名法令，规定以"司法调查"取而代之，这是一项具有革命性变化的程序，它废止了王室法院中的决斗裁判法，使司法决斗、血亲复仇等落后风俗退出历史舞台。[1]

值得注意的是，以"司法调查"取代"司法决斗"的制度初衷，或许并非如后人想象的那么仁慈，其渊源乃是教会法中一直通行的纠问主义。这种程序的启动，不必经过当事人起诉，从开始至结束，整个过程都控制在政府官员手中，非专业人员不得介入。被告人的地位有所下降，成为被调查的嫌疑者，不得不接受秘密审讯、强迫取供，甚至遭到严刑逼供，有时还被剥夺申辩的权利。侦查分为一般侦查和特殊侦查两个阶段，前者收集证据和确定犯罪，后者审查证据和进行讯问。[2] 甚至判刑之后，仍可对犯罪人实施拷打，以迫使其供出指使者或共犯。

路易九世的司法改革是将司法权收归王室法庭所有，规定叛逆、矫诏、铸假币等重要案件，均须在王室法庭审理。当时，领主与城市的司法权虽然没有被完全废止，但行使的范围也已被固定，后来逐渐被限制和缩小。大领主的司法权，被置于王室法院的管辖之下，小领主的司法权更是被削弱殆尽。

路易九世还以法律为武器，加强对封建主们的经济控制。13 世纪中期，基于上诉法庭的需要出现了王室法官，基于汇报账目的需要出现了税务法庭法官，这成为 1315 年至 1320 年间建立大法院（Grand Chamber）和审计院的前奏。[3] 路易九世禁止私战和携带武器，还在王室领地之外实行"国王 40 日"制度，包括地方诸侯在内的任何人，在遭受侵害后，40 日内不得实施报复，只能上诉到王室法庭，由国王裁决。这项制度事实上剥夺了诸侯"先斩后奏"的权力，便于弱者向国王申诉。

---

[1]〔英〕梅特兰等：《欧陆法律史概览：事件，渊源，人物及运动》，屈文生等译，上海人民出版社 2008 年版，第 197 页。

[2] 何勤华主编：《法国法律发达史》，法律出版社 2001 年版，第 33 页。

[3]〔法〕罗伯特·福西耶主编：《剑桥插图中世纪史.1250—1520》，郭方等译，山东画报出版社 2009 年版，第 26 页。

从 11 世纪开始，为了制止司法决斗对公正的破坏，法国的一些地区发起了"上帝的和平运动"，然而只有通过裁决程序，才能对强大的犯罪者进行处罚。当时旧的公众法庭已经消失，它们与封建司法混合在一起，脱离了王权的控制。为了实现对世俗审判的控制，国王开始受理上诉。一开始，国王更像公断人而不是法官，后来，国王逐渐成为一个纠纷处理的平台，更重要的是承担了最终解决纠纷的职责，发展出一个以巴黎为中心的司法系统。[1]

13 世纪，为了限制大贵族的审判权，巴黎议会成为王室最高法院。王室最高法院由参事院产生，是负责适用和创造王室法律的专门的中央王室法院。[2] 王室最高法院也被称为"巴列门"法院（Parlements，意为"讨论"或"审议"，有时亦径称"巴列门"或"巴黎的巴列门"）。

也有观点认为，路易九世对原御前会议进行了改组，设立两院制，一为财务院，二为司法院，后者名为"巴列门"，因设在巴黎，一般称为巴黎高等法院。1258 年，路易九世颁布法令，将巴黎高等法院改为上诉法院，正式受理上诉，从而使巴黎高等法院逐渐成为王室最高法院。[3] 13 世纪末，所有法国北部各省的案件，都可上诉于巴黎高等法院。至 14 世纪，巴黎高等法院最终成为一个常设的司法机构。随着国王权力的扩张，许多大封建主的领地归并为王室领地，改制为省，也纷纷设立"巴列门"。巴黎高等法院"巴列门"则作为法兰西王室最高法院，一直存续至法国大革命时期。

巴黎的巴列门法院分四院（部门），第一院为诉讼部，负责审查起诉，通过后提交给第二院即调查部。调查部在各方当事人均不出席的情况下进行调查，其报告和卷宗材料再提交第三院大审部（主要负责民事案件）和第四院刑事部，分别进行鉴定和审理。[4] 每年，巴列门法院均定期举行司法会议，从每年 11 月 1 日至次年 8 月 15 日开庭，休假期间，由内设的休假部处理事务。

巴列门法院的构成人员，因场合的不同而变更，既有神职人员，也有作为国

〔1〕 Beryl Smalley, J.M. Wallace-Hadrill, *France: Government and Society: An Historical Survey*, London, Methuen Young, 1957, p.78.

〔2〕〔美〕孟罗·斯密:《欧陆法律发达史》，姚梅镇译，王健、刘洋校，中国政法大学出版社 2003 年版，第 366 页。

〔3〕 韦森:《欧洲近现代历史上宪政民主政制的生成、建构与演进》，载《法制与社会发展》2007 年第 5 期，第 36 页。

〔4〕 何勤华主编:《法国法律发达史》，法律出版社 2001 年版，第 30 页。

王仆从的世俗人员，核心成员则是掌握罗马法和教会法知识的法律家。1297 年，巴列门法院有 51 名法官，14 世纪达到 80 人。[1] 这些全日制的专业法官，负责主持民事、刑事案件的审判，国王很少亲自参加审判，最终完全不参加审判。巴列门法院有时是从事初审，如巴黎地区重大案件的第一审，但多数是受理对邑长法院判决的上诉，偶尔受理对公爵、伯爵和其他领主判决的上诉。[2] 巴列门法院享有最高司法管辖权，其判决不得上诉。

除司法权外，"巴列门"还插手立法事务，参与起草王室法令，负责登记王室法令，并形成了王室法令未经"巴列门"登记就不发生效力的判例。这也成为后来"巴列门"与国王发生冲突的原因之一。

此外，14、15 世纪中，法国南部的勃艮第及波尔多等各地，陆续成立了地方议会。它们并非近现代意义上的议会，而是享有上诉审判权的王室法院，它们在私法方面有较重大的影响。

综上所述，自路易九世时代起，一个等级制的法院体系被确立起来。邑吏法院的判决可以被上诉到邑长法院，邑长虽然是他所在领地的公爵或伯爵的仆役，但最终应当服从王权，王权自此通过向地方渗透而不断增强。1250 年以后，邑长法院及公爵领地、伯爵领地法院或其他领主法院的判决，均可被上诉到巴黎中央王室法院。巴黎高等法院上诉管辖权的发展，和与之相适应的复杂和成熟的书面诉讼程序的发展，削弱了民众参与审判的作用，产生了一个掌握专业法律知识和技能的法学家阶层，他们最终变得越来越脱离民众和越来越腐败。[3] 尽管如此，法学家阶层的出现，无疑具有进步意义：在法国的封建社会里，长期以来并不存在被赋予专职审判权的法官，这也是王室的司法权威被削弱、国王审判权被割裂的原因之一；[4] 而路易九世时期的法院体系和法院的诉讼程序，以及随之产生的更加专业化的法律职业队伍，更有利于公正地对待诉讼当事人，也更有利于维持王室的社会秩序。

---

[1]〔日〕大木雅夫：《比较法》，范愉译，法律出版社 2006 年版，第 285 页。

[2]〔美〕哈罗德·J. 伯尔曼：《法律与革命——西方法律传统的形成》，贺卫方等译，法律出版社 2008 年版，第 454 页。

[3] 同上书，第 466、461、458 页。

[4] 王亚平：《西欧法律演变的社会根源》，人民出版社 2009 年版，第 187 页。

第五节　德意志王室法

一、德意志王室法概况

（一）德意志王室简史

843 年，法兰克王国查理大帝的三个孙子签订《凡尔登条约》，法兰克王国分裂为西法兰克王国、东法兰克王国和中法兰克王国。"皇帝"名号留给了东法兰克的首领，这个王国主要由撒克逊、士瓦本、巴伐利亚、洛林和法兰克尼五个独立的公国组成，可以说是近现代德国的前身。

911 年，东法兰克王国的加洛林王朝结束，国王开始由地方封建主推选产生。10 世纪初，为了共同抵御入侵的匈奴人，东法兰克境内的五大公国联合起来，推举法兰克尼的公爵康拉德一世为国王。919 年，撒克逊公爵亨利一世（Heinrich I，919—936 年为德意志国王）接替康拉德一世被选为国王。从这两位国王的统治时期开始，东法兰克王国开始向神圣罗马帝国转变。

东法兰克地区长期保留着日耳曼人的传统，公爵们在各自公国的领地内行使着国王职能。德意志国王和公爵的这种关系，致使国王的权力很受局限，王室法受到地方法的排挤。奥托一世授予教会以种种特权，即"奥托特权"（Otto Privilegien），本意是要拉拢教会，牵制公爵等世俗封建主，但实施的结果却是使封建贵族的力量更加强大，强化了德国的封建割据。[1]

为了遏制氏族公爵权力的不断膨胀，962 年，德意志国王奥托一世不惜长途跋涉率军进入罗马，由教皇约翰十二世为其加冕，称"罗马皇帝"，以此表明君权神授的权威，开创了"正式的罗马帝国"，后世称"神圣罗马帝国"。[2] 但此后不久，

---

[1] 何勤华主编：《德国法律发达史》，法律出版社 2000 年版，第 26 页。

[2] "德意志"地区在 962 年时，被称为"正式的罗马帝国"；1157 年起，被称为"神圣罗马帝国"；1474 年起，被正式冠名为"德意志民族神圣罗马帝国"。1806 年，"德意志民族神圣罗马帝国"被拿破仑摧毁，拿破仑于 1814 年取消了"神圣罗马帝国"的称号。

发生了帝国皇帝与教皇激烈争夺主教任命权的长期斗争，政治和宗教在德意志王国的边境紧密地相互渗透。为了控制邻近民族中新生的宗教势力，德意志王国的统治者们派人从北部的汉堡——布来梅省到丹麦去传教，于 10 世纪中期在丹麦建立了一些新教区。[1]

11 世纪上半叶，撒克逊王朝（Saxon Dynasty，919—1024 年）结束，形成了给皇帝的继承人授予"罗马人的国王"名号以替代"法兰克王"名号的惯例。皇帝死后，其子将前往罗马，由教皇正式加冕为"罗马皇帝"。11 世纪中期的宗教改革运动，提高了教会和教皇的声望。1122 年，在德国沃尔姆斯，帝国皇帝亨利五世与教皇加里斯都二世签订了《沃尔姆斯宗教协定》，规定在德意志境内，主教应在皇帝的监督下，由教士自由选举产生；教皇赐予主教代表教权的指环和权杖，德皇赐予主教代表世俗权力的权节。该协定解决了长期存在于教会和政府之间的关于主教授职权之争，皇权从此日渐衰败。

12 世纪，德意志帝国第一次被称作"罗马人的帝国"。那时，教皇对教会的最高权威已经确立，帝国称号中的"罗马"一词，象征着帝国的政治、法律统一和帝国在世俗领域里的权威。[2] 13 世纪，"罗马帝国"又被加上"神圣"二字。1254 年至 1273 年，出现了德国王位的大空位时代，形成了七大"选帝侯"选举帝国皇帝的局面。1356 年，《黄金诏书》确认了这一选举方式。

归纳起来，神圣罗马帝国在王权上具有对内的软弱性和对外的侵略性两大特征。在对内统治上，德国 11 世纪就已基本完成封建化，土地层层分封，奉行"我的封臣的封臣不是我的封臣"原则，即我对封臣的下属没有直接的支配权力，这样，每个封臣在自己的领地上都是一个主权者。而皇帝虽为一国之首，却没有全国的军队，没有全国的财政，没有全国的司法，甚至没有全国的政府机构。[3]

作为上述制度发展的结果，12 世纪以后，德意志分裂为许多独立的封建领地，处于割据状态。[4] 组成帝国的各个领地，本身即为一个王国。在恢复古代罗马帝

---

[1] David Ditchburn, Simon Maclean, *Atlas of Medieval Europe*, London, Routledge, 2007, p.87.

[2]〔美〕哈罗德·J. 伯尔曼：《法律与革命——西方法律传统的形成》，贺卫方等译，法律出版社 2008 年版，第470 页。

[3] 孙庆芳：《教皇史话》，商务印书馆 1985 年版，第 22—23 页。

[4] 林榕年主编：《外国法制史》，中国人民大学出版社 2006 年版，第 242 页。

国的霸权、保护和平秩序方面，神圣罗马帝国从来没有成功过。无政府状态使王权很难大有作为，一个中央集权的、能够统辖各个邦国国王和公爵的、调和邦国争端的统一国家的梦想，最终彻底破灭。

因此，如同西西里国王、法兰西国王意义上的德意志国王，事实上并不存在。中世纪德意志王位交替过程中，选举制长期存在，历来被视为德意志王权软弱并最终名存实亡的重要原因。[1] 更深层的原因，则可从王权形成过程的角度分析，德国与法国、意大利等西欧大陆国家一样，封建制度基本上是由下而上建立起来的，封建割据的形成过程并无王权的直接参与，封建本身毫无疑问地蕴含着自然而然的离心倾向。[2] 在对外政策上，狂妄自大的皇帝穷兵黩武，四面扩张并未给帝国带来任何荣耀——"既非神圣，也非罗马，更非帝国"，就是一个很好的评价。[3]

（二）德意志王室立法与司法

如上所述，由于受到教会和地方领主的打压，德意志王权的控制力很弱，国王的实际统治权仅局限在王室领地内，甚至无权对其臣民征收赋税，王室的税收主要来自分散于德意志境内的王室领地。由于交通不便，王室只能在各地税收所在地建立行宫，在当地消费领地的收益，因此，王室总是随着国王在德意志境内游移。[4]

然而，在法律方面却有所不同。国王在所到之处，有权从任何法庭"提审"案子，也有权发布帝国"禁令"。神圣罗马帝国所颁布的法律，即德国的王室法仍然是存在的。

12 世纪中期以前，神圣罗马帝国法律的主要历史渊源是罗马法。霍亨斯陶芬王朝（1138—1254 年）时期，开始出现经"帝国议会"中贵族同意而公布的制定法，贵族和诸侯把持的帝国议会成为主要的立法机构。[5] 为了获取更高的信誉，他们

---

[1] 侯树栋：《德意志中古史——政治、经济社会及其他》，商务印书馆 2006 年版，第 92—93 页。

[2] 顾盈颖：《中世纪西欧王权与法律关系的变革——论王室法的兴起》，华东政法大学 2006 年硕士论文，第 45 页。

[3] 戚国淦先生为布赖斯的《神圣罗马帝国》一书中译本序时，对布赖斯的这一观点予以了高度肯定。相关评述参见刘新成：《戚国淦先生与世界中世纪史研究》，载《世界历史》1994 年第 4 期，第 84—85 页。

[4] 王亚平：《西欧法律演变的社会根源》，人民出版社 2009 年版，第 178 页。

[5] 曾尔恕、张彩凤、崔林林：《中世纪德国法源探析》，载米健主编：《中德法学学术论文集》，法律出版社 2003 年版，第 45 页。

在支持神圣罗马帝国的大贵族配合下，通过《国法大全》中加入这些法律的方式使之传播。凭借罗马法的权威，从 12 世纪中期至 13 世纪，曾经很不发达的王室法开始在德意志扎下根来，并逐渐走向兴盛。

这些制定法涉及面很宽，按其内容，可以分为宪法性规约和公共和平法（Public Peaces）两类。

1. 关于宪法性规约。在君臣关系方面，如结束授职权之争的《沃尔姆斯宗教协定》（1122 年颁布），承认"教会权贵"豁免权的《特别法令》（Privilegium，1220 年），肯定德国大封建主统治的有关政治制度的《黄金诏书》（1356 年）。

2. 关于公共和平法。这种法令最早见于 1103 年，最晚的是 1459 年沃尔姆斯宗教大会通过的《永久地方治安法》。其立法目的，在于惩罚违法行为、反对私力救济。亨利七世制定了《撒克逊和平法》和《亨利条约》（Treuga Henrici，约 1224 年问世）。[1]1438 年，神圣罗马帝国皇帝艾伯特二世起草了新法律，旨在完全禁止私战。为更好地实施这部法律，艾伯特二世还建议将帝国一分为四（更早的计划是一分为六）。1442 年，哈布斯堡王朝的腓特烈三世（Frederick Ⅲ，1440—1493 年是哈布斯堡王朝的罗马人民的国王，1452 年加冕）修订《法兰克福和平法令》，涉及质押法、安全通行权、铸币币制和"秘密法庭"的内容，但仍在一定限度内认可了血亲复仇的权利。

1430 年颁布的《反奢法》（Sumptuary Laws，or Sumptuariae leges）虽名为禁止奢侈，实则力图通过严格的社会经济等级划分，依据详尽的服制法典，来实现社会的治理，显示出其时代的特征。在该法典的序言中，宣称每个人在社会结构中都应有一个明确的地位，君主和公爵位于最高等级，乡村居民和手艺人的未婚女儿则被置于社会的底层。[2]

1467 年，腓特烈三世颁布了一部五年和平法。1474 年，他又宣布了一部十年公共和平法。1495 年，在沃尔姆斯的帝国会议上，一部《永久和平条例》（Ewige Landfrieden）终于被颁布。在这部条例中，不再是国王命令禁止内战，而是与各诸

---

[1]《撒克逊和平法》的投票通过的年份不详，可能是 1221 年或 1223 年。

[2] Maria Giuseppina Muzzarelli, *Reconciling the Privilege of a Few with the Common Good: Sumptuary Laws in Medieval and Early Modern Europe*, In *The Journal of Medieval and Early Modern Studies*, Vol.39, No.3, 2009, p. 607.

侯签订禁止内战的条约，各社会阶层包括诸侯、伯爵、骑士、市民在内，都有服从这部条例的义务。[1]

《永久和平条例》的效力，并不完全来自国王的威信，而是来自法律本身的力量。其核心部分由关于违反和平的条文构成，此外还有其他刑事犯罪、诉讼法、治安法等内容。[2] 当时有一种国王与各地大封建主之间订立的公约，内容主要是抑制封建主之间的私斗、复仇、刑事犯罪的处罚、刑事诉讼程序以及维持社会的治安秩序等，一般称为"地方治安法"。它有一定的效力年限，国王与贵族或封建主均宣誓遵守。

除上述制定法外，国王颁布的法令和承认的豁免权，也是帝国法律的渊源之一。如，1781 年，神圣罗马帝国皇帝兼奥地利国王约瑟夫二世（Joseph II，1765—1790 年神圣罗马帝国皇帝）颁布《宽容法令》（Patent of Tolerance），对一些新教派采取宽容措施，同时限制天主教主教的权力及他们同教皇的联系，重新划分教区，将一批神学院交由政府管理，还解散了一批隐修院。罗马教皇竭力阻挠该法令的贯彻，但并无成效。[3]

同样，王室法院的判决，在处理日后类似有争议的问题时，会被视为规则加以援用，因而也是帝国法律渊源之一。王室法院的活动，是帝国法律中亲王宣布作为"判决"的"格言"的渊源，这些"格言"作为法律疑难问题的一般声明而发挥功能。[4]

11 世纪晚期至 12 世纪早期，德意志的地域性公国"朦胧但可以察觉地"（伯尔曼语）开始兴起。12 世纪中期至 13 世纪，德意志境内组成帝国的公国或者其他公爵领地的法律（王公法）不仅扎根和兴旺，而且不断走向繁荣，构成帝国北部各德意志公爵领地，以及其他公国的财政和司法制度，也已获得了实质性的发展。通过司法程序的合理化，巴伐利亚和其他德意志领地内的审判，完成了中央

---

[1] 王亚平：《西欧法律演变的社会根源》，人民出版社 2009 年版，第 422 页。

[2] 〔英〕梅特兰等：《欧陆法律史概览：事件，渊源，人物及运动》，屈文生等译，上海人民出版社 2008 年版，第 246 页。

[3] 刘明翰：《罗马教皇列传》，东方出版社 1994 年版，第 164 页。

[4] 〔英〕梅特兰等：《欧陆法律史概览：事件，渊源，人物及运动》，屈文生等译，上海人民出版社 2008 年版，第 246—247 页。

集权化。[1]

12 世纪以前，德意志还没有专门的王室法院。12 世纪中期至 13 世纪，德意志王室的财政和司法制度，也还处于初创阶段。按马克·布洛赫的观点，"君主的权力只有通过巡回法庭，或者固定代表构织的完善的组织系统，把自己的控制力扩展到整个国家，才能成为司法制度中的决定性因素"，而 13 世纪的德国王室司法机构，则并没有做到这一点。德意志国王巡行所到之处，国王的审判权虽然能够取代所有其他法庭的审判权，但是仅凭这点，还是远远不够的。[2]

德意志王室法院并没有像"法兰克法院"那样曾经享有至高无上的支配权。作为法律集中发展的唯一机构，德意志王室法院的发展，只能在朝向不同的各种法律体系中挣扎。在法律统一性、多样性这两种势力的斗争中，地方司法机构由于拥有更专业化的人员、更广泛的受案范围、更稳固的权力组织体系，而占据着明显的优势。具体表现在以下几方面：

从组成人员来看，德意志王室法院的判决，并非由固定的、专业的法律裁决者做出，而是由贵族和王室官员临时主持。[3]

从受理的案件看，虽然延续了加洛林时期的司法传统，国王是全德意志境内的最高法官，但相对独立的公国领地和伯爵领地，使国王司法审判权遭到分裂。还有市场法庭、乡村法庭、巡回法庭，也在各处出现并受理纠纷，王室法庭解决的纠纷主要局限于分封土地的转让方面。

从组织体系上看，由于王室处于游移状态，没有固定的王宫所在地，也没有常设的王室官吏，公爵们在各自独立的领地却相对稳定，保持着包括司法权力在内的很大自主权。

从 14 世纪开始，受从意大利开始的罗马法复兴运动的影响，罗马法在德意志地区兴起，德国王室法发生了显著的变化。

---

[1] 本书则将王室法界定为"王国境内普遍适用"的法，因此王公法属于地方法的范畴。伯尔曼的观点见《法律与革命——西方法律传统的形成》，第 469—470,491,494 页。

[2] 〔法〕马克·布洛赫：《封建社会》（下卷），李增洪、侯树栋、张绪山译，张绪山校，上海人民出版社 2004 年版，第 602 页。

[3] 〔英〕梅特兰等：《欧陆法律史概览：事件，渊源，人物及运动》，屈文生等译，上海人民出版社 2008 年版，第 244—245 页。

神圣罗马帝国法律制度的理论基础，是一种永续帝国的观念，以德意志民族为古罗马人的当然的延续者，因此，神圣罗马帝国适用罗马法的全部，而不是个别部分。[1] 由于罗马法主张维护帝制，德意志皇帝也鼓励发展罗马法。1495 年，神圣罗马帝国建立帝国法院，一半法官来自王室，另一半法官必须具备罗马法博士学位。[2] 理论上，帝国法院享有全国最高司法管辖权，但事实上，中世纪时期德意志多数重要区域的法院，从来没有案件被上诉至帝国法院，地方领主们基于其增长的政治影响，能够享有保证不受传唤和不受上诉的特权。[3] 虽然帝国法院也可以提审下级法院未生效的既决案件，还可作为帝国内所有普通法院的上诉法院行使职权，然而，由于它不享有完全独立于国王的地位，所以影响力很小。直到 1495 年，才有了固定的公职法官和惯常所在地（起初在法兰克福）。[4]

从 15 世纪起，德意志开始了皇帝代理人制度，皇帝专任了一位官吏代表他在法庭上进行诉讼。自腓特烈三世起，这位官吏便以皇帝代表的名义追诉一切违背皇帝命令侵害皇帝权利的人。[5]

1532 年，查理五世颁布了著名的刑事审判令，史称《加洛林纳法典》（Constitutio Criminalis Carolina）。它分为两部分：第一部分是关于刑事诉讼程序的内容，规定了纠问主义的诉讼原则；第二部分是关于犯罪及处罚的内容，罪名编排缺乏系统性，刑罚异常残酷。这些严酷刑罚的规定，符合了当时封建领主镇压闵采尔领导的农民起义的需要，因此，该法令是极少数为多数领主所采纳的帝国法令之一。[6]《加洛林纳法典》是德意志刑事诉讼和刑罚方面的主要法律，采纳了德意志法和古希腊法中的一些原则，其影响甚至延续至 19 世纪的德国法律改革。[7]

1550 年，查理五世颁布《禁止尼德兰异端的诏令》（Charles V's Proclamation

〔1〕由嵘主编：《外国法制史》，北京大学出版社 2007 年版，第 141 页。

〔2〕〔美〕约翰·H. 威格摩尔：《世界法系概览》（下），何勤华、李秀清、郭光东等译，上海人民出版社 2004 年版，第 866—868 页。

〔3〕〔美〕孟罗·斯密：《欧陆法律发达史》，姚梅镇译，王健、刘洋校，中国政法大学出版社 2003 年版，第 384 页。

〔4〕〔德〕K. 茨威格特、K. 克茨：《比较法总论》，潘汉典、米健、高鸿钧、贺卫方译，法律出版社 2003 年版，第 206 页。

〔5〕魏武：《法德检察制度》，中国检察出版社 2008 年版，第 151 页。

〔6〕何勤华、李秀清主编：《外国法制史》，第 349 页。

〔7〕Howard D Fisher, *the German Legal System and Legal Language: A General Survey together with Notes and German Vocabulary*, London, Cavendish Publishing Ltd., 2002, p.1.

against Heretics in the Netherlands），史称"血腥诏令"，意在维持天主教不可分割的统治，拔除尼德兰宗教自由思想，严厉取缔宗教改革运动，把国家事务交到了宗教裁判所的审判官手中。[1]

二、亨利四世时期的王室法

亨利四世是德意志法兰克尼亚王朝最著名的君主之一。虽然他并非最强大的君主，但却在加强王权、发展王室法方面作出了很大的努力。

为了控制地方势力，在亨利四世与教皇格列高利七世之间，展开了围绕主教叙任权的激烈斗争。1075 年，亨利四世坚持控制德意志和意大利北部所有主教的叙任权，格列高利七世则试图使教皇权力凌驾于世俗统治者之上，他警告亨利四世，不要干预米兰大主教职位的确定和授职。1076 年，亨利四世召集全德意志主教在沃尔姆斯开会，宣布废黜教皇格列高利七世。同年，作为报复式的回应，格列高利七世对亨利四世处以破门律，开除、废黜和放逐亨利四世。这导致亨利四世失去民众的支持，又遭到诸侯反叛，皇位岌岌可危。1077 年，亨利四世策略性地向教皇格列高利七世请罪，在卡诺莎城门的风雨中，站立了三天三夜，史称"卡诺莎事件"。然而，获得教皇原谅后，亨利四世重整旗鼓，再次废黜教皇，并于 1084 年出兵将教皇格列高利七世赶出罗马。[2] 1085 年，格列高利七世在流亡中死去。

这场关于授职权的激烈争斗，使德国和北意大利地区陷入混乱，王权、教权两败俱伤。与此同时，地方势力趁机发展，使神圣罗马帝国的政治天平向不利于王权的方向倾斜，王室法受到削弱。由于王权对教会的控制力日益降低，原来拥有广泛世俗权利和一系列特权的教会首脑成为教会诸侯，[3] 形成与王权对抗的新力量。王权与教权的斗争，直到 1122 年《沃尔姆斯宗教协定》签订后才告一段落。

---

[1] 由嵘、张雅利、毛权、李红海编：《外国法制史参考资料汇编》，北京大学出版社 2004 年版，第 285 页。

[2] 谢丰斋编著：《世界中古史——公元 5 至 15 世纪的古代世界》，世界知识出版社 2009 年版，第 190 页。

[3] 侯树栋：《德意志中古史——政治、经济社会及其他》，商务印书馆 2006 年版，第 84 页。

"国王的和平"

亨利四世统治末期，骑士精神盛行，骑士阶层的私战十分普遍，自力救济的滥用使法律变得虚无缥缈。国家无法通过正常的方式，用习惯法中的刑罚原则，压制经常发生的违法情形。国王必须时常制定"国王的和平"的法律，禁止诸侯私战，对那些违反"国王的和平"的人施以严厉的处罚。[1] 这就是"公共和平"法的起源。这一时期，"正当性"的理念越来越得到人们的广泛认可，赋予王室权力以新的涵义。通过各种形式的教育和宣传，国王在维持公共秩序方面发挥着越来越多的作用，并建立起更为强大的军事力量。[2]

1103 年，亨利四世在美因兹宣告"四年的和平契约"，在契约中首次通过颁布"上帝的和平"，以禁止诸侯私战。"四年的和平契约"是第一部由皇帝颁布的世俗和平法令，效力持续四年。它以"契约"的形式出现，在风格、范围和内容上，与 1094 年由巴伐利亚公爵和公爵领地的管理者共同颁布的世俗和平法令大致相同，也要求权贵和人民宣誓。它禁止侵犯或骚扰他人住宅、为金钱而扣押某人、伤害、殴打和杀害，宣布对这些犯罪处以剜去双眼或斩断一只手的刑罚。它重申了巴伐利亚和平条令中涉及偷窃的某些规定，并禁止进入他人住宅追捕自己的敌人。[3]

三、腓特烈一世、二世时期的王室法

（一）王室法成为加强王权的工具

1152 年，腓特烈一世成为"罗马人的国王"。1153 年，通过缔结《康斯坦斯条

---

[1]〔英〕梅特兰等：《欧陆法律史概览：事件，渊源，人物及运动》，屈文生等译，上海人民出版社 2008 年版，第 245 页。

[2] The Editor of History, *Medieval*, *Reviews and short Notices*, In *History*, Blackwell Publishing Ltd., Vol.95, No.318, 2010, p. 227.

[3]〔美〕哈罗德·J. 伯尔曼：《法律与革命——西方法律传统的形成》，贺卫方等译，法律出版社 2008 年版，第 481—482 页。

约》(Treaty of Constance, 1153 年), 腓特烈一世与教皇尤金三世 (Pope Eugene Ⅲ, 1145—1153 年在位) 互相保障对方的权力和利益: 前者保证不与诺曼人和罗马人议和, 除非得到后者同意, 也不将任何意大利的土地赐封给希腊人。在继续反对诺曼人的同时, 腓特烈一世还单方面撤销了其前任于 1148 年对东罗马拜占庭帝国皇帝的承诺。《康斯坦斯条约》还给予以米兰为首的伦巴第联盟以一定程度的自治权, 但腓特烈一世保留了一些重要权力, 试图以较优惠的政治待遇, 谋求在这些城市获得较大的利益。[1]

关于教皇为腓特烈一世加冕条件的规定, 是《康斯坦斯条约》的重要内容。但是未待举行大典, 尤金三世即去世。1155 年, 尤金三世的继任者阿德里安四世为腓特烈一世加冕。然而, 阿德里安四世倾向意大利南部诺曼人的政策, 很快激起腓特烈一世的反感, 导致二者合作关系的破裂。尤其是腓特烈一世发动第二次意大利战争后, 王权和教权的矛盾更趋尖锐。

腓特烈一世对意大利的强烈兴趣, 使之成为其政治事务中最主要的部分。与所有有才干的皇帝一样, 腓特烈一世试图在德意志境内驾驭桀骜不驯的诸侯。他利用《康斯坦斯条约》里的合作条款, 对抗德意志主教区里的反对者, 采取的措施主要有:

1. 1158 年颁布采邑法令, 要求所有接受采邑者为皇帝服兵役。作为土地占有制度的一种, 采邑制是以承担封建义务为条件, 从国王处受封土地, 终身占有并使用土地, 9 世纪以后, 采邑事实上成了世袭领地。王室领地被分割, 导致公共权力分散, 采邑上的王室封臣逐渐摆脱了仆役身份, 而成为自由人。为使他们为王室效劳, 王室给予他们种种权利。腓特烈一世和亨利六世统治时期, 王室封臣的权势达到鼎盛, 负责开疆扩土, 保卫领地, 也参与管理内政, 成为王室最依赖的力量。[2]

2. 将大诸侯的领地分割成多块, 或将原有的伯爵领地提升为公爵领地, 并承认其行使地方分权的权利, 目的是使新公爵领地完全脱离母邦, 并通过德皇的采邑权, 使新公爵领地直属德意志王室。如 1156 年, 奥地利从巴伐利亚公国分出来,

---

[1] Alfred Haverkampf, *Medieval Germany, 1056—1273*, Oxford, Oxford University Press, 1992, pp.224—225,230.
[2] 宁宇:《王室封臣在中世纪德国的兴起 (c.1050—1200)》, 东北师范大学 2002 年硕士论文, 第 26 页。

成为独立公国，奥地利公爵被授予"小特权敕令"；1168年，原属法兰克公爵的世袭领地维尔茨堡市的主教，也拥有了类似奥地利公爵的司法特许权；1180年，帝国会议把隶属巴伐利亚公爵领地的施泰厄伯爵领地，上升为直属王室的公爵领地。[1]

3. 试图将王室直辖领地连成一片，依赖家臣进行统治。腓特烈一世以采邑权为基础，把帝国内可以建立采邑关系的人分为七等，各等级享有向下订立采邑关系的权利。同时，他授予每个直属公爵旗帜，表明公爵要受到与皇帝之间直接采邑关系的约束。此外，力图通过帝国会议形式的王室法庭审判权，创立一种"王室地产诉讼程序"，抑制地方贵族的司法审判权。[2]

4. 作为更进一步的措施，腓特烈一世组织了一种新的封建等级制——盾牌军制度（Heerschildordnung，也称分封次序图），从他的直属封臣中创立一个王公阶级，把他们提升到在其他贵族之上的帝国诸侯等级。他指派帝国诸侯们，到德国西南部的公爵领地士瓦本地区内，替他行使王权，以此将君主与地方机构联系起来。他还强迫大传教士成为他的封臣，以便在他们死后控制他们的财产。[3]

腓特烈分割大领地为小领地的举措，自然引起地方大封建主的不满和反抗。1156年，撒克逊公爵"狮子"亨利叛乱，重获巴伐利亚，成为德意志地方最强大的王公。1168年，他甚至打败了反对他的诸侯联盟，腓特烈一世为此非常忧虑。1180年，借助于解决"狮子"亨利与哈尔伯斯塔特主教及韦尔夫六世的领地争端的机会，在维尔茨堡帝国会议上，众诸侯通过了对"狮子"亨利的判决，剥夺其享有的帝国采邑，使其丧失所有荣誉和权力。[4] 1182年，"狮子"亨利被帝国会议驱逐出境，这是最具当时时代特色的王室法庭讼案。不过到了1190年，为了巩固意大利战争的后方，腓特烈一世的儿子亨利六世又签订协议，将王室土地赠予公爵"狮子"亨利。

亨利六世没有实现攻下西西里王国的主目标，却完成了另一件大事，作为帝国皇帝接受了加冕。由于教会和诸侯的反对，亨利六世不得不暂时放弃世袭君主国的打算。然而1196年，亨利六世的儿子腓特烈二世还是被诸侯们选举为"罗马人的国王"，即神圣罗马帝国皇帝的继承者。

---

〔1〕王亚平：《西欧法律演变的社会根源》，人民出版社2009年版，第181—182页。

〔2〕同上书，第182页。

〔3〕顾盈颖：《中世纪西欧王权与法律关系的变革——论王室法的兴起》，华东政法大学2006年硕士论文，第35页。

〔4〕王亚平：《西欧法律演变的社会根源》，人民出版社2009年版，第180—181页。

亨利六世死后,韦尔夫家族在科隆大主教和英王约翰的支持下,于1198年将奥托四世(Otto IV von Braunschweig, 1198—1215年为德意志国王,公元1209—1215年为神圣罗马帝国皇帝)选为国王。1214年,在著名的布汶战役中,腓特烈二世与法国联手大获全胜,奥托四世被废黜。1220年,腓特烈二世加冕为神圣罗马帝国皇帝,帝国会议也选举他为德意志国王,但他的统治中心在西西里,对德国的事务却不甚关心。接受加冕后,他的首要举措就是集中精力改变西西里王国的混乱局面。

后来,腓特烈二世将德意志王位让给他的儿子亨利七世,自己回到西西里。1234年,亨利七世在教皇支持下参与叛乱,被腓特烈二世废黜,成为一位未被认可的德意志国王。腓特烈二世还派遣由巴伐利亚国王路德维希一世率领的500人的骑士团,到埃及的达米尔塔,帮助遭到重创的十字军攻占埃及。[1]

借助城市的力量增强王室的实力,是腓特烈二世对城市立法的主要目的。西欧中世纪城市都是西欧各级教俗封建主在生产力发展的一定水平上,根据自身的经济需要而建立起来的,城市的兴起亦在一定范围内满足了封建主的经济要求。腓特烈二世以颁发城市自治特许状为条件,要求各城市提供财政和军事援助。他根据城市的规模和经济状况,具体规定了各城市应交纳的税额。[2]

腓特烈二世在位期间发生的许多重大事件,深刻地影响了西欧各国(包括英国在内)的力量对比。[3] 1237年,腓特烈二世的另一个儿子康拉德四世(Konrad IV, 1250—1254年在位)被选为德意志国王。1250年,腓特烈二世突然病逝,霍亨斯陶芬家族日渐衰落。1268年,霍亨斯陶芬家族最后的男性后裔康拉丁在那不勒斯被斩首示众,霍亨斯陶芬王朝覆亡,德意志在意大利的利益随之丧失。

(二) 王室法的内容

在腓特烈一世至腓特烈二世时期,士瓦本的皇帝们为了恢复原始皇权,制

---

〔1〕Alfred Haverkampf, *Medieval Germany, 1056—1273*, Oxford, Oxford University Press, 1992, pp.236,238,245.

〔2〕金志霖:《试论西欧中世纪城市与封建主的关系》,载《历史研究》1990年第4期,第158页。

〔3〕Bjorn Weiler, *Matthew Paris on the Writing of History*, In *Journal of Medieval History*, Elsevier Ltd., No.35, 2009, p.269.

定了大量的封建法律，这里仍将这些制定法分为宪法性规约和公共和平法两类讨论。

1. 宪法性规约

1158 年，腓特烈一世在龙卡利亚会议（Diet of Roncaglia）颁布的有关王权的法律即"王室格言"（Sentrntia de regalibus），是著名的宪法性规约之一。其目的是防止贵族和城邦的政治篡权，可与意大利的"王室徽章"（imperial regalia）相比。12 世纪意大利伦巴第地区的《封地法》（*Libri Feudorum*）中，对"王室格言"也有体现，因此《封土之律》被德国继受，并在其中加入了腓特烈一世 1154 年敕令和 1158 年敕令，是关于封土不能随便转移和如果封臣不能完成服役封土要被没收的规定。[1] 在德意志国家主权成长过程中，"王室格言"和《封土之律》起了举足轻重的作用。[2]

腓特烈一世在德意志境内采取的措施，瓦解了旧的诸侯集团，也扶植起一批新的诸侯，不但无助于德意志王室的集权，反而加剧了德意志的分裂。腓特烈二世时期，采邑地的实力相当强大，国王无法驾驭王室封臣。1220 年，教会诸侯以倒向教皇为要挟，迫使腓特烈二世颁布了"与教会诸侯联盟"的法令，明确维护教会的经济利益，扩大诸侯对城市和领地的权利，以此换取教会和诸侯支持皇权的回报。但是，诸侯们并不因此满足。

1231 年，沃尔姆斯帝国议会投票表决了《有利于诸侯的法令》（Statutum in Favorem Principum，或译为《支持权贵法》），宣布未经城市领主的允许，任何城市中的市民都不得联合起来，不得建立同盟、联盟。这是德意志历史上第一个正式的宪法文件。

1232 年，在奇维达莱，腓特烈二世对《有利于诸侯的法令》略加修改后，再次确认了该法。依据该法，国王必须以书面形式，确认放弃在诸侯邦君领地上行使诸多重要权力，包括最高司法审判权、铸币权、收取关税权等。以牺牲城市自治并承认诸侯领地主权化为代价，获取对领土的巩固，赢得了诸侯对于建立世界

---

[1] 马克垚：《封建经济政治概论》，人民出版社 2010 年版，第 181 页。

[2]〔英〕梅特兰等：《欧陆法律史概览：事件，渊源，人物及运动》，屈文生等译，上海人民出版社 2008 年版，第 246—247 页。

性帝国政策的支持。[1]

通过制定宪法性规约，腓特烈二世将他在西西里王国的统治模式引入德意志，建立了王室司法机构，并赋予其司法审判权。但是，两地宪政环境差异巨大，这些机构并没有像官僚集权的南意大利那样，有效地发挥作用。[2] 面临诸侯势力的增长与挑战，腓特烈二世坚持认为皇帝是最高的立法者和司法官，"只有确立了可以通过坚定的法律秩序保障每个人追求幸福努力的法治国家，才能产生国民的爱国之心"。

不过，腓特烈二世一边说着"君主不得干涉审判，审判只应由法律来支配"，一边却在干涉阿尔诺案件，把卷入此案的四名法官投进监狱。可见，他所说的"法治"并非货真价实，归根到底仍是为了实现集权的目的。[3] 正如 1231 年《梅尔菲法典》（即《奥古斯都法典》）中开宗明义地强调的那样，"腓特烈二世是上帝指定的、由诸侯选出的、罗马的皇帝，颁布这部法典的目的，就是要废除王国内正在施行的其他法律和习俗，任何人都不能违背和对抗这个法典"。

当然，尽管王权的增进第一次以法律文字形式明确规定下来，但是，时代的进程仍然是崎岖的，封建割据的环境不可能一下子被改变。如梅特兰所言，在王室权威恢复的同时，民主立法也蓬勃兴旺起来，王室法的发展并不完全意味着地方法的同时削弱。[4]

2. 公共和平法

尽管面临着王权的分裂，德意志皇帝并没有放弃树立王室权威的努力，他们通过公共和平法，扮演维护帝国和平的角色，同时使之成为干预各邦国内部事务的手段。

1152 年，腓特烈一世颁布了一部《和平法》，规定了"封建土地占有"案件应适用的程序，还规定了谷物的价格等。1158 年，他又在龙卡利亚颁布了《和平法》，规定帝国内无论诸侯、行政官员或普通人，从 18 岁至 70 岁，均须向皇帝宣誓，对其应履行的义务、获得的安全保障及享有的权利作出承诺；皇帝可以在帝国境内

---

〔1〕 王亚平：《西欧法律演变的社会根源》，人民出版社 2009 年版，第 417—418 页。

〔2〕 Alfred Haverkampf, *Medieval Germany, 1056—1273*, Oxford, Oxford University Press, 1992, p.252.

〔3〕 〔日〕大木雅夫：《东西方的法观念比较》，华夏、战宪斌译，北京大学出版社 2004 年版，第 58—59 页。

〔4〕 〔英〕梅特兰等：《欧陆法律史概览：事件，渊源，人物及运动》，屈文生等译，上海人民出版社 2008 年版，第 60 页。

的任何地方设立行宫，设置法庭，委任法庭的所有法官；接受法官职务的人要向皇帝宣誓，表明司法权属于皇帝。1186 年，又颁布了《纽伦堡和平法》，规定"禁止纵火"。但是，这些《和平法》因为德意志政治上的分裂，付诸实施的程度相当有限，有些甚至形同具文。[1]

1235 年，腓特烈二世在美因兹会议上颁布和平法令，史称《美因兹法》。这是一部非常重要的制定法，以德语起草，以德语为官方版本公布，同时在"文秘署"以拉丁文版本记录。该法中，除有关血亲复仇和违反和平的规定外，还规定了许多其他事项，如关税、铸币币制、安全通行权、教会执事职位、庄园法院的组织等。[2]该法第 1 条指明，教会的自由和权利应自由增长；第 4 条规定，法官应由胜任的人来担任；第 22 条至第 27 条规定刑罚，其中包括放逐于法律保护之外的条款；第 28 条规定，皇帝如不能亲自主持审判，可指定一名高级法官，主持皇帝所在地的皇家法庭。[3]

由于亨利七世的反叛，腓特烈二世中止了对意大利北部城市叛乱的镇压，通过《美因兹法》，帮助自己实现控制意大利的长远目标。1236 年，腓特烈二世命令他的诸侯们宣誓，参与他对在北意大利的敌人的战争，占据参战部队主力的是士瓦本和阿尔萨斯地区霍亨斯陶芬家族领地的帝国神职人员。[4]

四、查理四世时期的王室法

（一）短暂的繁荣

1268 年霍亨斯陶芬王朝的灭亡后，德意志在欧陆诸国中的地位被大幅削弱。同时，教权、王权和地方势力的长期争斗，使教会在世人眼中丧失了超凡脱俗的

---

[1] 王亚平：《西欧法律演变的社会根源》，人民出版社 2009 年版，第 184 页。

[2]〔英〕梅特兰等：《欧陆法律史概览：事件，渊源，人物及运动》，屈文生等译，上海人民出版社 2008 年版，第 246 页。

[3]〔美〕哈罗德·J. 伯尔曼：《法律与革命——西方法律传统的形成》，贺卫方等译，法律出版社 2008 年版，第 485—487 页。

[4] Alfred Haverkampf, *Medieval Germany, 1056—1273*, Oxford, Oxford University Press, 1992, pp.252—253.

神圣感，有助于王权与地方势力摆脱教权的牵制。教皇试图通过为国王加冕，获取超越王权的声誉与威望，然而，王权却反过来通过获得教皇加冕，借教会的名义，扩大了势力范围。借助这种声势，王室不断向臣民征税，削弱地方贵族的权力，进而打压教会，甚至逮捕教皇，逐步掌握了实权。在这种背景下，卢森堡王朝（1288—1439 年）的查理四世登基了。

查理四世的统治时期，波希米亚地区势力正盛，一度成为神圣罗马帝国的核心，布拉格则成为神圣罗马帝国的首都。通过联姻和购买等方法，查理四世为卢森堡王朝大大拓展了领土。王权的兴盛，为王室法的繁荣提供了最根本的条件。通过颁布法案，同时鼓励生产和贸易，发展经济，查理四世确保了自己家族的世袭领地，并领导波希米亚在神圣罗马帝国居于主导地位。

（二）《黄金诏书》

查理四世的执政中后期，教会和地方势力联合起来，通过选帝侯制度影响王位的继承，使德意志王室的大权再度衰落。1355 年，波希米亚王国国会否决了查理四世的《查理法典》。13 世纪后，德意志的大权掌控在七位"选帝侯"之手。查理四世执政后，试图将各项王权确定下来。自 1273 年起，选帝侯的数量已固定为七名，不过具体是哪七名，则并未确定。作为波希米亚的国王，查理四世意识到，恢复德意志王权的努力是徒劳的，因此，他尽力使波希米亚获得尽可能多的利益。

为了拉拢各选帝侯，查理四世于 1356 年颁布了《黄金诏书》（因为它盖有用纯金制作的皇帝印章的印鉴，又译"金玺诏书"）。该法的第一编（第 1—23 章）于 1356 年 1 月 20 日在纽伦堡颁印；第二编（第 24—31 章）于 1356 年 12 月 25 日在梅斯颁印。

《黄金诏书》的主要内容为：确定皇帝由七大选帝侯选举产生；规定了诸君的宪法地位；确定各选帝侯在其领地上享有司法、铸币、采矿、征税等特权；每年召开一次选帝侯代表大会，讨论国家大事；选帝侯代表有权参加帝国法院，行使最高司法权；禁止附庸发动反对领主的战争；禁止城市联盟反对选帝侯。[1] 除上述规定

---

[1] 何勤华主编：《德国法律发达史》，法律出版社 2000 年版，第 27 页。

外，还包括有关国家和平的规定，给乡村居民以自治城市市民权（Burgage）等。

作为神圣罗马帝国皇帝，查理四世作出的最重要决定，就是颁布了作为帝国根本法性质的《黄金诏书》，奠定了德意志王国后期的宪政结构。《黄金诏书》深刻地体现出德国封建主义的两重性：对于王权，它是离心力；对于诸侯，它又是向心力。[1]《黄金诏书》的颁布，进一步加强了大封建领主的立法权、行政权和司法权，使德意志的分裂化和皇帝的无权化成为必然，并在法律上得到确认。[2]

第六节　英国王室法

一、盎格鲁-撒克逊时期

王室法的核心是王权。英国封建王权始于何时，一直是争议颇大的问题。一些学者认为封建王权根源于封建制度，"诺曼征服"（Norman conquest）以前，英国并未建立起有效的封建制度，自然没有封建王权的生存空间。如学者所言："英国没有封建制度，也就是说，没有一个以土地占有来服役且骑马作战的骑士阶层，没有封臣与封君的权利与义务的纽带，也没有封建的采邑，封建制度是'诺曼征服'导引过去的，起源于'诺曼征服'。"[3]

诚然，对于英国封建王权的确立，"诺曼征服"确曾起到重要的作用，具有里程碑式的意义，但是，历史不能被割裂开来，任何历史结果的产生往往是大环境长期演进的结果。"诺曼征服"以前，早期的封建经济已经开始在不列颠岛生根发芽，封建的土地形态也已然出现，只不过尚未进化到一个新的封建王权时代而已。诺曼人绝非凭空建立封建王权，而是在英国当地已有的封建经济形态和政治环境下加以改革，从而确立了封建王朝。因此，将这期间封建王权的孕育状态纳入整

---

[1] 侯树栋：《德意志中古史——政治、经济社会及其他》，商务印书馆 2006 年版，第 67 页。

[2] Geoffrey Barraclough, *History in a Changing World*, Oxford, Basil Blackwell, 1957, p.125.

[3] Brawn,R.A, Genesis of English Feudalism,London,1973, p.33. 转引自孟广林：《英国封建王权论稿》，人民出版社 2002 第 1 版，第 55 页。

个英国王室法讨论范围,才是对"诺曼征服"以前英国政治与法律状况的公允评判。

当然,在诺曼王朝的征服过程中,将一套较先进的政治制度与行为理念,带入了相对蛮荒的英国,并在特殊的征服状态下加强中央集权的建立,对此后英国封建王权的建立与王室法的发展,都具有不可低估的重要意义。"诺曼征服"的重要性,与征服前英国本土政治法律制度的重要性,都是研究者不应回避的。

(一)王权建立与习惯法转型

中古时期的英格兰,由迁徙而来的日耳曼部落统治。他们大多脱蒙未久,很大程度上保留着氏族部落、部落联盟的习惯,在法律形态上,可被划入日耳曼习惯法的范围。公元 5 世纪初叶,盎格鲁-撒克逊、裘特等日耳曼部落纷纷渡海而来,对不列颠的土著居民进行了一系列的征服。

经过近二百年的兼并与分化,至 7 世纪初,不列颠岛上形成了七个较大的王国,分别是诺森伯里亚(Northumbria)、麦西亚(Mercia)、东盎格里亚(East Anglia)、埃塞克斯(Essex)、肯特(Kent)、萨塞克斯(Sussex)、威塞克斯(Wessex),史称"七国时代"(Heptarchy,600—870 年)。当时,这些王国保留着很多日耳曼部落的习惯,在法律上也以习惯法作为表现形态,但是另一方面,王权也逐渐与部落联盟首领和地方领主的权力相剥离:国王在身份、形象、权力等方面不但迥异于平民,而且迥异于普通贵族,只不过仍旧受到日耳曼习惯法的限制,这种剥离的进度异常缓慢而已。

829 年,七国中最强的威塞克斯的国王埃格伯特(Egbert, Ecgberht, Ecgbert or Ecgbriht, 802—839 年威塞克斯国王,825—839 年肯特国王)初步统一英格兰,建立了英国中世纪早期的重要王朝——威塞克斯王朝(802—1066 年,共传 16 王,至 1066 年被诺曼人攻灭)。此时,丹麦人继盎格鲁-撒克逊人之后入侵英格兰,他们带来的北欧习惯也影响了英国法,使早期英国的习惯法中不仅包含着盎格鲁-撒克逊人的习惯,也融合了丹麦人、诺曼人的习惯。

876 年,威塞克斯王阿尔弗雷德与丹麦人首领卡斯拉姆(Guthrum ,? —890 年)订立条约,使丹麦人退居北方"丹麦区"(Danelaw),即英格兰东北部的里斯特郡、约克郡、诺丁汉郡、林肯郡等地区，在此实行丹麦法，形成"丹麦法区"。1018 年，丹麦人克努特（Knud II den Store，1016—1035 年英格兰国王，1018—1035 年丹麦国王，1028—1035 年挪威国王）制定了英国法制史上著名的《克努特法典》（Cnut's Oxford code），糅合了北欧习惯法和盎格鲁-撒克逊习惯法的部分内容。[1]"丹麦法区"的产生和《克努特法典》的制定，把北欧法的观念和习惯带到了英格兰。如史家 J.H. 贝克（John Hamilton Baker）所言，正是在此时，"law"这个词语由丹麦人传入了英语。

这一时期，由贵族组成的"贤人会议"（Witan）对于王国的决策与管理，有决定性的作用。尽管王位的继承通常在王室家族内部产生，但一旦产生争议，也可以由"贤人会议"选举决定国王人选。可见，此时王权颇为弱小，只有在贵族首领妥协的间隙中，才有生存与施展的空间。国王的命令往往不过是贵族集议意见的传声筒，这种民主制的遗风，仍是来自早期日耳曼部族的半军事体制。[2]

"贤人会议"是盎格鲁-撒克逊时期除国王之外唯一的权力机构，由更早时期的"长老议事会"演变而来。国王有权召集"贤人会议"，其人员来自三个部分：

一是教会人士，即坎特伯雷和约克两个大主教以及几十个主教和修道院长。

二是世俗贵族，即拥有大量土地的大贵族。

三是王室官员，这一时期，国王的行政事务处理，须依赖王室官员才能完成，因此，负责国王文秘工作的文书长、负责财政工作的王室总管、负责安全保卫的侍卫长等等人员，皆在此列。

"贤人会议"并非常设性的机构，其组织与召开皆无成规。出席的人数、所议事项也没有固定的规则，而是根据现实的需求而定。

"贤人会议"拥有立法、咨询、行政、决策和司法等多种职权，这些职权还混杂在一起，本质上还是早期社会议事规则的延续，缺乏体系化与分工。随着时代的发展和社会进程的加速，这种体制逐渐变得落伍，脱离了社会现实的需要。但是，

---

[1] 克努特是丹麦史上最著名的国王，史称"克努特大帝"。他是哈拉尔（蓝牙王）之孙，斯凡（八字胡须王）之次子。1014 年，斯凡征服英格兰大部，成为第一个被英格兰人承认为国王的丹麦人。克努特在位期间，丹麦国势达到鼎盛，他先后成为英格兰国王（1014—1035 年在位）、丹麦国王（1018—1035 年在位）和挪威国王（1028—1035 年在位）。

[2] 马克垚:《英国封建社会研究》，北京大学出版社 2005 年版，第 8 页。

这种与时代需求的脱离和落伍，并非立刻产生的，在某些领域，"贤人会议"仍能发挥正常的功能。例如，"贤人会议"实质上承担着中央法院的职能，有权受理各种案件，由会议组成人员集体行使判决权，而国王却没有独立审判案件的权力。就此意义而言，"贤人会议"是回眸英国法律制度及其王权发展时不可忽略的重要内容。

到了公元 8 至 9 世纪，上述状况开始得到改变。学者将阿尔弗雷德国王去世（899年）至"诺曼征服"（1066 年）时期的英国称为"后期盎格鲁–撒克逊王国"[1]。这种命名在学术上虽不无争议，但是在此期间，英国的王国制度发生了诸多变化，开始由日耳曼部族的军事民主制度下的蛮族王权向封建王权转变，却是毋庸置疑的。

这种由蛮族色彩浓厚的王权向封建王权的转变，摆脱日耳曼军事民主制的束缚，是当时时代需求的产物。随着兼并战争和抵抗丹麦人战争的进行，对战士的赏赐成为激励士气、获取胜利的重要手段，土地作为战利品，理所当然地成为赏赐的主要内容。国王的近臣与亲兵不断地因为战功而获得土地，逐渐演变成贵族阶层，以为国王服军役为己任。教会人士也通过国王赏赐以及其他手段，获得了大量土地，逐渐成为封建贵族。另一方面，战争的不断进行，打乱了原有的社会秩序，大量因失地而破产的农民成为流民，不得不寻找拥有土地的贵族作为依附者。新兴的教俗贵族拥有大量的土地，理所当然地成为了最好的依附对象。

农民纷纷依附于封建贵族，封建贵族则利用经济关系和国王赐予的领主司法权，建立了严密的封建依附关系，使原有的自由农民逐渐向农奴转化。这种社会机构大调整的趋势，随着战争的延续，得以进一步巩固。在这种社会变革的推动下，国王依靠封建贵族的支持，利用神权政治的外衣，运用国家立法与司法的强制手段，不断地挑战并突破日耳曼军事民主制度的旧规，逐步树立起了王权的公共政治权威，并创立出一套国家统治机构。

也就是说，公元 9 至 10 世纪，威塞克斯等早期王国在抵御丹麦人入侵的过程中，已经基于实际的需求，逐渐发展出早期封建化的体制，并建立了相应的行政体制与司法组织。行政方面，是郡—百户—村镇的体系，司法方面，则是郡法院、百户区法院为主体的地方居民体公共法院（Communal Courts）。[2]

〔1〕Loyn, H.R. The Governance of Anglo-Saxon England, London, 1984, p.79.

〔2〕马克垚：《英国封建社会研究》，北京大学出版社 2005 年版，第 11 页。

当时，郡法院不仅作为司法机构存在，也是主要的地方政府机构。一开始，郡法院由国王和"贤人会议"共同任命的"方伯"（earldormen）主持召开。"方伯"集司法、行政、财政、军事权力于一身，俨然独居一方。为了抑制其权势，避免割据，国王逐渐剥夺他们的权力，将实权更多地授予易于控制的郡长，使得"方伯"从实权的官职，逐渐转变成荣誉性的贵族头衔，最后演变为纯粹的爵位，名称也改为伯爵（earl，又译郡长）。[1]

随着国家制度的初步构建与王权的确立，法律的主要内容也发展转变，习惯法的重要地位逐渐被带有制定法性质的法律汇编代替。7世纪起，国王在"贤人会议"的协助下，对各地习惯法加以整理，并汇编成为成文法典。如600年，肯特国王颁布了《埃塞尔伯特法典》；694年，威塞克斯国王颁布了《伊尼法典》；890年，阿尔弗雷德国王在研究肯特的《埃塞尔伯特法典》、威塞克斯的《伊尼法典》、麦西亚的《奥发法典》（Law-code of Offa）及《圣经》和教会规则的基础上，制定了著名的《阿尔弗雷德法典》。至1018年《克努特法典》颁布时，英格兰已制定过11部成文法典。[2]

（二）早期司法制度

盎格鲁-撒克逊时期，不列颠岛上已经有了较为完整和体系化的司法机构。中央司法机构为"贤人会议"，地方则有郡法院、百户法院和村镇法院。这些机构承担的司法职能，包括依据习惯法来解决和裁判民众纠纷、惩治犯罪等。

当然，这一时期的司法专业化还只是初现端倪，在整体上，司法与行政管理的区分还不存在，机构设置上也仍旧浑然一体。这些司法机构同时也是行政机构，在行使司法审判职能的同时，也行使社会管理的权力。重要的是，司法职能是其主要职能而非从属职能，其特色是居中仲裁而非依法执行，因此，它们虽然与近代意义上的司法机构有所殊异，却显示出其作为欧洲近代法治思想源头的重要地位。

---

〔1〕程汉大、李培锋：《英国司法制度史》，清华大学出版社2007年版，第6页。
〔2〕戴维·M.沃克：《牛津法律大辞典》，李双元等译，光明日报出版社1988年版，第45页。

作为唯一的中央司法机构，"贤人会议"在司法组织体系中占有毋庸置疑的重要地位。虽然带有行政机关的色彩，但其主职能仍是司法审判，并通过执行审判职能而对法律的内容与走向产生重要影响。

"贤人会议"的法律职能主要通过两条途径行使，一是与国王共同制定并颁布法律，如《伊尼法典》是公元694年国王伊尼与长老们协商之后制定的。《阿尔弗雷德法典》则在序言中声称："这些法律由国王出示给贤人会议，他们一致表示同意应予以遵守"。[1] 二是审理涉及国王以及高等贵族的重要案件。

当时，社会阶层已然开始分化，"同侪审判"（*judicium pariumn*）的传统已开始萌芽，一旦发生诉讼，只能由与当事人社会等级相同的人进行审判。"贤人会议"是由贵族组成的，因而，在涉及贵族的专属案件上，只有"贤人会议"才有审判资格。也只有"贤人会议"的判决才具有终审效力，一旦做出，即使国王也无法对其进行更改。

地方的司法机构按其管辖范围，可分为村镇法院、百户法院、郡法院。

村镇是盎格鲁-撒克逊时期的基本社会组织，是日耳曼公社的演变形态。村镇通过选举，产生村长和村镇会议，村镇会议即村镇法院，其组成人员包括全体自由民。在召开时间方面，一般并无定规，所议事项主要包括村镇的公共事务，如协调村镇间土地使用权、调节水源使用、组织修筑道路桥梁、进行大规模的农耕作业等。在行使社会管理职能的同时，村镇法院也处理轻微的不法行为，并为村民之间的纠纷进行调解。村镇法院的司法权并不大，凡是重要的案件，均须交给百户法院或郡法院审理。

百户是建立在村镇基础上的行政单位，由数个村镇组成，一般包括一百户以上的自由居民。百户法院由郡长任命的百户长主持，大约每四周召开一次会议。相较村镇法院而言，百户法院拥有的司法权要广泛地多，可以审理有关财产所有权、继承权、土地转让、地界纠纷、契约或交易纠纷等所有民事案件，以及盗窃、抢劫、凶杀等各类刑事案件。至公元10世纪后期，百户法院的地位进一步加强，在国王推动封建化的过程中，郡法院和"贤人会议"的权力遭到削弱或限制，大量的案件审判权被下放到百户法院。当时国王曾规定：凡是能在百户法院处理的案件，均

---

[1] 程汉大主编：《英国法制史》，齐鲁书社2001年版，第32页。

不得提交郡法院或"贤人会议"。

郡是较高等级的行政单位，由若干个百户组成。由于地理、经济及人口的差异，各郡所辖百户数目并不相同，较大的郡可以包括一百个以上的百户，而较小的郡所辖百户不足十个。但是，无论郡的大小，所有郡都设有郡法院，且每年都会召开两到三次。郡法院原是由出身皇亲国戚的"方伯"主持的，后来，改由国王任命的郡长主持。最初，凡是居住于郡内的自由民，都有权利和义务出席郡法院，并可提起并参与审判，但是，随着封建制度的建立，审判权逐渐与土地所有权联系在一起，只有自由土地所有人才有资格出席郡法院审判，排除了农奴的参与权。

即便作出诸多限制，出席郡法院的人数仍十分庞大，因为大大小小的封建主与自由农民都是土地所有者。但是，由于出席郡法院纯属义务，并无报酬可拿，当时的交通状况又很糟糕，出席法院需要付出不菲的成本，因此即使有权出席者，也往往千方百计寻找理由逃避义务。在小贵族和自由农民阶层，这种现象更为普遍。由此导致出席郡法院的人数一般不超过百人，百户法院则只有数十人或者十几个人。教俗贵族往往并不亲自出席法庭，而是委派其总管代为出席。由于长期负责大贵族的家务与地产管理，富于组织才能和社会经验，总管在法院常能起到较为主导的作用。

盎格鲁-撒克逊时期的司法机构设置，有明显的地域性特征，是日耳曼蛮族法在不列颠岛上的延续与演变。尽管在阶层上有高下之别，但在司法权限与效力上，这些法院并没有明显的差异，并不存在近现代司法体系中的纵向隶属与管辖关系。所有的案件都是一审终审，不存在上诉程序，当事人也没有二次权利救济的有效方式。整体上的粗糙与制度上的可完善性并存，是当时英国相对落后的生产方式的旁证，也是封建化过程中不懈努力与演进的样本。这也治注定了它将面对一场轰轰烈烈的改革，幸运的是，这个制度框架下留存了足够的空间，为改革提供了和缓的舞台。

（三）地位与特点

盎格鲁-撒克逊时代的英国法虽然还有草创期难以避免的诸多瑕疵，但已经初具规模，在许多方面已摆脱了蒙昧，司法体系的建设也独具特色，在日耳曼法的基础上，走上了建立属于自己的法律制度的道路。

此时的英国，仍处于较为混乱的阶段，各王国战争不断，丹麦人又频繁入侵，缺乏建立统一法律制度的客观条件。尽管在封建化的过程中，习惯法的吸收与法典的制定对于法律的统一起了重要的作用，但是从根本上看，英国仍没有建立起从上到下统一的法律制度。各地之间的法律仍有较大的差别。东部诸郡实行的是以盎格鲁习惯法为主的法律，而南部则是以撒克逊人的法律为主，北部在丹麦人的殖民统治之下北欧习惯法的影响非常明显，而东南地区的肯特郡则长期保有裘特人的习惯法。由于客观环境的局限与历史的积淀，这一状况很长时间内难以得到根本的解决，即便是"诺曼征服"之后的一段时间里，法律多样性与分散性状况仍然没有得到改变。

在司法机构的设置上，司法职业化的路径只是初现端倪，并没有产生专门的常设专职法庭，也没有专任的职业法官，国家机构的设置与分工中，尚未认识到独立司法机构的重要性。无论中央的"贤人会议"还是地方的郡法院、百户法院，直至最基层的村镇法院，都是拥有多种权力的综合性机构。在审判案件的同时，行政事务、财政事务乃至军事事务，都在这些机构的职能范围之内。对于法院组成人员来说，从事审判不仅是一种权力，更多地是一种义务，在审理案件的过程中，他们不仅扮演审判官的角色，也同时承担着起诉人的任务。案件的判决是由出席审判的法院组成人员一致作出的，法院的主持人仅仅是法院成员的召集者、审判过程的组织者和判决结果的宣布者。[1]

从诉讼程序的角度考察，更能体现当时法律制度简单落后的时代特征。诉讼程序没有被固定程式化，不仅简略，有些地方更是粗陋而随意，早期习惯法的痕迹处处可见。在审判方法上则更为原始，有些审判方法甚至是早期社会神判的遗留，充满神秘主义与原始迷信色彩。这对于当时刚刚走出野蛮状态未久的英国来说并不意外。思想上的愚昧、文化知识的极端贫乏，加上教会迷信说教的广泛传播，使人们普遍认为上帝是全知全能的，可以支配世间万物。因此，每当遇到是非曲直难以分辨的时候，人们便求助于上帝来区分真伪、伸张正义。神判法、决斗法

---

[1] 马克垚：《英国封建社会研究》，北京大学出版社 2005 年版，第 25 页。

都是求助神灵的裁判方法，法庭上的宣誓也是通过对上帝保证，以确保证词的真实性。违背上帝意志和欺骗上帝，被当时的人们认为必定会遭天谴。

但是，这一时期的法律并非全是缺憾与不足，历史的发展是整体的过程，以后世的眼光来看，在此期间的法律固然存在种种不足，却是英国法律制度的奠基时期，对于以后的英国法律的发展方向和法律传统的形成都具有深远的影响。

这一时期，奠定了英国政治法律制度中"国王在法律之下"的重要传统。英国早期历史上的统治者，大多为外族迁入，缺乏统治基础，较难形成"君王在上"的观念根基。初民社会的民主制与部落联盟的长老协商制度，成为影响英国王权与政治制度发展的重要因素。尽管在名义上，国王取得了最高统治者的地位，拥有凌驾于其他封建主的权力，但是，他（她）并没有取得超越于法律之上的绝对权力。许多时候，他（她）甚至无法按照自己的意志制定和颁行法律，相反，必须和臣民们一起服从社会公认的习惯法。例如，"贤人会议"的认可，是国王合法继承王位的必要条件；国王制定的重大政策，也必须与有影响的社会代表协商后方能决定；重大案件不是由国王，而是通过"贤人会议"的审判才能作出终审判决。尽管在此后的岁月中，王权不断加强，封建主权力不断削弱，但是，"国王在法律之下"的传统，却一而贯之地保留了下来。这一传统，使英国法在历史中一直保持（相对其他国度或地域的法来说）相当崇高的地位，令专权与独裁者不得不处处受其掣肘。

这一时期，也奠定了英国法保护个人权利、重视个人利益的传统。如前所述，英国早期历史上有较多外来的统治者，他们出于统治权宜的考虑，不得不给予当地自由民较大的权限，为他们的自由留出了较大空间，保留了大量当地的习惯法。如恩格斯所言，英国法律制度不同于欧洲大陆各国的独特之处，就在于对个人自由的保障，也就是个人自由、地方自治以及司法审判不受任何干涉的独立性。[1] 这一时期，英国已经产生了"个人安宁"应受法律保护的观念。司法领域更多地体现的是地方自治或半自治，自由民可以通过多种方式，参与到审判活动中来。在审判过程中，习惯被不断地获取、熟悉和传播，使居民的法律意识和权利意识得到提高。这使得法律观念和权利意识在刚刚摆脱蒙昧的英国扎下了根，使之没有

---

[1]〔德〕恩格斯：《家庭、私有制和国家的起源》，人民出版社1955年版，第148页。

成为空洞的理念与说教，而是成为每个人对自身权益的关注与维护。法律对于个人权利的重视、个人对于法律权威的普遍尊重，也自此成为英国法律文化的鲜明特征。

二、"诺曼征服"后的制度建设

（一）"诺曼征服"与王权扩张

诺曼人是日耳曼民族居住于日德兰半岛与斯堪的纳维亚半岛的北方支系，自 8 世纪以来，就利用航海技术的先进，对处于分崩离析状态的欧洲各国不断劫掠袭扰。在此过程中，一支南侵法国的诺曼人在塞纳河下游的滨海地区定居下来。911 年，他们迫使西法兰克王国国王查理签订《埃彼特河畔的圣克莱条约》(Treaty of Saint-Clair-sur-Epte)，使其首领获得公爵头衔，从而得以将领地合法化。[1] 诺曼公国就此建立，并在名义上成为了法国国王的封臣。

在法兰西与基督教文明的濡染之下，诺曼人的生产方式与经济运营模式，也逐渐摆脱了惯常的劫掠，转而以农耕为主。在一个多世纪的时间里，他们迅速实现了封建化，骑士制度、庄园制度等，被其吸收采纳。与此同时，诺曼公爵的实力不断增强，尽管摆脱了海盗式经济状态，但是彪悍勇猛、善于战争的习性却被保留下来，并随着领地经济实力的提高而进一步得到增强。

10 世纪，诺曼公爵领地实现了封建宗主政权的建立与巩固，成为当时"欧洲发展得最充分的封建社会之一"。[2] 在封建化的进程中，一些权势显赫的大家族，从公爵那里接受土地分封，并给予公爵强有力的支撑，巩固其政权。在他们的支持下，公爵的势力日益壮大。

除获得世俗贵族的支持外，诺曼公爵还利用神权，进一步巩固自己的权威。尽管囿于教会的限制，处于封臣地位的公爵，并不能享受体现王权神授的涂油加冕仪式，但是，公爵仍然通过对于教会神权政治传统的利用，巩固自身的统治。

---

[1] 孟广林:《英国封建王权论稿》，人民出版社 2002 第 1 版，第 62 页。

[2] 同上书，第 67 页。

基督教的各项宗教政策，都成为历任公爵重视的工作。尽管主观动机并不如基督教教义要求的那样单纯与真实，但是，现实的作用还是显著的，教堂与修道院的建立与增长，意味着成熟的教区制度已是诺曼公爵领地封建化进程卓著的一个标志，对于教区主教等高级神职人员的任命权，更意味着宗教力量已为公爵操控。

10 世纪下半叶至 11 世纪，诺曼公爵对世俗贵族与宗教势力的控制不断加强。尽管在一些细节方面，由于现实因素的干扰，而得到修正或妥协，但是，对于教俗贵族的控制与利用，后来还是成了中世纪英国历史进程的主线。当然，这一进程亦非英国独有，在欧洲走向封建化的过程中，对于地方实力派与宗教势力的运用，是每位统治者均须着重解决的问题。只不过在英国，由于特殊的海岛环境，使这种控制与统驭具有了别样的意义。英国王权日趋增长的进程，由于外来的突发因素而得空前巨大的转变，这就是 1066 年的"诺曼征服"。

对于英国的封建化进程和政治体制变革而言，毋庸置疑，"诺曼征服"的影响极为深远。没有任何一位英国国王，比征服者威廉（William the Conqueror，诺曼底的威廉二世，William II of Normandy，1035—1087 年在位；即英王威廉一世，William I of England，1066—1087 年在位）更声名显赫，也没有任何一次事件，比"诺曼征服"更多地被讨论。

此后数百年的历史证明，"诺曼征服"并非偶发的事件。其导火索虽显偶然，但是，地理上如此接近的两个政权，发生政治联系实属必然，区别只在于先战后和，还是先和后战。"诺曼征服"是发生在一个在割据势力中缓慢成长的王权，与一个已经羽翼丰满的地方强势政权之间的对话，二者实力悬殊，结果不难预料：在不列颠岛，领主势力壮大，王权则相对孱弱，内耗削弱了王国的力量，而诺曼人的势力不断增强，并且团结一心，充满进取心，与政治危机频频的前者不可同日而语。这大致决定了 1066 年 10 月哈斯金斯战役的结局：诺曼人大胜，英王哈罗德阵亡，其地位被诺曼公爵威廉取代。

"诺曼征服"后，平定英格兰各地的任务，花了威廉一世约五年时间。相对于诺曼底，英格兰的土地要辽阔得多，建立起有效统治绝非易事。与本土居民相比，征服者的人数过于稀少，而且有明显的语言和文化上的差异。征服者的财产，也大部分留在欧洲大陆，他们对于这片尚待开发的土地的热忱，需要逐渐培养。更重要的是，如何树立起合法的国王权威，而非以外来征服者的面孔出现在英国人面前，如何将军事占领转化为合法的政治统治，成为摆在威廉一世面前的大问题。

"诺曼征服"之前，诺曼人已经受到法国封建主义的影响。他们在入侵法国北部并最终定居下来后，成为法王的封臣，并很快学习了法兰克传统下的封建制度。不过，诺曼人的封建与法兰克人的封建有所不同，他们的中央权力更为强大，各级封臣都须向诺曼公爵宣誓效忠。他们建立了一种在当时欧洲最有效率的政府机制，即所谓"诺曼人的行政天赋"。"诺曼征服"之后，他们需要立即运用这种"天赋"，建立一套稳固的统治体系。

在封建制的发源区法兰克帝国的疆域内，由于是历史地发展起了封建制，其间波折良多，区域差异也很大，因此，各地区的土地保有关系，实际上并不完全符合封建性的等级分封，而是存在一些不属于封建体制的土地，如德意志地区的非封建土地。[1] 不列颠岛的情况就有所不同。武力征服虽有种种弊端，亦有其便利之处，即能够获得千载难知逢的机会，去尝试此前处于理论或理想状态的制度形式。威廉一世将征服到的土地，分封给自己的亲信，后者成为他的直属封臣。

对于下层土地主和底层民众而言，"被征服"的感觉并不强烈，看起来只是过去的盎格鲁-撒克逊土地贵族，换成了新来的诺曼贵族而已。但是事实上，统治方式和国家性质已发生了深刻的变化，真正意义的封建土地保有自此形成，原先的"习惯地"全部成了国王的领地。威廉一世要求所有的封臣——包括所有通过再分封获得封地的下级封臣——都向国王宣誓效忠，以加强统治。这样，英格兰所有的土地保有，在法律上都源于国王，表现出超过欧洲大陆的封建性，甚至到了近现代，这种性质仍然存在。

一定程度上，诺曼人在英格兰实现了封建主义的真正理想："任何人都必须有自己的领主"。相对于欧洲大陆而言，英格兰建立的这种诺曼封建制，具有较为特殊的特征：一方面，在土地保有方面，实行了完全的封建分封，所有的土地都被纳入封建体制之中；另一方面，这种封建体制仅仅限于土地与私法领域，政治上则中央王权强大，在当时西欧诸王权中为其翘楚。

---

[1] F.W.Maitland:*The constitutional history of England*,Cambridge,1911,p.156.

（二）封建政治制度的建立

"诺曼征服"后，国王在地方上任命了郡守，管理当地政府工作，负责主持郡会议与法院。郡守的任命权虽由国王掌握，但很大程度上，仍不得不倚重当地的贵族。但是，诺曼体制取代盎格鲁-撒克逊体制，还需要很多时间，国王越来越发现，无法依靠郡守来保障自己的地方利益。

至 12 世纪末，国王设置了"监督官"，以监察郡守的工作。但是，监督官仍是通过地方选举产生，所以时间一长，也不能对国王利益起到管理和保护作用。于是，渐渐产生了"治安法官"的体制。治安法官体制的产生也经历了一个过程：12 世纪末，曾要求地方选任当地骑士，以维持治安并负责监禁囚犯；13 世纪中期，曾设置"治安护卫官"；爱德华三世时，则设置"治安保护官"，其权力大致可以惩治郡守及其属员的不法行为。

"诺曼征服"以后，诺曼人的行政天赋确实得到了充分地展现，这对英格兰的政制产生了重大而深远的影响。"贤人会议"终于由于无法适应时代的变化，而逐渐退出历史舞台。诺曼人将源自诺曼底的"公爵廷"（Curia Ducis），移植到了不列颠岛，稍作改头换面，设置了"王廷"（Curia Regis，又译"御前会议"）。此时的"王廷"，仍然兼具行政、司法甚至立法的职能，从表面上看，与盎格鲁-撒克逊时代的"贤人会议"非常相似，但是，二者之间的关键区别，在于"贤人会议"是最高的政务机构，不对任何上级负责，拥有终决权；而"王廷"之上则有国王，所以有时也被译为"御前会议"。[1]

将"Curia Regis"、"King's Court"译为"王廷"，相对于旧译"王室法院"而言，可以更全面地涵盖其行政执行、司法审判乃至立法的综合机关性质。下文将提到的"郡廷"、"百户廷"亦是如此，过去的汉语著述常将它们译为"郡法院"、"百户法院"，突出了其司法性质，但淡化了其行政性质。实际上，此时的"王廷"、"郡

---

[1] "王廷"的法语表述"Curia Regis"与英语表述"King's Court"词根相同，Court 原意为院子，意指长老们围坐在院子里的长凳上议事，King's 的前置使其性质大变，松散的早期民主被紧凑的中古集权制取代，使之成为后来王室法院的前身。

廷"和"百户廷"还不是真正的审判权分离意义上的法院，只能说是后来王室法院、郡法院和百户法院的前身。

"王廷"有两种形式，一种是由众多贵族组成的"大会议"，负责对重大事项的讨论决定，并不经常召开；另一种是由国王的近臣及一些过往特别征召的贵族，组成的规模较小的"小会议"，负责日常的政务。"大会议"本应由所有的直属封臣组成，但在英格兰，直接受封于国王的人非常多，以至于不可能召集这样大规模的会议，于是才有了小会议的设置，并渐成为常设机构。其组成人员包括最高司法官（Justiciar）、大法官（Chancellor）等，国王的内府官员也起到重要作用。[1]不过，两种会议的决定均以"王廷"——实际上就是以国王——的名义发布，而是用"王廷"的名称涵盖二者。这显示在王权的统驭之下，代表贵族集议的"大会议"和代表王室专权的"小会议"不再被严格区分，前者逐渐臣服于后者。

对于贵族而言，出席领主会议，并不像近代社会进入议会那般荣耀，只是承担一种义务而已。要知道，当时贵族的思想中主要是地区，还没有形成明确的"主权国家"观念，他们关心的是"私"利而非"公"利。"王廷"的性质是复合的，承担了各种统治职能，可以决定财政、行政、军事、司法等各种问题。贵族们参与其中，是希望尽可能地确保自己领地的利益。

与欧洲大陆不同，诺曼人在不列颠岛创建的，是一种较为强大的封建王权。他们有能力控制完全封建主义的分裂态势，实施中央化的政府管理。不过，当时还没有现代化的交通工具、通讯工具、武器、侦查及检验设备，也没有现代化的文书和档案体系，他们能够倚仗的不是现代化的高效行政机器，而是一种封建性会议和私人性官员的混合体。这种体制的维持和发展，确实需要非常合理的顶层制度设计和高明的统驭手段。

诺曼人之所以能在英国建立西欧最早的集权性国家，使国王的有效统治从上到下，成为联系不列颠岛国利益的纽带，依恃的是王室强大的政治力量和相应的物质基础。同时，习惯法和教会对王权"合法性"的认可，以及民众对宗教的热忱，

---

[1] 内府原先是一种负责国王个人生活起居的机构，而在盎格鲁—撒克逊时代，内府就已经开始参与到国王的政府工作中，并且形成了一种较为有效的机制。诺曼底公爵原先也有内府，征服英国之后也就参照两边的旧制赋予其政府管理的职能。

促进了他们对王室的尊重。在法国及欧陆其他各国，随着土地的层层分封，权力层层下放，"国王的附庸的附庸不是国王的附庸"，许多地区的国王实际上被架空。[1]

诺曼人则避免了这种情况的出现。1085—1086 年，英王在各地组织 12 人陪审团，调查全国的土地和赋役情况，统计征税人口，史称"末日审判书"（Domesday Book）。全国各地的封建主被要求出席索尔兹伯里盟誓大会，向国王行臣服礼，宣誓"永远忠于国王，反对国王的一切敌人"。国王的直接封臣再分封土地时，次一级封臣除宣誓"因为领有您的土地，我将效忠于您"外，必须附加一句"除效忠国王之外"，形成所谓"国王的附庸的附庸，仍是国王的附庸"的体制。[2]

"诺曼征服"之后，为了与诺曼底保持一致，原先的"shire"改称"county"，郡的管理官员"郡守"仍称为"sheriff"。地方上原有的盎格鲁-撒克逊贵族，替换成了诺曼贵族。最初，这些封建性质的贵族仍然很有权力，但不久之后，在中央权力打击叛乱的过程中，很多诺曼伯爵的土地遭到剥夺。郡守作为中央官员，有时也是中央某个部门的官员，并且通常是重要的直接封臣，所以拥有很大的权力，包括税收、治安、军役、法院、令状执行等等。他们主管"郡廷"和"百户廷"，更多的是作为行政官，而不是司法裁判官。

然而，与王权相抗衡的封建体制，仍在许多方面保持活力，并时刻有回潮之险。1100 年，大多数郡守的职位已可以继承，逐渐形成地方势力，对王权再次产生威胁。1300 年前后，又出现了另一种危险的制度，郡守变成由郡当地选举产生，导致大地产者控制地方权力。1315 年，英王明令禁止这种选举。此后，还有一些法律为此作出专门规定，如郡守任期仅为一年，前任郡守三年内不得再任等，这些规定的本质，归根到底是中央与地方的控制权和利益分配权之争。[3]

13 世纪时，完整的"郡廷"成员，已经包括大主教、主教、修道院院长、副院长、伯爵、男爵、骑士和自由保有土地者、镇长、每镇的四名代表以及每个自由市的12 名市民代表，实际上包含了一个地方议会的所有要素，能够执行一切政府事务。但是它们的权力逐渐分散转移，一则地方议会兴起，获得了议事决定权；一则治安

---

〔1〕马克垚：《英国封建社会研究》，北京大学出版社 2005 年版，第 59 页。

〔2〕阎照祥：《英国贵族史》，人民出版社 2000 年，第 35 页。

〔3〕W.S.Holdsworth, A.L.Goodhart, H.G.Hanbury, J.M.Burk, *A History of English Law*, Vol.2.London,Methuen.1956,p.66.

法官兴起，取得了原属郡守的法务权力。此后，当郡守成为执行令状的官员时，"郡廷"才逐渐演化成处理司法或半司法事务的机关。

与"王廷"分化为大会议、小会议一样，"郡廷"也出于事务性质的不同，分化成了所谓"大议事会"（Maggior Consiglio）和"小法院"，逐渐与此前大不相同。"郡廷"的地位日趋衰落，其综合权力机关的性质日益减退，只保留了司法审判方面的权能。"百户廷"亦与之相似，只是更加无足轻重，某些职权近于治安警察权。正是在"王廷"、"郡廷"、"百户廷"的分化过程中，我们看到了中世纪英国统治方式的别出心裁的一面：司法成为国家统治地方的重要手段，更为重要的则是法律而非权力成为判断是非的标准。

只有在此意义上，我们才能理解梅特兰的名言："整个英格兰司法和警察史，可以在'郡守的衰落与终结'的标题下展开"。在郡守行政权力衰落的同时，"郡廷"的司法权力被凸显出来。12世纪时，许多郡守同时担任巡回法官。到13世纪时，情况出现了微妙的变化，在"郡廷"参与案件审理的巡回法官不再是郡守，而是更为专业化的常任法官。在此过程中，"郡廷"越来越成为司法中央化的一部分，失去其地方化色彩而成为普通法院序列之一级。13世纪末，刑事、民事管辖权均已转入普通法院的管辖范围。

1215年，《大宪章》（即《自由大宪章》）禁止了郡守审理重大刑事案件。大约稍后，郡守被降到百户区去审理一些轻微的刑事案件，负责誓证制度的运作。于是，从"百户廷"中又分离出了郡守裁判庭，专门负责此类刑事管辖，"百户廷"和"郡廷"则行使民事管辖权。爱德华一世末期（1307年以前），"郡廷"的管辖范围越来越小，主要表现在以下几方面：

（1）债务和侵权案件方面，根据格罗切斯特法令的规定，"郡廷"不得管辖标的额超过四十先令的案件。当时这个数额已属颇大，此后货币贬值，此金额却一直不变，使越来越多的案件进入王室法院。

（2）"郡廷"可以根据特定令状，管辖任何标的金额的案件，但此类令状的签发越来越少。

（3）亨利二世（Henry II，1154—1189年英格兰国王）以后，王室法院管辖土地占有案件，封建法院管辖土地所有权案件，但郡守有权签发命令，将案件从封建法院转移到王室法院。但是，后来此类案件都从普通诉讼法庭开始，郡守的这种权力也成为具文。

（4）亨利三世（Henry Ⅲ，1216—1272 年英格兰国王）时，禁止"郡廷"成为任何法院的上诉法院。1268 年，《马尔伯勒法令》（Statute of Marlborogh）将错判案件的管辖权专属王室法院。"百户廷"与"郡廷"相似，在"郡廷"发生的衰落状况在"百户廷"也同样发生，并且更快。

在中世纪的观念和实践，现代民族国家样式的中央权力还属于闻所未闻的事物，因此，凡是所谓"地方政府"，在绝大多数情况下都是"地方的政府"之意，而不是"由中央政府建立于地方并施加控制的政府"。但是，诺曼人进入不列颠之后，几代国王却有划时代的创举，通过向地方上派出巡回法官，对地方行政和郡守加以控制。巡回法官的四处巡回，逐渐架空了郡守的权力，将中央权力成功地渗透到了地方行政过程之中。[1] 这种权力的行使，是以一种司法的过程进行的，这一点非常重要。由此以降，英格兰的政制变动，大多被置于法律框架内进行，而不是通过赤裸裸的强力来推行。

巡回法官通过各种不同的委任状任命并行使职权。在各类委任状中，一般巡回权的适用范围最广。最为重要的，是授予法官听审所有讼案的委任状，这些受委任的法官被特称为"巡回区之法官"。他们在委任状指定的郡或附近数郡，开设一般巡回法庭，处理各项事务。13 世纪初，直到 14 世纪初，这种一般巡回法庭在当时郡的政府管理中占有极重要的地位，其运作方式、执行手段则与郡守相似，因而日益取代郡守。

一般巡回法庭的工作分为三大类——陪审团和巡回法庭讼案，王室诉讼，囚犯提审——并且在这些不同的类目之下分有不同的案卷。一些受到较多限制的委任状可能任命法官处理陪审团和巡回法庭案件或者囚犯提审事宜，但一般巡回委任状下的法官有权审理王室诉讼，这个巨大的权力是一般巡回的特点，如此一来事实上一般巡回法官就几乎管辖了当地政府的一切事务。

为了进行一般巡回法庭的查证程序，需要召开代表大会，召集郡内所有的官员、

---

[1] W.S.Holdsworth, A.L.Goodhart, H.G.Hanbury, J.M.Burk, *A History of English Law,* Vol.2.London,Methuen.1956, pp.72—73.

法官、贵族等参加。所以，第一步就是向郡守签发一般传唤令状，然而，将传票发给所有须出席的人，上至大主教，下至市镇代表，都会收到这种传票。自前一次一般巡回法庭开庭之后的所有案件，都要送来受审，郡守及其属员也须前来述职，包括一切执行事项、令状、特许状等，也须送来接受审查。

此外，一般巡回法庭召开期间，其巡回地区所有其他法院必须停止运作。郡当地的地方法院停止，其他所有有限委任状下的巡回法官也停止，由郡诉至普通诉讼法院（Court of Common Pleas）的案件转交巡回法院审理。但是，同巡回法庭无关的事务并不停止，财政署法院（Court of Exchequer）和王座法院（Court of King's Bench）的案件也不转来审理，因为财政署专管王国财政税收事务，而王座法院的级别至少同一般巡回法庭相同，主管王室诉讼，这些法院的工作是对巡回法庭的补充，无需转来处理。

（三）国王司法权威的建立与制衡

"诺曼征服"之后，诺曼诸王借助于盎格鲁-撒克逊旧制，开始建构中央化的政府，郡守和"郡廷"的衰落，表明了中央权力对地方控制的逐渐加强。

在地方政府中，也可以明显地发现机构的分化和官僚化倾向。诺曼人拥有的行政天赋，使他们无论是在诺曼底、英格兰还是在西西里，都能建立起强大的中央政府和高效的行政机构。不过须注意的是，英格兰和西西里都是通过武力直接征服的，在这种状况下，诺曼统治者往往在最初就拥有较强的中央权力。他们的真正才能在于，在拥有中央权威的情况下试图建立一种更有效率的政府。而其他的民族，例如法兰西人或德意志人，或许并非缺乏这种才能，而是从一开始起就受困于封建主义、缺乏中央权威而已。

盎格鲁-撒克逊的英格兰，并没有封建主义的传统。诺曼人要提高统治效率，也不得不考虑地方的贵族和自由传统。在中央化的过程中，在中央和地方之间进行沟通的制度建设是非常困难的。诺曼人的聪明之处在于，最初通过郡守消解地方贵族的权力，此后又通过巡回法官消解郡守的权力，正是在此过程中，得以在维持一定程度的地方自治和自由的同时，将中央权力尽可能延伸至底层。一般巡回法庭的集会声势浩大，是旧式地方法院的会议中最庞大的，1313—1314 年肯特郡一般巡回法庭，约有 1500—2000 人同时出席，这虽是旧式的集会处理政务形式，但在王室法官的主持之下，体现的却是中央王廷的新式政务处理方式和普通法的新原则。[1]

盎格鲁-撒克逊时期，沟通中央和地方的是郡守和郡会议，在诺曼诸王治下则通过巡回法官，一方面监督地方行政，一方面沟通中央和地方的政府运作，其信息和权力传递高度畅通的优点，可谓显而易见。"巡回法官被证明是对郡守权力最好的审查监督方式，同时又是国王与地方政府之间的桥梁。从王室内府或法院中选择优秀的高级教士和男爵担任巡回法官，使之成为王室法院及其权威的放射物，将王国与治下所有地区联结在一起。"[2]

诺曼式巡回法官体制的另一优点，是运用法律的形式传递权力。相对于直接的权力形式，法律更为常规、稳定和公开，更易于在被统治者心目中形成统一和公正的权力形象，从而在不破坏地方自治和底层自由的前提下，顺序地实现中央权力的扩展。可以看到，巡回法官虽然承载了某些政治方面的功能，但这些政治功能仍是通过法律方式运作的，由此形成的"法律至上（supremacy of law）乃是政府的最大目标"的观念，成为后世立宪政府稳定性的保证，在 17 世纪为立宪国家斗争的过程中起了很大作用。这种信念不是政治哲学家的抽象理论，而是在巡回审判的制度实践中造就的，更使其拥有强盛的生命力，逐渐成为英国人的政治信条。

在中世纪的开端年代，欧陆国家普遍经历了一段相当长的封建割据时期，王权式微，集权式微，对地方力量的成长无所作为，也使地方自治缺乏先觉条件。相比欧陆而言，英国的封建贵族尽管也有分裂的倾向，但其势力尚不足以压倒王权，所以，贵族与王权之间反而形成了一种平衡。这种平衡状态，在整个欧洲历史上都颇为罕见。

在中世纪的英国，除了王权可通过多种途径限制贵族外，地方贵族也同样拥有一些手段来制约王权。贵族限制国王的一大武器，是封建法誓约。封建法又称

---

[1] W.S.Holdsworth, A.L.Goodhart, H.G.Hanbury, J.M.Burk, *A History of English Law,* Vol.2.London,Methuen.1956, p.267.

[2] 同上书，p.269.

封建领主法，是规定领主和封臣之间臣服、统领、利用和保护等封建人身约束关系的法规。这种封建人身约束关系，不是单向的绝对支配和服从关系，而是以互惠互利为前提的双向关系，是一种类似规定领主与封臣之间权利义务关系的契约。在这种契约关系中，领主和封臣分别享有某些确定无疑的权利，又分别负有某些相应的义务。这些权利和义务虽不见于成文法律，却为国王与贵族所熟知，并制约着双方的行为。如果其中一方单方面拒绝履行自己的义务，或者越出自己的封建权利，则被视为"违法"行为，另一方有权要求对方予以改正。

国王与他的直属封臣之间，就是这样一种封建法关系。在这种关系中，国王的权利对应的是封臣的义务，国王的义务对应着封臣的权利。国王作为领主，有权要求贵族按照封地的大小，提供数量不等的骑士义务，并有权征收继承税、助钱或其他封建捐税。国王也有义务率军作战，维护正常秩序，保护贵族的人身和土地财产安全。贵族的权利构成了一套约束王权的规范，成为封建贵族限制与对抗王权的法律武器。一旦作为封建领主的国王侵犯了作为封臣的贵族的权利时，贵族就有权借助封建法进行抗争。

英国自下而上占主导的建国道路，既实现了中央的必要集权，又保留了地方原有的独立权力，使地方自治有可能在早期社会民主遗风的基础上起步。作为中世纪英国地方自治机构主体的"郡廷"，最初并非国王创制，而是在早期社会部族集议的基础上演变而来的，保留了较多的民主传统。就"郡廷"而言，最初，郡内所有自由民都有权利和义务出席，其民主性质非常显著。后来，随着封建土地所有制的建立，"郡廷"的出席权与土地所有权结合起来，丧失了土地依附的农民遂被剥夺出席资格，使"郡廷"由一个原始的民主机构，演化成一个封建贵族操纵的地方政治机构。[1]

英国中世纪形成的王权与地方贵族的力量均衡，一直延续到中世纪之后科技与人文进入革命初始状态的 17 世纪。18 世纪，英国中央政府的权力从国王转向议会，后者取代王权，与地方贵族构成了新的二元均衡，一直延续到 19 世纪。这种二元结构的长期存在，为贵族自治的发展提供了良好的空间，使其能够从中世纪

---

[1] 李培锋：《英国中世纪的地方自治及其成因》，载《中西法律传统》（第三卷），中国政法大学出版社 2003 年版，第 235 页。

一直延续到近现代。一言以概之，始自中世纪的地方贵族与中央的二元均衡结构，不仅是地方自治最早在英国起步的重要原因，也是英国日后走上一条"自发演进型"自治道路的关键所在。[1]

三、12、13 世纪的英格兰王室法

（一）从诺曼王朝到金雀花王朝

诺曼王朝时期，基于王权的推动，从欧陆引入的制度与盎格鲁－撒克逊传统在冲突中逐渐结合，普通法也逐渐产生。王权的扩张、中央集权的加强，为普通法的形成提供了强大的政治基础。

如前所述，征服者的强力统治，加上原先盎格鲁－撒克逊的法律传统，产生了一个强大的王权。在这个强大王权之下，产生了将领主个人身份、管辖权和土地占有紧密混合的领主权。而诺曼贵族从欧陆带来的新的土地占有观念和习惯，则在上层社会成为普通法上财产权的基础。与此同时，诺曼统治者通过提供司法服务，宣示王权，加强集权，为普通法的产生提供了广泛的社会基础。[2]

依靠征服者的威势，威廉一世通过"末日审判书"的方式调查土地和人口数量，通过分封，建立君臣关系，形成强大的英格兰王权。土地占有和领主权之间，有密切的联系，向领主宣誓效忠的，才能被领主赐以永佃土地。永佃土地上的佃户，在很多方面类似于普通法上的财产占有人，盎格鲁－撒克逊和诺曼王朝的土地占有实践，与大征服及殖民行为彼此结合，并相互影响，为普通法在实体上和适用上奠定了基础。[3] 出于对土地占有人的保护，包括国王法院在内的各种法院，都为土地纠纷提供司法服务。

---

〔1〕李培锋：《英国中世纪的地方自治及其成因》，载《中西法律传统》（第三卷），中国政法大学出版社 2003 年版，第 237 页。

〔2〕〔英〕哈德森：《英国普通法的形成——从"诺曼征服"到大宪章时期英格兰的法律与社会》，刘四新译，商务印书馆 2006 年版，第 34 页。

〔3〕同上书，第 128 页。

　　威廉一世即位后，就着力将教会法庭与世俗法庭的司法管辖权相分离，以此加强国王司法权。至亨利一世时期，英格兰强大的王权基本成形。财政署掌管税收大权，御前大臣等职务组成的"王廷"成为国王宫廷生活管理中心，兼国家行政中心。至 1135 年，王室法官开始巡回全国，到地方郡县法庭听讼，将国王的司法管辖权扩张到全国各地。对司法懈怠和错误判决的处理是王室的权力，案件的移送管辖也是王室的权力，司法权的集中在此初见端倪。

　　1135 年，亨利一世意外死亡，其外甥斯蒂芬（Stephen of Blois，1135—1154 年英格兰国王）与其女玛蒂尔达（Matilda，1102—1167 年）因争夺王位继承而开战。[1]诺曼王朝刚刚建立的强大王权，在斯蒂芬执政时期发生松动。在十多年的争斗中，英格兰的很多地区，都出现了王权瘫痪的情况，迫使斯蒂芬通过建立伯爵领地的方式，将其王权进行了分割。领主们借机僭越王室，扩充了自己的权势，对争端解决形式和司法权配置也产生了影响。王室忙于与政敌争斗，无暇过问纠纷，纠纷当事人转而向领主法庭、教会法庭求助，削弱了王室司法权。[2]

　　王室司法权在诺曼王朝末期陷入瘫痪，并不表明这段时期英格兰法律发展的中断。僭越王室权力的领主们，竭力模仿王室在解决纠纷中采用的手段，使得法律得以延续和发展。后来的亨利二世，因此可以在其刚刚获得统治权的王国内恢复秩序。斯蒂芬的无政府时期在妥协中结束，1154 年，玛蒂尔达与安茹伯爵之子亨利成为英王，史称亨利二世，开创金雀花王朝。在英国法律史上，亨利二世是公认的对普通法产生与发展产生过重要影响的国王。他在法律和司法上的一系列措施，被称为"亨利二世改革"（Legal Reforms of Henry Ⅱ），是普通法形成的里程碑。

　　亨利二世登基后，为重新加强已经涣散的王权和中央司法权，颁布了《克拉灵顿宪章》（Constitutions of Clarendon，1164 年）[3]、《克拉灵顿诏令》（Assize of Clarendon，1166 年）等法令，限制教会特权和教会法庭对世俗案件的管辖权，将大陪

〔1〕〔美〕朱迪斯·M.本内特、C.沃伦·霍利斯特：《欧洲中世纪史》，杨宁、李韵译，上海社会科学院出版社2007 年版，第 291 页。

〔2〕〔英〕哈德森：《英国普通法的形成——从"诺曼征服"到大宪章时期英格兰的法律与社会》，刘四新译，商务印书馆 2006 年版，第 129 页。

〔3〕"Constitution"一词现在通常被译为"宪法"，用于此处稍夸大，有时也被译为"章程"，用于此处稍贬低，因此可以译为"宪章"。

审团制运用到刑事审判中。他还下令设立由职业法官组成的专门性、常设性的法院，发展了令状制度，将行政令状司法化，将王室法官的巡回审判制度化。这些措施极大地加强了王室司法权，巩固了中央集权，普通法也由此基本形成。

亨利二世之后，"失地王"约翰在位时期，叛乱的贵族迫使在军事和外交上遭受失败的约翰王签署了著名的《大宪章》(1215年)。《大宪章》要求国王放弃部分权力，尊重司法程序，接受"王权须受法律限制"的规定。尽管距离资产阶级革命尚有遥远的时日，《大宪章》已迈出划时代的步伐，作为世界历史上第一部具有宪法意义的文件，成为英国日后建立宪法政治和第一个宪政国家的开始。

亨利三世时期，英国普通法初具规模，王室法院建立了较完善的司法机构体系。司法机构的完善，则刺激了法律职业群体的产生，并逐渐形成利益共同体，进一步推动法律的发展。作为这一时代法律发展代表的，是布拉克顿（Henry De Bracton，约1216—1268年）的《英格兰的法律与习惯》。该书对当时的普通法发展进行了归纳与总结，使普通法不再仅仅是地方伦常惯习的记录，而是逐渐拥有像罗马法那样的理性内核，开启了普通法的理性化进程。

至金雀花王朝第五位国王爱德华一世时，普通法已臻于基本完善。爱德华一世在位期间，发布了一系列土地立法，对土地产权作出了详细规定。司法组织也更加完善，王室司法权大大加强，领主的司法权被限制。议会也逐渐规范化，1295年建立了模范议会。爱德华一世被称为"英国的查士丁尼"。经历了从诺曼王朝到金雀花王朝近三百年的发展，伴随着王权的扩张与加强，英格兰的普通法也逐渐产生和形成。

(二)"王廷"司法权与普通法发展

1."王廷"司法权的扩大

威廉一世即位后，为了使其新生的封建王权的权威地位得到确保，按照"忏悔者"爱德华王时的旧制，让"王廷"兼任王国的最高法庭之权。"王廷"对国王所有的封臣来说，都是最高的领主法庭。

作为封建制社会金字塔的最顶层，威廉一世有权审理所有关涉其封臣的案件，通过"王廷"实现了司法权威。一个典型的案例，是审理大主教兰弗兰克和肯特伯爵奥多之间的土地诉讼案。据史料记载，威廉一世接到其心腹兰弗兰克的上诉后，当即下令肯特郡法庭，即刻开庭审理，将该郡所有的诺曼贵族和熟悉传统土地习惯法的盎格鲁–撒克逊贵族传唤到庭，还派出了自己的代表主持审理。审理的结果是，依仗旧王族出身的奥多侵占的土地，被判决归还原告兰弗兰克大主教。[1]

"诺曼征服"后，"王廷"中由大贵族组成的御前会议，成了承担重要审判职能的整个王国的最高法庭。它虽然兼具向国王提供建议、商讨国事和决议大政方针等功能，但主要职能是司法审判。威廉一世将先前的英王的"国王的安宁"（King's Peace，又译"国王的和平"）的法治观念，进行了强化和扩大化，盎格鲁–撒克逊时期的"国王的安宁"，还仅局限在特定地点、特定时间内，威廉一世则将"国王的安宁"的范围扩大到包括破坏"教会的安全"、"国内的和平和安全"、"司法公正"等行为。这种扩张，使这一时期的"国王的安宁"的内容比"诺曼征服"前更广、更抽象。[2] 这种抽象的定义，把"王廷"司法权扩大到社会生活的每个方面，无论何时、何地、何种破坏社会秩序的刑事犯罪行为，都被视为对"国王的安宁"的破坏，由此，封臣和自由民的重大刑事案件和叛乱要案，都被划归到王室法院的司法权管辖之下。

早在"诺曼征服"之初，为了避免教权对王权的干扰，进一步加强"王廷"司法权，威廉一世已下令将教会法庭与世俗法庭分开，规定教会法庭只能审理涉及违背宗教道德法则和侵害宗教权利但又未被明确界定的违法案件。[3] 至亨利一世时期，由于他夺取了诺曼底，为处理那里的事务，不得不来往于海峡两岸，有时数年都不在英格兰。为此，亨利一世有了法律控权的明确意识，在制度建设上进行了一系列措施。他把御前会议的一部分成员留在英格兰，在自己前往法国时，由他们全权代行国王职权。

亨利一世还建立了财政署（Exchequer），由经过专门训练的人员管理财政和税收，并对与财政相关的争议享有即席裁决的司法权。亨利一世还命令地方法庭，

---

[1] D. C. Doulas & G. W. Greenaway ed., *English Historical Documents, vol. I*, London, 1998, p.450.

[2]〔英〕梅特兰：《英格兰宪政史》，李红海译，中国政法大学出版社 2010 年版，第 70—72 页。

[3]〔英〕哈德森：《英国普通法的形成——从"诺曼征服"到大宪章时期英格兰的法律与社会》，刘四新译，商务印书馆 2006 年版，第 60 页。

仍然按照爱德华国王时期的方式开庭，而不是任意的其他方式。[1] 这阻止了封建领主法庭对地方公共法庭的蚕食，抑制了私人司法权的扩张。

亨利一世还将早先的王室法官巡回审判制度固定下来。制度一旦确定，执行制度时就可灵活多变；反之，如果制度过于松散，执行时就政出多门，甚至陷于乱局。巡回审判体制确立后，亨利一世可以不定期地派钦命法官，到各郡参与案件审理。王室巡回法官到了地方，便接管"郡廷"的司法工作，经由这一途径，国王把地方诉讼纳入到了中央司法的权限之内，这种制度性控制对普通法的产生具有重要的作用。

2. 普通法的产生

经过诺曼王朝末期的混乱，王权有所松动。亨利二世即位后，大力恢复国王权威，进一步加强中央集权。经历了"亨利二世改革"，普通法逐渐兴起，"亨利二世改革"是普通法发展史上的重要里程碑。

一般认为，亨利二世的法律改革始于《克拉灵顿宪章》。1164 年，经过与坎特伯雷大主教托马斯·贝克特（Thomas Becket，1118—1170 年）的激烈斗争，亨利二世在克拉灵顿召开议事会，并以"Constitution"的形式发布诏令，旨在限制教会特权和宗教法庭的权力，史称《克拉灵顿宪章》。[2]《克拉灵顿宪章》规定了调整国王与教会关系的原则，进一步处理了教俗司法管辖权的争端，明确了国王在宗教领域的司法终审权。

处理了"王廷"司法权与教会司法权后，1166 年，亨利二世又颁布《克拉灵顿诏令》，以扩大"王廷"司法权，对刑事诉讼进行了重大变革，以限制封建领主的司法权。[3] 根据这一法令，王室法官或郡守在每个百户区召集 12 名、每个村镇召集 4 名守法之人宣誓作证，并对他们进行调查询问，以便对当地犯罪予以指控。[4] 这种通过宣誓作证进行调查的做法，虽然并非亨利二世首创，但亨利二世将其稍

---

[1] A. Harding, *A Social History of English Law*, London, 1966, p.27.

[2] D. C. Douglas & G. W. Greenaway ed., English Historical Documents, vol. Ⅱ , London, 1998, pp.766—770.

[3] 此前的中文著述曾将 1164 年的"Constitutions of Clarendon"译为"第一次《克拉灵顿诏令》"，将 1166 年的"Assize of Clarendon"译为"第二次《克拉灵顿诏令》"，不妥。其实两者的性质有所不同，此处分别译为"《克拉灵顿宪章》"和"《克拉灵顿诏令》"。

[4]〔英〕哈德森：《英国普通法的形成——从"诺曼征服"到大宪章时期英格兰的法律与社会》，刘四新译，商务印书馆 2006 年版，第 141—142 页。

作改易,首先运用到了刑事指控之中,由此建立了后世称为"刑事大陪审团"(grand jury)的指控制度,仍然堪称创举。

整体来看,法律生成与司法运作是亨利二世的重心所在。普通法的许多制度,都在这一时期得以建立和巩固:

(1)首先,设立了由职业法官组成的专门性、常设性法院。1178 年,亨利二世在威斯敏斯特建立了中央法庭——普通诉讼法院,受理一般民事诉讼。一般认为,这个设立于 1178 年的普通诉讼法院,是英国历史上第一个独立于立法、行政等政务的专职法庭。它由 5 名王廷成员(2 名教士和 3 名贵族)组成,常驻威斯敏斯特大厅,随时受理来自全国的各种投诉。[1] 通过这项改革,此前的临时性司法机构实现了固定化和专门化。

(2)起始令状(original writ)的创新运用。亨利二世统治时期,令状程序是王室法院一切民事案件的基础。不仅如此,在地方法院的民事案件中,令状也发挥着举足轻重的作用。令状还是财政署收缴捐税的得力渠道之一。在管辖权、程式诉讼及案件类型等方面,起始令状都促进了王室法律在王国范围内的统一性,促进了英国普通法的诞生。令状制度从管辖权、程式诉讼、案件类型等方面促进了王室法律在全国范围内的统一,又依赖巡回审判制度的运行,通过审判这种法的实践活动使王室法和王室司法惠及全国。[2]

(3)巡回审判。巡回法庭早在亨利一世时期就已经出现,但那时只是偶尔使用,在随后的斯蒂芬内战时期又一度中断。经过斯蒂芬无政府时期后,1154 年亨利二世继承王位后,决定将和平和秩序重新带回王国,为实现这一目的,约 1166 年,他派出王室法官在王国内展开巡回审判。通过 1166 年的《克拉灵顿诏令》和 1176 年的《北安普敦诏令》(Assize of Northampton),英国建立起了常规的巡回审判制度,王室司法权延伸到全国的各个领域,王室法庭几乎包揽了全部刑事案件和自由土地纠纷案件。[3]

---

〔1〕 F. Pollock & F. W. Maitland, *History of English Law Before the Time of Edward I*, vol. II, Cambridge: Cambridge University Press, 1968, pp.153—155.

〔2〕〔英〕哈德森:《英国普通法的形成——从"诺曼征服"到大宪章时期英格兰的法律与社会》,刘四新译,商务印书馆 2006 年版,译者前言第 X 页。

〔3〕陈太宝:《中世纪英国巡回审判制度对国王司法权威的影响》,载《东北师大学报(哲学社会科学版)》,2012 年第 1 期,第 80 页。

除以上三项措施外，亨利二世的司法改革还体现在陪审团认定事实方法的运用上。如前所述，1166 年的《克拉灵顿诏令》开启了大陪审团指控制度，1176 年的《北安普敦诏令》进一步扩大了陪审团的检举权限，明确了陪审团和法官的不同职权，使大陪审团检举制度更加完善。关于民事案件中陪审制审判的运用，早在 1164 年《克拉灵顿宪章》中就有规定。[1] 1179 年，亨利二世又颁布了《权利法令》，规定在土地权利争议案件中，被告有权自主选择决斗法，还是由王室法院采用陪审制审理。常设法庭、令状制度、巡回审判和陪审制等措施的实行，使王室司法权得以空前加强和集中，促成了英国普通法在亨利二世强大王权的推动下逐渐形成。

（三）13 世纪普通法的形成

一般认为，普通法的基本成型于公元 13 世纪，即英王亨利二世至爱德华一世之间，主要是亨利三世统治期间。其间，普通法的内容初具规模，诉讼也形成了较为固定的程式，并出现了布拉克顿这样的法学家。布拉克顿的著作《英格兰的法律与习惯》全面总结了此前的普通法。

亨利三世统治时期，以制定法形式分布的法律很少，以敕令形式分布的则较多。王室的法官们发展了令状制度，用新的令状补充既有法律的不足，特别在土地法方面。亨利三世以前，制定法更为罕见，一直以来，法律被当做习惯的一部分，国王虽会偶尔解释、澄清一些法律条文，但是极少订立新法。他们极为尊重传统，对于改变旧规抱以高度谨慎的态度。更为重要的是，从"失地王"约翰王与贵族们签订《大宪章》（1215 年）开始，继亨利三世时期的《牛津条例》（Provisions of Oxford，1258 年）后，大体形成了"法律要由国王和贵族们组成的大议会或国会共同制定"的惯例。

爱德华一世虽然也接受了上述思想，但时代的发展还是迫使他有所改变。他在位期间，颁布了许多法律，补充和完善了民事、刑事方面的王室司法权。较多王室法律的出现，将英格兰既存的法律更细则化、系统化。在爱德华一世的统治下，

---

[1] F. Pollock & F. W. Maitland, *History of English Law Before the Time of Edward I, vol.* Ⅱ , Cambridge: Cambridge University Press, 1968, p. 137.

普通法的司法制度得以形成和巩固。[1]

普通法形成的标志之一，是令状制度的最终定型。13世纪中叶，大法官签发新令状以满足社会发展需要的做法，在扩张王室法院管辖权的同时，大大打击了封建贵族的领主法院的管辖权。贵族们深感不满，在约翰王时代，贵族们经过武力抗争，于亨利三世时期迫使国王在《牛津条例》中同意不再签发新令状，意味着令状制度的定型。[2]

普通法形成的标志之二，是专门从事法律职业队伍的出现。一方面，由于令状的繁多和复杂，一旦错误就导致败诉，使得诉讼逐渐成为只有熟悉相关专门知识的人才能承担的事务。13世纪，早期的律师出现了。有些被称为"助诉人"（pleaders），他们通晓法律，懂得何种案件该申请什么令状，才能更有利。但是，他们只能帮助当事人进行诉讼，当事人可以否认他的言论和行为，以避免败诉。另一些被称为"代诉人"（attorneys），他们代替当事人出庭参加诉讼，相当于当事人亲自出庭，其言论和行为的后果及于当事人，当事人要为案件胜败负责。助诉人和代诉人的活动日益频繁，成为后来律师职业群体的前身。[3]

另一方面，由于司法事务日益繁重，兼管司法的"王廷"等机关不堪重负，12世纪末至13世纪中，司法机构开始独立化。在专职法院建立的过程中，专业法官也随之产生。为了强化王权，亨利三世于1232—1234年实施政府改革，重建了中断多年的王座法院，并赋予其纠正普通诉讼法庭和巡回法庭错案的权力。几乎同时，财税法庭从财政署分化出来，巡回法庭也确立了综合巡回、民事巡回和清审监狱巡回三种形式，巡回审判逐渐正规化。这些司法机构的变化，大力地推动了法官职业化进程，使法官从早前的由封建权贵兼任的、无薪酬的法官，发展到了专人专任、有薪酬的专职法官。当时的编年史作者巴黎的马修提到这一变化时评论到：至此，"法律已明显地和政治相分离"。[4]

---

[1]〔美〕朱迪斯·M.本内特、C.沃伦·霍利斯特：《欧洲中世纪史》，杨宁、李韵译，上海社会科学院出版社2007年版，第298—299页。

[2]《牛津条例》没有官方的文本，只保存在编年史的记录中。See H. Rothwell ed., *English Historical Documents*, vol. IV, London, 1998, p.363.

[3] P. Brand, *the Origins of the English Legal Profession*, Oxford: Blackwell, 1992, pp.48—65.

[4] W. S. Holdsworth, A.L.Goodhart, H.G.Hanbury, J.M.Burk. *A History of English law*, vol.2, London: Methuen, 1956, p.226.

法律从业人员队伍的出现和扩大，产生了专业技能学习和培训的需求。最初，是各类法律人士招收一些学徒，帮助工作，兼习法律。爱德华一世时代，出现了专门的法律行会和兄弟会，一些法律学徒自发组织起来，在中央法庭所在地威斯敏斯特寺，利用实习的机会，讨论各种疑难案件，成为日后律师学院(Bar)的滥觞。[1]

普通法形成的标志之三，是其自身归纳梳理需要的出现。曾经长期担任巡回法院和王座法院法官的布拉克顿，在继承和发展前人研究成果的基础上，进一步将普通法系统化，写出了《论英格兰的法律和习惯》一书。当时记载在羊皮纸上的诉讼卷宗，被布拉克顿作了系统地整理。他通过对令状的注释，对诉讼程序的比较分析，将普通法的基本框架构建了起来。

在《论英格兰的法律和习惯》中，布拉克顿阐述了普通法的基础命题"法律是发现的，而非创制的"，同时，提出了"遵循先例"这项普通法的基本司法原则，由此奠定了 13 世纪以后普通法发展的主导方向。[2]

(四)《大宪章》的订立

如前所述，普通法的产生和形成，与王权的不断加强密不可分。"王廷"司法权对封建贵族司法权的争夺，是王权与贵族之间开展权力争夺的战场之一。当然，从根本上说，权力背后的经济利益，是双方争夺的实质。

自"诺曼征服"以来，历代国王都竭力地加强集权，伴随王权强化的，是贵族权力的相对弱化。国王与贵族的权力之争与经济矛盾，到约翰王时期，与英法之间的领土争端交织在一起，加上约翰王个人的猜忌多疑，最终酿成了英格兰王权的严重统治危机。正是在此意义上，13 世纪早期约翰王与贵族们签订的《大宪章》，成为英格兰封建史上的重要一页。

1215 年《大宪章》的订立，是英格兰历史上第一次由贵族发动，由国王、大臣和大量民众共同参与的立法活动。从普通法的角度看，通过《大宪章》的订立和颁行，地方法院、城市法院、庄园法庭等，都被迫向着一个大致相近的法律程

---

[1] P. Brand, *Courtroom and Schoolroom: the Education of Lawyers in England prior to 1400*, Historical Research, 1987.

[2] 齐延平：《自由大宪章研究》，中国政法大学出版社 2007 年版，第 191 页。

序靠拢；王权、教权、贵族权的斗争，也开始了由成文法律控制的趋势。[1]

1. 政治背景与经济危机

1199 年，醉心于十字军东征等海外征伐的"狮心王"理查一世（Richard I, Richard the Lionheart, 1189—1199 年英格兰国王）去世，留给弟弟约翰一个烂摊子。连年的海外作战，早已掏空了国库。约翰的王位也并不稳固，当时竞争英王王位的，还有理查一世的侄子——法国的布列塔尼（Brittany）公爵亚瑟一世。在两人的王位之争中，金雀花王朝的贵族们分成了两派，在英格兰的盎格鲁-诺曼贵族支持约翰，在法国的安茹贵族则支持亚瑟。法王腓力二世与亚瑟一世结盟，与约翰开展开斗争。经历数次失利后，约翰与腓力二世达成和议，法国方面承认约翰为英王，代价是约翰失去了诺曼底的领土。

在国内，约翰即位后，继续在巩固亨利二世以来的王权，官僚体制进一步发展，王室机构的开销日益增加。约翰还不断地对苏格兰、威尔士和爱尔兰进行征服和镇压反叛，并一直准备反攻和收复诺曼底。连年征战导致了严重的经济危机，12、13 世纪之交，英格兰出现了第一次有记载的通货膨胀。羊毛、粮食等商品的大量出口，换来大量的白银输入，白银又被用于查理一世以来急剧上升战争经费，造成了王室实际收入的锐减。约翰王即位前，牛的价格上涨了 118%，羊的价格上涨了 132%，小麦的价格上涨了 264%，其他的谷物如燕麦、大麦等都有相当幅度的上涨。[2]

为了应付王室开销和军事支出，弥补财政亏空，约翰加紧了对贵族的盘剥，盾牌税即其一例。盾牌税本是免除封建军役的费用，按理只能在有战事的时候，才能向贵族征收，但约翰在和平时期也要征收。亨利二世和理查一世时代的 45 年间，共征收了 11 次盾牌税，约翰在位 16 年，征收次数竟然也达 11 次，而且价格大幅增加，这无疑会招致贵族们的极大不满。[3] 为了防止贵族们逃税，约翰制定了严格的防范措施和惩罚手段，在征收前，要求所有贵族的管家向王室法官申报主人和自己的动产和收入的价值，谎报者将被监禁或罚没土地。不少贵族只能将土地和财产

---

[1] 齐延平：《自由大宪章研究》，中国政法大学出版社 2007 年版，第 166 页。

[2] E. Miller & J. Hatcher, *Medieval England: Rural Society and Economic Change 1086—1348*, London, 1978, p.66.

[3] C. W. S. Barrow, *Feudal Britain*, London, 1979, p. 197.

移转到教堂、修道院来逃避,但许多人仍被查出,受到惩罚。[1]

约翰还通过卖官鬻爵、随意提高遗产继承金、出售王室森林开垦权、控制贵族婚姻等手段榨取钱财。在国王的繁重征调和压榨之下,贵族负债成为这一时期的普遍社会现象。横征暴敛的政策使得贵族阶层的不满情绪逐渐孕育,等待着爆发。

2."失地王"和《大宪章》

中世纪英格兰的王权危机,在约翰在位期间爆发,与其性格弱点也有很大关系。作为国王,约翰猜忌多疑、刚愎专横又恩威失当,使其难以成为能够恢复父辈荣光的国王。据学者研究,约翰在对待贵族重臣时,为排除异己而进行毫不留情的弹压,即使那些位高权重的大贵族,也时常被罚款、监禁,甚至罚没领地。他的多疑猜忌,更使其在对待贵族时的态度变化无常。如学者所言,"历史记录清楚地显示,他有时就像对待敌人一样嫉妒、猜疑自己朋友,这种性格是他与生俱来的。"[2]对贵族重臣的猜忌,使约翰转而信重心腹,甚至是雇佣军首领。受其委派的"王廷"内府臣仆,逐渐把持王室的财政与司法大权,有的还受封为大领主或地方行政长官。这种排斥大贵族、恩宠私仆的做法,使王权与大贵族之间的裂痕进一步加深。

1212年,矛盾开始显露,心怀不满的贵族们制定了一份谋害约翰的计划,准备在威尔士杀掉约翰,或用把约翰暴露给敌人的方法除掉他。这次密谋没有成功,但说明贵族与约翰的决战即将到来。也许是为了转移注意力,在国内形势千钧一发的情况下,约翰执意远征大陆,收复诺曼底。从1213年到1215年,约翰一方面在欧洲大陆与法王腓力二世展开诺曼底争夺战,另一方面还在英格兰国内展开了内战,使英国陷入"诺曼征服"以来最为动荡、混乱和无序的局面。

外战方面,起初还算顺利,但国内的贵族已拒绝继续为约翰提供支援。1214年夏,约翰被腓力二世彻底击溃,被迫签署停战协议。作为诺曼底公爵的后人,从此失去了诺曼底和法国的其他领地。消息传到英国,贵族不满的怒火迅速点燃,约翰因战败而极大削弱了的形象,从此背上"失地王"的骂名,更使反抗的怒火进一步扩大。

当约翰带着残兵败将回到英格兰,迎接他的是贵族们的武装反叛和要求他不

[1] J. A. P. Jones, *King John and Magna Carta*, London, 1971, p. 75.

[2] 同上。

能任意妄为的声明。开始，贵族们与约翰的谈判并不顺利，直到贵族们在伦敦城内同谋者的策应下，夺取了伦敦，形势才发生逆转。1215 年的 6 月，国王与贵族双方的代表达成了协议，在这份协议的基础上起草了《大宪章》。几天后，约翰正式发布命令，停止军事行动，宣誓遵守《大宪章》中的承诺。[1]

就文本的原初意旨而言，《大宪章》是一份基于封建君臣关系而形成的关于封建权利义务的法律文件，是贵族们为了维护自身利益，限制王权（而非取消王权）而与国王订立的契约。它的内容繁杂而具体，大多是为解决当时具体的、现实的问题而设置的。

就文本的法律意义而言，它是针对国王对贵族封建权力既存的侵害，而逐项提供救济的法律手段，这种对法治的诉求，具有超越性和普适性，后来成为热爱自由的人们的天赋权利的一部分。[2]

就普通法的形成而言，《大宪章》避免了国王在司法权方面的专断，通过发展亨利二世的司法改革措施，使法院的专门化、专业化进一步发展。它不仅详细规定了法庭的组织，还详细规定了诉讼应遵循的程序，确立了正当法律程序的原则，对普通法形成重视程序正义的特质起了重要作用。

在法庭组织的规定方面，《大宪章》要求普通诉讼在固定的地方进行，最终使王座法院固定在威斯敏斯特寺。在司法审判方面，《大宪章》实际上规定了"地方纠纷由地方审理"的司法管理原则，使之成为防范王权司法专断的支柱性原则。在英美国家的宪政发展过程中，这一原则是刑事案件由陪审团审判的法理基础。[3]

《大宪章》第 39 章关于"正当法律程序"的规定，是其中最令后人称道的一章："任何自由人，如未经其同等地位之人并依据这块土地上的法律作出合法裁判，皆不得被逮捕、监禁、没收财产、剥夺法律保护权、流放或加以任何其他形式的损害。"[4] 这里的"自由人"，在《大宪章》制定的 13 世纪初，含义还比较狭窄，仅涵

---

〔1〕虽然约翰王批准了《大宪章》，但是当时他并未打算认真履行。《大宪章》签订一个月后，国王就请求当时的罗马教皇英诺森三世宣布《大宪章》无效。1216 年约翰王死后、1217 年和 1225 年，亨利三世又多次重新颁布《大宪章》，虽然内容有所删减，但最终《大宪章》还是得到了确认。齐延平：《自由大宪章研究》，中国政法大学出版社 2007 年版，第 166—168 页。

〔2〕A. E. Dick Howard, *Magna Carta: Text & Commentary*, Virginia, 1998, p.8.

〔3〕齐延平：《自由大宪章研究》，中国政法大学出版社 2007 年版，第 175 页。

〔4〕G. R. C. Davis, *Magna Carta*, London, 1963, p.30.

盖骑士、地主、自由民等阶层，其立法目的也仅仅是通过确立法律程序，限制国王的任性妄为。[1] 但是，与同期的欧陆国家相比，《大宪章》拥有了一种超越时代的法律平等观，将权利授予范围几乎扩展到了在当时可能的极限。

如今，《大宪章》已被广泛认可为英国宪政精神之源，许多近现代宪政的基本原则，都可以从中找到渊源。

（1）"王在法下"原则。《大宪章》第一次把过去的封建习惯集中在一个统一的文件中，明确要求国王接受，宣誓实行，"从头到尾给人一种暗示，这个文件是个法律，它居于国王之上，连国王也不得违反"，实现了"王在法下"的原则。[2] 虽然从形式上看，似乎仍颇为含蓄，但从中体现出的崇高宪法原则"王权有限，法律之上"，却是明白无误的。

（2）"无代表不纳税"原则。《大宪章》中的规定，改变了过去封建领主进贡国王税金的制度，要求封建贡金的征收，必须先取得纳贡臣属的同意。它确立了未经贵族代表组成的大会议同意，国王不得征收免除兵役税，不得征收传统封建三捐以外的贡金的制度。这是近现代宪政制度下税收的基本原则——纳税须经纳税阶层同意这一原则的滥觞。

（3）"代表集议"原则。根据《大宪章》的规定，国王征税必须征得贵族的同意，为了取得全体贵族的同意，必须召开大会议。此后，在限制王权的发展过程中，大会议逐渐演变为议会，并发展出了上院和下院、贵族院与平民院的集议体制。

《大宪章》订立后，还经历了多次重申和确认，"正当法律程序"都被保留下来，成为对抗司法任性的强有力的武器。爱德华一世在 1297 年确认大宪章时，曾承认王室法院必须将《大宪章》视为"法律的法律"，任何与之冲突的判决，都将归于无效。[3] 后来的法官、律师、议员和纠纷当事人，都想方设法从它的每一字眼中，寻找自己权利和自由的依据所在。在《大宪章》提供的精神和原则之上，一套全国统一的法律体系即普通法开始形成，封建性的大会议也逐渐地向近现代的议会演变。

---

[1] Arther L. Goodhart, *"Law of the Land"*, Virginia, 1966, p.17.

[2] 〔英〕温斯顿·丘吉尔：《英语国家史略》（上册），薛力敏，林林译，新华出版社 1985 年版，第 234 页。

[3] A. Luders, T. E. Tomlins, et al., eds., *Statutes of the Realm*, London, 1810—1828, vol. I, p.123.

四、14 世纪后英国王室法的变迁

（一）从"巡游王权"到"制度王权"

"诺曼征服"以来，英国的王权一直表现出不同于欧陆王权的特点，成为欧洲最强大的王权。但是，任何权力的扩张都必须经历一个渐进的过程，12、13 世纪的英国国家权力构架，大体上仍然遵循着当时典型的封建社会模式。

经过诺曼王朝的创设以及金雀花王朝的"亨利二世改革"，英国通过一整套系统的法院体系，达到了王权扩张的目的。王室法院从地方法院夺取案件，越来越多的人从王室法院或大法官法院（Chancery Division）那里获得令状，或者等待王室法官巡回至当地进行审判。地方法院不得不融入王室司法管辖体系之中，使地方法院独立、分散地行使司法管辖权的情况大为减少。

在王室通过司法途径扩张王权的过程中，国王通过巡回方式行使司法权力，是其主要的手段。作为最高的司法权威，"国王的正义"不但须由巡回法院带到各地，也需要国王的亲力亲为："好人"约翰不停穿梭于各领地之间，查理六世在 1389 年间巡视了整个法国。[1]

亨利一世时期，巡回审判制度还只是偶尔为之，至亨利二世时期，才渐趋完善。如前所述，1166 年和 1176 年的《克拉灵顿诏令》和《北安普敦诏令》，建立了正式的巡回审判制度。在 1184 年的《林区巡回法院条例》（Assize of Woodstock）和 1194 年巡回法官的条例表记录中，也可以看到巡回法院司法管辖范围的规定。[2]由此看见，巡回审判制度的建立，在当时对王权的扩张起到了积极的推动作用，使国王的司法权延伸至全国的每个角落。它有效地剥夺了地方公共法庭和封建法

[1]〔法〕罗伯特·福西耶主编：《剑桥插图中世纪史》，李桂芝等译，郭方、李桂芝校，山东画报出版社 2009 年版，第 89 页。

[2] 在 1194 年的一份条例表中规定了一些直接与法律有关的事项：(1) 审理尚未经过王陛下的法官审理终结的所有新近的和既往的王权之诉；(2) 审查所有由国王的令状或首席法官的令状调取的，或者由国王的主要法院报送的裁决意见和诉讼请求；(7) 审判违法者以及那些窝藏和教唆这些违法者的人。参加〔英〕约翰·哈德森：《英国普通法的形成——从"诺曼征服"到大宪章时期英格兰的法律与社会》，刘四新译，商务印书馆 2006 年版，第 135 页。

庭的大部分司法权，加速了司法管辖权的集中。如学者所言，"巡回法院把越来越多的重要案件从郡长手中抽走，纳入自己手中。……他们侵入到贵族领地内，甚至侵入到独立于郡法庭或百户区法庭之外的特许领地和庄园，审查它们的决定，干预他们的判决。"[1]

但是，封建割据势力始终保持着离心的倾向，以国王和王室法官巡回地方为基础的"巡游王权"，虽能保证国王司法权的延伸，但是，来自地方贵族的制约仍然是导致王权式微的潜在因素。从金雀花王朝过渡到都铎王朝（Tudor dynasty，公元 1485—1603 年）的历程，正是这种时代氛围的结果和写照。14 世纪上半叶，金雀花王朝的爱德华二世（Edward Ⅱ，1307—1327 年在位）因为把康沃尔伯爵领地赐给宠臣加弗斯顿，遭到其侄兰卡斯特公爵托马斯为首的贵族同盟的激烈反对。他们迫使爱德华二世成立改革委员会，拟定并通过了一套限制国王权力的条例，并将加弗斯顿处死。1327 年，爱德华二世被贵族控制的国会废黜并关入大牢，随后被处死。

爱德华二世的儿子爱德华三世继位后，开启了对法国的百年战争，加之贵族之间争权夺利，王权进一步式微。15 世纪，兰开斯特王朝（House of Lancaster，公元 1399—1461 年）和约克王朝（House of York，1461—1485 年）相继统治英国。

兰开斯特王朝的亨利四世（Henry Ⅳ，1399—1413 年英格兰国王）统治初期，由于国内危机四伏，被迫向贵族与议会让步，但之后经过努力，平定了战乱。之后的亨利五世（Henry Ⅴ，1413—1422 年英格兰国王）重开对法战争，几乎取得全胜，可惜最后战死沙场。亨利六世（Henry Ⅵ，1422—1461 年、1470—1471 年英格兰国王）继位时不足一岁，亲政后卷入了与爱德华三世的后代约克贵族理查德的战争，1461 年爱德华四世（Edward Ⅳ，1461—1483 年英格兰国王）开始了约克王朝的统治。爱德华四世之后，英国再次陷入王位争夺战。1455 年起，历时 30 年之久的红白玫瑰战争，引领英国进入都铎王朝的时代。

14 至 15 世纪，英国的中央和地方机关发生了明显的变化，一定程度上使得后来以专制闻名的都铎王朝有了良好的扩张王权的基础。

一方面，御前会议的作用发生了显著的变化。13 世纪，御前会议是国王的咨

---

[1] 程汉大：《十二至 13 世纪英国法律制度的革命性变化》，载《世界历史》2000 年第 5 期。

询机关和执行机关。进入 14 世纪，御前会议开始集中处理各种政务，只有重要的问题，或者涉及国王的个人利益问题，才向国王请示。14 世纪中后期，御前会议作为全国行政机关的地位得到确立，为了争夺御前会议的控制权，各派贵族展开殊死斗争。1390 年，《御前会议管理法令》通过，其中规定：一般国务均应由御前会议处理，每周均召开会议，即使国王不在场，也可以处理大多数日常政务。[1] 15世纪后，由于国王可以任意使用王印施行令状，降低了御前会议的作用。爱德华四世时期，国王行政权力更为加强，毋须经过御前会议，就可直接处理政务，御前会议的作用大为萎缩，此时的议会也还不具备抗衡王权的力量，为王权的扩张提供了条件。

另一方面，地方机关的变化对王权的强化作用更为明显。如前所述，自 14 世纪起，郡守的权力开始衰落，取而代之的是各种分享其权力的王室官吏，王室政务越来越成为国家事务的代名词。其中，督察官的身份尤为重要，不仅主管司法和行政事务，还起到监督作用，与王室的关系极为密切。爱德华一世时，还在各郡设立治安员，主要任务是协助郡守维持当地治安。至爱德华三世时期，治安员分担了原由巡回法庭承担的审判职能，转变为治安法官，并最终完全取代了巡回法庭的职权。由此可见，国王在各地行使王权司法的方式，已经从定期的巡回，转变为常设制度化管理，"制度王权"的模式开始形成，取代了"巡游王权"。至15 世纪，治安法官成为地方的最有效率和权势的法务机关。[2]

（二）中央司法制度的改革

14 至 15 世纪的英国，普通法占据主导地位，中央的三大法庭——王座法庭、普通诉讼法庭和财政署法庭——发挥着重要的作用。除此之外，还出现了新的中央法庭，最为重要的当然是上议院，其司法职能主要包括：对犯有叛逆罪或者大罪的大贵族进行审判；纠正普通法法庭审理中的错误；审判遭到弹劾的大臣。更为重要的是，"大法官廷"的司法职能开始突出，开启了衡平法形成与发展的历程。

---

[1] 马克垚：《英国封建社会研究》，北京大学出版社 2005 年版，第 270 页。

[2] 同上书，第 274 页。

作为国王的文秘机构，"大法官廷"其实早已存在，其首脑是政府的首席大臣，按照其最初的职能，合理的译法应为"枢机大臣"，而非大法官。因为他掌管的最重要权力，是象征国家最高权力的国玺的使用。在他之下，有一批专业素养出色的职业官员，负责起草和颁发各种政府文件，拟订所有政府法令、议会宣召令、委任书、特许状等，并且加盖国玺，颁行生效。但是，由于大法官拥有重要的司法职能，想在普通法法院起诉的当事人，必须首先向大法官申请起始令状，因此，大法官不仅是国王的主要建议者与谘议会的首要成员，还"握有进入民事诉讼程序的唯一钥匙"。[1]

"大法官廷"原属谘议会，12世纪时，从谘议会中独立出来，拥有了双重的角色：一方面，大法官是普通法法院体系的最高首脑，享有直接涉及"大法官廷"的所有案件的垄断性司法管辖权，以及宣布取消国王某一特许状的"不执行程序"的启动权；另一方面，他又是谘议会的重要成员和国王的亲信顾问，成为连接国家政治系统和司法系统的桥梁和纽带。正由于此，一直以来，"大法官"的译名比"枢机大臣"更为深入人心，但是，将早期的"大法官廷"直接译为"大法官法院"，则太过偏离其本来面目了。

由"大法官廷"向大法官法院的转变过程，正是"大法官廷"原有的政治和普通法管辖权逐渐削弱、衡平法管辖权逐步增强的过程。这是一个循序渐进的过程，与英国悠久的冤诉请愿习惯联系在一起。[2]

普通法形成之初，法官具有很大的自由裁量权，而且通过创设新的令状，赋予普通法很大的灵活性。自14世纪起，在获得权威性与稳定性的同时，普通法终于丧失了早期的灵活性的特点，难以避免地走向僵化。1258年，《牛津条例》对创设令状的权力加以严格限制，随着职业法律阶层的形成与令状种类的限制，普通法日益显示出严格的形式主义。当时，曾流传这样的谚语："天可以塌下来，玫瑰战争可以无法无天，但普通法的律师们只会在争论中依循定制。"[3] 更有甚者，为了严格遵守程序，当时的普通法法官不惜牺牲正义与良心，甚至以此为荣。

〔1〕 H. G. Hanbury & D. C. M. Yardley, *English Courts of Law*, London: Oxford University Press, 1979, p.93.

〔2〕 程汉大、李培峰：《英国司法制度史》，清华大学出版社2007年版，第59页。

〔3〕 F. W. Maitland, *Justice and Police*, London: Macmillan, 1985, p.34. 转引自程汉大、李培峰：《英国司法制度史》，清华大学出版社2007年版，第55页。

　　众所周知，14、15世纪是英国资本主义萌芽开始出现的时期，以毛纺织业为代表的手工业和商业开始兴起。这种萌芽，在13世纪的英国的某些区域和某些行业中，也已经零星地出现。然而，普通法的僵化，使许多新出现的权利类型无法得到认可和保护。

　　基于上述原因，在普通法法院无法得到公正审判的当事人，会以请愿书的方式寻求救济，依照英格兰的古老习惯，直接向最高的司法权威的英国国王（他声称自己是"正义之源"）情愿，请求他直接干预司法。正是这种请愿的出现，使谘议会的司法职能开始凸现。谘议会、普通法法院以及议会，最早均源自御前会议。12至13世纪，普通法法院与议会先后分离出去，谘议会作为国王咨询机构，同时负有一定的司法职能。

　　14世纪，随着普通法的日益僵化，越来越多的请愿书被直接提交到谘议会，谘议会本身还要处理众多的行政事务，有关请愿书的处理，几乎都被交给"大法官廷"，使之逐渐成为一个提供特别法律救济的专门法庭。

　　14世纪后期，"大法官廷"作为一个衡平法庭的位置，开始引起人们的注意。1345年，"大法官廷"的文书们提出请求，希望享有和普通法法庭文书一样的特权。1400年以前，请愿书和冤诉状都是写给"谘议会中的国王"的，而此后，绝大多数的请愿书和冤诉状都直接写给了大法官。[1]

　　实践中，"大法官廷"也开始接手一些较为重要的案件。在最为重要的土地制度方面，从14世纪开始，地产托管案件已经逐步远离普通法法院，至14世纪末、15世纪中，受理地产托管案已经成为坎特伯雷和罗彻斯特郊区法庭的经常事务，15世纪后期，这类案件已不再出现在教会法庭，而是由大法官廷专门处理。[2]

　　需要注意的是，在15世纪的大部分时间里，"大法官廷"的活动仍然与谘议会之间有密切的联系，大法官依然是谘议会的主要成员，审判的结果也通常仍以"谘议会中的国王"的名义宣布。1474年，大法官首次以自己的权威宣布判决结果，标志着大法官与"大法官廷"正式从谘议会中分离出来，开始独立地行使衡平司

---

[1] 程汉大主编：《英国法制史》，齐鲁书社2001年版，第173页。

[2] 陈志坚：《为他人的利益而占有财产——中世纪英国的地产托、封土保有与家产继承》，载《历史研究》2009年第3期。

法权。虽然衡平法与衡平法院直到 16、17 世纪才有重大发展，但是，14、15 世纪"大法官廷"的实践，无疑为此后的发展奠定了坚实的基础。

（三）议会制的建立与立法主权的转变

14、15 世纪的英国王权相对衰微，其重要原因之一是这一时期议会制度的兴起。议会的雏形，可以追溯到盎格鲁–撒克逊时代的"贤人会议"。

"诺曼征服"后，"贤人会议"被御前会议取代。御前会议一开始就有大会议和小会议两种形式，小会议类似于一个国王的办事机构，其成员地位并不高，但大多是国王的亲信宠臣，常常陪同君主处理政务，后来成为谘议会；大会议则定期召开，成员包括小会议的成员和封建大贵族。爱德华一世时期，平民代表进入大会议，促成了议会制度的形成。

最初的英国议会，成员主要是国王的顾问和王室官员（其中大多为谘议会成员）、教俗大贵族以及各地选举产生的平民代表，并没有区分上、下两院。13 世纪，国王召集议会的方式与时间比较杂乱。为了解决统治问题，国王有时召集御前会议，有时是大会议，也有时是议会。据统计，1272—1307 年期间，共召开过 42 次会议，其中 21 次是单独的大会议，21 次是有代表参加的议会；另一项统计称，1258—1300 年间，共召开各种会议约 70 次，其中有城市和郡代表参加可称议会的只有 9 次；还有一项统计称，1258—1272 年间，大约开过 34 次议会，其中有骑士的只有 4 次，有市民的只有 1 次。

13 世纪后，议会越来越多地召开，重要性也越来越得以体现，逐渐成长为重要的统治机构之一。约 1275 年，确定了每年召开两次议会的惯例，一次是在复活节后，一次是在米迦勒节后(春、秋季各一次)，如有特殊需要，国王还可临时召集。[1] 爱德华三世时期，议会始分为上、下两院，上院享有最高司法权，下院则享有请愿权，议会地位逐步提高。

如前所述，1215 年颁布的《大宪章》，对国王任意征税的权力进行了限制，但是最初，成效并不十分明显。此后，由于战争导致的严重的财政困难，国王不得

---

[1] 马克垚：《英国封建社会研究》，北京大学出版社 2005 年版，第 281 页。

不与议会妥协，换取征税决定的通过。13 世纪中期，国王的征税要求很少被议会拒绝。但是，13 世纪末，贵族利用爱德华一世的财政困难，迫使其颁布《宪政确认书》，将税收权力重新夺回。1340 年，议会又通过法案，进一步将赋税所需要取得的同意对象扩大。至 14 世纪 60、70 年代，议会基本上掌握了税收的全部权力。

议会地位的提高，加之激烈的政治斗争，催生了议会的另一项重要职权——弹劾权。《1341 年条例》与《1352 年叛国罪条例》，为议会弹劾权提供了坚实的法律依据。14 世纪 70 年代，随着爱德华三世的老去，王权落入权臣之手，国家管理秩序混乱，政府威信扫地，民怨沸腾。议会上、下两院决定，借机联手惩治权臣，上院的 12 名贵族代表和下院的 24 名平民代表共同组成联席会议，决定"在各种弊端得以纠正以前，在把那些造成王室和国家贫穷、玷污国王名声、严重削弱王权的人清除出政府以前，在这些人的胡作非为都得到应有的惩罚以前，议会拒绝考虑国王的财政要求。"[1]

此时，议会手握税收大权，迫使当权者不得不作出让步。1376 年，议会对拉蒂默及宫廷内侍尼维尔、卡莱（Calais）市长柏利、伦敦大商人劳恩和莱昂斯提出控告。1388 年，议会再一次通过弹劾程序，对宫廷首脑人物约克主教、爱尔兰公爵罗伯特·德维尔、萨福克伯爵、首席法官特雷斯廉、伦敦市长尼考勒斯·布雷波等人进行审判。1450 年，议会又对大法官萨福克公爵进行了弹劾。

根据弹劾的程序，议会弹劾权的行使须上、下两院的通力合作，方可实现。下院是弹劾案的启动者，通过正式的起诉状提出弹劾；弹劾案的审判权，则专属于上院。审判中，允许被告自我辩护，但上院在弹劾案的审理中始终占据主导地位。

在王权相对衰微的情况下，弹劾权的行使，有利于提高议会的地位，制约专制王权的发展。当然，也有学者认为，当时所谓弹劾，完全是一场统治者内部的派系斗争，成功行使弹劾权的例子，其实也不过是国王的临时让步。[2]但是，之后的历史证明，尽管弹劾权似乎渐趋衰落，但议会毕竟在针对王权的斗争中取得了胜利。

由于议会地位的提高，立法权的分配也发生了重要的变化。13 世纪，国王是

---

[1] 沈汉、刘新成：《英国议会政治史》，南京大学出版社 1991 年版，第 54 页。

[2] 马克垚：《英国封建社会研究》，北京大学出版社 2005 年版，第 288 页。

立法的绝对权威，议会基本不享有立法权，法律由国王和大会议制定，法令则由国王与御前会议创设。14 世纪，议会开始要求分享立法权，通过利用国王财政方面的窘困，逐步达到了部分目的。1322 年，议会通过一项法案，规定"凡属国家重大立法事宜，均须国王和议会中教士、贵族和平民的赞同"。[1] 14 世纪中叶，立法已经成为议会的重要职能，同时，下院也通过其特有的请愿权，获得了法律创制的启动权。

当然，14、15 世纪议会获得立法权，只是英国立法主权转变的开端，这一时期，议会还未能掌握立法权的全部主动。

一方面，下院通过请愿书创设的立法，必须经过上院的同意和国王的批准。上院和下院并非总是能够齐心协力，合作无间，而且，即使上院同意，国王也可以拒绝签署，或将请愿书改得面目全非，完全背离下院的初衷。

另一方面，国王还可绕开议会，与谘议会单独制定法令，虽然效力低于法律，但是由于其"最高的法律权威"和"正义之来源"的地位，实践中，法令的效力与法律并无二致。

因此，中世纪英国的立法权，实际上还是主要掌握于国王之手，议会拥有的立法权与其说是一种决定权，不如说是一种参与权。[2]

（四）中世纪尾声的英国王室法

中世纪结束于何时？从贸易的角度来看，1400 年是一个不错的节点，但是，那时的欧洲仍然存在着许多中世纪的因素。1453 年君士坦丁堡的沦陷，也是一个不错的选择，但是，其象征意义却远大于实际意义。1492 年，哥伦布发现了美洲，西班牙国王摧毁了格拉纳达王国——穆斯林在欧洲的最后据点，也有显而易见的象征意义。[3] 即使进入 16 世纪初叶，人们仍然会发现，在近代世界的曙光之中，仍然存在着太多的中世纪因素。

但是，对英国来说，从中世纪迈向近代的界限要比大多数欧陆国家明确得多。

[1] 程汉大主编：《英国法制史》，齐鲁书社 2001 年版，第 299 页。

[2] 同上书，第 300 页。

[3]〔法〕罗伯特·福西耶主编：《剑桥插图中世纪史》，李桂芝等译，郭方、李桂芝校，山东画报出版社 2009 年版，第 431 页。

1485 年，都铎王朝统治英格兰，采取了一系列措施，使英国加快了步入民族国家的步伐。都铎王朝的第一位君主亨利七世（Henry VII，1485—1509 年英格兰国王）的统治，是英国的一个全新开始。

亨利七世继位后，迅速通过政治联姻的方式，将原先在玫瑰战争中对立的兰开斯特家族和约克家族联合起来，也获得了欧陆各国的承认。在 15 世纪的斗争中，兰开斯特家族消耗殆尽，约克贵族则企图东山再起。亨利七世毫不留情地镇压了试图反叛的约克贵族，将所有可能对王位提出合法要求者全部除去，巩固了自己的王位和都铎家族的统治。

在亨利七世时期，谘议会依然发挥着作用，国王直接从追随者中挑选谘议会的成员，协助自己进行决策。久而久之，在谘议会中形成了由国王的少数亲信组成的"核心组织"，这就是 16 世纪形成的枢密院的前身。枢密院是协助国王决策的核心机构，其组成人员对国王惟命是从，最终取代了谘议会的地位。

亨利七世集中权于一身，将英格兰置于强有力的领导之下，坚定而野心勃勃地朝着加强中央权力的道路迈进。亨利八世（Henry VIII，1509—1547 年英格兰国王）期间，继续强化治安法官的作用，进一步扩大其权力范围，有效地控制了地方司法权。在较难控制的威尔士地区和英格兰北部，分别设置了威尔士边区委员会和北方委员会，作为中央政府的派出机构，直属于枢密院，有效地控制了这些边远地区。

1529 年，亨利八世以教皇不准许他离婚为由，在英国发动宗教改革，通过 1532 年的《首年薪俸法案》、1533 年的《禁止上诉法案》和 1534 年的《至尊法案》，完成了与罗马教廷的决裂。与此同时。英国建立了自己的国教会，即安立甘教会，直接隶属于国王。英王在作为世俗社会最高首脑的同时，也成为宗教的领袖，实现了王权与神权加于一身。

通过上述措施，都铎王朝的专制王权建立起来，国王成为了国家主权的象征。到伊丽莎白一世时期，都铎王朝的专制王权达到顶峰，英国成为欧洲最强大的国家。[1]

---

[1]〔美〕朱迪斯·M. 本内特、C. 沃伦·霍利斯特：《欧洲中世纪史》，杨宁、李韵译，上海社会科学院出版社 2007 年版，第 387 页。

第七节　欧洲其他国家的王室法

中世纪欧洲除德意志、法兰西、意大利等王室的立法外，西班牙、葡萄牙的王室立法也有较大影响。此外还有一些规模、影响稍小的王室立法，如佛兰德、荷兰、斯堪的纳维亚（包含冰岛、挪威、瑞典、丹麦等）、瑞士、匈牙利等。

一、西班牙王室法

（一）统一之前

西班牙位于欧洲西南角的伊比利亚半岛，其中世纪早期历史，可溯及至 5 至 7 世纪日耳曼人入侵和西哥特人统治时期。[1]

这一时期，较有特色的是西哥特王国的秦答斯文王（Chindasuinth，642—653 年在位）引入创新的法律制度，废除了《罗马西哥特法典》。他制定的新法典，是一部具有协调性并融合了两大民族特点的法律，既展现了罗马法的巨大影响力，也显示出被迫采纳的众多日耳曼法律原则，使日耳曼法的精神成为西班牙法中的一种普遍因素。[2]

711 年，阿拉伯人征服西哥特王国，并将原来信奉基督教的居民驱赶至北部山区，形成了一些小国。8 世纪至 13 世纪上半期，西班牙进入收复失地运动时期，天主教王国和摩尔王国在这片土地上并存与纷争。[3]

10 世纪的西班牙，法官要自己来收集调查证据，或者召集一定数量的证人进

---

[1]〔英〕梅特兰等：《欧陆法律史概览：事件，渊源，人物及运动》，屈文生等译，上海人民出版社 2008 年版，第 449 页。

[2] 同上书，第 453—454 页。

[3] 摩尔人，是中世纪时西班牙人和葡萄牙人对北非穆斯林的贬称。

行宣誓，或者要求他们提供宣誓证言。一些法官是王室法官，还有一些则是王室的盟友，并没有明确的王室身份，只是陪同国王处理事务。还有几位诸侯也参与审判，定期或者不定期地参与王室事务，显而易见，权力极为分散。[1]

10 世纪到 11 世纪，基督教居民从北部山区的根据地出发，逐渐扩大领土，收复失地，形成几个新的国家：卡斯蒂尔（英文 Castile，西班牙文 Castilla，又译为卡斯蒂利亚）、莱昂（León）、阿拉贡和葡萄牙。11 世纪到 13 世纪是收复失地运动的高潮时期。1032 年，卡斯蒂利亚独立，成为收复失地运动的主要力量。[2] 11 世纪末的乔治亚七世时期，教会从世俗国家的权力之下脱离出来，但并未完全自治，未能将其影响扩展到法律方面。至 12 世纪中叶，欧洲大部分地区仍然笼罩在城堡总管和骑士阶层的暴政与野心之下，法兰西如此，不列颠如此，加泰罗尼亚（英文 Catalonia，西班牙文 Cataluña，伊比利亚半岛东北部）亦如此，公共秩序遭到严重破坏。[3]

最初，西班牙国王的立法职能主要靠"立法会"来执行，享有领地王权的贵族和高级牧师作为代表，掌握了王室立法的提案权，可以在"立法会"中制定重要的"市镇特许状"和具有普遍适用性的制定法。自 1188 年起，卡斯蒂利亚的"立法会"开始转型为议会，自由自治市的市民代表成为议会的部分成员，由议会制定向国王请愿的制定法（即"枢密立法"），在数量和重要性上都得到了增加。这些制定法与君主的"御诏敕令"（包括"法令"、"诏书"、"诏告"、"制诰"等）一起，昭示着法律统一性和普遍适用性的大趋势。[4]

13 世纪下半叶到 15 世纪，随着收复失地运动的蓬勃发展，伊比利亚半岛走上了政治统一的进程。卡斯蒂利亚和莱昂的国王斐迪南三世（Ferdinand III，1217—1252 年在位）的母亲是来自士瓦本的公主，极为聪慧能干，她支持其子颁布重要法律，发布内容广泛的立法文本。[5]

---

[1] Wendy Davies，*Judges and Judging: Truth and Justice in Northern Iberia on the Eve of the Millennuim*，In *Journal of Medieval History*，Elsevier Ltd.，No.36，2010，pp.198—199.

[2] 谢丰斋编著：《世界中古史——公元 5 至 15 世纪的古代世界》，世界知识出版社 2009 年版，第 193 页。

[3] The Editor of History，*Medieval*，*Reviews and short Notices*，In *History*，Blackwell Publishing Ltd.，Vol.95，No.318，2010，p. 226.

[4] 〔英〕梅特兰等：《欧陆法律史概览：事件，渊源，人物及运动》，屈文生等译，上海人民出版社 2008 年版，第 458 页。

[5] 〔美〕哈罗德·J. 伯尔曼：《法律与革命——西方法律传统的形成》，贺卫方等译，法律出版社 2008 年版，第 498 页。

1254 年，卡斯蒂利亚国王阿方索十世（Alfonso X el Sabio，1252—1284 年在位）颁布了名为《卡斯蒂利亚市镇特许状》（*Fuero Castellano*）的王室法典。这部法典是众城市自发要求国王为他们制定的，导引他们自我管理，内容包括政治法、程序法、民法、刑法和商法等。它被王室法庭采纳，成为王室法庭受理上诉案件和对死刑案件行使管辖权时重要法律依据，并作为"市镇特许状"的范本，得到了广泛传播。阿方索十世还颁布了一部有关王室上诉法庭司法的特别法，以及一部规制赌场的规章。

阿方索十世的曾孙阿方索十一世（Alfonso XI el Justiciero，约 1311—1350 年，公元 1312—1350 年期间是莱昂和卡斯蒂利亚王国国王)颁布了《宪章》《王室法典》、《七部律》（Siete Partidas，又译《七章律》）和《贵族条例》等。1348 年颁布的《亚加拉法令》（*Ordenamiento of Alcalá*），则大致勾勒出了法律渊源从高到低的三个层次：第一层次是议会制定的制定法、第二层次是《卡斯蒂利亚法典》和自治市的"市镇特许状"，第三层次是作为补充法律的《七部律》。[1]

14、15 世纪，卡斯蒂利亚和阿拉贡两国彻底赶走阿拉伯人，并以建立统一国家为目标，努力加强王权，镇压农民反抗。1469 年，阿拉贡国王斐迪南与卡斯蒂利亚女王伊莎贝拉结婚，两国合并，西班牙建国。[2] 为了扩充地盘，后起的西班牙不得不撞开别人的大门，必要时以兵戎相见，在正常航海的同时，大肆开展劫掠。作为地中海沿岸最重要港口城市的巴伦西亚（Valencia），在阿方索五世（即"伟大的阿方索"，Afonso V，1432—1481 年，1438—1481 年期间为葡萄牙国王）时期，还曾成功征服那不勒斯王国。[3] 至 1492 年，收复失地运动完成，西班牙完成了国家统一。

（二）统一之后

统一后的西班牙，依靠市民、中小贵族和天主教会的支持，严厉打击和削弱

[1]〔英〕梅特兰等：《欧陆法律史概览：事件，渊源，人物及运动》，屈文生等译，上海人民出版社 2008 年版，第 465—466,469 页。

[2]〔美〕哈罗德·J.伯尔曼：《法律与革命——西方法律传统的形成》，贺卫方等译，法律出版社 2008 年版，第 498 页，第 11 页。

[3]〔法〕费尔南·布罗代尔：《菲利普二世时代的地中海和地中海世界》（第一卷），唐家龙、曾培耿等译，吴模信校，商务印书馆 1996 年版，第 165 页。

封建大贵族，建立君主专制制度，进入 16 至 18 世纪的君主专制时期。

1502 年，托莱多议会通过了一项法令，于 1505 年公布，被称为《托罗条例》（*Leyes de Toro*）。该法令部分解决了法律实践中的不同渊源之间的冲突问题，以及有"多样性和差异性"特征的案子，创造性地发展了"限嗣继承"制度，使从国王那里受赠的土地的所有权不能转让，且仅限于长嗣继承。当时，西班牙王朝仍然处于奥地利哈布斯堡王朝的统驭之下，但是，法律统一化进程却在悄无声息的进展之中。16 世纪初，伊比利亚半岛上各地的民族立法几近终止，奥匈帝国王室经常发布的诏书、命令，以及个别颁布的经议会同意的制定法，与旧的法律结合起来后，于 1567 年被编纂为《新汇编》，进一步昭示着法制的统一。[1]

腓力二世（Philip Ⅱ，1556—1598 年西班牙国王，1581—1598 年葡萄牙国王）执政时期，是西班牙历史上最强盛的时代。当时，西班牙的领地分散在欧洲和世界各地，条件十分不利，消耗了大量精力，然而，他们与空间上的劣势作斗争，比任何其他国家都更好地适应了这种特点，有组织地完成了这些任务，在运输、转移、传递方面，赶上甚至超过了当时最先进的英国和法国。[2]

腓力二世执行的是强化中央集权的制度。为了有利于王室获得直接税收，他不断剥夺一些旧王国和民族区域（阿拉贡，卡斯蒂利亚，巴伦西亚，特别是加泰罗尼亚）的独立性，取消了一些城市的自治法规。1590 年至 1591 年，他扑灭了阿拉贡为保持其自治地位而发动的暴动。他笃信天主教，大力支持天主教宗教裁判所铲除"异端邪说"，并制定了迫害 1568 年至 1570 年被强制迁徙到西班牙内地的摩尔人的政策。在其统治期间，西班牙与土耳其签订了 1558 年至 1559 年的《卡托—康布雷锡和约》（Peace of Cateau-Cambrésis）、1581 年停战协定和 1598 年韦尔万和约。[3]

腓力二世力求节俭，亲自过问财政和领地事宜，并不断征询专家们的意见。然而，由于竭尽国力的对外军事扩张，对内经济又竭泽而渔，在其统治期间出现了物价上涨和巨额负债。各统治地区都出现了财政赤字，在卡斯蒂利亚，税目不断增多，税收改革花样不断翻新，加上税收数额分配的不合理，导致了非常恶劣

---

[1]〔英〕梅特兰等：《欧陆法律史概览：事件，渊源，人物及运动》，屈文生等译，上海人民出版社 2008 年版，第 476—477、496、501、441 页。

[2]〔法〕费尔南·布罗代尔：《菲利普二世时代的地中海和地中海世界》（第一卷），唐家龙、曾培耿等译，吴模信校，商务印书馆 1996 年版，第 552 页。

[3] 同上书，第 372 页。

的财政状况。[1] 最终导致 1551 年西班牙宣布国家破产，拒还公债。1560 年，马德里（Madrid）取代巴利亚多利德（Valladolid），成为西班牙的首都。

为了争夺欧洲霸权，腓力二世从政治、经济上加紧对尼德兰的控制，使之蒙受极大损害。尼德兰贵族威廉·奥伦治（Willem van Oranje，公元 1533—1584 年）因为听到腓力二世述说把新教徒赶出尼德兰的计划而大感震惊，于 1568 年领导了捣毁圣像运动，揭开了荷兰反抗西班牙统治和争取独立的序幕，这就是 16 世纪后半期第一次资产阶级革命——尼德兰革命。[2] 1595 年，腓力二世下令打击了塞维利亚（Seville）的地下贸易，查处与荷兰叛乱者或英格兰人进行贸易的商人，制止他国势力对西班牙商业的侵蚀。[3]

由于内忧外患，腓力三世（Philip III，1598—1621 年西班牙与葡萄牙国王）在位期间，西班牙两次宣布破产（1607 年和 1627 年），却没有放弃军备竞赛。[4] 腓力四世（Philip IV，1621—1665 年西班牙国王，1621—1640 年葡萄牙国王）挥霍无度和坚强有力的统治期间，马德里开始繁荣兴旺。[5] 为了维持征服得来的欧洲土地，以及更多的海外殖民地，西班牙陷入了旷日持久的与欧洲其他国家的竞争。为应对战争军费的剧增，西班牙采取了一系列措施，于 1624 年实行《限制奢侈法》，以削弱那不勒斯王国（当时由西班牙统治，正处于繁荣的顶峰）的蚕丝和丝织品的出口，使其每年三十余万金币的税收落空。[6]

1640 年，腓力四世向阿拉贡派出驻防军队，却试图让加泰罗尼亚人承担军费开支，引起了当地居民的反叛。此时的阿拉贡地区仍享有相当程度的自治，葡萄牙（1580—1640 年属西班牙）在经济上也完全独立，除卡斯蒂利亚以外，其他地区都不愿真正效力，因此，这时的西班牙帝国其实并不是一个真正的统

---

〔1〕〔法〕费尔南·布罗代尔：《菲利普二世时代的地中海和地中海世界》（第一卷），唐家龙、曾培耿等译，吴模信校，商务印书馆 1996 年版，第 775—778 页。

〔2〕谢丰斋编著：《世界中古史——公元五至 15 世纪的古代世界》，世界知识出版社 2009 年版，第 274—276 页。

〔3〕〔法〕费尔南·布罗代尔：《菲利普二世时代的地中海和地中海世界》（第一卷），唐家龙、曾培耿等译，吴模信校，商务印书馆 1996 年版，第 926—927 页。

〔4〕王加丰：《西班牙、葡萄牙帝国的兴衰》，三秦出版社 2005 年版，第 311 页。

〔5〕〔法〕费尔南·布罗代尔：《菲利普二世时代的地中海和地中海世界》（第一卷），唐家龙、曾培耿等译，吴模信校，商务印书馆 1996 年版，第 496 页。

〔6〕同上书，第 497—498 页。

一帝国。

即使如此，西班牙的统治者仍然不愿意体恤卡斯蒂利亚的纳税人，反而让卡斯蒂利亚的普通工商业者和农民承担越来越沉重的赋税。上述毁灭性的经济政策，加上金银贬值，导致严重的通货膨胀，加上封建贵族特权、宗教迫害和官员贪腐对经济的破坏，使西班牙帝国不断走向衰落。[1] 1648 年，《威斯特伐利亚和约》(Peace of Westphalia) 正式承认原属西班牙王室统治的荷兰独立，尼德兰革命在北方取得了最后胜利。西班牙的王权再遭重创。[2]

1700 年，西班牙国王查理二世（西班牙文 Carlos Ⅱ，英文 Charles Ⅱ，1665—1700 年西班牙国王）去世，没有继承人，遗嘱中指定让法国国王路易十四的孙子腓力五世继位，使法国波旁家族获得了西班牙的王位。[3] 但在法律领域，法国对西班牙的影响十分有限，波旁王朝不仅继承了卡斯蒂利亚的法律，而且对《新汇编》作了连续扩充和修改。波旁王朝在西班牙进行的部分改革，产生出数量可观的制定法。这些制定法大多是名称各异、形式各异的王室法令，或者议会决议。

1713 年，腓力五世以"立法会决议"的方式，修改了立法会的《规章》，使王室秘书处的地位得到升高，在很多方面取代了王室立法会的职责，逐渐具备了现代政府中部委的职能和特点。新的王室命令及"诏告"，也不断地扩充着众多殖民地的立法，其中，最为重要的是 1786 年"指示"，藉此设立了地方监督官，并赋予他们处理法律、政治、财政和战争等事务的权力。[4]

二、葡萄牙王室法

葡萄牙位于伊比利亚半岛西部。5 世纪初，蛮族入侵西欧，进入葡萄牙一带的主要有阿拉诺人、汪达尔人和苏维汇人。苏维汇人开创了苏维汇王国，首都设在

---

[1] 王加丰：《西班牙、葡萄牙帝国的兴衰》，三秦出版社 2005 年版，第 315—323 页。

[2] 谢丰斋编著：《世界中古史——公元五至 15 世纪的古代世界》，世界知识出版社 2009 年版，第 279 页。

[3] 王加丰：《西班牙、葡萄牙帝国的兴衰》，三秦出版社 2005 年版，第 342—343 页。

[4] 〔英〕梅特兰等：《欧陆法律史概览：事件，渊源，人物及运动》，屈文生等译，上海人民出版社 2008 年版，第 438,441,508—509,511—512 页。

布拉加（Braga），此后领土不断扩大，一直延伸到杜罗河（西班牙文 Duero，葡萄牙文 Douro）以南。那时杜罗河两岸的居民，被认为是葡萄牙人的祖先。

（一）12 世纪至 13 世纪

如上所述，葡萄牙王国是基督教居民在收复失地运动的过程中建立的。1139 年，阿方索一世（Dom Afonso Henriques，1139—1185 年在位）击败了一支庞大的摩尔人（Moors）的军团，领导葡萄牙打败了阿拉伯人，使葡萄牙成为独立王国，并自称国王。[1] 1140 年，阿方索一世战胜了阿方索七世（Alfonso VII de León，1116—1157 年在位，即卡斯蒂利亚和莱昂国王，也是阿方索一世的表兄）的精锐部队。1143 年，在罗马教廷的调解下，阿方索七世承认阿方索一世作为葡萄牙国王的地位。葡萄牙王国自此正式成立。

阿方索三世（Afonso III o Bravo，1248—1279 年期间为葡萄牙国王）完成了葡萄牙的收复失地运动，并于 1254 年在雷利亚（Leiria）召开了葡萄牙历史上第一次国会性质的宫廷会议，在葡萄牙内战中支持阿方索三世的农村和城市小资产阶级作为市民代表参加了会议。会议决定采取措施，整顿内政，鼓励农业，打击贵族欺诈平民的行为，保护城市工商业，规范地方行政机构。1267 年，阿方索三世和卡斯蒂利亚签订《巴达若士条约》（Tratado de Badajoz），确定了葡萄牙的边境线。

阿方索三世之后，迪尼什一世（Diniz I，1279—1325 年在位）继承王位，继续推行休养生息政策。为了保护沿海农田不受海风侵袭，他下令在大西洋沿岸种植大量松树。这些王家园林的木材，日后成为航海大发现时期制造船舶的木料来源。1293 年，国王确认成立海上贸易委员会。1308 年，葡萄牙与英国签订了一份自由贸易协定，规定两国商人可以在极低的关税水平下，在对方国家进行商业活动。迪尼什一世还采取多种措施，限制教会司法权，以与天主教教会和大领主抗衡，增强王室权力。[2]

1348 年，黑死病（Black Death）席卷欧洲，波及葡萄牙，造成了大量的死亡。

---

[1] 阿方索一世的称号众多，有阿方索伯爵、波图卡莱伯爵、唐·阿方索·恩里克斯、"征服者阿方索"等。

[2] 《迪尼什一世》词条，载百度百科：http://baike.baidu.com/view/813125.htm，最后访问时间：2011 年 12 月 25 日。

1349 年，阿方索四世（Afonso Ⅳ o Bravo，1325—1357 年在位）颁布法令，规定了雇工的最高工资限额，以免由于劳动力锐减，雇用成本上升，造成农产品价格上涨。但是，该法令没有发挥多大的作用。佩德罗一世（Pedro Ⅰ，1357—1367 年葡萄牙国王）任期内，不但秉公办事，不偏不倚，获得"公正者"的称号，而且完善了王国的法律体系，深受民众爱戴。

1375 年，为解决劳动力问题，"美男子"费尔南多国王（Fernando，1367—1383 年在位）颁布了一项新法令，禁止流浪和乞讨，强制那些能够参加劳动的人必须劳动。愿意劳动的人，可以分得其主人死亡后荒废的土地。这项法令使民众被迫在低工资水平下，进行强制劳动。费尔南多还成立了海运公司，并颁布法令，规定需要造船的商人可以向国王提出申请，获得准许之后，即可在沿海的王家园林中伐取木材。[1] 该法令同样利弊参半，在发展贸易的同时，使国王、贵族和市民资产阶级更为富有，而加剧了社会的两极分化。

（二）从 14 世纪到 17 世纪

若奥一世（英文 John Ⅰ，葡萄牙文 João Ⅰ，又译若昂一世、约翰一世，公元1385—1433 年在位）统治期间是葡萄牙的大航海时代，海外殖民地的开拓，使葡萄牙的发展出现了转折，王室法也发生了较大的变化。这一时期，落实国家的对外政策，成为王室立法的重要任务。随着统治触角的延伸，国王的权力大大加强。宫廷议会虽然仍然召开，但间隔时间越来越长。若奥一世取消了革命时期的市民自治组织"24 人委员会"，恢复了曾经取消的农村强制劳动的法令，重新开始发放贵族津贴。他还通过发动战争，转嫁国内危机。

若奥二世（英文 John Ⅱ，葡萄牙文 João Ⅱ，又译若昂二世、约翰二世，1481—1495 年在位）奉行支持航海的开明政策，被誉为"完美太子"。若奥三世（英文 John Ⅲ，葡萄牙文 João Ⅲ，又译若昂三世、约翰三世，1521—1557 年在位）注重天主教在新发现地区的传播，于 1548 年在巴西设立总督制。在其任内，葡萄牙

---

[1]《费尔南多一世》词条，载百度百科：http://baike.baidu.com/view/2776062.htm，最后访问时间：2011 年 12 月25 日。

海外贸易帝国正式形成。

1570 年，葡萄牙颁布法令，对香料贸易进行了重大改革。依据这项法令，国王东·塞巴斯蒂安（Sebastian Ⅰ，1557—1578 年在位）果断放弃了对香料贸易的垄断，放手让他的封臣参与经营，通过贸易的自由化，振兴葡萄牙的经济。[1] 1581 年，腓力二世被加冕为葡萄牙国王，统一了伊比利亚半岛。西班牙国王腓力二世虽然承诺尊重葡萄牙的自由，保留葡萄牙贵族的既有特权，维护现行法制和传统风俗，但是，西班牙成为葡萄牙的统治者却成为事实。[2]

1640 年，葡萄牙重新独立，作为新王朝的第一个国王，若奥四世（英文 John Ⅳ，葡萄牙文 João Ⅳ，又译若昂四世、约翰四世，1640—1656 年在位）恢复了教士和贵族的统治，政治方面却更为黑暗。1697 年，葡萄牙君主制历史上最后一次正式的宫廷会议召开，会议的主要议题是修改王位继承法。

17 世纪末至 18 世纪初，葡萄牙人在巴西陆续发现了黄金、钻石，王室的生活随之变得奢华，所有收入都被国王和贵族们挥霍一空，而经济却未见任何起色。1807 年，拿破仑指挥法国军队进入葡萄牙，废黜了葡萄牙国王，王国政府迁往巴西。1820 年，葡萄牙发生了一场资产阶级性质的革命，产生了一部宪法。[3]

三、其他地区的王室法

（一）佛兰德王室法

在 11、12 世纪，佛兰德的伯爵们拥有覆盖今日比利时、荷兰大部分面积的土地，他们在名义上虽非国王，却是实际事务中的掌权者，在欧洲法律的革命性转变中发挥了重要作用。11 世纪，"上帝和平运动"（Peace and Truce of God）出现于佛兰德，1034 年和 1099 年发布的《和平宣言》是当时最重要的和平宣言。1111 年，第一个

---

[1] 〔法〕费尔南·布罗代尔：《菲利普二世时代的地中海和地中海世界》（第一卷），唐家龙、曾培耿等译，吴模信校，商务印书馆 1996 年版，第 828 页。

[2] 梦舞：《葡萄牙通史》，载人教论坛：http://bbs.pep.com.cn/viewthread.php?tid=252604&page=1&authorid=228711，最后访问时间：2012 年 8 月 9 日。

[3] 王加丰：《西班牙、葡萄牙帝国的兴衰》，三秦出版社 2005 年版，第 337—339 页。

世俗的和平条令宣布,它于1119年、1138年被伯爵罗伯特二世(Robert Ⅱ,约1051年,或1054—1134年)的后继者们加以修订,此后屡加修订,一直被称为"大多数古老的佛兰德法律规定的基石"。伯爵腓力(Count Philip,1169—1190年统治佛兰德)被称作"佛兰德的第一立法者"。他通过和平法令来立法,授权许多城市制定他们自己的法律,还通过维持一种王室法律执行官员(称执法官)制度来集中审判权力。1178年,他还发布了一项涉及执法官权力的法令。[1]

(二)荷兰王室法

中世纪的荷兰,处于法兰克人的统治范围之内,不过距离加洛林王朝的中央权力较远,受后者影响较小、较短暂。由于这个原因,荷兰各省的统治者,纷纷加强各自"中央政府"的权威,制定"中央法律",以达到加强"中央权力"、打击"农村独立主义"和"封建割据"的目的。然而,如梅特兰所言,其效果似乎与预期相反:各城市都要求自治,甚至要求独立的主权;法院也最终变成了一个独立的机构,旨在维护地方各自的特权及豁免权。[2]

(三)冰岛王室法

1273年,冰岛制定了《艾恩赛德(*Ironside*)法典》,替代了冰岛的古老法律。该法典保留了1267年《古拉会议法律》中的世俗法(主要是民法)的内容,含有部分挪威制定法的条文,但经过了修改,以适用于冰岛的情况。该法典还包含有法律改革史的内容,主要内容是民法方面的一般条款。冰岛的统治者努力为其统治区域制定一部与《古拉会议法律书》类似的作品,既通过吸取先前经验,又适应新的情况,在此过程中,他们显示出高超的立法技术与能力。[3]

---

[1]〔美〕哈罗德·J.伯尔曼:《法律与革命——西方法律传统的形成》,贺卫方等译,法律出版社2008年版,第498—499页。

[2]〔英〕梅特兰等:《欧陆法律史概览:事件,渊源,人物及运动》,屈文生等译,上海人民出版社2008年版,第343页。

[3]同上书,第413、411、414页。

（四）挪威王室法

挪威与英国隔北海相望，其基督教是由英国传入的，因此英国王室法、教会法对挪威王室法有很大的影响。但是，在此之前，他们的法律还是以地方习惯为基础。国王哈罗德·哈法格里（Harald Harfager，860—930 年在位）制定了一部土地法。该法规定，在他所征服的领域内，所有封建领主的世袭财产都归他所有；所有已缔结的土地契约，无论涉及财产大小，都要向他缴纳土地税。他还在各地区设置了郡长（earl，又译伯爵），由郡长替国王征收土地税及各种罚金，并根据土地法对相关案件进行审理并做出判决。[1]

哈法格里国王之后，挪威与英国交往增多。挪威的"好国王哈康"（Håkon den gode，935—961 年在位）曾在英格兰国王阿特尔斯坦（Athelstan，924—939 年在位）的王室里接受教育，并在王室法庭学习，从英国留学归来后，他与盎格鲁-撒克逊的主教们一起在挪威建起了教堂。[2]

公元 1200 年，在历代国王的努力下，挪威的国家制度得到很大的完善，特别体现在国会中的代表制。马格努斯·拉根伯特国王（Magnus Lagabøte，1263—1280 年在位）统治期间，在 1275 年的"古拉会议"、1276 年的"埃兹沃会议"及"博尔戈会议"中，确认《弗罗斯塔会议法律》有效，使之成为一部适用于整个挪威的法律书。《马格努斯·拉根伯特国家法典》（National Code of Magnus Lagabøte）实为《弗罗斯塔会议法律》和《古拉会议法律》的整合，此外，还包括从其他两个"司法会议"中增加的关于"土地保有"的规定。该法典内容完整，在全国共同适用，甚至覆盖了挪威的殖民地。1319 年，哈康五世（Håkon V Magnusson，1299—1319 年在位）因无子嗣继承，女儿已经嫁给瑞典王室，挪威王位遂转移至瑞典王室。[3]

---

[1] *Laws for Land Property*：http://www.fordham.edu/halsall/source/930harald-laws1.asp.，2011.12.25.

[2] Henry Goddard Leach，*The Relations of the Norwegian with the English Church, 1066—1399, and Their Importance to Comparative Literature*，In *Proceedings of the American Academy of Arts and Sciences*，American Academy of Arts & Sciences，Vol.44，No.20，1909，pp.532—533.

[3] 〔英〕梅特兰等：《欧陆法律史概览：事件，渊源，人物及运动》，屈文生等译，上海人民出版社 2008 年版，第 412—413 页。

（五）瑞典王室法

瑞典的早期法律亦以习惯为主，但其国王在立法中发挥着重要的影响。圣埃里克国王（Eric IX, Erik the Saint, 1150—1160 年在位）时期，引入了妻子在丈夫地产中占有份额的原则。13 世纪中期，摄政王比里耶·雅尔（Birger jarl, 1248—1266 年摄政）实际统治瑞典，着手制定覆盖全国的规章，并把瑞典建成了一个独立的君主制国家。马格努斯·拉杜拉斯国王（Magnus Ladulås, 1275—1290 年在位）时期，为王国统一而建立"王国议会"，使之成为立法过程的重要组成部分。[1]

14 世纪，挪威瑞典联盟的受任国王马格努斯·埃里克森（Magnus Eriksson, Magnus IV, 1319—1364 年瑞典国王）着手制定了一系列法令，用以补充或者改变古老的法律。1335 年，《斯卡拉规章》最终废除了农奴制。还有一些法令，确定了瑞典独特的陪审团制度，确立了证据法，确立了新郎官的"晨礼"，确立了"国王的宁静"制度等。在这些法令的基础上，埃里克森国王推进了法典编纂工作，制定了《瑞典法典》，在结构安排和编纂技术上，都超越了先前的法典。在此后约半个世纪，该法典得到了其统治区域的所有"地方"的采用。[2]

1614 年，古斯塔夫·阿道夫二世国王（Gustav II Adolf, 1611—1632 年瑞典国王）组建了终审上诉法院，称为"斯维枢密官法庭"，并颁布命令，要求法官亲自出席"百户区"和"法律通会议"法庭的开庭审判，以履行他们的司法职责。[3]

（六）丹麦王室法

与其他欧陆国家相比，丹麦的王室法发展较晚。13 世纪初，国王克努特二世（Canute II）试图发布税收、征集款项等法令，藉此主张王室权威，却被废黜并遭暗杀。1241 年，国王瓦尔德马二世（Valdemar II, 1202—1241 年在位）颁了《日

---

[1]〔英〕梅特兰等：《欧陆法律史概览：事件，渊源，人物及运动》，屈文生等译，上海人民出版社 2008 年版，第 407 页。

[2] 同上书，第 414—415 页。

[3] 同上书，第 416 页。

德兰法书》,该法是斯堪的纳维亚半岛第一部官方法律汇编。[1] 在他统治时期,丹麦还创建了文秘署,设立了王室官吏和地方官吏。丹麦中央政府由国王、御前会议、丹麦大议会组成。14 世纪时,则由国王、王国会议和"首领大会"组成。随着立法的中央集权化,司法的中央集权也随之出现,《瓦尔德王室法》成为法律体系的核心。[2]

(七) 瑞士王室法

瑞士从神圣罗马帝国中发展而来,瑞士脱离神圣罗马帝国,经历了很长的一段时期。由于崇尚神圣罗马帝国的邦联制,瑞士采用了邦联制政体。[3] 瑞士法也发端于中世纪的德国法,公元 1500 年以前,瑞士法律史甚至一直是德意志法律史的一部分。直至 1500 年以后,瑞士才在立法上走上了一条独立的道路。[4]

(八) 匈牙利王室法

11 至 12 世纪的拉迪斯拉斯 (Ladislas, 1077—1095 年期间为匈牙利国王) 及其子克洛曼 (Koloman, 1095—1114 年期间为匈牙利国王) 是匈牙利最早的立法者。

拉迪斯拉斯在位期间,共颁布了三批法律,规定对异端的刑事措施、王室的司法行政、对盗窃的刑罚、对财产的保护等事项。克洛曼发布了一个共 84 条的法律改革令,其中某些内容减缓了其父律法的苛严;他废除妖术断案、增加法庭的数量、禁止司法决斗、设立管辖限制和诉讼程序,而且明确区分了宗教戒律与世俗

---

[1] 〔美〕哈罗德·J.伯尔曼:《法律与革命——西方法律传统的形成》,贺卫方等译,法律出版社 2008 年版,第 501 页。

[2] 〔英〕梅特兰等:《欧陆法律史概览:事件,渊源,人物及运动》,屈文生等译,上海人民出版社 2008 年版,第 409—410 页。

[3] Karl Blind, Swiss and French Election Methods, In The North American Review, University of Northern Iowa, Vol.155, No.432, 1892, p. 579.

[4] 〔英〕梅特兰等:《欧陆法律史概览:事件,渊源,人物及运动》,屈文生等译,上海人民出版社 2008 年版,第 360 页。

法纪。[1]

1222 年，一些贵族和小土地占有者发动了针对王室的反叛，匈牙利国王安德鲁二世（Andrew Ⅱ the Jerosolimitan ， 1205—1235 年在位）面对压力，不得不同意签署《黄金诏书》，被迫付出了削弱王室权力的代价。由此导致与 13 世纪初期其他西方国家的王室法相比，匈牙利的王室法显得较为贫弱。[2]

第八节　王室法的特点与影响

一、王室法的特点

如上所述，欧洲中世纪王室法有如下主要特点：

（一）封建地域性

在英语中，feudum 一词的意思是采邑或者封地；封建主义，即 feudalism 一词，就来源于 feudum，feudalism 在 17 世纪才开始使用，并被用来形容中世纪西欧的政治和社会体制的特征。[3] 西方学者传统的意见，基本上将"封建主义"理解为西欧社会特有的军事和政治结构。[4] 中世纪主要是封建主义的时代。中世纪社会是等级森严的，地位是否稳固，在很大程度上取决于上级的恩赐与下级的服从。[5] 封

---

[1]〔美〕哈罗德·J. 伯尔曼：《法律与革命——西方法律传统的形成》，贺卫方等译，法律出版社 2008 年版，第 500 页。

[2]同上书，第 631 页。

[3] Marilyn Stokstad, *Medieval Castles*, London, Greenwood Press, 2005, p.xli.

[4] 彭小瑜：《中世纪的现实性与距离感——读蒂尔尼、佩因特合著〈西欧中世纪史〉》，载《历史教学》2007 年第 12 期，第 109 页。

[5] William Chester Jordan, *Anti-corruption Campaigns in Thirteenth-century Europe*, In *Journal of Medieval History*, Elsevier Ltd., No.35, 2009, p.205.

建主义的特征，比如各种特权自由，必定要反映到王室法中。封建法是维护皇权，保障王权职能正常行使的必不可少的工具。国王们正规地制定法律，履行维持安宁和主持正义的职责。这些职责具体表现在：国王应通过宗教机构和对虔诚信仰的保护，来保证他的臣民获得灵魂拯救，保护他们免遭外敌侵犯，维护公正和国内的和平。[1]

然而封建性也制约了王室法的发展，限制王权、抑制专制是封建主义的固有属性。[2] 王室法体现着各方力量之间博弈的结果，与其用封建主义来称呼中世纪欧洲，还不如用领主权。[3] 西欧大陆的国王们获得政治权威的基础是其封建门阀的军事实力，而不是统治策略的良好运用。因此国王们崇尚暴力，热衷于征服，将主要精力放在与其他世俗势力（尤其是领主）以及与教会教权的斗争上面，其次就是制定平定民众叛乱和犯罪者骚乱的刑事法律，以及维护封建宗族血缘关系的民事法律，并通过王室司法机构来巩固王权在其势力范围内的利益。至于管理国家的法律，如近现代意义上的宪法和行政法，则相对较为稀少。当论及中世纪的"政府"的时候，政府给予其人民的现代意义上的"福利"及各种"利益"根本都不存在。[4] 西欧大陆王室法的公私法不平衡、具体条文不发达的总体特征，在一定程度上是由其赖以产生的封建环境决定的。

（二）主要是成文法

成文法包括制定法和判例法。习惯法的汇编不属于王室法。值得注意的是，13 世纪西欧各地几乎都出现了普遍实行的习惯法被成文化，13 世纪法律的核心也是编撰法典，编撰法典的目的是强调主权的概念；[5] 正如社会的其他成员一样，国

〔1〕〔法〕马克·布洛赫：《封建社会》（下卷），李增洪、侯树栋、张绪山译，张绪山校，上海人民出版社 2004 年版，第 653 页。

〔2〕程汉大：《中世纪宪政价值研究综述与反思》，载《史学月刊》2011 年第 8 期，第 109 页。

〔3〕黄春高：《追寻中世纪"权力的历程"——托马斯·N. 比森的权力史研究》，载《历史研究》2008 年第 5 期，第 125 页。

〔4〕Beryl Smalley, J.M. Wallace-Hadrill, *France: Government and Society: An Historical Survey*, London, Methuen Young, 1957, p.63.

〔5〕王亚平：《西欧法律演变的社会根源》，人民出版社 2009 年版，第 366 页。

王也受到习惯的约束，维持习惯是国王的职责之一，而国王所做的，是用法令将习惯固定下来，并就在互相冲突的习惯之间采纳何者做出决定；在习惯无法提供解决方案时，颁布具有普遍效力的法律进行补充。[1] 可见，王室法是以习惯法为基础的，但要将习惯法本身与以习惯法为渊源的王室法区分开来。

此外，王室法注重成文形式的特征与罗马法也有重要的关系。在西欧大陆，王室法注重保护王室和国家的和平安宁，故以公法为主，将私法部分主要留给习惯法调整。因为罗马法中的公法相当发达，所以西罗马帝国虽然灭亡，但在紧随其后的中世纪里，罗马公法法律传统（比如体现在罗马关于贵族特权的法律、惩罚犯罪行为与设定地产权利的法典等里面的罗马法律传统）在欧洲各地，依然得到不同程度地遵循，为王室法所继承；而成文法化作为罗马公法法律传统的重要组成部分，继续得到普及和推行。成文法的发展，反过来又促进了尤其在一些王权较为集中的国家里产生的制定宪法（公法）的趋势的形成。这一趋势与修订和完善罗马法的活动一起，为中世纪后期的罗马法复兴奠定了基础；同时这一趋势，还使成文法成为封建贵族限制君权神授下的国王权力的重要手段，以及国王统治的工具，并逐渐成为王室法的主要形式。

（三）适用于王国的所有地区或者国王直属领地内的所有人

在教皇革命之后，欧陆各个封建王国通过或短或长的循序渐进的过程，国王不仅直接统辖他的"智囊"和直属封臣，而且通过他的这些官吏直接统治他的主权范围内的所有人，至少是其中的全部自由人；[2] 这样，使王室法在效力上具有近代意义上的国家的法的属地和属人的特征；王室法的效力决定了任何人，包括国王或者皇帝在内，都不能超越法律为所欲为；统治者（国王）必须实施良好的统治，必须尊重法律，否则就可能丧失其地位和权力。[3]

---

[1] Andrew West, Yvon Desdevises, Alain Fenet, Dominique Gaurier, Marie-Clet Heussaff, *the French Legal System: an Introduction*, London, Fourmat Publishing, 1992, p.4.

[2]〔美〕哈罗德·J. 伯尔曼：《法律与革命——西方法律传统的形成》，贺卫方等译，法律出版社 2008 年版，第 395 页。

[3] 何勤华、张海斌主编：《西方宪法史》，北京大学出版社 2006 年版，第 162—163 页。

此外，必须区分国王直属领地与封建领主的领地。在封建领主的领地内，王室法可能并不适用。如早在法兰克王国的墨洛温王朝时期，国王就颁布了若干法令，初步区别了领主辖区与国王所属地区；从秃头查理颁布的861年敕令就可以看出领主辖区已有了自己的法官和官吏，秃头查理还在864年敕令中区别了国王自己的领地与其他私人的领地。[1] 从法兰克王国到后来的作为意大利、法国、德国、西班牙等当今西欧大陆国家前身的各封建王国，世俗领主的司法权与王室司法权都是并行不悖的。

各国在中世纪起始时间的早晚、发展的程度和速度等方面都存在差异。封建主义在政治上表现为中央权力的衰落和公共权力的私人化；尽管中世纪欧洲的封建主义存在很大的共性，但封建主义的地区差异性也相当显著。一般认为，典型的封建主义存在于原法兰克王国地区，即法国中北部以及德国西部。[2] 比如，与法国相比，德国有数量众多且范围广泛的自主地，采邑和附庸制法律较早就被当作单独的体系，可见德国的封建化不太发达；与盛行法制的意大利相比，德国王权又相对强大；而法国既没有成文法，实际上也几乎没有国王。[3]

（四）法律的效力与国王的权力紧密相联

在中世纪的西欧社会，国王的身份，决定了其有权行使的实际权力，身为领主的国王，是其王室领地的最高首领、最高法令的颁布者，同时也是最高法官。比如在14世纪的法国，任何事情都取决于国王的意志，但是极为重要的是，他能够承担起保护领土的重大责任。[4] 但是，在中世纪的大多数时期，王权并不具有至高无上的地位，贵族和教会享受着封建的自由；集立法、行政和司法权力为一身的国王，仍不是个人专制的统治者，由于国王受到教会、地方势力、王室机构甚

---

[1] 李秀清：《日耳曼法研究》，商务印书馆2005年版，第440—441页。

[2] 何勤华、张海斌主编：《西方宪法史》，北京大学出版社2006年版，第165页。

[3] 〔法〕马克·布洛赫：《封建社会》（上卷），张绪山译，郭守田、徐家玲校，商务印书馆2004年版，第299—300页，325页。

[4] 〔法〕罗伯特·福西耶主编：《剑桥插图中世纪史（1250—1520）》，郭方等译，山东画报出版社2009年版，第26页。

至是国王自身颁布的法律等的制约，王权对社会的控制、整合和管理功能几近丧失。[1]

虽然不能把中世纪西欧的封建政府视为一种法律上的或者实际上的个人绝对专制体制，但按当时普遍的观点，富人和掌权者在神意上就属于人民的天然代表，因此国王们作出决定前，包括制定法律时，一般不与人民或者人民选出的代表协商，而是只向他的主要臣属或者自己的附庸征求意见。比如奥托一世皇帝认为，原本针对某一特定会议而要发布的一项法律，"由于一些大人物的缺席"而不可在会议上发布。[2]然而，一项具体的王室法令的实行情况，则取决于包括教会、王室、地方势力及民众在内的各种力量的平衡，王权占优势的时期，王室法也处于优先的地位。

此外，中世纪的封建国家尚未建立立法机构，各王室司法机构就成了行使王权的主要工具。各封建王国国王通过王室法庭颁布各种敕令，王国的各种立法形式主要是以各种类型的王室法庭表现出来；国王还通过司法审判权行使国王的权力，国王的权力受到分封制度或者诸侯势力的限制，王室法庭的司法审判权与王权的强与弱密切相关。[3]从立法和司法两个方面来看，王室法庭等王室司法机构，也是国王的权力影响王室法的效力的一种重要途径。

二、王室法与教会法的关系

与各种地方法相比，王室法会更为广博、更成熟、更进步一些。到了16世纪，庄园法几乎已经全部消失，城市法则变得越发从属于王室法[4]，王室法在世俗法律中，占据了主导角色。

教会对王室法有着重要的影响。在意大利，教会中许多重要的人士频繁地参

---

[1] 刘守刚:《古代与中世纪西方立宪主义的萌芽》，载何勤华、王立民主编:《法律史研究（第二辑）》，中国方正出版社2005年版，第132页。

[2] 〔法〕马克·布洛赫:《封建社会》（下卷），李增洪、侯树栋、张绪山译，张绪山校，上海人民出版社2004年版，第655页。

[3] 王亚平:《西欧法律演变的社会根源》，人民出版社2009年版，第173页。

[4] 〔美〕哈罗德·J.伯尔曼:《法律与革命——西方法律传统的形成》，贺卫方等译，法律出版社2008年版，第504页。

与法律的编纂；牧师编纂者由于对教会法令非常熟悉，有时候他们出于自身利益的考虑会明确提到要使用这些教会法教规；在王室发布的法令集中，我们常可以找到这样的例子。

教皇的权威直接促成一些教会法则得以采纳。如利乌特普兰德在扩大婚姻缔结的禁止性情形时，宣称是教皇敦促他这样做；又如奥托一世反对"决斗断讼"的命令，也是经过与教皇约翰八世的协商后才通过的。[1]

甚至连国王的婚姻也受到教会的干预。11 世纪后期，德意志国王亨利四世想与他的妻子伯莎离婚，诸侯和主教均有同意的意向，但亨利四世的离婚意愿最终被罗马教廷以违背教规为由而否决；除非伯莎去世，亨利四世是无法再婚的。[2]

到了 12 世纪末，天主教会已经强大到能利用人民群众的宗教感情和封建割据的混乱局面，制服封建君主，影响或操纵君王的废立，控制许多国家的法庭。[3]

可见，罗马教会势力很快地就填补了公元 4 世纪蛮族入侵后形成的权力真空；教会法在欧洲信奉基督教的各个国家得到统一实行，并在一定程度上促进了教会与王室这两种政治势力之间的相互渗透。

至少在王室法的立法者和司法者看来，王室法和教会法的效力在整体上是等同的，或者说是趋于相互制衡的关系。例如在西西里，在教会与国家的天平上，国家的分量比别处更重；不过，南意大利的诺曼国王们一般都遵循教皇的判决和对法律的解释，否则教皇可能推翻他们的判决；他们在理论上也不否认教皇在宗教事务方面的最高权威；教会法院本身无疑是国王之下的教皇特使。《阿里亚诺法令》规定了神圣教会的特权，却把"教会"一词作为复数使用，也并未承认教会独立王权。又如在德国，腓特烈二世皇帝在给博洛尼亚大学师生的一封著名的信中称：教皇是上帝在尘世全部宗教事务的代理人，而皇帝是上帝在尘世全部世俗事务的代理人。在法国，最高法院在君主与王室臣民的宗教情感之间，起到了缓冲的作用，

---

[1] 〔英〕梅特兰等：《欧陆法律史概览：事件，渊源，人物及运动》，屈文生等译，上海人民出版社 2008 年版，第 76—77 页。

[2] Hans-Werner Goetz, Translated by Albert Wimmer, *Life in the Middle Ages: From the Seventh to the Thirteenth Century*, Indiana, University of Notre Dame Press, 1993, pp.39—40.

[3] 刘明翰：《罗马教皇列传》，东方出版社 1994 年版，第 67 页。

也通常负有维持公共秩序的职责；而且君主与他的守护者（这里是指最高法院和贵族阶层）之间的合作，也应代替曾经辉煌的极力维护自身统治的绝对君主制度而发挥作用。[1]

再如，在英国，教会法庭与世俗法庭的司法权既有分工，又有协作。一般而言，异端、亵渎神灵和圣物案件归教会法庭审理。但对认罪异端的处罚则由世俗官员来处理，因为教会法禁止教士参加肉体惩罚。对于因婚姻引起的嫁妆、寡妇财产及房产继承权等引起的财产问题，教会法庭一般会移交给世俗法庭处理。教会法庭负责对遗嘱有疑问的案件和教士的遗嘱案件的审理，世俗法庭负责审理由遗嘱引发的财产纠纷。[2]

与王室法相比，教会法的系统化程度要更高一些。在 11 世纪前，教会法的内容很分散。11 世纪教皇格列高利七世发起的宗教改革，使教皇及教会的地位不断提高并逐渐取得了对世俗社会的支配权力；12 世纪，随着教会法学的兴起，教会法的编纂、整理也进入一个新阶段，如出现了具有很大权威性的格兰西《教会法汇要》（Decretum Gratiani）[3]。教会法作为一种普通的超越国界普遍适用的法律，于 11 世纪晚期、12 世纪和 13 世纪逐渐形成其体系，主要得益于教会法学家的努力。[4] 而王室法是各国不同的王室所颁布的，各国的发展状况都不同，再加上王室法的立法主体相当分散，法律的形式多种多样，适用范围也仅限于各国境内，王室法规的系统化整理变得相当困难。以上因素，使教会法与王室法相比，有着更为完备的体系。

三、王室法对后世法律的影响

封建王室法延续了一千多年后，在中世纪末期，封建势力在本能上要求扩大

---

[1] Luc Racaut, *Education of the Laity and Advocacy of Violence in Print during the French Wars of Religion*, In *History*, Blackwell Publishing Ltd., Vol.95, No.318, 2010, p.1081.

[2] Brundage, James A., *Medieval Canon Law*, London and New York, Longman, 1995, p.72. 转引自罗辉：《中世纪西欧教会的司法管辖权》，载《社会科学辑刊》2010 年第 4 期，第 109 页。

[3] 何勤华主编：《外国法制史（第四版）》，法律出版社 2006 年版，第 94 页。

[4] 何勤华、李秀清主编：《外国法制史》，复旦大学出版社 2002 年版，第 124 页。

王权、维护专制，而经济力量不断增强的资产阶级和新贵族也要求取得政治上的独立地位。双方日益加剧的矛盾，导致了欧陆多个国家在资产阶级革命的过程中走向近代资本主义社会。但历史是具有延续性的，王室法作为封建社会法律的重要组成部分，对资产阶级法有着深远的影响。

（一）对近代国家结构形式的影响

主要体现在宪法、行政法方面。

首先是宪法方面。如 911 年加洛林王朝结束后，德国的国王开始由地方封建主推选产生。地方封建主拥有的政治、经济和法律上的种种特权，而且，这些地方法上的特权得到了王室法的确认。所有的德意志封邑里，巴伐利亚公国最为强大，并且在政府法律制度方面最为先进。巴伐利亚公爵狮子亨利（1156—1180 年在位），通过获得统治其领地诸郡的地方领主的司法权力和其他权力，在巴伐利亚从一个部落的和封建的政治体向一个领地的政治体的转型中起到了主要作用。[1] 1356 年，德意志国王查理四世颁布的《黄金诏书》将七大"选帝侯"在自己的领地内的特权确定下来。选帝侯分为教会选帝侯和世俗选帝侯两种，其中，较有实力的世俗选帝侯国包括哈布斯堡邦国、勃兰登堡—普鲁士君主国、撒克逊选帝侯国、巴伐利亚和汉诺威选帝侯国。王室法所确定的"选帝侯"制度实行了五百余年，成为德国后来选择联邦制的国家结构的历史原因之一。1871 年《德意志帝国宪法》（Bismarcksche Reichsverfassung）、1919 年《魏玛宪法》（Weimarer Verfassung）及 1949 年《波恩基本法》（Grundgesetz für die Bundesrepublik Deutschland）虽然在联邦与各州的规定上有所变化，但都规定了德国实行联邦制。

其次是行政法方面。法国的行政法院制度就是一个典型的例子。法国行政法院制度在很大程度上就是大革命前相应制度的延续和继承。国家参事院，即现称的最高行政法院，是由君主专制时期的辅佐国王行使司法权的"国王参事院"演变而来。1799 年，拿破仑决定重建"国王参事院"，将其改称为国家参事院，参事院只能以国家元首的名义作出裁决。[2]

---

[1]〔美〕哈罗德·J. 伯尔曼：《法律与革命——西方法律传统的形成》，贺卫方等译，法律出版社 2008 年版，第 493 页。

[2] 何勤华主编：《外国法制史（第四版）》，法律出版社 2006 年版，第 242 页。

（二）对西方两大法系的形成所起的作用

英国资产阶级和新贵族结成联盟，采取保留了国王的君主立宪制，因而王室法对普通法乃至英美法系的形成都有重大的影响。相对于英国来说，法国等西欧国家建立了共和国，资产阶级革命较为彻底；比如法国早在君主专制时期，适应当时商品经济的发展和市民阶级的法权要求，就出现了博丹的国家主权理论和朴蒂埃的司法学理论，这些都与王室法的传统理论不相一致；法国和德国在 18 世纪至 19 世纪就实现了法学的近代化；[1] 王室法对西欧资产阶级法律体系的形成的作用相对较小。欧陆各国中世纪世俗法（主要是封建王室法）富有特色的发展路径，使欧陆各国的法律具备了有别于英国的以致后来英国殖民地的法律的特点，这也是促成大陆法系和英美法系的形成和划分的一个重要原因。

（三）对西方法律的具体制度或者原则的形成的重要影响

主要体现在民法和诉讼法方面。封建王室法是近代资本主义法律的重要渊源。

民法方面。比如中世纪日耳曼法上的持有制度，直接影响了德意志法上的公示观念，使德意志法上的物权数量不像罗马法上那样受到限制，从而间接地促使《德国民法典》（Bürgerliches Gesetzbuch，缩写 BGB）的制订者们提出物权法定原则，以限制物权数量。[2]

在法国，王室法令在封建旧体制行将灭亡的时期重要性反而与日俱增，1679 年以后，所有大学的法律学科都必须开设有关王室法令的课程，王室法令对法国法的统一和法典编纂起到了很大作用；[3] 大革命前的王室法令成为 1804 年《法国民法典》的主要渊源。[4] 在德国，1900 年《德国民法典》在婚姻家庭法领域还保

---

〔1〕何勤华：《法律文化史谭》，商务印书馆 2004 年版，第 283 页。

〔2〕金可可：《持有、向物权与不动产负担——论中世纪日耳曼法对债权物权区分论的贡献》，载《比较法研究》2008 年第 6 期，第 52 页。

〔3〕〔日〕大木雅夫：《比较法》，范愉译，法律出版社 2006 年版，第 165 页。

〔4〕何勤华主编：《外国法制史（第四版）》，法律出版社 2006 年版，第 248 页。

留着中世纪家长制的残余，维护着夫妻之间在民事权利方面的不平等地位，如妻的财产归夫占有、管理和收益，妻对他人承担的契约义务不得与夫所承担的义务相抵触[1]等；体现了该法典所带有的相当的封建法的色彩。

诉讼法方面。比如，大陆日耳曼人为了以王权控制司法，保障处于国王特殊保护之下的人的利益，首先采用了纠问式诉讼程序；近代英国的陪审制，就滥觞于中世纪的纠问式诉讼程序。[2]又如，在中世纪时期，人们逐渐形成了一种观念：任何诉讼一旦作出裁决，同一诉案的双方便不能再到不同的法庭起诉，因为人们认为，除了法庭故意做出错误判决或者拒绝审理案件，对于一个真正的错误，即使由良好的意愿所致，也没有任何补救措施。[3]在近代以后，这种观念演变为：原告不得就已起诉的案件再行起诉，即判决确定后，当事人不得就已经判决的同一案件再行起诉。这就是作为近现代刑事诉讼基本原则之一的"一事不再理"原则。

（四）对西方近代法治观念的影响

可从立法、司法和法律学说这三个方面来分析。

第一，从立法的角度看。比如在立法指导思想方面，封建王室法强调与权力紧密相连的身份；然而16世纪的欧洲国家，封建化的财政组织无法在短期内集聚大量的战争急需的现金，不得以地付以抵押向外借贷，使金钱交易逐渐超过货物交易，也使政府与金融家结合，构成近代化的特征之一；[4]而且王室对领土控制权的企求，与商人对统一贸易地区的需要相吻合，使王室较易与商人结盟，[5]也淡化了王室法的身份色彩；近代资本主义法正是从"身份到契约"的变革的产物。又如，从法治政府的形成过程来看，贯穿于中世纪的教权与王权之间的博弈促进了法律至上理论和观念的形成；一方面，出于权力斗争的需要形成了包括王室法在内的近

[1] 何勤华主编：《外国法制史》（第四版），法律出版社2006年版，第299页。

[2] 李秀清：《日耳曼法研究》，商务印书馆2005年版，第437页。

[3] 〔法〕马克·布洛赫：《封建社会》（下卷），李增洪、侯树栋、张绪山译，张绪山校，上海人民出版社2004年版，第603页。

[4] 阎宗临：《世界古代中世纪史》，广西师范大学出版社2007年版，第198—199页。

[5] 郭义贵：《西欧中世纪法律概略》，中国社会科学出版社2008年版，第15页。

代西方法律体系，另一方面，权力斗争的结果使包括君主和教皇在内的任何人都应当服从法律的权威的法治传统开始形成。[1]再如，从法律制度来看，中世纪里，德国成为封建制度中最完全的典型，即使在今日，也比欧洲其他国家存有更多的封建制度的遗迹。[2]

第二，从司法的角度看。司法，是使法律深入民心，并影响人民的法治观念的重要途径之一。王室司法具有封建司法不能比拟的优势，同时也承上启下，推动了西方近代司法的形成。首先，因为王室法院强调一致地适用法律，而且王室法官们认为法律在国王之上，所以王室司法更为客观。其次，因为王室司法废除了司法决斗和共誓涤罪等程序，所以更为合理。再次，王室法院的法官一般受过专业的培训，因此，王室司法更为专业化。[3]上述优势，使王室司法具备了西方近代法治思想中的某些因素的萌芽，比如客观断案，注意审判过程的规范化和科学化，也是法律面前人人平等和法律至上的基本要求；又如诉讼程序的合理化，蕴含了把法律看作一种科学，讲求理性，崇尚良法的愿望；而法官的专业化，培养了一大批受过法律方面的专业培训的人才，为法律职业阶层的形成从在古代时个别的现象，到在近代变为普遍的现象创造了条件；[4]而独立的法律职业阶层的兴起，正是法治社会形成的必需条件之一。

第三，从学说的角度看。索尔兹伯里的约翰为近代西方政治法律思想的展开做了出色的理论准备。约翰并不否认君主之权为上帝所授予，但是在他看来，世俗共同体有它本身的目标，其核心就是公共安全和公共福利，将君主一般化地定义成"公共权力"；这一观点大大超越了他所处的时代。此外，约翰试图从一个有机整体立场去把握世俗政治体，这与从封建契约关系中去把握世俗王权有着本质的不同，开有机体国家论之先河。[5]又如，国王服从法律并根据法律进行统治的

[1] 焦洪昌主编：《宪法制度与法治政府》，北京大学出版社2008年版，第3—4页。

[2]〔美〕莫里斯：《法律发达史》，王学文译，中国政法大学出版社2003年版，第191页。

[3]〔美〕哈罗德·J.伯尔曼：《法律与革命——西方法律传统的形成》，贺卫方等译，中国大百科全书出版社1993年版，第466页。

[4] 何勤华：《法律文化史谭》，商务印书馆2004年版，第291页。

[5] 张笑宇：《索尔兹伯里的约翰与近代西方政治思想的中世纪渊源》，载《政治思想史》2011年第2期，第108，107，114页。

观念已成为重要的法律政治理论，并深入中世纪的思想观念之中。1264 年，一名佚名诗人在其诗歌中表达了此种法律观念："法律高于国王的尊严，我们认为法律是光亮，没有光亮人就会误入歧途。如果国王不要法律，他就会误入迷途……依法者存，违法者亡"。[1]

参考文献

一、西文

1. Sir William Reynell Anson, *Law and Customs of the Constitution*,Clarenden Press,1897.

2. John Wesley Baldwin，*The Government of Philip Augustus: Foundations of French Royal Power in the Middle Ages*，University of California Press，1986.

3. Geoffrey Barraclough, *History in a Changing World*, Basil Blackwell, 1957.

4. Caroline M. Barron, *London in the Later Middle Ages: Government and people 1200—1500*, Qxford University Press, 2004.

5. Geoffrey Wallis Steuart Barrow, *Feudal Britain*, London, 1979.

6. Walter de Gray Birch（ed.），*Historical Charters and Constitutional Documents of the City of London*, London, 1887.

7. William Blackstone, *Commentaries on the Laws of England*, Thomas B. Walt Co., 2008.

8. Karl Blind，Swiss and French Election Methods，in *The North American Review*，University of Northern Iowa，Vol.155，No.432，1892.

9. Wim Blockmans，Constructing a Sense of Community in Rapidly Growing European Cities in the Eleventh to Thirteenth Centuries，in *Historical Research*，Institute of Historical Research，Vol. LXXXIII，No.222，2010.

10. Paul Brand, *The Origins of the English Legal Profession*, Blackwell, 1992.

11. Reginald Allen Brawn, *Genesis of English Feudalism*, London, 1973.

12. Christopher Nugent Lawrence Brooke, Gillian Keir, *London 800—1216: The Shaping of a*

---

[1] D.C Douglas and G.W.Greenaway, ed., English Historical Documents, New York, Oxford University Press, Vol.11, 1981,p.433. 转引自陈太宝：《中世纪西欧法律视野下的抵抗权和暴君学说》，载《贵州社会科学》2011 年第 11 期，第 124 页。

City, London, 1975.

13. Carlo. M. Cipolla, *Before the Industrial Revolution: European Society and Economy 1000—1700*, London,1993.

14. Godfrey Rupert Carless Davis, *Magna Carta*, London, 1963.

15. Wendy Davies，Judges and Judging: Truth and Justice in Northern Iberia on the Eve of the Millennuim，in *Journal of Medieval History*，Elsevier Ltd.，No.36，2010.

16. Margaret Deanesly， *A History of Early Medieval Europe 476 to 911*，Methuen & Co. Ltd，1956.

17. Brice Dickson，*Introduction to French Law*，Pitman Publishing，1994.

18. Lindsay Diggelmann，Hewing the Ancient Elm: Anger，Arboricide，and Medieval Kingship，in *The Journal of Medieval and Early Modern Studies*，Vol.40，No.2，2010.

19. David Ditchburn, Simon Maclean, *Atlas of Medieval Europe*, Routledge, 2007.

20. David Charles Douglas & George William Greenaway（ed.），*English Historical Documents*, London, 1998.

21. Katherine Fischer Drew, *Law and Society in Early Medieval Europe: Studies in Legal History*, London 1988.

22. Howard D. Fisher，*The German Legal System and Legal Language: A General Survey together with Notes and German Vocabulary*，Cavendish Publishing Ltd.，2002.

23. Nigel G. Foster, *German Law and Legal System*, Blackstone Press Limited, 1993.

24. François-Louis Ganshof, *Feudalism,* translated by Philip Grierson, Harper&Row, 1964.

25. François-Louis Ganshof, The Impact of Charlemagne on the Institutions of the Frankish Realm, *Speculum*, Vol. 40, No. 1.（Jan., 1965）.

26. Hans-Werner Goetz, Translated by Albert Wimmer，*Life in the Middle Ages: From the Seventh to the Thirteenth Century*，University of Notre Dame Press，1993.

27. Arthur Lehman Goodhart, *Law of the Land*, Virginia, 1966.

28. Harold Greville Hanbury & D. C. M. Yardley, *English Courts of Law*, Oxford University Press, 1979.

29. Alan Harding, *A Social History of English Law*, London, 1966.

30. Charles Homer Haskins, *The Renaissance of the Twelfth Century*, Cambridge: Harvard University, 1927.

31. Alfred Haverkampf，*Medieval Germany, 1056—1273*，Oxford University Press，1992.

32. Denys Hay，*Europe in the Fourteenth and Fifteenth Centuries*，Longman Inc.，1989.

33. William Searle Holdsworth, Arthur Lehman Goodhart, Harold Greville Hanbury, J.M.Burke, A History of English Law, Vol.2. *Methuen*.1956.

34. James Clarke Holt, *Magna Carta*, Cambridge, 1965.

35. Edward Jenks, *Law and Politics in the Middle Ages with a Synoptic Table of Sources*, John Murray Publisher,1898.

36. Edward Jenks, The Early History of Negotiable Instruments, in *Select Essays in Anglo-American Legal History*, Vol. 3, Little, Brown, & Company, 1909.

37. J. A. P. Jones, *King John and Magna Carta*, London, 1971.

38. William Chester Jordan, Anti-corruption Campaigns in Thirteenth-century Europe, in *Journal of Medieval History*, Elsevier Ltd., No.35, 2009.

39. Henry Goddard Leach, The Relations of the Norwegian with the English Church, 1066—1399, and Their Importance to Comparative Literature, in *Proceedings of the American Academy of Arts and Sciences*, American Academy of Arts & Sciences,Vol.44,No.20,1909.

40. Henry Royston Loyn. *The Governance of Anglo-Saxon England*, London, 1984.

41. A. Luders, T. E. Tomlins, et al. （eds.）, *Statutes of the Realm*, London, 1810—1828.

42. Frederic William Maitland, *Domesday Book and Beyond: Three Essays in the Early History of England*, Cambridge University Press, 1907.

43. Frederic William Maitland, *The Constitutional History of England*, Cambridge, 1911.

44. Frederic William Maitland, *Justice and Police*, Macmillan, 1985.

45. Edward Miller & John Hatcher, *Medieval England: Rural Society and Economic Change 1086—1348*, London, 1978.

46. Maria Giuseppina Muzzarelli, Reconciling the Privilege of a Few with the Common Good: Sumptuary Laws in Medieval and Early Modern Europe, in *The Journal of Medieval and Early Modern Studies*, Vol.39, No.3, 2009.

47. John Greville Agard Pocock, *The Ancient Constitution and the Feudal Law*, Cambridge University Press, 1957.

48. Frederick Pollock & Frederic William Maitland, *History of English Law Before the Time of Edward I*, Cambridge University Press, 1968.

49. Luc Racaut, Education of the Laity and Advocacy of Violence in Print during the French Wars of Religion, in *History*, Blackwell Publishing Ltd., Vol.95, No.318, 2010.

50. Luc Racaut, Reason of State, Religious Passions, and the French Wars of Religion, in *The Historical Journal*, Cambridge University Press, Vol.52,4, 2009.

51. Susan Reynolds, *Fiefs and Vassals: the Medieval Evidence Reinterpreted*, Oxford University Press Inc., 2001.

52. Olivia. F. Robinson, T. David Fergus and William Morrison Gordon, *An Introduction To European Legal History*, Professional Books Limited,1985.

53. Harry Rothwell （ed.）, *English Historical Documents*, London, 1998.

54. Charles Seignobos, *The Feudal Regime*, Henry Holt and Company Publishers, 1902.

55. Beryl Smalley, J.M. Wallace-Hadrill, *France: Government and Society: An Historical Survey*, Methuen Young, 1957.

56. Frank Merry Stenton, *Anglo-Saxon England*, 3rd edition, Oxford ,1984.

57. Carl Stephenson, *Borough and town: A Study of Urban Origins in England*, Cambridge,

1933.

58. Marilyn Stokstad, *Medieval Castles*, Greenwood Press, 2005.

59. Francis Stoughton Sullivan, *A Historical Treatise on the Feudal Law*, London, 1772.

60. William Stubbs, *The Constitutional History of England in Its Origin and Development*, Clarendon Press, 1903.

61. The Editor of BBC History Magazine, Medieval Warfare, in *BBC History Magazine*, Vol.10, No.8, 2009.

62. The Editor of BBC History Magazine, Henry V: the Cruel King, in *BBC History Magazine*, Vol.10, No.10, 2009.

63. The Editor of BBC History Magazine, *John's Battle*, In BBC History Magazine, Vol.11, No.6, 2010.

64. The Editor of History, *Medieval*, *Reviews and short Notices*, In History, Blackwell Publishing Ltd., Vol.95, No.318, 2010.

65. James Westfall Thompson, *The Middle Ages 300—1500*, New York, 1972.

66. Bjorn Weiler, *Matthew Paris on the Writing of History*, In Journal of Medieval History, Elsevier Ltd., No.35, 2009.

67. Andrew West, Yvon Desdevises, Alain Fenet, Dominique Gaurier, Marie-Clet Heussaff, *the French Legal System: an Introduction*, Fourmat Publishing, 1992.

68. Dorothy Whitelock (ed.), *English Historical Documents, Vol. I, c. 500—1042,* Routledge, 1998 (2nd.).

69. Charles R. Young, *The English Borough and Royal Administration 1130—1307*, Duke University Press, 1961.

二、译著

1. 〔英〕佩里·安德森：《从古代到封建主义的过渡》，郭方、刘健译，上海人民出版社 2001 年版。

2. 〔英〕罗伯特·巴特莱特：《中世纪神判》，徐昕、喻中胜、徐昀译，浙江人民出版社 2007 年版。

3. 〔英〕约翰·哈德森：《英国普通法的形成——从诺曼征服到大宪章时期英格兰的法律与社会》，刘四新译，商务印书馆 2006 年版。

4. 〔英〕詹姆斯·坎贝尔：《英国宪政的盎格鲁-撒克逊起源》，孟广林、鞠长猛译，载《历史研究》2010 年第 3 期。

5. 〔英〕约翰·马蒂科特：《郡骑士"前史":920—1270 年王国会议中的小土地所有者》，孟广林、柴晨清译，载《历史研究》2010 年第 3 期。

6. 〔英〕梅特兰：《英格兰宪政史》，李红海译，中国政法大学出版社 2010 年版。

7. 〔英〕梅特兰等：《欧陆法律史概览: 事件，渊源，人物及运动》，屈文生等译，上海人民出版社 2008 年版。

8. 〔英〕温斯顿·丘吉尔:《英语国家史略》（上册），薛力敏，林林译，新华出版社 1985 年版。

9. 〔英〕爱德华·甄克斯:《中世纪的法律与政治》，屈文生、任海涛译，中国政法大学出版社 2010 年版。

10. 〔美〕朱迪斯·M. 本内特、C. 沃伦·霍利斯特:《欧洲中世纪史》，杨宁、李韵译，上海社会科学学院出版社 2007 年版。

11. 〔美〕哈罗德·J. 伯尔曼:《法律与革命——西方法律传统的形成》，贺卫方等译，中国大百科全书出版社 1993 年版。

12. 〔美〕斯科特·戈登:《控制国家——从古代雅典到今天的宪制史》，应奇等译，江苏人民出版社 2001 年版。

13. 〔美〕莫里斯:《法律发达史》，王学文译，姚秀兰校，中国政法大学出版社 2003 年版。

14. 〔美〕孟罗·斯密:《欧陆法律发达史》，姚梅镇译，王健、刘洋校，中国政法大学出版社 2003 年版。

15. 〔美〕约翰·H. 威格摩尔:《世界法系概览.下》，何勤华、李秀清、郭光东等译，上海人民出版社 2004 年版。

16. 〔美〕约翰·梅西·赞恩:《法律的历程》，刘睿铭编译，江西高校出版社 2009 年版。

17. 〔德〕K. 茨威格特、K. 克茨:《比较法总论》，潘汉典、米健、高洪钧、贺卫方译，法律出版社 2003 年版。

18. 〔德〕汉斯—维尔纳·格茨:《欧洲中世纪生活》，王亚平译，东方出版社 2002 年版。

19. 〔德〕利奥波德·冯·兰克:《历史上的各个时代》，杨培英译，北京大学出版社 2010 年版。

20. 〔法〕埃德蒙·波尼翁:《公元 1000 年的欧洲》，席继权译，山东画报出版社 2005 年版。

21. 〔法〕费尔南·布罗代尔:《菲利普二世时代的地中海和地中海世界.第一卷》，唐家龙、曾培耿等译，吴模信校，商务印书馆 1996 年版。

22. 〔法〕马克·布洛赫:《封建社会》，张绪山译，郭守田、徐家玲校，商务印书馆 2004 年版。

23. 〔法〕布瓦松纳:《中世纪欧洲生活和劳动》，潘源来译，商务印书馆 1985 年版。

24. 〔法〕罗伯特·福西耶主编:《剑桥插图中世纪史（1250—1520）》，郭方等译，山东画报出版社 2009 年版。

25. 〔法〕雅克·勒戈夫:《中世纪的知识分子》，张弘译，商务印书馆 2002 年版。

26. 〔日〕大木雅夫:《东西方的法观念比较》，华夏、战宪斌译，北京大学出版社 2004 年版。

27. 〔日〕大木雅夫:《比较法》，范愉译，法律出版社 2006 年版。

28. 〔意〕安德烈啊·德埃、伦佐·罗西:《欧洲中世纪》，林英译，广东人民出版社 2006 年版。

29. 〔意〕马基雅维里:《君主论》，王水译，上海三联书店 2008 年版。

30. 〔比〕亨利·皮朗:《中世纪欧洲经济社会史》，乐文译，上海人民出版社 2001 年版。

31.〔比〕亨利·皮雷纳:《中世纪的城市》,陈国樑译,商务印书馆 2007 年版。

32. 美国时代生活图书公司:《骑士时代:中世纪欧洲:公元 800—1500》,侯树栋译,山东画报出版社 2001 年版。

三、著作

1. 陈太宝:《中世纪西欧法律视野下的抵抗权和暴君学说》,载《贵州社会科学》2011 年第 11 期。

2. 陈文海:《〈撒利克法典〉在法国中世纪后期的复兴和演化》,载《历史研究》1998 年第 6 期。

3. 陈文海:《中世纪法兰西王室徽章研究——百合花象征主义的神学渊源及内涵》,载《历史研究》2000 年第 5 期。

4. 程汉大主编:《英国法制史》,齐鲁书社 2001 年版。

5. 程汉大、李培峰:《英国司法制度史》,清华大学出版社 2007 年版。

6. 程汉大:《十二至十三世纪英国法律制度的革命性变化》,载《世界历史》2000 年第 5 期。

7. 程汉大:《中世纪英国法院制度的演变》,载于《中西法律传统》2009 年卷。

8. 程汉大:《中世纪宪政价值研究综述与反思》,载《史学月刊》2011 年第 8 期。

9. 顾盈颖:《中世纪西欧王权与法律关系的变革——论王室法的兴起》,华东政法大学 2006 年硕士论文。

10. 郭义贵:《西欧中世纪法律概略》,中国社会科学出版社 2008 年版。

11. 何勤华:《法律文化史谭》,商务印书馆 2004 年版。

12. 何勤华主编:《德国法律发达史》,法律出版社 2000 年版。

13. 何勤华主编:《外国法制史(第四版)》,法律出版社 2006 年版。

14. 何勤华主编:《法国法律发达史》,法律出版社 2001 年版。

15. 何勤华、李秀清主编:《外国法制史》,复旦大学出版社 2002 年版。

16. 何勤华、李秀清主编:《意大利法律发达史》,法律出版社 2006 年版。

17. 何勤华、张海斌主编:《西方宪法史》,北京大学出版社 2006 年版。

18. 侯建新:《西欧法律传统与资本主义的兴起》,载《历史研究》1999 年第 2 期。

19. 侯建新:《"封建主义"概念辨析》,载《中国社会科学》2005 年第 6 期。

20. 侯建新:《近二十年英国中世纪经济——社会史研究的新动向》,载《历史研究》2011 年第 5 期。

21. 侯树栋:《德意志中古史——政治、经济社会及其他》,商务印书馆 2006 年版。

22. 侯树栋:《断裂,还是连续:中世纪早期文明与罗马文明之关系研究的新动向》,载《史学月刊》2011 年第 1 期。

23. 胡玉堂:《中世纪西欧的政权、教权与封建制度》,载《历史研究》1981 年第 5 期。

24. 黄春高:《封建主义研究的新动向》,载《世界历史》1999 年第 5 期。

25. 黄春高：《追寻中世纪"权力的历程"——托马斯·N.比森的权力史研究》，载《历史研究》2008 年第 5 期。

26. 计秋枫：《论中世纪西欧封建主义的政治结构》，载《史学月刊》2010 年第 4 期。

27. 焦洪昌主编：《宪法制度与法治政府》，北京大学出版社 2008 年版。

28. 金可可：《持有、向物权与不动产负担——论中世纪日耳曼法对债权物权区分论的贡献》，载《比较法研究》2008 年第 6 期。

29. 金志霖：《试论西欧中世纪城市与封建主的关系》，载《历史研究》1990 年第 4 期。

30. 李栋：《中世纪前期罗马法在西欧的延续与复兴》，载《法律科学（西北政法大学学报）》2011 年第 5 期。

31. 李栋：《试论中世纪英格兰诺曼征服与封建制——基于宪政权力结构的分析》，载于《云南大学学报（法学版）》2009 年第 2 期。

32. 李培锋：《英国中世纪的地方自治及其成因》，载《中西法律传统》（第三卷），中国政法大学出版社 2003 年版。

33. 李秀清：《日耳曼法研究》，商务印书馆 2005 年版。

34. 李宜琛：《日耳曼法概说》，夏新华、胡旭晟校，中国政法大学出版社 2003 年版。

35. 林榕年主编：《外国法制史》，中国人民大学出版社 2006 年版。

36. 刘明翰：《罗马教皇列传》，东方出版社 1994 年版。

37. 刘明翰：《略论世界中世纪史的体系问题》，载《求是学刊》1980 年第 3 期。

38. 刘守刚：《古代与中世纪西方立宪主义的萌芽》，载何勤华、王立民主编：《法律史研究（第二辑）》，中国方正出版社 2005 年版。

39. 刘新成：《戚国淦先健与世界中世犯史研究》，载《世界历史》1994 年第 4 期。

40. 罗辉：《中世纪西欧教会的司法管辖权》，载《社会科学辑刊》2010 年第 4 期。

41. 马克垚：《西欧封建经济形态研究》，人民出版社 1985 年版。

42. 马克垚：《英国封建社会研究》，北京大学出版社 2005 年版。

43. 马克垚：《封建经济政治概论》，人民出版社 2010 年版。

44. 孟广林：《英国封建王权论稿》，人民出版社 2002 年第 1 版。

45. 孟广林：《对我国世界中世纪史研究的历史回顾与存在问题的探讨》，载《河南大学学报（社会科学版）》1999 年第 11 期。

46. 孟广林：《中世纪前期的英国封建王权与基督教会》，载《历史研究》2000 年第 2 期。

47. 宁宇：《王室封臣在中世纪德国的兴起（c.1050—1200）》，东北师范大学 2002 年硕士论文。

48. 彭小瑜：《中世纪的现实性与距离感——读蒂尔尼、佩因特合著〈西欧中世纪史〉》，载《历史教学》2007 年第 12 期。

49. 齐延平：《自由大宪章研究》，中国政法大学出版社 2007 年版。

50. 沈汉、刘新成：《英国议会政治史》，南京大学出版社 1991 年版。

51. 施诚：《论中古英国"国王靠自己过活"原则》，载《世界历史》2003 年第 1 期。

52. 孙庆芳：《教皇史话》，商务印书馆 1985 年版。

53. 韦森:《欧洲近现代历史上宪政民主政制的生成、建构与演进》,载《法制与社会发展》2007 年第 5 期。

54. 魏武:《法德检察制度》,中国检察出版社 2008 年版。

55. 王加丰:《西班牙、葡萄牙帝国的兴衰》,三秦出版社 2005 年版。

56. 王亚平:《西欧法律演变的社会根源》,人民出版社 2009 年版。

57. 王亚平:《论西欧中世纪的三次文艺复兴》,载于《东北师大学报（哲学社会科学版)》2001 年第 6 期。

58. 谢丰斋编著:《世界中古史——公元五至 15 世纪的古代世界》,世界知识出版社 2009 年版。

59. 徐延昭:《浅析中世纪晚期西欧官吏阶层的产生》,载《史学集刊》2011 年第 4 期。

60. 阎照祥:《英国贵族史》,人民出版社 2000 年。

61. 阎宗临:《世界古代中世纪史》,广西师范大学出版社 2007 年版。

62. 由嵘主编:《外国法制史》,北京大学出版社 2007 年版。

63. 由嵘、张雅利、毛权、李红海编:《外国法制史参考资料汇编》,北京大学出版社 2004 年版。

64. 曾尔恕、张彩凤、崔林林:《中世纪德国法源探析》,载米健主编:《中德法学学术论文集》,法律出版社 2003 年版。

65. 张笑宇:《索尔兹伯里的约翰与近代西方政治思想的中世纪渊源》,载《政治思想史》2011 年第 2 期。

66. 赵立行:《论中世纪的"灰脚法庭"》,载《复旦学报（社会科学版)》2008 年第 1 期。

67. 郑智航:《中世纪西欧法律的内在逻辑与现代法律的开启》,载《法制与社会发展》2011 年第 1 期。

68. 朱明:《城市的空气不一定自由——重新审视西欧中世纪城市的"自由"》,载《史林》2010 年第 2 期。

第三章　封建地方法

在充满多样化的中世纪欧洲法律中，较少引起中国学界关注却又绝对不应被忽略的，是欧洲中世纪的封建地方法。如本书各章所述，在欧洲社会与法律相互影响的革命中，罗马法、教会法和早期的国际法都朝着有利于欧洲法律一体化和合理化的方向产生影响。唯独封建法，却阻挡着上述法律体系的进展，甚至使其部分努力归于徒劳，如同巨大的极地冰川，在上新世末滑入陆地，使得漫长历史时期形成的地质外表消失无踪。[1] 封建主义就像冰川一样，横扫欧洲大陆，盘踞数世纪之久，其影响至今仍可谓历历在目。[2]

关于欧洲封建地方法的译著，最具划时代意义的巨著当然是马克·布洛赫的《封建社会》，其次是亨利·皮朗的《中世纪欧洲经济社会史》。伯尔曼的《法律与革命》和孟罗·斯密的《欧陆法律发达史》中，对欧洲封建地方法也有专章介绍。中国大陆目前关于欧洲中世纪封建地方法的研究，主要分散于一些别国法律史著作中，如何勤华教授主编《法国法律发达史》、李秀清教授著《日耳曼法研究》等。高仰光教授著《〈撒克逊明镜〉研究》，是对封建地方法中的重要典籍的专门研究。历史学者研究欧洲封建时期的著作中，有时也涉及封建地方法，如马克垚著《英

---

[1] 上新世（pliocene epoch）是地质时代中第三纪的最新的一个世，由 C．莱伊尔于 1833 年命名，从距今 530 万年开始，至距今 180 万年结束。上新世前是中新世，其后是更新世。前两者之间的边界是地区性的从比较温暖的中新世转化为比较寒冷的上新世，后两者之间的边界是更新世冰川的开始。

[2] 教会本身似乎也最终在无可阻挡的封建主义浪潮中被淹没，在很大程度上分享了它的世俗性、暴力和道德沦丧。Charles Lowe, *Unitarian review*, vol.18, London, General Books LLC, 2010, p.302.

国封建社会研究》等。这些研究大多偏重欧洲封建法的一般特征，对当时欧洲各地区封建法的具体情况介绍不多。相对于欧洲中世纪的其他法律体系，对于封建地方法的研究还明显不足。

本章将按照国别和地区，较系统地介绍中世纪欧洲封建地方法，以领主与附庸的人身依附关系和采邑制度为主线，结合法学的相关分析方法，进行较为基础的研究。为了更好地呈现欧洲封建地方法的原貌，笔者希望能将这些法律规则重置于其历史背景之中，因此有必要对当时欧洲各地区的政治状况和司法权运作作一些背景介绍。

基于中国大陆相关研究基础较为薄弱、相关资料不多以及语言能力方面的考虑，本章将较多地引用英文资料，并尽可能使用较原始的文献。在论述的内容方面，凡是国内尚未介绍的，则着墨较多，尤其对于几部重要的法典，虽然此前的著述中曾提到过它们的名称，但由于对其内容还大多语焉不详，本章中仍将作较详细的介绍，对其制定背景、意义和条文内涵进行分析，尽可能为读者展现欧洲中世纪封建地方法的原始风貌，亦为学界同仁进一步深入研究提供一些参考。

第一节　中世纪欧洲的封建制

一、欧洲封建制的兴起

（一）"封建制"的含义

要研究欧洲封建法，首先要弄清封建制的含义、由来和特征。"封建制"一词的英文为"feudualism"，来自于"fief"（采邑），最初源于古雅利安语 pe'ku，其变体包括梵文中的 pacu（家畜）、拉丁语中的 pecus（有体动产）、古高地德语的 fehu、fihu（家畜、财产、货币）等，其后该词还演化为古弗里斯兰语的 fia 和古撒克逊语的 fehu，进入古英语后，还演化出了 feoh、fioh、feo 和 fee 等词汇。

在西方学界，对"封建制"一词有狭义和广义两种理解。狭义解释的持有者之一弗朗索瓦·冈绍夫认为，封建主义就是一套制度，它们创造并规定了附庸对领主的服从和役务，以及领主对附庸提供保护和生计的义务，领主和附庸都是自由人。[1] 广义解释的持有者马克·布洛赫则说："依附农民；附有役务的佃领地（即采邑）而不是薪俸的广泛使用——薪俸是不可能实行的；专职武士等级的优越地位；将人与人联系起来的服从—保护关系（这种关系在武士等级内部采用被称作附庸关系的特定形式）；必然导致混乱状态的权力分割；在所有这些关系中其他组织形式即家族和国家的存留（在封建社会第二阶段，国家将获得复兴的力量）——这些似乎就是欧洲封建主义的基本特征"。[2] 马克思主义唯物史观则似乎赋予"封建制度"更广义与深刻的内涵，使之成为一种包括经济基础、上层基础这两个方面的广义的概念，将之看做一种社会经济形态，是人类社会介于古代奴隶制和近代资本主义制度之间的一个历史时期。[3]

综合上述几种代表性学说可见，封建制的含义错综复杂，有仅指封君封臣关系的，有指包含封君封臣关系的社会政治经济制度的，还有指历史发展阶段的，[4] 但封建制有两大特征是明显的：

1. 从义务角度来看，封建制是一个合约体系。

国王代表国家，把土地分配给个人。得到土地的人们，以为政府完成工作的方式来支付地租。工作形式多种多样，起初以军事义务为主，类似于罗马帝国晚期的做法。当时，帝国分封土地给日耳曼入侵者，条件是履行军事义务，为罗马人抵挡其他的入侵者。加洛林王朝也采用了这种做法，并藉其组建起一支半职业军队，无论装备还是战术，都远胜当年东拼西凑的日耳曼杂牌军。历史上，这种做法并不鲜见，在奥斯曼土耳其、东罗马帝国、威尔士等地都曾存在类似制度。[5]

---

〔1〕Ganshof,F.L., *Feudalism*, translated by Philip Grierson, New York, Harper&Row, 1964, p.xv—xvii.

〔2〕〔法〕马克·布洛赫：《封建社会》，张绪山等译，商务印书馆 2004 年版，第 704—705 页。

〔3〕孟广林：《世界中世纪史》，中国人民大学出版社 2010 年版，第 6 页。

〔4〕关于封建主义含义及叙述范式的论述，可参见黄春高：《"封建主义的悖论"与中古西欧封建国家》，载《世界历史》2007 年第 6 期。冯天瑜先生亦有专著《"封建"考论》（中国社会科学出版社 2010 年版）就中西方的"封建主义"做了考察与反思。

〔5〕Sir John Rhys and Sir David Brynmor Jones, *The Welsh People*, London, Great Britain Royal Commission on Land in Wales and Monmouthshire, 1906, p.205.

从整体上看，封建制就是政府把土地作为支付臣民劳务的对价，而不是像后来那样支付金钱，后来封建制的衰落，恰恰是因为"金钱给付"取代了"土地给付"。封建制中确立的以对政府的劳务来换取土地控制权的思想，对解决当时的土地问题有积极意义——虽然没有确立土地私有制，但却用各种地上权，换取了领主对国家的劳务履行。

2. 从其创造出的权利角度讲，封建制是建立在土地租赁制上的成熟体系。

每个领主统领其下层附庸，对其征税，并对其享有司法权。[1] 这产生了一系列后果，每当国王发布"自由宪章"，下属的大贵族都会通过对其附庸的让步，与之达成妥协，把国王的命令架空，附庸又与其附庸达成妥协。[2] 在封建体制下，由于下层的阳奉阴违和上行下效，当中央层面把国家的主权转变为土地所有权，地方层面则把土地所有权转变为了主权。

（二）欧洲封建制的起源

公元 4 世纪，罗马帝国灭亡前夕，戴克里先皇帝通过建立庞大的官僚系统重组帝国，同时也以重税政策使帝国走向崩溃。其改革的重要结果之一，是使自由民阶层失去了人身自由，统治方式走向了蛮族化。封建制起源于蛮族习俗和罗马法的结合。

此前，尽管有些地主雇佣劳力耕种自己的土地，但大多数都使用自己的奴隶。这些奴隶对他们来说，是随时可以被交易的财产。这种奴隶制度在深度上和广度上得到扩展，要归因于两大因素：一方面，国家立法规定，个人财产的三分之二都必须在土地上。这一政策的目的，在于防止囤积钱币，打击逃税。这导致了土地取代货币，成为社会交易的中介，占有土地的方式不是交地租，而是支付劳务。另一方面，对于自耕农来说，附着于土地上的税收压力过大，他们只能求助于富

---

[1] William Stubbs, *The Constitutional History of England in Its Origin and Development*, vol.1, Oxford, Clarendon Press, 1903, p.278.

[2] William Stubbs and Davis.H.W.Carless, *Select Charters and Other Illustrations of English Constitutional History from the Earliest Times to the Reign of Edward I*, Littleton, Colorado, F.B.Rothman publications, 1985, pp.4, 101, 260, 304.

裕的地主为他们缴税，作为交换条件，他们必须为地主付出劳务和各种义务。他们从此依附于土地，但没有沦为地主的私人财产，后者虽对他们享有惩戒的权力，但并没有完全的司法权。

与此同时，奴隶阶层逐渐失去了人身依附性，更为依附于土地。进而，公有土地（ager publicus）的一部分被分配给有人身自由的退伍兵，一部分被分配给了有一定人身自由的被征服者，他们不仅要支付土地上的税收，同时还要承担各种义务。即使在罗马的城市中，城市土地所有者（curiales）也通过同样的过程，沦为制造业工人（collegiati）。总而言之，中产阶层消失了，帝国的人口完全分化为两个对立的阶级：精英化的官僚和依附性的劳务者。

尽管日耳曼人的组织结构粗陋而多变，但是，这些日后席卷罗马帝国的蛮族，同样有自己的组织方式。根据塔西佗的说法，日耳曼人分为大约四十个部族，他们的首领也有不同的称呼，接近罗马帝国边境的部族首领常称"国王"（King），而离边境遥远的部族，则由民众大会产生"亲王"（Prince）。几个部族可能联合在一起，组成亲族联盟（Stem），他们之间的纽带有时并非血缘，可能是共同的宗教图腾。各部族有时会分成若干个独立的司法区。审判时，由民众大会选举出的人主持，而判决则由在场的自由民作出的，通常由一百人组成。

但是，在这种庄园式的封建制中，到底是日耳曼模式、还是罗马帝国的系统在起主导作用，仍然存在争议。要解决这一问题，关键是要认清日耳曼入侵罗马帝国的影响。罗马模式的支持者认为，入侵只不过产生了物质上的损失，并没有改变罗马化民族的本性和体制。反对方则认为，入侵彻底改变了罗马帝国的一切——无论战士还是妇孺，甚至包括奴隶和家畜，不可逆转地重新塑造了被征服民族的本性。

同样的争论，也出现在中世纪欧洲庄园上，尤其是在特点最显著的英格兰模式。传统的日耳曼派学者的观点是，英格兰的庄园与古日耳曼模式相同，只是多了领主制。这种观点目前仍占据主流地位。对这种观点表示反对的学者，大多来自拉丁语系。他们认为，这些庄园源于罗马帝国的村庄，农民的地位不是从自由民沦为农奴，而是从奴隶演化为农奴，进而成为自由民。后者的观点可归纳为以下几点：

（1）日耳曼派的"mark"一词，根本是子虚乌有；

（2）早期的日耳曼法，是建立在私有制基础上的；

（3）梅因等人进行的与俄国和印度的类比，根本没有意义；

（4）罗马化的英格兰如不列颠岛东南部，在撒克逊人到来之前就已经有了完整的庄园体系。

日耳曼派对此展开回击，认为：

（1）"mark"一词可能在英语中找不到对应的词，但其确实存在；

（2）不可否认罗马的村落和后来的庄园有相似之处，但这并不能说明它们之间存在传承关系；

（3）庄园并不只有农业功能，同时还具有司法职能。如果说庄园类似于罗马的村落，那么村落中的住民都不是自由民，如此，庄园法庭中的原告怎么可能同时能作为裁判者呢？是不是可以认为庄园中的住民对于荒地享有共同的权利，而并不存在领主？是不是可以说这个社区的法庭是日耳曼模式呢？

（4）拉丁派的证据几乎完全来源于依附于国王、教廷和寺庙的村落，这与大多数庄园没有可比性；

（5）拉丁语系学者的观点，大部分依据都来自诺曼和法兰西，非常倾向于看到奴役性，不惜无中生有。

（三）欧洲封建制的产生原因

概而言之，目前关于封建制的描述，大多倾向于日耳曼派。他们认为，造成罗马帝国后期中产阶层消失和两个对立阶层出现的原因，也是后来在拉丁化的日耳曼人和日耳曼化的拉丁人中出现一整套封建制的原因。现试分述如下：

1. 税收

沉重的税收，导致贫穷者不得不请求领主为其缴税，作为交换条件，穷人必须履行各种义务。依附者用他们的土地来换取领主为其交租，他们的土地成为领主赐予他们的采邑。领主又必须依附于上一层领主，其土地进一步成为上层领主赐予他的采邑。这构成了封建系统的一层层组织细胞。

2. 土地分封

传统观点认为，被分封的土地，曾经都是私有土地，原所有人激烈反对征服者没收他们的土地，以起初的书面地契为证，但有学者认为，被分封的土地当初都是国有土地——公有的土地或无人开发的荒地。比如，盎格鲁-撒克逊国王对土地的分封，即是对国有土地的窃取，得利者只有国王和教会。土地登记册最早是由罗马教廷的传教士发明的，肯特国王艾西伯叛依基督教之后，在自己的土地上首次适用这一工具，而推广它则是在 9 世纪。其观点的主要依据有二：一是国王时不时的会把本不属于自己的土地，登记到自己名下；二是议员们的同意是土地分封的必要条件，分封后的土地自此才被认为是国有土地。[1]

维诺格拉道夫（Paul Vinogradoff, 1854—1925 年）对此提出不同意见，他认为，首先，当时连村落中都没有共有的概念，更不要说国家共有了；其次，国王从没有提到过土地公有制，只说过对自己的土地有处分权；最后，土地在被分封之前，基本上都处于被占有和耕种状态，极少是无人占有的荒地。[2]

相对而言，梅特兰关于此点的阐述最为精湛而深刻。他认为，经济类所有权和现代的所有制类似，都是分享土地上的产出；而政治类的所有权，是通过行使土地上的司法权来获得利益，在法庭诉讼的人要向领主缴纳费用，而不是向国库缴费，领主进而取得了这些经济收益和宗主地位。后来，领主又巧取豪夺了更多特权，而这些特权又依附于土地，由此导致自由民不断沦为农奴。[3]

梅特兰进而认为，国王向各级领主妥协，承认他们在土地上的司法权和收取费用的权利，是使自由民依附于领主的更重要原因。国王控制着重要的民事和刑事司法权，但在分封土地的过程中，它把一部分司法权转让给领主，足以使上文提到的第二种维库斯消失，这一过程大致分为两类：一类是教会或领主派人收取谷物作为地租，在此过程中，收租者把这片土地占为自己的领地；另一类是取得了土地司法权益的教会或领主，要求自由民在诉讼中确定土地的租期，从而通过土地

---

[1] Pollock and Maitland, *History of English Law before the time of Edward I*, vol.I, Cambridge University Press, 1898, pp.33—36.

[2] Paul Vinogradoff, *Folkland*, The English historical review, Jan.1893,p.37.

[3] Pollock and Maitland, *History of English Law before the Time of Edward I*, vol.I, Cambridge University Press, 1898，pp.103—106.

所有权诉讼，这些土地最终成为教会或领主赐予自由民的采邑。[1]

3. 国家政策

一些国家的政策也加速了封建制的形成。10 世纪，法兰克帝国颁布了大量条令，以图在游牧民族中推行法律，建立秩序。这个体系初步形成后，帝国又规定，领主应对其附庸负责。法兰克王国的国王克洛泰尔（Chlothar I，511—561 年在位）、奥斯特拉西亚公国的国王希尔德贝特及英格兰的国王们，都曾颁布了这类条令。[2] 公元 10 世纪，盎格鲁-撒克逊国王阿特尔斯坦颁布的《阿特尔斯坦敕令》中则规定："我们规定，没有领主的人，无法受到法律的保护。他应该找到一个百户区，定居下来，遵从领主，并以此获得权利和保护。"

11 世纪的中央征税制，也促进了封建制的形成。例如，英格兰在国内征收"丹麦金"（danegeld），在国外征收各种盐税（gabelles）。这两类金钱税，当时都很少见，主要支付手段是实物。类似于罗马帝国晚期，贫穷的人依附于领主，领主为他支付各种税务和债务，要求他尽各种义务，后来依附者逐渐演变为家臣，英格兰的领主们在包括皇家法庭的各个场合，对其附庸进行保护，附庸对领主尽各类义务，包括军事和经济义务。[3]

此外，最下层的自由民（ceorl）也可能通过商业而致富，转而通过吞并邻居的财产，逐渐成为一群农奴的领主，或者拥有一个面包厂，让农奴们在里面制作面包，成为一个带有防卫性质的庄园，他本人则在其中享有和行使司法权。[4] 这同样是封建制的发展方式之一。

4. 战争

封建制产生的另一个重要原因是战争，12 世纪曾广泛流传一句俗语："战争产生国王"，即是其鲜明写照。

[1] Pollock and Maitland, *History of English Law before the Time of Edward I*, vol.I, Cambridge University Press, 1898, pp.103—108.

[2] William Stubbs and Davis.H.W.Carless, *Select Charters and Other Illustrations of English Constitutional History from the Earliest Times to the Reign of Edward I*, Littleton Coloroda, F.B.Rothman publications, 1985, pp.69—74.

[3] William Stubbs, *The Constitutional History of England in Its Origin and Development*, vol.1, Oxford, Clarendon Press, 1903, pp.27—30.

[4] William Stubbs and Davis.H.W.Carless, *Select Charters and Other Illustrations of English Constitutional History from the Earliest Times to the Reign of Edward I*, Littleton Coloroda, F.B.Rothman publications, 1985, p.65.

　　国家之间的战争，确实有助于产生和发展封建制。首先，战争迫使国王把臣民武装起来，后者很快会忘记怎么做农活。犁耙一旦被铸成剑，就很少再被打回原来的形状。战争的关键是迅速把握战机，因此在征战的过程中，职业常备军形成了，即使在停战时期，他们也被供养起来，以应不时之需。于是，每个人分到一片土地，土地产生的一部分向国家交租的日子，从此一去不返。每个领主或土地所有人，都要根据自己的租期，供养一批军人，这些军人又根据自己的战功和军衔，获得相应的武器配备和粮食供养。

　　领主们供养军人的一个重要理由是，军人们可为领主提供保护。他们向领主提出，不再向国家缴税，以换取保护，由他们为领主的庄园提供保护，抵御仇敌的进攻，以实现自保。同时，军人们承认在司法、政治和经济上都依附于领主。这种依附与供养关系层层累进，最终的结果是，国王被推上了这个体系的顶点。领主们宣誓效忠于这个体系，因为在危难的时刻，能够由此获得保护，因为他们深知，凭自己的力量无法击败仇敌。

　　正是在战争中，国王们脱颖而出，从此不仅是人民的领袖，也成为土地的所有人。[1] 在英国，无准备者埃塞雷德（Ethelred II，约 978—1016 年在位）战败于丹麦人，不得不尊丹麦人为英格兰国王。在法国，因为成功抵御诺曼人对巴黎的侵犯，海峡周围的法兰西领主取得了加洛林王朝的封爵。在德意志，因为秃头查理袭击了科隆，人们认为他在威胁德意志，德意志人的爱国情绪被激发出来，团结在懦弱的皇帝腓特烈三世周围。这种从部族到领土主权的转变，标志了封建制成为了完整的体系。

二、欧洲封建制的特征

　　欧洲各地的封建制虽然也存在诸多的不同之处，但它们总体上遵循着相同的发展路径。大致来说，其核心特征可分为四个方面：土地分封、庄园体制、附庸观念和地方自治权。

---

[1] 如国王们不再是 *Reges Francorum*，而成为 *Reges Franciae*；不再是 *Duces Normannorum* 而成为 *Duces Normanniae*；不再是 Kings of the Angleycin，而成为 King of England。

（一）土地分封

在欧洲社会的早期阶段，家畜的地位可能和土地相同。因此，封建制的起源，很可能要追溯到家畜将作为财产的唯一形式的时期。这并不难理解，从游牧年代，到有固定居所进行放牧，人们对财产的定义从家畜扩大到各个种类，最终把土地作为最重要的财产。

公元 10 世纪后，封土制十分盛行，"没有无土地的领主，也没有无领主的土地"。从上到下，形成了层层分封的等级制：国王将采邑授予大封建主，后者再依次将这些采邑划分为更小的单位，再封给封臣，封臣还可以继续下封；封臣并没有所有权，只有占有和使用权，起初是人身性的权利，后来成为世袭的财产权。[1]

土地层层分封的目的，一方面是对附庸们以往履行义务的回报，同时也希望他们能在今后继续付出义务。土地分封制的一些做法，在有些时候会显得非常暴虐。例如，他的马和武器等，都将作为土地继承税被领主拿走。在附庸死后没有继承人的情况下，他的土地也会被领主收回；如果他有继承人，但是还未成年，领主将会对他的继承人享有监护权，监护权的范围很广，甚至拥有附庸的女性未成年继承人的婚姻决定权，理由是如果领主不行使这种权力，那么她们可能会带着土地嫁给领主的仇家。

显而易见，封建制下的这些情形，都包含着土地依附性。其起源可以追溯到早期——附庸的所有财物（包括武器、家畜和土地）都是领主赐予的时期，后来，土地变成了维系整个社会的纽带，成为了生命的准则。[2] 一个人只能追随赐予他土地的领主，所以人的生活被限定在其劳作的土地上。国王被视为全国土地的最终所有人。国王代表国家，将土地作为采邑，分封给封臣、男爵和庄园主们，他们又进一步把土地分封给自己的附庸。爱德华一世在 1290 年颁布的《买地法》，展

---

[1] Hector Monroe Chadwick, *Studies in Anglo-Saxon Institutions*, Cambridge University Press, 1905, pp.308—354. 其中详细阐述了这一过程，并给出了实例，国王的侍从 thegn 后来平均拥有五 hides 土地，并在领地内享有军事和司法权利。

[2] Pollock and Maitland, *History of English Law Before the Time of Edward I*, Cambridge University Press, 1898, vol. I, pp.66—78.

示了当时土地层层分封的深度和广度，判断一个人的地位，不看他的血统，而看他占有了多少土地和房子。[1]

(二) 庄园体制

庄园是由领主和依附于他的农民构成的社会组织形式，又称采邑村庄。根据亨利·皮朗的考证，"庄园"一词在拉丁语系中为 cour，在德语中为 Hof，在英语中为 manor。庄园里，除农舍、谷仓、牛栏、马厩等设施外，还有照料这一切、作为主人心腹管理人的家丁。家丁是从忠于主人的农奴中挑选出来的，最初是可以撤换的代理人，后来也渐成世袭的。

庄园是一种组织制度，是中世纪社会基本的农业结构，是封建领主统辖之下的农村基层组织。领主可以是国王、大贵族，也可以是骑士。一位领主至少控制一个庄园，大领主可以拥有几百个甚至几千个庄园。一个小的庄园有十几户人家，一个大的庄园有五六十户。在一个庄园内，一般包括领主的城堡住宅、教堂和神甫住宅、农奴居住区等。此外，还有仓库、铁工房、榨油房、磨坊、酿酒作坊、烤面包房等专为主人服务的手工作坊。因为，庄园是相对封闭和不对外交往的，"庄园不但是一个农业生产基地，同时各种手工制品在庄园里也要齐全，几乎各个门类的工匠都是庄园不可或缺的人。"[2]

每份庄园产业，包括一个或更多的村庄、农民的耕地、公共的森林和牧地、教区教堂的土地以及庄园里最好的贵族耕地。农民种粮食，饲养牛、羊、猪。铁匠、木匠和石匠建造器具，修缮住宅。教士负责信仰领域的事情。领主保卫庄园，执掌法律。庄园主人的领主地位和农奴对其的人身依附，都是不可改变的身份，像个人私有财产一样世代承袭。

庄园是一个将政治、宗教、军事、经济等多种功能综合在一起的社会。每个庄园都有自己的法庭、军队和行政管理制度，王室也无权过问。庄园的管理中心

---

[1] Sir William Reynell Anson, *Law and Customs of the Constitution*, Part I, vol.1, Oxford, Clarenden press, 1897, pp.200—203.

[2] 赵立行：《查理大帝"法令集"浅析》，载《山东社会科学》2008 年第 11 期。

是庄园法庭,通常设在庄园领主的城堡里。庄园的领主对庄园内的农民享有司法权、征税权和政治统治权。凭借这些权力,庄园主向农民们征收各种各样的税:实物或者现金形式的土地税,只有农奴和最低等级的人交纳的人头税,使用由庄园主垄断的磨坊、烤面包房、酿酒作坊甚至村庄水井等的专利税,以及农奴继承父亲土地所有权的继承税、过桥行路税、结婚税、死亡税等。农奴们还要向教会交纳什一税,把自己每年收获物中的十分之一交纳给教会。[1] 此外,庄园主还会要求农民承担庄园的各种劳役。

一般来说,庄园的土地分为两类:领主的保有地和农民的份地。为领主耕种土地,是庄园里的农民最普遍的义务。按照规定,每个农户每周必须有一名壮年男子,携带自己的农具,到主人的自留地上劳动 3 至 5 日,其余时间可以在自己的份地上生产。此外,还要为主人服各种无偿的强制性劳役,如建桥、修路、挖沟、蓄积木炭、修建围墙、缝制衣服等。[2]

作为领主或统治者,庄园主有权仲裁人们的争端、惩罚罪行。如果领主认为农奴违反了庄园的规矩,就可在庄园法庭上审判他。法庭由领主本人或者他的管事主持,有权对农奴课以罚金,甚至没收财产。庄园里的城堡,是庄园政治和军事权力的象征。建造城堡这样的军事设施,本属国家主权范围之事,是王室的特权。然而,社会的无政府状态和战乱动荡,导致这种权力流散于大小封建主之手。对此,国王通常也无能为力。秃头查理曾颁布诏令,承认自己对保障安全无能为力,指示地主贵族把建造城堡作为社会义务。

因此,一个庄园就相当于一个小社会,一个私人庄园主可以行使近乎一个国家的公权力,这就是欧洲封建制庄园的典型样态。一个庄园内部的人群分层和分工,是整个社会的阶层构成和封建等级制度的缩影。

(三)附庸观念

作为封建制的另一核心,附庸观念与土地分封、庄园体制互为影响。附庸观

---

[1] 参见彭小瑜:《中世纪西欧教会法对教会与国家关系的理解和规范》,载《历史研究》2000 年第 2 期。

[2] 参见孟广林:《世界中世纪史》,中国人民大学出版社 2010 年版,第 35—36 页。

念的出现，早于土地分封的推行。在横扫欧陆的游牧部族中，对领导者的人身依附观念便由来已久。因为在持续不断的征战中，这是最简单有效的统领手段，即使战争结束后，在战场上形成的人身依附性也不会完全消失。这种人身依附性被制度性地确立下来，每个人都成为其领主的追随者。领主赐予的土地成为附庸对领主人身依附性的象征，成为他们之间的纽带。采邑由谁赐予，就成了谁的附庸，赐予者则享有对被赐予者的宗主权。

曾有观点认为，欧陆封建制与征服者威廉带到英格兰的制度有所不同，可以区分开来。但是，两者之间实际上并无本质的不同。威廉分封土地要求封臣效忠的做法与盎格鲁–撒克逊时期的国王们及德意志、法兰西等地的做法也没有什么两样。在德意志，许多低级骑士也直接接受国王的分封，国王理论上对所有土地享有宗主权。在封建附庸制非常强大的法兰西，附庸们可以向王室法院上诉，状告他们的领主，但只有国王本人才能作出裁决。事实上，国王的中央政权在社会、经济和司法上对每个人进行干预，正是始于法兰西。

从另一个角度来看，斯蒂芬时期的乱世说明，即使在英格兰，国王对分封的男爵们的控制也非常薄弱。如果说英格兰的封建制与在欧陆造成混乱的世袭分封制有所不同，那也是由于后来亨利二世和他的继任者推行的政策所导致，而不能归功于征服者威廉。因为爱德华三世之前，安茹王朝在 1278 年颁布了《麦尔登条例》（Statute of Merton），在 1279 年颁布了《教产法》，在 1290 年颁布了《买地法》（Quia Emptores），试图防止大领主的土地进一步集中，但是效果甚微。

（四）地方自治权

封建制包含着地方自治特权，在采邑的土地上，领主可以通过行使司法权享有收益。英格兰的国王们在土地登记册中，给予了领主在土地上的特权，实行他们自己的法律，欧洲其他地区也大致如此。这一政策的结果是，大量私人法庭建立起来。有些时候，领主满足于在一般法庭收取费用，不再自己建立法庭，但总体上，领主们拥有了在自己领地建立法庭的权利后，大多都倾向于建立自己的法庭。由此看来，封建制不仅包含军事和经济义务，而且包含了司法诉讼义务。

英格兰国王要求他的直接封臣全部出席他的御前会议（curia regis，又译"王廷"），威廉一世每三年进行一次加冕仪式，参加者包括全英格兰所有的富人、大主教和主教、修道院长、侯爵、国王侍从和骑士。在法国，早在卡佩王朝，就有了类似的即国王领地和直接封臣的法庭（cour du roy）。不论英格兰还是法兰西，国王的直接封臣，在特定的时间都有义务列席王室法庭。神圣罗马帝国直到亨利五世死前，一直都有类似的王室法庭，而且地位非常重要。

这些王室法庭的参与者接受了国王赐予的土地，出席王室法庭，是其履行相应义务的一种方式。这些御前会议性质的法庭并不是立宪主体，因为找不到他们曾经立法的证据，法兰西的最高法院只不过负责登记皇家敕令。它们的作用主要在于司法，在于帮助国王审理过多的、过于复杂的案件。

封臣们也建立了自己的法庭，用以处理自己直接附庸的案件。但要建立私人的刑事法庭，必须得到国王的特许，这一点与封建制的特征稍有不符。领主建立的法庭，包括小领主法庭法庭、治安法庭、庄园法庭，涉及到教会的案件，一般会在教会法庭审理。[1] 这些法庭的结构与关系异常复杂。即使当时的人们也曾感到不可思议，并期盼有那么一天，这些法庭能够合并为一个法庭，由相同的法官审理案件。

三、封建制对欧洲的影响

（一）积极方面的影响

1.封建制为欧洲各民族提供了新的政权组织结构。

罗马帝国崩溃后，罗马式的政体分崩离析，而日耳曼原始时代对部族首领的人身依附关系也不足以支撑政治统治。当时，民族国家的概念也还没有出现，因此，人身性的层层效忠与保护制度，及与其相应的层层分封土地制，成为发展生产、抵抗外敌与控制人民的最合适手段，封建制应运而生。封建制糅合了日耳曼各部

---

[1] F. Pollock and F.W. Maitland, *The History of English Law Before the Time of Edward I*, Vol.1, Cambridge University Press, 1968, pp.571—594.

族的传统与罗马帝国遗留的政治体系，以土地分封为基础，形成了在欧洲范围内互相联系的金字塔形政治结构，各国国王处在这个体制的塔尖。

2.封建制给欧洲带来了"行为合法性"的观念。

在中世纪的战争中，即使是诸侯之间的征伐，绝大部分都有表面上正当的法律依据。很多时候，即使是赤裸裸的政治野心，也被披上了合法的外衣，成为开战的借口。英格兰国王宣称自己是法兰西王位的合法继承人，即其适例。爱德华一世的墓志铭是"忠于真实"，但恐怕从来都未被遵守过。尽管如此，这种观念在火星四溅的中世纪却意义重大，在一定程度上限制了暴力和压迫。

一个领主把土地分封给某人之前，需要举行一个仪式，称为"效忠仪式"（commendation ceremony）。仪式包含两个部分，忠顺誓言（act of homage）和效忠宣誓（oath of fealty）。在忠顺誓言中，封臣承诺听从领主的命令作战。"效忠"（Fealty）来自拉丁语"Fidelitas"，即忠诚。效忠宣誓因此成为一个保证，即封臣会忠于领主。一旦效忠仪式完成，领主和封臣就建立了封建关系，具有了双方承认的相互间的义务和责任。仪式进行时，附庸双膝跪地，交握双手置于领主双手之间，领主以其旗帜和长矛为象征，笔直站立于前，表示接受附庸对他的依附。

领主对封臣的主要义务，是给予一块采邑或其他收入，采邑是封臣建立封建关系的核心要素。领主有时还需要承担别的义务，其中一个是维护采邑和封臣不受伤害。领主并没有割让这块土地，而是租借，所以维护这块采邑仍是领主的责任。封臣有权获得该采邑的产出。

封臣的主要责任是向领主提供"援助"，即服兵役。封臣用采邑的产出，配备自己的武器装备，响应领主的征召服兵役，以保证领主的权益。这种军事上的安全机制，是领主建立封建关系的主要原因。封臣有时候还需承担对领主的其他责任，其中之一是向领主提出"忠告"。当一个领主面临重大抉择，如是否进入战争，他会召集所有的封臣，听取他们的意见。

封臣可能被要求上缴采邑产出的一部分给领主，有时也被要求在领主的磨坊和面包房中磨碎谷物和烘烤面包，并向领主缴税。封臣必须遵守封建契约中规定的各种应尽义务，否则就是犯"大罪"（Felony），可能会失去采邑。如果他履行义务，则其采邑可父子相传，领主不得无故收回。同样，如果领主不能尽到保护封臣的责任，或对封臣不公正，封臣就可宣布解除对领主效忠的誓言。[1]

3. 封建制使欧洲拥有了抵抗外族入侵的武装力量。试图征服西方世界的土耳其人、萨拉森（Saracen）人和摩尔人都受到了封建领主武装的顽强阻击。

4. 封建制为土地分配问题提供了切实可行的解决方案。国家允许个人在国界内自主占有土地，这种制度在实行之初可能只是权宜之计，不过，教俗贵族在占有土地后，形成了必须向上层领主履行义务的观念。这开创了一种理念，即要占有土地，就必须为领主履行义务。这虽不是真正的国家土地所有权，却使国家将统治区域内分散于各处的土地充分利用起来，更重要的是，国家通过这种制度获得了军事、政治、立法、司法上的全面权益。

（二）消极方面的影响

1. 封建体制下，国家与个人不直接发生联系，而是与大贵族发生联系。如果国王很懦弱，或者继承得不到公认，大贵族就在自己的领地内享受主权，而不再听命于国王。这些各自为政的大贵族之间，解决争议的办法多数时候是"私战"，而不是在统一国家中由国王"公决"。这类征伐根植于封建制之中，始终无法禁止，而且随时都有可能爆发。

2. 大贵族经常威逼利诱自己的附庸去反抗国王。[2] 类似的例证不胜枚举，如贝勒斯姆的罗伯特纠集封臣反抗亨利一世，奥地利的阿尔伯特带领选帝侯推翻阿道夫一世，那瓦拉的查尔斯统领自己的附庸攻打法王约翰等。

3. 国王与大贵族之间、诸侯与附庸之间有关治权的争夺，自始至终都在进行。大贵族宣称自己拥有铸币权和修建私人城堡的权利，并拥有完全的司法权和征税权。每一位领主都不遗余力地从上层领主手中夺取更大的治权，上层领主则费尽心机地要求封臣的封臣直接对自己负责，而不是对他们的直接封主效忠。这些控制与反控制的成功与否，完全取决于这些贵族的能力，这造就了中世纪持续不断

---

[1] 计秋枫：《论中世纪西欧封建主义的政治结构》，载《史学月刊》2010年第4期，第21页。

[2] 关于中世纪贵族与国王之间的权力争夺及其理论，可参见陈太宝：《中世纪西欧法律视野下的抵抗权和暴君学说》，载《贵州社会科学》2011年第11期。

而又胜败无常的战争。

4. 最后一项恶劣后果是由教会造成的。本来，教会的宗旨是利用自己的影响，消弭世俗的不公正和不平等。但是，在封建制下，一旦王位的继承发生争议，教会往往难以置身事外。在某些时候，教会确有平息争端之功，但大多数时候，教会只能成为某派政治势力的帮凶。况且，教会参与王位争夺，往往也不是出于宗教方面的原因，而是出于权势方面的考量，削除教籍这类宗教惩罚，也往往是政治斗争的工具。

为了更全面地理解欧洲的封建制，此处就教会与封建制的关系稍作扩展。

教会在封建制中占有重要地位，而且也同样接受采邑，成为上级领主的附庸。本来，很多基督教徒认为教会与罗马帝国的关系牢不可破，但是教会却审时度势，转向了新兴的日耳曼国家，在封建体制中站稳了脚跟。在为君士坦丁大帝洗礼之后，基督教会又为克洛维进行了洗礼，而并不依附于单一政权。

在中世纪的混乱中，基督教会在维护旧文明、创造新文明方面也作出过贡献。新文明有旧文明的因素，又有蛮族的特性，是矛盾的结合体。慷慨的国王赐予教会大片土地，但接受赠予的地产，却为教会蒙上了阴影：许多领主把没有继承权的非嫡子，安排到主教的位置上，逐渐大量占据教职。这是封建制体系下教会接受土地作为采邑的必然后果。在神圣罗马帝国的七大选帝侯中，三位是大主教。在帝国境内，很多王子担任主教和修道院长，他们的权势强于没有教职的贵族。在法兰西、英格兰、苏格兰、西班牙，也出现类似情况。

另一方面，国王和皇帝也越来越多的要求教会履行封建义务，作为教会的领主，他们有权从教会获得各种利益，他们最想要的无疑是主教、修道院长这些教职。这很可能导致教会成为世俗国家的附庸，教皇则成为皇帝的私人牧师。与此同时，买卖圣职及教士结婚这些违背教义的行为经常发生。

克吕尼改革（即克吕尼运动，Cluniac Reform or Clunian Reform）和神俗分离的核心措施，就是教会是尊严和圣职的授予者，世俗国家是爵位的授予者。但是，即使是教会和世俗国家达成了协议，教会仍然深陷封建制的桎梏之中，必须向领主履行义务，由领主对其行使司法权。[1] 改革创制的新土地租赁制，充其量不过

---

[1] 在英格兰，这一协议于 1107 年由亨利一世和圣安瑟伦达成；而欧洲大陆直到 1122 年才在沃尔姆斯达成了协议。

是教会不再供养骑士和军士，同时不再拥有对土地租赁者的司法权。基督教的最初理想是建立世界性的帝国和世界性的宗教：教皇是精神领域的皇帝，皇帝是世俗世界的皇帝。但在但丁写出《世界帝国》之前，这一理念很长时间无法影响世界，正是封建制使之最初的构想归于破灭。

在地方，教会也在地方贵族的领导下成为地方性的组织，统一的欧洲教会一直没能出现。因此，封建制中的教会，孕育了文艺复兴的宗旨——"统治某地，也就控制了某地的宗教"（*cujus regio, ejus religio*）。在封建制的初始阶段，教会给国王穿上了教士袍，使其神圣化，而到最后，世俗国家反而使得教士袍世俗化了，并最终使教会也走向了衰落。

四、欧洲封建制的衰落

造成封建制衰落的原因很多，这些原因之间又相互作用。封建制的基础是以履行义务换取土地的分封，因此，每个改变这种关系的因素，都起到了破坏封建制的作用。

（一）雇佣兵制度与金钱取代土地

封建制的衰落，归根到底是由于经济方面的原因，与中国古代府兵制的逐渐废除有类似之处。领主们发现，只为了战时需要而供养大量骑士，让他们平时无所事事，实在是很不值得。教会也不希望军士总是驻扎在自己的领地内，于是支持领主们像对待其他附庸一样，也给骑士们分封土地。骑士们也越来越发现，军事义务非常不合时宜，就以金钱给付作为替代，起初是付给自己的领主，久而久之就直接向国王支付。在国王看来，土地也不再那么重要，其地位被金钱取代，而金钱可以换取各种雇佣性役力。随着雇佣兵制度的出现，金钱的地位进一步上升。执法官手持王室令状，代表国王与贵族们达成协议，以固定的薪酬向每个贵族征调固定的兵员。

另一方面，随着火器的出现，原来坚固的封建城堡突然变得不堪一击，火枪手和步兵的地位越来越重要，重甲骑兵逐渐退出历史舞台。英法之间的百年战争，大大提高了火枪在欧洲战争中的统治地位。14 世纪的法国军队，依然是以各地领主零散的装甲骑士和装甲步兵临时拼凑而成，每户领主都派一两个装甲骑士或者步兵参战，军队数目庞大，装备起来耗资惊人，但在训练有素的英国雇佣军面前，却瞬间就溃不成军。从克雷西战役（Battle of Crécy）、普瓦捷战役到阿金库尔战役（Battle of Agincourt），法军打了无数的败仗。到 15 世纪，法国组建了常备军，增加了火器使用，改变了战略战术，于 1453 年的卡斯特隆战役（Battle of Castillon）中成功使用火炮制胜，不但击退入侵者，也将骑士的盔甲送进了博物馆。

（二）流行病爆发导致人口结构和生产方式改变

黑死病的大流行，是欧洲封建制解体的一个重要原因。席卷欧洲的黑死病使人口锐减，造成了劳动力短缺和劳动力价格上涨，促进了劳动力的流动。当劳动力变成稀缺的要素，按照封建制将其束缚在土地上的做法，就变得非常不现实。由此，传统的以义务换取土地占有的模式，逐渐被以金钱地租换取土地的模式取代，从此，土地的耕种者从领主的农奴变成了佃农和雇佣劳动力。

劳动力的缺乏，使农民可以向领主要求降低地租，或支付高额劳动报酬。这一有害于封建领主利益的要求当然令领主难以接受，然而面对不断减少的劳动力，领主们将农民牢牢束缚在庄园中，并强迫农民义务劳动的农奴制，导致了遍及西欧的农民反抗。无论反抗结果如何，庄园领主后来不得不向农民让步，降低田租和承佃金。拥有佃户的达官贵人和小地主，为了不使佃户离开他们也不得不减少租金，"总比让土地荒芜一无所得要好得多"。[1] 佃农反对领主斗争的胜利，促进了欧洲农奴制的解体，实行义务劳役和雇工耕种领主自营地的封建庄园，都相继改为租佃制和分益佃耕制。

黑死病使得西欧社会结构改观，新的贵族阶层产生，也出现了新的就业机会。如前所述，人口数量的锐减，使得需要由人来维系和实践的各种社会关系断裂，重组过程中，社会结构会发生改变。大量人口丧生，使市场上充满商品，即使停止生产，也足够维持数月。当黑死病消失时，幸存下来的人们发现，除了拥有那

---

[1] 薛国中：《黑死病前后的欧洲》，载于《武汉大学学报》（哲学社会科学版）1999 年 4 期。

些原属于死者的不动产和动产外，他们还拥有这些积蓄的物品。[1] 有些领主也染病而死，土地遗留给了国王，必须寻找新的接班人。这样，黑死病让一些人死去，却让另一些人一夜暴富，形成了新的贵族阶层。

黑死病发生前的欧洲，由于人口大量增长，谷物粮食供不应求，领主投资谷物种植收益明显，粮食价格昂贵，导致了饥荒。黑死病肆虐后，欧洲人口急剧减少，粮食需求大减，谷物价格大幅度下降，因此发生了产业结构由传统农业向畜牧业与经济作物的偏移，促使了商品经济的发展。如在奥地利，谷物价格在 15 世纪初，比 14 世纪下跌 35% 左右；在纽伦堡，1375 年黑麦每 100 公斤 74 克银，1376 年降为 33 克银；在英格兰，1377 年的谷物产量降至 30 年的最低点。[2]

由于种植谷物变得越来越无利可图，在商业利润的推动下，欧洲农民开始种植诸如葡萄、亚麻、啤酒花等经济作物，并在大量荒芜废弃的土地上发展畜牧业。布匹、葡萄酒、啤酒、油料与肉类等产出量逐渐增加，并用于商业贸易。羊毛纺织业、奶业等行业也得到发展，传统自给自足的单一谷物种植农业，逐渐转变为商品农业，农民开始参与到市场指向的生产与商品贸易之中。

商品经济的发展[3]，使得社会的中心从乡村转向城镇，许多农民也跟地主一样纷纷要求离开土地，并最终获得自由。在英国，无人耕种的土地被改作牧场养羊，是为著名的"圈地运动"。农奴制已经不再适应经济发展的需求，封建制的基础被挖空了。黑死病后的西欧经济社会形态，发生了质的改变，其突出表现是农奴经济的瓦解和商业经济的发展，整个欧洲也开始迈向近代社会。

（三）领主司法权逐渐丧失

与军事、经济上的变化相适应，重视司法的阿方索五世、腓力四世、查理四世、爱德华一世等国王，纷纷颁布了法令，确认御前会议不再是国王直接封臣的

---

[1]〔美〕詹姆斯·W.汤普逊：《中世纪晚期欧洲经济社会史》，徐家玲译，商务印书馆 1996 年版，第 237 页。

[2] Wilhelm Abel, *Agricultural Fluctuations in Europe from the Thirteenth to Twentieth Centuries*, London, Methuen Publishing Ltd., 1980, p.158.

[3] 黑死病导致的人口变化与西欧的商品化之间的关系，黄春高教授曾撰文论述，参见黄春高：《1350—1640 年英国农民经济的分化》，首都师范大学学报（社会科学版）2004 年第 1 期。

列席会议，而成为国王的法律顾问，国王身边的侍臣从行伍之人变成了懂得罗马法、习惯法和教会法的教士和文官。王室法庭的管辖范围大为扩展，程序也更加简便。法庭鼓励案件的上诉，各类民事、刑事案件不断被上诉到王室法庭。王室审计官对领主管家和治安官的经济审计，也加强了王室对国家的控制，限制了领主的司法权，促使国王和民众达成对抗大贵族的同盟。

整个社会从金字塔形结构，变成了橄榄型结构，社会的等级不再是由国王到贵族，由贵族到民众。民选的立法机构，如荷兰的两院制国会（States Genera），西班牙与葡萄牙地区的国会（Cortes）和英国议会（Parliament）的出现，预示着中间阶层力量的兴起，即将会颠覆持续数百年之久的封建制。14世纪之后的历史，见证了这一不断取得进展的过程。从此，布尔乔亚的人文主义兴起，歌曲不再是精英阶层的专利，整个社会都在歌唱。专属于骑士阶层的各种象征逐渐退出历史舞台，中世纪封建化的生活方式、政府结构都逐渐解体。

第二节　中世纪欧洲封建法本论

本章所说的封建法，依照伯尔曼的定义，是指与领主—封臣关系和依附性土地占有权相联系的权利义务关系。[1]

从权利义务角度讲，封建制可以说是建立在土地租赁制上的一个成熟合约体系，国王代表国家把土地分配给个人，而这些得到土地的人以为政府完成工作的方式来支付地租，而领主也以相同方式与其附庸形成了类似关系。整个社会都存在于一个环环相扣的合约体系中。

封建法从来没有像罗马法和教会法一样，在欧洲形成一个统一的体系。各个地区的封建法，始终呈现出不同的特点。法兰西的封建法渗透到社会的各个层面，其发展程度在欧洲是最完善的，其内部又分为南部成文法区和北部习惯法区。德意志因其一直处于实质上的分裂状态，各地法律习惯法以及王国法和王侯法，长

---

[1]〔美〕伯尔曼：《法律与革命——西方法律传统的形成》，贺卫方等译，法律出版社2008年版，第290页。

期占据主导地位。英格兰的封建法以王权强大为主要标志,《索尔兹伯里誓约》(Oath of Salisbury) 本身就有悖于层层效忠的封建法律。[1] 意大利是罗马法复兴的发源地,长期受神圣罗马帝国统治,其封建法表现出罗马与日耳曼模式的结合。西班牙吸收了各地区的影响,几部封建法典在其法律史上很有影响力。

不过,西欧的封建制毕竟还有一些普遍性的规范,它们的精髓很相似,都是从法兰克帝国扩散而来的。总的来说,封建领主与附庸之间的关系是一种双向的权利和义务的关系,他们必须相互承担一系列的责任和义务。领主除给予附庸封地作为其武器、衣食等费用的资源外,还有保护附庸不受任何伤害的责任。附庸则必须宣誓效忠于领主,并向领主履行诸种义务,大致包括:应领主之召随领主征战、协助领主处理行政和司法等事务、遇领主有特殊事情(如领主被俘需赎金赎身、领主之儿女婚嫁等)时捐献款项等。

12 世纪后期,一些受罗马法影响的采邑法法学家,致力于阐述封建主从关系,他们非常注重"领主对领地的权利"(dominium directum)和"附庸的权利"(dominium utile)之间的区别,对两者的权利给予了同等的重视,认为"封建依附关系是一种对双方都有约束,而不只是约束附庸的契约"。阿拉贡王国贵族向国王效忠的传统誓言是最好的佐证:"与您一样优秀的我们,向并不比我们更优秀的您起誓,承认您为我们的国王和最高领主,只要您遵从我们的地位和法律;如果您不如此,上述誓言即无效。"[2]

一、欧洲封建法的本质

梅特兰曾说:"在封建制的所有特征中,最核心的就是封建领主的司法权。而英格兰的律师和历史学家们对这一点一直没有给与足够的重视,都认为军事采邑制更具重要性。在他们看来,'军事采邑制的建立'成为了'封建制建立的基础'。相对于封建领主的司法权而言,军事采邑制并不能算是一个本质性的特征,充其量不过是封建制的表征之一。而封建领主的司法权正是这些表征的成因,其作为

[1] William Stubbs, *The Constitutional History of England in Its Origin and Development*, vol.1, Oxford, Clarendon Press, 1903, p.289.

[2] 计秋枫:《论中世纪西欧封建主义的政治结构》,载《史学月刊》2010 年第 4 期第 24 页。

一个原则的作用，可以使得一个国家转变性质。"[1]

　　虽然欧洲境内各式各样的封建法具有很多相似之处，很多时候甚至有惊人的共同点，可能是因为它们的产生背景非常相似，而且都是从法兰克帝国扩散而来。但总体来说，封建法从来没有像罗马法和教会法那样，在欧洲形成一个统一的体系。普鲁士普通邦法构成了一个普遍适用的封建法体系，但也仅是在德意志境内而已。[2]

　　封建法一直具有地方性的特点，在封建法体系内，不可能产生普遍适用的法律。它也不可能像教会法那样，有一个最高权威，可以防止各地法律的自由发展，以保持统一性。如学者所言，"封建法本质上是法庭自己的法律，每个法庭都有自己的法律。"尽管现存的封建法的成文法典只有几部，在讨论封建法的时候通常只能以它们为研究对象，但仍可从中获知欧洲封建法的根本原则："公法领域的封建义务，及在其之前产生的军事责任，先后被归于司法领域，因此，处于一个地域范围内的所有人和事物，只受当地法律的管辖。"[3]

　　当然，孤立的封建法域，不可能完全不受其他法律体系的影响，也必然包含了很多借鉴自罗马法或教会法的内容。正像孟罗·斯密所说的那样："各个地方的封建法都存在互相借鉴的情况，每个地方的封建法都或多或少地受到相邻地区封建法的影响。"[4] 但是，进行参考的目的，仅仅是为了填补自己法律的空白，并不是因为其他地区的法律对本地区有什么事实上的效力。

　　封建法的另一个特征是自相矛盾和不连贯。封建主义是民主制度的对立面，但矛盾的是，民主制度一些最重要的原则，恰恰来自于封建主义之中。"法律面前人人平等"，"制定法律必须得到被统治者的同意"，"征税必须得到纳税人的同意"，"人之住宅即其堡垒"，"未经同类人的审判不能被定罪"，这些民主原则最初都来自于封建主义。

　　当然，与提出它们的封建统治者的本意相比，这些原则的现代意义相去甚远。

---

[1] Maitland, *Domesday Book and Beyond: Three Essays in the Early History of England*, Cambridge University Press, 1907, p.258.

[2] Rudolf Huebner, *A History of Germanic Private Law*, translated by Francis S. Philbrick, The Law Exchange Ltd., New Jersey, 2000, p.342.

[3] Friedrich Meili, *International Civil and Commercial Law as Founded upon Theory*, *Legislation and Practice*, Cambridge, Macmillan Publishers Ltd., 1905, p.61.

[4] 〔美〕孟罗·斯密：《欧陆法律发达史》，姚梅镇译，中国政法大学出版社 1999 年版，第 176 页。

这些原则绝大部分都出自一些著名的法律文件，如被视为第一个民主宪章的《自由大宪章》，正是集合在一起的封建主用以反对独裁国王的工具。这些封建附庸用来反对其领主的法律工具，在其最初制定时，并不对农奴适用。所以，在封建法对外宣称的价值和实际效果之间，存在着巨大的差距。现代民主制度把封建法的表面价值应用到现实中，在适用层面上达到了这些制度设计者想象不到的效果。

二、欧洲封建法的渊源

（一）习俗

中世纪封建庄园法庭的司法权，完全建立在习俗基础之上，很少有成文法规制它们。[1] 那里，人们几乎不知道在习俗之外还存在其他的规则，也不存在"立法机关"的概念。即使某位国王认为有必要修改习俗，也会首先咨询那些贵族。[2] 可见，与当时其他的地方法一样，早期的封建法主要是约定俗成的。普鲁克奈特的研究指出，"法庭中可以适用的合理习俗数量巨大，种类繁多，可以说不可能把它们都记录下来。"更重要的是，每个封建法庭都可能发展出自己的"司法辖区"（jurisdiction）并形成自己的判例法体系。"正如地方法院确认哪些习俗可以适用一样，新建立的封建法庭也会发展和确认规制封建关系的习俗。"[3]

（二）立法文件

早在 9 世纪，法兰克国王的敕令就开始加速封建制的确立，并在法兰西成为封建法的组成部分，还影响到了其他地区。1037 年，神圣罗马帝国皇帝康拉德二世（Konrad Ⅱ，公元 1024—1039 年在位）颁布了《封地法》，成为了封建法发展史上的里程碑。该法规定，"保障所有封地持有者的地产、反对任意和非法取代"；

---

[1] William Stubbs, *The Constitutional History of England in Its Origin and Development*, vol.1, Oxford, Clarendon Press 1903, p.287.

[2] Charles Seignobos, *The Feudal Regime*, New York, Henry Holt and Company Publishers, 1902, p.63.

[3] Theodore Plucknett, *A Concise History of the Common Law*, New Jersey, The Lawbook Exchange Ltd., 2001, p.263.

保证"所有封地的继承权";每块封地的拥有者将来只可能经过审判程序,在他的封君面前失去他的封地;禁止领主不经土地承租人同意就剥夺其土地;保证下级附庸向皇帝申诉的权利,这些都是封建法早期重要的立法文件。

在英国,如梅特兰所言,"在《亨里西法》(Leges Henrici) 中,我们有可能发现英格兰附庸主义的分水岭。"[1]《自由大宪章》的制定,在很长的时期内,对欧洲封建法产生影响,以至于如果不从封建法的角度去解读它,我们几乎无法正确理解其本意。

当时在欧洲各地,社会各阶层都在以各种方式制定法律,如德意志地区最重要的封建法编纂集则是《德意志封建法典》(Corpus Juris Feudalis Germanici)。在这些封建法编纂中,体系最完整、最值得研究的是《耶路撒冷法令集》(Assize of Jerusalem),由 1099 年法国十字军领袖哥弗雷主持制定。这部法典的制定目的据称是:"为从欧洲各地追随十字军东征而来、后来留在巴勒斯坦的基督教徒组成的新王国,建立一套法律体系。"哥弗雷挑选具有法律背景的人,负责对习俗进行汇纂,并征询民众关于家乡法律问题的建议,组成民众大会,特别是法律专门会议,由此完成编纂,经过贵族同意,颁布实施了这部封建性质的法律。[2]

这部法典包含两个部分,第一部分针对附庸,第二部分针对平民。第一部分包含 273 条,内容包括公职人员、法庭组织和程序、领主与附庸、教堂、土地分租、继承、贵族的犯罪与刑罚等。第二部分包含 304 条,内容包括法律与正义、法庭、教堂、行为能力、行为、责任义务、证据规则、婚姻、继承、赠予、奴隶、刑罚等。这部法典的原文,在 1187 年萨拉逊人重新占领耶路撒冷之后,就不幸灭失。[3] 但是,它的一些内容仍被适用于巴勒斯坦地区的其他基督教王国,并传播到亚美尼亚、塞浦路斯,并最终到了埃维厄岛,并在那里随着土耳其人的入侵而最终消失。[4]

---

〔1〕 F.Pollock and F.W.Maitland, *The History of English Law Before the Time of Edward I*, Vol.1, Cambridge University Press, 1968, p.300.

〔2〕 Jean Brissaud, *A History of French Public Law*, Washington D.C., Beard Books, 2001, p.75.

〔3〕 这个新王国的律师出奇的多,而现存的《耶路撒冷法令集》就是出自于他们的研究。这些伟大的法学家包括那瓦拉的菲利普,伊贝林的约翰和詹姆斯和卒于 1266 年的 *Guy le Tort. John*,被封为雅法、赖姆莱和阿斯卡隆伯爵,编纂出了现存的高等法院的法令集。See William Stubbs, *Lectures on Medieval and Modern History*, Oxford, Clarendon Press, p.192.

〔4〕 Brissaud 补充道:"这些法令集在 1421 年被 Doge Foscari 宣称为是埃维厄岛的法律,并以'罗马尼亚法令集'的名称得到施行(直到土耳其人征服之前)。"

　　孟罗·斯密曾称，通过对《耶路撒冷法令集》（尤其是其第二部分）的细致研究，可以发现其中没有任何内容来自罗马法的著作，包括《法学阶梯》、《民法大全》和《学说汇纂》，但《耶路撒冷法令集》仍将永远是法律学者的宝藏，是研究封建法的一座宝库。[1]

（三）法学著作

　　罗马法复兴以后，封建法可参考的法源随之增加。这些法源大多以成文形式出现，被称为"封地法"或"封建习惯法"（Consuetudines Feudales）。这些著作产生于意大利北部地区，绝大部分在米兰。如孟罗·斯密所言，其他包括了在神圣罗马帝国统治下的北部意大利所采用的立法措施，以及位于米兰、帕维亚、皮亚琴察、克雷莫纳的封建法庭所做出的裁判，还包含了对罗马法经典的注解。[2]

　　"封地法"与《国法大全》一同出版，包含了两部书（第一本28篇，第二本58篇），还包括四个附篇，内容几乎涵盖了封建领主和附庸之间方方面面的关系。它被视为封建法领域的集大成之作，就像《国法大全》在罗马法领域起到的作用一样，要做出某个具体判决时，都会参照它。

　　12世纪，西班牙已出现包含封建法的著作，称为《巴塞罗那惯例集》。巴塞罗那是最早的一批封建制城邦。《旧宪章》（Fuero Viejo）最早编纂于10世纪末，纳赫拉的议会于1176年为其增加了内容，其中包含了大量关于附庸的条款。《图德拉宪章》（Fuero of Tudela）部分来源于被阿尔塔米拉（Altamira）形容为"极度精彩"的《瑟布拉勒比宪章》（Fuero de Sobrarbe）。在这两个地区，封建法出现如此之早，可能与毗邻法兰西有关。

　　在英格兰，最早的法律著作出版之前的几个世纪，封建制已被从欧陆带到英国。格兰威尔（Ranulf de Glanvill，？—1190年）在《论英格兰王国的法律和习惯》（1187年）中讨论王室法院，在第一部分的第三章中专门介绍了封建法，书中的其他部分则不涉及封建法，显示了封建制的初期影响。因此，梅特兰认为，英格兰最伟大的封建法学家的称号似乎不应被授予布拉克顿，而应授予格兰威尔。1480年，

---

[1] William Stubbs, *Lectures on medieval and modern history*, Oxford, Clarendon press, p.195.

[2] 〔美〕孟罗·斯密：《欧陆法律发达史》，姚梅镇译，中国政法大学出版社1999年版，第257页。

利特尔顿（D. Littleton，公元 1407—1481 年）出版了《土地法》（Tenures，亦称《土地保有法》），该书的核心是封建性的，被称为英国法律史上第一本不用拉丁文写作，而且完全没有受到罗马法影响的伟大著作"。1628 年，柯克（Edward Coke，公元 1552—1634 年）在利特尔顿的基础上，出版了《惯例集》（First Institutes）。1765 年，布莱克斯通（William Blackstone，公元 1723—1780 年）在《英国法释义》中详细阐述了封建制的制度体系，介绍了当时仍然沿用的封建土地占有制。同期，都柏林大学的普通法教授苏利文也出版了著作。[1]

《撒克逊明镜》是最早包含德意志地区的封建法的著作，最初由拉丁文写成，由艾克·冯·雷普戈（Eike von Repgow，公元 1180—1233 年）译成德语。他是哈茨山区的一名骑士，同时担任庄园法庭的业余法官。这部著作的第一部分介绍了习惯法，第二部分则介绍封建，迅速获得了巨大声望，尤其是在德意志的北部、中部和东部。[2]

作为封建制重要发源地的法兰西，成文形式的封建法著作最早出现于 13 世纪，内容是对封建习惯的汇编。约 14 世纪末出版的《法兰西大习惯法》（Grand Coutumier de France），对法兰西的封建法进行了细节描述。[3]

值得注意的是，直到封建制受到冲击的时候，封建法领域的专门术语才开始出现，包含这些术语的著作，大致与封建制的衰落处于同一时代。

三、欧洲封建法的调整内容

（一）人

本质上，封建制是一个调整人的社会地位和阶层的体系，从君主以降，每个人

---

[1] Francis Stoughton Sullivan, *A Historical Treatise on the Feudal Law*, London, 1772. . 其中第六章至第二十七章从总体上介绍了封建法。

[2] 随后，与其相近的几部著作如 *Deutschenspiegel*、*Spiegel der deutschen Leute*、*Kaiserliches Land und Lehnrecht* 等相继出现，它们偏重士瓦本习惯。

[3] Jean Brissaud, *A History of French Public Law*, Washigton D.C., Beard Books, 2001, p.230. Li Livres de Coutumes et de Usages de Bianvizins（1280）和 Sire de Beaumanoir 也介绍了当地的习惯，被广泛看做是研究当时封建法的依据。

在体系中都有自己明确的位置，并且很难逾越。封建制发展的朝向是等级社会，君主之下是他的附庸——贵族。贵族之下，是那些必须向领主效忠的人。最早的土地占有是以"骑士义务"为对价取得的，而最初的土地占有者是骑士阶层中的一个分支。

在封建制下，出现了依靠与生俱来的力量而专事刀兵的职业军人，他们组成了享有爵位的骑士阶层，在他们中间产生了具有浪漫色彩的骑士精神。法兰西是骑士的发源地，骑士阶层在这里发展到了极致，"没有人天生就是骑士，必须要经过庄严的仪式才能成为骑士，而且国王本人也必须成为一个骑士。"[1]在德意志，"由于在战时能够骑马作战是非常难得的，不久之后出身骑士家庭成为了骑士的先决条件，从而把骑士阶层从职业性转变为血缘性的家族垄断。封建法中，专门规定了骑士阶层的地位和称号，并且根据他们的军功授予他们土地。"[2]

骑士制度从法兰西传入德意志地区后，日耳曼人又将其带到英格兰和欧洲其他部分。在英格兰也形成了这样的体制，"法律通过为骑士们规定特定的义务，来给予他们爵位，但是很难说骑士具有了独立的法律地位。"在四个多世纪中，英格兰一直存在着骑士法院，这因此被认为是现代军事法庭的雏形。该法院由爱德华三世建立，对在国内外犯下军事罪行的人享有管辖权，对骑士拥有普遍管辖权。[3]

西班牙的情况亦与之相似。卡斯蒂利亚王朝的阿方索十世主持修订了《法律集成》（Partidas，后又被称为《七章律》），在其第二部二十二章第一条中说："古时，一群人中只有一个能被选作骑士。"要成为一个骑士，先要作骑士的侍童和扈从，并且经过一个精心设计的仪式，这与附庸的效忠仪式有相似之处。仪式的最后，要握紧右手宣誓："在必要的时候，不能以宗教信仰为由不敢赴死；为了领主要敢于献出自己的生命；要敢于为自己的国家献出生命。"仪式的主持会在他的脖子或者肩膀上拍一下，表示接受他成为骑士，自此他才能成为纷繁绚丽的骑士阶层中的一员。[4]

骑士之外，封建制中还有其他的自由人，后演化为市民阶层。封建等级制度的底层，是农奴。他们"对领主负有各种税金和义务，其中包括在领主的土地上

[1] Charles Seignobos, *The Feudal Regime*, New York, Henry Holt and Company Publishers, 1902, p.32.

[2] Rudolf Huebner, *A History of Germanic Private Law*, translated by Francis S. Philbrick, The Law Exchange Ltd., New Jersey, 2000, p.90.

[3] Blackstone, *Commentaries on the Laws of England*, vol. 4, Portland, Thomas B. Walt Co., p.68.

[4] Henry William Carless Davis, *Medieval Europe*, New York, Henry Holt and Company Publishers, 1901, p.106.

进行耕作，不经领主同意不得离开庄园，不经领主同意不得继承土地。"[1]

　　然而，从现代的角度来看，领主对农奴享有的这些特权，并不意味着农奴的地位等同于奴隶，这些特权均可以不与奴隶制进行类比即得出解释。[2] 另一方面，如梅特兰所概括的那样，"对农奴的侵害就是对其领主的侵害，领主可能因此获得针对侵害者的讼因。"[3]

　　虽然孟罗·斯密说奴隶制在西班牙已经绝迹，但《法律集成》不承认奴隶以外的其他受奴役阶层。[4] 农奴身份都是与生俱来的，但有些情况下，农奴的父母是自由人。获得自由的方式是多种多样，这些方式大多源于罗马帝国奴隶解放的形式。

　　在封建制下，君主和领主是其附庸的未成年继承人的"骑士守护人"，附庸的继承人结婚时，需要得到他们的同意，《法律集成》中说："守护人有权为他或她选择合适的配偶，但不能带有贬损和不公；如果未成年被监护人拒绝领主的指婚，那么就等于放弃了向领主索取婚价（valorem maritagii）的权利。"[5] 此外，虽然当时并不存在违反婚约的损害赔偿之债，但是，"已经与一女订婚的男性，在婚礼前悔婚，需要支付悔婚费（repentailles）。"[6]

---

[1] 〔美〕孟罗·斯密:《欧陆法律发达史》，姚梅镇译，中国政法大学出版社 1999 年版，第 168 页。

[2] Henry Sumner Maine, *On Early Law and Custom*, Charleston South Carolina, BiblioBazaar, 2008, p.306. "不经领主的同意，农奴可能无法嫁女（至少是无法嫁给其他庄园的农奴），农奴的儿子也无法担任教职，甚至无法卖马或者斧子。要进行这些活动，农奴都必须向领主支付费用。" See Smith, *Development of European Law*, p.1671. Serf 属于领主的动产，但不能被买卖。See F.Pollock and F.W.Maitland, *The History of English Law Before the Time of Edward I*, Vol.1, Cambridge University Press, 1968, p.431. 但是一位英国律师有一句名言，我们不得不认为英格兰的 serf 就是奴隶，参见上书第 435 页。如果 serf 故意伤害了基督教自由民，那么医药费由 serf 的领主负担，而这名 serf 将被法院判处绞刑。See Thomas Smith, *The Assize of Jerusalem: read January 7*, 1842, before the Leicestershire society, Printed by J.S.Crossley, p.38.

[3] F.Pollock and F.W.Maitland, *The History of English Law Before the Time of Edward I*, Vol.1, Cambridge University Press, 1968, p.419.

[4] 〔美〕孟罗·斯密:《欧陆法律发达史》，姚梅镇译，中国政法大学出版社 1999 年版，第 274 页。

[5] 在布拉克顿的 Note Book 的第 965 页上说，一个女性在没有取得领主同意的情况下嫁给了一个未成年被监护人，那么她就不能获得嫁妆。See F.Pollock and F.W.Maitland, *The History of English Law Before the Time of Edward I*, Cambridge University Press, 1968, Vol.1, p.319. 如果被监护人在没有获得领主同意的情况下结婚，那么他们就放弃了双倍婚价（duplicem valorem maritagii）。See Blackstone, *Commentaries on the Laws of England*, vol. 4, Portland, Thomas B. Walt Co., vol.4, p.70.

[6] 在意大利，封建法是承认贵贱通婚的效力的。See Thomas Smith, *The Assize of Jerusalem:Read January 7*, 1842, before the Leicestershire Society, printed by J.S.Crossley, p.35.

（二）责任

在法律责任领域，封建法似乎鲜有建树。《耶路撒冷法令集》的相关法令，也大多是重复罗马法的内容。霍恩（Andrew Horne, 1275—1328 年）在 13 世纪末写道："合同是两个人之间进行的讨论，目的是要做还没做的事情，而这又可以分为很多种类，其中有些是永久性的，比如赠与、销售和婚姻。有些是暂时性的，比如委托和租赁。当然还有混合型的，比如交换，既可以是永久性的，又可能是暂时性的。一种合同就是一类责任。"[1]

另一方面，至少在德意志，责任是由法律规定而产生的，根据霍依布纳（Huebner, 1864—1945 年）的说法："订立合同的目的，是维持封建土地占有制的原有形态，或为使共同继承人的权利能够得到救济；土地抵押权的获得，要征得领主及父系亲属的同意；为了确定采邑继承人的特定权利，债务责任的确立，要获得采邑上所有父系亲属和继承人的同意。"[2]

（三）财产

封建法调整对象中，最核心的是财产，最重要的财产则是土地。布莱克斯通在《英国法释义》中说："所有封建土地占有最重要和最基础的原则，就是土地最初都是由君主进行分封的，所以所有土地要么直接，要么间接的被王室占有。土地分封者被称作所有人，或者领主，保有采邑上财产的最终占有；而受封者仅有占有和使用权，根据分封时的条件，成为了封臣或附庸。"[3]

直接接受君主分封的，称为"大领主"。土地的实际耕种者，一种是自由的，其地租的支付有几种方式：(1) 骑士役保有（tenures in chivalry），即以服军役来支付地租；(2) 自由教役保有（frankalmoign），适用于宗教领袖获赠的土地；(3) 服

---

[1] Andrew Horne, *The Mirror of the Justices*, Charleston, South Carolina, BiblioBazaar, 2010, p.27.

[2] Rudolf Huebner, *A History of Germanic Private Law*, translated by Francis S. Philbrick, The Law Exchange Ltd., New Jersey, 2000, p.345.

[3] Blackstone, *Commentaries on the Laws of England*, Vol. 4, Portland, Thomas B. Walt Co., vol2, p.53.

役土地占有权（serjeanty），通过军役以外的义务来支付地租；（4）农地租佃制（so-cage），梅特兰将其称为"影响深远的伟大土地租赁制"。[1] 上述几种以行为义务来支付地租。

另一种是隶农制。这种土地承租方式，在布拉克顿时代仍然没有成为独立的模式。但正是从这些土地租赁形式中，发展出了现代的英美系土地法。[2] 梅特兰在书中写道："很可能基于某些封建性制度，英格兰的寡妇和鳏夫的财产制度中，丈夫和妻子之间的平等被打破了。"[3]

根据霍依布纳的研究，德意志的封建法普遍规定，土地承租人要转让土地，不仅要得到领主的同意，而且还要得到父系亲属、共同承租人和土地未来所有权人（Eventualbelehnten）的同意。封建法同时还规定了转让不规范情况下的土地收回之诉，但不同于领主最初拥有的无时效限制的收回权，这项诉讼的时效是三十年。领主通过这项诉讼，只能从对其负有义务的出让人及继承人手中收回土地，如果他们都已不在人世，那么出让人父系亲属、共同承租人和受让人的权利即生效。土地出让人及继承人对这块土地享有优先购买权。[4]

霍依布纳还指出，在伦巴第法律的影响下，德意志封建法承认了合同形式的土地转让，包括不可撤销的土地转让（Lehnsanwartschaft）和附条件可收回的土地转让（Eventualbelehnung）。对于数人共同占有土地的相关规定，伦巴第的制度得到了借鉴。不同于德意志的法律，伦巴第法承认由时效产生的土地保有关系（Verjahrung），条件是各方均善意占有采邑达到三十年，并且履行了相应的封建义务。这项原则被封建法普遍适用，并且沿用到了现代的地方法律体系，在实践中，时效由三十年缩短到了十或二十年。[5]

梅特兰指出，在英格兰，动产不在"封建承租权"的调整范围内，因为溯及

---

[1] F.Pollock and F.W.Maitland, *The History of English Law Before the Time of Edward I*, Cambridge University Press, 1968, Vol.1, p.294.

[2] Guy Carleton Lee, *Historical Jurisprudence: an Introduction Systematic Study of the Development of Law*, New York, Macmillan Publishers Ltd., 1911, p.463.

[3] F.Pollock and F.W.Maitland, *The History of English Law Before the Time of Edward I*, Vol.2, Cambridge University Press, 1968, p.419.

[4] Rudolf Huebner, *A History of Germanic Private Law*, translated by Francis S. Philbrick, The Law Exchange Ltd., New Jersey, 2000, p.344.

[5] 同上。

既往的封建法的原则是，土地的绝对所有权都属于国王本人，不动产的所有权保护原则要比13世纪及更早的动产所有权保护都更完整和绝对。他指出："在双重所有权的封建土地所有制下，领主们既是领主土地的承租人，又同时是土地承租人的领主，在后一种情况下，拥有土地的权利和救济权。因为所有的土地权利都是通过'依法占有'而实现的，所以这种土地占有制得以维系。但是对于动产来说，在转让过程中，一旦他自愿放弃收回的权利，那么他就放弃了'依法占有'的所有权利和救济，那就很难再被称作是所有人了。"[1]而霍依布纳指出，在德意志，"动产，根据他们的物质存在形式和一直存在的价值（确定资本的收益），被承认是封建承租权的调整对象。"[2]

（四）继承

由于财产的范围严格局限于土地，而且，占有的土地经常包含他人的利益，因此，罗马法和教会法关于继承的规定很难得到适用。而且，随着长嗣继承权在封建制中的出现，采邑继承权被当然赋予了长子，相对于诸弟，长子拥有年龄和经验上的优势，在采邑的经营方面，他与父亲共事的时间也长于诸弟。另一方面，封建制反对女性继承，因为女性不能履行与占有采邑相结合的军事和法庭义务。[3]在877年的敕令中，秃头查理规定：公职可以由儿子继承，这也同样适用于采邑。康拉德二世时，将继承人范围扩大到孙子和兄弟，但是，长辈、妻子、非婚生和收养的子女被排除在外。亲属关系的远近参照的是罗马法的规定，而非教会法。[4]

（五）公法

曾有学者认为，封建政权建立的基础，并不是我们现在看来对于国家宪政不

---

[1] F.Pollock and F.W.Maitland, *The History of English Law Before the Time of Edward I*, Vol.2, Cambridge University Press, 1968, p.182.

[2] Rudolf Huebner, *A History of Germanic Private Law*, translated by Francis S. Philbrick, The Law Exchange Ltd., New Jersey, 2000, p.342.

[3] Brissaud 说，在法兰西，有时习俗赞成女性继承，有时又反对，而赞成的条件是"没有相同继承顺位的男性"。

[4] Charles Sumner Lobingier, *Lex Christiano*, 20 Georgetown L. J., 1922, p.168.

可或缺的社会机构，那时没有公共税收、公共军役、公共法庭，只有私人税费、私人法庭（领主的法庭、庄园法庭）以及私人战争中的军役。[1] 但是，霍尔兹沃思认为，封建法"包含两个方面，财产和司法。用现代的角度来看，它和财产法以及宪法有紧密关系。"[2]

在司法方面，封建法发展出了一套相对完整的体系，如梅因所言，领主法院和小领主法院是古代的村民集会，在法庭上采信的先例涉及公众关注的各个方面，而且这些先例在法庭上继续被讨论，领主主持讨论，自由民提供意见，农奴列席但在评议中没有固定的发言权。

哈斯金斯给出了诺曼底的一些例子："罗贝尔在他领地中的小领主法庭中有举足轻重的作用。圣依夫罗修道院（Saint-Evroul）的僧侣们有自己的法庭，并且在其中可以宣布没收采邑。圣米歇尔山修道院（Mont-Saint-Michel）的法庭由诉讼方的七个负有司法义务同类人审理，[3] 这是由他们先辈的习惯而来的，而且庄园主也有自己的法庭。"[4]

根据《耶路撒冷法令集》："高等法院（La Haute Cour）是由国王和其直接封臣参与的集会，负责处理王国的大政和有关于贵族阶层的一些事务。每一个土地占有者和封建领主都有自己的市民法庭，而他们在这些法庭中由他们的子爵或者巴里（Balli）代理。"[5]

在英格兰，当时的一位诉讼人说："小领主法庭，实际上是领主在一个庄园行使司法权的法庭，而且对同一领主的所有庄园都拥有管辖权，最高标的额是四十先令。"更重要的是，"这些低等级法庭似乎承认王室法庭不予以救济的讼因；它们给予侮辱诽谤以救济，而且可能为某些协议提供强制执行，而王室法院根本没有注意过这些协议。"[6] 另有学者指出，"在中世纪几乎所有的文献中，司法权都与

---

[1] Charles Seignobos, *The Feudal Regime*, New York, Henry Holt and Company Publishers, 1902, p.65.

[2] 同上书，p.179.

[3] 七个人的数量是由法兰克王国的 scabini 而来，而在更早的法兰克时期，这七个人可能是对领主负有军事义务。See Charles Homer Haskins, *Norman Institutions*, New Jersey, The Lawbook Exchange Ltd., p.24.

[4] Charles Homer Haskins, *Norman Institutions*, New Jersey, The Lawbook Exchange Ltd., p.24.

[5] *Coutume de Normandie* 规定子爵的地位低于 *Balli*，在诺曼底，*Balli* 代表公爵在其法庭行使权力，而子爵的作用是"辅助法官"，而且没有刑事司法权。而 *Balli* 的作用类似于英格兰的 sheriff。

[6] F.Pollock and F.W.Maitland, *The History of English Law Before the Time of Edward I*, Vol.1, Cambridge University Press, 1968, p.587.

征课罚款权或者这些罚款的产物同义，在很多情况下这些权力都是与他人分享的，每一方的份额是一个村庄的二分之一，或者四分之一。根据这些利益的多寡，这些司法权被分成高级司法权和低级司法权，后来还出现了中级司法权。"[1]

新法兰西地区（加拿大）的资料中显示，[2]"司法权被限制在庄园中，其有权审理标的额不超过六十巴黎索尔（sols parisis）的民事案件，并有权审理罚金额不超过这个数目的刑事案件；有权下令逮捕犯罪人；有权为未成年人和精神失常者指定代理人，以确定对他们的赔偿额，并管理被监护人的财产；有权决定庄园内争议土地的面积和界线。这一等级的司法权使庄园主只能处理庄园居民之间的一些日常摩擦，或者他和附庸之间关于封建税费的一些争议。"[3]

但是，在中世纪的英格兰，这类司法权最初属于王室法庭，在理论上，封建领主"至少对于自耕农，享有民事的，非刑事、非惩罚性的司法权；有权审理人身案件和涉及自主所有土地的不动产案件，但是审理后者必须首先获得王室令状。对于非自由民和非自主所有的住宅，领主的管辖权更大，对于农奴的土地耕种权，领主有最终决定权，可以适用庄园习俗并对农奴判决轻微刑罚。"[4]如梅特兰所言："除了封建管辖权之外，还有特许管辖权，由国王特许的公权力而来。也许未来有一天人们会说这两种管辖权之间没有任何共同点，但是我们现在还无法把 11 世纪的这两种管辖权清晰的区分开来。"[5]

在程序方面，关于法兰西的封建法院，一位历史学家曾如是说："司法程序非常程式化，就像一场规则严明的比赛；法官只需要维持秩序，判断双方的行为是否违规，决定最后的胜诉方。每一场庭审都包含着几个圣典式的诉讼行为，并由几个被封为神圣的阶段组成，就像是一台戏剧。原告请求开庭日期，当这个日期来

---

〔1〕 Charles Seignobos, *The Feudal Regime*, New York, Henry Holt and Company Publishers, 1902, p.18.

〔2〕 这些情况无疑是来源于母国。

〔3〕 William Bennett Munro, *The Seigniorial System in Canada*, New York, Longmans Green and Co., 1907, pp.150—151.

〔4〕 F.Pollock and F.W.Maitland, *The History of English Law Before the Time of Edward I*, Vol.1, Cambridge University Press, 1968, p.531. 另外有一些罪行"只能由封建法庭行使管辖"，这些罪行也被称作是"重罪"，包括违反封建等级体系的行为，将会导致采邑被没收。这是封建法中最严厉的刑罚。

〔5〕 领主治安法院是审理和制裁轻微罪行的警察法院；它的职权是和郡长分别行使的。有的时候领主掌握更高级的司法权，甚至会以盗窃罪绞死盗贼。F. Pollock and F. W. Maitland, *The History of English Law Before the Time of Edward I*, Vol.1, Cambridge University Press, 1968, p.532.

到的时候，他会提出自己的诉请并宣誓。被告立即针对原告的诉请逐一做出答复，并且也宣誓，然后证人作证并宣誓。随后双方提出要求，也就是挑衅，接着是决斗，最后是判决。任何一个不合违反规则的动作或言论，都足以导致败诉。在里尔，如果宣誓时手在圣经上没有保持静止，就会败诉。"[1]

对于英国的庄园法庭，波洛克和梅特兰评价道："有正式的诉请，土地承租人得到的正义是严格意义上的正义，而不是对于一方的'衡平'，而对于另一方则是'领主的意志'。"[2]

17 世纪，一位名叫罗杰·诺斯（Roger North）的小领主法院法官记录道，"程序参照古代的普通法法院，其中学到的知识，几乎就可胜任在民事法院执业。"但是，"通常情况下，（在新法兰西）犯罪人和被害者会被庄园主叫到房间里，经过一个更像是会议，而不是庭审的程序后，双方满意的调解结果就达成了。"[3]

刑讯逼供在英格兰通常不被允许，[4] 在《耶路撒冷法令集》中只出现了一处。庭审模式和王室法院没什么不同：决斗、神明裁判、宣誓或者证据裁判。其中，决斗在法兰西、英格兰、德意志和采用《耶路撒冷法令集》的国家较为流行，在西班牙也同样使用，但不适用神明裁判，尽管这种方式当时在很多国家都很盛行。

在英格兰的庄园法庭中，"陪审员进行宣誓，有时由 12 人组成，但通常不到 12 个。"而且只有控诉陪审团。《耶路撒冷法令集》中也有关于陪审员的规定，但是，看起来陪审团是"永久性的裁判组织。"[5] 在任何情况下，被审判人的社会阶层都不能低于审判者。这就是保证实行同侪审判的历史语句的最初含义，与现代意义上的陪审团审判没有任何共同之处。[6] 实际上，直到 16 世纪，在"郡法院、小领主法院、百户区法院以及类似的其他法院，只能通过诉讼双方的宣誓进行审判，

〔1〕 Charles Seignobos, *The Feudal Regime*, New York, Henry Holt and Company Publishers, 1902, p.60.

〔2〕 同上书，p.558.

〔3〕 William Bennett Munro, *The Seigniorial System in Canada*, New York, Longmans Green and Co., 1907, p.152.

〔4〕 F.Pollock and F.W.Maitland, *The History of English Law Before the Time of Edward I*, Vol.1, Cambridge University Press, 1968, p.658.

〔5〕 Thomas Smith, *The Assize of Jerusalem: Read January 7, 1842, before the Leicestershire Society*, Printed by J.S.Crossley, p.21.

〔6〕 F.Pollock and F.W.Maitland, *The History of English Law Before the Time of Edward I*, Vol.1, Cambridge University Press, 1968, p.594.

除非双方都同意通过效忠进行审判。"领主和附庸之间关于采邑的争执，要由另一个附庸来审判，或者在领主的法院进行审判，但由其他的附庸做法官。

在上诉程序方面，梅因说，最初由国王创造的议会"不仅仅采用了英格兰法官对付庄园法庭的所有手段，同时向罗马法借鉴了其他的武器，有权受理所有下级司法区域的上诉。"

在格兰威尔的时代，在领主法庭没有得到满意判决的诉讼者，可以通过获得王室令状，并且在可以证明领主"没能为其伸张正义"的情况下，把案件移送到郡法院审理。在《耶路撒冷法令集》中有相似的规定，布莱克斯通说"（在几乎所有的封建政权中），王室法院保留对下级法院上诉的最终审理权。"

四、欧洲封建法的衰亡

在欧洲范围内，封建法的衰亡始于 13 世纪末。学界认为，军事封建制止于 1348 年的克雷西战役，这次战役证明，由农奴组成的步兵战力，甚至强于装备精良的骑兵部队。与此同时，英格兰已开始通过立法，对封建土地承租的体制进行改变。1217 年重新颁布的《大宪章》第 39 条规定，自由人转封或出售土地，不得影响对封君所付义务之完成；[1] 第 43 条又规定，不得把封土转为教产，然后再由教会转封给原主，违者将被没收土地。[2] 1258 年的《牛津条例》，则进一步采取措施，加强王室法庭的权力，缩小封建法庭的管辖权。1259 年的《威斯敏斯特条例》（Provisions of Westminster）规定，封建法庭不得对未明确依附于其的人享有管辖权，除非其祖先在 39 年内在这一法庭中进行过诉讼。1278 年的《格罗切斯特法案》（Statute of Gloucester）规定，进行标的额不低于 40 先令的民事诉讼，必须首先从王座法院申请直接侵权令状，实际上将封建法庭的民事管辖权限制在了 40 先令以下。

---

[1] 这是英格兰立法史上首次明确对封建土地的转让进行限制。See Theodore Frank Thomas Plucknett, *A Concise History of the Common Law*, New Jersey, The Lawbook Exchange Ltd., 2001, p.340.

[2] 马克垚:《英国封建社会研究》，北京大学出版社 2005 年版，第 128 页。在土地转移成教产的问题上，一直受到比较严格的限制。这是因为教会是这样一个特殊的土地领有者，它永远不会死，当然也就不会发生继承、监护、婚姻等问题，所以土地一经转为教产，即不得再行转出，称为"死手"（mortmain）。

　　所有上述法令，都是围绕着加强中央集权、削弱地方势力这一中心展开的。但是，封建体制仍有其顽强的生命力，使这一过程延续了很长时间。1279 年，英国完全禁止土地转为教产，被称为"死手律"（statute of mortmain）。[1] 1285 年的《威斯敏斯特第二条例》（De donis conditionalibus）将"有条件继承地"（fee conditional）转化成"限嗣继承地"（fee tail），使得领主可以创造条件，回收土地的剩余利益或土地，而不仅仅是在现有占有权的附庸死后无嗣的情况下才能收回土地。1290 年的《买地法》废除了"再分封"（subinfeudation），之后自由人可随意出售封土，受让人将会取代出让人成为原封主的承租人，并对其履行封建义务。到 13 世纪末，在英格兰，不仅仅是封建法庭的权力受到了极大限制，封建土地制度也有了很大程度的改变，其结果就是封建法庭不再能够获利。

　　直到英国的殖民扩张以及光荣革命的理念深入人心之后，封建义务和土地所有制才受到真正致命的打击。1660 年的《保有废除法案》（Tenures Abolition Act），废除了除农役保有之外的一切世俗保有（包括最重要的骑士保有），大服侍保有（Sergeanty）的形式受到了严格限制。自由教役保有尽管未被废除，但在实践中已经很少存在。[2] 另外，无需缴纳贡金，转让土地无需缴纳罚金，领主不再拥有监护权和婚姻指定权，结果是除领主的收回权和没收权之外，几乎所有的封建义务均被免除，标志着严格的封建土地法制的结束，使保有成为了持有人和领主之间的一种经济安排。在苏格兰，虽然在詹姆斯六世统治时期，就有废除封建土地保有制和管辖权的提议，但直到 1748 年才得到实现。在爱尔兰，直到 1881 年的《格莱斯顿土地收购法案》，才开启了废除封建土地保有制的进程。

　　关于封建法的衰落，梅因曾问道："庄园制在其衰落时期，为什么在英格兰和法兰西产生的结果如此不同呢？为什么其在一个国家的终止会成为一段史诗，而在另一个国家会留下一种并不成功的土地所有制形式呢？"他对此解释道："如果我下一个结论，说法兰西的第一次革命是因为其大部分土地都以誉本占有的形式被占有，那么这听起来肯定像一个悖论。"他继续解释说，在英格兰，誉本保有被认为是一种

---

〔1〕马克垚：《英国封建社会研究》，北京大学出版社 2005 年版，第 128 页。

〔2〕孟勤国、张淞纶：《财产法的权力经济学》，中国私法网。http://www.privatelaw.com.cn/new2004/shtml/20100705—083525.htm，访问时间：2011 年 5 月 26 日。

中性的甚至"不方便"的保有形式，"但法兰西以奴役保有耕作土地的农民们，从不把自己和从贵族手中分封到土地，并持有土地的分益佃农（metayers）相比较，而是经常把自己和贵族们本身进行比较，并对他们之间的巨大差异感到非常不满。"[1]

因此，18世纪末，各地关于农民不满的记录被传送到了法国议会（States-General），法国全境除布列塔尼和安茹之外，农民们对地方贵族都已充满敌意，这不仅是促成法国大革命的原因之一，也是革命能取得如此迅速的进展并维持其革命成果的因素之一。其实，在此之前，法国的精英阶层内部也有反对封建制的声音，在不满情绪的影响下，反对派集合起来，巴黎高等法院在大革命前，下令当众烧毁了邦瑟夫所著的《封建权利下之不便》。但正如梅因所指出的，这些姿态都是徒劳的。[2]法国大革命中，制宪议会废除了绝大部分封建义务，而且只对其中一小部分给予贵族赔偿；而后又废除了其余的封建义务，并收回了对贵族的赔偿。之后，大部分由激情洋溢的革命派律师组成的立法会议，发现已经没有什么封建残余可摧毁了，在随后的时间里，这些人制定了《拿破仑法典》，永远防止了封建所有制在法国的复辟。

与欧洲其他国家一样，德意志的封建制也在中世纪末之前就开始衰落。1717年，普鲁士霍亨索伦王朝的腓特烈·威廉一世（Friedrich Wilhelm I，1713—1740年为普鲁士国王）制定了农奴、贵族、土地保有制和领主司法权的回赎政策。1719年，他解放了占全国土地三分之一的自己领地上的全部农奴，废除了世袭租佃制，以纳税代替贵族的徭役。腓特烈二世于1764年颁布敕令，将农奴从全国的土地上解放出来。1784年，他公布宪法草案交臣民讨论，确立了人道、宽容和法律面前人人平等的法律原则。

拿破仑占领时期，普鲁士的封建制遭到更大规模的摧毁，除国王保有的采邑，世袭的封建官职和可回收的保有地外，其他制度均被废除。经过1848年革命，1850年的普鲁士宪法宣称："禁止制定新的封建保有，现存的封建采邑应按法律规定转化为自由土地制。"相关法律又提供了补充规定："还未转为遗产信托的以获取未来利益为目的的采邑必须被废止，可获得补偿。"其他一些邦的法律也作出类似

---

[1] Henry Sumner Maine, *On Early Law and Custom*, Charleston South Carolina, BiblioBazaar, 2008, pp.291, 294, 295, 307, 322, 323.

[2] 同上书，p.298.

规定。1900 年的《德国民法典》规定，邦法中关于家庭遗产信托和采邑，包括完全保有地的规定，仍然有效。这条规定在 1919 年的《魏玛宪法》中被废除。

18 世纪初的意大利，数以千计的领主仍然实行封建保有制，管辖着他们数以百万计的附庸。但是，政府出于政治因素的考量，同时受到时代趋势的影响，废除了供金、私人义务和封建男爵们的大部分世袭权利。在废除封建制的过程中，拿破仑帝国的扩张也起到巨大的作用。1806 年约瑟夫·波拿巴 (Joseph Napoleon Bonaparte，公元 1806—1808 年那不勒斯国王，公元 1808—1813 年西班牙国王) 成为那不勒斯国王后，法国大革命的成果被带到意大利，极大地动摇了意大利的封建体制。

1811 年，西班牙召开国会，标志该国自由主义政策及与封建制正面冲突的开端。这一过程持续了近三十年，实际上可能更长一些。这次国会宣布，国家收回所有封建领地及其司法权，并废除封建附庸制、封建义务和封建特权，对通过合约获得的领地提供赔偿。1814 年，费尔南多七世复辟，废除了上述除司法权之外的其他规定。1821 年，国会通过了一条更为激进的规定，两年之后才获得国王的同意。在 1837 年，封建领地的特权事实上被废除。1839 年，教会的什一税废除，由用于宗教开支的特别税取而代之。然而，大地产制 (不管是王室的、教会的还是平民的) 直到 1931 年革命仍然大范围的存在。与此同时，在西班牙的殖民地，在独立运动中，封建的监护征赋制 (encomiendas) 被废除，取而代之的是罗马法的财产法规则。

直到 20 世纪初，封建制和其表现形式也没有完全绝迹。当时，在欧洲大陆，很多国家尤其是新建的共和国的统治者仍然是旧时的贵族。在除不列颠以外的英语国家中，贵族头衔已不常见，但其不成文的法律规定，仍然有很多来源于封建法。如学者所言："人们从封建制和黑暗时代中醒来，但旧时代仍然缠绕着人类社会中所固有的问题，而这些问题直到今天离被解决仍然差的很远。"[1]

五、欧洲封建法的历史价值

即使封建制最终走向了衰亡，仍给后人留下了诸多遗产。法律面前人人平等，

---

[1] Thomas Allen Glenn, *Some Colonial Mansions and Those Who Lived in Them: with Genealogies of the Various Families Mentioned*, Philadelphia, H. T. Coates & company, p.295.

制定法律必须征得被统治者的同意，征税必须得到纳税人的同意，人之住宅即其堡垒，未经同类人的审判不能被定罪，这些民主原则，大多直接或间接地源自封建法。尽管它们与封建时代的法律制定者的本意相去甚远，但是，历史总在不经意间写下浓重一笔，朝着令人难以捉摸的方向前进。《自由大宪章》只是集合在一起的一些封建主用来反对一个独裁国王的工具，后来却成为人类历史上第一个民主宪章。而且，即使至今为止，封建制并没有完全退出历史舞台，英国每一块土地的所有者至今理论上还是英王。

封建法还给欧洲带来了"行为合法性"的观念。当附庸双膝跪地、交握双手置于封主双手之间，而封主笔直的站在前面，表示接受附庸对他的人身依附之后，他们之间的封建关系拥有了双方承认的相互之间的义务和责任。封臣必须遵守封建契约中规定的各种义务，否则有可能失去采邑；如果他能履行义务，其采邑即可父子相传，领主不得无故没收。同样，如果领主不能尽到保护封臣的责任，或对封臣不公正，封臣就可宣布解除对领主效忠的誓言。此外，国家允许个人在国界内自主占有土地，不管这些人是世俗的贵族还是教会的主教，只要他们向上层封主履行义务，都可以占有土地，开创了要占有财富就必须履行义务的理念。

第三节　法兰克王国与法兰西封建地方法

一、法兰克王国

法兰克王国是欧洲封建制的重要起源区，对法兰西地区的封建地方法来说则尤其如此。如霍依布纳所言："起源于法兰克帝国，封建制从法兰克的法律，扩展到了基督教世界的绝大部分。"[1]

---

[1] Rudolf Huebner, *A History of Germanic Private Law*, translated by Francis S. Philbrick, The Lawbook Exchange Ltd., New Jersey, 2000, p.335.

6 世纪下半叶起，法兰克人开始了封建化的进程，其主要标志是领主土地所有制的产生和自由农转为依附农。领主土地所有制的形成，来自各个方面。法兰克王国的统治者以军事征服扩大地产，把前罗马帝国的皇室领地、反叛贵族的领地及大片公地占为己有。他们构成了法兰克军事贵族阶层。由于为国王效力，国王的亲兵也获得大量地产。从墨洛温王朝起，直到加洛林王朝，以封土赏赐陪臣甚为风行。最初，封土还仅限为终身享受，久而久之，便成为世袭领地。还有一些农村公社的土地贵族，利用他们在公社中的特权，通过雇人垦殖荒地，得以增加地产。

加洛林王朝宏伟的政权结构被解构，最初被学界视为退化和衰落，但是，20 世纪 80 年代的一系列作品问世后，历史学者开始改变对于这种变化的负面观点，他们开始认识到，这种开始于 9 世纪的解构，导致了地域性公国的产生，各地王公、侯爵掌握了军事权、司法权和铸币权。至 11 世纪，这种变革遍布欧洲的每个角落，虽然时间有先后，程度有差异，但是，权力却被分解到更低的社会阶层手中。在欧洲的大部分地区，这种进一步的变革始于 980 年至 1030 年，其他地区则持续了整个 11 世纪。

变革导致领主的权力集中于两个方面，一是军事统帅权，其象征和行使的前提是对公共堡垒和要塞的控制；二是司法权，即审判自由人并课以罚金的权力。这两项权力逐渐从公侯手中转移到城堡主手中。即使在某些地区，这些权力留在公侯手中，城堡主的权力也没有失控。在其他地区，尤其是在继承权出现争议的时候，纷争导致了一个个自治性的甚至是独立的领主权的产生。在这两种情况下，权力的掌控都取决于对堡垒和要塞的有效控制，以及对依附于其上的骑士的管辖。骑士阶层的重要性随之节节上升。[1]

也有许多学者将封建主义的萌芽追溯到古罗马帝国晚期的社会结构，以及日耳曼蛮族原有的军事组织。其中，法兰克人的扈从制度（或称亲兵制度）对封建主义形成的影响，被认为尤其巨大。为了确保其政权的稳固，一个领域内的统治者往往"通过依靠可信的军人组成的扈从，架起与那些下层民众之间的桥梁"，为

---

[1] David Luscombe&Jonathan Riley Smith, *The New Cambridge Medieval History*, vol.4, Cambridge University Press, pp.150—152.

此，他在他控制下的土地管区中，赐给他们土地作为采邑。而他的直接封臣，又时常把他们自己的采邑分成小块，授予他们的扈从成员。这种土地的分封，是蛮族统治者试图把个人关系的框架，纳入正在运行的统治结构的过程，其最终目的，是要建立作为个人联盟的国家。就此意义而言，封建社会最初是一种军事性的社会，随着公元 6 至 8 世纪法兰克人统治的扩展，这种政治运作机制逐渐扩及到整个西欧。

（一）委身制（Homage）

因为得到国王的赠地，国王的亲信、随从自然而然地成为地位优越的贵族地主。在连续的战争期间，国王总是力图以此来争取支持者，由此加剧了赠地的数量。这导致了地主势力的成长，对自由民的生存状况产生了严重的威胁。其实，自由民的劣势早已显现，只不过对大多数自由民来说，那时尚能维持独立的地位，直到长期的内战根本地改变了这种状况。每个自由民都必须服军役，而战争常在春夏两季进行，当他的田地最需要他的时候，却被召去征战。来不及耕种，不能得到好的收成，这个自由民就要负债。起初，他被迫抵押出他的部分土地，最后不得不将土地全部抵押，一般来说，接受抵押的，是附近的地主或教会。当抵押的土地被取消赎回权时，该自由民就必然沦为佃农。如果他还是不能清偿他的债务，他将失掉他的自由，而陷入农奴地位。

除了战争以外，自由民对土地的占有，还可能受到来自地主的压迫、官方的威胁等人为因素以及饥荒、疾疫等自然因素的干扰。在这些情形下，大批自由民不得不采用"委身"的方法，主动将自己的份地让与附近的地主或教会，然后依"请求方式"再取得这些土地，或者领取地主的其他土地。这样，地主在附近的村庄赢得了控制权，甚至有时顺利地使整个村庄降至为其庄园附属地的地位。墨洛温王朝时期，有条件地把土地让给附近的主教或地主的做法就已经出现。以下是一份经常被研究者引用的该时期的一件委身文书程式，从中能够清晰地反映出委身制的特质：

众所周知，由于我无衣无食，所以请求您的恩典，允许我委身于您的保护之下。为此,您应帮助维持我的衣食,我将尽一切力量服务于您并使您满意。在我的一生中,一定给您一个自由人的服务与尊重,并且无权脱离您的权力与保护。我的一生将永远留在您的权力和保护之下,由之,我们双方如有一方要更改这协定的条件,则需付对方以若干索尔第的罚金,但协定仍然有效。[1]

从形式上看,这种"委身"似乎是基于自愿的契约而产生,但形式上的平等,掩盖不了一方为有权势的主人、另一方为仆从之间的实质不平等。至加洛林王朝时期,"委身"成为一项有组织、有系统的制度,委身者的奴仆身份更为彰显。查理曼时期,自由庄园(即份地的权利由自由租户所保有的庄园)还多于不自由庄园。9 世纪中叶,查理曼的孙子当政时,这项比例颠倒了过来。自由民利用委身制的方法,的确获得了他们的新出路,但是,这种出路必然要和他们的地位降低相联系,他们以独立的地位,换取了一个虽然不利于他们但毕竟能够受到保护的依附地位。

(二)采邑制改革

"采邑"的原意是恩赏。8 世纪下半叶起,采邑制在法兰克王国迅速发展,大大加速了封建化的进程。墨洛温王朝时,宫相查理·马特懂得,仅仅镇压内乱和驱逐外敌,并不能达到长治久安的目的,必须根本改变墨洛温王朝无条件封赠土地的制度,实行有条件的分封,将豪绅显贵跟王室紧密联系起来,从而加强中央权力。这就是采邑制改革。

查理·马特将国家掌握土地、没收叛乱贵族土地和部分没收教会的土地,分封给官员和将领,条件是必须服兵役和履行臣民义务(如缴纳租税、交出盗匪),只限终身,不得世袭。受封者不履行义务,则收回采邑。封主或封臣一方死亡,也收回采邑,分封关系终止。继承人如愿继续以前的关系,必须重新进行分封。这项采邑制改革影响重大,由中央将土地作为采邑封给大封建主,再由大封建主将它封给自己的臣下作为采邑,如此层层分封、层层结成主从关系,形成了阶梯似的等级制,这是西欧封建土地所有制的基本特征。

---

[1] 李秀清:《日耳曼法研究》,商务印书馆 2005 年版,第 251—253 页。

封主有责任保护封臣，封臣必须忠于封主，封建主阶级内部的联系加强了。其次，封臣得到采邑时同时获得领地上农民的管辖权，对劳动者的控制加强了。采邑改革后，骑兵逐渐代替步兵，奠定西欧骑士制度的基础，也为日后加洛林朝的强盛创造了条件。[1]

加洛林王朝为扩大军事战斗力，不但国王封赐贵族大量土地，许多贵族也分赐采邑给自己的封臣。由于层层推行采邑制，形成了一种采邑的链条。同时也逐渐形成了采邑制的一些惯例，受领采邑者必须服军役，如封臣不履行军役义务，采邑则被收回。受封采邑享用期以封君或封臣在世为限，任何一方死亡，采邑都要收回。采邑的封赏加强了农民对领主的依附关系，促成了封建等级制的形成。到 9 世纪初，采邑制又获发展。土地作为官员的俸禄，任职的豪绅显贵、公侯伯爵，成了该行政区最有权势的大土地所有者。正是这些爵爷后来发展成为大大小小的诸侯和邦君。采邑制促进了西欧封建制的发展和领主的强大。

查理曼时期，一般自由人也可以申请领有采邑地，从而取得贵族的地位。806 年，查理曼订立遗嘱，把王国划分给他的三个儿子，并规定在他死后，每一位国王的封臣只可接受自己王国内而非其他王国内的恩赏，但是，他们可以在任何王国内拥有自由土地。不过，自由人在自己的领主死亡后，可以在三个王国内的任何一国申请采邑地，尚未属于任何领主的自由人也一样。

至 9 世纪后期，欧洲大陆日耳曼人的采邑地已经变为世袭的"封地"(fief)。不过，这种封地不一定遗传给长子，它们所遵从的继承规则，完全由封地的授予人与受封人之间达成的条件决定，或者由其中一方强加于另一方的条件决定。在采邑地可以世袭以后，采邑地领主的依附者就不再是国王的直接封臣，附属于领主领地的恩赏也不再是国王的恩赏，这样，采邑地领主的权力比原来更大了，国王的权力随之进一步衰减。领主们获得了相对于国王的更大独立性，他们在自己领地内，可以行使各种权力。国王不得不承认这种既成事实，以特许状赋予其豁免权，又被称为"特恩权"(immunity)。领主们希望得到豁免权，以此积极防卫国王官吏的抢夺和欺诈。国王同意授予这种权力，则是因为只有通过施予这种恩惠，他才能维持领主们对他的忠诚。[2]

---

[1] 孔祥民:《世界中古史》，北京师范大学出版社 2006 年版，第 12 页。

[2] 李秀清:《日耳曼法研究》，商务印书馆 2005 年版，第 254—255 页。

在查理大帝及其子"虔诚者"路易统治时期，法兰克的封建化基本完成。但在公元 9 世纪中叶以前，西欧所存在的还只能算作是一种"准封建"（quasi-feudalism）的状态，只有在查理曼帝国崩溃以后，西欧的封建主义才步入其成熟时期。所谓"准封建"状态与成熟的封建主义之间最根本的区别，在于封建领地是否世袭化。

在查理大帝去世前的法兰克王国，统治者给予其封臣领地，只是作为该封臣个人对其效忠的一种报酬，封臣对领地的拥有，都有一定的年限，至多也只是终身。当封臣去世后，其领地将由统治者收回。通过这种方式，法兰克国王们避免了政治统治的分裂。

此外，8 至 9 世纪法兰克王国兴盛时期，由于商务贸易的因素，货币仍然通行，统治者还能用货币来酬赏其臣属，故而封地并非是获取效忠的唯一手段。事实上，查理曼很注意国家权威的完整性，对分封领地非常谨慎，除了恰巧驻在边境或蛮族地区的伯爵以外，从不授给任何伯爵一个以上的郡。这种政策的实际效果，是使贵族的领地保持在较小的规模，并与基督教会的教区体系犬牙交错，从而排除了贵族领地独行其是的危险性。

然而，查理曼死后，加洛林帝国便陷于内战和混乱，并遭到马扎尔人、维京人（Viking）和阿拉伯人等外来入侵，查理大帝约束大贵族割据倾向的努力，自此付诸东流。查理曼子孙之间的骨肉相残，致使帝国权威急剧衰落。为了击败竞争对手，查理曼的几个孙子竞相拉拢一些有权势的大贵族，与此同时，战乱频仍、贸易中断使货币失去其原有价值，土地成为君主收买臣属的主要手段。他们不得不抛弃祖父查理曼实行的那套限制贵族领地规模的策略，开始允许同一个人拥有不止一个郡的领地。

当贵族因领地膨胀而实力大增时，国王自然而然地又向他们作新的让步，给予他们对其领地的世袭权利。877 年，西法兰克王国的秃头查理开此风气之先，颁布诏令承认由儿子继承父亲领地的做法。在北意大利，由于查理曼长孙罗退尔的软弱，贵族领主的独立更加彻底。当奥托一世及其后人征服该地时，罗退尔被迫承认北意大利诸侯世袭制的既成事实。

在东法兰克王国境内，领地世袭化要稍晚一些，但是，在康拉德二世时期，以 1037 年《米兰敕令》为标志，神圣罗马帝国内的贵族领地也世袭化了。《米兰敕令》确立的原则是：任何领主（无论主教、修道院院长、侯爵、伯爵或其他任何领主）都不得被剥夺其领地，除非是按祖先的法令，由其同级领主集体裁决他犯了罪；附庸在认为受领主或同级领主不公正对待而可能失去领地时，可以向帝国最高法庭上诉；领主的领地应由儿子或孙子继承，如无子嗣，则可由同胞兄弟或同父异母的兄弟继承。

领地世袭化的意义，是领主把所属领地当作自己的私有财产，中央王权连带地被分散，再无能力予以回收。世袭的大领主在自己的领地上，几乎完全独行其是，全权地管理领地内的一切事务，排斥王权对其领地事务的干预。他们可以进一步分封听命于己的附庸，并设置法庭来解决附庸之间的纠纷。[1]

几十年连绵不断的征战，使自由农大量破产。为了逃避兵役负担，以勇敢著称的法兰克人宁愿将土地和自由献给教会或豪绅显贵，自己沦为依附农或农奴，只求不上前线。马克思曾说："兵役大大加速了罗马平民的没落，它也是查理大帝大力促使自由的德意志农民变成依附农和农奴的主要手段。"[2]奴隶的实际地位已大大改变，他们大多被分给土地，有自己的家庭和独立经济，与农奴的界限逐渐消失，只是负担较重而已。采邑已变成封土，即世袭领地。大领主在自己的世袭领地里拥有行政、司法、财政等特权，形成独霸一方的势力。[3]

二、法兰西王国

"法兰西"的名称源于"法兰西岛"。"法兰西岛"是指塞纳河和卢瓦尔河中游、以巴黎和奥尔良为中心的南北狭长地带。

843年《凡尔登条约》和870年《墨尔森条约》（Traité de Meerssen）签订以后，西法兰克（包括纽斯特里亚、阿基坦、加斯科涅、普罗旺斯、勃艮第、塞普提曼尼亚等地，主要讲罗曼语）逐渐形成中世纪的法兰西王国。加洛林王朝在西法兰克的统治，又延续了一个多世纪（843—987年），但统治者大多腐败无能，王权衰

---

[1] 计秋枫：《论中世纪西欧封建主义的政治结构》，载《史学月刊》2010年第4期第27页。

[2]《马克思恩格斯全集》（第26卷），中共中央马克思恩格斯列宁斯大林著作编译局译，人民出版社2008年版，第128页。

[3] 孔祥民：《世界中古史》，北京师范大学出版社2006年版，第14页。

败，从这一时期的君主绰号，即可见一斑："胖子"查理、"昏庸者"查理、"孩童"查理（Charles the Child，855—866 年阿基坦国王）、"盲者"路易（Louis the Blind，901—905 年神圣罗马帝国皇帝，900—905 年意大利国王，887—928 年普罗旺斯国王）和"口吃者"路易（Louis Ⅱ，Louis le Bègue，877—879 年西法兰克国王）。

887 年，加洛林王朝国王"胖子"查理被废，其后出现了加洛林王朝和罗伯特家族的长期斗争。"强者"罗伯特因抗击诺曼人入侵有功，被封为法兰西岛公爵。罗伯特公爵之子、巴黎伯爵埃德因抵抗诺曼人有功，逐渐控制实权，加洛林王朝名存实亡。987 年，加洛林王朝末王路易五世死，罗伯特家的于格·卡佩（约940—966 年）被教俗大封建主拥立为王，从此开始法国史上卡佩王朝（987—1328 年）的统治。

卡佩王朝初期，王权依然软弱。当时的法国分裂成许多公国和伯国，北部有佛兰德伯国，西北部有诺曼底公国，西部有安茹伯国和布列塔尼，南部有阿基坦公国，图卢兹伯国和巴塞罗那伯国，东部有勃艮第公国和香槟伯国。这些强大的诸侯，名义上都是国王的封臣，实际上却几乎完全独立，称霸一方，互争雄长。国王不但没有行政机构和固定的财政收入，而且没有固定的驻地，时而住在巴黎，时而住在奥尔良，深居简出，不理朝政。10 世纪中叶，教会先后通过"上帝和约"的决议和提出"上帝休战"的口号，规定每周五到周日不准私战，对掠夺教会的土地和劳动者以及抢劫商旅的人，一概开除出教。[1]

（一）法兰西封建制的形成时期

封建制形成时期，在整个欧洲，诺曼底一直被视为公爵权力维持得最好的地区。但是，实际上，1035 年罗贝尔一世（Robert the Magnificent，1027—1035 年诺曼底公爵）去世后，年轻的威廉一世发现，要控制诺曼底并不是一件轻而易举的事。他必须摧毁一些"非法"的堡垒（由他的对立者建造或占领），放逐一批贵族。1066 年对英格兰的征服，以及 1060—1080 年由"异议者"对西西里的征服，作为对内部矛

---

[1] 孔祥民：《世界中古史》，北京师范大学出版社 2006 年版，第 38 页。

盾的转移和势力范围的扩展，加强了公爵的权威。但是 1066 年之前，公爵对兵士和堡垒的控制，远不如我们之前想象的那么强。

而且，威廉一世死后，私人建造的堡垒大大增加。到 1100 年，英格兰地区有 500 到 600 个堡垒，大部分是为了监视和控制人口集聚区而存在的，其权力掌握在威廉的追随者手中，也有一些小堡垒由"转租人"男爵们控制。12 世纪，城堡的数量有所减少，原因之一是诺曼征服者已实现较稳固的控制，原因之二是居住条件更舒适的石屋逐渐取代了土木制的堡垒，相对来说，法兰西的大部分地区，堡垒的建造速度更快，而且中央政权对其的控制也更强。

在英格兰，领主和城堡主的实力未能崛起，骑士阶层在总人口中所占比重和阶层流动性都要大于法兰西。司法权留在了国王手中。威廉及其后代，都力图削弱征服之前已经建立的私人法庭，不管是由男爵们控制的法庭，还是由作为侯爵的附庸控制的法庭，抑或是数以百计的由更低等级控制的庄园法庭。[1]

在法兰西，封建制对王侯权力结构的影响尤为明显。但是，在某些地区，伯爵们的权力并没有完全被摧毁。由于各种原因，在安茹、普瓦图和香槟，在王侯和他们之前的代理人之间实现了"权力分享"。王侯们对于兴建于整个 11 世纪，尤其是 1020 年到 1060 年间的堡垒，已经无法全部控制。在夏朗德（Charente）地区，大约有三分之二的堡垒是"私人"（王侯的受保护人）建造的。

在巴黎盆地，虽然我们没有看到城堡主势力的崛起，但是在国王的周围，权力结构同样明显，那些仅占有一郡的伯爵们和城堡主很相似，享有收税权，能够召集兵士。法国国王和他们也没有什么明显的差别。但是，王位给国王带来了巨大的道义上和宗教上的优势，使他们至少在同辈中居于首位。这为他们在 12 世纪时从相邻地区开始逐渐恢复王权提供了帮助。

在另一些地区，权力完全摆脱了伯爵们的控制，到了他们的子爵和教区代理主教手中，甚至由城堡主掌握了军事和司法等公权力。马可内（Mâconnais）是一个极端的案例，1030 年之前，全部司法权都已经不在伯爵手中，而由城堡主所掌握，这同样体现在军事层面上，代理主教和城堡主出于自己的私利，可以召集和带领

---

[1] David Luscombe&Jonathan Riley Smith, *The New Cambridge Medieval History*, vol.4, Cambridge University Press, p.153.

士兵出征。这种情况随之扩展到整个法兰西，甚至是整个西方世界。

在法兰西南部和中部，中央最早也最完全地失去了其特权。这些地区有很多自己的特点，如"代理"完全缺失、属地豁免权盛行、成文法盛行，等等。在这些地区，城堡主占有权力最早，也最彻底。这些地区的司法权在农村地区被城堡主所占有，在市镇中为受委托人所占有，也早于其他地区。封建时代一开始，这些地区的军事权威就到了领主手中，他们召集的所谓骑兵，充其量只是聚集在一起的骑马的乡勇，被称为马夫（caballarii 或 cabalers），还远没有进入后来的所谓"骑士社会"。

（二）法兰西封建法的地域差异

在整个封建时期，法国都存在两个法区：一是成文法区，以奥列龙岛至日内瓦湖的一条不规则界线为界的南部地区，受罗马法影响较深；二是习惯法区，主要是北部地区，因主要采用不成文的习惯法。

不过，北部地区采取的本来杂乱而不成文的习惯法，至 12、13 世纪，开始得到整理、汇编和注释。[1] 早在 1246 年，安茹和曼恩就出现了官方和半官方编纂的习惯集。1235 年，出现了《法属日索尔习惯集》的一部分。这些私人编纂的习惯集中，最为重要的有菲利普·德·博马努瓦尔编著的《博韦的习俗和惯例》。博马努瓦尔是波瓦西地区的克莱蒙特（Clermont）的邑长，主管司法。他是人文主义者、诗人和画家，他的领主克莱蒙特伯爵，是路易九世之子和国王腓力三世之弟。他对习惯法、判例和罗马法相当熟悉，且能活学活用，在对波瓦西地区的习惯法进行汇集、研究的过程中，他融会贯通地运用了这些知识。在这部堪称法国北部地区最权威的法律习惯集中，详细地记录了波瓦西地区的各种习惯，并与其他地区的习惯作了比较。虽然习惯在细节上变化多端，但是，习惯法把习惯概念化的方式是统一的，解释它们的原则也是统一的，正是在此意义上，孟德斯鸠将博马努瓦尔的杰出成

---

[1] 须指出的是，12、13 世纪出现的汇编习惯法活动属于一种早期编纂，虽然也有官方和半官方的编纂行为，但主要以私人编纂为主，而且，编纂的习惯法只形成了局部统一。参见施蔚然：《中世纪法国习惯法评价》，载《昆明理工大学学报·社科版》，2001 年 9 月号，第 79 页。

就称为法律史上的"伟大明灯"。[1]

《波瓦西习惯集》是讲述法兰西封建习惯法的伟大著作。在担任克莱蒙特的邑长之前，博马努瓦尔，还曾担任韦芒、图尔奈和桑利的邑长和普瓦图与圣通日的执事。他除了是一位素养良好的法学家，还是一位有洞察力和思维敏锐的思想家，其著作风格简洁，所表达的意思非常全面，其现代版本厚达千余页。在本书中，博马努瓦尔分析了波瓦西地区法院的司法管辖权和诉讼程序。他用一整章叙述了包括伯爵法院、教会法院、地方领主法院、城市法院、商人法院和仲裁法院在内的各种法院的诉讼程序与习惯。所有这些法院都行使并行的司法管辖权，全都适用《波瓦西习惯集》中所载的习俗和惯例。

博马努瓦尔描述的克莱蒙特法院的诉讼程序，与同时代其他资料所描述的法兰西其他地方法院的诉讼程序非常相似。在克莱蒙特法院，民事诉讼通常由邑长或其代理人口头传唤，通知被告本人，或通过邻居通知被告，由此启动诉讼。原告会被要求以一般措辞陈述控告的性质，如果用语过于笼统或含糊，被告会以此为由，进行抗辩或拖延时间。对于这样的抗辩，法院可以要求发誓。审判中，法官须详细陈述原告的起诉理由，被告有权陈述他的抗辩。在将这种程序与教会法院的程序作了比较后，博马努瓦尔说，在教会法院，原告的起诉书和被告的答辩书采取书面形式并使用拉丁文，而在克莱蒙特法院，则采取口头形式，并用法语陈述，显示了其习惯性特色。

在《波瓦西习惯集》中，博马努瓦尔共列举了八种法庭允许的证据：(1) 誓言；(2) 书面文件；(3) 司法决斗 (在例外的案件仍然使用)；(4) 证人；(5) 法庭记录；(6) 对方供认；(7) 法院通知；(8) 推定。其中，证人证据是当时最进步的一种，对于未来法律的发展具有重要意义。不过，一些证人和他们的证据被排除在外，包括神父和修道士、妇女、精神病患者、未成年人和外国人、犯过罪或作过假证的人、私生子、农奴和犹太人，当事人的家庭成员也不得作证，参加诉讼的代理人和律师也不得就他们预先知道的情况作证。证人在发誓后，回答当事人和法官提出的问题。审判程序是口头的而不是书面的，与教会法院的民事案件诉讼程序不同。

涉及严重刑事犯罪的所谓高级审判，由包括最高领主即公爵和伯爵法院在内

〔1〕施蔚然：《中世纪法国习惯法评价》，载于《昆明理工大学学报·社科版》，2001 年 9 月号，第 83 页。

的领主法院审理。不过，如果根据犯罪的性质和被告地役权的保有方式及条件，某案应由国王管辖，那么，邑长法院也可以审理有关方面的严重刑事案件。通过受害人或见证人或其他人的起诉，邑长法院也可以取得管辖权。

邑长法院受理案件的主要类型是以下争议：动产权利、继承、契约、赠与、未成年人监护、妨碍占有和对人身的犯罪。博马努瓦尔也论述了其他类型的法律问题、法律关系和法律行为，包括家庭关系法的诸方面（嫁妆、婴儿、未成年人和非婚生子女）、继承、遗嘱、赠与、社团（商业冒险、公司、合作和公社）、运输、度量衡和劳役。[1]

在《波瓦西习惯集》中，最长的一章共有 114 个分节，可见刑法是法兰西习惯法的最重要部分。博马努瓦尔将犯罪分为：(1) 可处死刑的犯罪，由犯罪人财产所在地的领主没收行为人的私人财物；(2) 可处罚金并长期监禁的犯罪，没收犯罪人的私人财物；(3) 只处罚金的犯罪。第一类犯罪包括谋杀、叛国、暴力杀人、强奸、纵火、抢劫、异端、伪造货币、越狱、投毒和企图自杀。死刑的执行方法通常是绞刑。不过，对异端处以火刑，对伪造货币者先投入沸水中煮泡，然后绞死。第二类可处长期监禁刑罚的犯罪中，最典型的作假证。监禁期限由法官酌定。第三类犯罪包括伤害、不服从领主命令、侵害等。罚金数额方面，农民支付的罚金金额较少，贵族支付的罚金金额较多。谋破坏共同利益也是可处以长期监禁的犯罪之一，包括勾结商人或工匠图谋抬高物价、对那些不加入者进行威胁的犯罪行为。这类共谋罪由有资格限定价格的领主管辖。当犯罪人当场被抓获和逮捕，犯罪所在地的领主有权审判这类案件。如果犯罪侵犯了伯爵、公爵或国王的权利，那么，权利受到侵犯的人就享有对该案件的管辖权。[2]

与《波瓦西习惯集》同类的习惯法编纂成果，还有《圣路易习惯集》（Etablissements de Saint Louis，约完成于 1272 年）、《诺曼底习惯法集》（Coutumiers of Normandy，完成于 13 世纪末、14 世纪初）、《贝里习惯法集》（Coutumiers of Berry，约完成于 1312 年）以及《布列塔尼习惯集》（Coutumiers de Brittany，完成于 1312—1325 年）等。1411 年在安茹、1417 年在波瓦图、1450 年在贝里，也都出

---

[1] 〔美〕伯尔曼：《法律与革命——西方法律传统的形成》，贺卫方等译，法律出版社 2008 年版，第 460—462 页。
[2] 同上书，第 464 页。

现了官方或半官方的习惯集编纂。[1]

《诺曼底习惯法集》由两部分组成,分别是《古老习惯法》(Très ancien coutumier,完成于 1200 年至 1245 年)和《诺曼底大习惯法集》(Grand coutumier de Normandie,最初称 Summa de legibus Normanniae in curia laïcali)。其中,《诺曼底大习惯法集》由精通罗马法的教会法官莫塞编纂,内容明晰,编排得法,用拉丁文写成,后来译成法文。[2]《古老习惯法》则受到了罗马法和教会法的双重影响,并混合了古斯堪的纳维亚地区的法律原则,其特点是缺乏平等性,长子享有唯一继承权,女儿无继承权。

法兰西南部是指阿基坦南部、即图卢兹地区、加斯科涅、吉耶呐等地区,这些地区的社会结构在各方面都很独特,只受到法兰克制度的轻微影响,保护关系的传播在这些地区遇到许多障碍。自主地、庄园领地以及小农佃领地仍然为数众多。虽然采邑概念在重重阻力下引入了这一地区,但其轮廓很快就变得模糊不清。

早在 12 世纪的波尔多或图卢兹附近地区,"采邑"这个词汇就被用于各种佃领地,包括那些征收简单实物地租或农业劳役的佃领地。"荣誉地"一词也经历了同样的发展过程,在法国北部,这个词几乎变成了"采邑"的同义词。毫无疑问,这两个名词在最初采用时,其意义曾是正常的、非常专门化的。只不过,这些法律概念被一个风俗迥异的地区性社会团体作出了不准确的理解。[3]

三、法兰西封建时代的农奴制

进入封建时代的法兰西,与此前的状况有了很大的变化。封建制的力量集中在一起,扫除了旧社会的名词术语,并令成文法逐渐被人淡忘。法兰克时代的调查簿,有些消失不见,有些则由于语词的变化和分类的混乱,令人难以查阅。与此同时,失去传统的成文法教育,也使领主和法官极为孤陋寡闻,对成文法几乎没有什么记忆。

---

[1] John P. Dawson, *The Codification of the French Customs*, Michigan Law Review, Vol.38, April 1940, pp.765—800.

[2] 施蔚然:《中世纪法国习惯法评价》,载《昆明理工大学学报·社科版》,2001 年 9 月号,第 87 页。

[3] 〔法〕马克·布洛赫:《封建社会》,张绪山等译,商务印书馆 2004 年版,第 293—294 页。

　　然而，在新形成的社会等级体系中，人们自古以来熟悉的自由与奴役这对概念，被赋予了新的意义，其内在关系发生了极为深刻的变化。封建制时代的中央政府权威，已被排挤出地方事务的各个领域。与 9 至 11 世纪西欧普遍的领地世袭化进程同步，伴随着内战和私战的绵延和外族的入侵，自由民已得不到王权的有效保护，不得不依附于当地的强大领主，以求在混乱时日得以生存。

　　自由民依附领主的方式，是将自己的土地奉献给某个领主，再在封建条件下取回这份土地。流行的方法是自由民被迫承认自己是某个领主的臣属，从而承认从来就不存在的所谓地产的"授予"；作为领主的附庸，自由民获得领主的庇护，同时须向领主履行提供劳役等义务。他们的人身自由被剥夺，沦为农奴。法兰西地区由于最毗邻维京人南侵的路线，受害最为严重，因此上述进程的发展也最早。意大利和德意志地区则在其次。

　　有了大批农奴的依附，封建领主就掌握了更坚实的经济基础，因此，封建主义从最初的军事性机制扩展为组织经济生产的纽带。封建主义组织起来的经济，是一种封闭型的自然经济。西欧各地普遍修筑起来的城堡，是这种经济形态的象征。随着封建主义的成熟，西欧的城堡结构也逐步改进，在法兰西地区，10 世纪时的木结构堡垒建筑让位于 11 世纪后的石块建筑。这种城堡结构的变迁，显示了社会形势的变化，即领主的权威是基于拥有土地基础上的地方性现实。城堡是力量的象征，对内是镇压的武器，对外则被作为保护周围村庄的手段。领主和附庸、仆役和农民在城堡内高大的厅堂中一同按序进餐，他们组成了一个由双向性义务约束的社团。[1]

　　新型的封建关系的建立，使过去严格意义上的奴隶体制在法兰西几乎完全绝迹。租佃式的农奴的生活形态，与传统奴隶制下的奴隶毫无相同之处。从前奴隶生活在奴隶主家中，由奴隶主豢养，奴隶死亡和奴隶解放运动在其等级内部不断造成的空白，是完全不可弥补的。基督教反对将战争中的基督教战俘变为奴隶。虽然异教国家的侵袭使奴隶贸易仍然存在，但是，其主流并没有到达欧洲法、德、意地区，而是发展到了穆斯林统治下的西班牙和东方。

　　在法、德、意地区及欧洲西北部的其他地区，奴隶贸易者无法找到足够有钱

---

[1] 计秋枫：《论中世纪西欧封建主义的政治结构》，载《史学月刊》2010 年第 4 期，第 23 页。

的买主。政府的衰弱不堪，也使享有充分权利的臣属（自由人）与公共制度以外的人（奴隶）之间的区别失去具体意义。但是，人们没有失去这样的习惯，即认为社会是由一部分自由人和另一部分非自由人组成，他们对非自由人仍保留旧的拉丁文名称"servi"，在法语中变成"serves"，这个原指"奴隶"的名称的悄然变化，暗含着一条时代变迁的分界线。

在这个时代的思想观念中，拥有一位领主与自由之间，似乎并没有矛盾。谁会没有领主呢？每一种世袭关系纽带都被认为具有奴役性。这种天然的压迫感由"homme de corps"这个短语极其妥切地表达出来。在俗语中，这个词与农奴是同义词。作为一种共同的奴役标签，它被贴到了租佃奴隶的后代身上，也贴到了依附者即获释奴和身份低微的委身者后代的群体身上。他们的先辈，不仅预先决定了他们的地位，也决定了他们后代的身份。连私生子、外来人或"外国人"、犹太人，也按照这样来处理，他们失去家族或民族天然的援助，依照旧的惯例，自动地被付托于定居地区的诸侯或首领，接受他们的保护。他们被时代的体制所缚，成为农奴，隶属于赖以维生的土地上的领主，或者当地拥有最高审判权的人。

封建时代的人的非自由性和受奴役性，与奴隶制时代相比完全是新型的。这些新的特点，并没有被完全清楚地认识到。丧失了自由人的资格，即不能担任圣职，无权出庭作证控告自由人。只有王室农奴和少数教堂的农奴，才被赋予这种权利。丧失自由人资格还意味着，要承受低人一等、遭人轻蔑的痛苦。

封建时代的人的身份地位，是由一整套特殊的义务引申出来并加以限定的。虽然这些义务的细节依群体风俗不同而有极大的变化，但大体轮廓是一致的：首先是人头税；其次是禁止与非同等身份的人通婚，也不能与非同一领主的依附者结婚，除非得到领主的许可，而获得许可的代价是很昂贵的；最后是遗产税。在皮卡第和佛兰德，这种税费通常采取征收定期继承税的形式，租佃者死后，领主或者征取一小笔钱款，或者更常见的是，收取最好的一件家具或最值钱的家畜。在另一些地区，如果死者身后有几个儿子或几个兄弟共有此家产，那么领主不能得到任何东西，如果死者无嗣则领主可取得全部财产。

封建制赋予农奴的义务看起来非常沉重，但是有一点却与奴隶制截然不同。承担这些义务的前提，是承担义务者拥有名副其实的财产。农奴作为租佃人，像其他任何人一样，承担义务的同时拥有权利。他们对于财产的拥有，不再是朝不保夕，一旦交付地租、履行役务，劳动成果就属于自己。不应再将他视为固附于土地上的隶农。

领主虽然要努力留住自己的农奴，因为无人耕作则地产并没有用处，但是，防止农奴逃离是极为困难的。权力的分割，使封建时代相比以往而言更不利于进行监控，另一方面，充足的处女地使针对逃亡者发出的没收土地的威胁归于无用，后者总能在其他地方为自己找到土地。

在一个完备的封建体制中，正如所有土地都会以采邑制形式被人持有一样，每个人都会成为附庸或农奴。[1] 领主们试图以有效的办法加以阻止的，是佃领地的抛荒，耕种者的身份则并不那么重要。有时，两人达成协议，任何一方都不能接受另一方的依附者，但是，在双方同意应禁止其迁徙的人中，通常无法划出一条受奴役者和自由人的界限。

四、封建体系的无序状态

封建主义并非生来就是无政府状态的。当阶梯型的领主—附庸网络完善之时，封建骑士逐级向上负责的忠诚意识，能保证处在金字塔顶端的领主自如地将整个统治区域团结在一个整体中，"把军人与来自不同种族和语言集团的农奴联系在一起"。[2] 但是，采邑转让、一仆两主或数主等情况的出现，使之走向混乱和无序。

（一）采邑转让

加洛林王朝初期，认为附庸可以自由转让采邑，是荒谬绝伦的念头。采邑不是属于附庸的财产，只是委托给他以换取其人身役务的。但是，在附庸感觉不到转让带来的不稳定性后，无论出于对金钱的需要，还是出于慷慨，他们都越来越倾向于自由处理，他们逐渐认为属于自己的财产。

---

〔1〕〔法〕马克·布洛赫：《封建社会》，张绪山等译，商务印书馆 2004 年版，第 412—420 页。
〔2〕计秋枫：《论中世纪西欧封建主义的政治结构》，载《史学月刊》2010 年第 4 期，第 25 页。

在这方面，他们也得到了教会的鼓励。中世纪，教会千方百计地帮助打破旧领主或旧风俗对个人所有权的束缚。许多封建主唯一的财富就是采邑，如果他们不能从其遗产中拿出点东西奉献给上帝的事业，那么，慈善将无法进行，宗教团体将濒临给养不足的危险。

采邑的转让，依其具体性质，表现出两种迥然不同的情形。

（1）转让的采邑只是其中的一小部分。从前，封建义务是以整个采邑为基础的，现在则集中在仍保留在附庸手中的那部分土地，领主并未丧失任何实际利益。领主可能会担心，转让部分采邑，造成采邑减少，有可能不足以养活一个依附者，使之履行义务。所以，部分转让采邑以及诸如采邑上的居民免付地租之类的习惯，都归于法兰西法律所称的采邑"削减"的名目之下。对于采邑转让，就像一般的采邑削减一样，习惯法表现出不同的态度。有的习惯法对它加以限定后，最终承认了它；有的习惯法则坚持要求征得直接领主的许可，甚或整个上级领主等级的许可。当然，领主的这种许可，照例可以花钱买取，并且由于这是勒索金钱的资本，利润丰厚，所以人们日益倾向于认为它是无法抗拒的东西，发财的欲望总是不断与封建役务的要求发生违抗。

（2）将全部采邑转让。采邑全部转让与附庸精神更为相悖，并不是因为采邑全部转让会造成采邑义务被取消，采邑义务会随采邑转移而转移，而是因为这些义务转归于他人，可能使义务的履行带来不稳定。传统的采邑一直采取世袭性传递方式，人们乐观地希望从连续几代的侍从关系中，获取固定的、持续的忠诚，而很难期望从一个素不认识的人那里得到这种忠诚。这个陌生人在附庸关系中承担各种义务，获得的只是一个称号，这个称号的获得是因为他当时金钱充裕。如果领主要求采邑转让须经自己同意，这种危险性就可以消除，过去也一直是这样做的。如果领主首先将采邑收回，在接受新的租佃人的效忠之后，再将采邑重新授给他，则更为安妥。事先以协议规定采邑出卖者延缓交付土地，直到获得领主同意，才将采邑转让给其继受者，这种转让习惯几乎与采邑制度同样悠久。但是，当领主越来越被认为不会拒绝、法律上也无权拒绝举行新的封地仪式时，决定性的变化就出现了，采邑的全部转让开始出现并增多。

10至11世纪，领主经常丧失对采邑的各种权利。这些权利在以后数世纪中得到部分的复兴，一方面得益于封建法的增长，另一方面获得政府方面的支援。这些政府机构希望，建立像英国金雀花王朝统治下的那种秩序井然的封建体系。到 13 世纪，比以往更为普遍、更为彻底，领主可以绝对地禁止将采邑转让给教会，成为世所公认的准则。教士阶层为了从封建社会中解脱出来，进行了斗争，以证明了教士无力履行军役，因此在获得采邑时不须附带承担役务。而国王和贵族们则坚持认为，采邑附带役务的规矩必须遵守，显而易见，这样可以防止土地被教会垄断后出现的传统封建役务的不断衰退和被掠夺。

采邑转让须经领主同意的原则的恶化，最终的结局是租佃权变更税的法律化。领主还有另一种方法可资利用，即在采邑转移过程中将它保留在自己手中，同时给予购买者赔偿。领主至上权威的削弱，如同其家族的衰落一样，通过同样的制度表现出来：在没有家族收回权（retrait lignager）的地方，也没有领主收回权（retrait féodal）。而且，赋予领主的最后这一特权最清楚不过地说明，这时的采邑根深蒂固地变成了附庸的遗产，因为，此后领主要想重新取得这份法律上属于他的财产，要付出与其他购买者同样的价钱。因此，从 12 世纪开始，采邑的出卖或转让几乎没有限制，效忠也变成了一种交易品。[1]

（二）一仆数主

随着领地的世袭化，领主附庸关系越来越多向化，原先那套阶梯型的网络逐渐破损了。自查理曼帝国崩溃后起，一个封建主逐渐可以从好几个领主那里获得封地，从而同时成为几个领主的附庸。

1133 年格洛斯特伯爵的一段话是这种"多向化"领主—附庸关系的见证："我是我的女主人、有福的玛丽的男爵之一，我继承了作为她的旗手的权利，我拥有来自埃夫勒的 10 个骑士的封地。我对法兰西国王恩惠欠下了一个骑士的服役义务。对于诺曼底勋爵的恩惠，我欠下了两个骑士在边境地区服役 40 天的义务。此外，我从贝叶主教那里得到了有 8 个骑士的罗哲·苏哈特封地、有 7 个骑士的马尔菲利亚特封地，我该承担对法兰西国王一个半骑士的服役义务以及在诺曼底边境地

---

[1]〔法〕马克·布洛赫：《封建社会》，张绪山等译，商务印书馆 2004 年版，第 339—341 页。

区 3 个骑士服役 40 天的义务。在公爵召集军队时，我由于通过主教拥有封地而欠他所有的骑士义务。"格洛斯特伯爵所臣属的几个领主，也不是平等的，他们相互之间也构成领主—附庸关系，诺曼底公爵就是法兰西国王的附庸。[1]

曾经一句谚语"一位武士不能侍从两位主子"，用以表达的一种严格设计的个人效忠法则。然而，那只是法兰克附庸制的最初的规则。在加洛林王朝的法规中，这一规则没有被清楚地表述出来，可能是因为它是不言自明的，在所有的规定中，都被认为是理所当然的。委身者在他最初发誓效忠的主人同意解除誓约的情况下，才可以改换主人。在对第一位主人保持效忠的同时，向第二位主人宣誓效忠，是严格禁止的。在帝国的各个地区，都采取措施防止附庸契约的重复，其最初的严格性在人们的记忆中保存了很长时期。

附庸契约原本意味着，附庸要以整个身心服务于他自由选择的主人。然而，越来越多的多重性的附庸契约，逐渐否定了这一点。国王或法官时常会向他的附庸提到基督的训诫："一仆不事二主。"11 世纪末，一位优秀的宗教法学家、沙特尔的伊沃主教认为，应解除一位骑士对征服者威廉的效忠誓言，他说："这样的附庸誓约，与这位骑士与生俱来的权利及其与其合法领主们签订的契约，是完全相悖的，根据这些契约，他们从领主那里得到了世袭的恩地。"然而，时代的趋势不可阻挡，这种明显的偏离现象仍然迅速而广泛地出现了。错综复杂的臣属关系，使封建主往往很难确定自己的最终臣属。当领主相互发生争战时，则更是如此，要求附庸绝对忠于自己领主的原则，时时成为空话。

十字军东征期间出现的耶路撒冷王国，是西欧社会的延伸和缩影。12 世纪后期，该王国制定的宪章有关封建关系的条文，本身就含有矛盾之处。该宪章规定："附庸应担负责任，不侵犯、也不强制别人侵犯领主的人身……不得反对自己的领主，也不得举起武器反抗领主，除非和其他自己的领主一道进行。"换言之，附庸不能反对自己的领主，但却能与自己的其他领主一道反对自己的另外一个或一些领主。

在这样一种无序的状态中，封建主们只能按实际的处境和政治需要，来艰难地决定自己的具体立场。一位名叫约翰·图尔（John Toul）的附庸，曾经同时臣属于阿齐斯勋爵、库奇勋爵、香槟伯爵和冈伯雷伯爵这四位领主，他这样来表达

---

[1] 计秋枫：《论中世纪西欧封建主义的政治结构》，载《史学月刊》2010 年第 4 期，第 29 页。

自己的处境和立场："如果冈伯雷伯爵因他自己个人愤慨与香槟伯爵交战的话，我将亲赴冈伯雷伯爵处援助，而派我的骑士驰援香槟伯爵——如果他们召唤我的话。但是，如果冈伯雷伯爵是为了他的朋友而不是为了他自己个人的愤慨，而向香槟伯爵开战的话，我将亲自前往香槟伯爵处服务，而派我的一名骑士赴冈伯雷伯爵处，履行我因从他那里接受采邑而欠下的役务。但我自己将不侵入冈伯雷伯爵的领地与他作战。"这意味着为了应付不同领主之间的役务，约翰·图尔有时不得不让自己的附庸与自己开战，这确实是一幅关于欧洲封建主义的极具讽刺意味的画面。[1]

对于上述现象，人们归因于很早就产生的将采邑授予附庸以酬其役务的习惯。毫无疑问，获得一处风光秀美、供给充足的庄园的美妙前景，会诱使许多武士向不止一位主人臣服。卡佩时期，国王直接治辖下的一位附庸拒绝援助一位伯爵，直到这位伯爵正式接受其为附庸。这位附庸说，拒绝援助伯爵的原因是，"在法兰克人中，一位附庸只能跟随主人或接受主人命令，才能去作战，其他情况则不行，因为不符合习俗"。这种"只能跟随主人或接受主人命令才能作战"的情怀确实高尚，但实际行为却远非如此。从记载中可看到，这位附庸向新主人表示效忠后，得到了一个村庄作为酬劳。

那么，领主们何以乐于接受乃至于乞求附庸的二分之一、三分之一或四分之一的效忠呢？附庸们又何以毫无廉耻地多次做出自相矛盾的诺言呢？这不应从军事佃领地制度本身去寻求解释，而应从先前的个人授予地转变为世袭遗产和商品的发展过程中，去寻求答案。一位骑士在宣誓效忠于一位领主以后，发现自己因继承或购买一处采邑，而成了另外一位领主的附庸，对于这位骑士，很难相信他会拒绝新的附庸关系契约，放弃获得财产的天赐良机。

从时间上看，最早的双重臣服的实例，似乎与采邑继承原则差不多完全同时出现，虽然，这时的双重臣服还只是偶然行为。从逻辑上讲，双重臣服也不是采邑继承的必然结果。由于每个附庸获得的采邑均来自单一的领主，所以，这些采邑从一代人转移到另一代人手中时，产生的结果是它使依附者家族永远附属于领主家族。采邑的转让仅限于依附于一个共同领主的附庸群体内部。在中世纪的西欧，上述内容中的第二条规则，时常施加在下层依附者即乡村庄园的租佃者身上。

〔1〕计秋枫：《论中世纪西欧封建主义的政治结构》，载《史学月刊》2010 年第 4 期，第 32 页。

　　虽然大量"一仆数主"的臣服行为，将成为瓦解封建附庸制社会的重要因素，但是，这一因素本身只是附庸社会的天生的弱点，腐蚀着那些被认为是极为牢固的领主附庸关系。如果附庸的两个领主彼此交战，那么，"一仆两主"的附庸将向哪一位领主进献义务呢？如果袖手旁观，他将犯下双重重罪，所以，他必然做出选择。但是，该怎样选择？

　　为了应对这种困境，一套决疑方法被发展起来。这套方法不限于法学家的著作，而是以协议条款的形式表现在契约中。这些契约通常伴有效忠誓言。其判断有三项标准：一是以时间顺序划分臣服役务，排序在前的臣服役务，优先于排序在后的臣服役务，在附庸承认自己是一个领主的依附者的一大堆套话中，总是明确地保留着对较早领主效忠的誓言。二是以采邑的好坏来判断，这一标准在某些地方被采用，根据这个准则，最值得尊重的是那位给予封臣最好采邑的领主。例如，895 年，圣马丁修道院的教士请求勒芒伯爵管好他的一位附庸，伯爵回答说，这位附庸"更大程度上"是修道院长罗伯特伯爵的附庸，"因为他持有罗伯特授予的一块更重要的恩地"。11 世纪末，加泰罗尼亚伯爵的法庭上处理过类似的冲突案件，也遵循这样的原则。三是考虑冲突的起因，附庸被要求援助自卫的一方。

　　不过，有时上述标准仍然无法解决问题。一名附庸竟然要与其领主兵戎相见，这当然是很糟糕的事。更令人难以容忍的是，附庸可能利用领主赐予其的采邑资源，去同领主作战，实在太过自相矛盾。解决这个难题的办法是，领主有权暂时性地从附庸手中没收不久前授予他的地产，直到恢复和平局面，因为附庸此时在法律上违背了效忠誓言。

　　另一更荒谬的局面是，附庸面临两个领主发生战争，自己被迫帮助效忠誓言最有理由要求他帮助的领主时，却不得不从他持有的另一个领主授予的地产上的附庸中招募军队，以便将这支附庸队伍交由第二个领主去指挥。拥有两位以上领主的附庸总是面临一种危险，在战场上与自己的附庸兵戎相见。

　　当然，附庸们在与领主进行讨价还价后，一般都会独立做出决断。例如，1184 年埃诺伯爵和佛兰德伯爵之间爆发战争，阿韦纳的领主同时是这两位贵族的附庸，他首先从埃诺地方的法庭上获得一份判决，这份判决洋洋洒洒地说明了他应承担的义务。然后他便将自己全部的军队投入到佛兰德伯爵一边。[1]

---

[1]〔法〕马克·布洛赫：《封建社会》，张绪山等译，商务印书馆 2004 年版，第 341—347 页。

（三）疆域难以界定

封建体制之下，基于时时变化的联姻继承体系，以及不确定的私人契约关系，领地与领地乃至整个国度的疆域，也变得极其模糊。亨利二世统治英格兰时，同时又是诺曼底公爵、安茹伯爵、图棱伯爵和曼恩伯爵，他的权限从北冰洋一直延伸到比利牛斯山脉，英格兰只是他的行省之一。但是，他作为诺曼底等领地的领主，又是法兰西国王的附庸，因此得去巴黎拜见法兰西国王以示忠诚。此时的法兰西国王名义上是亨利二世的领主，对亨利二世的英格兰王国并无统治权，对诺曼底等地也无法行使有效管辖。

腓力二世在决意控制诺曼底之前，先于 1202 年以领主身份剥夺英王约翰在法国的采邑权，随后再派兵攻占诺曼底。1213 年，罗马教皇英诺森三世废黜约翰，并邀腓力二世出任英国国王时，此时，法国甚至可以把整个英格兰尽收囊中。

确定法兰西国王的统治区域，是一件极为困难的事。虽然法兰西王国理应大致包括原来西法兰克王国的疆域，但是，当时人们只是把巴黎周围的那一小块王室直属领地，视为法兰西王国。迟至 13 世纪末，法兰西国王的权力已大大扩展，法国南部一些地方如土伦等地的官员，仍然习惯于说"派信使到法兰西去"，其实他的意思是"派人去巴黎"。

同样，神圣罗马帝国皇帝腓特烈二世名义上是德意志、北意大利众多诸侯的领主，但他对这些地区的统治却极为软弱。作为西西里国王，他却能在这个基督教国度的外围地区行使着极其严酷的统治，剥夺了贵族、教士和城市的诸多权利。他还在 1229 年加冕为耶路撒冷国王，将自己的权力伸展到了地中海东岸一带。

这些缺乏稳定疆域范围的西欧封建国家的君主，不仅对内无法实行统一的管理，对外也不能以主权者的身份进行平等的交往。一个典型的事例是，1329 年，英格兰国王爱德华三世访问法兰西，受到腓力五世的热情接待，但爱德华三世对是否应向腓力五世表示臣服迟疑不决。按惯例，交握双手置于领主两手之间，是臣服的仪式，但他的谋士建议他，等回英国查阅有关古代契约后，再决定面见时的礼仪。在查阅了旧有契约后，爱德华三世致书腓力五世说："我已查悉英王对待法王的礼仪,应是臣属朝见领主之礼。"

这表明,英法两国的关系取决于两国君主的祖先之间订立的契约,而不是由国家之间的平等法规来决定。九年后,爱德华三世为对抗腓力五世,积极地追求同神圣罗马帝国结盟,向皇帝巴伐利亚的路易效忠,自愿作其附庸,后者封爱德华三世为皇帝在德意志西部的代理,随后爱德华召集西德意志诸侯,要求他们出兵为他进攻法王。如学者所言,中世纪西欧国家之间的联盟,是建立在个人契约的基础上的,国与国之间关系的性质完全等同于人与人之间的关系,只不过在层次上有所差别而已。[1]

第四节 德意志的封建地方法

根据 843 年的凡尔登条约,查理大帝的帝国一分为三,东法兰克王国的统治区域就是后来德意志的雏形。东法兰克王国包括五个公国:法兰克尼亚、撒克逊、巴伐利亚、士瓦本和图林根,其中撒克逊最大。

911 年,18 岁的路易四世(即"幼儿"路易)病死。法兰克尼亚、巴伐利亚、士瓦本、撒克逊等诸侯推选法兰克尼亚的公爵康拉德为国王,是为康拉德一世。加洛林朝的统治告终,德意志第一帝国自此启程。

918 年,康拉德一世在弥留之际,命令法兰克尼亚显贵选举他的对手、当时实力最强的撒克逊公爵亨利为国王,把权杖和王冠以及其他与国王尊位有关的各种勋绶送给他。是为亨利一世,开始撒克逊王朝(919—1024 年)。据说人们来通知他担任国王时,他还在哈茨山里捕鸟,故而被称为"捕鸟者"亨利。

亨利一世深知,只有德意志人团结起来,才能击退丹麦人、匈牙利人的入侵。通过与马扎人的媾和,他获得了修筑城堡、训练骑士、厉兵秣马的时机,于 933 年一举击溃马扎尔人,并依靠这支军队,加强王权,扩展领土,逐渐以强者的姿态出现在欧洲历史上。936 年,亨利一世去世,其子奥托一世继承为撒克逊公爵,

---

[1] 计秋枫:《论中世纪西欧封建主义的政治结构》,载《史学月刊》2010 年第 4 期,第 18 页。

同年被推选为德意志国王。

奥托一世是位头脑冷静、精明强干的统治者，而且是位勇敢而富有进取心的斗士。他治下的撒克逊王朝不断走向强盛。为了增强统治权的神圣性，962 年 2 月 2 日，奥托一世让教皇为其加冕，称为"罗马皇帝"。自此，德意志和意大利的一部分被连续在一起，这个王朝成为罗马和罗马统治者的庇护者。此后八百四十多年里，德意志一直称为"罗马帝国"，直到后来 12 世纪腓特烈一世为了显示君权神授而称其为"德意志神圣罗马帝国"。[1]

中世纪欧洲与同时代的中国的一个重要区别，即在于其拥有许多国王，却并无皇帝，直到神圣罗马帝国的出现。本书其他各章所述的英格兰、法兰西、意大利等地区的统治者，均称为"国王"(King)或"女王"(Queen)，而非"皇帝"(Emperor)，其所属家族亦被称为"王室"而非"皇室"，其派出的法律机构被称为"王室法院"、"王室法官"。唯有神圣罗马帝国的统治者才被称为"皇帝"，正如其自认为继承的古罗马帝国统治者那样。神圣罗马帝国的皇帝世系延续了九百年左右，从奥托一世起，直到 19 世纪的末代皇帝弗兰茨二世(Frantz II，1792—1805 年为神圣罗马帝国皇帝)，在拿破仑的逼迫下，于 1805 年宣布解散神圣罗马帝国。[2]

封建制时期，德意志地区的王侯们保住了他们绝大部分的权力，堡垒和要塞也掌握在他们的卫戍军手中。或者经由皇帝的授权，由非自由民担任部长掌管，这些官员通常对王侯充满赤诚。领主司法权的产生和兴起在德意志很缓慢，世袭土地的所有者和自主地的所有者，仍然要在王侯的法庭上进行诉讼。[3]

奥托一世统治期间，德意志封建领主所有制不断增强。依靠王权的支持，世俗的和教会的领主肆无忌惮地夺取属于农村公社的土地。从法兰克帝国沿袭下来的采邑制，到神圣罗马帝国时已发展为封地制，受封的土地成为世袭领地。这种封地有大有小，有一个庄园、几个或几十个庄园的，也有一个公国的，如整个巴伐利亚公国就是巴伐利亚公爵的世袭领地。

---

[1] 孔祥民：《世界中古史》，北京师范大学出版社 2006 年版，第 46 页。王忠和编著：《新编德国王室史话》，百花文艺出版社 2003 年版，第 57 页。

[2] 王忠和编著：《新编德国王室史话》，第 278—280 页。

[3] David Luscombe&Jonathan Riley Smith, *The New Cambridge Medieval History*, vol.4, Cambridge University Press, p.152.

　　大大小小的封建领主存在着从属关系，一个小封建领主通常依附一个大封建领主。前者称封臣，后者称封君。封臣对封君行臣服礼并宣誓效忠，封君向封臣授采邑。封臣的义务主要是为封君服军役等，封君则保护封臣的安全。大封建领主同时又从属于更大的封建领主，由此构成了封建等级制度。顶端是皇帝，下有公爵、伯爵、教会主教和骑士。

　　1220 年编成的德意志法律文件《撒克逊明镜》中，把封建等级划为七等：第一等是国王；第二等是直属国王的教会大贵族，如主教和修道院长等；第三等是直属国王的世俗大贵族；第七等是骑士。他们构成了神圣罗马帝国的统治阶级。

　　领主在其庄园内是最高的权力主宰，最重要的是拥有领地裁判权。涉及到有关份地、劳役、赋税和耕种的一切问题，都按所谓"庄园的惯例"进行裁决。因此，庄园不仅是一种经济组织，而且还是一种社会组织。它支配着庄园居民的全部生活。在封建制充分发展的时期，农民更加依附于封建领主。

　　庄园土地分为不同等级的田地，有"自由人田"、"半自由人田"和"农奴田"。每种田地持用者的处境和负担不同。自由农的份地可终身使用和继承，他们与领主的依附关系较为松散，只需缴纳固定的实物地租。为数众多的半自由农依附性较强，他们不能随便离开份地，领主也不能把他们逐出庄园，只有把他们连同土地一起转让。半自由农除缴纳实物地租外，还要从事劳役，每周一到三天。农奴占有很少土地或根本没有土地，完全处于依附状态。[1]

　　在德意志封建化过程中，罗马教皇拥有为德意志国王加冕为神圣罗马帝国皇帝的特权，后者则力图控制教皇和教会。地方封建主为扩大权势，又往往借助教会的力量来削弱王权。这种矛盾斗争是德意志长期分裂的重要原因，德意志国王与罗马教皇之间的斗争持续不断。

　　1122 年，在教皇使节的主持下，双方缔结《沃尔姆斯宗教协定》。协定规定：德意志的主教和修道院长不再由神圣罗马帝国皇帝任命，而由教士组成的选举会议推选；在德意志选举主教时，须在皇帝或其代表莅临的情况下进行；选举中如有意见分歧，皇帝有权裁决；德意志主教授任时，首先由皇帝授予以权标为象征的世俗职权；然后由罗马教皇授予以权戒和牧杖为标记的宗教权力；在意大利和勃艮第

---

〔1〕孙炳辉、郑寅达：《德国史纲》，华东师范大学出版社 1995 年版，第 9—10 页。

等地，授予主教世俗权的仪式应在授予宗教权之后六个月举行，主教叙任权统归教皇掌握，皇帝不能干预。罗马教皇和神圣罗马帝国皇帝之间关于主教叙任权之争，至此暂告中止。

一、德意志封建公法

在与教会权力和其他世俗权力的相互作用中，皇帝需要其德意志诸领地保持和平与稳定。他需要让皇家的王侯们在其各自的领土里控制自己的国民。不仅如此，他必须依靠的不仅是世俗王侯，而且还有作为主教而对教皇和皇帝尽职效忠的宗教王侯。在确立皇家王侯秩序时，"红胡子"腓特烈一世建立了他们对各自所在的领地的直接控制。世俗王侯（后来计有 16 个）和宗教王侯（后来计有 90 个）都是以皇帝的封臣的身份来掌握其领地的，但他们在各自领地的司法管辖权范围内，却享有至高无上的权力。皇权与人民的联系被各个领地的贵族割断了。[1]

1180 年，腓特烈一世通过确立一种皇家王侯秩序，用一种新的宪法关系将帝国和公国联系起来。为首的王侯和主教在结构上成为皇帝世俗和精神的直属封臣（即大领主）中的主体；他们与皇帝的关系，通过与之结盟而得到加强。同时，他们又分别在与自己的陪臣的关系中，通过作为皇帝在各自领地上的唯一的封臣这一事实，加强了其作为领主的地位。王侯变成领地之王，而不像从前那样，只是在他们的领地之内的王侯。

当腓特烈设立奥地利作为享有独立权力的公国时，他明确宣布："未经公爵同意或准许，任何人无论权势大小，皆不得擅自于公爵领地进行任何审判。"如学者所言，这一规定的要点，是奥地利的各权贵均服从公爵的权威。腓特烈一世的孙子腓特烈二世将这一原则贯彻于 1220 年《与宗教王侯的条约》（Treaty with the Ecclesiastical Princes）和 1232 年《王侯恩泽令》（Statute in Favor of the Princes）之中。在这些条法中，腓特烈二世向宗教界和世俗界的王侯们保证，他们享有不受其领地内其他任何人干涉的权力。禁止任何人干涉王侯们的领地和管辖权，限制皇室官员对领地上的诸如通行税和铸币之类的地域性权利行使权力。[2] 以下为《王

---

[1] 孙炳辉、郑寅达：《德国史纲》，华东师范大学出版社 1995 年版，第 478 页。

[2] 同上书，第 492 页。

侯恩泽令》全文：

以圣父、圣子、圣灵的名义，我，腓特烈二世，作为罗马皇帝奥古斯都以及耶路撒冷和西西里国王，颁布如下法令：

1. 在与王侯特权抵触的情况下，我们和任何其他人都不能新建城堡和城市。

2. 不得新建集市以损害先前集市的利益。

3. 不得强迫任何人参加集市。

4. 除非本人自愿，不得强迫旅者不使用古老行道。

5. 我们不得在城市的禁区中行使司法管辖权。

6. 每个王侯都应平和地在自己占有或作为采邑分封给附庸的县域、百户区行使权力、司法权和权威，尊重当地的习惯。

7. 地方官员应由王侯或者占有土地的封臣任命。

8. 非经领主同意，百户区法院不得更改地点。

9. 贵族不得在百户区法院受审。

10. 被称作是 phalburgii 的公民（例如生活在城市以外，但在城市中拥有政治权力的个人和团体）应该被驱逐出城市。

11. 自由农民向皇帝承诺缴纳的酒、金钱和谷物以及其他租费再次一概免除，今后也不再征收。

12. 王侯、贵族、皇室家臣和教会的奴隶一概不允许进入城市。

13. 被城市征收了的王侯、贵族、公室和教会的土地，应予以归还，并不再征收。

14. 王侯在领主分封的采邑内加固防御工事，不应受到我们和任何其他人的干扰。

15. 法官不得要求城市居民放弃对来城市之前从他人处所得财物的占有。

16. 恶名昭著、受到谴责和被放逐的人不得被允许进入城市；如果他们已经进入了城市，则必须被驱逐。

17. 我们不得在任何王侯的领地铸造钱币，以损害他发行的钱币。

18. 城市的司法管辖权不得超出城市的边界，除非在超出区域享有特别管辖权。

19. 在城市中，法院管辖原则为原告就被告（即由被告所在地法院享有管辖权）。

20. 未经领主同意，不得典当作为采邑的土地和财物。

21. 除非有法定义务，任何人不得被强迫资助加固城市的防护。

22. 在城市外占有土地的城市居民，应该向领主缴纳常规的租税，履行常规的义务，或要求自己的附庸代为缴纳和履行；但他们不应被苛以额外的负担。

23. 如果奴隶、自由民或者任何领主的附庸需要为领主代为履行义务，且他们居住在城市中，官员不得阻止他们去找领主。[1]

神圣罗马帝国皇帝为了推行他们在意大利的统治政策，在数个世纪中，向德意志地区的王侯们让渡了很多权力。但是，王侯们各自享有的权力，仍然一直得不到确定。例如，1273 年，选帝侯的数量被定为 7 个，但到底是哪 7 个王侯拥有这项权力，却并不确定。

1346 年，波希米亚国王查理当选为德意志国王，是为查理四世。[2] 他很清楚，要重塑帝国的皇权，注定是徒劳无功的。他试图将各大王侯的权力以帝国法令的形式确定下来，并尽量为波希米亚带来更多特权。

1356 年 1 月和 12 月，纽伦堡和梅斯的帝国议会上公布了《黄金诏书》，将 7 个选帝侯确定为：圣职选帝侯——美因茨、科隆、特里尔三大主教；世俗选帝侯——波希米亚国王、莱茵的巴拉丁伯爵、撒克逊公爵和勃兰登堡的边地伯爵。选举于法兰克福城举行，选举会议由美因茨大主教召集并主持，帝位加冕礼在亚琛举行，德意志国王即是神圣罗马帝国皇帝，不再需要罗马教皇的承认。

《黄金诏书》还规定，世俗选帝侯由长子继承、男性相续，领地不可分割。选帝侯在其领地内政治独立，拥有征税、铸币、盐铁开采等主权，以及独立的、不准臣民上诉的最高司法裁判权；未经特别许可，不准城市结盟；不准封臣反抗领主；

---

[1] 美国福特汉姆大学网站。http://www.fordham.edu/halsall/source/fred2-princes.html，访问时间：2011 年 3 月 20 日。

[2] 查理四世是德意志王室中少有的受过良好教育的国王。他 7 岁时与法国国王腓力六世的妹妹结婚，18 岁时与她同居。他在巴黎时的老师就是后来的教皇克雷芒六世。王忠和编著：《新编德国王室史话》，第 161 页。

选帝侯拥有监督帝国的新的职权。

实际上，德意志诸领地的王公，在许多方面比德意志的帝王（King-Emperor）更像那些真正的国王，他们拥有更为发达的司法、行政和立法权力。特别是在 13 世纪，帝国衰落后，"红胡子"腓特烈一世梦寐以求的君主制统治的范型，实际上已经在主要的德意志领地里的王侯们那里开始运行了。[1]

审判权方面，在涉及封建法的案件中，法官必须出自与被告同一阶层的人们，在涉及地方法的案件中，法官必须是出自与被告同一族类的国民。这两类诉讼程序，在 1179—1180 年对巴伐利亚和撒克逊公爵"狮子"亨利的著名诉讼中鲜明地展现出来。[2]

"狮子"亨利德意志政治史上的重要人物。他的封号包括撒克逊公爵（称亨利三世，公元 1142—1180 年在位）和巴伐利亚公爵（称亨利十二世，1156—1180 年在位）。他是德意志传统豪族韦尔夫家族的成员。其父是巴伐利亚兼撒克逊公爵"骄傲的亨利"，曾是神圣罗马帝国皇位的有力竞争者，只是诸侯们畏惧于其实力，而选择了霍亨斯陶芬家族的康拉德三世为国王。1139 年，"骄傲的亨利"去世，康拉德三世剥夺了其公爵头衔和公国领地。此时"狮子"亨利年仅十岁，不得不与母亲相依为命。1142 年，康拉德三世归还撒克逊公国。1146 年，"狮子"亨利从母亲手中获得政权。他与腓特烈一世的友谊，使其于 1156 年重获巴伐利亚，自此成为当时实力最强的王公。

1168 年，"狮子"亨利打败了反对他的诸侯联盟，因为实力太强，引起了腓特烈一世皇帝的担心。1176 年，两人关系破裂。1180 年，腓特烈一世对"狮子"亨利采取了激烈的行动，没收了其除不伦瑞克和吕讷堡以外的全部领地，由其他诸侯瓜分。1182 年，"狮子"亨利被帝国会议驱逐出境，被迫投奔自己的岳父诺曼底的亨利二世，1185 年他被允许回国，很快又被驱逐至英格兰。腓特烈一世死后，"狮子"亨利再次拿起武器反对腓特烈的继承人亨利六世，但未能使亨利六世屈服，不得不与霍亨斯陶芬家族和解了。"狮子"亨利的儿子不伦瑞克的奥托（即奥托四世）是韦尔夫王朝唯一的皇帝。

---

[1]〔美〕伯尔曼：《法律与革命——西方法律传统的形成》，贺卫方等译，法律出版社 2008 年版，第 496 页。

[2] 王忠和编著：《新编德国王室史话》，第 110 页、第 119 页。

1179—1180 年对"狮子"亨利的审判，是中世纪欧洲封建法的重要篇章。"狮子"亨利被其敌手控告，犯有包括对皇帝谋反在内的多种罪行，因为违反地方法律而受到由士瓦本的审判人员所组成的法庭的审判，因拒不出庭而被判藐视法庭罪。腓特烈一世还控告亨利违反了他作为封建领主应对其承担的封建义务，根据封建法律，亨利受到了与他身份同等的人即帝国的王公们的审判。

对他藐视法庭的判决是将其放逐法外，但不是永久的，亨利在英格兰流放几年之后，获准返回他在不伦瑞克的城堡，并恢复了他对自主地产的占有。对他违反封建义务的判决则相当严厉——永久没收其包括巴伐利亚和撒克逊在内的采邑；这些采邑返归给皇帝，按照强制授封土地的规则，皇帝将巴伐利亚分封给维特尔斯巴赫家族，撒克逊则分归另外两个公国，由此结束了亨利所属的韦尔夫家族的领地权力。[1]

二、德意志封建私法

德意志的封建私法由两部分组成，一部分是地方统治者的制定法，另一部分是这些诸侯与其附庸之间达成的合约。封建法院大量审理案件，也使封建私法得到进一步发展，德意志封建私法是内涵丰富的德国物权法中最丰富的部分。

德意志封建私法不仅有很强的实用性，而且穷尽了理论方面的研究。当时，受到埃克·冯·雷普高的《撒克逊明镜》的巨大影响，各地均使用"法律明镜"的方式，阐述各地的封建法。这些法律著作无论是在内容的完整性、清晰性，还是语言的优美上，都毫不逊色于任何其他的法律著作。

根据当时留下的史料可见，德意志封建私法拥有非常丰富的内容。任何能够长期稳定带来收入和产出的东西，都可以作为采邑被领主封给附庸。虽然，起初只有土地的占有权（包括城堡等）能作采邑，但是，随后一些头衔和权力也成为了采邑。这些可以给它们的长期持有人带来稳定的预期收入，包括各王国的王位和某些权力（向作坊收费的权力、铸币权、收取关税或宗教什一税的权力），最重要的是各种爵位和公职（公爵、侯爵、司法官、执行官等）。这些采邑的第一个占

---

[1]〔美〕伯尔曼：《法律与革命——西方法律传统的形成》，贺卫方等译，法律出版社 2008 年版，第 473 页。

有人，在一定的限制条件下，可以继续分封给自己的附庸。

根据德意志封建私法，对于具有军事性的采邑（Lehn），区分于其他的普通采邑（Leihen），只有具有骑士身份，并且有能力持武器作战的人，才有完全的责任能力（Heerschild）。而犹太人、被剥夺法律保护的人以及被开除教籍的人，在任何情况下都绝对不准被授以采邑。他们在封建关系中，绝对不能有一席之地。

市民、农民、神职人员（宗教领主除外）、女性和法人组织，只有在领主仁慈赐封的情况下，才能获得采邑。在被授以采邑之后，他们必须委托第三人作为采邑持有人（Lehnsträger），代理他们与其他人尤其是领主之间的权利义务关系，自己则仍然保持附庸的身份。这些人在封建体系中只有部分的权利能力。

德意志封建私法根据封建制的特性，特别注重土地和人身的因素。因此，采邑的授予仪式，也包含两个部分，与土地与人身相对应。

第一部分是宣誓效忠。在领主面前，新的附庸把手放在领主的两手之间，向领主宣誓忠诚，并以一个吻作为确认，保证宣誓的内容真实，自己绝对会忠实顺从。第二个部分是让渡采邑物，领主必须根据物法的规定，向附庸交付一件象征物，并同时说出转让采邑物的意愿。授予仪式必须手口并用。象征物在其他转让法定占有财产的过程中，也十分常用，例如节杖、树枝、手套或帽子，最常用的是剑或盾。[1]

如果是对世俗公国的国君进行分封，那么象征物是一面旗帜。如果对宗教公国的国君进行分封，那么象征物在沃尔姆斯协定之前是戒指和拐杖，在这个协定达成之后变成了节杖。

仪式的最后，领主向附庸交付证明分封关系的契据；附庸对领主进行确认，或者也向领主交付相应的契据。授予仪式的意义，不仅仅是创造新的采邑，而在于只要附庸与采邑授予人的关系依然存在，他就有占有采邑的权利。不管领主（领主地位被继承），还是附庸换了人（Manfall）。在这两种情况下，不管是附庸的继承人要继续占有采邑，或者附庸要获得新领主的确认，都必须在一年之内，用不超过一天的时间，向领主进行通告。

封建采邑的授予仪式，实际上是一个订立分封合同的过程。早在法兰克时期，

---

[1] 孟广林：《世界中世纪史》，中国人民大学出版社 2010 年版，第 32 页。

这种合同中，就包含对附庸再次分封的收费条款。这种合同与物法上的其他合同有共同之处，包含两个部分，让渡和接受。其独特之处则在于，领主绝对没有放弃其对土地的权利，而是恰恰相反，仍然保留着对采邑的所有权和相应的适当占有权。而附庸根据物法的规定，不仅仅得到了土地的物权，由于相反规定的缺失，同样对土地享有占有权，被称为封建土地占有权（Lehnsgewere）。当让渡和土地所有权转让没有立即发生时，这被称为合同上的授予采邑（Lehen unter Gedinge），在这种情况下，附庸仅仅获得了对抗采邑授予人的权利。

发生这种情况的原因是，采邑被分封给附庸之后，首先要由有封建持有权（Lehnsbesitz）的第三方，诸如指定的持有人代理附庸行使占有；或者是因为这块采邑现在占有权不明，只有在首先无人占有的情况下，才能被分封；换句话说，现在的授予是可撤销的转让行为（Anwartung, Anwartschaft, unbenanntes Gedinge）。虽然被授予人由于这两个原因都没有立即获得土地的合法占有权，但转让在可撤销或不可撤销的情况下，附庸的权利是有区别的。在第一种情况中，一旦当前的占有人去世，那么附庸立即可以以继承人的身份获得合法占有权；但是在第二种情况下，采邑首先要回到领主的占有之下。

附庸由分封所获得的物权，包含很多具体的内容。他可以对采邑上的产出进行处分，可以进一步向下分封。只有对土地本身进行处分，如将其转让或者抵押，才需要得到领主的同意和配合，而正是依靠这个权利，领主依然能够保有对采邑的所有权。未经领主同意而擅自转让土地无效，并会导致采邑被领主收回。

领主却可以"放弃"土地，例如通过转让给他人，完全排除自己在这块土地上的权利。但是，领主的行为不能导致附庸的地位下降。所以，领主不能将土地转让给其他阶层的人，对这块土地进行分割也是被禁止的。但是，根据封建法的原理，领主转让土地并不需要获得附庸继承人的同意。只有在附庸之子的继承权已获得承认之后，领主转让土地才需要征得其同意。起初这种权利是不存在的，相反，采邑分封只在领主和附庸都还在世的时候有效。但在实际生活中，即使是在采邑的分封最初只有军事意义时，为了获得附庸的支持，领主的继承人一般也会将采邑重新分封给当前的占有人，而领主也不会拒绝附庸之子重新继续占有采邑的权利。

从 12 世纪开始，虽然没有相应的成文法，采邑实际上成为世袭财产。也就是说，私法领域的发展，带来了再次分封，产生了采邑的可继承性。私法领域出现了强制性的再分封，而公法领域的公职也发生了类似的变化。在持有封建公职（Amtslehen）的人死后没有继承人的情况下，领主必须重新将这些公职作为采邑进行分封。

这些做法产生了极坏的政治后果，使德意志不能向法兰西和英格兰那样，通过收回王国领地而形成强大的中央王权。由于封建采邑的军事和民事功能，德意志继承法上根据血缘关系分配遗产的原则，在封建法上不被适用。只有能够履行封建义务的人，才能成为封建法上的继承人。那些毫无能力履行封建义务的人，则完全被排除在继承序列之外。而缺乏部分履行能力的人，在一定限制条件限制下，可以成为继承人，例如指定采邑占有人。

不仅如此，即使是完全有义务能力的人，也要受到比一般法更严格的限制，才能成为继承人。最初，只有附庸的儿子才有继承权。随后，土地的最后占有者的所有子嗣，可以成为继承人。土地的第一个占有人的其他后代和长辈，都被排除于继承序列之外。但是，这些规则在很早的时候，就在一些个案中被不断修改。尤其值得注意的是，女性得到了继承权。

在存在多名同序列继承人的情况下，起初领主只需要再次分封其中的一个，而其他人可以要求从采邑收入（Allod）中获得补偿。从 14 世纪开始，领主必须同时对他们进行分封，而他们则以共同占有的形式持有采邑。这最早是德意志封建法中对几个附庸进行部族分封（gemeinschaftliche）的做法。根据共同享有所有权的相关法律，要完成这种分封，这些附庸必须把手放在领主的手中，并一同拿起授予仪式上的象征物。相对于领主，他们是同一个人，他们按照领主的要求，成为了一个能够为领主履行义务的人，他们对采邑的占有是不可分割的。但是后来，对土地的收益权和使用权进行分割并抛弃部族的共同管理（Mutschierungen），变得越来越普遍。这些共同占有采邑的附庸，可以共同处分整块采邑，也可以在全部同意的情况下，处分采邑的一部分。如果其中有人死后无合格继承人，其他附庸享有优先的遗产享有权。

在附庸未成年的情况下，可以适用一种迥异于属地法的封建监护权。领主本人通常会成为监护人，他可以获得采邑上的收益；领主也可以不履行监护权，同时放弃这些收益。这种封建监护权起源于"暂时转归领主权"（Heimfallsrecht），这种权力并没有随着采邑成为可继承财产而受到破坏。这种权力可以保证领主因附庸未成年无法履行封建义务，而就其受到的损失获得补偿。这项规则随后得到了发展，领主必须把对附庸的监护权交给采邑收益的监护人（Allodialvormund），即使被交付者是要求重新获得分封的附庸。

如果附庸死后没有合格的继承人，或者既没有封建合约（Gedinge），又不存在进一步的向下分封，那么采邑重归领主。而且，附庸可以在任何时候通过将土地归还领主，或者脱离对领主的效忠关系，来断绝与领主的封建关系。如果附庸犯有重罪，或者违反了对领主的忠诚义务，或者拒绝履行封建义务，或者擅自转让土地而没有及时向领主通告，或者犯有其他的不忠实行为，领主可以通过司法行为收回采邑。

在早期更严格的封建法规定下，收回采邑同样适用于附庸的继承人。领主如果违反了自己的善意，拒绝保护附庸的权利，或者随意剥夺附庸的土地，也将失去采邑的所有权。在这些情况下，附庸可以在不负担任何封建义务的情况下，将采邑传给自己的继承人；但领主仍享有"暂时转归领主权"。[1]

三、德意志封建时代的乡村

德意志封建时代的乡村，呈现一种非常分散、分裂的特征，只有以非常人为的视角，才能将其视作一个整体。

在旧德意志的中心地带士瓦本、巴伐利亚、弗兰科尼亚以及莱茵河左岸，庄园制度相对古老，而且根深蒂固，与撒克逊地区形成巨大反差。撒克逊地区由于拥有众多的土地和人身均保持自由的自由民，代表了从弗里斯兰自由民以来的一个过渡阶段。在弗里斯兰没有庄园制度，所以没有农奴。但是，如果集中考察基本原则，那么，某些地道的民族特征便清楚地显现出来。

---

[1] Rudolf Huebner, *A History of Germanic Private Law*, translated by Francis S. Philbrick, The Law Exchange Ltd., New Jersey, 2000, pp.335—341.

正如在法兰西所发生的那样，德意志也经历了一个世袭从属关系广泛传播的过程。德意志契据簿记载的自愿献身契约，与法兰西契据簿记载的契约一样数目众多。如同法兰西一样，新近产生的依附者，有同化于旧的庄园属臣的倾向，由此而形成的身份模式，也从"负有服从条件"的释奴运动所代表的从属类型中借用了许多特点，这种源流关系在语言上得到特别清晰的显示。"Lutert"一词使人想到解放的观念，只不过在后来的德国法中被用以代表一个法律地位十分清楚的等级，几乎使其原意被人遗忘。[1]

12 世纪的德意志北部，"Laten"一词是指一些庞大的依附者群体，其中新近变为依附者的奴隶后代当然只是少数。人头税、继承税已经变成了人身从属关系特有的负担。继承税的最常见形式，是向每代人征收一件动产。此外，还要禁止与庄园外部通婚。最后，如同法国的情形一样，由于对获释奴和非获释奴概念原义的歪曲，此后的倾向是将奴役标志加在每一种继承关系上。

在马尔穆迭地方的阿尔萨蒂（Alsatian）修道院的地产上，9 世纪的自由佃领地和受奴役者的佃领地，到 12 世纪时，演化为一个单独范畴，均被称作受奴役者的佃领地。德意志封建时代的"Laten"虽然保有其名，但正如法兰西的获释奴一样，通常不再被视为自由人。情况如此怪异，以致领主如果放弃他对这些人的权利，人们就说他释放了以前的获释奴。另一方面，"自由人"被普遍地划归为"Landsassen"，即土地上定居的人，同样也被称作"客人"（Gäste），这是与法兰西情况相似的另一个地方。这些人是真正的农民，除了负担住所义务外，不受任何关系约束。

然而，德意志的各种独特条件，妨碍了上述进程的发展。在法兰西，只有在国家政权衰退、特别是司法领域出现衰退的情况下，原始的"自由"概念才能发生如此深刻的变化。但在德意志，特别是其北部，在整个封建时代，早期类型的公共法庭（placita）仍然正常地存在，与庄园法庭并驾齐驱。只有出席公共法庭并接受其裁判的人，才是自由人，这样的观念虽然朦胧而断续但却顽强地流传下来。

在农民自主地如同撒克逊一样数目众多的地方，自由地持有者和租佃者之间——即使两者都同样地不受人身和继承关系约束——人们不可能感觉不到社会

---

[1] 这个等级与一些外国居民以及被征服的居民成员一起，组成了仍因某种保护关系纽带而附着于旧主人的获释奴群体。

阶层的不同。由于自由地持有者的自由同样扩展到土地，所以看起来是更完全的自由。只有他有权出席法庭，至少当其自主地形成一定规模时，有权出席法庭、充任法官。

经济因素方面，封建时代的德意志，严格意义上的奴隶制并不像同时代的法兰西那样无足轻重。与斯拉夫人的邻近，总是刺激德意志人的入侵，有助于维持奴隶贸易。另一方面，领主自领地上的居民，从前的奴隶并没有像在法兰西那样，普遍地变成租佃人，因为领主自领地本身在很多情况下仍然广泛存在。大多数奴隶确实按一种方式"安置"了下来，但是，只是在一定程度上接受了小片土地。这些"日工"（Tageschalken）每天从事劳动役务，实际上是受强制的零散劳动者，这在法兰西简直闻所未闻。

这些人生活在一种深深的隶属状态中，不能不被称为最严厉的受奴役状态。德意志社会中，没有可以与法兰西农奴制的相对简单相比拟的事物。实际上，每个庄园中的世袭依附者，几乎从来没有形成一个负担统一义务的单独等级。

此外，庄园间每个群体的界线划分及其名称，也迥然殊异。人头税提供了最常见的一种标准，那些承担强制性零散劳动的人，总是十分贫穷，甚至连继承税也时常需要赦免，更支付不起人头税。

四、德意志封建制的特点

尽管采邑制和附庸制的传播，遍及德意志地区，但是，它们并不像在法兰克人旧有领土上那样，深刻地渗透到社会内部。德意志北部情况尤其如此。

作为适用于其等级的人际关系，臣服礼虽已为上层阶级接纳，但不像在法兰西那么完全，而是作为一种纯粹的从属关系仪式，仍然保留较多的原始特点。只有在极特殊的情况下，握手礼才伴有可以使领主和附庸平起平坐的表示友好的亲吻礼。

从一开始首领们的大家族或成员，对于服从这种仍被视为半奴役性质的关系纽带，就有几分不情愿。12 世纪，韦尔夫家族中流传着这样的故事：该家族中的一位先祖，听说他的儿子向国王行臣服礼，心里极为愤怒，认为儿子的行为是对其家族高贵传统和自由的玷污，于是出家遁入修道院，至死不愿再见这位忤逆之子。这个故事的真实性也许并不确凿可靠，但其象征意义却非常明显，其中反映出的态度，在封建世界的其他地区是很难寻觅的。

此外，军役和土地耕作之间的差别，在其他封建地区是等级分野的真正基础，在德意志却经历了更长的确立时期。10世纪初，撒克逊出身的国王亨利一世，在不断遭受斯拉夫人和匈牙利人威胁的撒克逊东部边境，建立了防御基地，随后将防务交给武士们。这些武士分为九个组群，其中八个组群居于要塞的周围地区，只是在面临敌人攻击的威胁时，方进入要塞进行防御。第九组群则久居要塞，以便照看要塞中的房屋和伙伴们的给养。

乍看上去，这种方法与同时期法兰西各城堡的防御方法不无相似之处，但细加审思，其中的迥异之处显而易见。西欧的附庸从事"城堡防卫"，其生计或者依靠领主的分配物，或者依靠领主已经提供的采邑的地租。与西欧的附庸不同，撒克逊边境上的护城者，本身是亲手耕种土地的地道农民，或称"农兵"（agrarii milites）。

直到中世纪末，德意志社会的两个特点，仍然可以证明其封建化的不发达。

一是数量众多而范围广泛的自主地的存在，特别是属于大领主的自主地。巴伐利亚和撒克逊的公爵、韦尔夫家族的"狮子"亨利，于1180年被判决剥夺其控制的帝国采邑时，他的自主地仍继续留在其后人手中，其规模之庞大，足以组成一个名副其实的公国。75年后，这份地产以不伦瑞克和吕讷堡公国之名变成帝国采邑，成为未来不伦瑞克州和汉诺威州的基础。

二是德意志的采邑和附庸制法律，不像法兰西那样错综复杂地交织于整个法律网，而是从很早开始，就被当作单独的体系。其规则仅适用于某些地产或个人，而且由特别的法庭执行。此种情况颇类似于近代法国的情况，有关商务和商人法律与有关平民的民法相分离。德意志封建时代的《采邑法》（Lehnrecht）和《乡村普通法》（Landrecht），即13世纪著名的法律指南，也是以这种双重性为基础的法律的典范。这种双重性唯一的合理性在于，许多法律关系，甚至上层社会各等级的法律关系，都没有归于封建标题之下。[1]

---

[1] 〔法〕马克·布洛赫:《封建社会》，张绪山等译，商务印书馆2004年版，第298—300页。

第五节　英格兰的封建地方法

一、盎格鲁-撒克逊时期的封建地方法

1066 年黑斯丁斯之役，英王哈罗德战死。诺曼底公爵威廉成为英王，是为威廉一世（1066—1087 年）。"诺曼征服"导致的最直接可见的变化，就是王权的兴起和封建制的完备。但是，不容忽视的是，封建制在盎格鲁-撒克逊时期的英格兰已经萌生。

在英格兰，国王和贵族身边簇拥的武装侍从，从很早时期就在成群的依附者中，居于突出的位置。对于这些私家武士使用的称号各不相同，但语气都相当低微，也很家庭化。在这些称号中，有"gesith"，其拉丁化形式为"gasandus"；还有"gesella"、"geneut"等，其含义不外乎"大厅中的伙伴"、"餐桌上的伙伴"等。"附庸"一词，本意为"年轻的男仆"。"knight"一词，与德文"Knecht"同源，意为仆人或奴隶。

从克努特时代起，借自斯堪的纳维亚语的"家仆"一词，就经常用来指称国王或大贵族的武装侍从，但有时也被用来指称低微的委身者甚至奴隶。领主则称作"hlaford"，这个词汇就是现代英语中的"lord"（我的主人）一词的渊源，其字面上的意思是"供给面包的人"。聚集在主人家内的人，则是"吃面包的人"（hlafoetun）。从语言源流的角度，也可以看到封建早期的领主既是保护人，也具有养父的性质。

公元 801 年的一份文件中，记载过约克大主教的一个私家武装团体，提到这个团体中，既有"贵族武士"，也有"非贵族武士"。这一记载证明，各等级的混杂，是这类武装侍从团体的原初特点，这种差别当时已很普遍。这些盎格鲁-撒克逊时期的文献，提供了欧洲大陆墨洛温王朝极为稀少的资料无法提供的历史信息。

从这些史料中可见，武装侍从的分化是一个自然发展过程。为这些武装人员

授田的做法逐渐扩展开来，加速了这一过程。授田的范围和性质因人的地位而异，加剧了武装侍从的差异。

最具有说服力的仍是词汇的变化。在上文已提及的词语中，有些最终被废弃不用，另一些则获得了更具体的意义，提高或降低了其社会级别。例如，7世纪初，"geneat"是真正的武士，社会等级相当高。到了11世纪，则用以指称一位中等租佃农，与其他农民之间的差别很小，唯一不同在于他需要为其领主担当侍卫，传达领主的命令。

相反，"thegn"仍是一个颇为受人尊敬的军事依附等级的称号。但是，由于这些人中的大多数已经逐渐被授予佃领地，所以不久就要求有一个新名称，来称呼那些取代这些从事家内军役之人的私家武士。这个新采用的名称就是"骑士"（knight），这个名称此时已不再具有农奴的贬意。"诺曼征服"前夕，"骑士"被授予田地的情况已不乏其例。这些词汇特性的不固定，表明各等级之间仍然缺乏截然分明的区别。

值得注意的证据，还有是臣服仪式的变迁。不论双方的社会地位如何，臣服仪式结束时，握手仪式可以举行，也可以随意省略。在法兰克人统治的高卢，附庸制和较低级的委身行为之间最终出现的泾渭分明的分别，是基于一种双重性原则：一方面，是武士和农民间的两种生活，因而也是两种义务之间的不可调和性；另一方面，则是自愿承担的生活义务和世袭纽带关系之间存在的巨大鸿沟。盎格鲁-撒克逊社会始终具有有别于欧陆的一些特性，上述两种因素在那里始终无法发挥作用，即是适例。[1]

二、"诺曼征服"后的封建地方法

"诺曼征服"是英格兰历史上最具转折性意义的事件，为英格兰带来了强大的王权，为六百年来盎格鲁-撒克逊封建制的发展做了总结，又开创了英格兰封建制全盛时期的新局面。从"诺曼征服"，到亨利二世统治结束，近一个半世纪，英格兰封建制从基础建设，到上层建筑完全建成，直到13世纪达到极盛。

---

[1]〔法〕马克·布洛赫:《封建社会》，张绪山等译，商务印书馆2004年版，第302—304页。

　　在强大王权的作用下，威廉一世没收了所有公开反叛者的土地，除了将一部分土地留作己用外，将其他土地作为战利品，分封给追随他的诺曼贵族及军事随从。没有参与反抗的英格兰人，仍得以保留原有土地，但是，必须承认自己的土地是从征服者威廉那里获得的，也就是说，必须尊奉威廉为最高领主。

　　由此，威廉一世实际上成为了英格兰最高的土地所有者。比较法学家 K. 茨威格特曾这样评价道："威廉一世及其后继者的最大成就之一，就是建立了一种等级森严、整齐划一和组织结构比较简单的封建制，国王是最高的封建领主。"

　　据统计，当时直接领受国王封地者称作国王的直属封臣，共约 1400 人。领地较大、年收入 100 磅以上者约 180 人，称作男爵。其中，12 人是威廉一世的亲属，或最受其宠信的诺曼大贵族，他们共占全国 1/4 的土地。男爵们分别向国王提供一定数量的骑士义务，大男爵提供 40—60 名，中小男爵提供 10—40 名。其余的约1200 人是骑士，只领有一块采邑，只承担 1 名骑士义务。教会同样承担骑士义务。高级教士全都成为威廉的直属封臣，占地较多的坎特伯雷主教、林肯主教、温切斯特主教、伍斯特修道院院长分别承担 60 名骑士，领地较少的拉姆齐（Ramsey）修道院院长只承担 4 名骑士。[1]

　　由于残余的盎格鲁-撒克逊贵族在各地继续反抗，"诺曼征服"初期，英格兰各地仍战乱不断。其中，1069 年，北方以约克为中心的反抗最为强烈。1070 年，威廉一世亲自率兵将其平服，并大肆破坏了当地的经济，造成人口流徙，土地荒芜。威廉一世乘战胜之余威，厉行中央集权，加紧对英格兰的控制、榨取，最著名的举措，就是进行全国土地调查，其结果被称为"末日审判书"。

　　1085 年，威廉一世在格洛斯特召开会议，讨论了英格兰占领区的情况。会议将英格兰划分为 7 个（一说 8 个）区，每个区包括若干郡。威廉一世指派了许多教俗封建主，到各个区去，按郡、百户区、村的系统，分别了解情况。调查内容包括，各郡有多少土地，国王在各地有多少土地和牲畜，在各郡一年内可获得多少收入。调查者还被要求，记下各地区的大主教有多少土地，主教、修道院长以及伯爵有多少土地。

---

〔1〕李栋：《试论中世纪英格兰诺曼征服与封建制——基于宪政权力结构的分析》，载于《云南大学学报（法学版）》2009 年第 2 期，第 58 页。

　　通过调查，英格兰每个庄园的面积、工具和牲畜数量，各类农民人数，以及草地、牧场、森林、鱼塘的面积，这些财产的价值，都被仔细地检核一遍。据称，在调查结束之后出具的记录簿中，没有一码（yard）土地、一头牛、一头猪被遗漏。这些全部的记录，被交给国王。1086 年，调查结果被编定成册，史称"末日审判书"。据称，威廉一世派出的调查员个个凶神恶煞一般，调查的内容又极为细致，所记录的情况又绝对不容否认，并且永久有效，令被调查者如履薄冰，有如在接受上帝使者的末日审判一样。[1]

　　欧陆的封建制是以分封土地为基础的，尤以法兰西为甚。作为全国土地的最高所有者，国王除将部分土地留作私人领地外，其余土地悉数分封给大贵族。接受国王封地的大贵族与国王结成的封君—封臣关系，大贵族又效仿法王，把部分封地留作自领地，其余封地再分封给次一级封臣，结成新一层封主—封臣关系。如此层层分封，形成以土地保有关系为纽带的封建等级结构。而威廉一世在推行这一封建制的过程中，则显然意识到那种将权利义务限定在直接的封君—封臣之间的封建原则，潜蕴着不利于国王集权的因素，与国王直接统治所有臣民的君权原则大相抵牾。

　　为了弥补这一原则的缺陷，1086 年，威廉一世在索尔兹伯里召开誓忠会，要求所有等级的领主参加，向其宣誓效忠，达成《索尔兹伯里誓约》。《索尔兹伯里誓约》要求全英格兰大小封臣都要宣誓效忠于英王，导致的结果是，改变了欧陆封建模式下"我的封臣的封臣，不是我的封臣"的状况，代之以"我的封臣的封臣，依然是我的封臣"的新封建领主统辖封臣的原则。[2]

　　处在封建社会金字塔顶层的英王，在英格兰作为最高领主，享有所有封臣的效忠与臣服。国王跟某一封臣的直接领主发生冲突时，该封臣应忠于国王，而不是根据欧陆的封建法的原则，忠于其直接领主。《索尔兹伯里誓约》宣告了威廉一世既是所有王国居民的国王，又是可直接控制各级封臣的最高封君，任何人都必须服从其权威，反对国王就是违背其誓约，就是叛逆。

　　这样一来，国王就可以突破居间领主的层层障碍，借封建宗主的直接支配权

---

[1] 马克垚：《英国封建社会研究》，北京大学出版社 2005 年版，第 51 页。

[2] 孟广林：《世界中世纪史》，中国人民大学出版社 2010 年版，第 49 页。

之名，行国王统治所有自由人的专制君权之实。如学者所言，依据《索尔兹伯里誓约》，国王建立了独立于封建等级制的权力，同时，又决心从封建制中获取所有可能的支助。最终，威廉使自己获得了各级封臣的直接支配权，避免了欧陆封建制下国王仅仅是其直属封臣领主的状况，建立了"英王—居间领主—各级保有人"的新封建社会等级秩序。[1]

三、英格兰的庄园和农奴制

（一）庄园制

庄园（manerium）这个词汇，在盎格鲁-撒克逊时期还未出现。显然，它是诺曼人带来的。它源自拉丁文"manere"，指一座高大的庭园建筑，即封建主居住之所，和英文"hall"含义相近。后来演化为不仅指这个建筑中心，还包含其周围的土地。

"末日审判"大调查时期，调查的问题之一即是"庄园的名称是什么"。调查登记结果中涉及的各封建主的地产，往往也要注明"某人领有该地若干面积作为一个庄园"。曾有观点认为，庄园是征收丹麦金的场所，这种观点偏狭窄。也有观点认为，庄园就是从某个中心延伸开来、作为一个独立单位进行管理的一块地产，把"末日审判书"中注明作为庄园的一切土地类型都包括在内，又偏宽泛。[2]

当时，并非任何一块贵族土地都称为庄园，称为庄园的地产或是一个完整的村子，即该村属于某个封建主，或是虽然一村分属好几个人，但其中一人土地最多，占绝对优势，则那块土地也称庄园。

到13世纪，"庄园"一词在英格兰得到了相当广泛的使用，用来泛指封建主的各种地产。当时的官方调查记录"百户区卷档"中，把"末日审判书"中称为

---

〔1〕 李栋：《试论中世纪英格兰诺曼征服与封建制——基于宪政权力结构的分析》，载于《云南大学学报（法学版）》2009 年第 2 期第 62 页。

〔2〕 梅特兰即持有这种较为宽泛的"庄园"概念，他甚至认为"末日审判书"中的任何一块农民的土地都算得上是庄园。

"terra"的很多地方，改称为"manerium"，使得这个时期的庄园数目增加了。梅特兰认为，这时"庄园"一词的意思和"estate"差不多，并非一个含有明确规定内容的专门术语，以致很难给它下一个定义。

在当时的法学著作中，仍把庄园描写为封建主管理的一个农业经济单位，有封建主的自营地，也有分给自由农民、农奴等的份地，还有公共牧场、森林等。庄园上有封建主宅邸以及教堂、磨坊等设施。庄园的耕作者则有自由农民和农奴。自由农民向庄园主交租，农奴则服劳役，为庄园主承担向上级领主交纳的税赋。管理庄园的有总管、管家、庄头等人。

梅特兰指出，典型的英格兰庄园，应具备以下主要特点：

一是地理上庄园与村子相一致，一村就是一个庄园，该村的领主也就是该庄园的领主，全体村民同属这一领主。二是庄园的耕地应有三部分，即领主自营地、自由领有地和农奴领有地。这三种土地系由分散各地块的条田组成，互相交错，一家土地很少连成一片。自营地由农奴无偿劳役耕作。另外，属于庄园的还有草地、牧场、池塘等，多属公用性质。三是如果一领主有若干庄园，则分别计算收支。各庄园皆设管家及庄头分别管理。四是领主在庄园上设有庄园法庭，由他本人或其管家主持，管理庄园内农奴的有关案件，对自由人则另设法庭管理。[1]

维诺格拉道夫对庄园的定义比较简单，他说它庄园应有财产的、社会的、政治的三方面内容，它是由领有地（tenure）围绕的一块地产，是统治者与被统治者的一个结合体，同时也是一个地方政府。[2]

庄园的本质因素，应是领主自营地与农奴份地同时存在，这样，庄园才能成为一个封建主经营的经济实体。由于地租形态是劳役地租，要派管家主持生产，监督劳动，才需要在庄园上有各种生产设施。所以，应称这种西欧、英国的庄园为农奴劳役制庄园。至于开田制、强迫轮种、份地成为条田交错散布，以及各种公共土地——池塘、森林、草地等的存在，都是村落的特征，即农村公社的特征，并非庄园的必然内容。[3]

---

[1] F.W.Maitland，*The Constitutional History of England*，Cambridge，1911，p.190.

[2] Paul Vinogradoff，Folkland，*The English Historical Review*，Jan.1893，p.96.

[3] 马克垚：《英国封建社会研究》，北京大学出版社 2005 年版，第 143—146 页。

(二) 农奴（维兰）制

英国的农奴被称为"维兰"（villain or villein）。13 世纪是英国农奴制的极盛时期。

当时法学家布拉克顿，就是根据罗马奴隶法的原则给"维兰"下定义的。布拉克顿也把"维兰"称为"servus"，即奴隶。他引述了罗马法的"人或为奴隶，或为自由人"的原则，主张自由与不自由有截然的鸿沟，维兰就是奴隶，没有任何自由，他是主人的物品，主人可以买卖他，所以他没有任何财产，他的土地、财物均属于主人。

英国封建体系下的农奴（维兰）制，自其出现之初，就与其所处的体系之间充满着难以释解的矛盾。法律体系方面，普通法和庄园习惯法对农奴的规定不相一致。法律理论与实际状况二者之间，也时常不相一致。理论上说维兰是主人的动产，一无所有，为别人所有，无任何权利，为别人奴役控制，可是实际上，农奴又往往是具有独立经济的小生产者，具有各种权利能力，和其他农民并没有太明显的差别。

农奴是主人的动产，其人身为主人所有，由主人支配，可以被买卖、鞭笞、囚禁等。但是，农奴不同于奴隶，他的生命与肢体是受国王保护的，不得被杀害或伤残肢体。所以，虽然农奴不享有针对主人的民事权利，却可在某些状况下起诉他的主人：当主人的处罚威胁及他的生命及肢体时，或对他采取暴力行动时，受虐待无法忍受时，以及领主刻剥过甚，以至连他的农具都拿走时，农奴可以到普通法法庭起诉其主人。尽管这种诉讼极为困难。

例如，1210 年，农奴托玛士起诉其主人霍尔布林的安德列，主张由于监禁和虐待，导致了其父威廉的死亡。安德列答辩说，威廉和其子托玛士都是他的农奴，威廉是由特殊原因致死，并非由于监禁。他提供 1 马克，作为陪审员的作证费用。案件随后被延期，最后结果不明，大概就此不了了之。农奴在理论上确有起诉其主的权利，但起诉的结果往往不见得对其有利。农奴很难从法庭上讨得公道。

又如，1220 年，索福克庄园的农奴罗杰尔，竟然发财致富，并且为其女儿挑选了一位女婿，没有征得其领主同意，就举行了婚礼。领主亨利于四旬斋节的某个晚上，亲自到他家找寻该女，破门而入，四处搜寻。罗杰尔的妻子急忙让女儿跳窗逃走。亨利搜寻无着，闯入罗杰尔家的大麦仓库，火把引起失火，最终把罗杰尔全家焚为灰烬。

罗杰尔和其婿到郡法庭上告，说亨利犯有纵火罪以及破坏国王和平罪。此案转移到王座法庭，亨利在辩护中否认对自己的指控，说房屋乃因偶然原因失火；他同时指责，罗杰尔是他的农奴，因其女婿事未得其同意，怀怨挟愤而上告。法庭判定说，罗杰尔的女婿所告，乃是别人的房屋失火，并非自己的房子，其诉讼无效。至于罗杰尔，他已承认当房屋失火时，自己领有亨利之土地，由此不得上告。罗杰尔及其女婿第二次到庭时，不得不撤回起诉，并且遭到监禁。

与奴隶不同的是，农奴甚至可以和领主立约。只不过这样的例证较为少见而已。但是，大量出现的农奴与领主之外的第三者立约的史实，仍然表明农奴的身份不同于奴隶，他们享有一定的民事权利。对于领主之外的第三者而言，农奴几乎和一个自由人一样，拥有各方面权利。农奴的"奴"性，归根到底仍是基于与领主之间的对应关系，就此意义而言，仍可显现其一定程度的契约性。

在民事方面，农奴对第三者几乎和自由人一样享有各种权利，可以占有动产及不动产，可以向别人出售、转让其财产，特别是他自己获得的财产。如他自己获得的土地被夺去占有，一样可以得到占有令状的保护。当然，如农奴领有的是农奴土地，则得不到保护。

如果农奴和第三者立约，则被认为是订立契约的一方而享有权利。1227 年，有人起诉被夺去对土地的占有，被告虽声明自己是另一人的农奴，仍被判以归还占有之地给原告，并处以 5 先令罚款。但是，农奴欠债不还而被起诉，可以声明自己是某人的农奴，因没有财产而无法承担偿还之责，此时原告不能起诉主人，因为主人并不受农奴所立合约的约束。

在刑事方面，英格兰中古司法的习惯，是国王有权处分任何破坏和平及其他刑事犯罪，不问其本人身份如何，所以，农奴的刑事责任是十分明确的。如有人犯刑事罪，不问其身份如何，其动产均没收，归于国王。

因此就公法而言，农奴和国家的关系与自由人无异，英格兰的封建君主仍把农奴看作自己的臣民。其理至简，王权在日趋强化的过程中，不可能坐视农奴这部分人长期脱离其控制，而被封建领主独占。正如中国历代王朝都反对投存荫冒，因此一有机会就检刮户口一样。英格兰的封建君主也在税收、兵役、行政管理等方面，逐渐收拢针对农奴的网罗。

12世纪中期之前，国家的税收并未征及不自由人，那时所征的丹麦金、补助金等，都是向自由人征收的。1198年，理查统治时，开征的卡鲁卡特税（Carucage），首次征及农奴。其后逐渐开征的动产税，按户估产计征，不问其身份如何，农奴的财产也都要纳税。

军役方面，虽然农奴不能充任骑士之役，但是，英格兰一直存在民兵制，其中并不排除农奴。1181年，亨利二世颁布《军役令》(Assize of Arms)，还只及于自由人。1230年重颁此令时，自由人与农奴已全部包括在内，只是按财产多少，执行应服何种之役。各地郡守为了满足政府要求参军的人数，也倾向于强行征及农奴，后来遂成定制。当然，由于财产状况的限制，除了某些个别的例外，总的来说，英格兰农奴参军的人数并不太多。

法务方面，法律原则上规定，农奴不得在王室法院充当陪审员。在英格兰的史料中，保留了查明农奴身份的不自由，因而被逐出王室法院陪审员的记录。不过，在其他法庭上，农奴充当陪审员的例子非常多。在庄园法庭，充当陪审员的农奴甚至经常担任自由人之间的诉讼的裁判者。在郡法庭上，农奴也充当陪审员。在巡回法庭上，农奴甚至是检举、揭发、裁判一审执行的陪审员。在十户连保制度中，也包括农奴在内。

由此可见，霍尔兹沃思说，英格兰的农奴制理论其实并不适合于其实际生活，也不适合于英国公私法的原则，更不适合于法官们一贯倾向于自由的主张。[1] 不符合于英国实际生活，是指原本是各种不同依附程度的农民，法律却把他们统一视为农奴，看成主人所有，与牲畜无异。在庄园里，他们其实发挥着独立小生产者的作用，并非一无所有。不合于英国公私法的原则，是指公法上将农奴当作国家臣民看待，要履行各种义务，并要负刑事责任，和自由人几乎一样；就私法意义而言，农奴只是对其主人不自由，对其他人是自由的，有各种权利能力。[2]

---

[1] W.S.Holdsworth, A.L.Goodhart, H.G.Hanbury, J.M.Burk, *A History of English Law*, Vol.2.London,Methuen. 1956. p.457.

[2] 马克垚：《英国封建社会研究》，北京大学出版社2005年版，第186—191页。

法庭一旦开庭，所有农奴都必须出席，除非领主允许他可以不出庭，或者他有充分的不出庭的理由，否则就会受到处罚，通常是被课以罚金。值得欣慰的是，在许多庄园，农奴出席法庭可以计入他必须向领主提供的周工劳役。如果法庭碰巧赶在节日召开，则不能计入周工。自由人出席法庭另当别论，他们出庭的义务通常属于领主在授予他们土地时双方讨价还价的筹码。

四、庄园体制下的封建法院

封建法院是建立于封建土地保有制的基础上，以实施封建法和维护封建法权关系为职能的法院组织。根据封建法习惯，贵族领主有权利、也有义务召集下属自由土地保有人，组成领主法院，审理领主和封臣、封臣和封臣之间有关封建权益冲突的民事案件。

领主法院每三周开庭一次，包括两种形式。

一是由国王直属封臣即大贵族主持召开、由其下属自由土地保有人组成的大领主法院（Honourial courts）。由于大贵族的领地庄园和下属自由土地保有人较多，法院规模较大。大领主法院除了审理有关土地保有权及相关权利义务方面的案件外，往往得到国王特许，承担一部分本属于政府的地方治安责任，检查十户联保制和受理轻罪刑事案件。这种领主法院兼有民事和刑事两方面的司法权。

二是小贵族主持召开的小领主法院。小贵族通常只有一处庄园，如果庄园内有两名以上自由土地保有人，就可以召开小领主法院，依据封建习惯法，审理自由土地保有人和领主之间的地产纠纷案件和其他民事案件。小领主法院没有刑事司法权，庄园内发生的一切刑事案件，都须提交地方公共法院或王室法院审理。[1]

（一）庄园法庭

除王室法院外，庄园法庭是中世纪英格兰司法领域中的重要角色。

在中世纪的英格兰，佃户们的义务清单中，有义务出席每三周召开一次的法庭，

---

[1] 程汉大：《中世纪英国法院制度的演变》，载于《中西法律传统》2009 年第 3 期，第 68 页。

成为一种通例。对于佃户来说，履行这样的义务，往往是最感到厌烦和困难的事。

庄园法庭的权力大小不一。在有些庄园，领主只处理与农奴有关的事务，而且通常只处理庄园经济管理中出现的问题。在其他一些庄园，领主不仅处理与农奴有关的问题，而且处理与自由人有关的问题，不仅处理经济上的事务，也调查刑事指控，征收罚金和税款，维护"国王的和平"，甚至处理一些本应由王室法庭解决的事务。[1]

13 世纪末至 14 世纪，国王的御用法学家们试图消除庄园法庭在职能上存在的混乱现象。国王发出"特权依据调查令状"，由法学家们依此令状，对庄园领主依据何种理由行使司法权展开调查。结果发现，各地领主在行使司法权时，并没有取得任何特权依据，其司法权不过是一种古而有之的占有物，或者根本可以说是非法篡取的。领主们普遍声称，他们有权进行十户联保组的督察，有权召集刑事法庭，但能出示授予他们这种权利的有关证明则付诸阙如。领主在他们庄园法庭中占有的这些司法特权，按照法学家们的说法，只有国王才能拥有。

在英格兰，司法领域是国王与地方封建主的权力之争的主战场。面对国王及其御用法学家的调查令状，领主们有时甚至声称自己应当拥有更大的司法特权。英格兰历史资料中留下了一些"特权依据调查令状"方面的史料，提供了许多证据，表明在不计其数的庄园中，本属国王掌握的生杀大权，以及处理一些次要事务的权力，那时均为领主们攫取。有些领主确实能出示"措辞含糊而且比较笼统"的特许状，似乎证明曾授予过他们一定的司法权力，但是，从 12 世纪开始，一个总体的趋势是，领主的司法权限于王室特许状规定的范围，而排除了由王室法庭管辖的凶杀、无主地下埋藏物、强奸和破坏国王和平等案件。

当然，一些较为明智的领主，会小心谨慎地变更他们手中的特许状，并将规定属于他们的司法权力写入新的特许状。法学家们越来越反感原有的含义模糊的术语，要求取消那些领主据此声称拥有的权力。

所以，到 13 世纪时，出现了这样的认识：庄园领主的司法权行不通了，征收牲畜交易税权和审判牲畜盗窃权也行不通了，领主在其庄园内外的权力也仅限

---

[1] 关于中世纪庄园法庭的组成、分类与功能，可参见赵文洪：《庄园法庭、村规民约与中世纪欧洲"公地共同体"》，载《历史研究》2007 年第 4 期。

于绞死那些手中握有赃物的盗贼（hand-having thieves）和在庄园里被抓获的盗贼（thieves taken with mainour）。其他术语则不能据以行使更多的司法权力。

不过实际上，有许多场合，这些术语所指称的权力仍然以原有的或变相的方式生效，成为一种"准司法权"。在其之下，成千上万农奴仍可能被没收财产，受到惩罚。以绞死盗贼为例，就特许状授予领主拥有在庄园内缉捕并审判盗贼的权利，以及在庄园外缉捕盗贼并将其带回庄园法庭加以审判的权利而言，前者赋予领主可以在自己的土地上抓获盗贼并将其绞死的权力，后者则赋予领主无论是在何地将盗贼抓获的都可将其绞死的权力。

在这些情况下，特许状还规定了附带条款：盗贼只有在"手持赃物"（hand-having）或"赃物在身"（back-bearing）的情况下被抓获，并受到财物失主的指控，而且在验尸官在场的情况下被绞死，才是合法的。

但是，从留传下来的法庭记录来看，有时领主们会将这些细节规定视同儿戏，盗贼一旦被抓获，领主便将其绞死了。对于盗贼是在何处被抓获的，怎样被抓获的，领主表现得像个"法盲"（non-legal mind）似的，完全对规则置若罔闻。克罗兰修道院院长因为将一名偷窃十六只鸡蛋的人绞死而受到指控，后来被判处有罪，这起盗窃案件是在其司法管辖权范围之外发生的。林肯主教也同样将属于自己的司法管辖权之外的五名盗贼逮捕，并依照程序将他们处以绞刑。

法庭案卷在记录审讯过程后，往往记上一笔"给他找个神父"，页边则注释"他被绞死了"（supensus est），道出了余下发生的事情。竖起绞刑架，并将罪犯处以绞刑的权力，就其本质而言，是王室的特权。所以，王室法庭力图将由于对特许状等规定的权力过于宽泛的解释而被攫取的那些特权收归己有。

除了公正的外表之外，每个人都深知在深层，执掌司法权是从他人那里获取利益的重要手段。法学家们的格言"司法获大利"（Justice is great profit），即此之谓。职是之故，所有领主都希望获取更大的司法特权，以便能从更大的范围内，通过处理各种犯罪和司法事务，从中榨取罚金，或者为他们自己谋取遭判罚之人的财物。[1]

---

[1]〔英〕亨利·斯坦利·贝内特：《英国庄园生活》，龙秀清、孙立田、赵文君译，侯建新校，上海人民出版社 2005 年版，第 166—169 页。

法律规定之外的一些因素也不应被忽略。庄园法庭除履行一般的民事司法审判权外，往往还执行治安和刑事方面的司法审判权。后两种案件的审理，无论农奴还是自由人都有出庭的义务。况且许多自由人持有农奴租地，所以必须出庭，回答任何与此有关的质询。自由持有关心的对使用公共地的限额、日常的农事安排等问题，通常也要在法庭上讨论。因此，尽管自由人出庭有可能会使他陷入某种危险的境地，但他经常出庭是可能的，而且这不会使他的地位在领主或农奴眼中有所损害。[1]

作为封建制的产物，领主法院的命运，必然与封建制的兴衰紧密相联。在英国，11 至 12 世纪上期，是封建制的鼎盛时期。那时，领主法院在国家司法体系中，占有重要的地位。

但是，12 世纪后期亨利二世改革后，自由土地保有人的地产案件，可以通过申请国王权利令状，越过领主法院，直接投诉于王室法院。甚至已经投诉于领主法院的案件，只要尚未结案，也可通过国王令状，调至王室法院。因此，领主法院迅速走向衰落。

特别是 1267 年以后，允许自由土地保有人在法院未取得国王令状的情况下，可以拒绝出席领主法院，自此，领主法院的地位更是一落千丈。13 世纪末，几乎找不到一件自由地产案件是在领主法院上审理的。

与领主法院的衰落相应，13 世纪以后，庄园法庭也同样出现衰落的趋势，只不过其衰落的速度比领主法院缓慢一些。这是因为，庄园法庭植根于下层民众和传统习惯，具有更为深厚的社会基础和广泛的管辖范围。它既是一个法院组织，又是一个庄园生产和生活管理机构。况且，在中世纪的英国，自由的和非自由的土地保有权之间，有一条明确的法律界限。自由土地保有权受国王保护，非自由土地保有权隶属于领主司法权的管辖之下，因此，在领主法院的司法权逐步被国王法院蚕食净尽的时候，庄园法庭能继续保存下来。

中世纪后期，农奴几乎全部通过劳役折算，获得了人身自由，变成了公簿土地保有人（copyholder），但庄园法庭继续保持着。公簿土地保有人之间日益增多的土地转让事宜，必须在庄园法庭处理。庄园法庭的生命力之顽强，可以说超乎

[1]〔英〕亨利·斯坦利·贝内特：《英国庄园生活》，第 176 页。

想象。直到 18 世纪，"圈地运动"彻底摧毁了英国的封建庄园制度，庄园法庭才最终消亡。[1]

（二）裁决依据和执行手段

在中世纪的英格兰，庄园法庭处理农民纠纷和公共事务的依据是习惯，它们是村民在村庄长期共同生活中形成的用于调节资源利用和相互交往的规则。在很多情况下，习惯也构成领主与佃农之间的关系准则。

但是，习惯既不能包罗万象，也无法一成不变。总有些新问题，不能按老习惯解决。习惯本身也有如何解释和运用的问题。领主与佃农之间的冲突，往往就表现为某种行为是否遵循了某种习惯的争执。

领主为了减少庄园习惯模糊不清引起的大量纠纷，也为了把自己的权益纳入庄园习惯，往往召集庄民，共同议定庄园惯例册。有的领主在制定惯例册时，会选择庄园上各个阶层的佃农，征求村庄中最年老的、最明智的人的意见，让其参阅往年的庄园法庭档案，拟定惯例草案，再经全体庄民认可，有时，这一过程甚至历时七年之久。

如此形成的庄园习惯，将佃农义务固定化，不利于领主扩张其模糊的权益。佃农地租水平的高低，就体现了习惯的作用。在 13 世纪人口增长和份地分割细化的过程中，佃农的地租水平往往比较稳定，甚至低于自由佃农的地租负担。在人口压力、市场环境和庄园习惯三种因素中，庄园习惯对佃农地租水平的影响最大，大大抑制了其他两种因素的作用。但是，领主之所以积极组织佃农制定惯例册，目的在于将自身权益纳入庄园习惯。

13、14 世纪，很多庄园上的佃农负担着在农忙季节为领主提供帮工的义务，有时，还要全家出动。这种帮工最初只是佃农应领主的请求，出于对领主的爱戴而提供的，但是，领主后来成功地将其写入庄园惯例，成为不可拒绝的义务。如拉姆齐修道院的许多庄园中，12 世纪初期的地产调查中，还没有这种帮工，但是，13 世纪，它却出现在该领主大多数庄园的惯例册中。可见，惯例册的制定也有使

---

[1] 程汉大：《中世纪英国法院制度的演变》，载于《中西法律传统》2009 年第 3 期，第 73 页。

领主的索取"合法化"的作用。

此外，领主在习惯的成文化过程中还另有所获。为了有效管理分散在各地的众多庄园，他们建立了由总管、管家、庄头、审计官等组成的阶层化的管理组织，制定收支明细账簿，实施财务约束。他们既要利用总管、管家、庄头等人来控制佃农，又要利用佃农来监督作为代理人的管理者。

为了减少管理者的中饱私囊，领主必须准确掌握地租、劳役、杂费等各项资产每年能带来多少收益。领主通过精确规定佃农的劳役量、不同季节不同种类劳役的具体折价，就可以确定庄头等管理者在经营自营地过程中使用了多少劳役，有多少剩余，剩余劳役量应折算成多少货币，这样，庄园管理者就不太容易将劳役挪作他用、恶意隐瞒或私自减免。可见，习惯的成文化和佃农义务的限定，是领主实施管理制度化所必需付出的代价。

领主迫使佃农服从庄园法庭的手段，通常有三种：担保、扣押和夺佃。

（1）担保

领主通常要求佃农为自己的某种行为寻找担保人。比如，担保在涉及本人的诉讼中按期出庭、如数交纳罚金、停止侵占别人财产、按时偿还债务、承诺不再违反村规民约、与邻人和解后不再发生争执，甚至不再殴打妻子，等等。如果被担保人不履行上述义务，应由担保人代为履行，或交纳约定罚金。在有些庄园中，佃农也可交纳担保物，在不履行义务时丧失其担保物。有时担保人还不止一人，甚至多达六人。

尽管各个阶层的庄民都能够充当担保人，但担任担保人的通常是庄头、收租人、陪审员、督察员以及其他庄园内的头面人物。富裕佃农也是担保人的主要来源，而且，其被担保人范围很广。贫穷佃农较少提供担保，即使需要时，也主要为亲属提供担保。外来户虽然也偶尔担任担保人，但他们自身主要依靠世代居住庄园的佃农提供担保。

相互提供担保，体现了村民之间互助合作的关系，担保制度把被担保人纳入担保人的监督之下，通过庄民的相互监督，实现领主和庄园法庭的控制和约束。这再次体现了庄园法庭对村社力量的吸收和利用。

（2）扣押

拒不出席法庭，或拒不服从法庭裁决的佃农，会被庄园法庭扣押财产，主要是牲畜等动产，直到他履行相应义务后，才能取回被扣押的财产。财产的扣押，通常由庄头、收租人、保长等庄官执行。有时，他们也会因为执行不力，而遭受处罚。

(3) 夺佃

领主对佃农最有效的强迫手段，莫过于夺佃，因为，失去土地对佃农来说，很可能意味着失去生计。在人口不断增长和土地日益匮乏的 13 世纪，佃农人均占有的土地大幅下降。这种经济环境的恶化，无疑加重了夺佃对佃农的强制力。1279 年，索维克庄园就对一名佃农作出了剥夺土地的决定，原因是他未经允许，就砍掉了其租佃地上的十四棵橡树，这些橡树应当是属于领主的。

上述三种手段，都是由庄民来执行的。有时，特别是在庄民集体反对领主时，过于倚重庄民集体来运作的庄园法庭，就显得无能为力，领主不得不动用更强的暴力资源。

不少领主除管理庄园法庭外，还可通过十户联保组和治安督察会，处理轻微的治安事件，监督当地面包和酒类质量，抓捕和绞杀带着赃物当场被抓的盗贼，甚至设有自己的监狱和绞刑架。

这些暴力资源是庄园法庭顺利运转的保障，是领主压制佃农反抗的制胜法宝。13 世纪，海尔索文修道院院长因加重佃农负担，遭到佃农的屡次抗争，包括向王室法庭控诉。1282 年，院长命一帮武装的仆从，抓捕了几名反抗的首要分子，并将其中一人打死，迫使佃农屈服。沃伦内伯爵的总管在主持法庭时，遭到佃农们的顶撞，命令把门关起来，召进了几名武装随从，有三位佃农被杀死。

这些事件说明，领主一方面通过担保制、财产扣押和夺佃等常规途径，迫使佃农服从庄园法庭的裁决，另一方面，在与佃农发生严重冲突时，又动用各种暴力资源迫其就范。当然，有些小领主因缺乏足够的暴力强制手段，而不能使佃农服从。如前述托恩伯雷庄园，就属于一个小领主，有时甚至不能成功撤换佃农们选出的庄头。[1]

(三) 参与者和裁决者

领主通常不但要求农奴必须参加本庄园的法庭，还严禁他们参加其他法庭。

---

[1] 李云飞：《中世纪英格兰庄园法庭探微》，载于《世界历史》2005 年第 2 期。

在伯克郡的大霍尔伍德庄园，领主就制定了这样的规约："在总管面前，经各方和包括自由佃农和习惯佃农在内的全部佃农的一致同意，特规定，无论何事，只要领主法庭能予解决，佃农就不得到外边的法庭起诉其他佃农，违者应交纳十三先令四便士的罚金。"[1]

兰开夏郡的巴林顿（Barrington）庄园的规约则规定："无论因何种理由，每个佃农都不能到百户区法庭和其他法庭起诉、打击或扰乱其他佃农，而只能在本庄园的法庭中解决，违者罚款四十便士。"[2] 1377 年，沃尔夫雷庄园对一个佃农处以四十先令的处罚，因为他通过外来人员调解与其邻人的纠纷。1398 年，埃姆雷堡的两个佃农分别被罚款十二便士，因为他们在其他法庭起诉邻人。

不过，禁令的发布，恰恰说明有例外存在。有的村庄包含若干庄园，属于不同庄园的佃农之间发生纠纷时，佃农就可能需要到本领主庄园法庭以外去诉讼。有的佃农占有来自不同领主的土地，因而需要参加不同领主的庄园法庭。另外，一些诽谤、伤风败俗、婚姻等方面的诉讼，属于教会法庭的管辖范围，执事区法庭在乡村也发挥着一定的作用。王室法庭，特别是其巡回法庭为自由佃农解决纠纷提供了一种途径，甚至还有少数农奴，也可能到王室法庭进行诉讼，如关于身份自由的诉讼。

庄园法庭由领主或其总管主持。13 世纪的一份地产管理小册子曾建议，总管应当"通晓国法，以保护领主的事业和指导下属管家，并在他们遇到困难时给予帮助"，"应当一年巡视两三次，遍访他管理下的庄园"，还应当"执行法庭宣判的惩罚和罚款。他在法庭上主持其他人的诉讼，没有人能够取代他成为法官"。与此同时，还出现了专门指导总管如何主持法庭的名为《论领地法庭》的小册子，其前言就明确地说，其主旨在于指导"总管在主持法庭时应当说些什么"。[3]

特别值得注意的是，中世纪英格兰庄园中的总管，仅是庄园法庭的主持人，但不是裁决者。裁决通常由全体出席者共同作出，重要的裁决，还可能因出席人

---

〔1〕 W.S.Holdsworth, A.L.Goodhart, H.G.Hanbury, J.M.Burk, *A History of English Law,* Vol.2.London,Methuen.1956, p.467.

〔2〕 同上书，p.468.

〔3〕 同上书，p.469.

数过少而推迟。在法庭档案中，经常可以看到"根据全体庄民的意愿"、"经全体庄民的调查"等诸如此类的记录。领主或其总管在庄园法庭上擅自决断，会导致庄民的不满。如 1336—1337 年，坎特伯雷大主教修道院的伯金庄园发生了这样的情况：庄民们向修道院递交了请愿书，他们列举了总管的诸多不轨行为，其中第一条便指责总管"擅作主张，没有询问检举者们，违背事理，未经讨论，就认为他们刻意隐瞒，妄加处罚"。[1] 很大程度上为了提高诉讼效率，13 世纪英格兰的庄园法庭，已有不少采用陪审制，用陪审团取代全体法庭参与人，进行事实调查和争议裁决。

作为英国法制史上的一大创举，陪审制在 12 世纪的王室司法行政活动中，已经司空见惯。1166 年亨利二世颁布《克拉灵顿诏令》，1176 年又颁布的《北安普敦诏令》，确立了陪审制在刑事调查审理中的核心地位，随后，陪审制又被推广到民事诉讼的调查审理中。王室法庭用比较公平快捷的陪审制，取代以前的神明裁判、共誓涤罪和武力决斗，对其他领主庄园上自由佃农极具吸引力，给后者造成了压力，从而努力改进诉讼程式。领主们也逐渐在庄园法庭上用陪审团来进行事实调查和争议裁决，就是对这种压力的反应。[2]

第六节　欧洲其他地区的封建地方法

除法兰西、德意志、英格兰之外，中世纪欧洲还有一些地区的封建地方法值得研究者的注意。首先是西班牙，其次是意大利，还有俄罗斯等。

一、西班牙封建地方法

伴随着罗马教会势力的影响，以及比利牛斯山北麓封建势力的扩张，在西班牙的小王国中，也逐渐出现了封建主义。并且，表现出了与法兰西南部地区封建

---

[1]〔英〕亨利·斯坦利·贝内特：《英国庄园生活》，龙秀清、孙立田、赵文君译，侯建新校，上海人民出版社 2005 年版，第 178 页。

[2] 李云飞：《中世纪英格兰庄园法庭探微》，载于《世界历史》2005 年第 2 期。

主义的诸多不同点。

封建制的军事本质，并没有消除贵族阶层和骑士阶层的区别。在西班牙，骑士阶层长期处于从属地位，并且一直居住在农村地区。在加泰罗尼亚，至少在巴塞罗那地区，中央权力一直存在，堡垒保留在了伯爵及其直属封臣手中。伯爵对附庸的军事义务一直保持着绝对控制，对教会也同样保持绝对权威。1020 至 1060 年发生于加泰罗尼亚的危机，导致了私人分封的采邑的出现。但是，博雷尔一世通过对封建制的发展和改造，使绝大部分城堡主对其都有了私人依附关系。随后盛行的封建制，使得处于从属和下层地位的城堡主依靠军士的支持而逐渐崛起，而且在 1040 年之后，伯爵的司法权也逐渐让位于领主司法权。[1]

封建土地制度在西班牙地区的历史，与相接壤的法国南部省份一样悠久。在阿拉贡王国的历代王朝中，封建主义都非常普遍。[2] 而在卡斯蒂利亚，封建主义却非常少见。如果认为《法律集成》中的附庸制度仅仅是宣誓效忠而已，那么显然是不恰当的。[3] 在加泰罗尼亚和瓦伦西亚，法兰西式的封建制在相当早的时期已经就建立了起来，在《法律集成》中，封建制已经发展成了完整的体系。

（一）《法律集成》（亦称《七章法典》、《七章律》、《七部律》）

中世纪西班牙的封建法中，最重要的无疑是《法律集成》。其英文译名为"Seven-part Code"，汉译为《卡斯蒂利亚法典》或《七章法典》。

1251 年，阿方索十世组成了一个由法学专家组成的起草委员会，完成其父费尔南多三世构想的法典。这部法典的内容来源于罗马法、教会法、当地的封建习惯法和伊斯兰法。制定这部法典，是为了最终替代蛮族化的西哥特法律，同时也

---

[1] David Luscombe&Jonathan Riley Smith, *The New Cambridge Medieval History*, vol.4, Cambridge University Press, p.153.

[2] 撒丁岛的封建制是"在阿拉贡王国统治下"建立起来的。See Calisse, *Storia di Diritro Italiano* (trans. Cont. Leg. Hist. Ser.) Ⅷ, p.51.

[3] 不确定《七章律》中规定的效忠是不是"仅仅只不过是自愿性质的效忠"，在这种制度中"附庸可以随意解除效忠"。但是附庸只能在自己受到了极大的不公正待遇之后才能"解除效忠"。实际上这是一条普遍适用的封建法规则，在领主履行了自己责任的情况下，附庸就必须继续效忠，在《七章律》中并没有什么不同。另外，领主和附庸的关系可能随着经济地位的不同而发生一些与宣誓内容不相符合的变化。

为了取代卡斯蒂利亚地区反复繁杂、时常是互相矛盾和令人费解的不成文习惯法，达到为整个王国建立起统一的法律规则的目的。

这部法典最初颁布时，名称是"Libro de las Leyes"（古西班牙语: Livro de las legies）。直到 14 世纪，才使用了今天这个名字。目前国内还没有这部法典的汉译本，本书作者根据发现的华盛顿大学的版本，在这里大概介绍其各章节的内容和一些有代表性的条文。[1]

1. 第一章规定宗教事务，明确了教士的责任和宗教信条的相关事宜，其中第一节是政治、权力、意识形态方面的内容。

该章共包括 24 条, 516 款。开篇即介绍了本部法典的渊源, 规定了什么是法律, 将法律分为教会法和世俗法 (1, 1, 3)。谁有权力制定法律、谁有权以及如何修改法律。解释了遵守良法和恶法的后果。良法制定的过程是把政府的权力与当局者的智识相结合 (1, 1, 9)。

该章中提到，良好的立法者应该具有的品质是: 心中时刻记挂着上帝的教谕, 对正义的热爱, 深厚的法律功底, 在必要的时候敢于也愿意对法律进行修改 (1, 1, 11)。探讨了先例的约束力, 规定了先例具有效力的条件, 要看先例是符合法律、在法律规定范围之外还是与法律相矛盾。

该章提到，不能以不知道法律规定为由不遵守法律，没有人可以以不知道法律规定为理由逃避法律的制裁。因为每个人在受到公平正义保护的同时，也应该去维护公平和正义，所以应该知道正义的规则，并去阅读他们。如果不去阅读，获知规则的途径要么是询问已经阅读了的人，要么是去聆听他们的讨论。人在世上可以推脱掉很多本来应该去做的事，但是却无法在法庭上不为自己找到可以维护自己权利的人。如果真的找不到这样的人，那么就应该去和来自于有法可依的地区的朋友商量，这些朋友可能会站出来代理他们，而且必须给予他们这样做的权利。人可以依靠自己或朋友维护自己的权利，但是无法用不知法律的理由来维护权利，如果他们真的给出了这个理由，对自己是很不利的 (1, 1, 20)。

该章随后涉及到教会法，规定天主教信条和圣礼、教堂的组织、教士的权利

---

[1] 美国华盛顿大学网站。http://faculty.washington.edu/alfonso/7part 1.#lawmaker, 访问时间: 2011 年 3 月 25 日。

和职责以及教堂提供庇护的权力。[1]

2．第二章规定了皇帝、国王和其他领主的权力、权利和义务。

该章包括 31 条，359 款。明确区分了宗教和世俗权力，承认权力的两重性以及两者之间的和谐关系。

该章给出了政治权力方面的重要规定（2，1，5），涉及到国王、权力的来源和目标、基于信仰和理智的领导与遵从的关系。规定了人民相对于上帝、国王和国家的权利和义务。同时为王室家族和继承制定了规则，规定了继承王位的条件。

该章中，对被统治者的范围进行了界定。对于"people"一词，有些人认为指普通人，比如商人或体力劳动者，其实并不准确。在古时的城市里，如巴比伦、特洛伊和罗马，所有的事务都被合理的方式所调整，所有事物都有合适的名称，所有人的集合，包括上层人，中层人和下层人，都被称作"people"，没有人被排除在外。该章亦认可，所有人都有义务帮助别人在有秩序的范围内生活，并受保护和支持。（2，10，1）

本章很有特色的一条，是规定了骑士应该具有的四种"virtutes"即"美德"（2，21，4）：谨慎、坚忍、戒酒和公正。每个人都应该努力去获得这些美德，但是，那些以自己的劳动和能力保卫国家、教堂和其他人的人，更应该具备谨慎的品质。谨慎可以使得他们更好地完成自己的职责，并且不使自己受伤。坚忍能让他们坚韧不拔，在履行自己职责的时候不会犹豫不决。清醒的头脑会让他们更好地施展自己的能力，并且时常去操练。公正会让他们尽量去做正确的事。

该章还规定了乡绅在获得骑士称号之前，应该做哪些事（2，21，13）。洁净让所有可视的东西看起来更好，所有先贤们认为，骑士应该成为没有瑕疵的人。骑士应该保持衣服和武器的洁净，虽然他们的使命是血腥的，但是他们在精神上不应该拒绝美丽和优雅，这一方面可以使他们获得愉悦和满足，另一方面可以使他们在手持武器时表现的更加勇敢。所以，乡绅在获得骑士称号的当天下午，他应该清洗头和手，在晚上，睡在所能找到的最好的床，穿着最好的衣服，因为这都是骑士的职责。

---

[1] 在不同版本中，第一章的内容有明显不同，贵族们反对最初版本中有关王室可以凌驾于他们之上的条文，在随后的修改中限制了王室的权利，被称作是"late enactment"。

该章规定，骑士在清洗了自己的身体之后，还必须去教堂清洁自己的灵魂，有义务在那里苦修，祈求上帝宽恕自己的罪恶，并指引他以最理想的方式去行动，使自己能够在危险中保护自己，并战胜所有遇到的困难，达到保卫宗教的目的。他必须清楚上帝拥有最高的权威，并且能随时在任何人身上显灵。在做完祷告之后，其他人都可以站起来，他必须保持跪姿，直到无法坚持。骑士的监督人并非儿戏，他们和所有在场的人只有一个目的，那就是祈求上帝保护、指引，并帮助这个即将去赴死的人。

该章最后谈到中世纪的一种重要机构——大学。即将建立大学的所在城镇，必须要有纯净的空气和美丽的环境，以使讲授科学的老师和学习的学生们能够保持身体健康。他们经过学习，眼睛疲劳之后，在晚上可以惬意地休息和娱乐。而且，城镇必须为大学生提供足够的面包和红酒以及良好的宿舍，以使他们不需要为学校生活花费过多。

该章规定，大学当地的居民，必须尽心保护大学师生和他们所有的财物，不得因他们父母或其他亲属所欠的债务，而扣押从他们家乡而来的送信者。任何人不得因对大学师生或者送信者的敌意和怨恨，而对他们使用暴力，或施加不法行为，或对他们进行欺诈。他们所有的财物不得受到损害，不管是在学校，或者是已经返回了家乡，在全境给予他们特殊的保护。任何违反该条法律，通过暴力强占他们财物，或者抢劫他们财物的人，都要被处以四倍于侵占财物价值的罚金。伤害、欺诈甚至杀害他们的人，都必须受到严惩，标准参照对于违反停战协定和特许权的人的惩罚。如果法官在审理该类罪犯的时候，玩忽职守或者没有做出公正的判决，需要自己支付上述的罚金，并作为名誉败坏者立即被解除职位。其他公职人员有拒绝惩罚这类罪犯的情况，其本人参照国王的旨意受到惩罚。(2，31，1)

3. 第三章规定了司法制度和程序，包括民事诉讼、王室的司法权等。

该章包含 32 条，543 款。其重点为参与诉讼的人和他们所需要遵循的规则。涉及诉讼中原告和被告的权利义务和法官的权力 (3，4，3)，以及律师的职责 (3，4，6)，还有诉讼期限和证据种类。此外，还涉及公证文书 (3，18，1)、公证 (3，19，1) 以及判决和上诉等。该章还规定了物权 (3，28，1)、承认公有领域的某些物权、占有 (3，30，1)、时效、凭时效取得财产权、地役权等。

4．第四章规定了婚姻、亲属、婚生子女及非婚生子女的地位、领养、父母权力、奴隶制度及自由和领主制度。

该章包含27条，256款。主要内容是家庭法，以及婚姻和血缘以外的人与人之间的永久关系。具体内容有订婚（4，1，2）。在女儿不在场，又没有表达同意的情况下，父母无权将女儿许配出去（4，1，10）。规定了婚姻（4，2，1）和相关教会法的适用性、形式和效力。规定了离婚不是指婚姻纽带的断裂，而是共同居住的停止。规定了合法的、不合法的遗产继承（4，14，1）；规定了公权力对未成年人利益介入的权力。规定了奴隶制（4，23，8），将其称为"罪恶"一词之后"世界上最邪恶的东西"。还规定了自然人的地位及其关系，包括自由和奴役、贵族或平民、教职和世俗、合法或非法、基督徒和摩尔人或犹太人、男性和女性、农奴和采邑等。

5．第五章规定了贷款、债务、购买、交换、收费、市场、海商和所有其他人与人之间的商业交易；

该章包含15条，374款。其调整对象为私法领域，涉及贯穿人们生活的法律活动和合约。内容涵盖各种合约：

（1）借贷合约，禁止高利贷；

（2）借用合约（comodato），把某物借给他人，在约定的条件到来时必须归还；

（3）保管合约（deposito），同意为他人保管并保护某物；例如，旅馆主、公寓主和水手与旅客达成寄存合约，在收费后，如果寄存物在他们的房间中或者船上丢失，就有义务赔偿物权人的损失（5，13，26）。

（4）赠予合约（donación），无偿将某物的物权转让给他人，并不得索还；

（5）买卖合约（compraventa），遵循罗马法的规则，在货物买卖中，卖主必须说明起初获得此物的途径；

（6）互易合约（permuta），货物与货物之间相互交换；

（7）租赁合约（arrendamiento）；

（8）管理公司和法人的合约；

（9）口头合约；

（10）担保、抵押、附属物合约。

此外，该章还规定了支付价金和让渡物权，以及商法中的很多重要规则，涉及到商业活动中的各方和商业合约。

6.第六章规定了遗嘱、继承以及孤儿、未成年的监护制度；

该章包含 19 条，272 款。第一条规定了遗嘱的概括规则，包括两种遗嘱：口头遗嘱（testamentum nun cupativum）和书面遗嘱（testamentum in scriptis）。所有种类的遗嘱，在订立时，必须有七个声誉良好的人在场见证（6，1，1）。双性人不能作为遗嘱见证人，除非他更像是男性而非女性（6，1，10）。禁止聋、哑的人生育（6，1，13）。禁止被永久流放、受到死亡诅咒的人（6，1，15）以及神职人员订立遗嘱（6，1，17）。还规定了遗嘱撤销的方式和订立保密遗嘱的程序。

第 3 条至第 6 条规定了指定继承人。丈夫死后一年之内就再嫁的女人，禁止成为继承人（6，3，5）。将财产分为十二个部分（6，3，16），规定了遗嘱中可对继承人提出哪些条件。规定在继承人死亡或者拒绝遵守遗嘱中条件的情况下，重新指定继承人的方法。规定了被指定的潜在继承人在何种条件下可以拿到财产清单之后，再决定是否接受继承。

第 7、8 条规定了取消继承人的继承权。父亲可以在子女诽谤、殴打他的情况下，取消其继承权。如果儿子成为了巫师、小丑、穆斯林、犹太教徒，或者为了钱财与野兽搏斗，或不为父亲支付赎金或保释金，或与父亲的妻妾通奸，父亲可以取消他的继承权（6，7，4—7）。一个人可以以任何原因，或者在没有原因的情况下，取消其兄弟的继承权（6，7，12）。如果遗嘱是非法的，被取消继承权的人可以质疑或者直接不遵守遗嘱。

第 9 至 11 条规定了遗赠。第 12 条规定了遗嘱的附录。第 13 条涉及未立遗嘱而死亡，将亲属分为了三类：直系卑亲属，如儿子和孙子；直系尊亲属，如父亲和祖父；旁系亲属，如兄弟和叔父。当被继承人未立遗嘱而死亡时，首先由直系卑亲属继承，然后是直系尊亲属，最后是旁系亲属（6，13，2—5）。第 14、15 条讲了财产的移交和分类。

第 16 条规定了孤儿的监护。监护人被称作"tutor"，可以由被监护人的直系尊亲属或法官指定（6，16，2）。如果母亲在父亲死后再嫁，就不能做子女的监护人（6，16，5）。做 14 岁到 25 岁孤儿的监护人，被称作"curatores"（6，16，13）。

监护人必须尽责管理被监护人的财产，教育他们读书、写作，并在法庭上担任他们的代理人（6，16，15—17）。

第 17 条规定了避免成为监护人的条件。骑士、教师、哲学家、体力劳动者、文盲和被监护人父亲的仇家，不能在未征得他们本人同意的情况下，被指定为监护人（6，17，3）。第 18 条规定了监护人的撤换。

第 19 条规定了未成年人由于自己的过失而遭受财产损失时的恢复原状权。25岁以下的人，由于疏忽大意而受到损失，可以要求恢复原状（6，19，2）。14 岁以下的男童不能因通奸罪或放荡行为而被公诉（6，19，4）。教堂、国王和议会在受到他人欺诈，或者因他人过失而遭受财产损失的情况下，也有权要求恢复原状（6，19，10）。

7. 第七章规定了罪行、诽谤、刑事审判（纠问模式）、刑罚、惩罚、赔偿，以及统治犹太人、摩尔人和其他异教徒的法律。

该章包括 34 条，363 款。规定在刑事案件中，在证据充分的情况下可以刑讯逼供（7，30，1）。但是，只允许对那些声名败坏和低等级的人使用刑讯。禁止对十四岁以下的人、孕妇、骑士、法学或科学博士刑讯逼供（7，30，2）。而且，只有在"公众传言"或至少一名可靠证人指证被告人犯罪的情况下，才能使用刑讯逼供。刑讯过程必须有法官和公证人在场，禁止法官在刑讯过程中提起其他人的名字（7，30，3）。如果被告人在刑讯过程中坦白，那么必须在用刑结束后，在没有任何强迫的情况下得到确认（7，30，4）。

该章涉及各种犯罪。叛国罪是针对国王的犯罪；散播谣言也是重罪；凶杀罪分为三类：故意杀人、过失杀人和正当防卫下的杀人；侵犯名誉构成犯罪；抢劫、盗窃和侵犯财产罪、欺诈罪是法律重点打击的对象；此外分别规定了通奸、乱伦、强奸、鸡奸、拉皮条、巫术、异端、自杀和亵渎神明的罪名和惩罚。

该章区分了不同人的刑事责任能力，十岁以下的人和精神病人没有刑事责任能力。还区分了未遂和既遂（7，31，2），规定了部分教唆和协从行为。详细列出了免责、减轻和加重情节（7，31，8）。规定了监狱和狱警的规则（7，29，8）。

该章明确了刑罚的目的是报复和威慑，并为此建立公共惩罚行为，规定了七种刑罚种类：（1）死刑或截肢；（2）终身劳役；（3）终身监禁；（4）永久流放并没收财产;(5) 永久流放但不没收财产;(6) 剥夺名誉或褫夺公职;(7) 当众鞭打,受刑,或裸身示众并涂抹蜂蜜以招引蝇虫。前四种刑罚的惩罚对象犯有重罪,后三种用以惩罚轻罪犯人。

《法律集成》的最后一条效仿《学说汇纂》和教皇敕令,给出了一些法律原则。

作为阿方索十世立法活动的最主要成果,这部法典将当时各种法律体系融合成统一的整体,并调整了社会生活的方方面面,因此,在卡斯蒂利亚王国和西班牙帝国长期作为有最高约束力的解决法律问题的依据。同时,其优美的西班牙式行文风格和世界性的视野,使其享誉欧洲和世界,至今仍然是很多大学研读的经典。随着西班牙帝国的扩张,它在拉丁美洲的广大地区广泛适用,在世界法律发展史上作出了杰出贡献。

(二) 加泰罗尼亚

研究封建主义的历史学家,如果要在伊比利亚半岛上寻找一个可以进行比较的真正独特的地区,那么就不应将注意力指向西班牙东北部。加泰罗尼亚地区原是加洛林帝国的边境,过去一直受到法兰克制度的深刻影响。附近的阿拉贡王国情况也是如此,只是所受影响较为间接。伊比利亚半岛西北部各地,即阿斯图里亚斯(Asturias)、莱昂、卡斯蒂利亚、加利西亚(Galicia)以及后来的葡萄牙的社会结构,则处于较为原始的状态。

在西班牙西北部地区的历史上,留下最深刻烙印的,是再征服运动和再移民运动。

大片的土地从摩尔人手中收复以后,农民作为小块土地的持有者,被安置在这些土地上。这些定居者在保持着边境民军必备的战争警惕性的同时,避开了最具压迫性的领主隶属形式,其结果是,在西班牙,以非自由佃农的地租收入和强迫劳动供养的附庸,在数量上比法国少得多。

另一方面,虽然武装侍从是出色的战士,却不是唯一的战士,甚至不是唯一的骑兵。他们与私家侍从的骑士并存,是最富裕的自由佃农组成的"农民骑士"。

此外,较之比利牛斯山以北地区,国王作为战争领袖的权力仍然更有效,并且由于这一地区的国家版图不太广袤，其统治者比较容易与其臣属群体保持直接接触。所以，附庸的臣服和官员的服从、职位和采邑并没有混同起来。从最低微的骑士渐次及至国王，除了被自主地产打断的地区，没有一个固定的附庸等级制度。

各地都有侍从群体，其中很多人被授予地产作为他们服役的报酬，但他们是被松散地联在一起，不像法国那样，形成为社会和国家的主要组织结构。

对于任何充分发展的封建体制，两个因素是不可缺少的：附庸骑士享有军事职业的实际垄断权；为了附庸关系的发展，他们或多或少地自愿放弃其他统治手段。[1]

在加泰罗尼亚地区，《巴塞罗那惯例集》是组成根本法的惯例（furs，西班牙语：*fueros*）的集合。这部惯例集在加泰罗尼亚地区占有极为重要的地位，其融合各种法源的特性，使得加泰罗尼亚地区所有的族群都引以为自己的法律，为该地区所有的法律所效仿，可以说对加泰罗尼亚的形成起到了决定性的作用。

《巴塞罗那惯例集》的第一部分由伯爵拉蒙·贝伦格尔一世（Ramon Berenguer I，1053—1071 年在位）颁布，目的是修补哥特习惯法的缺陷。其完整的版本，则由伯爵拉蒙·贝伦格尔四世（Ramon Berenguer IV，1131—1162 年在位）时期的官员和法官颁布，包括 125 条正文和四个附件，融合了罗马和西哥特人的法律、巴塞罗那伯爵的决议、教会法和宗教会议的决议。

在当时欧洲法律发展潮流中，这部惯例集也有显著的作用，其成功适用，说明罗马法复兴的潮流已经由法兰西南部和意大利，传入了比利牛斯山以南。其制定者并不是在简单的抄写罗马法的内容，而是以学者的角度，将复兴中的罗马法加以修正，并引入当地。

如果罗马法的经典无法解决当地的法律问题，就拿出自己的法律习惯来解决出现的问题。如果当地习惯也无能为力，甚至会从已有的法律中引申出新的法律。在伯爵允许的范围内，立法者们甚至扮演了"捏造者"的角色。但是，这种立法上的"伪造行为"在当时的文学和智力活动中，正是处于中心地位的专家行为。

《巴塞罗那惯例集》是以习惯法汇编为主要内容的立法成果，惯例集并没有提到，是在哪位君主的权威下制定的，因此算不上真正的法典。而且，与 12 世纪很多其他的法典类似，《巴塞罗那惯例集》中所包含的"学院派法律"，并不是当时

---

[1]〔法〕马克·布洛赫：《封建社会》，张绪山等译，商务印书馆 2004 年版，第 307—309 页。

封建体制下社会的真实写照，而是立法者们所接受教育的反映。[1] 从下列《巴塞罗那惯例集》条文中，可见其一斑：

第1条　在习惯法的规则没有被行政命令取代之前，法官在裁决非轻微罪行时，必须采用誓言审、司法决斗、沸水审或冰水审，同时被告必须要说："我以上帝和福音书的名义起誓，我的这些行为都在我的权利范围内，或者是出于你的过失。"然后他要进行司法决斗，或者经受前面所述的一种审判方式。凶杀和通奸行为，必须依照法律或者习惯的规定审判或调解。

第25条　如果一个财主或骑士拒绝为他们的领主缴纳应缴的担保金，领主可以获得他们的城堡，或者收回他们的采邑。在他们缴纳保证金以及赔偿领主驻守采邑和城堡的开支之前，领主不需要归还他们的采邑和城堡。如果附庸交出了采邑和城堡的控制权，那么他们在领主归还之前，不需要向领主缴纳保证金，但如果领主因战事需要使用城堡，或者宣布在城中居住的情况下，附庸仍然需要缴纳保证金。

第32条　如果领主想要让附庸对他履行更多的义务，那么需要扩大他的采邑；如果附庸想要获得属于自己的固有权利，那么他必须履行承诺，向领主履行义务。

第40条　如果一个人在国王在场的情况下，在法庭上被指控背叛自己的领主，那么他必须通过国王的裁决或同意，洗清自己的罪名。如果他拒绝接受审判，则由国王强迫其到庭。如果一个领主想非正义地压迫他的骑士，或者夺走他的采邑，那么国王必须保护并帮助这个骑士。

第48条　犹太人需要向基督徒宣誓，但是基督徒决不能向犹太人宣誓。

第69条　所有通向巴塞罗那工厂的输水管道，在任何时候都必须完好无损，如果有人胆敢损坏它们，需要向国王支付一百盎司的瓦伦西亚金币，如果有人这么做的目的是为了灌溉，那么需要向国王支付三盎司瓦伦西亚金币。

第81条　如果一个人被判决为犯杀人罪，那么，他需要被受害人最近的亲属或者领主关押，如果此人不能做出足额赔偿，那么，亲属和领主可以在

---

[1] 美国阿肯色中央大学图书馆。http://libro.uca.edu/usatges/usatges.htm，访问时间：2011年1月18日。

不杀死他的情况下，随意处置他。

第85条　如果一个人强奸了一个处女，如果该女子及其父母同意，该男子必须迎娶该女子，或者为其介绍一位与自己身份相同的丈夫，同时，女方父母需要向男方交付嫁妆。如果一个人强奸了一个非处女，并使其怀孕，也需要做相同的事。

第94条　如果一个农民拾得了丢失的金银、马、驴、撒拉逊人、苍鹰，如果他立刻通知并返还给其领主，那么他有权获得该领主的酬谢。

第100条　基督徒在没有取得国王同意的情况下，不能卖给撒拉逊人武器。如有违反，必须收回他们卖出的武器，不管有多么困难。如果不能收回，需要向国王支付一百盎司金币的罚金。

第101条　如果违抗国王的意愿出售食物，需要支付与上条相同的罚金。

第102条　如果向撒拉逊人通报国王的军事情报或战略，或者背叛自己的计划和机密，在赔偿了由此造成的损失之后，需要向国王支付数额同上条的罚金。

第105条　如果父亲和儿子之间发生了法律纠纷，在庭审中父亲的地位相当于领主，儿子的地位相当于附庸。

第106条　如果儿子对父亲的领主犯下罪行，那么父亲必须强迫儿子向领主赔偿，或者自己向领主赔偿。如果他们都不愿意赔偿，那么父亲必须剥夺儿子的继承权，并不得再为儿子提供支持。

第114条　如有人粗暴、轻蔑地对待自己的领主，或者出言污蔑领主，那么附庸在这一过程中如果最终蒙受损失，领主也无需赔偿。但如果领主说谎，则需要对附庸在此事中所遭受的损失进行赔偿。

附件一第1条　任何被法院判决囚禁在城堡中的人，在未得允许的情况下，都不能离开监所。如非因死亡威胁逃离城堡，必须为脱离行为接受惩罚，向法庭支付三十苏。在回到城堡之后，还须接受法院裁决的其他惩罚。

附件二第5条　任何人不得同时作为原告、法官和证人，一场庭审中，必须要有四个人同时出庭：选任的法官、可信的原告、合适的被告和值得信任的证人。法官必须保证公平、公正；原告必须有扩大本案争端的诉请；被告通过提出限制，实现缩小本案争议的目的；证人必须证实本案的事实。

附件三第 4 条　如果寡妇在丈夫死后能够守节，并且在丈夫的采邑上，履行了抚养子女的义务，那么，在她再嫁之前，可以一直占有丈夫的财产。但是，如果她通奸，则将会失去对丈夫采邑和财产的占有权，如果儿子已成年，转由儿子占有，如果儿子未成年，则由丈夫的亲属占有。但在上述两种情况下，她在有生之年都可以保留自己的财产和嫁妆，在她去世之后，这些财产归于其儿子或亲属。

附件四第 1 条　每个国家都有从自己的习惯中选择法律的权利。实际上，长时间使用的习惯，能够起到法律的作用。法律能实现某些方面的正义，惯例和习俗都是从人们的习惯中产生的，但是，习惯是在能够起到法律作用的惯例的基础上产生的某些权利。国王和皇帝的命令被称为布告或敕令。所有的正义都是建立在法律和惯例基础上的，惯例是经过了时间检验的习俗。公平的实现分两种情况：依靠法律实现，其他情况下依靠惯例实现。

二、意大利封建地方法

中世纪的意大利，由于特殊的地理和历史条件，社会制度比其他地区更为复杂。与其他地区发展较早较快的市镇中宗教权占有重要地位不同，在这片原属于南法兰克王国的区域，成文法更占优势，伯爵的司法权要比其军事权威更重要。至 11 世纪，堡垒的数量增加了，并在很大程度上摆脱了伯爵的控制，地方领主把他们的法律强加于意大利北部地区的居民之上。[1]

伦巴第人统治下的意大利，其人身依附关系的自然发展，在各方面都与高卢的各种委身形式相似，无论是简单的个人自投奴役，还是军事亲兵制，均是如此。武装亲兵，至少那些簇拥在国王、公爵和大首领身边的武装亲兵，拥有一个共同的日耳曼名称"侍从"（gasindi）。他们中的许多人接受了地产，如果不再继续效忠，通常要将土地交还给领主。

---

[1] David Luscombe&Jonathan Riley Smith, *The New Cambridge Medieval History*, vol.4, Cambridge University Press, p.154.

　　不过，按照当时的习俗，这种关系在这一时期并非牢不可破的。对于自由的伦巴第人来说，假如没有离开国家，那么，法律明确承认他有权"与其亲属到他愿意去的地方"。然而，专门用作役务报酬的属于法律范畴的地产观念，在伦巴第国家并入加洛林王朝之前，似乎还未清晰地形成。

　　在意大利，"恩地"体制是从法兰克人那里承袭而来的。正如在它的发源地一样，由于人们的偏好，"恩地"很快被称作"采邑"。这个词汇将以旧的动产的意义，出现在伦巴第语言之中。早在 9 世纪末，它就已经在军事佃领地的新意义上被使用。关于此点，在来自卢卡附近地方的文件中可以得到印证。

　　同时，高卢—法兰克词汇"附庸"也逐渐取代了"侍从"一词。后者被降到更狭窄的意义上，限于没有授予采邑的武装侍从。外族的统治通过语言的微妙变迁，给这些制度打上了永久的印迹。部分地由于征服战争造成的社会危机，部分地由于占据高官显位的外来贵族移民的雄心，各种类型的庇护关系都得到了发展。在阿尔卑斯山的南侧（南法兰克即意大利），正如其北侧（东法兰克即德意志）一样，加洛林王朝的政策同时也使得原本相当松散的人身和土地依附制度，得到了调整和扩展。

　　因此，如果说在整个欧洲范围内，意大利北部的附庸制和采邑最近似于法国本土的附庸制和采邑，那么，其原因当在于这两个国家的基本条件大致相同。这两个国家都有发展这种制度的相似基础，即罗马的庇护制习俗与日耳曼传统的融合。在这两个国家中，加洛林王朝初期的组织工作为此提供黏合力。

　　但是，在意大利，立法活动和法律教育从未中断过。从很早开始，意大利的封建习惯法就不再像法国那样，长期由口头传播因而相当模糊的训诫集录组成。自 1037 年起，意大利王国的统治者们就开始推进法律文献的产生，除了为法律本身提供注释外，也开始记录"法庭上的良好惯例"。[1] 这些法律文献的主要部分，收编在著名的法律汇编《封土之律》中。这部法律文献关于领主与附庸关系的定义，在欧洲得到了广泛的传播和接受。12 世纪末，又融入到了复兴的罗马法中，反映出了欧洲当时法律规范化以及封建地方法与罗马法的融合。正如剑桥学派的波考克所言，阐述伦巴第法律的《封土之律》，是唯一一部成为了欧洲法律组成部分的

[1]〔法〕马克·布洛赫：《封建社会》，张绪山等译，商务印书馆 2004 年版，第 295—297 页。

系统讲述封建法的成文著作。[1]

位于意大利的罗马教廷，亦在中世纪意大利封建地方法的历史中占有一席之地。999 年，由于皇帝奥托三世（Otto Ⅲ，983—1002 年在位）的袒护，出生于阿基坦的西尔维斯特二世（Silvester Ⅱ，999—1003 年任教皇）被扶上教皇宝座。在他的跌荡起伏、成就非凡的履历中，获得了先前法兰克诸国和伦巴第国家时期的几代君王和著名教会王公的经验。他发现，他的前几任教皇，竟然都不知道采邑为何物。

西尔维斯特二世发现，罗马教会有自己的附庸，并习惯于向附庸供给地产，但它仍然使用罗马时代的旧方式，尤其是永佃制（emphyteusis）。这些契约适用于另一类型社会的需要，却已不适合当时的要求。这些土地本身，不带有任何劳役义务。土地授予是暂时的，虽经历几代人，在一代代的递传中，却没有表现出归还授田者的重要原则。西尔维斯特二世希望以地道的采邑取代这种土地形式，并解释了这样做的原因。最初，他的努力不太成功，但在他之后，采邑和臣服礼逐渐渗透到教廷的实践之中。[2]

三、俄罗斯及其他地区的封建地方法

俄国第一个传统的立法者是弗拉基米尔公爵的儿子——"正义者"雅罗斯拉夫（Yaroslav The Just，1015—1050 年）。现存《雅罗斯拉夫法典》（The Code Yaroslav）的最早版本，是他死后（约 1200 年）出版的。它又被称为《罗斯真理》（Russkaya Pravda，俄语：Рýсская прáвда），是一部适用于基辅罗斯及其他公国的封建法典。[3]尽管它与日耳曼法律(如萨利克法)有很多相似之处，但仍有自己的特点，其中最显著的就是没有死刑。

这部法典反映了 11 至 13 世纪罗斯公国的社会演变。演变过程中，这部法典出现过三个版本：起始版(Kratkaya)、加长版(Prostrannaya)和精简版(Sokrashchennaya)。现存的 110 多个抄本，分别产生于 13 世纪至 18 世纪，其中，有 100 多个抄本记录

---

[1] J.G.A.Pocock, *The Ancient Constitution and the Feudal Law*, Cambridge University Press, 1957, p.70.

[2]〔法〕马克·布洛赫:《封建社会》，张绪山等译，商务印书馆 2004 年版，第 297—298 页。

[3]〔美〕约翰·H. 威格摩尔:《世界法系概览》，何勤华、李秀清、郭光东等译，上海人民出版社 2004 年版，655 页。

的是加长版。

《雅罗斯拉夫法典》的主要内容为：共同法、大公领地法和法律程序。

法典的起始版包括两个部分：第一部分，被称为"智者雅罗斯拉夫的最初正义"，据称形成于 1017 年，规定了封建法规则，还有一些可以追溯到原始公社时期的规则。有观点认为，这一部分的出现，是为了解决诺夫哥罗德（Novgorod）的一位市政官与当地瓦兰吉亚人之间的矛盾。第二部分被称为"雅罗斯拉夫之子的正义"，据称形成于 1054 年。雅罗斯拉夫的儿子们和他的孙子弗拉基米尔·莫诺玛科对法典做了改进。经历 1068 年至 1071 年基辅和诺夫哥罗德的动乱，又有许多新的规定进入了法典之中。

《雅罗斯拉夫法典》巩固了封建制和社会成员之间的不平等关系。从 11 至 13 世纪，这部法典强化了封建附庸的人身依附。法典中有一种具有人身依附性的农奴，在支付了自己的封建借贷之后可以获得自由。还有一种农奴可以像奴隶一样被杀死和买卖。在法典的加长版中，还专门规定了以上两者的各自地位，同时规定了大公法庭的作用，增加了大公及其代理人的处罚收益，相应减少了给予受害人的赔偿。

为了减少当时盛行的血亲复仇，法典减少了适用复仇的情形，将有权复仇的人限制为死者最近的亲属。如果没有有权复仇的亲属，那么凶手必须向大公支付罚金，同时向死者亲属支付一部分赔偿。凶手的宗族，必须帮助其支付罚金。如果受害人是女性，那么凶手需要支付杀害男性的一半罚金。

《雅罗斯拉夫法典》保护封建体系中自由成员的身体和名誉，规定了言语或行为侮辱的经济惩罚。法典包含了处罚在城市和乡村盗窃、故意毁坏森林和猎场等罪行的详细办法。还规定了债权关系、归责原则和继承制度。

《雅罗斯拉夫法典》还包含系统的司法程序的规定，包括证人制度、宣誓的使用等等。此外，还规定了搜捕犯人的方法，包括问询目击者、收集证据，同时规定调查者必须辨别诬告。

以下列举数条《雅罗斯拉夫法典》的条文，便于读者更好地认识其规则的细节特征、发展状况和局限性。

第 6 条　如果一个人不为族人支付罚金，那么，大家在将来也不会帮助他，他要自己支付罚金。

第52条　如果债务人从领主处逃脱，那么他将成为农奴。如果他取得了领主的同意，去寻找金钱，或者向大公申诉他的领主，那么他不会成为农奴，而将获得诉讼的权利。

第59条　农奴不能作证人，但是如果没有自由人作证人，那么作管理员工作的农奴可以作证，做其他工作的农奴皆不可作证。轻微案件中农奴可以作证。

第65条　如果一个人不遵守土地界限，在别人的土地上耕作，或者在别人的土地上树立围栏，需要向大公支付十二先令。

第71条　一个农奴在没有取得大公同意的情况下，体罚了另一个农奴，需要向大公支付三先令，向受害者支付一张貂皮。

第72条　如果他体罚了大公的随从，需要向大公支付十二先令，向受害者支付一张貂皮。

第80条　如果一个人故意伤害马或其他家畜，那么需要向大公支付十二个先令，同时赔偿受害者的损失。

第85条　农奴死后，他的财产归大公所有，如果他还有未出嫁的女儿，那么他的一部分财产会作为她的嫁妆；如果他所有的女儿都已经出嫁，那么她们都得不到财产。

第86条　独院地主和近卫骑兵死后，他们的财产不会归大公所有；如果他没有儿子，那么继承权由他的女儿享有。

1497年，《雅罗斯拉夫法典》即《罗斯真理》被伊凡三世颁布的《全俄罗斯法典》(Sudebnik) 取代。

此外，在领主势力的崛起较晚的佛兰德，直到11世纪，伯爵仍然掌握着建造新堡垒的许可权和否决权。堡垒的建造通常是由伯爵本人发起的，或者由代理人管理。在伯爵的权威下，佛兰德在封建制形成时期走向了军事化社会。[1]

---

[1] David Luscombe&Jonathan Riley Smith, *The New Cambridge Medieval History*, vol.4, Cambridge University Press, p.152.

在与俄罗斯邻近的克罗地亚，曾经出现《维诺多法典》(Law Codex of Vinodol，又称作 Vinodol statute，克罗地亚语: Vinodolski zakonik)，是最早的克罗地亚语法律文献之一。它是匈牙利国王安德鲁二世将维诺多封赐给克尔克大公（Princes of Krk）后，代表了维诺多民众和新的领主之间的协议。它用格拉哥里字母写成，由42 人组成的委员会在 1288 年制定。法典的 16 世纪手抄本，被保存于萨格勒布国立大学的图书馆。

《维诺多法典》中，包含了在该地区取代了早期部族习俗的封建法，共有 77 条，内容涉及财产、合同、继承和民商法领域的其他内容。其中，专章规定了本地区公爵和农民之间的关系，还规定了司法结构、程序和刑法，并在所有欧洲法律文本中第一次确认了女性的人格保护和尊严。

《维诺多法典》不允许在司法程序中使用刑讯逼供。还规定了克罗地亚西部公共卫生领域最早的法规，某人如果伤害了他人，不仅要支付罚金，同时还要支付伤者的医疗费用。[1] 这部法典沿用至 18 世纪末，确立了维诺多作为 13 世纪克罗地亚地区行政中心的地位，为后世了解东南欧地区中世纪政治环境提供了宝贵的信息。

参考文献

一、西文

1. Wilhelm Abel, *Agricultural Fluctuations in Europe from the Thirteenth to Twentieth Centuries*, Methuen Publishing,1980.

2. Sir William Reynell Anson, *Law and Customs of the Constitution*, Clarenden Press,1897.

3. Geoffrey Wallis Steuart Barrow, *Feudal Britain: the Completion of the Medieval Kingdoms, 1066—1314*, London, 1979.

4. William Blackstone, *Commentaries on the Laws of England*, Thomas B. Walt Co.,2008.

5. Reginald Allen Brawn , *Genesis of English Feudalism*, London,1973.

6. Jean Brissaud, *A History of French Public Law*, Beard Books, 2001.

---

〔1〕牛津期刊网。http://jpubhealth.oxfordjournals.org/content/28/2/166.full，访问时间: 2011 年 2 月 22 日。

7. Hector Monroe Chadwick, *Studies in Anglo-Saxon Institutions*, Cambridge University press, 1905.

8..Henry William Carless Davis, *Medieval Europe*, Henry Holt and Company Publishers, 1901.

9. John Dawson, The Codification of the French Customs, *Michigan Law Review*, Vol.38, 1940.

10. Margaret Deanesly, *A History of Early Medieval Europe 476 to 911*, Methuen & Co. Ltd, 1956.

11. Brice Dickson, *Introduction to French Law*, Pitman Publishing, 1994.

12. François-Louis Ganshof, Watwaren de Capitularia, Reviewed by Bryce Lyon, *Speculum*, Vo.l 33, No. 1. （Jan., 1958）.

13. François-Louis Ganshof, *Feudalism,* translated by Philip Grierson, Harper&Row, 1964.

14. François-Louis Ganshof, The Impact of Charlemagne on the Institutions of the Frankish Realm, *Speculum*, Vo. l 40, No. 1. （Jan., 1965）.

15. Thomas Allen Glenn, *Some Colonial Mansions and Those Who Lived in Them:With Genealogies of the Various Families Mentioned*, H. T. Coates & company.

16. Arthur Lehman Goodhart, *Law of the Land*, Virginia, 1966.

17. Charles Homer Haskins，*Norman Institutions*，The Lawbook Exchange Ltd.

18. Charles Homer Haskins, *The Renaissance of the Twelfth Century*, Harvard University, 1927.

19. William Searle Holdsworth, Arthur Lehman Goodhart, Harold Greville Hanbury, John McDonald Burke, *A History of English Law*, Vol.2. Methuen.1956.

20. Andrew Horne, *The Mirror of the Justices*, BiblioBazaar, 2010.

21. Rudolf Huebner, *A History of Germanic Private Law*, translated by Francis S. Philbrick, The Law Exchange Ltd., 2000.

22. Edward Jenks, *Law and Politics in the Middle Ages with a Synoptic Table of Sources*, John Murray Publisher,1898.

23. Guy Carleton Lee, *Historical Jurisprudence: An Introduction Systematic Study of the Development of Law*, Macmillan Publishers Ltd, 1911.

24. Charles Sumner Lobingier, *Lex Christiano*, 20 Geogetown L. J., 1922.

25. Charles Lowe, *Unitarian Review*, vol.18,General Books LLC, 2010.

26. Maurizio Lupoi, *The Origins of the European Legal Order*, Cambridge University Press, 1999.

27. David Luscombe&Jonathan Riley Smith, *The New Cambridge Medieval History*, Cambridge University Press.

28. Henry Sumner Maine, *On Early Law and Custom*, BiblioBazaar, 2008.

29. Frederic William Maitland, *Domesday Book and Beyond: Three Essays in the Early History of England*, Cambridge University Press, 1907.

30. Frederic William Maitland, *The Constitutional History of England*, Cambridge, 1911.

31. Thomas Lambert Mears, *The History of the Admiralty Jurisdiction, in Select Essays in Anglo-American Legal History*, compiled and edited by A Committee of the Association of American Law Schools, vol. 2, Little Brown and Company, 1908.

32. Friedrich Meili, *International Civil and Commercial Law as Founded upon*

Theory,Legislation and Practice, Macmillan Publishers Ltd., 1905.

33. Arthur Monahan, *From Personal Duties Towards Personal*, Mc-Gill-Queen's University Press, 1994.

34. William Bennett Munro, *The Seigniorial System in Canada*, Longmans Green and Co., 1907.

35. Charles Petit-Dutaillis, *The French Communes in the Middle Ages*, North-holland Publishing Company, 1978.

36. Theodore Frank Thomas Plucknett, *A Concise History of the Common Law*, The Lawbook Exchange Ltd.,2001.

37. John Greville Agard Pocock, *The Ancient Constitution and the Feudal Law*, Cambridge University Press, 1957.

38. Frederick Pollock and Frederic William Maitland, *The History of English Law Before the time of Edward I*, Cambridge University Press,1968.

39. Sir John Rhys and Sir David Brynmor Jones, *The Welsh People, London,Great Britain Royal Commission on Land in Wales and Monmouthshire*, 1906.

40. Olivia. F. Robinson, T. David Fergus and William Morrison Gordon, *An Introduction To European Legal History*, Professional Books Limited 1985.

41. Charles Seignobos, *The Feudal Regime*, Henry Holt and Company Publishers, 1902.

42. Thomas Smith, *The Assize of Jerusalem:Read January 7, 1842, before the Leicestershire society*, printed by J.S.Crossley, 2006.

43. Frank Merry Stenton, *Anglo-Saxon England*, 3rd edition, Oxford, 1984.

44. Carl Stephenson, *Borough and Town: A Study of Urban Origins in England*, Cambridge, 1933.

45. Marilyn Stokstad, *Medieval Castles*, Greenwood Press, 2005.

46. William Stubbs, *The Constitutional History of England in Its Origin and Development*, Clarendon Press 1903.

47. William Stubbs, *Lectures on Medieval and Modern History*, Clarendon Press, 2010.

48. William Stubbs and Henry William Carless Davis, *Select Charters and Other Illustrations of English Constitutional History from the Earliest Times to the Reign of Edward I*, F.B.Rothman publications,1985.

49. James Westfall Thompson, *The Middle Ages 300—1500*, New York, 1972.

50. Traners Twiss, *The Black Book of the Admiralty*, Longman & Co., Trubner & Co., Parker & Co., Macmillan & Co., 1876.

51. Paul Vinogradoff, *Folkland*, The English Historical Review, Jan.1893.

二、译著

1. 〔古罗马〕塔西佗:《阿古利可拉传／日耳曼尼亚志》,马雍、傅正元译,商务印书馆

1959 年版。

2. 〔英〕亨利·斯坦利·贝内特:《英国庄园生活》,龙秀清、孙立田、赵文君译,侯建新校,上海人民出版社 2005 年版。

3. 〔英〕伯恩斯主编:《剑桥中世纪政治思想史》,郭正东、溥林、帅倩、郭淑伟译,三联书店 2009 年版。

4. 〔英〕哈德森:《英国普通法的形成——从"诺曼征服"到大宪章时期英格兰的法律与社会》,刘四新译,商务印书馆 2006 年版。

5. 〔英〕梅特兰:《英格兰宪政史》,李红海译,中国政法大学出版社 2010 年版。

6. 〔英〕梅特兰等:《欧陆法律史概览:事件,渊源,人物及运动》,屈文生等译,上海人民出版社 2008 年版。

7. 〔英〕爱德华·甄克斯:《中世纪的法律与政治》,屈文生、任海涛译,中国政法大学出版社 2010 年版。

8. 〔美〕朱迪斯·M.本内特、C.沃伦·霍利斯特:《欧洲中世纪史》,杨宁、李韵译,上海社会科学院出版社 2007 年版。

9. 〔美〕哈罗德·J.伯尔曼:《法律与革命——西方法律传统的形成》,贺卫方等译,中国大百科全书出版社 1993 年版。

10. 〔美〕莫里斯:《法律发达史》,王学文译,姚秀兰校,中国政法大学出版社 2003 年版。

11. 〔美〕孟罗·斯密:《欧陆法律发达史》,姚梅镇译,中国政法大学出版社 1999 年版。

12. 〔美〕詹姆斯·W.汤普逊:《中世纪经济社会史》,耿淡如译,商务印书馆 1997 年版。

13. 〔美〕詹姆斯·W.汤普逊:《中世纪晚期欧洲经济社会史》,徐家玲等译,商务印书馆 1996 年版。

14. 〔美〕约翰·H.威格摩尔:《世界法系概览》,何勤华、李秀清、郭光东等译,上海人民出版社 2004 年版。

15. 〔德〕K.茨威格特、K.克茨:《比较法总论》,潘汉典、米健、高洪钧、贺卫方译,法律出版社 2003 年版。

16. 〔德〕里夏德·范迪尔门:《欧洲近代生活——村庄与城市》,王亚军译,东方出版社 2004 年版。

17. 〔德〕汉斯—维尔纳·格茨:《欧洲中世纪生活》,王亚平译,东方出版社 2002 年版。

18. 〔德〕马克思、恩格斯:《马克思恩格斯全集》(第 26 卷),中共中央马克思恩格斯列宁斯大林著作编译局译,人民出版社 2008 年版。

19. 〔法〕马克·布洛赫:《法国农村史》,余中先等译,商务印书馆 1991 年版。

20. 〔法〕马克·布洛赫:《封建社会》,张绪山译,郭守田、徐家玲校,商务印书馆 2005 年版。

21. 〔法〕罗伯特·福西耶主编:《剑桥插图中世纪史(1250—1520 年)》,李桂芝等译,郭方、李桂芝校,山东画报出版社 2009 年版。

22. 〔法〕罗伯特·福西耶主编:《剑桥插图中世纪史(950—1250 年)》,李增洪、李建军等译,山东画报出版社 2008 年版。

23.〔比〕亨利·皮朗:《中世纪欧洲经济社会史》,乐文译,上海世纪出版集团、上海人民出版社 2001 年版。

24.〔比〕亨利·皮雷纳:《中世纪的城市》,陈国樑译,商务印书馆 2007 年版。

三、著作

1. 陈太宝:《中世纪西欧法律视野下的抵抗权和暴君学说》,载《贵州社会科学》2011 年第 11 期。

2. 陈文海:《试论中世纪中后期的法兰西王统理论》,载《世界历史》1999 年第 1 期。

3. 陈文海:《中世纪法兰西王室徽章研究——百合花象征主义的神学渊源及内涵》,载《历史研究》2000 年第 5 期。

4. 陈文海:《〈撒利克法典〉在法国中世纪后期的复兴和演化》,载《历史研究》1998 年第 6 期。

5. 陈文海:《从"蛮族"首领到"圣徒"国王——论克洛维在中世纪法国的形象及其演绎》,载《史学集刊》2006 年第 6 期。

6. 陈颐:《从中世纪商人法到近代民商法典——1000—1807 年欧陆贸易史中的法律变迁》,载《华东法律评论》(第一卷),法律出版社 2002 年版。

7. 程汉大主编:《英国法制史》,齐鲁书社 2001 年版。

8. 程汉大:《中世纪英国法院制度的演变》,载《中西法律传统》2009 年第 3 期。

9. 程汉大、李培峰:《英国司法制度史》,清华大学出版社 2007 年版。

10. 冯天瑜:《"封建"考论》,中国社会科学出版社 2010 年版。

11. 郭义贵:《西欧中世纪法律概略》,中国社会科学出版社 2008 年版。

12. 何勤华:《西方法学史》,中国政法大学出版社 2003 年版。

13. 何勤华主编:《德国法律发达史》,法律出版社 2000 年版。

14. 何勤华主编:《法国法律发达史》,法律出版社 2001 年版。

15. 何勤华主编:《外国法制史》(第四版),法律出版社 2006 年版。

16. 何勤华、李秀清主编:《意大利法律发达史》,法律出版社 2006 年版。

17. 侯建新:《"封建主义"概念辨析》,载《中国社会科学》2005 年第 6 期。

18. 侯建新:《富裕佃农:英国现代化的最早领头羊》,载《史学集刊》2006 年第 4 期。

19. 侯建新:《近二十年英国中世纪经济——社会史研究的新动向》,载《历史研究》2011 年第 5 期。

20. 黄春高:《14—16 世纪英国租地农场的历史考察》,载《历史研究》1998 年第 3 期。

21. 黄春高:《封建主义研究的新动向》,载《世界历史》1999 年第 5 期。

22. 黄春高:《1350—1640 年英国农民经济的分化》,《首都师范大学学报(社会科学版)》2004 年第 1 期。

23. 黄春高:《"封建主义的悖论"与中古西欧封建国家》,载《世界历史》2007 年第 6 期。

24. 黄春高:《追寻中世纪"权力的历程"——托马斯·N. 比森的权力史研究》,载《历史研究》2008 年第 5 期。

25. 计秋枫：《论中世西欧封建主义的政治结构》，载《史学月刊》2010 年第 4 期。

26. 孔祥民，《世界中古史》，北京师范大学出版社 2006 年版。

27. 李栋：《试论中世纪英格兰诺曼征服与封建制——基于宪政权力结构的分析》，载《云南大学学报（法学版）》2009 年第 2 期。

28. 李培锋：《英国中世纪的地方自治及其成因》，载《中西法律传统》（第三卷），中国政法大学出版社 2003 年版。

29. 李锐：《中世纪的王权与法——在历史中审视西方的法治传统》，载《法制与社会》2009 年第 11 期。

30. 李秀清：《日耳曼法研究》，商务印书馆 2005 年版。

31. 李秀清：《论日耳曼法的属人性》，载曾宪义主编：《法律文化研究》（第二辑），中国人民大学出版社 2006 年版。

32. 李秀清：《撒里克法典若干问题之探析》，载《比较法研究》2005 年第 1 期。

33. 李云飞：《中世纪英格兰庄园法庭探微》，载《世界历史》2005 年第 2 期。

34. 马克垚：《西欧封建经济形态研究》，人民出版社 1985 年版。

35. 马克垚：《英国封建社会研究》，北京大学出版社 2005 年版。

36. 孟广林：《英国封建王权论稿》，人民出版社 2002 年版。

37. 彭小瑜：《格兰西之〈教会法汇要〉对奴隶和农奴法律地位的解释》，载《世界历史》1999 年第 3 期。

38. 彭小瑜：《中世纪西欧教会法对教会与国家关系的理解和规范》，载《历史研究》2000 年第 2 期。

39. 彭小瑜：《教会法研究——历史与理论》，商务印书馆 2003 年版。

40. 施蔚然：《中世纪法国习惯法评价》，载《昆明理工大学学报（社科版）》第 1 卷第 3 期。

41. 苏彦新：《罗马法在中世纪西欧大陆的影响》，载《外国法译评》1997 年第 4 期。

42. 苏彦新：《近代西欧大陆私法的历史基础——以中世纪罗马法为中心》，2010 年华东政法大学博士论文。

43. 孙炳辉、郑寅达：《德国史纲》，华东师范大学出版社 1995 年版。

44. 王亚平：《西欧法律演变的社会根源》，人民出版社 2009 年版。

45. 王忠和编著：《新编德国王室史话》，百花文艺出版社 2003 年版。

46. 薛国中：《黑死病前后的欧洲》，载《武汉大学学报（哲学社会科学版）》1999 年 4 期。

47. 阎照祥：《英国贵族史》，人民出版社 2000 年版。

48. 阎宗临：《世界古代中世纪史》，广西师范大学出版社 2007 年版。

49. 叶秋华：《西欧中世纪法制发展特点论析》，载《南京师大学报（社会科学版）》1999 年第 6 期。

50. 尹曲：《日耳曼农村公社的瓦解与自由农民农奴化》，载《历史研究》1982 年第 2 期。

51. 赵立行：《查理大帝"法令集"浅析》，载《山东社会科学》2008 年第 11 期。

52. 赵立行：《西方学者视野中的黑死病》，载《历史研究》2005 年第 6 期。

53. 赵立行:《中世纪西欧庄园人口变动与商业复兴基础的形成》,载《史学月刊》2002
年第 8 期。

54. 赵立行:《"边缘商人"的特点及其作用——析西欧庄园制下的商业生存方式》,载《复
旦学报（社会科学版)》1998 年第 5 期。

55. 赵文洪:《庄园法庭、村规民约与中世纪欧洲"公地共同体"》,载《历史研究》2007
年第 4 期。

56. 赵文洪:《中世纪欧洲村庄的自治》,载《世界历史》2007 年第 3 期。

57. 赵文洪:《中世纪西欧三个等级的观念初探》,载《史学月刊》2005 年第 5 期。

58. 赵文洪:《中世纪西欧的平等观念》,载《世界历史》2004 年第 1 期。

59. 赵文洪:《中世纪西欧城市社会等级及其相互关系》,载《史学理论研究》2001 年第 4 期。

60. 周一良、吴于廑主编:《世界通史资料选辑》(中古部分),商务印书馆 1974 年版。

61. 朱伟奇:《中世纪西欧的封建等级制度及其成因》,载《北方论丛》1997 年第 4 期。

第四章　城市法

　　"城市是人类文明的典型产物,在这里展现了人类所有的成就和失败。"[1] 距今最早的城市诞生于六千多年前的美索不达米亚,随后在古印度、古埃及、中国、美洲都涌现出一批都市。本部分所涉及的中世纪西欧的城市是指源于 11 世纪晚期和 12 世纪,分布于北意大利、法兰西与佛兰德、德意志与英格兰以及欧洲其他地区的上千个新的市镇与城市。在历史上与它们完全相像的城市还没有出现过。在此,城市首次作为一个独立的政治单位出现在历史的舞台上。

　　中世纪之前的欧洲城市,经历过古希腊的辉煌与罗马的伟大。公元前 8 世纪,希腊城市是自治独立的城邦,与之相反的是罗马的城市,公元 1 世纪的欧洲,罗马帝国下辖数千座城市,但是这些城市只是帝国统治的行政中心,受帝国派驻的官员管理。按照伯尔曼的观点:中世纪西欧城市既不是自治的共和国(除却少数意大利城市之外)也不是中央权力的控制中心。皮雷纳将城市的特点定义为"一个中间阶层的人口和一个市政机构",按此标准,10 世纪之前,欧洲不存在任何近代意义的城市。

　　与古罗马时代的城市相比,西欧 11 世纪晚期至 12 世纪间形成的城市有很大的差别。

　　首先,从大城市的数量和人口来看,古罗马时代的城市遥遥领先,规模庞大,如罗马城在全盛时期有上百万人口,这在古代文明史上是极其罕见的。而

---

[1] 〔英〕约翰·里德:《城市》,郝笑丛译,清华大学出版社 2010 年版,第 1 页。

中世纪的西欧城市在规模上无法企及。13 世纪，西欧最大的城市是巴黎，拥有 24 万人口，威尼斯、米兰和佛罗伦萨只有十万人口，伦敦的常住人口仅仅达到四万五千人。[1]

其次，古罗马大城市畸形发展，城市地理分布很不均衡。相较古罗马，中世纪的城市数量多，密度大，形成了城市网络，从而带动了区域的整体发展。巨型城市往往吞噬了发展的资源，导致中小城市不能健康的发育成长，城市密度过低。

再次，就城市功能和人口组成而言，古罗马城市的功能比较单一，自我维持能力差。古罗马城市多为行政和军事中心，主要是消费而非生产的中心，除却统治的贵族和官员之外，还有数量众多的公民，他们不从事任何生产、终日无所事事，靠政府发放的面包度日。城市社会的寄生性很强。中世纪的城市功能健全，自我维持能力较强。城市居民多为商人与手工业者，这使得中世纪的城市工商业发达，是生产和技术革新的中心，例如威尼斯以玻璃制造业和造船业闻名，佛罗伦萨的和佛兰德地区城市纺织业在全欧洲首屈一指，城市商人的活动范围更是遍及亚非欧。

与同时期的东方城市相比，中世纪西欧的城市也有自己的特征。在城市的产生上，东方的城市多为自上而下的命令建立，而西欧的城市多为自发聚居而产生；此外，在官方的禁止与限制下，东方城市的民众组织往往不发达，与此相反，中世纪西欧的城市各行各业都有自己的行会与同业公会组织，享有较大的自治；最重要的是，在东方，城市仅仅是作为帝国的各级统治中心，具备管理、监视附近乡村的功能，而西欧中世纪城市不但是一个人文地理概念，也是一个特殊的社会概念。在这一时期，欧洲的城市不再是帝国的统治中心，而是作为一个独立的政治单位存在于西欧整个的封建体制下。当我们说"中世纪城市"时，语义中常常包含了"城市共同体"或"市民共同体"这一内涵。

正是中世纪西欧城市的与众不同，使其都具有作为城市共同体的一种自我意识以及相似的法律制度——即都由一套城市法体系来治理。

---

[1]〔美〕菲利普·李·拉尔夫、罗伯特·E. 勒纳、斯坦迪什·米查姆、爱德华·伯恩斯等:《世界文明史》(下卷)，赵丰等译，商务印书馆 2006 年版，第 30 页。

第一节 中世纪城市的兴起及其原因

中世纪，是欧洲历史上的一个时代，史学界认为其始于公元 476 年西罗马帝国灭亡，终于 15 世纪文艺复兴时期。"中世纪"一词是从 15 世纪后期的人文主义者开始使用的。他们将古代文明（古希腊罗马时期）之后直至资产阶级兴起的中间时期统称为中世纪。

传统观点普遍认为：由于欧洲没有一个强有力的政权来统治，封建割据带来频繁的战争，造成科技和生产力发展停滞，人民生活在毫无希望的痛苦中。所以中世纪或者中世纪的早期在西方被普遍称作"黑暗时代"，这是欧洲文明史上发展比较缓慢的时期。"中世纪"也成了不变的、静止的和落后的事物的同义词。

现有的研究越来越表明，欧洲中世纪是人类历史上一个重要的时期，它纷繁复杂又变化多样。千余年的中世纪不仅包含了大量的形形色色的民族、制度、文化，而且向我们展示了历史发展的许多进程，更蕴涵了现代文明的许多方面的起源。中世纪不再仅仅是高高的哥特式建筑、沉闷的经院哲学、威武的骑士和深居城堡的公主，还有复兴的法学、冉冉升起的资产阶级（市民阶级）、充满热情的知识分子（后来的人文主义者）和一个新式的教育机构——大学。中世纪的欧洲并非"一片漆黑"，在浓浓迷雾之下一系列变化正在缓慢而又坚定地发生！正如哈斯金斯所言："恰如历史上一切伟大的时期，中世纪兼具连续性与变化的双重特征。"[1]

一、中世纪商业复苏与城市兴起

（一）地中海贸易模式

在《中世纪的城市》中，比利时历史学家亨利·皮雷纳提出了古代欧洲地中

---

[1]〔美〕查尔斯·霍默·哈斯金斯：《12 世纪文艺复兴》，张澜、刘疆译，上海三联书店 2008 年版，第 1 页。

海地区特有的贸易模式，该模式是指起源于罗马帝国时期，在地中海附近地区发展起来的以海洋为媒介区域的贸易方式。皮朗称之"海的特性"，本书姑且称之为"地中海贸易模式"。

1. 罗马时代的地中海

俯视罗马帝国的版图，会发现其强烈的地中海特性。帝国的疆域是沿着地中海铺开的，地中海也因此是罗马帝国经济统一与政治统一的保证。这个几乎风平浪静的海面把南欧、中东和非洲联系起来。意大利、西班牙和希腊有着诸多的良港。地中海是商业的道路，帝国围绕其而建立。"罗马帝国的存在依赖于它对海洋的控制，如果没有这条重要的交通线，罗马世界的控制和供应将是不可能的。"[1] 地理上的特性使得古代世界的欧洲发展出了特有的贸易模式，该模式对中世纪的欧洲也产生了深远的影响。

如前文所述，罗马帝国的城市均是消费型城市，自公元前 2 世纪起，随着财富和海外战俘奴隶大量涌入。奴隶制经济取代了小农经济，奴隶劳动取代了公民自己的劳动。据著名罗马经济史专家 T. 弗兰克（T. Frank）统计，罗马在公元前 200 年至公元前 157 年间，光接收战争赔款、掠夺财物和外省税收就达 15.6 亿塞斯退斯（sestertius），占同期罗马国家总收入的 2/3 左右[2]。这些财物的大量流入，使意大利城市中物质生活水平大大超出了地中海世界的其他地区。以罗马城为例，即使是普通士兵也能得到厚赏，城市无产者即底层公民则得到了吃喝玩乐的享受。为了为日益膨胀的人口提供所需的大量产品，埃及的小麦、希腊的橄榄油、非洲的珠宝与动物源源不断地运往帝国的中心。

这一趋势使得罗马的手工业和商业也一改以前的落后面貌，有了较大的发展。尤其是商业，在帝国内部的行省与行省之间，贸易特别兴盛。罗马与周边国家和地区包括与东方的贸易也相当发达。马克思曾经指出："在古代罗马，从共和国末期开始，虽然手工制造业还远远低于古代的平均发展水平，但商人资本、货币经营资本和高利贷资本，却已经——在古代形式范围内——发展到了最高点。"[3]

从当时的商业组织方式也可以看出地中海地区贸易的繁荣，根据现存的公元

---

[1]〔比〕亨利·皮雷纳:《中世纪的城市》，陈国梁译，商务印书馆 1985 年版，第 1 页。

[2] T. Frank. *An Economic Survey of Ancient Rome*. Vol i. Baltimore: 1993, p.141.

[3]《马克思恩格斯全集》（第 1 卷），人民出版社 1995 年版，第 671 页。

2世纪的史料，在大多数沿海城市，船夫行会垄断着水上运输，它们由政府控制，利益巨大。行会成员不仅收入可观，在社会也享有很高的地位，他们在剧院有专门座位保留，君士坦丁大帝甚至曾赐予里昂的船夫行会骑士身份。

总之，地中海地区的统一对于商业的发展带来了极大的益处。帝国建立之后确保了这条道路的畅通，商业随着经济的供求规律而自行调整，一种经济上的平衡的力量渐渐显现出来，它构造了地中海商业圈，地中海沿岸的城市成为当时最繁华的地区。

2. 日耳曼人的地中海

罗马的富庶吸引了蛮族，自公元3世纪开始，北方的日耳曼人不断南下，他们不想定居在帝国寒冷的北方各省。"显然，他们垂涎那些气候温和、土地肥沃、因而富裕丰足、文明迷人的福地乐土。"[1] 经历了一个半世纪的抵抗后，昔日的帝国终于大势已去，公元476年，随着最后一个皇帝罗姆路斯·奥古斯都被废，西罗马帝国正式灭亡。在原帝国西部各省上建立起了大大小小的日耳曼王国，又称"蛮族国家"。

虽然日耳曼人定居在地中海带来了巨大影响，但是它并未将帝国的传统摧毁。日耳曼人只是在政治上摧毁了作为国家形态的帝国，帝国的文明仍然存在，并通过教会与语言以及制度与法律的传播逐渐为日耳曼人所接受。"日耳曼人不能，也不想摒弃帝国的文明。他们使帝国的文明粗俗化，但是并未有意识地使之日耳曼化。"[2]

在地中海世界，罗马帝国的本性——"海的特性"依然存在，"蛮族国家"经济的演变可以认为是罗马帝国经济演变的延续，地中海贸易模式保留了下来，地中海并没有因为入侵而丧失其重要性。对于日耳曼人，地中海成为了"我们的海"。其具体表现为以下几个方面：

首先，地中海的贸易活动没有中断。虽然在5至8世纪，地中海的贸易有所衰落，但是日耳曼人的到来并未完全以农业经济代替商业经济，海上航运仍然十分繁荣，且国际贸易不仅仅局限于奢侈品。即使在东部的拜占庭与西部的蛮族国家之间冲突时期，贸易往来也没有断绝。在地中海沿岸地区，罗马帝国的经济组织在政治

---

[1]〔比〕亨利·皮雷纳：《中世纪的城市》，陈国梁译，商务印书馆1985年版，第3页。

[2] 同上书，第5页。

分裂后仍然保留了下来。皮雷纳指出，一个有力的证据就是法兰克王国的货币制度与拜占庭保持高度的一致性。无论是在货币的质地、材料、单位和样式上，西方都在极力模仿东方。如果不是因为商业上的紧密联系，很难想象会有其他原因保持货币的一致性。此外，古罗马时期设立的商品通行税卡在法兰克王国时期仍然保存下来，王国从中获得了大量的收入，以致征收这类税款的官员被列为国王最有用的官员之中。[1]

其次，作为商业工具的商人阶层的存在。古罗马时期，地中海的贸易大多为叙利亚人所控制。在蛮族国家的城市中仍然可以见到东方商人的身影，据图尔的格里戈里（Gregory of Tours，538—594 年）提供的关于法国中南部城镇克莱蒙费朗和奥尔良的详细情况，在这两座城市中存在着犹太与叙利亚商人的聚居区，里昂城内也有大量的犹太居民。虽然商业大部分被掌握在东方商人手中，但是本地商人也积极参与贸易活动。至公元 8 世纪时期，高卢[2]仍然存在一个定居在城市的专业商人阶级。

再次，作为商业中心的城市仍然存在。尽管在帝国的边远地区有一些城市被摧毁，但是大多数城市得以幸存。今日法国、意大利以及莱茵河畔与多瑙河畔的城市，大都坐落在古罗马城市的原址，而且城市的名字也往往是古罗马城市名的变形。在众多城市中，马赛是其中之一。直至 8 世纪，马赛仍然是高卢的大港，繁荣的航运通往君士坦丁堡、叙利亚、非洲、埃及和西班牙。香料、纸草、奢侈品、酒和油等东部地区的产品从这里输入，通过罗马大道以及索恩河与罗纳河运至法兰克王国的北部。在马赛带领下，高卢的商业全部面向地中海，根据记录，法兰克王国最重要的商品通行税卡就设置在该城附近。[3]

高卢的情况同样在其他地中海沿岸"蛮族国家"中也存在，狄奥多里克的敕令中就包含大量关于商人的规定，西哥特的法典中也提到海外的商人。总之，蛮族入侵之后，罗马的商业活动仍然继续进行着，地中海贸易并没有中断，经济上

---

[1]〔比〕亨利·皮雷纳：《中世纪的城市》，陈国梁译，商务印书馆 1985 年版，第 9 页。

[2] 高卢，是指东起莱茵河，西至大西洋沿岸，南至比利牛斯山和阿尔卑斯山，北到北海之间的广大地区。它包括今天的法国、比利时、卢森堡以及瑞士、德国、荷兰的一部分土地。该地区原来居住着凯尔特人原始部落，公元前 1 世纪中叶被罗马征服，设立行省，并派总督管辖。西罗马帝国灭亡后由法兰克王国统治。

[3]〔比〕亨利·皮雷纳：《中世纪的城市》，陈国梁译，商务印书馆 1985 年版，第 9—11 页。

的统一完好地保存了下来，"这个欧洲内陆的大海不再和过去一样属于同一个国家，但是还没有理由预见它不久将停止发挥几个世纪以来对周围地区的吸引力。"[1] 在这个前提下，西部的城市也依然存在。

（二）商业的衰落与复兴

西罗马帝国灭亡之后，西欧世界并没有陷入一片黑暗之中，5 世纪时所谓的"蛮族国家"仍然保持着古代文明最显著，最主要的特征，即地中海文明特征。西方古代世界的一切文明都是围绕着地中海——这个伟大的海洋而诞生的，从古希腊、腓尼基到罗马和迦太基。地中海是商业的海洋，帝国围绕地中海建立，沿岸地区是帝国最繁华的中心地区。在一定程度上可以说，所谓"蛮族入侵"正是地中海繁华文明对落后的日耳曼民族的吸引力导致的。对于定居西班牙、高卢南部、意大利、西西里与非洲的蛮族来说，地中海仍然是与东部帝国的交通要道。这种关系的保存，使得地中海能够发展古代世界延续下来的经济生活。地中海是脐带，西部通过其从东方吸取养分。

7 世纪伊斯兰教徒的出现改变了这一切，阿拉伯帝国征服了非洲与西班牙，从西面和南面包围了地中海，随着对巴利阿利群岛、科西嘉（Corsica）、撒丁和西西里诸岛的占领，使他们拥有海军基地，从而完成了对地中海的控制。在地中海沿岸地区，形成了两个相异的和敌对的世界，即伊斯兰世界与基督世界。经历了日耳曼人入侵而残存下来的古代经济，在阿拉伯人的入侵下分崩离析。地中海的航运完全停止了。商业的急剧萎缩，城市的日益衰败，商人阶级[2] 更是完全消失。

这也导致了西欧中世纪早期经济模式的转变，欧洲不再是商业社会，取而代之的是自给自足的封闭领主制封建结构。西欧已经退回到一种纯粹的农业状态。所有各阶级的人，上到皇帝下到最卑贱的农奴，均直接或间接地依赖土地的产物为生，不管他们是靠自己的劳动还是靠征税的方式。整个社会生活都建筑在地产

---

[1]〔比〕亨利·皮雷纳：《中世纪的城市》，陈国梁译，商务印书馆 1985 年版，第 14 页。

[2] 此处的商人阶层是指完全依赖商业而生活的人。在欧洲早期至罗马时代，他们大量存在，以叙利亚商人为代表。根据比利时学者亨利·皮朗的观点，7 至 10 世纪，除了犹太人之外，欧洲不存在商人。〔比〕亨利·皮朗：《中世纪欧洲经济社会史》，乐文译，上海人民出版社 2001 年版，第 9 页。

或对土地的占有上。人口被束缚在土地之上，社会也不再具有活力。似乎一切迹象都表明，西欧将在贫瘠中昏昏睡去。

西欧状况直到 10 世纪时才有了转变。如果说 9 世纪是西欧的谷底，那么由 10 世纪开始西欧历经了持续的商业复兴。

首先，西欧在军事上的一系列胜利打破了穆斯林对地中海的封锁。在南方，通过教皇的诺曼雇佣军和充满宗教热情的意大利城市（除了热那亚，其他的城市与其说是宗教热情，不如说是商业利益驱使），西欧彻底击败了萨拉森人（Saracen）[1]，收复了西西里、撒丁和南意大利，失去了前进基地的穆斯林对地中海的封锁也宣告结束。海上贸易重新兴盛起来，死气沉沉的欧洲大陆露出了苏醒的气息。意大利城市即是最先获益者。

其次，在农业方面，西欧存在过数次"垦荒运动"。其结果是公认的，即人口的增加，生产力的进步。人口的增加是中世纪中期西欧经济社会复兴发展的一个重要标志。格里格提供的人口资料显示，"黑死病"到来以前西欧的人口增长迅速：英国由 1086 年的 150 万人增加到 1377 年的 450 万人；意大利由 950 年的 500 万人增加到 1300 年的 800 万人。整个西欧人口总数增加了 2 到 3 倍。[2] 拉塞尔的估计数字更乐观一些，他认为，从 1000—1340 年，意大利人口增加了 1 倍，达到 1000 万；英国人口增加 1.5 倍，从 200 万上升到 500 万；德意志及斯堪的纳维亚地区人口也从 400 万上升到 1150 万；法兰西以及佛兰德地区的人口增加 2 倍多，从 600 万急剧膨胀到 1900 万。[3] 这些促成了西欧社会的人口流动。为商人阶级的出现（或者是重新出现）提供了基础。

再次，十字军东征。欧洲的军事反击到达了最高潮，不满足于单纯的收复地中海沿岸失地，教皇乌尔班二世（Urban Ⅱ，1088—1099 年在位）1095 年号召教徒收复"圣城"耶路撒冷。整个西欧为之沸腾，上到皇帝、国王，下到普通农民，都投入到这次轰轰烈烈的远征中去。他们所抱的目的不一、皇帝向往着恢复罗马

[1] 中世纪时期，欧洲人惯称伊斯兰世界为"萨拉森"，意即东方人，等到伊斯兰教兴起后，又从十字军口中转变为指称伊斯兰教信徒。

[2] [美] D.B. 格里格：《人口发展和农业变化》，剑桥 1981 年版，第 53 页，转引自何顺果：《比较开发史》，世界图书出版公司北京公司 2002 年版，第 104 页。

[3] Carlo. M. Cipolla, *Before the Industrial Revolution: European Society and Economy 1000—1700*, London 1993, p.4.

帝国的荣光，教士们为了极端的宗教热情，骑士们也许仅仅是为了冒险的乐趣，农民们则是为了不再挨饿。西方史学界对此次运动也褒贬不一[1]，总的来说，十字军东征客观上促进了西欧商业的复兴，意大利的城市取代了拜占庭与叙利亚的商人在地中海的地位。同时，东征也缓解了西欧人口的压力，防止了内耗，利于生产力的发展。

商业的复兴带来了一个新的产物。在意大利、法国南部、佛兰德的地平线上，出现了第一批"中世纪城市"。

（三）商人与城市的兴起

到公元10世纪，欧洲大陆的政治格局逐渐安定下来。阿拉伯人向欧洲的扩张得到遏制，东西方的势力达到了暂时的平衡。不断骚扰欧洲大陆的诺曼人也退了回去，东斯拉夫人和匈牙利人的入侵也被击退。欧洲进入了一个相对和平的时期，经济也随之开始复苏。公元11世纪，商业与贸易再次兴盛起来。意大利的商人重新打开了同东方的贸易，在西欧与拜占庭和阿拉伯世界之间架起了一座通商的桥梁；而佛兰德地区则是波罗的海沿岸地区同西欧各地之间贸易的中转站。正是在这两个地区，城市又开始重新复苏，并迅速发展起来。

商人主要来源于一些出生在农家，但是由于不是长子而无法继承祖辈份地的子弟来充当。他们最初离乡背井四处流浪，随后开始从事小货品的买卖，进而结成商队，从乡村到乡村，从集市到集市，从市场到市场，因为路途奔波满脚灰尘，故而12世纪的英国文献形象地将其称为"灰尘脚板"（pedespulverosi）。

从10世纪开始在西欧出现越来越多的商队，这些商人的合伙组织更像是武装的马帮，成员都佩戴弓箭，护卫着载货马车和马匹。商队由一名首领统帅，成员之间结为"兄弟会"的关系，互相盟誓。商品皆为同买同卖，利润按照个人的股份多少而分配。德语将其称之为"基尔特"（Gild）、汉萨（Hanse）。[2]

---

[1] 有人将其称为充满浪漫主义色彩的"西欧幻想曲"，有人认为是人力与财富的浪费。罗伯特·福西耶主编：《剑桥插图中世纪史（950—1250年）》，李增洪、李建军等译，山东画报出版社2008年版，第252—254页。

[2] 〔比〕亨利·皮雷纳：《中世纪的城市》，陈国梁译，商务印书馆1985年版，第76—77页。

　　尽管在一开始，商人们没有固定的居住点，都是旅途之上的行商，但是在旅行的间隙，尤其是在海道、江河和道路不能通行的气候恶劣的季节，结成团体的商人们必然会聚居在某些地点；此外，当商业规模越来越大的时候，商人们也需要一个固定的地点进行货物的存储与转运。因此，商人们就在一些交通便利并且有足够的安全保障的地方建立了定居点。在当时的欧洲，符合这两个条件的地方很多原本就是封建城堡或者教会修道院的所在地，并且往往兴建了较大的市集进行定期贸易。商人们在这些城堡或者修道院的附近建立了新城区，并且不断地扩大地盘，吞并旧城区，最终形成了城市。[1]"西欧各级教俗封建主们，介于在经济上的巨大利益，也纷纷投入到城市复兴运动中去。"[2]

　　随着商业的不断发展，商人们的事业不断做大，他们不再继续亲自在外奔波，而是将去外地出售、贩运商品的事务交给自己的合伙人或者代理人甚至雇员，自己则成为就地经营的"坐商"，城市也就成为其固定的居所。在意大利，以威尼斯、热那亚和比萨（Pisa）为代表的商业城市成为最为繁荣的国际性都市，它们吸引了来自东方的商人；佛兰德、布鲁日（Bruges）、根特、里尔成为南北方货物的主要集散地，它们是北欧、法国、英格兰以及意大利商人经常出没的地方。

　　而作为商业中心的城市的形成，也促进了当地手工业的成长。首先，商品流通需要运输、装卸等附属工具和设施以及专业人员；其次，城市居民为了维持日常生活，也需要很多各行各业的手工匠，如面包师、酿酒师、屠夫、铁匠等等；更重要的是，随着生产力的提高和商业的发展，城市本身已经成为一个商品的生产地，大量乡村的手工艺人被吸引到城市，从事各类商品的生产。由此，手工业者也成为城市居民的一部分。[3]值得注意的是，商人和手工业者的界限并非完全泾渭分明。一些手工业者经常携带自己制造的物品到市场上销售，有的甚至直接在自己的窗槛上售卖。在某种意义上，可以说他们也是商人。[4]

---

〔1〕关于城市的形成原因有着诸多的理论，参见〔美〕汤普逊：《中世纪经济社会史》（下），耿淡如译，商务印书馆1984年版，第409—415页；刘景华：《西欧中世纪城市新论》，湖南人民出版社2000年版，第3—40页。本书采城市兴起乃是欧洲商业复兴的产物的观点。

〔2〕金志霖：《论西欧中世纪城市与封建主的关系》，载《历史研究》1990年第4期。

〔3〕〔比〕亨利·皮雷纳：《中世纪的城市》，商务印书馆1985年版，第96—97页。

〔4〕〔美〕汤普逊：《中世纪经济社会史》（下），耿淡如译，商务印书馆1984年版，第415页。

在中世纪，城市是在封建领主的领地和城堡、封建庄园、教会领地和修道院的包围之中出现的。与庄园中的农业生产方式不同，商业贸易的性质要求商人具有自由的身份。同时，希腊罗马时期所奠定的自由的城市生活的传统仍然没有中断。这样，以商人为首的城市居民为争取城市的自由，同封建领主展开了不同形式的斗争。尽管这种斗争有时候会发展到使用暴力，但在许多情况下还是采取较为和平的方式进行的。同时，从封建领主的立场来看，给予城市自由并不完全是权利的丧失，因为一个欣欣向荣的城市会给他们带来巨大的经济利益。而且，西欧的封建领主大多向往乡村的田园生活，也不愿意留在嘈杂的城市中。因此，在给予城市自由的时候，他们并没有表现得顽固不化。

在形式上，城市的自由是通过封建领主授予城市特许状的形式来确定双方的权利的。这些特许状实则是一种封建契约的形式，双方的大致处于平等的地位互相讨价还价订立的。虽然这些特许状的规定不尽相同，但在根本原则上都是一致的，即城市必须向封建领主纳税，但后者放弃对城市的统治权和司法权。特许状所授予的自由权，尤其是关系到领主治权的自由权不可避免地改变了封建领主与城市市民之间的关系。如果说原本城市治权掌握在领主手中的话，那么特许状的授予在某种程度上改变了这种状况。事实上，特许状的授予过程本身就意味着领主对城市权力控制的松弛。在领主和城市之间，重新达成了一种类似于封建契约的东西，正如汤普逊所言，这是"在封建世界几百年来有效的契约原则扩充到非封建世界"。[1] 这样，城市成为了一个自治的、自由的世界，而包围着它的却是一整套以束缚个人自由为特征的封建体系。从这个意义上来说，城市同它所处的社会环境是分离的，正如当时德国格言所描绘的那样："城市里的空气使人自由"。

二、中世纪欧洲的政治生态

自从西罗马帝国灭亡之后，日耳曼人一直没有建立起一个罗马式的大一统帝国。随着西欧封建制度的建立，多元化的政治格局成为西欧封建社会的主要特征。正是在这种环境下，孕育了中世纪的城市。

---

〔1〕〔美〕汤普逊:《中世纪经济社会史》（下），耿淡如译，商务印书馆1984年版，第425页。

（一）中世纪的多元化政治

在中世纪西欧的政治舞台上一直没有一个统一的一元化政治强权，呈现在世人眼前的是各种势力互相依存、制约的政治局面。在这些势力中，主要有封建君主、封建领主和教会贵族。这种多元的政治制度是随着土地分封而形成的。

蛮族国家自建立起便未能形成土地国有制度。主要有两个原因：首先，日耳曼人的军事力量源于部落制解体时期的亲兵制，首领遇有战事临时召集部下组成军队，且战士都是自备武器粮草，因而在分配胜利果实时自然也按亲兵制传统，将士按等级、功劳不同人手有一份。征服过程中最主要的战利品——土地，除国王领有的大头外，其余均划成条块分封于将士。即使不再对外征服新的土地，但为了抵御外族的入侵或是镇压内地暴乱等，国王也须不时地以分封土地来换取部下的效忠。这样在蛮族国家就兴起了一批拥有大量土地的军事贵族。此外，为了获得教会的支持，国王也同样分封教会以大量地产。

正因为这些蛮族国家自一开始便未能确立土地国有制度，自然也未能建立起基于土地国有基础上的全国范围内的赋税制度。当墨洛温王朝曾经试图恢复帝国时期的全国赋税制度，但是由于制度的复杂和贵族的反对而搁置。所谓国家的经济来源实际上只基于王室领土。国王正如俗语所说，是"吃着穿着自己的东西"[1]。

土地分封不仅影响了国家的经济收入，而且分割了国家的权力。因为"土地所有权，不仅提供了庄稼、水果、葡萄、木材及其它物质资源；它也提供了农奴作为这些庄园的耕种者。那领有三十所庄园的主教或住持，就是领有三十个村庄的人口的人。"[2]尤其是"特恩权"的发展，使地方封建主名正言顺地拥有了在自己领地上的财政、行政、司法等全权。因而以国王为核心的国家权力行使的范围是有限的，并且因分封制的发展而日益受到限制。国王的权力实际上只在王室直属领地才是行之有效的。

在这种前提下，君主把土地分封给各级诸侯、教会，一些大的诸侯也把土地

---

[1]〔美〕汤普逊：《中世纪经济社会史》（上），耿淡如译，商务印书馆1967年版，第257页。

[2]同上书，第253页。

的一部分分封给更小的封建主或地方教会。在封建领主内部就形成了自上而下的等级秩序，最高的是君主，依次是各级爵士，最低的是骑士，神职里面则有大主教、主教、神父等，无论是世俗还是教会都是金字塔式的等级结构，由此，也有人把它称为等级君主制。但这并不等于说等级越高的权利就越大，等级越低的权利就越小，实际权利的大小是与直接控制的土地面积成正比的。

这种政治制度的特点是，领地的直接拥有者享有在这块土地上的各种权力。国王虽然贵为一国之君，但实际上的权力非常有限，只能在自己的直属领地里享有行政、征税、组建军队、发行货币等权力，而不能干涉各级封建领主和主教领地内的事务。各封建领主，虽名义上要服从君主，向君主效忠，为君主服骑兵役，但在自己的领地里则是至高无上的统治者，拥有行政、司法、财政等各方面的权力，通俗地说即为每个领主都是自己领地上的国王。尤其是当君主势力弱小时，各封建领主更是我行我素，相互争霸，甚至挟持君主以获取赎金。"附庸的附庸不是我的附庸"。

各地教会、修道院虽是宗教机构，但也拥有大量的土地，教会主教、修道院院长则拥有领地上的各种权力，且他们无须向君主效忠，要效忠的是罗马教皇。因而在封建化完成初期阶段的西欧，其明显的特征是：王权弱小，地方割据势力林立。尤其是随着王室土地日益被分封出去，而一些地方封建主的土地则因联姻、继承等方式日益集中，往往会出现君主的势力要弱于一些地方大封建领主的势力的现象。如法国在卡佩王朝初期，王室领地只占有以巴黎和奥尔良为中心的南北狭长的一块地带，被包围在地方大封建主的领地之中，被人们形象地称之为"法兰西岛"。尤其是到 12 世纪中后期的安茹伯爵（同时为英国金雀花王朝国王），拥有安茹、普瓦图、诺曼底、阿基坦等众多领地，比法国王室领地大了六倍。[1]

这种政治模式，权力分散，没有政治中心，各级领主都生活于自己的庄园里，连国王也"没有固定首都"，国王临时驻地"就是政府所在地，因为他的官吏、随从、服务者、卫兵和家奴的整个队伍，是跟他一起从一个庄园移动到另外一个庄园去的。"[2]

---

[1] 孙秉莹主编:《世界通史纲要:古代部分》,吉林文史出版社 1985 年版, 第 233 页。

[2]〔美〕汤普逊:《中世纪经济社会史》(上), 耿淡如译, 商务印书馆 1967 年版, 第 257 页。

这种多元权力相互利用、斗争、制约与妥协的结局，造成一种特有的权力均势和张力，结果，普遍争取特权的斗争不仅本身造成特权的相互消解，而且导致"一切政府都是建立在契约的基础上"，并"反对绝对权威"[1]，从而既抑制了绝对权力的滋长，又大大减弱了权力和特权对社会新生力量的控制能力。正是在这种特殊的多元权力格局的土壤中，在西欧中世纪中后期，作为从事工商业活动的自由人定居点的城市及其自治权，取得了兴起和发展的良好机遇和社会空间，新的市民社会得以出现和成长。

（二）教权与王权之争

中世纪前期，王权与教权之间处于一种相互依存、相互利用的关系。一方面，教会需要国家的保护，需要王法处理世俗事务，并且教皇的选任也需要国王的认可；另一方面，王权也需要教会的支持、祈祷，并从教皇那里获得自己合法存在的依据。这样，教会和君主各有其独立管辖的领域，二者相互依赖、相辅相成，共同管理世俗的事务。

蛮族国家兴起之后，没有形成一元化的政治体制。这就为基督教和神学在西欧的统治创造了得天独厚的条件，而罗马教会此时也表现出了前所未有的机智和勇敢。它们适时地加紧了基督教的传播和教会的扩张。自 7 世纪以来，正统的基督教的统治在西欧大部分地区建立起来，一个基督教帝国在一个没有皇帝的"地上之城"的废墟上建立起来。而作为"上帝之城"代言人的教会顺理成章地成了最高的统治者。这样，一方面教会很快就演变成一个世俗的政治实体，控制着大半个欧洲；而另一方面，在欧洲的精神领域基督教一统天下的格局已然实现。[2] 美国学者蒂尔尼甚至认为，西方近代民主政治思想的渊源在中世纪，尤其和中世纪教会法学家的一些思想有关系。[3]

起先王权与教权之间处于一种相互依存、相互利用的关系。一方面，教会需

---

[1]〔美〕菲利普·李·拉尔夫、罗伯特·E. 勒纳、斯坦迪什·米查姆、爱德华·伯恩斯等：《世界文明史》（下卷），赵丰等译，商务印书馆 2006 年版，第 31 页。

[2] 汪太贤：《西方法治主义的源与流》，法律出版社 2001 年版，第 10—11 页。

[3] 彭小瑜：《中世纪的现实性与距离感》，载《历史教学》2007 年第 12 期。

要国家的保护，需要王法处理世俗事务，并且教皇的选任也需要国王的认可；另一方面，王权也需要教会的支持、祈祷，并从教皇那里获得自己合法存在的依据。这样，教会和君主各有其独立管辖的领域，二者相互依赖、相辅相成，共同管理世俗的事务。

但实际上，教会一直将自己作为罗马帝国的继承者，从来没有放弃在尘世建立起一元化的神权统治，即教权的一元化统治。

1075年，教皇格列高利七世颁布了《教皇敕令》，由27条简洁的主张组成，主要包括以下一些条文："1. 罗马教会只是上帝一人建立的。2. 只有罗马主教才能正当地被称为具有普遍管辖权者。3. 只有他才可以废黜和恢复主教。4. 在宗教会议上，他的使节——即使是低级圣阶的也一样——的地位在所有主教之上，并且可以作出废黜主教的判决。7. 只允许他一人根据时代的需要制定新的法律。9. 只有教皇才是应该被所有君王亲定的人。10. 只有他的名字才应该在教会中被念诵。11. 他可以废黜皇帝。16. 没有他的命令不应召集全体的宗教会议。17. 未经他的许可，任何书的章节或书都不具有教规性质。18. 任何人都不得修改他的判决，只有他才可以修改所有的判决。21. 每个教会的较重要的情况都须报告罗马教廷。27. 他可以解除不公正者的臣民的忠诚宣誓。"[1]

这实际上是宣布了教皇的权威凌驾于世俗君主之上。正如加布里埃尔·勒·布拉（Gabriel Le Bras，1891—1970年）所指出的：教会关于教皇的新概念"接近于要求创造新国家的概念"。[2] 在给神圣罗马帝国皇帝亨利四世的信中，他要求皇帝和帝国的主教服从罗马教廷。他认为，教皇是教会的首脑，他的权力来自上帝，不仅在教会他有至高无上的权力，而且他的地位超过世俗统治者。格列高利对亨利四世宣称："教皇在地位上凌驾于所有的基督徒之上，僧侣受教皇的统治；但其在法律上又凌驾于所有的世俗权威之上，所有的主教应该由教皇指派，并最终服从教皇而不是世俗权威。教皇还享有废黜皇帝的权力，解除臣民对他们的效忠誓约，给他们以开除教籍的处分，以至运用禁令在不肯屈服的君主的领土内举行公共祈

---

〔1〕〔美〕伯尔曼：《法律与革命》，贺卫方等译，中国大百科全书出版社1993年版，第92页。

〔2〕Gabriel Le Bras, *Canon Law*, in C.G.Crump and E.F.Jacob, eds., *The Legacy of the Middle Ages* (Oxford, 1926), pp.333—334.

祷和圣礼，以及办理丧葬仪式等。"[1]

对此亨利四世的回复是宣布废黜教皇，而格列高利则宣布开除亨利四世的教籍。公元 1077 年，由于得不到帝国境内封建领主的支持，被开除教籍的亨利四世决心去寻求教皇的宽恕。在严寒的冬季，他翻越塞尼山口，以一个谦卑悔罪者的身份在教皇居住的卡诺萨城堡前赤脚在雪中等待教皇的召见。在他向教皇承认了自己的罪孽，并宣誓将来一定按照教皇指示对待教皇在德意志的敌对者之后，他才得到了教皇的赦免并恢复了教籍。这样，亨利四世得到了一个机会，使他能够重新主张他对德国教会和世俗的权威，而与教皇的斗争却还远远没有就此结束。

1078 年，教皇格列高利七世发布了一项教令，其中这样说道："我们规定，任何一个僧侣都不应接受皇帝、国王或任何世俗男女所授予的主教职位、修道院职位或教会职位。如果他擅自那么做，那么他应该清楚地知道，这样的授职是有失使徒权威的，他自身因此应受开除教籍的处罚，直到作出了适当的苦行赎罪为止。"[2] 教皇和皇帝之间的冲突再次爆发，并导致了轰轰烈烈的授职权之战。当一个主教被授予圣职的时候，即被授予一个指环和一支手杖作为其职权的象征。这些东西通常是由皇帝或国王以该主教的封建统治者的身份授予主教的。但在格列高利七世看来，这种授职的权力应该归属于教皇。为此，皇帝或国王与教皇之间展开了激烈的纷争，并持续了相当长的一段时间，最终还是以教廷的全面胜利而告终。

（三）新阶级的产生和自治城市

如伯尔曼所言，"欧洲城市在 11 世纪晚期和 12 世纪的兴起至少在很大程度上要归因于与当时教皇革命相关联的宗教和法律意识的转型，这就如同归因于商业——工业和政治——军事的转型一样。使城市化在当时而不是在以前，在此地而不是在彼地成为可能的，是新的宗教和法律的观念、制度和实践——新的宗教的、法律的热情和行动——与之关联的是公社的和其它种类的兄弟会、集体誓约、社团资格、规定了特许权的特许状、理性、客观的司法程序、权利平等、参与立法、

---

[1] 汪太贤：《西方法治主义的源与流》，法律出版社 2001 年版，第 136 页。
[2] 〔美〕伯尔曼：《法律与革命》，贺卫方等译，中国大百科全书出版社 1993 年版，第 93 页。

代议制政府以及国家本身。"[1] 城市法律及其观念的存在成为城市得以存在、发展的真正内在因素。"如果没有城市法律意识和一种城市法律体系，那就根本无法想象欧洲城市和城镇的产生。"[2]

随着城市的发展，兴起了市民阶级，市民支持王权反对地方贵族，打破了原有的政治平衡，使领主政治向等级君主制政治发展。城市兴起的主要原因是生产力的提高和经济的发展促使手工业和农业分离，但也和各级封建领主之间的激烈竞争密切相关，各封建领主为了增强自身的经济实力，都想方设法吸引外地的手工业艺人和商人到自己的领地上聚居，"例如，轻的规定的课税、宽大的司法、像道路桥梁等等的地方建设、茅舍地基、园地和市场货摊。"[3] 于是许多手工业艺人纷纷逃离自己的领主而去到其他领主的城堡或教堂附近，或是交叉路口营生，形成城市。封建领主们之所以积极参与城市建设，是因为看到了城市的经济价值，把城市看作是聚敛财富的对象。因而，早期的城市市民——逃离了自己领主的手工业艺人，尽管逃离了原来的封建主，但并没有逃脱封建剥削，仍"生活在一种从属的处境里……并且通常不得不屈服于许多彼此敌对的主人，如主教、方丈、伯爵、政府首长或封建领主的统治之下。"[4]

领主们的随意掠夺，加上各地独立的财政规章、交通的混乱、货币的不统一、关卡的林立等，都阻碍了城市贸易的发展与作坊的活动。因而随着城市的发展、市民数量的增长和财富的增加，也日益增长了反封建的要求和对自由的需要。于是在 11 世纪，市民们纷纷建立各种组织，积极展开了反封建的城市自治运动。市民们"利用他们敌人的不和，在一处地方联合小的贵族去反对大的贵族，在另一处地方联合教会或王权去反对封建制度，而在另一个地方则联合封建制度去反对教会。他们因封建势力的贪婪而得到好处，从后者购得了自由的特许状。"[5] 一般来讲，城市市民主要联合的对象是王权，因为发展商品经济需要统一的政治环境、安全的交通、统一的货币和市场等，这与加强王权是相一致的；还因为国王颁发的

〔1〕〔美〕伯尔曼:《法律与革命》，贺卫方等译，中国大百科全书出版社 1993 年版，第 441 页。

〔2〕同上。

〔3〕〔美〕汤普逊:《中世纪经济社会史》（下），耿淡如译，商务印书馆 1967 年版，第 431 页。

〔4〕同上书，第 428 页。

〔5〕同上。

特权证书和自由证书更具有法律的效力。

多元化政治带来了阶级的变动，进而将会带来社会的变动。12 世纪的西欧，社会不再像之前那样死气沉沉，取而代之的是一个经济繁荣，活力四射的时代。而这一切已经破坏了封建社会赖以存在的根基——强调土地依附性和社会的不变性。当社会不再保持一成不变，当人口开始纵向移动，预示着封建制度开始瓦解。

三、中世纪文化与法律的复兴

（一）中世纪的文艺复兴

西欧中世纪的历史上曾发生过三次文艺复兴：8 世纪中期至 9 世纪初期的"加洛林文艺复兴"；12 世纪的文艺复兴；14、15 世纪的意大利文艺复兴。传统上一般认为，文艺复兴是对古典美术和文学的复兴，或者说是对古典文化的再学习。然而西欧这三次文艺复兴运动并不是简单的文化现象，而是在不同历史时期发生的深刻的思想运动。社会的思想运动总是与社会的经济活动和政治活动同时发生的，西欧中世纪三次文艺复兴运动都在封建政治体制出现重大的转变的期间，也是在社会结构发生改变的时期发生的。三次文艺复兴的内容都与当时的经济活动和政治体制有着密切的内在联系。

"加洛林文艺复兴"是指学术与文学复兴，其源泉和中心是查理曼及其继承者的宫廷（后来由修道院与大教堂的学校取代）。"加洛林文艺复兴"可以说是一次在微薄的物质基础和特定的历史条件下出现的回归古典时代灿烂文化的伟大尝试。"它是一种复兴而非一种新的开始，是对刚刚过去的'黑暗的年代'中饱受摧残的拉丁教父作品、拉丁古典著作以及拉丁语的复兴。"[1] 这一运动是保存而非原创，没有对拉丁文学习的恢复，古典文化的延续就失去了最根本的基础。

正是在这一基础之上，新的文艺复兴到来了。"12 世纪文艺复兴"是著名学者哈斯金斯提出的。"这就是说，12 世纪的西欧，在社会各个思想文化领域，特别是

---

[1]〔美〕查尔斯·霍默·哈斯金斯：《12 世纪文艺复兴》，张澜、刘疆译，上海三联书店 2008 年版，第 9 页。

基督教领域，出现了基督文化蓬勃发展的局面。"[1] 12 世纪文艺复兴使古典文化回归，在对古典文化的学习和研究的过程中建立了中世纪的大学，为学术和知识提供了栖身和衍生之地。

12 世纪文艺复兴的原因有二：一是商业的复兴为知识复兴打下了经济基础。上文提到，公元 10 世纪左右的西欧社会趋于稳定，商业复苏，生产力有了很大的提高。然而，物质的需要只是人们生存需要的一部分，精神需要和理性需要也是不可少的。认识和了解社会关系就是精神需要。"人要在社会性活动中不断地了解自己，了解周围的世界，就需要思考，需要接受教育，需要学习。思考和学习就是理性需要。"[2] 二是社会结构的变化，由于人口增长的压力带来的人口迁徙，导致了中世纪第一次劳动分工，不仅原有的农业劳动群体发生了分化，而且还形成了市民、商人、手工业者等新的社会阶级。更为重要的是，在西欧社会中形成了一个与社会生产没有直接关系的新阶级——知识分子。

12 世纪文艺复兴是欧洲中世纪最重要的一次知识复兴，涉及的地域范围非常广泛，包括南欧的西班牙与意大利、西欧的法国和英国及中欧的德国。哈斯金斯指出，法国提供了原创性思想，在这场运动中发挥了最重要作用；英国和德国也值得关注，但主要是传播来自法国与意大利的先进文化而非原创；意大利在罗马法学复兴方面发挥了重大作用；西班牙则是充当基督教世界与伊斯兰世界学术联系的纽带。除此之外，其涉及的领域也同样广泛，有拉丁文学、法学、史学、科学与哲学。所有这些复兴最后凝结为一项对全世界都有深远影响的机构创新，这就是"大学的兴起"。大学的兴起，也标志着欧洲知识中心向经济发达的城市转移。[3]

12 世纪的大学为这些学科培养了众多的知识人才。可以说，西欧的知识分子诞生于 12 世纪的文艺复兴中。如学者所言，"14 世纪是从 13 世纪走出来的，就像 13 世纪是从 12 世纪中走出来的一样，在中世纪的文艺复兴和 15 世纪的文艺复兴之间没有隔断"。[4] 毫无疑问，正如社会经济和政治的发展是连续的一样，社会文化和思想意识的发展也是具有连贯性的，而且思想文化的发展是与经济和政治的

[1] 刘建军：《论 12 世纪西欧文化复兴运动》，载于《北方论丛》2003 年第 6 期。
[2] 王亚平：《论西欧中世纪的三次文艺复兴》，载于《东北师大学报·哲学社会科学版》2001 年第 6 期，第 2 页。
[3] 〔美〕查尔斯·霍默·哈斯金斯：《12 世纪文艺复兴》，张澜、刘疆译，上海三联书店 2008 年版，第 12 至 14 页。
[4] 同上书，第 14 页。

发展同步进行的。12 世纪的文艺复兴是 14 世纪意大利文艺复兴的思想准备，追求科学的复兴为追求人的本质的复兴提供了基础。

（二）文化的复兴与城市

在中世纪中期，文化的复兴与城市的复兴是相辅相成、互相促进的关系。在此要重点关注意大利的情况，在这里，不仅产生了最初的中世纪的城市，也是中世纪文化复兴的发源地，诞生了第一所大学、最早开始进行罗马法的研究。这也说明城市的复兴与文化的复兴是分不开的。一方面，城市是文化上复兴的发源地，另一方面，文化的复兴也推动着中世纪城市的发展。

1. 城市是文化复兴的发源地

第一，城市诞生了知识分子。西欧中世纪城市的产生，本身就是一个极具特性的历史事件。西欧城市是在经历了五六个世纪的断裂期后重新出现的。"城市运动不是一个全国性运动。它出现与中欧和西欧的各个地区和各个民族之间的一种社会经济现象，无关种族、语言或边界。"[1]

也是在这个时候，西欧国家的经济和社会结构发生了很深刻的变化，政治结构也因城市运动而逐渐动摇。一个进步的、文化上的变革随着经济的变化而来，一个进步的思想上的繁荣和复兴时期同上述变化汇流在一起。城市创建的生活条件，不同出身的人的相互接触，不仅为物质丰富，也为知识和精神丰富提供了前所未有的可能性。

商业的繁荣使得城市积累了大量的财富，这些财富不仅可以满足最早的市民阶级（绝大多数是商人与少部分手工业者）的需求，还可以提供给同样脱离农业生产的人——知识分子。中世纪的城市逐渐聚集起了知识的生产者与消费者。城市不仅是商业中心，而且也是知识生活的中心。这使得西欧社会的学术生活和中世纪教育的传统也发生了意义深远的变革。中世纪早期以乡村修道院为教育中心的状况就此而结束。而且，随着中世纪城市的兴起和发展，手工业者逐渐成为特殊的阶级，他们聚居一处，从事手工业生产和交易。在城市同商业和手工业共同

---

[1]〔美〕汤普逊：《中世纪经济社会史》（下），耿淡如译，商务印书馆 1963 年版，第 408 页。

走向繁荣的背景下，"一个以写作或教学，更确切地说同时以写作和教学为职业的人，一个以教授与学者的身份进行专业活动的人"，作为专业人员出现了，"在实现了劳动分工的城市里安家落户"。[1]知识阶级以及文教设施在城市集中的情况由此开始。

第二，城市的政治自由。中世纪的城市存在劳动分工，在城市中出现了商业和手工业等职业。职业的归属成为自我意识的基本依据之一。随着城市居民转变为市民阶级，这种自我意识最终形成了市民阶级的自我意识。城市在另一方面体现为自由。中世纪的城市是在封建主的领地或教会领地的包围之中出现的，以商人为首的城市居民通过与封建主的斗争取得了城市的自由。

中世纪的城市就是一个自治团体（行会），这种自治同样有两个方面的含义：一方面是相对于封建领主统治的自治，另一方面则是自我管理或自我统治。在形式上城市的自由是通过城市同封建领主之间订立的宪章或条约来确定的，城市必须向封建领主纳税，但后者放弃对城市的统治权和司法权。这样城市就成了一个自治自由的世界。而包围着它的却是一整套以束缚个人自由为特征的封建体系。市民阶级同教士与封建贵族一样，属于一个特殊的等级而不受普通法的约束。所以德国谚语说："城市的空气使人自由。"市民阶级的自我意识和城市的自由空气也影响到了"知识阶层"[2]。

在大学诞生之前，西欧的教育是以修道院学校为主。除了少数意大利的世俗教育机构外，学校完全掌握在教会手中。无论在学校组织和教学内容上，学校都生存于加洛林王朝时期的原则之上。"这些学校里，课程与教学方法大体上仍是阿尔干（Alcuin）为加洛林王朝所确定的，自有七艺（语法、辩证、修辞、数学、几何、音乐、天文）是教学的基本内容，神学则是一种装饰。"[3]这样，整个知识界被严格限定在既定范围内，不得越雷池一步。

11世纪，城市运动蓬勃发展之时，"知识阶级"被"伟大的市民运动"所感慨，虽然有少数保守教士极力反对城市，但还是许多教士带着赞许的目光注视这

---

[1]〔法〕雅克·勒戈夫：《中世纪的知识分子》，张弘译，商务印书馆2002年版，第5页。

[2]此处的知识阶层是相对于城市兴起后产生的中世纪知识分子阶层，前者以有基础文法知识的修士为主。他们是中世纪知识分子阶层的前身。

[3]〔法〕雅克·韦尔热：《中世纪大学》，王晓辉译，上海人民出版社2007年版，第9页。

场运动。他们充满激情地将其称为"大卫居住的耶路撒冷"。[1] 此后，知识界开始摆脱教会的控制，教育更多是为世俗服务。教育的世俗化，教学机构的自治正是中世纪大学产生的前提，也是大学区分于之前教会学校的重要特征。而在同一时期，法学也从神学中分离出来，成为一门独立的学科。

第三，意大利的城市为文化交流提供了场所。中世纪的城市同时是一种文化的载体，城市的扩展和市民的兴起促进了文化的世俗化。知识从修道院中走出，成为市民经济、政治和社会活动的必要工具。学校不再为教会所垄断，民间和城市政府所办的学校大量涌现。知识内容越来越贴近市民的需要，知识分子也开始关注城市的政治生活，新的政治思想随之产生。

西欧中世纪城市不但是一个人文地理概念，也是一个特殊的社会概念。当我们说"中世纪城市"时，语义中常常包含了"城市共同体"或"市民共同体"这一内涵。

中世纪中期开始地中海航运都被意大利城市所控制。刚刚试图走出"黑暗时代"的西欧世界，其文化与生活程度比起东方的拜占庭帝国和阿拉伯帝国落后许多。他们与东方世界的商业往来也带来了人民之间的交流与文化上的交流，这些交流使得西欧人有机会接触古典文化的精华与进步。于是新兴的知识分子阶级对古典文化开始憧憬，同时引起他们的求知欲望。

2. 文化的复兴推动城市的发展

在意大利城市的商业和政治社会里，需要实用的知识，需要管理社会生活的科学——需要按最严格意义的文明。这一需要，"是以恢复研究久被忽略而尚未完全忘了的古罗马法律来适应的。"[2] 综合来看，文化和教育的发展在三个方面对中世纪城市产生了影响。

首先，文化的复兴与教育的发达有利于城市的法律与自治制度的建设。纵观欧洲中世纪城市运动的过程，可以发现，它自始至终都是以法权为核心的。所谓法权，主要是自治权。城市为了取得自治权，只有通过获得特许状的形式。特许

---

[1] 菲利普 · 德 · 阿尔旺（Philippe de Harvengt）语，参见〔法〕雅克 · 韦尔热：《中世纪大学》，王晓辉译，上海人民出版社 2007 年版，第 16 页。

[2] 拉希 · 达尔（Rash Dall）语，转引自〔美〕汤普逊：《中世纪经济社会史》（下），耿淡如译，商务印书馆 1963年版，第 12 页，注 2。

状一般由世俗政权或教会授予。意大利北部城市就是利用教皇与皇权的冲突从教皇处取得的特许状。在欧洲其他地区，有的城市是通过赎买的方式，有的干脆是发动"革命"，使用暴力手段夺取自治权。在中世纪的封建社会的框架中，这种特许状赋予了市民阶级相当于贵族和教会的豁免权以及特殊的社会地位，一种独立的"既非领主亦非附庸的合法身份地位"。"作为认可这种身份地位的一个巧妙词语'Bourgeois'（市民阶层）一词首次出现在1007年一份法兰西特许状上面。"[1] 所以，城市的存在首先就需要授权，与其说是统治者的授权不如说是法律的授权。

城市运动最急需的是有一套适用的城市法和商法。一方面，在当时现有的法律中，教会法、封建习惯法（王室法和庄园法）、日耳曼法都不能满足城市自治和工商业发展的需要。这些法律只是一些逐渐形成的惯例，其作用是处理以耕种土地或以土地所有权为生的人们的关系。另一方面，在司法层面上，传统的法律程序拘泥而狭隘，仍采用神判法、司法决斗等制度，法官一般都是从农村居民中选拔出来的，其对于商业一窍不通，更甚者受着宗教影响，厌恶商人阶级。

这种法律和司法制度本身具有浓厚的封建色彩，强调着不平等的封建义务。而市民阶级是一个由同等地位的人组成的共同体，强调的是平等的权利，因而前述法律不可能适应以工商业为生计的城市市民。城市需要有一种更为灵活、更迅速、更不依赖偶然性的审判方式，需要具有专门知识的法官和律师。虽然中世纪欧洲的多数法院并不适用罗马法，然而成千上万的年青人仍然热捧罗马法。真正的事实在于罗马法所具有的巨大声望，罗马法是一种理想法、模范法，为了提高与传播这种理想法，法学院在教授与研究学术法；加之经院主义哲学的影响，这成为罗马法作为学术性、理想之法的一个最充分的理由。[2]

大约在11世纪初，由于环境的需要，产生了一种萌芽性的商法。这是商业活动中形成的一些常规的汇编，是商人们在交易中所通用的一种国际惯例。它们都是由商人私人编写的，由于缺乏合法的效力，在当时的法院中无法适用这些惯例，因此需要对这些惯例进行系统化。

而罗马法，作为一种简单商品经济下最完备的法律体系，可以适应当时城市

〔1〕〔美〕泰格·利维:《法律与资本主义的兴起》，纪琨译，学林出版社1996年版，第55页。

〔2〕苏彦新:《欧洲中世纪共同法的形成》，载《比较法研究》2011年第3期。

经济和生产模式的需求。在大学中，对罗马法的研究和注解有助于提供一种新的法律思维方式，并对法律的适用也很有帮助。在这样的背景下，罗马法研究的复兴似乎是顺理成章的事情。中世纪因为阶层不同，司法裁判与管辖权也不同，并且多元法律体系共存。地区或基层的法院为牧师、贵族、市民；自由人与隶农而建立，也为特殊的群体如城市贸易与行会，或大学的教授与学生所设。[1] 不过遗憾的是，依据目前的资料，很难对于城市法和商法中到底采纳了多少罗马法规则有定论。但有一点毋庸置疑，罗马法的复兴至少为城市提供了另一种选择，这是一种"全新"的法律。

其次，城市需要大批官员与人才。随着城市运动的推进，城市与其他组织主体之间的地区性、国际性的外交活动、商业活动日益频繁，城市内部的立法、司法与其它管理组织工作愈益繁重。因此，迫切需要大量高质量的法学专门人才。

对内，城市需要将很大的时间和精力花在立法、给予或听取咨询、管理和监督财政。发布一个法令必然是一个漫长的事，要求许多技术性知识以及很多的时间、大量的工作。这些法令涉及城市生活的方方面面。当时，在博洛尼亚大学，成为法学教授是最高荣誉，享有最高的地位。他优于市政府评议会议中的所有其他成员。他的建议和发言即使是城市中的最高权威者也不能拒绝。

对外，城市需要统治臣服地区、进行外交谈判、组织和进行战争等。这些工作中，使节是城市公社的一个特色，当时人们普遍认为使节应该是"最伟大和最健谈的市民"，意大利编年史作者们经常提到由"最伟大、最智慧的公民"充任的"伟大和庄重"的使节。而当时市民称罗马法教授是"高贵的人，至高无上的市民"。[2]因此，具有丰富的法律知识的罗马法教授经常担当出使其他城市，特别是出使罗马或神圣罗马帝国的重任。

由于法学教授的崇高地位，他们被聘为各种高级职务。例如，1288 年，著名的法学教授拉姆波尼（Lambertino Ramponi）和帕基（Pace de' Paci）等三人就被政府选为驻外大使。除此之外，法学教授还被选为政府议会的成员，起草政府文件，受聘为外国的法律顾问，甚至充当博洛尼亚与其他城市之间的调停者。如阿·德

---

[1] 苏彦新：《欧洲中世纪共同法的形成》，载《比较法研究》2011 年第 3 期。

[2] 何勤华：《西方法学史》，中国政法大学出版社 2003 年版，第 95 页。

奥涛夫雷道（A. d' Odofredo）就曾多次担任这个角色。[1]

大学法学教育另一个重要的结果是律师阶级的产生，至少是极大提高了他们的地位和重要性。在博洛尼亚，他们的正式称谓有许多区别：公证人一般是代人草拟契约和其他商务文件；律师则出席法庭代人辩护，此外还曾有过别的名称，如执法者（magister），源出于拉丁文的 master（主管人），这是一种官员；而文书（scribus）则是指书记员。当时几乎所有城市官员都雇佣公证人作助手。13 世纪晚期，博洛尼亚可能就有 2000 名公证人。除了参加案件审理，法官与公证人在城市里还要发挥政治作用。他们不但在城市官员中占了很大比例，还要参加议事会、投票、提供建议和咨询等各项活动。

最后，文化的复兴与教育的发展为城市带来了经济收益。

一般来说，大学在某一城市建立，在经济上并不依赖于该城市政府，相反，大学还会给所在城市带来可观的经济利益。大多数城市都欢迎大学在该城建校，并且在各方面给大学提供方便。

中世纪大学的规模一般都比较大，12 世纪时，博洛尼亚大学就一直保持在 1000 人到 10000 人之间。[2] 中世纪的大学是真正的国际性大学，它吸收来自不同种族、不同国家、不同地区的成员，组成了一个多民族的大家庭。他们之间通过拉丁语进行学术交流。作为意大利最早和最有名气的大学，博洛尼亚大学吸引了大量的外国学生。他们背井离乡，经过长途跋涉才来到博洛尼亚。博洛尼亚大学的学生行会就是由外国学生组成。

而且与现在的大学不同，中世纪的大学没有自己的校舍和教学楼，很少有图书馆，即使有藏书也屈指可数，更不用提食堂之类的后勤设施。因此，这么多学生的住宿、伙食就成了有利可图的商业买卖。城市的居民大多是商人出身，他们自然不会放过眼前的商机。这有点类似于今天的大学城，大学为城市居民带来了一笔可观的收入。

但是就住宿价格上，学生与城市居民经常产生冲突，这一冲突的最终结果是 1158 年腓德烈授予大学自治权的《完全居住法》中，就包含了城市居民应当以优

[1] 何勤华：《西方法学史》，中国政法大学出版社 2003 年版，第 96 页。
[2] 戴东雄：《中世纪意大利法学与德国的继受罗马法》，中国政法大学出版社 2003 年版，第 77 页。

惠的价格为学生提供住宿的规定。

除了住宿之外，大学学习的书本也是一笔可观的费用。12 世纪，印刷术尚未发明，书籍凭借手抄本传播，书本价格过高，学生们往往只能使用借来的或者租来的书。虽然很少有学生能够买得起整本《学说汇纂》。但是这还是促进了当时书本制造业的发展。同现在一样，大学附近往往有城市最好的书籍贩售中心。

在博洛尼亚，学生中除了少数穷困学生外，大多数都来自富裕家庭，经常是贵族家庭，特别是德国学生更是这样。因此，钱对于他们来说不是问题。除了学习之外，他们大多将精力花在喝酒、赌博、打群架之上。法庭案卷中诸多有关小的骚乱和反复发生的违法行为纪录，向我们展现了中世纪生活的点点滴滴。[1]

综上，在中世纪的城市中产生了知识分子，其自由的政治氛围也为文化的复兴提供了文化交流的场所。反过来，文化的复兴为中世纪的城市带来了新的法律与制度、高素质的官员以及可观的财富。在商业复苏的前提下，多元化政治格局中的西欧封建时代诞生了中世纪的城市。

第二节　意大利地区的城市法

11 世纪晚期和 12 世纪，在意大利的北部和中部、佛兰德、法兰西、诺曼底、英格兰和德国涌现出数千座新的城市和城镇。这些城市样式各异，在各个方面都表现出其个性。

就人口而言，在 12 世纪晚期西欧大约有 4000 万人口，其中十分之一生活在城市中。根据图表（图 1 [2]）可以看出，中世纪的西欧城市人口的这一标准一直保持至 14 世纪早期。英国著名中古史学者诺曼·庞德斯（Norman Pounds，1912—2006 年）将欧洲中世纪城市划分为四类，第一类是特大城市，人口超过 10 万，包括威尼斯、佛罗伦萨、巴勒莫和巴黎；第二类是大城市，以米兰、热那亚、巴塞罗

---

〔1〕〔美〕查尔斯·霍默·哈斯金斯：《大学的兴起》，梅义征译，上海三联书店 2008 年版，第 39—43 页。

〔2〕Norman Pounds, *The Medieval City* (*Greenwood Guides to Historic Events of the Medieval World*), Greenwood Press, 2005, p.81.

那、科隆和伦敦为代表，人口超过5万。第三类中等城市人口在2万至4万，它们是博洛尼亚、帕多瓦、布鲁日、根特、纽伦堡、吕贝克（Lubeck）等。剩下的第四类小城市人口大多在6000至2万之间，有些甚至更少，仅有几百人。[1]

从城市的类型来看，在上文关于城市起源的背景介绍中，从事长途贸易的贸易城市占据了重要位置。正是这些城镇促进了城市发展的进程，它们也成为最重要的中心。然而，多样性是欧洲中世纪的重要特色，这一点在城市的类型上也有所表现。除却国际贸易型城市之外，还存在地区商业中心型城市、教会城市、消费型城市、半自治城市等。[2]

城市的兴衰取决于它在经济版图上的位置，而不是政治环境中的地位。正如12世纪的诗人兼哲学家，里尔的阿兰（Allain of Lille）所预见到的："现在不是恺撒，而是金钱，主宰一切"。[3]

表1　欧洲城市人口

年代	总人口	城市人口占总人口比例
1000	52,200,000	1%—3%
1340（黑死病之前）	85,900,000	5%—10%
1400	52,000,000	5%—8%
1500	70,000,000	9%—12%

正是"金钱"（或者说经济）的力量决定了在中世纪的欧洲，不仅不同地区城市发展的水平不一样，即使相同的地区城市发展水平也大不相同。在城市发达的意大利，教权与皇权激烈斗争，使得自治公社演变为类似古代希腊城邦的高度自主的政治团体——城市共和国；而在英格兰，由于王权的强大，自治城市的发展一

---

[1]〔美〕保罗·M.霍恩伯格，林恩·霍伦·利斯：《都市欧洲的形成：1000—1994年》，阮岳湘译，商务印书馆2009年版，第54页。

[2] 其中，地区商业中心型城市是指以附近农村为活动范围，不存在外国商人与国际贸易，仅仅由当地工匠组成，与农村居民交换商品的城市；教会城市是指重要教区所在地，以教会人员与服务于教会的工匠、商人组成的城市，比较著名的有阿维尼翁（Avignon）；消费型城市是指其作为消费者的功能大于生产者功能，属于此类的包括政治上的首都、军事城镇和大学城镇，巴黎是此类城市的典型；半自治城市是指领主出于军事目的在其周围修建围墙，或者想给予城市权利使其自由，但是无论是从工商业观点还是消费者角度，这样做无法改变居民行业仍保持农业性的特征。〔英〕M.M.波斯坦，H.J.哈巴库克主编《剑桥欧洲经济史》（第三卷），王春法主译，经济科学出版社2002年版，第20—21页。

[3]〔英〕约翰·里德：《城市》，郝笑丛译，清华大学出版社2010年版，第115页。

直受到限制；随着皇权的衰落，在德意志，城市的自治权不断的扩大，形成了汉萨城市同盟。城市的发展决定了城市法发展，从本节开始，我们将逐一探访中世纪欧洲各个地区的城市，进而分析不同地域城市法发展的水平。需指出的是，由于资料与语言文化的因素，以及篇幅的限制，本书无法涉及到中世纪欧洲各个地区城市法的方方面面，在篇幅上也必然会有所偏重，但是这不代表忽略的地区城市法不重要。相反，法律的先进与落后都是相对而言的，中世纪宛若隐藏在迷雾中的"黄金船"，任何一个角落都充满了惊喜，值得我们去探索。

一、城市共和国立法其渊源

意大利半岛位于地中海的中部，从地理位置而言，它恰恰处于地中海东西两端、南北两岸的交通枢纽位置。意大利利用此地理之便，从东西方贸易中获得了巨额财富，一些城市随即走向"复兴"。最先兴起的是位于海滨的城市，那不勒斯以南的阿玛菲是因商贸而兴的第一座城市。不久这座城市的商业特权被比萨人击败，之后，威尼斯、比萨和热那亚这几个城市因东西方贸易而兴盛起来。接着是内陆城市的兴盛，这在托斯卡纳地区也表现得很明显，锡耶那、佛罗伦萨也随即兴旺发达，并后来居上。到1350年时，意大利半岛上的城市已是星罗棋布，形成了自古典世界解体以来的一个新的城市体系。[1]

（一）意大利城市共和国

中世纪的城市都是以工商业为社会基础，这与当时的普遍的以土地和农业为基础的封建等级体系有着很大的不同。就组成来看，12世纪的市民就几乎都是商人、小店主、房产小业主等"脱离了"土地作物而生存的人。随着城市在不断地扩大和发展，市民也由一个弱小的集团发展为一个社会阶级，市民阶级就变成了一个具有自身特性的合法阶层。

在城市，由于工商活动本身的需要，对个人财产的保护和对个体的尊重已经达到了很高的程度，这也使得城市更容易产生民主自由的氛围。"市民"一词也具

---

[1] L. Benvolo, *European City*, Oxford, 1993, pp. 23—73.

有了特定的历史和政治含义，即享有公民权的城市居民。这些权利赋予了他们参与城市事务和城市管理的权力。

在意大利的城市共同体中，绝大多数都形成了具有一定民主参与色彩的共和宪制政体，拥有自治或独立的共和式的公权力体制和相应法律体系。当时的历史学家就指出："城市人民不是被统治者们的意志指挥着，没有王和君主统治他们，有的只是他们自己任命的执政官和法官。"[1] 可以说，在某种程度上，这种国家体制比伯利克里时代的雅典和共和时代的罗马城邦共和国呈现出更为明显的宪制秩序特征。

从 11 世纪末开始时起意大利北部的诸城市逐渐摆脱了封建王权、领主或主教的控制，成为巩固的自治或独立的社会共同体并且开始发展出其独特的政治制度。这些意大利北部城市撇开教皇的权威和神圣罗马帝国的宗主权，开始自行任命它们的"执政官"（Podesta or consul），并赋予其最高的行政权与司法权。据记载，"第一个这么做的城市是比萨，随后，1100 年以前，米兰、热那亚、阿雷佐（Arezzo）任命了自己的执政官，博洛尼亚、帕多瓦、锡耶纳（Siena）则于 1140 年前完成了这一转变"[2]。（参见表 2）

更为重要的发展则发生在 12 世纪下半叶，此时"执政官"制度渐渐被另一种"委员会（议会）"制度所取代。后者是一个城市行政机构，成员大致在十人至四十人上下，由城市的显贵担当，委员会的长官被称为"最高执政官员"，他们不仅在行政事务上，而且在司法事务上都拥有最高的权威。发展到后期，政府的所有其他官员的任命也要经过"委员会"的通过。这种制度最先于 1170 年在帕多瓦确立，1180 年米兰也采纳了该制度。到 12 世纪末，佛罗伦萨、比萨、锡耶纳和阿雷佐均实行了该制度。

表 2   意大利城市任命执政官年份 [3]

城市	任命执政官年份	城市	任命执政官年份
比萨	1081—1085 年	皮斯托亚（Pistoia）	1105 年
比安得纳特（Biandrate）	1093 年	卢卡	1115 年
阿斯第（Asti）	1095 年	克雷莫纳（Cremona）	1112—1116 年

---

[1] See Daniel Waley, *The Italy City Republics*, London, 1969, p. 25.

[2]〔美〕昆廷·斯金纳：《意大利城市共和国》，林猛等译，载于〔美〕约翰·邓恩：《民主的历程》，吉林人民出版社 1999 年版，第 69 页。

[3] See Daniel Waley, *The Italy City Republics*, London, 1969, p. 27.

米兰	1097 年	贝尔加莫（Bergamo）	1117 年
阿雷佐	1098 年	博洛尼亚	1123 年
热那亚	1099 年	锡耶纳	1125 年

到 13 世纪中期，伦巴第和托斯卡纳的许多重要市镇已纷纷获得了独立的城市共和国的地位，这些大大小小的城市共和国的一个重要特征即拥有成文"宪法"（或称之为政治惯例），以保护选举的和自治的政府。从此一直到 15 世纪末，意大利的绝大多数的城市都是作为城市公社或共和国存在的，个别城市的自治或独立甚至一直延续到 18 世纪。[1]

城市共和国这一政治形式对于当时仍处在封建制和君主制社会结构之中的西欧而言，显然具有非同寻常的意义。根据当时流行的政治理念，人们普遍认为政府必须被视为上帝赋予的统治权力的表现，虽然究竟是教皇还是皇帝拥有最高权力一直存在争端，但都承认只有君主制才是唯一合法的政治形式。意大利城市共和国的出现无疑对这一思想提出了挑战。所以，也不难理解，在之后的欧洲历史上，意大利城市共和国的榜样在后来的许多方面始终扮演着反对暴君和专制的激励者的角色。

（二）意大利城市共和国的"自治地位"

虽然意大利北部城市通过斗争，迫使教会和世俗统治者颁布了特许状，逐渐赢得了自治，并进而建立起自己的政府机构。但是在封建体制中，自治城市始终属于另类。对内，因为不能从封建政治理论中合理地推导出来，自治城市只能作为一种"事实"存在。对外，它时刻受到各种封建势力的威胁，1158 年神圣罗马帝国皇帝腓特烈一世召开龙卡利亚会议，并颁布了《龙卡利亚敕令》（Edict of Roncaglia），强行将意大利自治城市纳入其委任的市长统治之下。米兰率先反抗，进而组成伦巴第城市同盟，1183 年，帝国被迫废止《龙卡利亚敕令》，与意大利北部的伦巴第诸城达成谅解，签署了《康斯坦斯和约》。根据该和约，自治城市在理论上接受皇帝为宗主，而皇帝也承认城市"事实上"的自治地位。可以说，斗争

---

[1] 仅有的例子是威尼斯共和国，将在以下部分论述。

之后的妥协，帝国赢得了表面的尊严，而城市获得了"事实上"的承认。

虽然斗争的结果是皇权失败了，城市保存了自治的权利，但是城市必须论证其统治的合法性，以对抗封建强权。政治和经济现实，是城市存在的根基。即使是另类的"事实"，城市依旧有必要在理论上为这种"另类的存在"提供辩护；甚至建构完整的"法律"理论以论证其自治的合法性。

11世纪末、12世纪初也是罗马法复兴的时代，在意大利先后诞生了注释法学派（School of Glossators）与评论法学派（School of Commentatores）。这些法学家们不仅在传统的私法领域有所建树，对于"城市自治"、"城市地位"，以及皇权等公法问题也颇为关注。他们的身份上的矛盾也决定了对待"城市自治"问题上的意见不统一。一方面，作为罗马法的学者，他们赞同《国法大全》中对于君权的强调，将对罗马法的效忠转移至对于"新罗马"（神圣罗马帝国）的效忠上。因此，他们承认神圣罗马帝国的普世权威（至少在理论上承认），以及罗马法的普世效力。另一方面，他们同时也在自治城市中担任公职，在城市中有较高的地位和影响力，因此也背负着城市对自治的理论要求。在这些法学家中，大部分人能够从罗马法和实证的角度论证城市自治的合法性，部分人信奉"皇权至上"，甚至有人还试图调和城市自治与帝权之间的紧张关系。他们所建构的理论可以归纳为法律上反对、赞成自治和事实承认三种。

第一类是反对"城市自治"的学者。他们支持皇权对于城市的宗主权的观点。这些学者包括注释法学派的创始人伊纳留斯(Irnerius，约1050年，或1060—1130年)、他的四大弟子以及阿库修斯（Accursius，约1182—1260年）。

作为罗马法复兴运动的肇始者，伊纳留斯在罗马法复兴运动中享有崇高的威望。他在晚年明确采取了支持帝权的态度。他认为，帝权是最重要的，民众的习惯法虽然是人民的意志体现，但不能高于君主的制定法，只有在符合制定法的前提下习惯法才具有效力。他甚至宣称，"今天，'立法'的全部权力都转移到皇帝那儿去了"[1]。

伊纳留斯的四大弟子基本继承了他的政治立场：在1158年龙卡利亚会议中，

---

[1]〔英〕伯恩斯主编：《剑桥中世纪政治思想史》，郭正东、溥林、帅倩、郭淑伟译，三联书店2009年版，下册，第580—581页。

"四博士"站在了皇帝一方,支持他对伦巴第诸城征税以及限制城市的自治地位。[1]
但是在支持帝权的程度上他们也有分歧。据说,在一次与巴巴罗萨的巡游中,"四
博士"(Four Doctors of Bologna)之首的布尔加鲁斯(Bulgarus,约 1100—1167 年)
就否认皇帝拥有绝对的权力,而另一个博士马尔提努斯(Martinus,约 1100—1166 年)
则站在皇帝一边。

阿库修斯是注释法学派的第五代法学家,他的老师阿佐(Azo,约 1150—1230 年)
提出了"人民授权"说,即统治的权威来源于人民的同意,明确支持"城市自治"。
阿库修斯虽认同老师的"人民合意"理论,却通过推理认为:"一旦人民将权力转
让给帝王,则他们无权撤销。"[2]他不仅提出了"君权绝对"理论,而且断然否定
了城市自治的重要前提。

一方面,阿库修斯驳斥了阿佐的"人民共同体"理论。在他看来,这种共同
体根本就不存在,"团体无非就是作为成员的个体"。[3]这种对团体人格的否定,也
就否定了作为"市民共同体"的城市的独立可能。根据这种理论,分散的个体只
能服从帝国的统治;这样,城市的自治地位的基础便不存在。另一方面,阿库修斯
强调"君权至上"。他认为君主在法律之外,不受法律的制约;为此,他还援引了《学
说汇纂》作为论证"君权至上"的依据(如 D.4.8.4 和 D.4.8.51)。阿库修斯支持"君
主不受法律约束"(princeps legibus solutus est)的论断。这种两面夹击,就对城市
自治形成重大的威胁。[4]

总体上看,在对待皇权方面,虽然注释法学派的法学家各有主张,但大部分
还是站在了皇帝一边。这是因为经过查士丁尼筛选之后的罗马法文献,更多地保
留了支持皇权的因素。此外,罗马法的一些著名法谚也为众君主们所津津乐道——
"君主的意愿具有法律的威力"(quod principi placuit legis habet vigorem)和"君主不
受法律的约束"。相比其他法学派,注释法学派更将《国法大全》视为具有神圣意

---

[1] Paul Vinogradoff, *Roman Law in Mediaeval Europe*, London and New York, Harper & Brothers, 1909, p. 51.

[2] Peter Stein, *Roman Law in European History*, Cambridge University Press, 1999, p.60.

[3] Joseph P. Canning, *Ideas of the State in Thirteenth and Fourteenth-Century Commentators on the Roman Law*, Transactions of the Royal Historical Society, 5th Ser., Vol. 33. (1983), p. 24.

[4] Brian Tierney, The Prince is Not Bound by the Laws. Accursius and the Origins of the Modern State, *Comparative Studies in Society and History*, Vol. 5, No. 4 (Jul., 1963), p. 389.

义的法律文本；因而这些理念也就深刻地影响了该学派一大部分法学家，使他们成为帝权的支持者。

第二类是对于"城市自治"地位确认的学者。持有该观点的法学家有巴塞努斯（Johannes Bassianus）、阿佐和巴托鲁斯（Bartolus，1314—1357 年）。

巴塞努斯是注释法学派的第三代代表人物。与前两代支持皇权的学者不同，他强调人民的意志，赞成城市的自治。他认为制定法和习惯法的效力都来自于人民的意志；并提出的社团理论。根据他的观点，作为人民聚合体的城市，自然就能够获得合法的地位。

巴塞努斯的学生阿佐继承并深入论述了他的理论。阿佐认为，"最高权力"（merum imperium，原意为"司法裁判权"）其实就是"司法裁判权"（iurisdictio），但该权力并非皇帝独享；根据罗马法，其他高级官员也拥有此权力。而在古罗马的体制中，虽然自治市的长官不能拥有完整的"司法裁判权"，但他们可以部分拥有。[1] 阿佐提出了自己的理论：统治权威来源于法律，而法律来自于人民的同意；即使是君主的权力最终也源自人民的同意。作为最高权威的"司法裁判权"来自于人民"共同体"的同意，是一项集体的同意。帝权虽然直接源于王室法，其最终来源依旧是人民的同意。在这里，人民以一个"共同体"（universitas）的身份具有这种权威。据此，城市作为一个"事实上"（de facto）存在的市民"共同体"，也具有最终的权威，这种权威在帝王权力之外。[2] 这样，阿佐就跳出封建传统的"帝国"和"普世统治"的政治理论；而城市则在"人民共同体"这一新的法学理论上有了栖身之地。

作为评论法学派主要代表人物的巴托鲁斯进一步发展完善了阿佐的理论，使该理论达到了比较完备的程度。他指出了帝国权力理论上的普世性与实际上的有限性。巴托鲁斯承认帝国的普世权力，但是，他并不认为皇帝的权势是无限的；相反，其应该受到法律的制约。[3] 他指出，从世俗的角度看，皇帝是全世界的主人，

〔1〕 Kenneth Pennington, *The Prince and the Law, 1200—1600 Sovereignty and Rights in the Western*, University of California Press, 1993, p. 19.

〔2〕 Peter Stein, *Roman Law in European History*, Cambridge University Press, 1999, p.60.

〔3〕 J. Neville Figgis, *Bartolus and the Development of European Political Ideas*, Transactions of the Royal Historical Society, New Series, Vol. 19 (1905), p. 156.

但从政治神学的角度看，每一个领主的统治均直接或间接地源于上帝的许可。因此，帝国的普世权力并非绝对的实际意义上的普世所有权（universal propriety）；相反，国王在自己的领地内有实际管辖权，这种实际管辖权才是真正的，实实在在的。这种权力实际上就是皇帝的权力：他们可以像皇帝那样制定法律，任命官员，实施统治和裁判。[1] 根据这种理论，城市也能够获得自己的实际管辖权。他提出的标志性论断就是"城市自己就是国王"（civitas sibi princeps）。

第三类学者持不同观点，他们承认城市事实上的独立地位，试图调和"城市自治"与皇权的矛盾，因此称之为折中派。巴托鲁斯的学生、评论法学派的巴尔杜斯（Baldus，公元 1327—1400 年）就是这一类法学家的代表，他继承了老师的立场，并试图在双方之间进行妥协。

巴尔杜斯首先对城市自治的合法性进行了论证。当时法国法学家库内奥（Guilelmus de Cuneo）提出了所谓"政治人"（homo politicus）的理念，即人们可以结成团体（国家）依照法律而生活。[2] 巴尔杜斯赞同以上观点，并且由于受到亚里士多德政治学说的影响，他认为人天生就是政治动物，理所当然地结成国家（城市共和国）；国家是拥有政治天性人们的集合体。[3] 根据自然法理论，他指出人在本质（eo ipso）上就是天生的市民，所以市民身份就是人本性的一种体现；依法生活是人的主题；也只有如此，"人"才是完满意义上的人。而国家（城市共和国）就是人们依照自然理性结合成团体，所以该团体就可以有自己的管理机构（市政当局），可以施行统治。据此理论，城市自治获得了自然法理论的支持。

其次，巴尔杜斯从立法要素上证明城市自治的合理性。巴尔杜斯承认老师提出的"人民的同意"是政治建构和立法的基本要素。人民以自己行为的方式所制定的习惯法，不应当需要其他统治者的认可。[4] 城市在事实上独立的情况下，也就能够不服从皇帝的命令。此外，他指出城市在立法的时候有义务维护"共同的善"，

[1] Woolf, Cecil Nathan Sidney, *Bartolus of Sassoferrato: His Position in the History of Medieval Political Thought*, Cambridge University Press, 1913, pp.110—111.

[2] Joseph P. Canning, *Ideas of the State in Thirteenth and Fourteenth-Century Commentators on the Roman Law*, Transactions of the Royal Historical Society, 5th Ser., Vol. 33. (1983)，p. 11.

[3] Arthur P. Monahan, *From Personal Duties Towards Personal*, Mc-Gill-Queen's University Press, 1994, p.30.

[4] Joseph P. Canning, *The Political Thought of Baldus de Ubaldis*, Cambridge University Press, 1987, p.101.

也有权根据自身的"利益"进行判断；在此根本的立法指向上，城市甚至有权抵制来自外界的干扰。[1]

再次，巴尔杜斯从万民法与市民法的角度进行分析，试图解决皇帝与其他现实统治者之间的矛盾，以论证城市自治的合法性。在他看来，皇帝与教皇的立法是具有普世价值的万民法，在实际操作中，各个统治者（包括封建领主与自治城市等）都在自己的领域行使立法权，这些地方性的法律就是市民法。在这些不同的市民法之间存在的相同之处就是万民法，而皇帝或教皇从事的普世立法活动就是揭示这种万民法。[2] 这样，事实上的"自治"（独立）就与理论上的"一统"就统一起来了。因此，基于万民法与市民法的区分，包括城市和王国在内的各种实际统治者都能够拥有实质上的"主权"或"统治权"。

但是在另一方面，巴尔杜斯在大框架上依旧是服从旧秩序的，因此他的理论出现一些矛盾。在他看来，城市即使是"事实上"的独立，也必须获得皇帝的许可。所以，皇帝依旧是终极的权威。"统治权"存在着不同的层级，城市所能够享有的只是低层级的"统治权"。[3] 因此，依照巴尔杜斯的观点，城市统治权的层级低于皇帝的统治权。在理想的状态下，城市应当服从皇帝的权威，换句话说，在完美的理论中，上级能够完成对下级的控制，下级必须服从上级。[4] 然而，中世纪混乱的政治现实使得上级（皇帝或国王）无力控制包括城市在内的各种政治势力。城市的自治，不服从上级皇权，"要么根据法律，要么根据事实"（de iure vel de facto）[5]。城市不能自我论证自身统治的合法性，他们根本就不是统治者，更不是主权者，只能在上级无力进行统治时"代理统治者"（vice principis）。

从总体上看，巴尔杜斯是在"事实上"承认了城市的自治地位，但在"法律上"并不承认，而是臣服于当时主流的封建统治秩序。由于需要在二者之间进行妥协，所以其理论在一些地方出现了矛盾。

---

[1] Arthur P. Monahan, *From Personal Duties Towards Personal*, Mc-Gill-Queen's University Press, 1994, pp.29—30.

[2] 同上书，p.27.

[3] Joseph P. Canning, *The Political Thought of Baldus de Ubaldis*, Cambridge University Press, 1987, p.98.

[4] Joseph P. Canning, *Ideas of the State in Thirteenth and Fourteenth-Century Commentators on the Roman Law*, Transactions of the Royal Historical Society, 5th Ser., Vol. 33. (1983), p. 9.

[5] 〔英〕伯恩斯主编:《剑桥中世纪政治思想史》，郭正东、溥林、帅倩、郭淑伟译，三联书店 2009 年版，下册，第 640 页。

这些争论说明这一时期意大利极其不安的政治环境，以及城市力图挣脱世俗与教会权力的干涉，同时也说明了人们依靠法律逻辑推理建立政治国家的大胆设想。这些都是时代经济和政治发展的产物，他们唤醒了独立力量的自主意识。

二、意大利城市的立法及其渊源

（一）意大利城市的立法情况

虽然早在 12 世纪，甚至在 1183 年《康斯坦斯和约》之前，皮斯托亚、比萨、热那亚和亚历山德里亚（Alessandria）就有了自己的法律，但是直到 13 世纪之前，拥有法律的城市并不是很多。

13 世纪初期，是城市共和国立法活动的伊始，随后立法活动逐渐兴盛起来，它们也成为法学家们的重要工作之一。经过了漫长的衰败后，一个政治独立的意大利国家终于形成。这一时期的立法具有一个非常显著的特征，表现在立法的地方性和特殊性之上。随着中世纪早期日耳曼国家与神圣罗马帝国在意大利统治的结束，意大利各城市最终获得了政治独立，这些自治城市也获得了制定法律和处理自己事物的权力。拥有立法自由之后，这些城市意识到有些立法已经迫在眉睫，因为古老的法律以及习惯的权威在社会生活中的巨变已经被削弱。"属人法"已经让位于"属地法"；城市生活中，属人差异的因素逐渐消失，这已然成为一种变化趋势。此外，各城市的习惯也各不相同，每个城市都以自己的方式进行管理。最后，每个城市都极具个性，这也是它们政治独立和力量的生命之源，而当这些特征表现在法律之中，当它们变为文字之后，便成为法律生活中最具个性的因素。

这一时期意大利城市的立法分为两个阶段：[1]

在第一阶段，它主要包括自治城市或者城市共和国的法令，城市共和国"法规"（statutes）一词就是一般特指意大利历史中这一时期的法律。

在第二阶段，它主要是指源于意大利领土上同时存在的公国（principalteis）、

---

[1]〔英〕梅特兰等：《欧陆法律史概览——事件，渊源，人物及运动》，屈文生等译，上海人民出版社 2008 年版，第 128 页。

公爵领地（dukedoms），后来是一些王国的法律。

城市共和国"法规"是意大利城市立法的独特形式。自治城市起源于公会、行会或者其他类型的"共同体"（corporations），这些共同体往往由同一职业或身份的人组成，自行制定规章实行自治。城市共和国的"法规"就是类似于共同体自治规则的法律条例。这些规则由来已久，十分自然。但是在独立后的城市发展中，帝国于1183年在《康斯坦斯和约》中最先承认了城市的立法权。该条约同时也保存了皇家权力，根据条约规定，皇帝有权任命皇家总督（imperial viceroys）常驻各城市，凡是城市机关制定的城市法均要提交总督批准。但是由于城市实际上已经取得自治权，一般总督的批准也仅仅是形式上的认可，不得修改法律条文。

（二）意大利城市法的渊源

意大利城市法的主要渊源有以下几种，它们是特许状、城市立法以及地方习惯和商业惯例，以及其他古老的法律。

1. 特许状

特许状是城市自治标志，在城市拥有最高的法律权威，类似于宪法的地位。特许状实际上是一份封建契约，契约的一方是自治城市，另一方是封建统治者，在意大利，主要是指皇帝。中世纪教权与皇权的主教授权之争分散与削弱了封建统治权对城市的控制，为取得意大利城市的支持，皇帝往往授予城市特权，给予其自治的权利。早在958年，热那亚的居民就获得关于土地的特权；1056年，又获得对于市场的一些权利。曼杜瓦于1014年、费拉拉于1055年获得城市特权。1081年，亨利四世保证不再在卢卡修建宫殿，不在其城6英里内修建城堡；同年也放弃了在比萨的司法权，并保证未经比萨人同意不再托斯卡纳地区任命新侯爵。[1]

"特许状是城市法的主要渊源，它确定了城市法的基本轮廓，提出了城市大的主要原则和制度。"[2]虽然它和近代社会的宪法还是存在一定的差距，但是它对中

[1] 施治生、郭方编：《古代民主与共和制度》，中国社会科学出版社2002年版，第292页。
[2] 何勤华主编：《外国法制史》，法律出版社2003年版，第125页。

世纪欧洲城市社会的主要问题都做了规范，对发展与保护市民的人身自由起了很大作用。因此，城市与市民对于特许状都特别珍视，很多意大利城市至今仍保存有中世纪的特许状，将其视为城市建立的标志。

2. 城市立法

城市立法依据权力的来源不同，可以分为两种。第一种是严格意义上的"法"（law），它是由"民众大会"、会议或者其他城市自治最高机构颁布的规章。但这一类法律只限于极其重要的公众事务或者重要的外交事项。另一类则是城市共和国市政当局在运作过程中形成的一系列规章制度，包括有"条例"（ordinances）、"协定"（brevia）和"统领誓词"（Promissiones）。随着城市长官的更替，每年这些规章都会更新。"最初行政长官宣誓遵守的法律称为'城市法'（juro），后来又改为'城市法规'（statumius）。"[1] 行政长官的誓言包括遵纪守法、履行职责等内容，实际上就是一份与市民签订的契约，在早期城市共和国中，一旦发现行政长官在任期内有不法行为的，市民大会或者其他权力机构有权弹劾行政长官。随着时间的推移，各种各样的措施和规章越来越多，这些法令集中在一起，自成体系，成为一套城市法的汇编，这一情况类似于古罗马时期裁判官法的汇编。所谓"协定"则是指官员由于自己的职责以及市民对于"公社"誓言所产生的权利义务，因此，在城市中，存在着许多种"协定"——市民的"协定"，执政官的"协定"、裁判官的"协定"，市长的"协定"，以及市民大会的"协定"等等。[2]

3. 地方习惯

地方习惯是城市法的最主要渊源。早在公元 10 世纪的后半叶，热那亚城市法、米兰城市法、比萨城市法就有将习惯加以法典化的记录。这些早期的城市法典只是习惯的汇编，目的是为了证实习惯的有效性，而并不是改变或者取代习惯。之后，随着城市"法规"变得越来越普遍，当严格意义上的立法开始呈现的时候，它们开始改变古老的习惯，以适应新的形势的需要。[2] 在意大利北方城市共和国中，由于城市取得了极大的独立，地方习惯仅仅在私法领域保存了下来，因此，在这些城市的城市立法中，主要内容都是公法，而在"习俗法"（consuetudines），"风

---

〔1〕〔英〕梅特兰等：《欧陆法律史概览——事件，渊源，人物及运动》，屈文生等译，上海人民出版社 2008 年版，第 129 页。

〔2〕同上。

俗法"（mores），"习惯法"（usus）中，主要的内容则是私法。二者有着严格的区分，首先，"习俗法"等习惯法包含的日耳曼法成分较多，而城市的法规更多的吸收了罗马法的传统。其次，"习俗法"必须符合某些一般原则，如"合理的"（rationabilis），"善的"（bona），"合意的"（appronbata）等特征，而城市法规的效力来源于城市立法活动；最后，"习俗法"是一般私法的组成部分，它区别于特殊习惯中的特别规则，而城市法规则涵盖了公法内容，囊括了政治生活的各个方面。相反，在意大利南部与一些中部的城市中，由于教权与皇权一直处于统治地位，城市的立法主要集中在私法领域，其中吸收了罗马法、拜占庭法、法兰克法以及伦巴第习惯法。

随着时间的推移，这些原本不相同的法律渊源逐渐合入一套相同体系的城市法律之中，这个集合体就是所谓的"城市法典"（statutes）。

4. 教会法、罗马法与日耳曼法

城市法依然承认教会法的有效地位。教会为了限制各地习惯法以实现自己的权力，推行"善的且核准的"（bona et probata）原则，即地方的法规必须符合基督教的善以及经过教会的恩准才能生效。因而，城市法公开承认教会法的一些规则，如在"圣日"（Holy days）劳动构成犯罪，神职人员免予市民义务以及世俗的管辖，承认教皇的权力，设立异端裁判所对异教徒进行审讯等等。

但是，城市只是认可对其有利的教会法规则，它们绝对不会放弃来之不易的自治权，更不会成为教会的附庸。当格列高利九世（Gregory IX，1227 年—1241 年在位）要求自治城市将立法全部提交教会，由教会批准时，他发现没有一个城市愿意再唯命是从。

自此，城市法仅仅包括城市自己的法律。中世纪的三大法律渊源——罗马法、教会法、日耳曼法——或湮没或融入了城市法之中。三大因素在城市法中各有体现，日耳曼法在私法上、罗马法在公法领域、教会法则兼而有之。简言之，城市法属于特殊时代的产物，中世纪的欧洲是一个过渡时期，几种法律体系经过整合后正在形成一个单一的体系，而中世纪的城市作为一种新的政治模式成为了这个变化的载体，这也为一部真正的国家法的诞生奠定了基础。

三、意大利城市法的内容与汇编

（一）意大利城市法的内容

1. 市民的权利与义务

市民的权利与义务一般通过特许状加以明确规定。各个城市法普遍肯定人身自由权是市民享有的一项最重要的权利，这是中世纪城市法有别于封建等级特权法的显著标志之一。"这是市民阶级必要的和普遍的属性。农奴身份的一切痕迹在城墙内消失，尽管财富的多寡造成人与人之间的差别甚至鲜明的对比，然而在身份方面人人是平等的。"[1]

将历来只属于教会与世俗贵族的身份自由权赋予城市市民，这也就是从法律的角度否定了封建等级制和人身依附关系在城市中的存在，即承认了市民阶级作为一个享有自由的独立阶级的存在。自由在一开始只是商人事实上享有，但是自此所有市民都可以依法律享有。

在民事法律关系方面，城市法肯定了市民民事权利主体资格，市民享有在民事、诉讼方面的平等权利，享有经营商业、手工业等自由。城市法对市民应履行的义务一般也都有明确的规定，如要求市民如期照章纳税，服从本城习惯与法律，维护城市治安及整修防御设施和服兵役等。

意大利城市作为商业和手工业的中心，在取得自治后，有关商业和贸易领域中的一些权利，便被写入城市立法或者体现在商业习惯中，作为市民权利的组成部分。此外，与中世纪其他地区的封建土地不同，城市土地持有者享有土地的出租、遗赠甚至抵押、买卖的权利。土地自由与人身自由同时间产生，在商人聚居地中，土地的性质变得商业化，所以土地的自由也变得无法避免。

2. 市政机构

在意大利城市中，由于自治水平的不同，在城市机关的设置上存在某些差异，但一般而言，城市共和国都有选举机构和立法机构（权力机构）、行政机构、司法

---

[1]〔比〕亨利·皮雷纳：《中世纪的城市》，陈国梁译，商务印书馆 2007 年版，第 122 页。

机构组成。不过当时还没有严格的分权与制衡理论，因此各个城市机关之间的权责也不是很明确，有些立法机构，如议事会还有很强的行政色彩。本节仅简要介绍一下各城市共和国一般的政府组成，关于其中各机构互相制衡以及城市政府运作的内容详见后文专节论述威尼斯共和国（Serenissima Repubblica di Venezia）市政机构的部分。

城市的权力机构一般有市民大会和议事会。

市民大会是城市共和国早期典型的最高选举与立法机构，由全体男性成年市民组成，表决方式为呼声。比萨的执政官的任命就是在公共集会上高呼"同意"而授予的。[1] 作为一种早期的民主形式，市民大会很快被议事会取代，但是在一些小共和国中，如瓜尔多（Gualdo）、塔蒂诺（Tadino），一直保留到13世纪。[2]

议事会既是立法机构，又有行政职能。在意大利城市共和国中，议事会一般分为大议事会与小议事会，前者少则几百人，最大的达到4000人；后者又称秘密议事会，成员一般不超过40人。一个城市共和国中往往有多个议事会存在，根据记载，佛罗伦萨在1266年有三个最重要的议事会：长老会之百人议事会；由非贵族组成的人民首长议事会；包括部分贵族的总督议事会。此外，还有大大小小的其他议事会，有些法案需经过5个议事会的一致同意才能生效。

城市共和国的行政首脑一般由执政官担任或者总督。前者出现于城市共和国早期，除却行政外，还担负司法与军事职能。每座城市不止一位执政官，1130年米兰至少有23位执政官，1138年4名，1140年8名。[3] 他们都由选举产生，任期一年。

总督（podesta）最早指皇帝派遣至各城市的市长，自12世纪末、13世纪初，开始用于城市共和国的最高行政长官。由于执政官数量众多，且任期短，在一些紧急事务中发挥的作用往往微乎其微。因此，城市一般高薪从外部聘请总督来管理城市。米兰1162年接受了皇帝任命的总督，热那亚1190年从外城聘请了一位总督，1193年佛罗伦萨人也效仿。总督上任时往往自带必要的人员，包括法官、顾问、骑士、公证人与仆人。在任期内受到严格的监视，以防止其徇私枉法，损害城市利益。

---

〔1〕施治生、郭方编:《古代民主与共和制度》，中国社会科学出版社2002年版，第297页。

〔2〕See Daniel Waley, *The Italy City Republics*, London, 1969, p. 29.

〔3〕施治生、郭方编:《古代民主与共和制度》，中国社会科学出版社2002年版，第294页。

除了总督与执政官之外，城市共和国还有元老院、人民首长以及各式各样的专门委员会。这些机关共同组成了城市共和国的市政机构，在一个复杂的体系中保证城市共和国的自由。

3. 行会制度

意大利城市共和国中有各种工商业行会组织，这些行会组织实质上已成为城市中工商业的管理机构，它们所制定和颁行的行会章程具有法律效力，在城市经济生活中起着相当重要的作用。行会是商人和手工业者组成的，只有加入行会才有权从事商业和手工业活动；行会实行互助，会员须缴纳入会费和定期会费，在会员患病、死亡时，其家属将得到救济。会长由本行会会员选举产生，行会内设有监察员，负责监督会员遵守本行会章程，对违反章程者进行制裁；商业行会规范一般对商事活动中的各种规则以及商会对城市商业的专营权与专断权、统一度量衡制度、商会在调解商务纠纷中的权限等做了规定，要求商会会员讲究商业道德，严禁欺诈行为。

4. 城市刑事与诉讼制度

在刑事法律关系方面，除叛国、谋反等重大犯罪外，其他犯罪一般适用城市刑法。城市刑法是一种特别法，比农村的刑法更为残酷。城市刑法的主要特点有三：一是废除了封建等级特权，犯同一种罪者处同一种刑罚；二是刑罚严厉残酷，广泛适用死刑和肉刑，绞刑、斩首、肢解及宫刑等是惯用的刑种，且刑罚中还保留有同态复仇的习俗，以威吓和报复为原则，这与城市居民构成复杂，维护社会治安难度较大有关；三是以罚金取代了把犯罪视为侵权行为的赎罪金制度。

在诉讼制度方面，城市共和国废除了长期以来一直广泛采用的神明裁判、司法决斗、宣誓、保证人等证据形式，这些适用于封建领主的诉讼方式已经无法适应商人阶级的需求，因而被证人的证言所取代。并抛弃了那些复杂而又具有浓厚形式主义色彩的诉讼程序。陈腐烦琐的封建诉讼法在城市里受到较大的改造与更新。

（二）意大利城市法的体例与类型

1. 意大利城市法体例

最早的城市法是用拉丁语写成的，在条文术语中会夹杂一些本地的方言或者拉丁化的地方语言。从 13 世纪开始，随着意大利国家意识的崛起，城市的立法也开始由意大利语写成，之前的拉丁语版本的城市法也在校订中被翻译为意大利语。早先的城市法的表达风格比较原始粗糙，立法技术也不成熟。随着对于罗马法研究的深入，注释法学派的方法渗入立法之中，后期的立法文本变得过于冗长，甚至法律文本的架构也显得矫揉造作、晦涩难懂。

在法典的结构上，最早的城市法只是一系列规则的汇编，这些规则按照颁布的时间排列，使用起来颇为复杂。随着法规数量的增多与频繁的修订，这些法规被汇编为 4 到 5 卷。第一卷是公法，仅与市政机构的权责相关；第二卷是刑法；第三卷是诉讼规则，但与其称之为诉讼法，不如民法更为贴切，中世纪人们往往通过提起一项诉讼来确定自己的一项权利，此外，在这一卷中还会收录城市法的修改条文；第四卷是包含各种杂项；第五卷则是城市工商业法规。

城市法一般由议事会任命的法学家来完成，成稿后经过议事会和市民大会通过。一般情况下由法学家组成的"立法委员会"是临时性的，法律颁布后便解散，但是在某些城市，这些法学家继续组成"修订委员会"（riformatori），负责法律颁布后的修订工作。

2. 意大利城市法的类型

首先，按照城市法的原始类型，可以分为"自发型城市法"与"继受型城市法"，前者是指由城市完全自创的，没有模板的城市法体系。但是大多数城市都属于后者。有时，一座城市会借鉴其他城市享有很高声誉的法律，因此可以发现在各个城市中有着很多相似的条款。例如，佛罗伦萨和皮斯托亚城市法模仿了一些博洛尼亚城市法的条款，伦巴第城市则以米兰城市法为蓝本，科西嘉（Corsica）城市参考了热那亚的城市法。除此之外，某些受公爵或者另一城市统治下的城市在制定完法典之后，须提交上级领主批准，这些城市之间也会拥有一套相同类型的城市法典。

其次，在公法领域，一般取得完全自治的城市的法典主要涉及自由制度以及保障公众权利的规定，而在那些附属城市的法律中，主要保护的是上级领主或者宗主城市的利益。

再次，按照城市本身的经济形态区分，可以将城市法区分为商业型、工业型以及农业型城市法。商业与工业型城市法中关注的是各种商品交换领域产生的流通、信用问题，在这些城市法中，最大限度地张扬了人身自由与社会进步。农业型城市法则过多地关注于土地制度与田地的耕种、水源的分配等农业领域，日耳曼时期的传统在此长久地流行，人身自由较少提及。

四、"完美城市法"——威尼斯城市法

在近代民族国家兴起之前，威尼斯是欧洲最富裕的城市与地中海的东部霸主。威尼斯共和国是意大利北部以威尼斯为中心的城邦。它的存在时期由 6 世纪直至 1797 年。它有时亦被称为 Serenissima，拉丁语意思是指"无上尊贵"。

威尼斯地处亚得里亚海顶端，是欧洲大陆和地中海之间贸易通道的必经之地，也是西方基督教世界和东方穆斯林世界的交汇点。因为这种独特的地理位置，威尼斯成为意大利最繁荣的城市，并拥有一支庞大的舰队。凭借这些优势，它曾建立起一个囊括地中海南北岸各主要贸易据点的海上帝国。

15 世纪中叶，威尼斯的海上帝国经奥斯曼土耳其的打击而逐渐崩溃，但它的贸易和舰队在意大利城邦中仍属首屈一指。

（一）威尼斯共和国的兴起

1. 建城之初——避难之所

威尼斯并不是一座"计划中的城市"。它的建立，要追溯到公元 6 世纪。从 5 世纪初开始蛮族的入侵毁灭了大部分罗马城市。来自意大利北部诸多城市（诸如帕多瓦、阿奎利亚和巴士亚）的难民来到亚德里亚海中的泻湖（loogh）岛上建立起了殖民地，被称作"泻湖定居区"（incola lacunae），这就是威尼斯的起源。

为了生存，这些避难者们必须与大自然作斗争。岛上的沼泽不适于耕种，甚至连饮用水都无法保证。"但对于善于经营的人来说，海就足以维持生活。捕鱼和制盐立即保证了威尼斯人的生计，因为这使他们能够拿自己的产品与附近沿海居民换取小麦。"[1]这些流离失所的难民们就这样开始了他们长达 900 年的商业之路。在查士丁尼"光复意大利"运动时期，威尼斯由拜占庭派来的总督统治，这个总督常驻

---

[1]〔比〕亨利·皮雷纳:《中世纪的城市》，陈国梁译，商务印书馆 2006 年版，第 53 页。

赫拉克雷亚（Heraclea），在他眼里，威尼斯只不过是一个贫瘠的不起眼的小岛。

商业给有进取精神的人以无限的可能性，因为他们具有利用这种精神与可能性的才干。"威尼斯的商业与航海史上的一个重要点，是他们与君士坦丁堡的联系与交易。"[1]

由于威尼斯地处海岛，得以逃脱相继入侵意大利的征服者们——先是伦巴第人、随后是查理曼，最后是德意志皇帝们——的控制。因此威尼斯仍处于拜占庭的主权下，这样就在"亚德里亚海底部和阿尔卑斯山脚下形成一个拜占庭文明的孤立前哨。"[2]

2. 商业立命——僭主专政

早期威尼斯在与君士坦丁堡的交流中不断学习高度的文明、熟练的航海技术、经商的才智以及政治和行政的组织，这些使得威尼斯在中世纪的欧洲占有一个与众不同的地位。

随着拜占庭帝国在亚德里亚海的影响力的衰落，威尼斯逐渐地走上独立的地位。803 年，加洛林帝国与拜占庭帝国签署了"尼塞菲雷斯和约"（Pax Nicephori），两位欧洲最有权势的君主正式承认了威尼斯的独立地位。[3] 从 8 世纪开始，威尼斯的商船频繁出现在亚历山大、大马士革和巴勒莫，商务条约使得威尼斯商人们即使在异教徒地区也享有贸易自由；11 世纪，在总督皮特萨洛二世（Pietro Ⅱ Orseolo，公元 991—1009 在位，又称奥赛罗）统治时期，威尼斯肃清了亚德里亚海的海盗，并且将影响力扩展到了亚德里亚海的沿岸地区，在扎拉、维格利亚、阿尔伯、特罗、斯帕拉托都有商行或军事机构。

如前所述，由于地理优势与政治因素，威尼斯发展成为一座商业城市，"国家的一切都贯穿于商业之中，国家的基本经济部门是商业，几乎不存在农业，制造也只是简单的加工与为商业而设的造船业"。[4]此时的威尼斯权力集中于总督之手，虽然总督由民众选出，但是基本不受监督，总督拥有至高无上的权力，实行独裁统治。可以说，这一时期的威尼斯徒有共和国之名，而没有共和国之实。全城居民的唯一兴趣在于如何增加自己的财富，只要总督的决策不影响商业贸易，自然

[1]〔美〕汤普逊：《中世纪经济社会史》（上），耿淡如译，商务印书馆 1997 年版，第 400 页。

[2]〔比〕亨利·皮雷纳：《中世纪的城市》，陈国梁译，商务印书馆 2006 年版，第 54 页。

[3] 维基百科。http://en.wikipedia.org/wiki/Nicephorus_I，访问日期：2009 年 5 月 25 日。

[4] 施治生、郭方编：《古代民主与共和制度》，中国社会科学出版社 2002 年版，第 306 页。

无人关注。新兴的商业贵族阶层虽然已经初露头角，但是对于总督，他们无法也不愿触及其权威。因为在对外贸易与战争中，需要一个强有力的领袖有效的行使共和国的权力。

3. 走向巅峰——商业共和

随着实力的增长，威尼斯不再是拜占庭的小兄弟了，而越来越像一个合作者。帝国给与威尼斯通商的特权，而威尼斯回报以精良的海军。自 992 年拜占庭皇帝巴萨尔二世（Bulgaroktonus，976—1025 年在位）授予威尼斯通商特许状，威尼斯几乎完全垄断了君士坦丁堡与小亚细亚到西方的贸易，并且在君士坦丁堡建立了商站（类似于殖民地的威尼斯人居住区，由威尼斯总督任命的官员管理）。"1082 年，应亚历克赛一世（Alexius I Comnenus，1081—1118 年在位）的请求，威尼斯海军在都拉索港口消灭了罗伯特·基斯卡的舰队。从而取得在帝国境内免征进口税、售货税、港口税和船坞费的优惠。"[1]

此时的威尼斯，已经形成了一个数量庞大的商人阶层。他们不再任由总督无限地专政，而是通过一系列会议不断限制总督的权力。真正的商业共和国开始慢慢形成。商人们的自治机构逐渐成为了共和国政府机构，1170 年大议事会成立，成为威尼斯的最高权力机构；1297 年大议事会改组，商业贵族成为唯一的统治者。他们的利益开始在国家政策中发挥重要影响。

十字军东征开始后，威尼斯利用为东征军队提供资金与船只的机会，打击排挤竞争对手。特别是 1204 年的第四次十字军东征，在威尼斯的怂恿下，十字军调转矛头，为威尼斯拔掉了一个重要的商业对手——君士坦丁堡，使其垄断了黑海的贸易。

自此之后 400 年内，威尼斯是欧洲最大的城市。16 世纪，威尼斯更是达到了其辉煌的顶点，她的富裕超过了所有其他的意大利城市。

（二）完美的城市法楷模——威尼斯的市政机构

威尼斯的政治制度的发展和完善，是一个漫长的过程。公元 697 年，拜占庭

---

[1]〔美〕汤普逊：《中世纪经济社会史》（上），耿淡如译，商务印书馆 1997 年版，第 400 页。

任命卢奇奥·阿纳费斯（Paolo Lucio Anafesto，697—717 年在位）为泻湖定居区的第一任总督；随后威尼斯逐步摆脱拜占庭帝国的控制并获得独立，其商人统治阶级遂按照其实际需要和阶级理想实行了一套具有共和国色彩的民主体制，即贵族共和制。这套体制经过 1297 年以及随后几次改革，到 13 世纪末基本成熟并一直在共和国沿用了五百年，直到其最终为拿破仑在 1797 年所征服。

威尼斯的政府组成十分复杂，依据现有的资料笔者无法描述它的所有机构，除此之外，威尼斯的政府本身就是一个复杂的有机体。"用集合论的语言来说，它们在不同的场合表现为独立、相等、包含、相交"。[1]

威尼斯政府主要由大议事会、元老院、内阁、总督、执政团、四十人委员会（Council of Forty）以及十人委员会（Council of Ten）组成，每个机构都有自己的职责范围。为了叙述方便，笔者将其大致分为立法、行政、司法和监督四大块。其中，大议事会属共和国的立法机关、公职选任机关和最高权力机关，元老院、总督、执政团、内阁组成国家最高行政机关，四十人委员会相当于共和国的司法机关，十人委员会则是共和国的监督机关。但需要申明的是，威尼斯共和国的各个机构的职能在不同的时期会发生变化，其职能划分也不是严格按照上述体系。

1. 大议事会

威尼斯作为一个城市国家，成立之初即接受古希腊罗马传统，在形式上，政府权力由全民大会（general assembly）行使。全民大会本身没有特定的程式。在新总督就职和宣布重要决定时，公民聚集于圣马可广场及附近的船上，通过喊声来表达意见。这颇有早期日耳曼人的民主特色。这种方式虽然最民主，但在实施过程中却很有难度，随着政治组织趋向技术化，这一组织逐渐退出历史舞台。

1170 年威尼斯设立大议事会，至 13 世纪该机构成为威尼斯权力的基础。最初的大议事会成员包括威尼斯所有显赫世家，其中既有贵族家族也有商业名绅。从罗马时代开始意大利的贵族就有从事商业的传统，因此，随着时间的流逝，二者的界限也越来越模糊，贵族身份不是进入大议事会的唯一条件。至 1297 年，大议事会固定其成员资格，限定为原有的成员。1323 年规定成员之资格可以世袭，随

---

[1]〔美〕斯科特·戈登：《控制国家——西方宪制的历史》，应奇、陈丽微、孟军等译，江苏人民出版社 2001 年版，第 141 页。

后不久所有的成员及其婚生子孙都记入"黄金谱"（Libro d'Oro），成为进入大议事会的依据。大议事会的成员一般在 1200 人至 2000 人之间。[1] 由此，大议事会被贵族把持，这一阶层属于全市人口的一小部分，最多的时候仅占 5%。而且，实际出席会议的人数一般在 1000 至 1400 人之间。

大议事会的职能有三：1）选举产生总督、元老院及其执政团、十人委员会、四十人委员会、监察官、部长等主要政府行政官员。2）通过立法，讨论政策。3）提供类似于现代英国议会中的质询期（Question Time）的质询官员的机会，对行政权力行使监督权。[2]

2. 总督

总督（Doge）是由大议事会选出的国家元首和行政首脑，可任职终身。总督在威尼斯共和国中的地位经历了从乾纲独断到虚君象征的演变。[3]

最初的总督并不在威尼斯，而在南部的赫拉克雷亚。742 年，德奥达多·伊巴托（Deodato Ibato，742—755 年在位）将驻地由南部迁至马拉莫科（Malamocco，威尼斯一岛），成为了第一任在威尼斯的总督。学者往往将前者称为"传统总督"（traditional doges），后者称为"历史总督"（historical doges）。后者由本地居民选出，皇帝任命。[4] 在 737 年，威尼斯试图模仿古罗马的传统，将总督改为执政官，但这种尝试只维持了 5 年，因为每年交接权力不利于社会的稳定与政策的持续性，因此又恢复了总督的官职。

作为国家元首，总督是共和国的代表和象征，主要职责有：接见外宾，根据元老院的指示签署内政外交文件，此外，共和国还是执政团的首脑，需要主持日常政务，受理民众请愿等。[5]

在 13 世纪的改革之前，总督的权力是巨大且几乎是无限的，以至于不少总督都试图将这一职位世袭。为了防止寡头统治的出现，总督的权力受到了很大的削弱。

---

[1] 黄仁宇：《资本主义与十一世纪》，九州出版社 2007 年版，第 42 页。

[2] 〔美〕斯科特·戈登：《控制国家——从古代雅典到今天的宪制史》，应奇等译，江苏人民出版社 2001 年版，第 177 页。

[3] "总督"这一名称来自拉丁语 dux，是拜占庭在意大利任命的全权行政官员的称呼。Doge 则是威尼斯方言。

[4] Norwich, John Julius. *A History of Venice*. New York: Vintage Books, 1989。维基百科。http://en.wikipedia.org/wiki/List_of_Doges_of_Venice，访问日期：2009 年 5 月 22 日。

[5] 〔美〕威尔·杜兰：《文艺复兴》，幼狮文化公司译，东方出版社 2003 年版，第 358 页。

在 15 世纪前期，总督的权力曾经又一度扩大。这一方面说明威尼斯为了应对商业扩张和在东方遇到的不利局面，需要较大的权力来调动人力物力应付战争；另一方面也说明威尼斯同其他意大利城市共和国一样，大家族的势力在增长（如佛罗伦萨的美第奇家族）。15 世纪中期总督福斯卡里(Francesco Foscari, 1423—1457 年在位)被贵族联合弹劾。此后威尼斯形成了惯例，总督权力受到大议事会和元老院的制约，必要时大议事会有权罢免总督。而且，总督不能单独处理政务。处理公务时必须有 4 名以上总督谘议会(Doge Advisor)的谘议员同时在场。总督谘议会共 6 人，由大议事会选任。

总督虽然实行终身制，但受弹劾的情况经常发生。在威尼斯，总督被暗杀、罢免和流放的情况时有发生。到了 16 世纪，这个职位所代表的更多是荣誉，而非权力。

3. 元老院（Senate）

由于大议事会人数过多，不能主持日常性的事务，于是授权元老院。元老院是威尼斯共和国的最高行政决策机关。威尼斯所有的外交政策和财政政策都是以元老院的名义发布的。元老由大议事会选出，离任的高级官员也自动成为元老。其他的组成方式是复杂的，主要包括三部分成员：1) 60 名常任议员，从大议事会自身成员中选举产生，但在任职期间不再参加大议事会；2) 60 名增补议员，由退休元老提名，他们在任职期间同时兼任大议事会议员；3) 四十人委员会的全体成员以及大约 140 名行政长官所组成。[1] 元老院成员总数约 300 人，其中前约 230 人享有投票权，任期 1 年，可连选连任，剩余的部分高级官员没有投票权，只能就自己职权范围内的事项发表意见。元老院下设内阁（Collegio），其成员包括 6 名内政大臣、5 名国防大臣和 5 名海事大臣。内阁大臣均由元老院选举产生，任期半年，主要负责制订政府的工作日程以及提出政府议案，因而内阁是元老院的最重要机构。

4. 执政团（Signoria）

执政团是大议事会和元老院下设的行政执行机构，由大议事会选举产生，主

---

[1] J.R. Hale, *A Concise Encyclopedia of the Italian Renaissance*, Hardcover (1981) p. 330.

要包括 3 名最高法官（Quarantia Criminial）和小议事会（Consiglio Minore）两部分。其中，最高法官来自四十人司法委员会，其司法裁判一般情况下拥有最高效力。小议事会由总督和 6 位总督谘议员组成，负责执行元老院的决议并监督法律实施。执政团还负责协调不同部门间的政见分歧，有时会同内阁一起主持大议事会和元老院联席会议，此时会议几乎囊括了全部重要的政府官员，故而称为"全职议会"（Full Collegio）。

5. 四十人委员会

四十人委员会由大议事会选举产生，因对刑事案件有复审权，又被称为最高刑事法院。四十人委员会常设于元老院议事厅，每个工作日上午和周六下午受理案件，其审判模式采用古代希腊的陪审法庭方式，案件通过集体投票做出判决。此外，其下设有最高国内民事法院（civile vecchia）和最高国外民事法院（civile muova）以及若干专门法庭。所有的法院法官皆由大议事会选举产生，任期半年。[1] 四十人委员会有时也被授予起草重要法案的权力，类似一个法律委员会。

6. 十人委员会

十人委员会又名公共安全委员会，是威尼斯的特殊国家安全机构。起源于 1310 年教皇战争期间，为了调查贵族巴贾莫德·提埃波罗（Bajamonte Tiepolo）密谋推翻总督事件共和国政府成立的一个临时机构。因为处于危机时期，因此遇紧急情况时起可以独断专权、先斩后奏。之后十人委员会一直以特殊许可延长其存在时间，最终于 1334 年通过法案成为共和国的永久机构。

十人委员会一般由十人组成，他们由大议事会选出，任期一年。特殊时期可以扩充至 17 人，包括总督，3 名法官与 3 名内阁部长（Minor Consiglio）。十人委员会由 3 名首席委员（Capi）领导，他们由委员会选出，任期一个月。首席委员必须住进总督宫，以防止总督及其他政府官员贪污受贿。[2]

该机构最初的任务是使共和国政府免受贪污的侵害。以其如此小的规模要处理如此多的事务是一项繁重的工作，但此后其权力无限扩大，在 1457 年，其对政

---

〔1〕Robert Finlay, *Politics in Renaissance Venice,* London: Ernest Benn, 1980. pp.50—51.

〔2〕Norwich, John Julius (1989). *A History of Venice.* New York: Vintage Books. 维基百科。http://en.wikipedia.org/wiki/Council_of_Ten，访问日期：2009 年 5 月 29 日。

府内的一切事物都有不受限制的干涉权。其拥有自己的海外商业情报机关、军事机关，任命了第一批共和国检察官、设立了3人法庭，并制定了著名的《反奢法》向当时风靡于全城的腐化生活与赌博宣战。

颇具讽刺的是，这个以对抗贪污和官员犯罪而建立的机构在共和国末期却深深陷入贪污腐化的泥潭。虽然历经多次改革，却再也无法恢复原来的权威，最终沦为全城居民的嘲笑对象。

总的来说，在威尼斯的1000多年的历史中，以上这些机构的性质常有变动，并且实质上很多政治问题都是幕后解决的。各种临时委员会（zonta）也数不胜数。威尼斯的政府不是我们通常所说的政府，它凡事都以威尼斯的商业兴趣为转移。有人曾说历史上的威尼斯是"一个没有领域的城市"和"一个商人共和国"。"它的政府即是一个股份公司。它的总督就是总经理。而元老院就是它的董事会。它的公民就是它的股份持有人。"[1]

五、城市共和国与城市法的衰落

虽然意大利的城市共和国在自治与城市立法领域都有着卓越的成就，但是伴随着自由与共和光环的城市共和国也有着内在的缺陷。这就是高度不稳定性。这种不稳定的主要原因在于在城市内部共和国权力并非为全体公民共同分享。当时大多数共和国政府的组成人员都是由贵族集团（或富商集团）内部指定或推荐的，从而使得城市委员会的各种事务一直把持在商业贵族手中。握有城市统治权的商人贵族集团为了维护自身家族的经济利益，多采用家族独裁的统治方式，以此来举全城之力为其家族利益服务，而这种统治形式的典型莫过于长期统治佛罗伦萨的美第奇家族了。家族统治再加上商业的繁荣和贸易活动的日益频繁，社会各阶层的经济利益冲突增多，经济高度发展下出现的贫富分化和由此导致的社会矛盾也日渐突出。

于是，不甘被排斥在政治权力之外的市民开始组织成自己的自治团体，并选举市民委员会或"议会"等非政府自治组织以便同城市委员会的管辖权相对抗。

---

[1] Edward P. Cheyney, *The Dawn of a Mordern Era,* New York, 1936, p. 243.

管辖权的分化与集团的对抗进一步导致了地方性的市民冲突与纷争。最著名的例子是 13 世纪前期蒙太古家族和维罗那城以凯普莱特家族为代表的古老贵族之间二十年的冲突。[1] 然而这仅仅是大量类似的争斗中的一例而已。正如 1250 年乔万尼·达·维特尔波在《城邦政治》一书中写道："事实上，如今每座城市的内部都是分裂的，人们再也感受不到良好统治的结果了。"[2]

　　这些斗争促成了 13 世纪上半叶城市共和国机制的进一步发展。共和国政府逐渐承认了这些团体，大概在 1220 年，它们首先在博洛尼亚得到了官方的承认，到 1230 年左右在比萨，之后佛罗伦萨、帕多瓦、阿雷佐到该世纪中期也取得了如此成就。但是这些发展也宣告了城市共和国的终结。从 14 世纪起，许多城市开始以保护更大的实体与城市和平为名，剥夺或自愿地取消了自治政体，并把统治权交到世袭的"大公"手中。通过这种方式，在 13 世纪末比萨城也沦入独裁大公之手。奥托内·维斯孔第（Ottone Visconti，1277—1294 年在位）先于 1277 年在米兰成为大公，接着又统治了博洛尼亚[3]。与之类似，卡拉雷西（Carraresi）家族在 1339 年被正式接受为帕多瓦的统治者，[4] 而阿雷佐则最终于 1384 年失去了独立地位，被佛罗伦萨吞并。佛罗伦萨的共和国维持到 16 世纪早期才屈从于美第奇家族的统治，并于 1569 年并入托斯卡那大公国。[5]

　　在此期间，虽然意大利各城市的立法，如同各地的政治状况一样千差万别，无论这些城市的立法权是由皇帝授予的还是来自城市的统治者以及封建领主，但是，议事会、元老院以及其他民众参与的立法形式都让位给了城市独裁者，这一时期的立法权被认为专属于主权统治者。

　　在中世纪中后期所有的意大利城市共和国，只有威尼斯保住了自治共和国的地位。并且，威尼斯以其政治上的稳定与社会的和谐闻名于世，其共和制度一直保存到 1797 年。但此时的威尼斯已是衰败与停滞的同义词。

---

〔1〕这一故事就是《罗密欧与朱丽叶》的原型，因莎士比亚将其搬上舞台而流芳百世，广为人知。

〔2〕转引自〔美〕昆廷·斯金纳：《意大利城市共和国》，林猛等译，载于〔美〕约翰·邓恩：《民主的历程》，吉林人民出版社 1999 年版。

〔3〕奥托内 1262 年任米兰大主教，1277 年最终击败托雷（Della Torre）家族，取得米兰的统治权。维基百科：http://en.wikipedia.org/wiki/Duchy_of_Milan，访问日期为 2010 年 1 月 9 日。

〔4〕维基百科：http://en.wikipedia.org/wiki/Padua，访问日期为 2010 年 1 月 9 日。

〔5〕维基百科：http://en.wikipedia.org/wiki/Florence，访问日期为 2010 年 1 月 9 日。

　　正如城市共和国让位于民族国家一样，在意大利，城市法也逐渐让位于一个新的法律体系，但不可否认的是，城市法为一个新的国家法的诞生奠定了基础。

第三节　法国与佛兰德地区的城市法

　　在本节中，我们将讨论法国与佛兰德地区的城市以及城市法。如前文所提到的，在中世纪的欧洲，涌现出一大批城市与市镇，在意大利，在西班牙，在德国，在英国以及法国，都有着自治城市的身影，但是法国的城市并不是中世纪城市中在历史上起过最大作用以及具有重要地位的城市。意大利的城市产生了一系列光辉灿烂的共和国，发扬了古代城邦的政治理念；德国的城市不仅保有自由与独立，而且组成了城市同盟，在历史的进程上发挥了重要作用；英国的城市虽然一直处于强大的王权之下，但是它们与贵族联合，并组成了议会中的一个院，并逐渐成为最有势力的一个院，成为一支在英国政治舞台上无法忽视的力量。

　　然而，相较于其他国家城市的辉煌，唯独法国的城市，在中世纪没有如此重要的地位，也没有发挥重大作用。虽然作为自治公社，法国的城市取得的成绩乏善可陈，不过重要的是法国的市民阶级得到了最充分的发展，在中世纪城市走向衰落的时候，法国的市民阶级却在不断的发展壮大，最后在社会上取得了绝对的优势。"整个欧洲都有城镇，但唯独在法国有一个第三等级。"[1]

　　位于法国东北部的佛兰德地区[2]在中世纪初期是法兰西最为强大的诸侯之一，囊括了整个比利时与法兰西的东北。11世纪商业复苏的时候，佛兰德发展成欧洲最富有的地区，开始了它的黄金时代。佛兰德的商人们从英国进口羊毛，纺成面料卖给欧洲大陆。同意大利一样，繁荣的纺织贸易使佛兰德很多城市变得富有，拥有了自治的权利。直到1300年，根特，布鲁日，安特卫普等都从领主的法令中获得了城市自治权，进而发展出令人自豪的城市文化。

---

[1]〔法〕基佐:《法国文明史》(第四卷)，沅芷、伊信译，商务印书馆1998年版，第6页。

[2]"佛兰德"，也称为"佛莱芒"。这个词语第一次在历史上出现于公元7世纪，有"流动"的本意。大约是现在的法国东北一角（北部省）到比利时大半，也包括了尼德兰西兰省的南部。现在比利时仍有两个省区以佛兰德为名，分别为东佛兰德—东佛莱芒、西佛兰德—西佛莱芒。

一、法国与佛兰德地区自治城市类型

中世纪法国城市兴起于公元 11 世纪末、12 世纪初，当时的西欧形势产生了重大变化，持续达数百年之久的蛮族入侵浪潮终于停止了，随之而来的是安定局面的出现。只要人们一瞥见秩序与和平的一丝亮光，就产生了希望。除却商业的复兴，农产品开始有了较多的剩余，手工业也重新恢复生机，重新开始了各种开创性的经济活动，从而为城市的崛起提供了最基本的经济前提。

不管是商人还是工匠，都想同领地决裂，领地已经不再是他们生活的天地。在中世纪早期，领地经济是主要的经济模式，人们自觉或不自觉地追求着安定的生活，渴望着安全地在自己的土地上播种和收获。然而，商人的天性使得他们往来奔波，他们需要靠四处奔走买卖货物维生。因此，领地的保护对于他们来说已显得无关紧要。相反他们感到自己有必要脱离领地，不再需要领主的保护。这也是中世纪城市运动的实质，市民阶级同领地彻底的决裂，以显示自身的存在。许多城市是在罗马旧城的基础上成长起来的，也有不少新兴的城市。在今日法国约 38 000 个市镇中，有一半城市的名称表明它们是中世纪的产物。[1]

同欧洲其他的地区一样，城市的市民聚居在一起，他们要求领主颁布特许状以承认城市自治。例如，安茹伯爵富尔凯斯·内拉（Fulk III the Black，987—1040年在位）1007 年签发的特许状，在洛歇附近紧靠博里厄修道院的地方建立了一座自治城市。根据该特许状规定，这块与修道院毗邻的土地将是神圣不可侵犯的，在此城市居民免除一切封建徭役，修道院的主教不得向他们强征人头税和其他任何税负。此外，对于骚乱滋事的居民也做了规定，并首次使用了"市民（资产者）"的称谓："如果市民攻击僧侣或者他们的奴仆，抢劫他们的财产，将被处以 60 利弗[2]的罚金"[3]。

通过对现存的形形色色的中世纪的特许状的研究，可以发现在中世纪法国的

---

[1]〔法〕雷吉娜·佩尔努：《法国资产阶级史》（上册），康新文等译，上海译文出版社 1991 年版，第 15 页。

[2] 利弗（livre），法国古代货币单位，最初相当于 1 古斤白银的重量（约 380—550 克），1801 年建立公制后，改为不足 5 克重的银币。

[3]〔法〕雷吉娜·佩尔努：《法国资产阶级史》（上册），康新文等译，上海译文出版社 1991 年版，第 2 页。

众多自治城市中存在三种类型的城市,他们是完全自治城市、半自治城市与罗马城市。

(一)完全自治城市

完全自治城市是指由封建领主颁布特许状,授予了城市居民组成真正公社的权利。这些特许状承认了城市居民有自由结社的权利,互相忠诚与互助以对付一切外来侵害的权利,自行任命官员的权利,集会、讨论自己事物的权利,总之城市居民如同是在城墙的范围内行使着和封建领主在领地范围内相同的主权。

这些城市大多位于法国的北部经济比较发达的地区,市民的力量足够强大能够与领主相抗衡。随着商业的发展,聚居在各地的商人和手工业者一旦发展到一定的数量,对于自治有着强烈的愿望时,争取自治便成了他们奋斗的目标。通常情况下,特许状是领主自愿签发的,有的则是靠双方协商获得的,其中大部分是金钱赎买;也有一些城市的自治是靠暴力革命争取到的。暴力革命最典型的例子就是勒芒(le mones)与拉昂。

勒芒城于 1039 年成立公社并拥有自己的自治特许状。[1] 但到 1069 年,由于领主侵犯市民利益,勒芒的市民再度发动革命,反对他们的领主。法国教士吉贝尔·德·诺让(Guibert de Nogeat,1053—1121 年)在其自传体回忆录《他一生的历史》中有关于 1069 年的起义的描写。"马耶纳的乔弗鲁瓦伯爵在成为勒芒的热尔桑伯爵夫人的监护人之后,便千方百计地欺压城市的居民,滥施淫威,以别出心裁的手段大肆敲诈居民。"[2] 于是,不堪忍受的市民们聚集在一起,制定了一份成立公社的秘密协议。他们通过宣誓紧紧地团结在一起,互相支援,迫使伯爵和其他封建领主接受了这个协议。但是,当地最大的封建领主于格·德·西雷拒绝了该条款,其某些言行激怒了密谋者的领头人。于是他们四处游说、鼓动百姓反抗于格,组成了一支大军,由主教和各教堂的神甫带领,包围了于格的城堡。但是,混入

---

[1] Charles Petit-Dutaillis, *The French Communes in the Middle Ages*, North-holland Publishing Company, 1978. p. 24.

[2] 〔法〕雷吉娜·佩尔努:《法国资产阶级史》(上册),康新文等译,上海译文出版社 1991 年版,第 15 页。

进攻队伍的乔佛鲁瓦暗中与于格联系。在第二天交战的时候，乔佛鲁瓦散布谣言，说城市已经被领主占领，市民的队伍顿时崩溃，最终被于格击败，主教本人也被生擒并严加看管……

与勒芒公社的悲惨经历相比，拉昂要幸运得多。11 世纪，拉昂已成为一座繁荣的工商业城市，是本地区的葡萄酒贸易中心。该城的政权是由法兰西国王和拉昂城的主教分享。与勒芒一样，拉昂的起义也是源于领主的横征暴敛，1106 年戈德里主教上任，他是一个不讲道义的卑鄙无耻之徒，在任期内对居民们大肆敲诈勒索，任意开征各种苛捐杂税，市民们苦不堪言。有一次，市民们趁他不在的时候，用金钱买通了代他掌权的两个副主教，成立了"和平公社"（communia pro pace）。戈德里回城以后，面对既成事实，被迫予以承认。但很不甘心，一直找机会重新控制城市。1112 年，戈德里主教邀请法王路易六世来拉昂过复活节，国王到达拉昂以后。主教送给路易六世 700 利弗，要求国王同意解散公社。而与此同时，市民只给了国王 400 利弗。在金钱的诱惑下，路易六世同意了主教的要求，然后离开了拉昂城。市民们得知这一消息后，群情激昂，他们高呼公社的口号，愤起造反，企图用暴力行动维护他们的权利。戈德里于是开始时肆意镇压，但他的行为激起了更多人的愤怒，他们求助于附近的强盗，并武装起来向主教住宅发起进攻，结果戈德里被杀，拉昂城陷入骚乱之中。1115 年，路易六世带兵来到拉昂，逮捕并处决了造反的为首人物。1128 年，由于拉昂居民的四处活动，国王同意他们重建公社，并对所有参加造反的人宣布大赦。随着路易六世《和平令》的颁布，承认该市作为一个"一切人——不论是自由人还是非自由人——的避难之所"[1]。拉昂终于成为一个自治城市，享有独立的司法权，有权废除领主的永久管业权和改善农奴的地位。

法国历史学家梯也里（Thierry, Jacques-Nicolas-Augustin, 1795—1856 年）认为"市民反对领主的猛烈斗争，是严格意义上城市的起源"[2]。正是由于 11 世纪法国王权孱弱、封建权力的分散，再加上市民阶级的团结，这些完全自治的城市拥有的特许状比起其他城市的更为广泛，更为有效。

[1] Carl Stephenson, *Borough and town: A Study of Urban Origins in England,* Cambridge, 1933. p. 38.
[2] 〔法〕基佐:《法国文明史》（第四卷），沅芷、伊信译，商务印书馆 1998 年版，第 13 页。

（二）半自治城市

在中世纪的法国，有一部分城市通过暴力起义或者赎买的方式获得了完全的自治权，还有一部分城市，虽然在同一时期设置或存在，并且也获得了大量授予特权的法令，可是从未建成真正的自治城市、从未获得一份真正的自治特许状，注明从某一天起确认它是一个真正的，完全的自治共同体。

大量的城市都属于后者的状况，其中有些甚至得到了非常详细，非常明确的法令文本。表面上来看，通过这些法令（特许状 [1]），半自治城市被授予的权利如同自治城市一样多，但是稍加研究就可以发现，这是两种不同的特许状，因为这些半自治城市的特许状事实上只是包含着一些普通的商事权利和地方习惯，决不能使这个城市成为一座真正的自治城市，决不能使它成为独立于封建社会的存在。

促使领主放弃特权，容忍领土范围内的半自治城市存在的原因主要有两点：

首先，城市的壮大为领主提供了大量的兵员。中世纪西欧各国，由于缺乏一个强大的王权，各级封建主之间的冲突不断。战争的频繁使得如何保持足够的兵员成了各个领主的头等大事。有一大批封建领地的所有者将土地和特权让予定居在领地内城市的居民，这样不仅增加了收入，还增加了物质的支持。作为特权的回报大部分城市的居民必须对领主承担某种封建军役，早期城市中，这些居民在教士的带领下开赴战场。1094 年腓力一世（Philip Ⅰ，1060—1108 年在位）对布列赫瓦尔城堡的远征中就征召了市民军队，至 1108 年腓力去世的时候，征召市民军队已成为惯例。1119 年一次战役中，有人向路易六世建议："让主教们、伯爵们和您王国内一切有权力的人都到您身边来，让教士们带领着他们教区的居民都跟随您……"随后国王采纳了建议并向各教区派出使者，并威胁如果各教区不派出市民军队支持对诺曼人的战争，那么国王将驱逐这些教士和居民。收到命令后，勃艮第、贝里、奥弗涅、桑斯、巴黎、奥尔良、圣康坦、博韦、拉昂和埃当普等城市的市民军队相继开赴前线。

----

[1] 中世纪国王与领主授予城市特权的法律文件均称之为"特许状"（charter），但是其内容不一，有些包含着城市完全自治的内容，有些仅仅是免除一定的封建徭役或给予城市一定程度的自治。因此，为了区分，笔者将完全自治城市的法律文件称为特许状，半自治城市的特许状下文均以"法令"代替。

城市的民团最辉煌的时刻是 1214 年布汶战役[1]中发挥了作用,科尔比、亚眠、博韦、贡比涅和阿拉斯等城市的市民都派出了民团志愿王室军队。战役结束后,法王腓力·奥古斯都把看守俘虏的任务交给了公社民团。[2]

其次,支持半自治城市的第二个原因是换取城市在政治与经济上的支持。

如前文所述,增加跟着去打仗的民团人数的需求,是诱使封地的所有者容忍他们领地上的市民,从而让予特权的主要动机。为了增加城市居民的数量,授予特权是一个最好的方法,但即使是这些非常不完全的特权,也完全受领主个人的利益支配,不断遭到侵犯,常常被撤回。如果仅此就认为这些授予特权的法令是毫无价值的,那也是过于武断的。授予特权是领主权力斗争的需要,城市与市民的支持对于领主,尤其是对于国王非常重要。

在卡佩王朝开始的时候,王室的直属领地很少,国王的权威远不如领主的权威大,为了削弱地方领主的力量,增强王室力量,法王一方面积极介入到领主与城市的冲突,支持城市;另一方面,在法王的直属土地上,往往授予"初级特权"[3]。最典型的例子是奥尔良和洛里斯(Lorris),1051 年至 1300 年,法王一共颁布了七项关于奥尔良的敕书。但是除了 1051 年亨利一世的敕书规定主教为城市的"人民守卫者"(defensor civitalis)[4]之外,其他敕书的内容均是一些无关自治的琐事,如禁止国王的官吏向居民索要葡萄酒,规定对来往的车辆征税等等。洛里斯则是一座享有"第二等级特权"的小城,它的所有政治权力仍然保留在法王及其大臣手中,但其居民享有的特权却相当可观,斯蒂芬森评价道"洛里斯人在经济上、法律上是自由的,他们远离领主剥削的专横统治,但是他们的身份是典型的市民阶级,占有的不是田地而是宅地,在此居民的特权实际上是任何地区商业居民最低的要求。"[5]

---

[1] 1214 年 7 月 27 日,当时西欧的两支大规模军队在今天法国北部的里尔市附近的布汶进行了战斗,结果以法国国王腓力二世为统帅的法军击溃了以神圣罗马帝国皇帝为统帅的反法联军。

[2] 〔法〕雷吉娜·佩尔努:《法国资产阶级史》上册,康新文等译,上海译文出版社 1991 年版,第 42 页。

[3] 即半自治城市的特权,由美国中世纪历史学家卡尔·斯蒂芬森(Carl Stephenson, 1886—1954)提出。是法王授予位于巴黎及其毗邻地区城镇的特权,在这些城市中,法王保留城市政治权利,授予城市经济甚至法律上的特权,以吸收人口,发展领地的经济力量。See Carl Stephenson, *Borough and town: A Study of Urban Origins in England,* Cambridge, 1933. p. 56.

[4] 〔法〕基佐:《法国文明史》(第四卷),沅芷、伊信译,商务印书馆 1998 年版,第 23 页。

[5] Carl Stephenson, *Borough and town: A Study of Urban Origins in England,* Cambridge, 1933. p. 29. See also Rochey H. Hilton, *Bond Men Made Free*, London. 1973, p. 81.

法王授予洛里斯的特权也成为领主争相效仿的蓝本，1144 年，图卢兹的阿方索伯爵将一块紧邻蒙托里欧古城的土地辟为新定居点，为了吸引居民的到来，伯爵允诺给予城市市民路易六世之前给予洛里斯的特权，甚至在某些事项上还可以与"品行较好的市民"协商。[1] 关于洛里斯的城市特权，在下文将有专门论述。

在市民的帮助下，这些半自治的城市日益繁荣，地租与税负的收入也越来越多。城市也日益依附于授予特权的国王和领主，虽然这些特权时时受到威胁，但国王与领主仍能够接受市民的要求随时恢复规制不法官员的行为，恢复城市的特权，甚至在行政管理方面也遵循着较为文明的章程和理性的命令。

这些半自治城镇从来不是一座真正的自治城市，它们几乎独立，但一直处于王室和领主的官员管理之下，赋有一些朝不保夕的特权，但是"正是因为这些特权，它的人口，它的财富，它的重要性才逐渐得以发展"[2]。

（三）罗马城市

在法国的南部，即高卢地区，早在罗马时代，就存在大量的城市。这些城市拥有自己的市政组织模式，作为重要的地方力量存在于帝国中。罗马帝国灭亡后，法国南部地区不仅在私法领域保留了罗马法，在公法领域也延续着罗马的市政模式。在这些城市中。其市政组织基本上是罗马的组织。这是入侵后仍然存在的一个古老的事实，即罗马式的自治城邦没有完全被摧毁，这在法国南部是一个普遍的现象。

在这些城市中，保存着最完全、最纯粹的形式的罗马市政制度的是佩里格（Périgueux）。在这个城市中，一直存在着一个自治组织，这一组织是作为事实存在的，在现存的一些文献中，罗马式的行政官员、执政官、两头执政、三头执政以及市场管理员等名称都出现过。遗憾的是，我们无法界定这些官员的权责范围。南部城市在法国历史上最早以富庶、人口众多，以及在社会上的重大作用著称，马赛的港口一直是法国参与地中海贸易的窗口。南部城市的复兴从 9 世纪开始复兴，远早于北方的城市。但现存的南部城市的自治特许状远少于北部城市，基佐将其

---

[1] Carl Stephenson, *Borough and town,* Cambridge, 1933. p. 32.

[2]〔法〕基佐:《法国文明史》（第四卷），沅芷、伊信译，商务印书馆 1998 年版，第 32 页。

归因于罗马市政制度的延续性与稳定性。"因为大部分南方城市都保存着罗马的制度，人们不感到有必要把他们的自治城市的组织情况写出来。它并不是一个必须加以编写、公布或确定其年代的新事实。"[1]

罗马式自治城市的一个主要特点就是贵族体制。与北方的自治城市不同，南方的城市内部的领导者一般以贵族居多。从布尔日的例子可以得知。7 世纪时，出生于这座城市的圣·埃斯塔迪奥在其自传中记载到："……父母均为著名人士，按照世俗的身份地位可以被推为元老院贵族"。另外，同一时期图尔的格列高利引录过一个有布尔日市首脑做出的判决。由此可知，在 7 世纪，该城仍然存在一个类似古罗马元老院的团体治理城市。1107 年，腓力一世购买了赫尔宾子爵在布尔日的领地，据文件显示当时的布尔日存在一个自治团体，其成员称为好人（prud'hommes）。1145 年，路易七世颁布的敕书写道："这是由我父亲规定的，任何人如果在本城犯了罪，他必须按照本城贵族（barons）的评价为所犯错误赔偿损失。"1181 年，腓力·奥古斯都（即法王腓力二世）颁发了一个新的敕书，仅仅是提到了立法和当地方针问题，但是其中并未涉及市长、行政司法长官或自由人的问题。因为自古以来，在布尔日，城市的自治机构和司法权就是由元老们掌管，也即后来的首脑，好人和贵族。

总的来说，法国南部的罗马式自治城市更类似于意大利的自治城市，自治市自由民与封地所有者之间的界限在这些城市中并不明显。同意大利北部一样，法国南部的贵族选择留在城市中，并且积极参与商业活动。蒙彼利埃地区、图卢兹地区和博凯尔地区的城市中的市民既可以拥有土地，也有权成为骑士，这在法国其他地区的城市中是不存在的。因此，在法国北部与中部的自治城市中，贵族政治与民主政治的斗争在城外展开，而在南部城市中，这一斗争转移到了城内，因为没有吸收各城市一切力量的外部斗争。

在佛兰德，城市虽然在政治上隶属于强大的佛兰德伯爵，但是相较于法国的半自治城市，它们还是在事实上获得了大得多的独立性。除去少些城市以暴力取得自治，大多数佛兰德城市是在伯爵的鼓励下和平地取得了公社的地位。"伯爵随意地授予了特许状，但在其中却有意的保留了自己的权利"[2]。

---

[1]〔法〕基佐:《法国文明史》（第四卷），沅芷、伊信译，商务印书馆 1998 年版，第 19 页。

[2]〔美〕伯尔曼:《法律与革命》，贺卫方、高鸿钧等译，中国大百科全书出版社 1993 年版，第 448 页。

二、封建特许状——法国与佛兰德城市法的主要渊源

城市法规在古罗马时期就存在，例如萨尔潘沙（Salpensa）和马拉加（Malaga）的法律（81—84 年），以及格尼提瓦·胡利亚（Genitiva Julia）殖民地的法律（710 年）。但是这些古老的"城市法律"（leges municipales）同 12 世纪的"特许状"（charters）间并无联系。虽然他们都拥有一定程度的"城市自治"（communal autonomy）权，但除此之外，再无可比性。中世纪时期"特许状"形成的原因，也是导致一些公社（自治市）独立的原因。平静祥和的生活状态是导致其形成的另一原因。这些城市在规模上逐渐扩充，人口也变得庞大，商业与手工业的发达使得居民生活富裕，他们自行组成的社团也逐渐成为一支让封建领主不可小视的力量。与此同时，新的人口聚居地也在成型，修道院作为"庇护所"（asylums）与"避难所"（refuges）吸引了大批农奴，国王与领主为了经济上的需求也建立了大量的市镇并赋予其特权以促进其发展。在这些新老城镇中，一些城市成功的从封建领主中独立出来，成为自治共同体，其中最著名的例子就是北方的"自治城市"与南方的"罗马城镇"。此外，其他的城市也获得了一种"半自由"的地位——虽然由国王任命的总督管辖，但是后者在权力上受到了各项法令的限制。[1]

如同中世纪法国城市的类型一样，法国城市法的主要渊源也分为两类，一类是完全自治城市的特许状；另一类是授予半自治城市种种特权的领主法令。

（一）城市特许状

完全自治城市的自治证书称为"城市特许状"。如前文所述，这些自治城市大多是以暴力起义取得了自治，这些城市特许状也是他们与领主战争的结果，可以说是战争之后缔结的和平条约，条约之中规定了双方的权利与关系。初看这些条约，似乎仅仅包含造反者与领主之间签订协议的一些条件，其中的内容不乏关于城市

---

[1]〔英〕梅特兰等：《欧陆法律史概览——事件，渊源，人物及运动》，屈文生等译，上海人民出版社 2008 年版，第 343 页。

与领主之间的关系、自治城市的独立应付出的代价、自治的范围、领主的权限等等。

在 11 世纪之前，在法国极少见到"特许状"以及城市法规。已知的最早的两部城市习惯法汇编是 997 年颁布的"拉雷欧列习惯法"（Customs of La Réole）和被认为制定于 980 年的"斯特拉斯堡习惯法"，前者 12 世纪末被废止，后者则应为 12 世纪初制定的。

这些城市特许状的颁布没有任何体系，它们由一些纷乱的原则构成，而这些原则的颁布者与颁布日期各异。这些特许状内容庞杂但不全面，其中规定有领主与居民各自的权利，地方市政机构的特征等宪法内容，也有关于刑罚以及警察制度的刑法内容，此外，还包含有关于商业合伙、税收和诉讼程序等方面的内容。可以说，这一时期的特许状是宪法、刑法、民法、诉讼法的大杂烩。

为了更直观的理解城市特许状，让我们看一看一份著名的特许状文本——拉昂城市特许状。

拉昂是法国西北部与南部"和平公社"之一，距离康布雷与博韦不远。前文提到过拉昂主教的暴政最终导致市民的起义，经过 19 年的混乱，拉昂市民终于取得自治的权利。以下就是 1128 年路易六世颁布的被称为《和平的建立》的拉昂城市自治特许状：

"蒙上帝之恩的法国人的国王路易以神圣的三位一体的名义，阿门！我们希望我们的一切信徒，现在到场的和将要来的，都知道我们在我们的大人物和拉昂的公民们的劝告和同意下在拉昂制定了下列平时的法规，拉昂这个城市从阿登一直延伸到树林，因此卢伊尔的乡村和全部广大的葡萄园并从山那边起都被包括在这个范围之内。

1　任何人，如果没有法官的干预，都不得以任何不法行为的罪名逮捕任何一个人，不论是自由人还是农奴。如果没有法官在场，他们可以不收罚金将被告留住直到法官的到来，或者领他到法院，并按其被判的情况收取对不法行为的赔偿。

2　如果任何人以任何方式损害了一个教士、骑士或者商人，如果加害者是这个城市的居民，则应传唤他四日内到法庭接受市长和自由人的审判，并就其加害行为为自己辩护或者按其被判的情况赔偿损失。如果他不愿赔偿损失，则应将他与他的全部家属逐出城市（受雇的奴仆除外，除非他们自愿，否则他们没有义务跟随主人），并在他以适当的方式赔偿弥补其不法行为之前不准他回来。

如果他在这个城市的地区内有房屋或葡萄园等财产，则市长和自由人应要求他的财产所在地区的领主们（如果包括几个地区的话）或主教（如果他有自由保有不动产权的话）制裁这个坏分子；如果他被领主或者主教传唤后不愿在二周内弥补其过失，而他们又不能从其财产所在地的主教或领主那里获得对他的公正的惩罚，则应容许自由人蹂躏和破坏这个坏分子的一切财物。

如果这个坏分子不是这个城市的人，则应将这案子送交主教；如果经主教传唤后，他没有在二周内补偿自己的不端行为所造成的损失，则应容许市长和自由人对他进行如他们所能的进行报复。

3　如果任何人由于不知道这事把一个被逐出该城的坏分子带进了和平建制的地区，如果他能用宣誓来证明他对此不知情，则只有这一次可以让他自由地将这个坏分子领回去。如果他不能证明自己的不知情，则应将这个坏分子扣留直到得到充分的赔偿为止。

4　如果在人与人的冲突之中，一个人偶尔（像常常发生的一样）用拳头或手掌打了另一个人，或者说了任何侮辱另一个人的话，则他被合法的证据证明有罪以后，应按照他的生活区内的法律赔偿他冒犯的人的损失，并为破坏治安而向市长和自由人缴纳赔款。

如果被冒犯者拒绝接受赔款，则不能容许他在和平建制地区内外对被告进行报复，如果他伤害了他，则让他付给受伤者请医生的费用。

5　如果任何一个人对另一个人怀有刻骨的仇恨，则不能容许这个人在另一个人离城的时候追逐他或在回城的路上伏击他。如果他在另一个人离城的时候杀害了或者伤害了对方身体的任何部分，并为这种追逐和伏击而受到传讯，则应让他靠上帝的裁决来为自己辩护。如果他在和平建制区之外打了或者伤害了另一个人，因为追逐和伏击行为不能通过上述地区的人的合法证据得到证明的，则应允许他们用誓言来为自己辩护。如果证明他有罪，则应让他以头还头，以肢还肢，或者让他在市长与自由人的仲裁下，为他的头和肢体付出适当的赔偿。

6　如果任何一个人提出对另一个人的控诉，让他先向被告所在地区的法官控诉，如果他不能从这法官得到公正的处理，则让他向上述被告的领主控诉（如果领主在城里的话）或者向上述领主的官员提出控诉（如果领主住在城外的话）。如果他从该领主或者其官员那里得不到公正的处理的话，则让他找管理治安的自由人，向他们说明他从他的领主和官员那里没有得到公正的处理，让自由人去找这个领主（如果他住在城里的话）和他的官员（如果他住在城外的话），让他们要求立即对控告他的人的他作出公正的处理；如果领主或其官员不能使他得到公正的处理或忽视这样做，则让前者设法使原告不丧失权利。

7　如果逮住了一个强盗，应将其送交他被逮住的地方的领主，如该地的领主不审判，则让自由人审判。

8　除下列十三人之外，完全赦免在和平建制之前发生的一切不法行为：博马德的儿子福尔罗；加泼利西翁的拉乌尔；勒贝塔人哈蒙；帕扬·塞叶；罗伯特；雷米·班特；梅纳尔·德雷；苏瓦松的雷姆博德；帕扬·霍斯特鲁普；安塞·卡特勒曼；拉乌尔·加斯蒂纳；让·德·摩尔兰姆；勒贝尔的女婿安塞。除此之外，任何一个因昔日不法行为而被驱逐出本城的人如果想回来，可以让他收回一切属于他的和他能证明一向是他所有的并没有出售或典押掉的财物。

9　我们还规定，有纳贡义务的人应向其领主缴纳应缴的租赋，但不能多缴；如果他不能按照约定时间缴纳，那么让他按照所在生活区的法律缴纳罚款；除了必须的税赋和依法判决之外，领主不得在违背纳贡者义务的情况下要求其交出所拥有的任何财产。

10　保卫人员（教堂的仆人和重要保卫人员的仆人除外）可以娶任何社会地位的妻子。至于不在这个地方范围之内的教堂的仆人和重要保卫人员的仆人，则不经他们领主的同意，是不得娶妻的。

11　如果任何一个卑鄙的、不诚实的人以严重的行为侮辱了一个诚实的人或者妇女，则允许附近的任何一个和平而正直的人制止他并且打他一拳、两拳或三拳来压制他的横暴。如果他被控为了一桩宿怨而打人，则应允许他用宣誓来表白自己，'他并不是出于仇恨，恰恰相反是为了保持和平友好而这样做的'。

12　我们完全废除杀头的刑罚。

13　如果此地的任何人在他女儿或孙女或其他亲属出嫁的时候给了她土地或金钱的，如果她死时没有后嗣，应该将结婚时受赠的土地或金钱还给赠送人或其后代之手。同样，如果一个丈夫死时没有后嗣，除了他给妻子的妆奁以外，其他的财产都要回到他亲属的手里；他的妻子生时可以保存这些妆奁，但是死后，这些妆奁应回到丈夫的亲属手中。如果丈夫与妻子都没有不动产，但是通过做买卖他们挣得了一大笔财产，可是他们没有后嗣，他们中的一个死去时，一切财产应该留在另一个人手中，如果那时他们没有任何亲属，他们应该为了他们灵魂的安宁将他们财产的三分之二作为施舍物施舍掉，其余的三分之一应用于修建城墙。

14　此外，任何异乡人，包括本城教堂或骑士的纳贡者，未经其领主同意，都不得被收留在本治安区内。如果由于无知，未经领主同意而被收留了，则应允许他在十五天之内不缴罚款而安全的带着他的全部财产到他愿意的地方去。

15　任何人被收留在本治安区内的，都必须在一年之内为自己造一所宅子，或买一片葡萄园，或将自己足够数量的动产运进本城来，以防遇到任何控告他的案件，他可以能够偿还法官判他偿还的财物。

16　如果任何人否认听到过本城的布告，让他用司法长官的证言来证明他，或者用举手宣誓来表白自己。

17　关于采邑领主自称在这个城市里享有的权利和惯例，如果他能够在主教的法庭上合理地证明这些是他的先人们原先就享有的，那就让他友好的享有它；如果他无法证明，就不能让他享有它。

18　我们已经这样改革了关于税赋的习俗：每个应缴税的人在他缴税的时候让他缴四个但尼尔，但除此之外不要让他再缴其他的税了；除非在本治安区范围之外，他还有一些应纳税的土地，而他保有的这部分土地的收益足可为上述财产纳税。

19 不得迫使治安人员到本城之外的任何法庭受审。如果我们有任何理由控告他们他们中的任何一个人，则应由自由人来审判他；如果我们有理由控告他们全体人员，则应由主教法庭执行审判。

20 如果任何一个教士在这个治安区范围内犯了不法罪行。如果他是一个司铎[1]，应将控诉状呈送教长，并由教长执行审判。如果他不是司铎，则必须由主教、副主教或他们的官员执行审判。

21 如果国家的任何大人物损害了治安人员并已被传唤，如果这些人是在治安区范围内找到的，则应由其被捕地区的法官扣押他们和他们的财产，以补偿其造成的损害。使得治安人员可以保存自己的权利，同时法官的权利也不被剥夺。

22 因此，为了我们通过一项王家的恩典赐予这些公民的这些好处和另一些好处，本治安区的人已和我们签订了这个协定——即，除却他们应该为我们王宫、远征和马匹供应等做的事算在内，如果我们进城的话，他们每年三次招待我们住宿；如果我们不进城的话，则他们应付给我们二十个利弗[2]。

23 于是我们规定了这一切规章，不包括我们的权利，主教和教会的权利，以及大人物们的权利，大人物们在本治安区范围内享有他们的正统的截然不同的权利。如果本治安区的人在任何方面侵犯了我们的权利，主教的和教会的权利和本城大人物们的权利，他们在十五天之内缴纳一笔罚款就可以无须丧失权利而补救他们的侵害行为。"[3]

在拉昂的特许状中，除了有"市长"与"自由人"的称谓，以及一些司法管辖的内容之外，似乎看不到太多的市政组织方面的内容。虽然也被称为中世纪城市宪章，但是特许状还是与近代以来的宪法有着很大的不同，并不是一个具有完整体系和原则的法律文件。其包含的内容大多是一些城市已有惯例和商事习惯。与其说是创制法律，不如认为拉昂的特许状只是以往习惯的记录与汇编。不仅如此，

---

[1] 天主教神父的正式品位职称。也称司祭。译自拉丁文 Sacerdotes。

[2] 又称路易，法国货币单位。

[3] 《法令汇编》，第 XI 卷，第 185—187 页。转引自〔法〕基佐：《法国文明史》（第四卷），沅芷、伊信译，商务印书馆 1998 年版，第 33—39 页。

在特许状中，也没有关于新兴城市自治与领主的关系，以及市政机构的组成和具体运作的详细内容。

但是这并不妨碍特许状成为对抗领主权力、保证城市自治的证书。因为中世纪面临的是一个远比我们想象中复杂的情况。在中世纪早期的欧洲，随着蛮族入侵以及古代社会的解体，整个社会一直处于一种动荡、混乱的状态。直到 9 世纪，随着封建体系的慢慢建立，社会才慢慢趋于平稳。而城市与市民作为一个新兴的阶级，其所面临的并非仅仅是设置自治城市的地方行政长官的问题，而是如何组织城墙内的社会生活的问题，对此，施行已久的习惯是完成立法活动的最有效途径。而且，当时的市民阶级并没有太多的所谓"革命精神"，他们并不是要摧毁封建社会，相反，他们迫切不加争议地承认王侯、教士和贵族的特权。他们所要求被这个社会接纳，承认自己的特殊地位，因为这是他们生存所必需的。

（二）王室与领主的法令

早在 11 世纪时，领主们就开始授予其管辖下的半自治城市以特权。为了与自由城市的特许状相区别，笔者将这些授予特权的文件称之为法令。

这些法令的主要目的是保证个人自由、所有权的完整、消除恣意的征税、稳定租金以及劳务，确保商业利益、禁止地方官员的恶习、给予一定的司法权、废除封建捐税等等。

有些时候，甚至会授予更大的特权，允许城市在有限的范围内自治。例如，法王关于洛里斯的特许状只规定了一系列的税负减免以及"市民自由"（civil liberties）。但是这种自治并不是完全的自治，领地的最高行政长官仍然是国王、领主或者他们派驻的官员。

以下就是路易六世颁布的洛里斯半自治城市国王法令：

　　　　"路易……谕令一体周知……

　　　　1　凡是在洛里斯教区内拥有住宅和土地的人，需为他的住宅和每英亩土地各缴纳六个但尼尔的徭役地租，如果他得到这样一宗利益，就让它作为住宅的徭役地租。

2　洛里斯教区的居民都无需缴纳入籍税,也不需为他的食物缴纳任何捐税,也不需为他的劳动以及拥有的牲畜(如果有的话)的劳动为其挣得的谷物,以及所属葡萄园产的酒缴纳任何捐税。

3　洛里斯教区的居民骑马或者徒步参加远征,如果路途遥远,无法当天来回的话,可以不必参加。

4　洛里斯教区的居民到埃当普、奥尔良、加蒂奈的米里以及默伦去都不必缴纳通行税。

5　任何一个洛里斯教区有财产的人都不会因为任何不端行为而丧失财产,除非这些不端行为是向着我们或者我们的宾客。

6　对于每个到洛里斯市场或集市去或者回来的人都不得加以阻拦,除非他们在这一天犯了某种不法行为,任何人在洛里斯的集市日都不得扣押其保证人给的保释金,除非这保释金是同一天给的。

7　六十个苏的罚款应减为五个苏,五个苏的罚款应减为十二个但尼尔,而在各种案件中,应交给总督的费用减为四个但尼尔。

8　不得迫使任何一个洛里斯人离开洛里斯到国王陛下面前来申诉。

9　我们或者任何其他人都不得从洛里斯人手中收取任何捐税、贡物或者向其强征勒索。

10　除国王外,任何人不得以公告在洛里斯出售葡萄酒,国王可以公告在他的酒窖中出售他的酒。

11　我们要在洛里斯得到一笔食物形式拨付的为期两周的贷款,供我和王后使用,如果有个居民已经从国王那里得到了一件抵押物,那么除非自己愿意,他无需将其保留八天以上。

12　如果一个人与另一个人争吵,但是没有闯入对方家宅,那么只要他们没有向总督控告,可以自行和解且不必缴付罚款;即使已经向总督控告,只要他们交足罚款,仍然可以自行和解。如果一人控告另一人,而双方都没有被判罚缴纳罚款,那么双方均不必向我们或我们的总督缴付罚款。

13　如果一个人对另一个人不履行誓约,则应允许后者抛弃誓约。

14 如果任何洛里斯人轻率的作出了决斗的誓约，如果经总督同意后，他们在誓约作出前和解了，那么双方各付两个半苏；如果誓约已经作出，则双方各付七个半苏；如果决斗的双方是有权在竞技场决斗的人，则战败者的人质须付一百二十个苏。

15 除了一年两次将王室的酒运到奥尔良（不到任何其他地方）以及由劳工为王室的厨房运送木柴外，洛里斯人不必承担额外的工作，而且运送酒的工作只是由拥有马车的人承担，且会事先通知，但不供给住所。

16 凡是能够向法庭缴纳保释金的人均不必被拘留在监狱里。

17 任何人均可出售自己的地产，并在收到价款后自由地平安地离开城市，但是在本城犯了不法行为的人除外。

18 任何人只要在洛里斯教区内生活了一年零一天，期间既没有人来这里追捕和认领他，我们和我们的总督也无权禁止他留下，那么他可以安静自由的继续在这里生活。

19 任何人都不得对另一个人进行抗辩，除非这是为了恢复他所应得的东西，或是为了保证奉行他所应做的事。

20 洛里斯的人带商品去奥尔良，如果不是为了市场而去的，则在离开洛里斯的时候应为其车辆缴纳一个但尼尔，如果是为了去市场交易，则在离开奥尔良时每辆车缴纳四个但尼尔，进入洛里斯时每辆车缴纳两个但尼尔。

21 在洛里斯，婚礼上公设的祷告人与守夜者都不应收费。

22 洛里斯教区内用犁耕地的耕种者，收获时给洛里斯全体警官的黑麦不应超过一米那[1]。

23 任何骑士或治安官员如果在王室的森林中看到属于洛里斯人的马匹或者其他牲畜，不得把它们交给洛里斯总督以外的人处置；洛里斯教区内任何人的牲畜如果被公牛追逐或是被飞虫攻击而逃入王室的森林和河滩，牲畜的所有者如果能宣誓说明牲畜是不顾看守者的呵斥而进入森林或河滩的，则可以免去向总督缴纳罚款；但如果牲畜进入森林，是他的看守者知道的，则牲畜的主人应缴纳十二个但尼尔，如果牲畜不止一只，则应每只牲畜缴纳十二但

---

[1] 希腊重量单位，一米那约为436克。

尼尔。

24 在洛里斯，使用炉灶可以不缴纳捐税。

25 洛里斯不收取守夜费。

26 洛里斯的人运送盐或者酒去奥尔良，每车只需缴纳一个但尼尔的捐税。

27 洛里斯的人无需向埃当普的总督或皮蒂维埃的或者整个加蒂奈的总督缴纳罚款。

28 洛里斯人进入费里埃、兰顿堡、普瓦索或尼贝尔都无需缴纳入城税。

29 洛里斯的人可以在森林中拿走死树供自己之用。

30 任何人在洛里斯的市场上购买或出售任何货物时忘记了缴税，如果他可以宣誓证明自己并不是故意不缴税的，他可以在八天内补缴税款而不受处分。

31 在圣本笃领地内有房屋、葡萄园、草地、田地或任何建筑物的洛里斯人，都不归圣本笃修道院的院长与其治安官员管辖，除非案件涉及到他必须缴纳的实物形式的徭役地租，而即使在这样的情况下，他也无需走出洛里斯受审。

32 任何一个洛里斯人如果被控告犯了什么罪，而控告者没有证据可以证明罪行，那么洛里斯人可以通过一次宣誓来证明自己的无罪。

33 这个教区里的人都无需为他在这个区域内购买或者出售工资及使用的东西而缴纳任何捐税，也无需为他每周三将在市场上购买的任何东西而缴纳任何税款。

34 我们准许洛里斯人保留在库巴雷、尚特卢普和哈尔巴德总督辖区内共有的习惯。

35 我们规定，一旦这个城市的总督换了人，继任者应当宣誓效忠这些习惯，新的治安官上任时也应这样做。"[1]

在洛里斯的封建法令中，没有任何关于城市自治团体、管辖权、独立的行政长官以及城市自治内容，说明城市并不拥有自治的地位，但是这丝毫不妨碍它成

---

[1]〔法〕基佐:《法国文明史》（第四卷），沅芷、伊信译，商务印书馆1998年版，第26—30页。

为半自治城市法令的楷模。

不仅在洛里斯，在许多其他的城市中，这一特许状被认为非常值得赞许，因此，在整个 12 世纪中，许多城市都需要它，这些市民们要求按照洛里斯的特许状为蓝本，纷纷上书国王要求特许状。在接下来的五十年中，法王一共给七座城市颁布了这中特许状，它们是：鲁瓦新城（1163 年），洛阿尔上的夏依翁（松夏洛，1175 年），加蒂奈的博伊斯考门（1186 年），伏伊西纳（1187 年），马孔附近的圣·安德雷（1188 年），克莱里（1191 年），狄蒙（1200 年）。

特许状和法令，在很大程度上是一种规定双方权利和义务关系的契约。要理解的是，欧洲中世纪的封建关系，本身就是一种契约关系。大大小小的封建主们，继承了来自森林的日耳曼人的传统，自认为是相互自由和平等的。他们之间的关系，是因土地分封而形成的庇护和尽忠的关系，这是一种根据传统习惯来确定的契约关系。既然是一种契约关系，就不能其中一方任意地解释和更改。要解释必须遵照传统习惯，要修改必须取得另一方的同意。特别是城市或城市行会组织，向国王或大封建主支付一笔一次性赎金或以每年交多少税为条件，换得城市的自治特权，在形式上也就是换来一张契约。契约上写明城市居民的权利、自治政权组织的形成等等，契约的一方（国王、封建主、主教等）则承诺，不侵犯和剥夺这些特权。

然而值得注意的是，作为城市法的主要渊源，特许状和法令并不是全部的城市法。它们只是限于确定城市法的主要轮廓，提出城市法的某些主要原则，解决一些迫切的重要的争端。在大多数情况下它们是特殊环境的产物，只考虑到当时正在争论的问题。不能将它们认为是例如近代宪法一样经过有步骤的工作和立法讨论而产生。市民阶级之所以在整个中世纪中后期一直精心守护着特许状，并以一种类似迷信的崇敬对待它们，是因为特许状是他们自由的保护神，特许状可以为他们的反叛行为辩护，而不是特许状是他们法律的全部。实际上，特许状相当于城市法的框架，围绕着特许状发展出了大量的习惯、商事惯例以及其他特权。特许状预先认可了城市的发展特权，1127 年佛兰德伯爵授予布鲁日市民"ut die in diem consuetudinarias leges suas corrigerent"[1]，即随时补充城市习惯法之特权。

---

[1]〔比〕亨利·皮雷纳:《中世纪的城市》，陈国樑译，商务印书馆 1985 年版，第 121 页。

三、法国与佛兰德地区城市法的内容

从领主处获得的自治特许状和特权法令后，在城墙之内，城市的市民团体取代了领主的位置，也将承担起领主行政、司法与财政等各个方面的基本职能。在众多职能中，自我防卫的职能列在首位。

（一）法国城市的公共治安制度

在封建时代，一座城市往往被看作一块封建领地，它也负有保卫自身安全的责任。城市也被认为是保卫成员生命与财产安全的场所。某些城市，如苏瓦松和贡比涅城的大印上所刻的市长乃是一位全副武装的武士的形象，它说明保卫城市的安全是市长的重要职责之一。城市的市民们有权行使原来领主才能拥有的权利——拿起武器保卫自己。

市民在防守上的主要义务包括挖掘壕沟与巡逻警戒。中世纪城市一般拥有高高的城墙及护城的沟壕，而且自治城市往往没有王室与领主军队驻扎，因此，许多城市由市民自行组织起来担任防卫工作，平时的治安工作也安排市民组织巡逻队来保证。比如在亚眠，市政长官拟定名册，任命市民担任每个区的"城门长"、"区长"和"警卫官"。兰斯的工匠们更是获得了担任国王加冕礼护卫的特权，"每个行业负责守卫一个城门：鞋匠守卫韦斯勒门；制卡机工人和织布工人警卫新城门；剃须匠、铁匠和铁器手工业者看守卢瓦兹门；面包商和糕点师负责玛斯门；旧货商守卫圣彼得门等等。"[1]

此外，城市作为王室和领主的附庸，一般还承担封建性质的军事义务。市民们每年必须服 40 天的兵役，自带装备和给养。但对服兵役的距离有所限制，一般不得远于城市一天的步行路程。至于装备的具体要求，也因自由民的收入而定。值得注意的是，13 世纪末开始，很多法国北部的城市都组建了弓箭手队，在城市之间也时常举行射箭比赛。较著名的一次是 1284 年 5 月 1 日白玫瑰节期间，发生

---

[1]〔法〕雷吉娜·佩尔努：《法国资产阶级史》（上册），康新文等译，上海译文出版社 1991 年版，第 41 页。

在里尔和杜埃两城之间的比赛最终演变为一场斗殴事件。

当然，服军役对于以商人和手工业者为主的市民来说是一种负担，不论服务的对象是国王还是领主，以及时间的长短。因此，如何避免军役是市民们一直思考的问题。巴黎的所有书籍工匠，包括作家、书商、羊皮纸商人和装订工人受到了巴黎大学的保护，被免除服兵役的义务。依据厄城的习惯法规定，所有的面包师可以不参加夜间巡逻。其他的城市，有些靠赎买解除了义务，如加普城和格勒诺布尔城；有些则是通过与国王修好免除了义务，如普瓦捷的市民的兵役是路易十一（Louis XI，1461—1483 年在位）在 1467 年免除的。

14 世纪，随着王权的不断增强，领主间的战争也逐渐减少，城市的安全也得到了保障。因此，民兵组织的责任也由对外的防守转到了对内的治安。如前文引述的拉昂城市特许状中就规定，市长和自由人有义务缉拿罪犯。

（二）法国城市的行政制度

大部分自治城市的行政机构由市长、市议会和城市行政官员组成，有的城市还拥有市民代表大会。

市长是自治城市的首脑，由市民会议或者贤人选举产生，在城市中行使着类似领主的权力。这在作为城市标志的徽章上也有表现，第戎市的印章上，市政官员们簇拥着的市长处于中心地位，俨然如同领主在印章中的地位。但是与领主相比，城市的行政机构与领地的世袭的管理机构毫无共同之处，因为在城市，市长是一个代表集体的个人在行使权力。在有些城市，仍然保留着罗马的习惯，每年选举一次市长。根据各个城市的情况不同，市长的人数也在一人到数人之间。

市议会是协助市长管理城市的机构，由市政官、市政助理和其他城市的官吏组成。在有些城市，市议会还有监督市长的职能。其成员大多选自城市内各个行会。

各式各样的市民代表大会是城市的权力机构，一般一年举行一次会议。但是不同城市市民代表大会的职能和数量也不同。如在马赛，全体市民出席的大会一年召开一次，在会上新任的市长会带领市政官员宣誓遵守城市法则，忠于公社。此外,有一个分管法律的委员会每三个月召开一次,听取城市的司法判决;在某些特殊时期,还有一些临时的委员会被召集起来,比如 1230 年马赛与之前的领主于格·德·莱博子爵发生争议,便召开了一个临时大会对争议作出最终仲裁。[1]

市民代表大会的成员很广泛,欧拉里克的市民代表大会由"该城所有年满 20 岁的人"组成,只要他在城里的常住时间超期过一年零一天。[2] 这些居民每年召开一次会议,选举产生城市管理人员。在中世纪的城市中,甚至妇女也拥有选举权,如蓬阿穆松城就规定,市政助理应由"男女市民共同协商"选举产生。[3] 另一个例子是马赛,该城的市民代表大会共有 183 名成员,其中包括 83 名常任参事和 100 名行会师傅。行会师傅参加市议会的事实表明,城市低层加入了城市管理系统,这是确保下层市民利益、保持城市稳定的重要机制。但这种状况为时不久,1257 年以后,行会师傅就被排除在城市管理机构之外了。[4]

同欧洲其他地区一样,大部分城市的行政权总是被一些较为富有的阶层和家族所把持,而普通市民处于一种权力边缘的地位。随着与领主关系的缓和,城市内部的阶级冲突时常发生。在那些商人势力强大、手工业者力量较弱的城市,这些反抗均以失败告终,但仍有一些地方的行会师傅获得了参与城市行政的权利,如前面提到过的马赛,及阿维尼翁、亚眠、蒙彼利埃、尼姆等城市均有类似情况。[5]

为了维护城市的正常运作,市民还必须交纳赋税。税种由直接税与间接税构成,所谓直接税主要是人头税,它是根据财产和收入的多寡来征收的。[6] 间接税也很流行,特别是针对葡萄酒的间接税,有时也征收入城税、通行税和市场管理税。各种捐税除保证市政府的正常运作外,还用于支付市政官员的薪酬。但每当有特别支出时,如修理损坏的城墙等,这些正常的税收常常难以应付,那就必须

---

〔1〕〔法〕雷吉娜·佩尔努:《法国资产阶级史》(上册),康新文等译,上海译文出版社 1991 年版,第 46 页。

〔2〕同上。

〔3〕同上。

〔4〕同上书,第 47 页。

〔5〕〔美〕威尔·杜兰:《世界文明史:信仰的时代》(下册),台湾幼狮文化翻译,华夏出版社 2010 年版,第 868 页。

〔6〕Charles Petit-Dutaillis, The French *Communes in the Middle Ages*, North-holland Publishing Company, 1978. p. 162.

征收特别捐税来弥补。此外，许多城市还保留了向领主纳税的习惯，如拉昂市就在它的自治特许状中对此有特别的规定，但对税种与税率作了严格限制，不得任意超越。[1]

（三）法国城市的司法制度

与德国和意大利的情况不同，法国城市的司法制度各不相同，几乎每所城市都有其独特的司法体系，它是由该城的历史和传统来决定的，往往取决于在争取自治的过程中，市民向领主争取到何种程度的让步。一般说来，自治城市都享有自己的司法权利，如拉昂市，在它的自治特许状中，就规定废除砍头的刑罚。[2] 大多数法国北方的城市，如布鲁日和里尔市，也享有很大的司法自治权。法国西南部的城市，也有类似的情况。

但是，自治城市享有的司法权是不完整的，各地均有领主与自治市分享司法权的例证。特别是一些重罪，如盗窃罪与凶杀罪，一般仍然归领主的法庭审理。许多地方，常常是高级审判权归领主，低级审判权归自治市。与此同时，还存在着教会法庭的介入。随着王权的逐渐增强，王室法庭也向城市的司法领域伸出了它的触角。由于多种司法权的平行与重叠，市民必然与之发生冲突，其中最为激烈的冲突是市民与教会法庭之间发生的。

根据教会法的规定，教士的案件归教会法庭审理，所以一旦教士犯罪，特别是侵犯到市民利益时，市民往往对他毫无办法。而教会法庭对教士的处理往往失之过宽，无法起到震慑作用以保护市民利益。针对这种情况，早在 1210 年，法王腓力·奥古斯都就对王室领地内的半自治城市的市长发出指示，规定他们在什么情况下可以逮捕教士以及怎样把逮捕的教士送交教会法庭。按照规定，教士只有在当场犯有诸如凶杀、通奸、绑架或伤人罪时，才能被城市司法官员逮捕，但仍然必须马上送交教会法庭。1233 和 1246 年，路易九世夺取了已婚教士和从事贸易的教士不再受教会法庭审判，而由王室法庭审判的权力。1274 年的法令又进一步

---

[1]〔法〕基佐：《法国文明史》（第四卷），沅芷、伊信译，商务印书馆 1998 年版，第 36 页。

[2] 同上书，第 38 页。

规定，犯杀人罪的教士，应由王室法庭审理。[1] 经过长期艰苦的努力，教士们逍遥法外的情况有所改变，市民的基本利益得到了一定的保障。

（四）行会制度

中世纪法国的城市，就其经济活动而言，它的专业化分工的特点是十分明显的。如都尔是一个以呢绒生产为主的城市，里尔、阿眠、拉昂则以它们的织布工业闻名；而马赛主要是一个海港城市。还有一些城市，如香槟地区的普罗万和特罗瓦城，则主要依靠举办大型集市获取收益，著名的香槟集市主要在这两个城市兴办。但它们仍有自己的工业，如特鲁瓦（Troyes）的亚麻织造业，它在 1298 年的产量达48，000 匹。

城市中同一行业的手工业者往往组织行会，为每一个成员提供保护与帮助。行会在其产生的早期是有积极意义的，它保护处于萌芽状态的手工业，规定产品质量与价格，规定劳动时间与工资，防止匠师之间出现竞争，以实现利益的大致均衡。不仅如此，早期的行会还具有鲜明的民主精神，从学徒到师傅，晋升之路向所有的人开放，这一措施使城市手工业充满了活力，也为城市早期的发展提供了动力。

在自治城市中，行会在内部也制定自己的规则。在自治城市中，这些规则由城市的权力机关监督；在半自治市中，国王或者领主派遣的总督负责对行会章程进行审查。13 世纪，巴黎的总督埃迪安·布瓦利（Etienne Boileau）颁布了《城市行会章程》(Livre des Métiers)，这一法规的汇编向我们展示了法国工人行会的组织形式。[2] 但是并不能就此认为总督的这一行为是立法活动。他所做的仅仅是在权责范围之内，将很久之前已经形成的行业惯例成文化。这一程序通常由各行会派出代表在夏特蕾城堡（Châtelet）宣誓，并上报其行会的习惯，由秘书当着总督的面记录在案。之后总督将习惯中有违"善法"的规则去除后记录造册并公布施行。

到 13、14 世纪以后，行会逐渐变为一个封闭的团体，在每一座城市中，所有

---

[1]〔法〕雷吉娜·佩尔努：《法国资产阶级史》（上册），康新文等译，上海译文出版社 1991 年版，第 53—54 页。

[2]〔英〕梅特兰等：《欧陆法律史概览——事件，渊源，人物及运动》，屈文生等译，上海人民出版社 2008 年版，第 343 页。

不属于行会的手工业者都被排挤出去。在内部,学徒和帮工的晋升之路充满了障碍,有些障碍是难以逾越的。总之,行会逐渐显示出要求取得封建特权和垄断权的愿望,而这是以牺牲学徒和帮工的利益为代价的。于是,一场新的冲突,即匠师与帮工学徒之间的冲突发展起来,构成了城市阶级斗争的一个重要方面。

四、自治城市的衰落与第三等级

11世纪城市自治运动兴起时,得到了国王的支持,法王向许多城市颁布了特许状,使大批城市变成享有自治权的城市。直到腓力·奥古斯都统治的初期,国王支持城市自治的态度仍然没有根本改变。自此之后,随着王室领地的扩张与王权的不断加强,法王开始向自治城市派驻王室官员,干预城市的内部管理,法国自治城市的黄金时代过去了,开始逐渐走向衰落。

法王收回城市自治权的一个方式是财政上的压榨。拿永是一个典型城市,1278年,该市刚刚向腓力三世(Philippe Ⅲ le Hardi,1270—1285年在位)支付总数约为16 000利弗的债务,王室官员就把该城的税收提高到每年6 000利弗。由于无力支付高额税款,1291年,巴黎高等法院宣布该城部分破产。接着,银行又以此为借口增加该城的高利贷负担,自此,拿永市的财产逐渐转入银行家之手。1333年,当人们开始重新清理该城的债券时,才发现它的财政状况由于这些灾难性的事件而变得无法收拾。在这以后,拿永虽然保持了自治市的外壳,但当地主教利用城市的危机干涉它的内部事务,恢复了一些被取消的领主特权,这样,拿永就部分丧失了它的自治权利。[1]

桑利斯城被取消自治权源于类似的情况,该市市长和市政府官员的奢侈浪费和大肆贪污,使城市的财政濒于破产,以至国王的税款也无法交纳。城市上层的胡作非为激起了下层居民的强烈不满,国王趁机插手,1320年2月,巴黎高等法院宣布废除桑利斯城的自治特权。[2]

自治城市走向衰落的另一个原因就是城市内部的斗争。城市刚开始取得自治

---

[1] Charles Petit-Dutaillis, *The French Communes in the Middle Ages*, North-holland Publishing Company, 1978. p. 110.

[2] 同上书, p. 112.

时，需要时刻面对领主的反扑，所以内部尚且团结。但是随着领主力量的减弱，城市自由得到了保障，市民内部分裂为了两个派别，一派是掌握城市政权的上层阶级，他们往往是富商和大行会；另一派则是被排除在政权之外的平民阶级。当掌权者肆无忌惮地为自己谋取私利的时候，两个阶级的矛盾日趋加深，甚至演变为流血冲突。市民们不得不求助于王权以恢复秩序与安宁。王权插手的结果，就是派王室官员进驻城市，取代原来的市长，把城市置于国王的直接统治之下。于是，城市自治权不复存在，但市民的人身自由及传统特权仍然得到保留。

法国与佛兰德地区城市自治运动是在诸侯割据的封建时代兴起的，在那个混乱的时代，它是城市居民保卫自身利益，积极发展城市经济的基本前提。在城市里，市民们摆脱了对领主的人身依附关系，成为封建时代的自由民。随着经济的发展和财富的积累，他们逐渐发展为一支封建统治者必须正视的力量。虽然自治城市最终在 14 世纪走向衰落，但是第三等级正式登上了历史的舞台，必将在法国的历史上发挥巨大的作用。

第四节　英格兰地区的城市法

正如西欧其他地区一样，在盎格鲁-撒克逊时代的英格兰，自治城市的出现也是在 11 世纪末 12 世纪初的时候。那个时代之前的英格兰，由于内部的分裂和外部的入侵，受大陆先进生产力的影响较少。加上自由农民利用农村公社反抗农奴化的斗争，以致直到 11 世纪中叶，整个英国封建化的过程还未完成，其社会生产力的发展水平比起欧洲大陆的法国等要落后一个多世纪。在这一时期的盎格鲁-撒克逊城市，"不是一个由自由公民组成的共同体，其居民不享有中世纪自治城市同样的市民特权；他们的财产不是通过市民所有权制度获得保护的；他们也没有自治政府。1066 年的城市与一个世纪之前并没有什么变化，实质上的职能还是军事和行政中心。城墙内的居民主要是土地贵族及其附庸。除了城市是一个大区的行政首府之外，其司法组织仍然只是一个乡村百户区的司法组织。"[1] 可以说，英格兰

---

[1] Carl Stephenson, *Borough and Town: a Study of Urban Origins in English*, Cambridge, Mass., Mediaeval Academy of America, 1933, p.120.

的大部分城市还保存着浓郁的乡村特性。

1066 年征服者威廉的入侵，彻底改变了英格兰的历史进程。"诺曼征服"后其推行了一系列改革以及强化王权的措施，这不仅使得英格兰迅速完成了封建化，并且拥有了当时欧洲最强的王权力量。这对于自治城市的出现以及城市法的发展同样产生了巨大的影响。不妨这样认为，强大的王权一直是英格兰城市法难以摆脱的特征。传统的观点是传统的观点是中世纪英国的城市化水平一直维持在 10%以下。20 世纪 90 年代后期，学者们对城市的定义作了修正，更关注分工的发展、专业化的进步和交换经济的扩展，因而对城市化水平予以新的评估。他们的研究表明，1086 年的英国城市化水平已经达到 10%，1300 年为 15% 或更多，1377 年为20%，15 世纪的城市化水平略有下降，但到 1524 年又恢复到了 20%。[1]

一、英格兰地区的城市与特许状

（一）英格兰自治城市的兴起

美国历史学家哈斯金斯认为正是诺曼征服加速了英格兰的封建制度的成型，并且带来了大陆的先进的农业技术。[2] 农村为城市的兴起提供了可以交换的商品和过剩的人口，盎格鲁-撒克逊时代的城市也渐渐蜕变为中世纪的自治城市。

1. 城市的起源形态

英格兰城市的萌芽主要有三种形态：堡（burh）、行政中心和宗教中心。

与当时的乡村（tun 或 ham）不同，堡是一种简单的军事定居点，由土墙或木栅所环绕。在撒克逊王国时期，上到国王下到普通贵族都拥有堡。9 世纪开始堡遍布英格兰，当时为了抵抗丹麦人的入侵，阿尔弗雷德[3]（即阿尔弗雷德大帝）

---

〔1〕R. H. Britnell, *The Commerocalisation of English Society 1000—1500*, Manchester: Manchester University Press, 1996, pp.49, 115, 170. 转引自侯建新：《近二十年英国中世纪经济、社会史研究的新动向》，载《历史研究》2011 年第 5 期。

〔2〕孟广林：《英美史学家有关英国中世纪宪政史研究的最新动向》，载《世界历史》2010 年第 6 期。

〔3〕849—899 年，英格威韦塞克斯王国国王。因成功抵抗丹麦人入侵被称之为大帝，在位时重视文化教育，翻译大量古典著作，并编撰《盎格鲁—撒克逊编年史》。

下令在全国各地修建堡垒。此时的堡更大一些，如遇敌军来袭，可以容纳下附近的居民。

9 世纪时，有些地区在修筑堡之前就存在商业集市，因此，修筑后的堡也已经初具城市规模，例如，根据 889—899 年的文献记载，长老埃塞雷德以及妻埃塞弗莱德应主教沃尔夫斯的请求，在伍斯特附近筑堡以保护当地居民的安全。而且，他们还将自己的领主权分赐给主教一半。其中包括向通过德罗维奇的每辆车的盐征收一先令，每驮马征收一便士；以及土地税，斗殴罚金，违法交易罚金，修墙筑堡之收入和其他罚金等。这说明这座堡当时已经有商业活动，并达到了城市规模。[1] 另外，还有些堡在当时则仅仅是军事要塞，因为安全，有利于商业，逐渐成长为城市。

除却堡之外，还有一些城市是由行政和宗教中心发展而来的。这样的城市中比较著名的有位于英格兰南部的坎特伯雷和北部的约克。前者早在公元 600 年就是肯特王国的首都，并一直作为英格兰大主教的驻地。它处于伦敦到海岸的交通要道上，与欧洲大陆隔海相望，公元 597 年，奥古斯丁（Augustine of Canterbury，？—604 年）就是从这里登陆，开始了在基督教在英国的传播。也正是因为其重要的政治地位，坎特伯雷也是英格兰最早的铸币地点。8 世纪时就有文件提到过其市场，9 世纪时该地被称为口岸（portus），也叫商埠，意即商人做生意货物买卖的场所。约克原为诺森伯利亚王国的首府，7 世纪时成为主教驻地，随后升为大主教驻地，成为英格兰北方的宗教中心。此外，该城有一所出名的学校，一些大陆来的学生曾前来学习。

2. 城市的发展形态

同大部分西欧的自治城市一样，商业的发展是许多英格兰城市兴起的原因之一。最先复兴的是自罗马时代以来与欧洲大陆通商的地区，如前文提到的坎特伯雷就是一座这样的城市，839 年，坎特伯雷第一次被称为商埠，之后这个称呼逐渐推广到一切拥有市场的城市。

作为商业最繁荣的城市，伦敦一直和欧洲大陆保持着密切的贸易往来。根据一份 1000 年左右的税收记录，可以发现，往来伦敦的商人中包括鲁昂商人、佛兰

---

[1] 马克垚：《英国封建社会研究》，北京大学出版社 2005 年版，第 217 页。

德商人、诺曼底商人、意大利商人以及德意志地区的商人。[1] 商业的复兴也带来了铸币业的发达，凡是有商业的地方都需要货币，因此，铸币也逐渐作为城市兴起的标志，10 至 11 世纪各地的铸币匠的多少不一，最多的是伦敦，有铸币匠 20 人，其次是约克，12 人；其他重要的铸币城市还有林肯、温彻斯特、切斯特、坎特伯雷、牛津等地。[2]

除却商业之外，手工业的发展也是城市兴起的一个原因。格洛斯特就是一个以手工业闻名的城市，位于城市附近的邓森林蕴含着丰富的铁矿，因此，该城的炼铁业十分发达。从忏悔者爱德华时期开始，该地就一直以铁作为税款上交王室。末日审判书中有一些关于格洛斯特附近庄园的内容，就记有格洛斯特市民向庄园交铁作为食物租金，格洛斯特一共有 78 位市民向该郡的 13 座庄园交纳多少不一的货币。[3] 这说明城市兴起的早期，市民都是来自附近的庄园，他们对于原来的领主还是负有一定的义务。

（二）英格兰城市法的渊源——国王的特许状

与同时期的欧洲大陆城市一样，英格兰城市法的主要渊源也是特许状。但是与之不同的是大部分英格兰城市的特许状是由国王颁发的。作为英格兰城市法的渊源，从一开始就与王室有着千丝万缕的联系。牛津大学的 J. 坎贝尔教授认为"宪政主义根源于盎格鲁-撒克逊时代"。在他看来，中世纪的英国宪政的传统和观念有着非常久远的历史，以至于有史家认为诺曼征服之前的英国就具有宪政王权的特点。[4]

"诺曼征服"之前，英格兰没有中世纪意义上的"自治城市"，虽然有些城市的规模也达到很大，如伦敦，在 10 世纪末拥有 1 万人口，但是这些城市缺少中世纪城市必备条件——自由以及承认自由的特许状。1066 年的"诺曼征服"是英国历史的转折点，也是英格兰城市的转折点，自此之后，盎格鲁-撒克逊时代的军事、

---

[1] S.Reyonlds, *An Introduction to the History of English Medieval Towns,* 1977, Oxford, p.34.

[2] F. M. Stenton, *Anglo-Saxon England,* 3rd edition, 1984, Oxford, p.537.

[3] 马克垚：《英国封建社会研究》，北京大学出版社 2005 年版，第 219 页。

[4] 孟广林：《英美史学家有关英国中世纪宪政史研究的最新动向》，载《世界历史》2010 年第 6 期。

政治和贸易中心逐渐转变为拥有自己的法律、市政机构,以及一定自治权的共同体。

1. 特许状的颁布

如同斯蒂芬森所言:"从亨利一世的时代起,自治城市才逐渐成为一座城市,此时的市民权不仅仅是一种土地所有权,更是一种法律上身份的象征,这是一种以共同体成员的身份为依托的生活方式。"[1]国王为了获得他所需要的金钱,很愿意把自由授予城市。当时英国社会的状况是:社会常常处于暴力混乱的无序状态,而社会精英也常常进行暴力争夺。因此,国王被看作是良法仁政的实施者、公平正义的维护者。是社会各个阶层普遍求诉的政治权威。[2]国王为了获得他所需要的金钱,很愿意把自由授予城市。

伦敦和伊普斯维奇(Ipswich)的发展印证了这一过程。伦敦的第一份特许状来自征服者威廉本人,该特许状规定了之后两代人的时间内伦敦市民的权利以及城市的特权。真正将自由授予伦敦的是亨利一世。1129 年,亨利一世颁布的特许状正式授予市民自行选举市政官员的权利,国王同意将伦敦的年税从 500 英镑降低到 300 英镑,24 名城市贤达(Alderman)宣誓履行"按照国王陛下的法律授予其在伦敦的职责,保全本城的自由和和平"。特许状规定城市的司法权通过每年举行 3 次的民众大会和被称为城市法庭(husting)的常设机构行使。此外,对于城市居民的权利、外国商人的权利以及各个行业工匠的报酬,特许状都做了详细的规定。[3]

值得一提的是亨利一世的 1129 年特许状还规定:"市民应从他们当中选择任何人任命为法官来受理王室诉讼和所发生的与他们相关的诉讼。不得对同一人再进行王室审判,市民在任何诉讼中皆不得在城外申辩。也禁止强迫市民参加司法决斗。"此条款既是授权伦敦市民可以不受当时盛行的封建司法制度的管辖,只受到城市法庭依据城市法的管辖。这说明在这一时期,独立于封建法律制度之外的城市法已经在英格兰的城市中出现。伦敦的特许状成为诺维奇、林肯、北安普顿以及另外一些城市的样本。[4]

[1] Carl Stephenson, Borough and Town: A Study of Urban origins in English, Cambridge, Mass., Mediaeval Academy of America, 1933, p.143.

[2] 孟广林:《英美史学家有关英国中世纪宪政史研究的最新动向》,载《世界历史》2010 年第 6 期。

[3] Carl Stephenson, *Borough and Town: a Study of Urban Origins in English,* p.180.

[4] 〔美〕伯尔曼:《法律与革命》,贺卫方等译,中国大百科全书出版社 1993 年版,第 463 页。

在此之后亨利二世颁布的特许状重申并且扩大了亨利一世时的特权。在狮心王理查和约翰王时期，为了战争的需要，急需金钱，更是大量地授予城市特许状。这一时期的有些特许状包含的特权范围也进一步扩大，很多城市均获得了自行征税的权利。

距离伦敦 70 英里的伊普斯维奇就是在这一时期获得的特许状。1200 年 5 月，约翰王颁布了特许状。该特许状免除了伊普斯维奇市民的通行税、桥梁税、市场税、度量税、城外商人的通行费以及"我们整个陆地和海港的其他税收"。该城被允许建立一个商人行会和同业公会。王室的官员不得在城内宿营或者强行索取任何东西。在司法上，"市民们免受一切城外诉讼案件的烦扰，除非案件涉及外国人的所有权和王室官员"。在涉及城内的案件中，审判应遵循"伊普斯维奇的古代习俗和我们其他城市的习俗"进行。此外，还要从市民中选取 2 名督查官和 4 名市政官员，前者配合市长进行城市的管理，后者负责处理与王室有关的事物。

中世纪英格兰城市的市徽

除了王室的特许状之外，属于世俗封建贵族的城市也一般获得了自治的特许状，而在宗教贵族的领地上，特许状较难获得。从现存的资料来看，大部分英格兰城市的特许状均由国王颁发。

2. 特许状的内容

经过和平授权或者小规模的斗争，大部分英格兰城市都获得了自由，即一定程度上的自治权。这些权利由特许状规定与保障，虽然各个城市的特许状的授权范围各不相同，但是大致可以分为以下几类：

首先，特许状授予市民的人身自由。英格兰城市的居民可以享有人身自由权，他们不属于国王或某个领主，农奴在城市中居住了一年零一天之后也可享有该种权利。市民的自由权受到普通法的保护，不得随意剥夺。

其次，特许状保证市民的土地自由和动产所有权。城市土地的领有者除了向原领主缴纳货币地租外，没有其他义务，无须承担封建劳役。领有者对于土地拥有处置权，甚至可以卖掉土地。市民的动产也受到法律保护，不得任意剥夺。

第三，城市拥有财政自由权。大部分城市的特许状规定，城市每年向领主缴纳一笔税款，以获得自由征税权，由城市官员代替领主的官吏到城市征收各种捐税的权利。此处的税款主要有市场税、通行税、罚金和地租等。王室往往希望获得更多税款，因此这项也经常引发王室与城市斗争。

第四，贸易自由权。这主要包括定期举办集市，免去本地商人实际管理费用，以及在王室或领主的领地范围内享有减免其他税款的特权。

第五，司法审判的独立。英格兰城市拥有自己的城市法庭，该法庭完全独立于庄园法庭、郡法庭和百户法庭的封建司法体系之外，适用城市自己的法律以及司法程序，法官由市民选举产生。除了涉及到王室的和领主的司法权力之外，市民不受其他法庭的审判。

通过对英格兰城市特许状的分析，可以发现，英国城市的自治权还没有达到同时期欧洲大陆一些地区可以免受王室和领主干扰的程度。王室在授予特许状的时候仍然保留着对城市司法和财政税收在内的城市政治生活的权力。作为城市法的宪章的特许状尚且如此，英格兰城市法的其他内容同样受到影响。

二、英格兰城市法的主要内容——市政组织

（一）市政机构

英格兰的自治城市有权选举自己的市政官员，主持和管理城市的内部事务。一般的城市的最高行政长官为郡守和市长（mayor），郡守的出现要早于市长，直到13世纪，郡守仍然是伦敦城最重要的行政官员。在阿纳德·菲兹—德玛尔（Arnald fitz-Thedmar）的编年史中，每一年的开头仍以郡守而非市长的名字命名。但是随

着时间的推移，市长的地位变得重要起来，并最终取代郡守，在威斯敏斯特大教堂每年的民间仪式上作为城市政府的首席官员宣誓就职。更进一步的是，市长法庭的声誉逐渐高于郡守法庭：前者不仅在案件的标的和数量上大大超过后者，最重要的是市长法庭在伦敦城商法与衡平法管辖权的发展上起到了突出作用。

在郡守和市长之外，英格兰城市市政机构还有市议会以及其他行政官史。

1. 郡守

郡守这一职务是古老的产物，早在最终获得选择市长的权利之前的 100 年，伦敦市民就可以自行选择郡守。[1] 1129 年伦敦向亨利一世缴纳了一笔税款，以获得选举自己郡守和法官的权利。但是市长的重要性和声望逐渐超过了郡守，14 世纪，郡守已降格为通向市长的道路上的必经考验。相对于市长的职责而言，郡守的工作需要更多的精力。虽然约翰·卡朋特（John Carpenter）将郡守描述成市长的"眼睛"，但是实际上前者更像是后者的强壮双手。对于市政机构而言，郡守的工作同样重要。

在伦敦，郡守的选举日期定于每年 9 月 21 日，从 1301 年开始，郡守也不再由全体市民出席的大会选举，改为贤人（probi homines）会议选举。但是郡守选举面临的反对比市长选举要少得多，这可能是因为有时郡守由市民选出，有时候由市长指定。[2] 郡守这一职位并非人人都乐于担任，这恐怕是由于其繁重的职责和微薄的薪金。为了确保候选人的人数，市政府往往对于缺席郡守选举大会的人处以高额的罚金。约翰·德·卡司通（John de Caustone）1324 年当选为伦敦郡守，但是他缺席了 9 月 28 日举行的宣誓仪式，因此被判处剥夺自由。[3] 另一方面，从 14 世纪早期开始，当选郡守往往被要求缴纳一笔押金以确保其参加宣誓仪式。[4]

每年的 9 月 28 日伦敦新任郡守在市政大厅宣誓就职，他们的誓言详尽而复杂：守卫伦敦和米德尔塞克斯（Middlesex）的郡县；检查面包和麦芽酒是否符合法定标准；执行市长和市议会附署的王室令状（writ）；执行市长的合理指示，以及掌管新

〔1〕See C.N. L. Brooke with G. Keir, *London 800—1216: The Shaping of a City*, London, 1975, pp.207—213.

〔2〕Caroline M. Barron, *London in the Later Middle Ages: Government and People 1200—1500*, Qxford University Press. 2004. p.159.

〔3〕*Calendar of Letter Books of the City of London*, D, pp. 32—33.

〔4〕List of sheriffs and their pledges from 1278: *Calendar of Letter Books of the City of London*, A, p.194.

门（Newgate）监狱等。在城市自治早期，待市政厅的宣誓结束后，郡守要前往威斯敏斯特觐见国库男爵（barons of Exchequer）并向其再次宣誓。这些男爵们对于城市一年中向国王缴纳的税款数目有着很大的影响。最初郡守当选后身着新制服，在其他市政官员的陪同下，骑马前往威斯敏斯特。但在 1389 年，由于经济方面的考虑，改为水路前往并且郡守不再制作新制服而是身着旧制服。在 14 世纪早期，市民们要求并一度获得权利，城市选出的郡守由男爵许可方可任职，但是无需向其再度宣誓。[1]

如果郡守在任期内去世，国王会任命其继承人，但即使是在如此极端的情况下，城市还是争取保留自我选举的权利。在实际运作中，双方往往达成妥协，如 1467 年伦敦郡守亨利·布赖斯（Henry Bryce）在任上去世，国王任命市议员约翰·斯托克顿（John Stokton）为继承人，他支付了 100 磅以确保不会谋求第二届郡守任期。1481 年威廉·华金（William Wyking）去世以后，第二天就举行了新的郡守选举。[2]

郡守在任期中具有双重身份，他既是王室在城市的代表同时也是城市的民选官员。这导致了郡守的职责十分广泛，在任期中，这两种身份也时有冲突。作为国王在城市的代表，郡守的职责主要有两个方面：税收和城市治安。

在大多数自治城市，郡守收取税款上交给国王的财政署或者封建领主，以换取国王委派的官员和封建领主的管家不再前往城市收税。此外，国王还要求郡守在公众场合竖立绞架处死叛国者和宗教异端，以及张贴国王的命令和判决。1401 年郡守处死了异端威廉·索崔（William Sawtre），1417 年是约翰·奥德卡斯特爵士（John Oldcastle），1440 年理查德·维伽（Richard Wyche）牧师被处死。

郡守还被要求负责城市的治安状况，他们有权逮捕罪犯，并且召集证人以便定罪。如果罪犯没有出现，他们可以扣押罪犯的货品。罪犯被定罪量刑之后他们还负责刑罚的执行。郡守滥用职权的情况也时有发生，如 1299 年，郡守托马斯·塞利（Thomas Sely）就伪造了判决没收了一位考文垂商人的货物。[3] 此外，郡守还有权监督城市的所有监狱和囚犯。

---

[1] *Calendar of Letter Books of the City of London*, D, pp. xiii—xv; 1329 年国王同意郡守可以不必前往国库宣誓，但是在其任期结束的时候，要向国库上缴税收记录并对真实性宣誓。

[2] *Calendar of Letter Books of the City of London*, L, p.71.

[3] *Calendar of Early Mayor's Court Rolls 1298—1307*, pp. 41—42.

2. 市长

除却郡守外，有些城市还可以选举自己的市长，如伦敦大概在 1190 年开始可以选举自己的市长，其他的英国大城市，如牛津、约克和温彻斯特等也逐渐取得了自由选举市长的权利。市长是自治城市市政机构的最高官员，一般的任期只有一年，如伦敦，市长在三平方英里的范围内拥有着国王般的权力和荣耀。乃至这不可避免地引起了威斯敏斯特的君主带着猜忌的眼光看待这位富有的竞争者。但是实际上，市长的权威和特权均来自于王室的特许授权，正如同城市公社（companies）长老（master）的权威来自市长的许可一样。[1] 成为市长除了必须是富人之外，还要有足够的智慧和策略，这是因为市长的职责和任务是多种多样的，对内，他要推行自己的命令和政策；对外，他必须处理好城市与附近封建领主之间的关系。并不是所有选举产生的市长都有能力履行职责：1377 年 2 月，伦敦市长亚当·斯塔伯（Adam Stable）由于无法统御城市被爱德华三世免职。另一个例子是在 1469 年托马斯·库克爵士（Sir Thomas Cook）的行会审判上，被称为"憨厚者与沉闷者"的市长托马斯·奥勒格雷夫（Thomas Oulegrave）睡着了，以至于坐在一旁的克拉伦斯公爵（duke of Clarence）说道："先生们，请轻声发言，市长大人睡着了……"（Sirs spekyth sofftly ffor the mayer is on slepe）。这些例子毫无疑问会损害城市市政机构的威信，但幸运的是大多数市长还是能够很好地履行他们的职责。

在成为市长之前，竞选者必须已经担任过市议员和郡守，只有这样，他接受过的行政和技能训练才能使他符合市长的要求。[2] 并不是所有人都愿意登上城市政府的顶峰并承担城市的责任和开销。在伦敦，一些市议员会故意缺席每年 10 月 13 日举行的市长选举大会以避免被选中担任市长。[3] 早期的市长并没有任职年份的限制，很多人连任过许多届市长，市长一职也常常被一些大家族所把持。为了防止新的政治派别的出现并造成分裂，1389 年伦敦市规定市长不得连任，并且在任期结束后 5 年内不得参加市长竞选。[4] 尽管这一规定无人违反，但是 1424 年市

---

[1] See Caroline M. Barron, *London in the Later Middle Ages: Government and People 1200—1500*, Qxford University Press. 2004. p.147.

[2] Liber Albus, ed. and trans. H. T. Riley, 1861, referring to ordinance of 1385, p.399.

[3] *Calendar of Letter Books of the City of London*, F, 304—306. See Caroline M. Barron, *London in the Later Middle Ages: Government and people 1200—1500*, Qxford University Press. 2004. p.147.

[4] *Calendar of Letter Books of the City of London*, H, 347.

议会还是将任期间隔扩大到 7 年，并且规定市长的任期总共不得超过两届。[1]

有关市长的选举也经历了两个阶段：早期的直接选举和之后的间接选举。还是以伦敦为例，当市长这一职位第一次在 1215 年的特许状中被确认的时候，伦敦市民希望通过召开群众大会（folkmoot）选举市长，但实际上约翰王仅仅同意由伦敦男爵们选举市长，而且这一权利也常常受到国王的任意侵害。[2] 随着 13 世纪伦敦的人口大量增加，群众大会的召开变得越来越不可操作和无法预期。于是，直接选举变为了间接选举的模式。1293 年之后，市长改由选举大会产生。选举大会由每个百户区派出代表组成，总人数在 300 人左右。这些代表都是各个区比较富裕的和更加明智的人，因此也被称为"贤人"。一般每个区选出 12 位贤人，在该区行政官的带领下参加市长选举大会。另一方面，很多激进的市民认为选举大会限制了其自由选举统治者的权利，因此在 14 世纪和 15 世纪，他们不断要求扩大选举人的数量和范围以实现自己的权利。

市长的选举大会每年 10 月 13 日召开，产生的新市长将于 10 月 28 日在市政厅宣誓就职。誓言的原文为法文，在 13 世纪时还有盎格鲁诺曼语的附件，15 世纪盎格鲁诺曼语为英语代替，一份复制文档显示当时的誓言有英语与法语两种文本。

在任期内，市长既要对王室也要对市民负责。他的职责主要有：监督城市的所有官员；依据城市法的条例保证贸易的顺利进行；在民事和宗教纠纷中担任仲裁者和法官等。此外，作为王室的财产充公的执行官（escheator），市长需要将城市内因犯罪充公的财务收集、登记制表并估价。[3] 1327 年的伦敦特许状又赋予市长新桥监狱的法官的职责。综上，市长是王室在城市的首席代表，也是郡守和其他市政官员的监督者和管理者，同时还兼任王室的执行官和法官。

与众多职责相对的是市长的报酬很少。新上任的市长很快会发现，除却少许特殊津贴和特权之外这一职位几乎没有任何收入。而这些津贴也不是很多，1358 年伦敦市长可以获取城市称重费，1463 年市长可以取得市长法庭罚金的一半。14

---

[1] Liber Albus, ed. And trans. H. T. Riley, 1861, referring to ordinance of 1385, p.20. Also see *Corporation of London Records Office*, 13 October 1424. p.8.

[2] *Historical Charters and Constitutional Documents of the City of London*, ed. W. de Gray Bitch, London, 1887, p.19.

[3] See H. M. Chew, The Office of Escheator in London in Middle Ages, *English History Review* 58（1943）, pp.319—330.

世纪，市长可以向三个法国北部城市的商人收取 50 马克的以交换其在伦敦经商的特权。[1] 除此之外，市长还可以获得一些非现金的补助，如酒和各个行会的礼物等。但总的来说，市长的收入是很少的，无法同商人相提并论，这也是市长一般均由富有者担任的原因。

3. 其他机构

除却市长和郡守这类任期一年的官员外，自治城市同样拥有众多的终身官吏。他们共同负责自治城市市政机构的运作。在 13 世纪有两个特别著名的官职：财务官（chamberlain）和平民秘书官（common clerk）。

（1）财务官与秘书官

早期财务官由王室任命，财务官的公署第一次在伦敦出现是在 1237 年，当时正处于爱德华一世统治时期，大多数城市机构在这一时期产生并被确定下来。最初也许是为了互相监督的需要，伦敦设有两名财务官。直到 1300 年，才正式确定只设一名财务官。[2] 在 13 世纪，财务官由市长和市议会选出，1304 年随着"民主"的风气渐浓，选举的范围也有所扩大。1310 年，市民大会成为财务官的选举机构。在 1319 年爱德华二世颁布的伦敦城的"大特许状"（Great Charter）中，明确规定财务官的选举和罢免均要遵循市民大会的意愿。

如同中世纪所有的金融官员一样，城市的财务官对于其经手的和应当经手的款项都负有"个人责任"（personal responsibility）。所谓"个人责任"是指当财务官去世之后，其执行人在市长与市议会面前以财务官的个人财产对其职位的收入和清偿。[3] 但是这一切都是在财务官去世后进行的，早年对账目的审计是间断的无规律的和不正规的。直至 1373 年，一个由两名市议员和两名市民组成的委员会负责对于财务账目的审计。1373 年，审计制度变得常规化，委员会成员扩大为两名市议员和四名市民，他们每年对城市账目进行审计。遗憾的是，几乎所有的中世纪伦敦城的财务账户，都在 1666 年伦敦大火以及 18 世纪晚期的财务署大火中被烧

---

[1] *Calendar of Plea and Memoranda Rolls of the City of London1323—1364*, p.179. See Caroline M. Barron, *London in the Later Middle Ages: Government and people 1200—1500*, Qxford University Press. 2004. p.153.

[2] Caroline M. Barron, *London in the Later Middle Ages: Government and people 1200—1500*, Qxford University Press. 2004. p.176.

[3] *Calendar of Letter Books of the City of London*, B, 169—170.

毁，所以，只能通过现存的账户残片，来推测当时的城市财务状况。

通过现存的《白皮书》（Liber Albus）和财务官的就职誓言，我们可以得知财务官的职责：保护孤儿的权利；确保城市的资源；按照城市法的规定认定自由市民；保持并尽可能地增加城市土地和租金的利润。除了誓言之外，在工作中，财务官还须履行其他的职责。较为重要的一项是在城市征税，并确保税款的正确合理使用。

郡守的职责是收取税款上交给国王的财政署或者封建领主，以换取国王委派的官员和封建领主的管家不再前往城市收税。1129 年伦敦向亨利一世缴纳了一笔税款，以获得选举自己郡守和法官的权利。但是并非每个城市都有市长，在这些城市中，郡守是唯一的最高市政官员。除却市长和郡守外，自治城市一般还有市议会，由 12 人或者 24 人组成，他们主要负责监督和辅助郡守的工作。

同其他市政官员一样，相对于财务官繁重的工作和重要的责任，他的收入显得很微薄。那么是什么原因促使大批年轻人仍然对这个职位趋之若鹜呢？这恐怕是财务官可以作为成为市议员的跳板。在伦敦，一些对于城市财务状况有着突出贡献的人被提升为市议员，不过这种情况并不常见，整个 13 世纪，只有三人最终成功的从财务官升任市议员。[1]

2. 平民书记员

平民书记员是另一个重要的市政机关的职务，不同于财务官的临时性，市民书记员是固定并且支付薪金的职位。这一职位最早出现于 1274 年，拉菲·克雷（Ralph Crepyn）担任"城市首席书记员"（principal clerk of the city），1311 年，这一名称改为"平民书记员"（clerk of the commonalty）。书记员的薪水一般为 10 镑。

同财务官一样，平民书记员由公民大会任免。一旦当选，书记员必须宣誓守卫城市的自由和权利，准确记录向地方法院和其他各种巡回法院提出的所有请求，保守城市秘密。不得泄露任何会危及城市安全的文件，不得向任何人透露会伤及私人权利的记录。[2] 现在已很难知晓平民书记员履行其职责时的忠诚度，但是唯一解职的例子是在 1461 年 8 月，伦敦的平民书记员罗杰·斯皮克（Roger Spicer）因

---

[1] 其中两人是约翰·米德顿（John Middleton）和罗伯特·克莱切（Robert Colwyche），前者 1449 年任职财务官，一年后成为市议员；后者 1463 年任职财务官，11 年后才成为市议员。Caroline M. Barron, *London in the Later Middle Ages: Government and People 1200—1500*, Qxford University Press. 2004. p.185.

[2] *Liber Albus*, ed. and trans. H. T. Riley, 1861, pp.331—332.

为同情兰开斯特王朝而被剥夺公职，尽管之前他一直兢兢业业的履行职责。[1]

平民书记员的职责是在 2 个世纪中不断的发展而来的，最初他们承担参加法庭审判的记录工作并且保存判决卷轴。在 1321 的皇家审判期间，平民书记员与市长书记员、郡守书记员一起为审判提供记录服务，"以防因为缺乏记录导致判决被遗忘"。13 世纪时，市长和市议会决定，将所有财务官的活动记录的工作全部移交给平民书记员，后者将对上述事务全权负责。与此同时，他还同时负责城市的商业活动记录，市长法庭的记录以及所有书记员的记录管理。此外，除却记录和确保记录的安全，平民书记员还负责城市机关所有记录的整理和归档的工作。

平民书记员的生活是默默无闻的，他们不像财务官那样缺乏专业性也不像秘书一样充满挑战，他们只是城市秘密的专业记录者。

3. 平民高级律师（The Common Serjeant-at-law）

平民高级律师从一开始就是作为通向更高声望的司法职位的跳板：在 13 世纪的伦敦，有 13 位平民高级律师，其中 6 位成为了市政秘书（recorder），7 位成为了代理郡守（undersheriff）。[2] 尽管如此，在 1319 年该职位设立的时候，仍跻身于市政机关的上层结构中。作为城市所有自由人的法律代言人，最初平民高级律师也是由全体市民共同选出，但是随着时间的推移，和其他市政官员一样，平民高级律师的选举也交由市民委员会决定。

平民高级律师的薪水最初是 100 先令，到了 15 世纪涨至 10 镑，此外，有时市政厅还会授予律师一幢市内的房屋一共其居住。根据就职誓言，平民高级律师要像其他市政官员一样以忠诚、勤勉和努力的态度对待其职责，并且应当追寻城市的正义和保卫城市的权利。这主要体现在他对执行官吏和孤儿的看护人日常工作的监督上，当律师担任看护人的时候他甚至被要求监督财务官的工作。[3] 有足够的证据表明，在 14 世纪，他担任着城市孤儿利益的守护者。

此外，该誓言还声明如果情况需要，平民高级律师还可以参与到市长与市议会的决策中去。同其他市政官员一样，平民高级律师有时会作为特殊委员会的一

---

[1] See Caroline M. Barron, *London in the Later Middle Ages: Government and people 1200—1500*, Qxford University Press. 2004. p.186.

[2] See B. Masters, *The Common Serjeant*, Guild Miscellany, 2（1967），pp.379—389.

[3] B. Masters, *The Common Serjeant*, Guild Miscellany, 2（1967），p.380.

员参加市议会的会议：他们往往担任仲裁人或是控告书的起草者。但是平民高级律师的主要职责还在于法律方面，他是城市起诉活动的主管。1421 年，平民高级律师代表伦敦市以高利贷的罪名起诉了一批违法商人。[1]

有时平民高级律师甚至会承担一些与法律毫不相关的任务，如 1438 年托马斯·比林（Thomas Billing）被派遣运送 1000 英镑到卡莱。

总的来说，对于大部分担任过平民高级律师的人来说，这个职务是十分有利可图的，是进一步为城市或王室服务的跳板。毫无疑问的是作为城市孤儿的代言人，就相当于今日提供社会法律援助的律师一样，给希望最终在法律的殿堂上越走越高的年轻人提供了宝贵的经验和声誉。

在中世纪英格兰的自治城市中，还有着许多其他的官员，如法警、水上税收官、平民治安员、水上治安官和验尸官等。通过对于 1200 年至 1500 年伦敦城的资料分析，我们可以发现一些变化，某些职位的重要性上升了，某些下降了。这也简单地反映了各个职位掌握的社会资源的变化。比较著名的就是市长和郡守，在 14 世纪末期，市长一般有年纪较长的人担任，他们往往早年曾经担任过郡守一职，并且成为市议员多年。相反，郡守则是年轻人作为进入政坛的起点：许多人在被选为郡守之前没有担任过市议员，更有甚者从未成为过市议员。相对于市长的职责而言，郡守的工作需要更多的精力。虽然约翰·卡朋特将郡守描述成市长的"眼睛"，但是实际上前者更像是后者的强壮双臂，在任职期间，郡守同样是作为高级市政官员。

市长在任期内自始至终都是全市最重要的人物。但是随着 13 世纪的结束，市长荣耀和权威的顶峰也已过去，荣誉、财富和劳动在市议员阶层中更广泛的瓜分。15 世纪，很少的人担任过两次伦敦市长，当选三次的更是凤毛麟角。市政官员每年更换，每年都要举行盛大的就职典礼。在典礼上，市长需要一名绅士为其拿配件和印章，另外城市还需为三名警卫安排住所，这一切花销都由城市账目承担。爱德华四世通过授予伦敦市长骑士封号来提升其身份。来自城市外部的谋划和市长的阴谋掩盖了城市政府内部的权力和威信的危机。16 世纪伦敦城人口的增长更加剧了市长权威的衰落，因为在超越城市司法权威的范围之

---

[1] Gwen Seabourne, Controlling Commericial Morality in Late Medieval London: The Usury Trials of 1421, *Journal of Legal History*, 19（1998）.

外他无法推行命令与政策。因此权力下放到市议员以及其代理人和城市公社的管理者手中。

三、英格兰城市与王权

如前文所述，与同时期的欧洲自治城市不同，中世纪英格兰的自治城市数量上比较少，而且局限于一些大城市。这些大城市在整个英国的经济中占有较大的比重。因此，这些城市自"诺曼征服"开始，就受到王室的控制。当时的文学作品过分强调国王在国家秩序方面的作用，但也反映了人们对于贤明而强大的君主实施法律、主持公正的长期渴望。国王被看作是良法的制定者、司法弊端的最终整治者。[1]

各个国王为了统治的需要，授予城市特许状。虽然这些特许状的内容不一，但是国王们主要还是将城市作为重要的税收来源。此外，自治城市还担负着一些其他方面的行政任务。

而自治城市本身也利用着王室对其的依赖，尽可能的换取一些自治权利。双方的博弈构成了中世纪英格兰自治城市丰富多彩的画面。从1216年伦敦人支持法国路易王子（Prince Louis，1187—1226年，即后来的路易八世，1123—1126年在位）反对新国王开始，直至1485年重新被亨利七世驯服，在这段时期内，伦敦市民一直同王室保持着对话。在这些年里，谈判和争论的焦点一直在变化着，一些问题解决了，另一些问题又变得突出。有时谈判相对和谐，另一些时候则更像是喧闹的争吵。就基础的层面而言，国王需要金钱支持，城市需要部分自治权以便更好的发展贸易。[2] 围绕着这一点，王室对于城市的主要要求为以下几项：

（一）经济支持

王室对城市的最基本需求就是提供金钱，但是在不同的时期，需求的表现方式和范围也是不一样的。13世纪，王室的经济收入主要来自直属领地的税收，但

---

[1] 孟广林：《英美史学家有关英国中世纪宪政史研究的最新动向》，载《世界历史》2010年第6期。

[2] 英格兰的城市从没有要求完全的自治权，只是要求在相关贸易等领域部分获得自治权，因为城市的居民大多是商人和工匠，对利益的追求远比对于自由的追求更为重要。

是由于土地荒芜的严重和直属领地的缩小，王室开始增加城市的税收种类以填补财政上的空缺。如前文所述，城市的一项重要特权是财政独立，城市与王室约定，将所有城市的税款定一个整数，统一由市民代表上缴给王室国库，以换取王室的官员不再前往城市征税。王室为了增加财政收入仍然想办法提高这一固定数目，或者采用开征新税的方法。新税种中有一项很重要的就是任意税（arbitrary royal taxation）。这种税始于亨利二世时期，之后的国王也都征收过。大约每三年到四年征收一次，由王室的官员和城市市民代表共同决定征收的数目。

约翰王积极的寻求增加税收以继续与法国的战争，最终导致了大宪章的签订，在大宪章的署名中，不仅有男爵们也有城市代表们的签名。依据宪章的第 12 条规定，除非获得领地内议会允许否则国王不得征税。伦敦等城市自然也在该条文的约束范围内。[1] 这意味着伦敦城和其他的王室领地内的自治城市都可以免受国王任意征税的烦扰，最典型的如同地租，但是城市自愿提供的支持不在这个范围内。在之后的时期里，这个条款一直是伦敦人反对国王们征收地租的武器。在 1217 年至 1268 年之间，伦敦一共向国王缴纳过 14 次地租。

此外，国王还巧立各种名目压榨城市，以伦敦为例：1253 年因为冲撞了国王的仆人被迫缴纳 1000 马克（marks），1256 年为支付王后的黄金支付了 400 马克，1265 年因为支持蒙特福特的西蒙（Simon of Montfort）被处以严厉的罚款（20000 马克），之后又支付了 1000 马克给国王的兄弟，阿勒曼的理查德（Richard of Almaine）以补偿其在艾尔沃斯（Isleworth）领地的损失，1269 年伦敦城又支付了 100 马克和 500 马克以修建威斯敏斯特新的修道院和爱德华王子的十字军准备费用。

在这些费用中，还有一种动产税，又称为 1/10 税或 1/15 税，一般市民缴纳其动产的 1/10。在征收之前，会有专门的官员前来估算动产总额。

城市官员除了上述税款之外，还要负责关税的征收。13 世纪开始，来自北欧国家的汉萨商人（最初是科隆、后来是汉堡和吕贝克）在泰晤士河岸建立了定居点，以开展和英格兰城市的贸易。13 世纪末，正规的关税开始征收，主要是针对羊毛出口征税。各城市均选取两名征税员，负责出口税，主要有羊毛、皮革、毛皮等，再上缴财政署。

---

[1] J. C. Holt, *Magna Carta*, Cambridge, 1965, p. 321.

(二) 军事辅助

在"诺曼征服"之前，就存在着城市对国王的军事支持的义务。中世纪的自治城市也继承了这一义务。从1181年亨利二世起，英格兰城市市民就同其他自由人一样，有义务自备武器和马匹奉召服役。一般城市按照市民的人口数的一定比例，派出武装士兵。如1212年约翰王所征召的城市民兵数为：坎特伯雷，40人；多佛，20人；罗彻斯特，20人；金斯顿，10人；奇切斯特，40人；温彻斯特，40人；南安普敦，20人；瓦林福特，10人；伦敦，100人；科尔切斯特，40人；赫里福德，10人；诺里奇，20人；亚茅斯，20人；剑桥，20人；亨廷顿，20人。这支总共450人的队伍，在当时是一支很可观的兵力。[1] 13世纪中期，关于城市为王室提供民兵的规定仍然在执行，市民部队由市政官员率领履行义务。

倘若把中世纪的城市视作武装贵族环伺下的没有军事力量的孤岛，那么是大错特错的。即使在相对和平的英国，城市也必须配备民兵以保卫自己。依据城市法规，每个城市为每座城门出12人，小城为6人，负责夜间的警戒。如有外人进入则予以逮捕，如果该人是嫌疑犯，则严加看管并送交郡守处置。1285年颁布的温彻斯特法令（Statute of Winchester）[2]，也规定了类似的城市守卫的内容，并实行了300年之久。

城市的另一个重要职责是为王室提供海军。早期的王室是没有海军的，全靠港口城市提供船只。1147年围攻阿拉伯人占领的里斯本战役中，就有许多城市的船队为王室作战。但是这些船队纪律性很差，平时四处劫掠，战时不服从指挥，有事还临阵倒戈，对抗王室。所以之后王室也建立了一支较小的海军，另外再征发城市的船队供战时使用。

除了直接的军事义务之外，城市还有许多间接的军事义务。比如修筑堡垒和城墙，为国王的军队提供补给和金钱，守卫王室的道路，等等，这些义务的花费也是巨大的。

---

〔1〕 C. R. Young, *The English Borough and Royal Administration 1130—1307*, Duke University Press, 1961, p. 93.

〔2〕 See H. Rothwell ed., *English History Documents* v. 3, London, 1998, pp. 460—462.

（三）其他职责

1. 王室庆典

王室对于城市的另一个要求是利用城市的财富和人力举办盛大的庆典，有时这些庆典的对象是国外来的使团，有时则是彰显王室的威信。这一重任自然的落在了伦敦城的身上，作为首都其接待外来使者的次数远多于其他的城市。这些庆典一般都很热闹，成群的人们聚集在街道上瞻仰王室成员和大臣贵胄，并且可以领取免费的啤酒。

根据记载，第一次伦敦举办的王室庆典是欢迎普罗旺斯的埃拉诺（Eleanor of Provence）来到英国参加加冕礼。1255 年 6 月，当卡斯蒂尔的埃拉诺（Eleanor of Castille）作为爱德华王子的新娘到达英国的时候，市民们加入了国王的欢迎队伍，他们一起出城迎接新娘，伦敦展现出了其最华丽的一面，充满了挂毯和漂亮的阵列。[1]

虽然这些典礼活动的花费巨大，很多时候城市都要为此专门征税。但是城市的市民对此并不抵触。因为王室的入城仪式、军事胜利和婚礼庆典的举办给了伦敦城一个机会向王室、大臣、贵族、乡绅和国外使节展示他们的商品。用于举办庆典的城市税款大部分又回到了商人们的手中。13 世纪，很多市长一方面反对王室向城市征收地租，一方面又大量的出售货物给王室管家。

2. 司法权

英格兰的自治城市虽然有着自己的法庭，但是并不能完全排除王室法庭的法律管辖。不仅是王室法庭，城市有时也受到封建领主的法庭的管辖。王室的巡回法庭仍定时到城市开庭。市民也被要求出庭并组成陪审团。城市的市政官员也要承担调查案件和收取罚金上交国库的职责。不仅如此，城市有的时候还要在其区域的范围内执行王室的法令，比如，根据亨利二世的《克拉灵顿诏令》[2]，市民要

---

[1] Caroline M. Barron, *London in the Later Middle Ages: Government and people 1200—1500*, Qxford University Press, 2004. p.19.

[2] 《克拉灵顿诏令》（又称《克拉灵顿宪章》）由英国国王亨利二世在公元 1164 年颁布，是英国司法制度改革的重要措施之一。诏令规定：王室法官在巡回审判中，应在当地召集 12 名与诉讼案件无关的人为证人，宣誓后向法庭提供证据，以一致意见确定事实，这就是后来的陪审团的来源。

协助在城市内抓捕盗贼、杀人犯、放逐法外者和触犯森林法之人犯。国王经常命令某一座城市抓捕通缉犯。此外，如果城市中有国王的地产，地产的占有和转移的活动也由国王命令市政官员实施。

城市有时还关押着王室的囚犯，市政官员也有看守其的义务。如果在看守期间囚犯逃跑，那么城市要承担相应的一笔罚金。

除了上述任务之外，城市还要承担管理商业的职责。英格兰的自治城市都是一些商业发达的大城市。这些城市对外贸易发达，与外国人的交往也很频繁。在对外商业方面，市政官员除了要为王室收取关税之外，还负有管理外国人的职责。在战时，国王往往会颁布法令禁止某些商品的进口和出口，这些法令的具体执行又落在了市政官员的肩上。在国内的商业方面，自从国王统一了全国的度量衡之后，市政官员负责监督统一标准的执行情况。

王室还通过任免权和立法权向城市索取更多的利益。每一位城市市政官员的任职和城市立法的颁布都要王室的授权。城市必须为此支付一笔额外的费用。王室对于城市的健康和整洁程度也有要求，为此城市专门设有卫生官员，以防止传染病。

最后，城市还要负担一些王室的临时任务，如战争时期运送军队前往欧洲大陆，修造宫殿，提供咨询等等。总之，王室赋予城市的职责是十分繁杂的，这也可以推导出英格兰的自治城市并不是外于整个英国封建社会的独立事物。

四、英格兰城市法的特点与影响

（一）英格兰城市法的特点

英格兰城市法的建立和发展与大陆的法兰西和佛兰德地区、德意志地区以及意大利地区的城市法比较起来，具有许多不同的特点：

首先是英格兰城市法与王室的关系密切。在英格兰，大多数中世纪自治城市是受到国王特别是征服者威廉的鼓励而建立与发展起来的。因而，城市和王权的关系一直十分密切。这可以从两个方面来看：

从自治城市的宪章——特许状来看，英格兰绝大部分城市的特许状都是城市与英王签订的封建契约。很多英格兰城市是在国王或王室直辖的领地上形成，又是在王权的直接庇护下发展起来的。另一个方面是城市的自治组织——行会而言。12 世纪初，城市已出现了行会。到 13 世纪初，英格兰至少有十个城市组织起行会，其数目不少于二十个。其中以纺织和呢绒制造业行会组织得最早，数目也最多（占其中的半数），其次是皮革加工和皮革制品业、面包业等。其中伦敦有行会六个，约克有行会四个，牛津和温彻斯特各有行会二个，林科伦、汉廷敦、雷廷汉、伯里圣爱德孟斯、科温特里和马尔勃罗各有行会一个。在以上十个城市中，除了伯里圣爱德孟斯与科温特里之外，其他均归属于国王领地和王室领地。

另一个方面城市的出现和发展也为王室取得权力提供了有力支持。从整个英国城市来看，其中大多数是属于国王所管辖的领地之内，在 12 世纪时，约占总数 2/3。如前文所分析，王室对于城市的要求是多种多样的，而只有自身经济和其他实力相对较强的城市才能满足王室的要求。总之，城市的力量对英国王权的加强与中央集权国家的建立及巩固起着不小的作用。

其次，大部分英格兰的城市在取得政治上的相对独立的时候仍未摆脱封建主的统治，这就造成了英格兰城市法对于封建法体系的依赖性。这些城市常年处于国王或者主教以及其他封建主的统治之下。除了需缴纳一大笔金钱向国王及其他封建主赎买政治自由的地位外，每年还必须缴纳一定的贡金才能维持自治和立法的权利。不仅如此，国王和封建主还经常借其他理由向城市勒索大量的金钱。如在约翰王执政第十年的《国库账目》中，伦敦市民被征收国王所负担的债务款达到 570 镑 15 先令 1 便士，其中，属于行会不合法的罚款达 120 镑。而伦敦市民在承担这种罚款时，还必须按照每个行会组织的规定来进行分摊。

再次是英格兰城市虽然在一定的程度上取得了相对独立的地位，但是英格兰大多数城市直到 12 世纪都还没有自治机构，甚至如伦敦也未曾建立起城市自治机关。在英格兰城市自治的最初阶段，城市政府显现的是一种无序与混乱，这具体表现在城市政府官员在任命上受着公职和私人权威的影响，同时，官职也分为选举的和继承的两种，此外，在正式的职位之外还有大量的非正式的官员的存在。

随着自治的发展，城市的自治政府逐渐的结构变得清晰，官员的责任和酬劳被确定下来，一系列的职位和委员会被建立起来，这一切都是一个成功的和发展的官僚机构所具有的特点。

最后，英格兰城市法体现了在城市内部市民与外国商人之间的斗争。在英国大城市中不但存在着内部的尖锐斗争，而且还进行着反对外来商人、高利贷者等既激烈又复杂的斗争。伦敦等大城市反对汉萨同盟商人垄断贸易权益的斗争和反对犹太人高利贷盘剥的斗争都是十分尖锐的，因为后者在借贷给国王和权贵以及商人时其利率竟达 43% 以上，从而榨取了英国人民的大量膏血。而前者则在国王给予特权下，恣意进行欺诈性的贸易活动。汉萨同盟的商人往来于诺夫哥罗德与伦敦之间这条主要的贸易路线上，到处夺取贸易特权，排挤各国商人（包括英国商人），以便从中操纵价格，贱买贵卖。如汉萨同盟的商人曾自我炫耀说："我们用一个便士买英国人一只狐狸，我们却用三个马克卖给他们一条狐狸尾巴。"当欺诈手段达不到目的时，便诉诸武力。这就迫使激进的英国城市居民起来向这些不法的商人、高利贷者进行斗争，在斗争中求得生存与发展。

（二）形成英格兰城市法诸特点的原因

英格兰城市法与欧洲大陆其他国家和地区的城市法的不同是由于以下一些原因导致的：

首先是由于不列颠在罗马统治时代受到罗马化的程度较为低下，而日耳曼人中的盎格鲁–撒克逊人将农村公社组织带到这里，使新城市可以在公社基础上建立起来，这里的"维兰"（villain）就逃进城市，形成最早的城市市民了。

其次则是诺曼底公爵威廉在征服英伦后，一方面需要建立起强大的王权以镇压旧封建主贵族的反抗，便大力鼓励在王室或国王领地上建立起有堡垒的城市，另一方面，国王为了与抗命的封建主作斗争也必须依靠市民的支持与援助，这就推动了城市的发展。但是，为了更有效地控制城市，开始只许其拥有某些政治独立的地位，不许其建立自治的机构。

再次，由于英国封建主慑于强大的王权，不像欧洲大陆的法、德等国封建领主那样气焰嚣张、关卡林立，敲诈勒索，妨碍工商业的发展。在欧洲大陆上，封建割据十分严重，商旅往来极为不便。在商人经过的商业大道或渡口桥梁上，到处设置关卡，巧立各种捐税名目，如通行税、过桥税、摆渡税、车子税、轮子税和尘埃税等达几十种。在 14 世纪时，法国仅在卢瓦尔河上就设立关卡 74 处，加隆纳河上 70 处，罗尼河与索恩河上 60 处，在 15 世纪中叶，莱茵河上设关卡 64 处，易北河上 35 处，多瑙河上只是通过下奥地利的一段就有 77 处之多。德国的情形也大抵如此。如莱茵河上，仅在美因兹和科隆的短短距离间就有 13 处关卡，而由罗亚尔河运货至南特，沿途缴纳捐税竟达 74 次之多。[1]当时每只船约有 60% 的货物，必须作为通行税缴纳给封建贵族领主。正是因为英国王权的强大，封建割据局面较早、较快的消失，这就保障了城市发展的速度，并形成了自己的特点。当然城市在巩固王权及促使英国中央集权化等方面也起到不少的重要作用。它们之间是相辅相成、相得益彰的关系。

（三）英格兰城市法的影响——市民阶级的成长

12 至 13 世纪，随着商品经济的发展，中小贵族和市民的经济地位呈上升的趋势。当国王把中小贵族和市民作为征税的重要对象时，他不得不遵循"未经国民同意不得征税"的原则，于是中小贵族和市民被邀请到议会，在经过了 14 世纪初议会结构的调整之后，市民终于成为议会的当然成员。议会也因此成为一个各封建等级均在其中占有席位的等级代表机构。

1265 年，一度当政的孟福尔陷于政治危机。为寻求政治上的支持，他召集的议会除了邀请每个郡派出两名骑士参加外，还请了东南沿海 5 个城市和其他城市各派 4 名市民代表参加。这是市民代表第一次参加议会，也说明市民阶级的力量为封建社会所接受。这对日后的议会召开也产生了深远的影响。1275 年，爱德华一世即位之后第一次召开议会，再次邀请了市民代表的参加。

14 世纪初，议会的参加者主要有三类，第一类是宗教贵族，包括大主教、主教和僧侣；第二种是大贵族；第三类则是骑士与市民组成的地方代表，"37 个郡各派两名骑士，获得特许状的城市以及东南 5 个港口城市各派出 2 名代表。"[2]到了 14 世纪末，第一类中的低级教士逐渐退出议会，而高级教士则是作为世俗的领主参加议会。市民的参与地位则被保留下来。

---

[1] 〔比〕亨利·皮朗：《中世纪欧洲经济社会史》，乐文译，上海人民出版社 2001 年版，第 79 页。
[2] 施治生、郭方编：《古代民主与共和制度》，中国社会科学出版社 2002 年版，第 318 页。

由于最初议会不分院，教士、贵族、骑士和市民代表在一起开会，遇到利益冲突时往往结合成几个集团，互相争吵，议会的效率很低。1343 年，市民代表与骑士第一次单独召开议会，这也开启了议会两院制的时代，市民阶级也自此成为下院的主体。

第五节　中世纪城市法的特点和影响

11 至 13 世纪中期，即中世纪的中晚期，是西方法治传统形成的关键时期。这一时期的西欧，是一个封建等级制度处于主导和支配地位的社会。但从微观来看，整个西欧已出现了明显的由众多相互冲突、相互妥协的社会阶层组成的多元化社会结构。西欧中世纪的城市就是这一多元化进程的产物。在一个以封建土地庄园经济为主的经济模式下，兴起了以手工业和商品贸易为经济表现形式的商品经济模式。正是在这个前提下，作为一种全新的社会形态，城市在西欧封建社会内部崛起并发展。

正如克里斯托弗·道森（Christopher Dawson，1889—1970 年）所言："中世纪的城市不再是先前消失了的事物的翻版，而是一次新的创举。它不像古代的城市或者近现代的城市，并与同一时期在东方发现的城市类型不一样，尽管差别程度较小"。[1]马克斯·韦伯则是从经济的角度分析了中世纪东西方城市的差异："在西方，古代和中世纪的城市，中世纪的罗马教廷和正在形成的国家，都是财政理性化、货币经济以及政治性很强的资本主义的体现。"韦伯进一步推导出西欧中世纪城市的特征：自治性"共同体"和理性的城市法体系。[2]这也为西方的法治传统的形成和发展预设了重要的历史"场景"。

---

[1]〔美〕克里斯托弗·道森：《宗教与西方文化的兴起》，长川某译，四川人民出版社 1989 年版，第 183 页。

[2] 韦伯认为，尽管西方型城市的萌芽偶尔能在其他文化里（主要是近东）被发现，但是"完整词义上的城市'社会'（community）仅仅出现于西方。""要构成一种充足的城市社会……一种定居点（settlement）必须代表一种与商业贸易关系相关的先决条件，并有整个展示下列特征的居民区：(1) 一个城堡，(2) 一个市场，(3) 一个自己的法庭和一种至少部分自治的法律，(4) 一种相关的社团形式，以及 (5) 至少部分自治和自主并因此又是由经市民参与的选举所产生的权力机构来管理的。"依照韦伯的观点，这种独特的"实力体系"(system of forces) 只能出现于特定的条件和特定的时间，这就是中世纪的欧洲。参见〔美〕哈罗德·J. 伯尔曼：《法律与革命》，贺卫方、高鸿钧、张志铭、夏勇译，中国大百科全书出版社 1993 年版，第 483—484 页。

一、中世纪西欧城市的特殊性——社会共同体的城市

城市共同体的出现，在韦伯看来，是西方市民社会在发展过程中最为关键的转折。这种共同体的形成，是基于与传统的束缚的决裂之上，这些传统的束缚包括氏族和家庭的羁绊以及外来的政治支配等。在形容西欧中世纪的城市时，韦伯使用了"非正当性支配"这个词。其目的是为了显示这些城市共同体支配权力的自主性以及其权力来源对传统的抗争与挣脱。韦伯将资本主义现象作为其学术思考的中心对象，他关于"城市共同体"的考察和论述，也进一步论证了城市乃是现代资本主义的发祥地，西方特有的城市的兴起，与现代资本主义的产生乃是同一过程，而在印度、中国等东方国家，则看不到这样的城市现象。[1]

(一) 什么是共同体

究竟"共同体"是指什么，它又是如何与城市结合成为"城市共同体"的呢？

作为群居动物，个体总是存在于群体之中。如马克思所言，"人的本质，在其现实性上，是一切社会关系的总和。"[2] 而社会关系都产生于个体所处的群体中，源自各个成员之间的相互作用。群体不仅是人的存在形式，同样也是人的本质属性得以体现的形式。所谓"物以类聚，人以群分"，正是一些共同的因素促使某些类似的人们组成了自己的群体，进而产生了彼此不同的各个群体，而这些因素也成为区分不同群体的标志。从这个方面来说，"共同体"可以被认为是对内有着这种共同的因素，对外有着一定边界的群体。

根据布莱克法律词典，"共同体"（community）是指"拥有着共同利益的人的组合"。共同体首先是人的集合，这是共同体最基本的含义。在哲学、人类学、政治学、社会学、经济学等社会科学领域，共同体是一个重要的概念，被反复使用。因此要理解共同体，就要从不同的角度和不同的层面去定义。在此、笔者从"共同体"

---

[1]〔德〕马克斯·韦伯：《经济与社会》（下卷），约翰内斯·温克尔曼整理，林荣远译，商务印书馆 2006 年版，第 582—586 页。

[2]〔德〕马克思：《关于费尔巴哈的提纲》，载《马克思恩格斯选集》（第一卷），人民出版社 1972 年版，第 18 页。

的形态特征、行为表示以及本质三个方面进行简要分析。

首先，是"共同体"的外部形态特征。

从人类的历史的角度，可以将"共同体"定义为"历史上形成的，在语言、地域和血缘上具有一定的统一性，在经济生活和文化生活上有一定联系性的社会群体"。[1] 这样一个定义是基于对共同体的形态特征和构成条件的明确，即共同体的形成必然源于某一方面的共性（可以是语言、地域、血缘等）和经济、文化生活等领域内的联系性。按人类历史演进的时序来看，有原始群共同体、氏族共同体、胞族共同体、部落共同体、部族共同体和民族共同体等形态。

其次，"共同体"的内部实质属性。

作为人的集合，"共同体"可以呈现出多种多样的形式，马克思虽然对人类历史上的各种共同体做了深入的考察，并且多次使用"共同体"这个范畴，但是他始终没有给"共同体"下一个确切的定义。在马克思的研究中，"共同体"的范畴是宽泛的。就形态而言，是有着多种表现的；就规模看，有大有小，大至整个社会，小到一个家庭都可以作为共同体看待；而从表现形式而言，可以是实体，又可以是关系。据此，有学者对马克思论述的共同体作出了一个概括性的定义和理解，"所谓共同体就是人们的群体结合方式或集体存在方式或组织形式。"[2] 这一定义不仅是对马克思论述的共同体的高度概括，其实也是对共同体的一般概念从本质上进行把握。

最后，是对于共同体行为的强调。

继续从人类历史来考察，还可以发现，从很早时候开始，人们便将治理活动来已发生的群体存在形式称作共同体，从共同体的视角来看，人类历史是从家共同体，走向族共同体，进而走向合作共同体。[3] 这里强调的是共同体的行为（治理活动）和行为特征（合作），从这个意义上讲，已经具有某种政治共同体的意义。个人是存在于共同体之中的，共同体是人的共同生存的组织形式，这就内含了人们需要相互合作、在共有生存环境中共同行动的逻辑。所以，在这个意义上说共

[1] 彭英明、徐杰舜：《从原始群到民族：人们共同体通论》，广西人民出版社 1991 年版，第 5—6 页。

[2] 秦龙：《马克思"共同体"思想研究》，辽海出版社 2007 年版，第 2 页。

[3] 张康之、张乾友：《对共同体演进的历史考察——兼论人文社会科学研究的共同体视角》，载《西北大学学报·哲学社会科学版》，2008 年第 7 期。

同体通常指代的就是政治共同体，也是合适的。而在另一层面上把共同体解释为由若干国家在某一方面组成的集体组织，也是暗含了这样一种逻辑，即共同体是国家之间建立合作而形成的集体组织。基于对共同体行为的强调，参与性就成为了共同体的表征，个人对共同体的公共生活和公共事务的参与是判断一个共同体的决定性要素，一个特定的共同体通常有共享的观念和文化，从而形成和支撑成员的行为规范。[1]

在简要认识了"共同体"的三个层面的基础上，可以将"共同体"定义为：人们基于一定的共同特征而形成，并促使人与人之间产生相互联系、共享价值观念、采取共同行动的人类群体存在方式和组织形式。在对"共同体"进行了简单定义和分析之后，笔者将在以下部分探讨在中世纪的西欧城市中，"共同体"的三个特性又是如何表现的。

（二）中世纪城市共同体

1. 城市也是一种共同体

16 世纪意大利政治哲学家乔万尼·波特若（Ginvanni Botero，1544—1617 年）曾将城市定义为："城市被认为是人民的集合，他们团结起来以在丰裕和繁荣中悠闲地共度更好的生活"。[2] 可见，城市是人的集合，是人们基于共同的目的，通过协作组成的一个团体。从这个层面而言，中世纪的城市也是一种"共同体"。在城市崛起时期，最早的市民阶层是商人与手工业者，为了其自身的利益，摆脱封建势力的控制成为他们共同的目的。

在中世纪的西欧城市社会存在着各式各样的"共同体"式的组织，此处不得不提到行会。行会是同一行业的从业者组成的自治团体，也是中世纪城市的主要自治单位。行会是中世纪倾向于社团联合的表现，与市民阶级和自治城市一同产生；

---

[1] 诸松燕：《个体与共同体——公民资格的演变及其意义》，中国社会出版社 2003 年版，第 22 页。

[2]〔意〕乔万尼·波特若：《论城市伟大至尊之因由》，刘晨光译，华东师范大学出版社 2006 年版，第 3 页。波特若是文艺复兴晚期意大利的思想家、修士、诗人和外交官，著名的反马基雅维里主义者，尤以《国家理由论》一书闻名于世，主要著作还有《论城市伟大至尊之因由》、《基督教君主论》、《论君王的智慧》、《论威尼斯共和国》、《论将领》、《名人回忆录》等。

"在它们萌芽时，就是组织起来的商人或手艺人的团体，以保护他们摆脱不自由的竞争和同等团体的竞争。"[1] 最早出现的行会是商人行会，直至 12 世纪，自由工匠组成的手工业行会才诞生。

在中世纪的城市兴起之时，同行业的商人和工匠都聚居在城市的某一相同区域内。这么做的目的，一是出于职业上的便利；另一个目的则是同行间互相监视包括雇工的数量和产品的价格等。如此，渐渐的，不属于行会的劳工被赶出街区，每个城市的手工艺者都隶属于自己的行会。技术或职能的分化过程导致了各种行会的形成，进而发展出了高度分工的各类团体。西欧各地的城市中几乎都可以见到行会的身影。在意大利，佛罗伦萨有 7 大行会与 16 个小行会，它们是公证人行会、进口布匹商行会、银行家行会、呢绒布商行会、医生和药剂师行会、丝绸商行会以及皮货商行会。小行会则包括屠夫、鞋匠、铁匠、皮革工人、石匠、葡萄酒商、面包烘焙师、油脂商、猪肉屠夫（不同于一般屠夫）、麻布商、锁匠、武器匠、马具匠、马鞍匠、木匠和旅馆主人。[2]

在德意志地区，最早的行会是 1106 年的沃尔姆斯的贩鱼者行会和 1128 年的马格德堡制鞋者行会。[3] 13 世纪末，呢绒零售商行会出现于沃尔姆斯。在沃尔姆斯，布商行会是最富裕的行会，斯特拉斯堡最有势力的行会是制帽匠行会。此外，还有一些在行会发展早期，由于单个的行业团体的力量不够强大，因此，一些不同行业的团体组织在一起。在奥格斯堡，香料商贩、布商、羊皮纸商、鞋匠和扑克制造者结合在一起组成了一个行会。

行会建立后，作为解决中世纪商业和劳动问题的机构发挥了作用。行会对内限定价格、维持雇工的工资水平、防止产品成本的降低，保持传统的一致性，以达到扼杀内部竞争，力求达到一种平均主义的状态。而且行会在某种意义上也有着宗教兄弟会的性质，这也是其他欧洲中世纪的共同体共有的特性，主要表现在行会成员之间的互助上。

随着行会数量的增长和财富的增加，它们变得有力量摆脱封建领主的控制。在 13 世纪的意大利，行会甚至出台法规惩罚侵犯行会利益的贵族。14 世纪中期，

---

[1]〔美〕汤普逊：《中世纪晚期欧洲经济社会史》，徐家玲等译，商务印书馆1996年版，第539页。

[2]〔美〕汤普逊：《中世纪经济社会史》（下），耿淡如译，商务印书馆1997年版，第440页。

[3]〔美〕汤普逊：《中世纪晚期欧洲经济社会史》，徐家玲等译，商务印书馆1996年版，第540页。

行会彻底推翻了佛兰德伯爵的权力，大部分的行会都融入到了自治城市的体系中并逐渐取得了行政任免和法规的制定的权力。掌握了权力之后，行会便在城市推行其经济政策，这主要是通过颁布法令拒绝给予不承认城市商业垄断地位的人以公民权以及征收关税限制进口的方式。

由此可见，在各个行会摆脱了封建领主束缚的同时，城市也取得了相对独立的自治地位。行会作为城市基本单位的是一种"共同体"，城市正是由这些行会组成的更大的"共同体"——即城市共同体。

2. 城市共同体的特征

所谓中世纪的城市共同体，是在一定的地域范围内，基于共同利益、通过公共事务的共同参与并且共享一定价值而形成的人类生活共同体。可以从以下三个层面来把握中世纪城市共同体的内涵：从其存在形式来看，是在一定空间范围内的地域生活共同体；从其运作方式来看，是作为一种纽带的社会政治共同体；而在这两个层面之上，使城市真正能够作为一种共同体的形态而发展的，则是一定的精神文化的力量，而其核心是价值层面的，因此，从其核心支撑力量来看，城市共同体是以城市地域空间为依托、作为社会实体而运作的文化价值共同体。城市共同体这三个层面的内涵是逐层递进、彼此融合的，其中以文化价值共同体的内涵为核心，始终渗透于其存在形式与运作方式之中。而这三个方面正是中世纪城市共同体的三个特征。

首先，中世纪的城市共同体是在特定空间范围内的地域生活的人的共同体。这一地域的范围就是中世纪城市的城墙之内，也是产生一切联系和互动的基础。地域指的是"一个地区单元"，按照芒德福的观点是"人类社群的场所"[1]。所有社会团体都与空间有关，甚至在空间上占有一席之地，不然这个团体就不能获得自己的形式，也不能行使功能。[2] 因此，共同体基本上是与一定的地域相联系的，一般来说，所谓的公共事务总是表现在一定的地域范围和人的范围。地域"作为一个具有文化特色的单元，作为具有特殊地理特征的单元，它在某种程度上是人类意愿和目的的细致完整的表达"。[3] 城市特有的空间形式、将人口集中于一定地域

---

[1] 〔美〕刘易斯·芒福德：《城市文化》，宋俊岭等译，中国建筑工业出版社 2008 年版，第 404 页。

[2] 〔法〕莫里斯·哈布瓦赫：《社会形态学》，王迪译，上海人民出版社 2005 年版，第 51 页。

[3] 〔美〕刘易斯·芒福德：《城市文化》，宋俊岭等译，中国建筑工业出版社 2008 年版，第 404 页。

的功能，是城市共同体形成和存在的依托，以一定的地域空间容纳其中的社会关系和社会行动，使人类群体共同生活，是其最基本的内涵。中世纪城市的广场则是提供了这种场所，中世纪的城市大多数都是以市中心的广场展开的，这主要在于广场是公民集会的地点。

其次，中世纪的城市共同体是一种政治共同体。所谓政治共同体，是指"由具有共同的政治利益、公认的政治机构和特定的居住区域的人们所构成的社会集体"[1]。城市共同体是人们共同参与公共事务的团体，因而是属于政治共同体的范畴。从前几章的内容可以得知，中世纪的城市一般也具有上述政治共同体的三个要件：共同的政治利益是摆脱封建领主的控制、取得自由和利益；拥有公认的政治机构，市政机构和公民大会；特定的居住区域即城市的城墙内。"作为情感纽带的共同体对政治系统有很强的凝聚作用，它通常不是单一的聚合体，而是受情感这种微妙的东西束缚着的一个群体，这种情感就是共同体意识，以及由此形成并稳固下来的共同体感"。[2]中世纪的城市共同体正是作为这样一种纽带，将独立的个人凝聚到一起，共享一定资源并共同参与治理，使作为人们生活与发展空间的城市作为一个整体的组织而运转。

最后，中世纪的城市共同体在精神上提供了一种价值体系。中世纪的城市不仅是物质的存在，更是一种精神的存在，其市民阶层的价值观念、行为心理、处世态度、交往准则等，是城市精神文化形态的主要表现，而其中的主导因素则是在价值层面。价值产生于人与外物的关系，因而，价值并不是反映某种独立存在的实体范畴，也不是反映某一独立存在物的状况的样式范畴，而是反映人与外物的关系范畴。价值是客体属性对主体需要的满足关系，是在主体与客体发生关系时，因客体满足了主体的某种需要而产生的。价值源自客体，决定于主体，形成、发展和实现于人类历史性的社会实践过程之中。价值是客观性、主观性、实践性和历史性的内在统一。城市共同体就是一种价值共同体，每一个生活于其中的社会个体都具有自己的内在价值，个体之间也具有相互依存的

---

[1] 王邦佐等编：《政治学辞典》，上海辞书出版社 2008 年版。

[2] 〔美〕戴维·伊斯顿：《政治生活的系统分析》，王浦劬等译，华夏出版社 1999 年版，第 200—205 页。

工具价值，而城市作为一定的价值系统，通过价值整合而使个体联结成为整个群体，形成得到大多数成员认可的价值取向并表现为一定的社会生活方式。城市共同体是一个能够产生价值、保存价值、转换价值并促进整体价值增加的价值共同体，它促使人类个体的内在价值和工具价值在相互转换的过程中不断丰富，从而也使得自身价值得到增加。

二、中世纪城市法的遗产——市民阶层

在中世纪城市的市民中，早期移民者是为了通过金融和商业贸易活动增加财富，后来者则是因为在城市生活，即使是处于一个较低的社会等级，也拥有一个较好的生活水平。从这些城市建立开始，移民就源源不断地涌入。至中世纪末期，大约 10% 的西欧人口生活在城市之中，在某些地区，例如佛兰德，这一比率更是高达 20%。

城市的人口来源于当时社会的各个阶层，但是在欧洲的不同地区这一比例也是变化的。乔万尼·波特若写道"意大利的贵族将他们的财产和收入分为两部分，一部分放在城市，一部分放在乡村，其中大部分的财产是放在城市的。在法国则相反，贵族们几乎将所有财产移至乡村，城市中不留任何财富。"[1]

这种说法虽然有些夸张，但是也为我们提供了一幅欧洲中世纪城市的图片。意大利的贵族们将他们紧凑的房子建立在拥挤的意大利城市中，为了具有防卫的作用，他们的住宅常常立有高达百尺的塔楼。而在北欧，贵族们则一直待在由坚固城堡防卫的庄园之中。正是这些不同导致了中世纪各个地区的城市社会各个阶层力量对比的不一。一些城市由贵族阶层统治，如佛罗伦萨、锡耶纳和罗马，另一些城市则由大部分的市民掌管，如纽伦堡、科隆和伦敦。

无论是平民统治、贵族统治、还是共同掌权，中世纪的城市被证明是一座社会的大熔炉，最终浴火重生的是市民阶层。"在市民身上，'人'所与生俱来、理应享有的自由得到释放与拓展，'人'的内涵与品质获得了提升，质言之，市民开

---

[1] Giovanni Botero, A Treatise Concerning the Cause of the Magnificency and Greatness of Cities, in *The Reason of State*, trans. P. J. Waley, D. P. Waley, and Robert Peterson, Yale University Press, 1956, pp.259—260.

始作为一个自主自立的'人'而存在。"[1]

中世纪的社会由三个部分构成：第一是地主、封建领主和军事阶层，他们保护着社会的其他阶层（虽然很多针对平民的抢劫和暴力活动都是来源于这个阶层）；第二是僧侣，他们负责为所有人祈祷；第三则是占人口最多的农奴，他们以辛勤的劳作养活其他两个阶层。

中世纪城市的崛起使得市民阶层加入到了西欧封建社会中来。市民这个词就来源于"城堡"，"市民的称呼最迟于1007年第一次出现在法兰西；1056年出现在佛兰德的圣奥梅尔；以后经莫泽尔河地区（1066年出现在于伊）传入神圣罗马帝国。"[2]市民阶层很快地发展起来并成为所有阶层中最富有的，其力量成长的如此迅速以至于他们可以在西欧和中欧的社会中施加重大影响。

1295年，英格兰国王爱德华一世第一次将城市纳入到国家的行政体系中。作为国王的立法和咨询机构，英国议会由男爵和其他贵族组成，这些贵族接到"征召令"（the writ of summons），该令状命令他们前往威斯敏斯特或者其他皇宫出席会议。1295年的议会开会时，爱德华一世命令每个城市派出两名代表参加在威斯敏斯特皇宫的会议。这是英国历史上，乃至欧洲历史第一次召开的议会。虽然参加的议员不是全体英国人民的代表，但是他们来自当时的主要的三个阶层——贵族和地主、僧侣以及城市市民。

但是，直至17世纪末期，议会开会变得更加规律化，以及代表更加扩大化之前，在整个中世纪时期，英国议会的召开都是很不规律的。当只有议会才能够决定征税以支付政府机构的花销成为了英国的法律时，国王必须按照要求召集议会。议会分为两院，上院又称贵族院，由贵族和地主的代表组成，之后又加入了主教和其他宗教贵族。下院也叫平民院，由城市和乡村的代表组成。下院不可避免的由城市代表主导，因为他们的数量大大多于来自乡村的代表——"郡骑士"（Knight of the shires），后者从来没有超过80人。

爱德华一世和他的继承者当初之所以选择城市代表进入议会是为了让他们限制贵族的权利和特权，但是他们没有预期到的是，由城市代表组成的下院的权力

[1] 程汉大：《中世纪宪政研究价值综述与反思》，载《史学月刊》2011年第8期。

[2]〔比〕亨利·皮雷纳：《中世纪的城市》，陈国樑译，商务印书馆2007年版，第97页。

逐渐扩大，以至于立法和征税的权力都直接归于下院。今天，正是市民阶层的代表们决定着这个国家的命运。

第一次"模范"（Model）议会的召开对于英国和全欧洲以及全世界来说，都是一件具有重要意义的政治事件，因为它是民主政府的概念和实践的源头。最早的议员们很快发现，他们被召集的作用更多的是为国王咨询而非立法与决定征税。为此，贵族与平民院联合起来向国王施加压力，国王很快发现如果断然拒绝和反对议会的主张，得到想要的经济支持是一件不可能的事。在民主化这个漫长而缓慢的发展过程中，中世纪的城市和市民阶级通过他们的代表发挥了领导作用。正如诗人丁尼生（Alfred Tennyson，公元 1809—1892 年）写道：

> 自由缓缓的扩张着，
>
> 从一个判例到另一个……[1]

可以将这些成就归功于中世纪城市的崛起与市民阶层的发展，他们拥有着足够的财富并且受过良好的教育。如果说威斯敏斯特的议会是世界议会之母的话，那么是中世纪的城市造就了第一次和随后各届议会的成员，它教导他们以技巧和意愿，以人民的利益重新塑造政治体制。

当然，市民阶层的这一自由也是存在局限的。像贵族和僧侣一样，市民阶层本身也是一个特权等级。按照他们的想法，自由是一种专利品。没有什么比阶层的观念更不宽容的，在中世纪末期阶层观念成为市民阶层衰落的原因之前，它一直是市民阶层的力量之源。然而，就是一个如此排他的市民阶层承担起了向周围传播自由思想并且促使（虽然并非有意）农民阶层逐渐解放的使命。其实，仅仅是市民阶层作为一个拥有特权的阶层在城市出现和发展的事实本身对于农民阶层就是一个巨大的影响。不仅农民阶层被排除在外，中世纪城市的政治民主也仅限于拥有金钱和知识的精英们。

即使如此，能够派出代表参加议会并纳入国家的政府体系也是市民阶层取得

---

[1] Alfred, Lord Tennyson, You ask me why, through ill at ease（1842）. See Norman Pounds, *The Medieval City*, Greenwood Press, 2005, p. 155.

的重大成就。在中世纪欧洲的其他城市，取得如此成就的还有瑞士邦联（Swiss Confederation）[1]，这是由一些高度自治的城市国家组成松散联盟。在欧洲中部也同时存在着"帝国自治市"（Free Imperial Cites）[2]组成的城市联盟，他们取得了一定程度上的独立，并为了保护自己的利益联合起来，不过直至中世纪结束都没有在帝国议会中起到重大作用。在法国，随着一些城市从法国国王处取得特许状自治之后，在第三等级的议会中也会派出城市的代表。但是法国大革命之前的整个中世纪时期，法国城市市民阶层在国家政治层面上的作用远没有达到英国的下院中他们同行的大。

虽然中世纪的城市中，只有英国城市在国家的政治机构中取得了较多的权利和特权，但是它们为此付出了很高的代价。直到19世纪，参加英国国会的城市代表才可以领取一定的补助，之前整个中世纪时期，代表们参加会议的花销都由自己或者代表的城市负担。此外，城市还要对于议会的召开提供经济上的支持。这也是中世纪的英国国会不是经常召开并且会期很短的一个原因。在此要注意一点，在中世纪的城市和市民阶层看来，经济上的利益大于对于自由的渴望。"倘若抛弃自由能给他们带来商业上的利益他们会毫不犹豫的这样做。"[3]这也是为什么在中世纪的英格兰，自治城市对于议会的召开并不热心，有些时候甚至是反对。虽然通过参加议会城市和其代表可以分享国家的权力。

无论是爱德华一世还是他的继承者，都没有规定各个城市如何选出参加议会的代表。可以确定的是，中世纪不存在类似现在的选举制度，也没有为了其公社的荣誉而互相竞争的候选人团体。据现有的文献分析，最为可能的情况是，代表

---

[1] 在哈布斯堡王朝的强大压力下，1291年8月，瑞士的三个城市共同体：乌里、施维茨和下瓦尔登签订了三州同盟协定。同盟条约规定了三者须相互帮助对抗一切内外敌人；通过共同的法律来保证地方安定；同盟之间的分歧须以协商方式和平解决；并规定同盟的缔约方均不得接受非本地的或者为了贪图钱财而被任命的执法官员。这份同盟协议是瑞士历史上有案可查的最早的协议，因而今天的瑞士人把1291年8月视为瑞士联邦的诞生日，每年的8月1日被定为瑞士国庆日。但是有学者认为，1291年的同盟协议，从文本上看是更早前另一个协议的重申和加强，在此之前应该还有其他类似协议，那么瑞士联邦的历史应当比现在所知道的更加久远，但至今并未找到更早的同盟协议文本。参见维基百科。http://zh.wikipedia.org/wiki/瑞士历史，访问日期：2011年4月22日。

[2] 所谓帝国自治市，是指由神圣罗马帝国皇帝直接统治的城市，这些城市不同于帝国境内的大部分城市，后者是由公爵和主教统治。自治市则享有一定的自治权与独立性。

[3]〔比〕亨利·皮雷纳：《中世纪的城市》，陈国梁译，商务印书馆2007年版，第85页。

城市参加议会的代表由掌管城市的委员会决定，即使本人不愿意前往伦敦，代表也必须履行其职责。在"模范"议会之后的最初时间里，作为城市的代表参加威斯敏斯特的议会会议并不是一件值得夸耀和光荣的事情。当代表们发现自己的工作可以补救政府错误的决策，影响政府的政策走向并且具有立法功能的时候，这一观点也随之转变。这呈现出了社会的进步：对旧习俗和早期立法的重新解释和实践。"如同用专制和封建主义的旧瓶装民主主义的新酒。"[1]

三、中世纪城市法的影响

虽然诞生于 11 世纪晚期和 12 世纪的欧洲中世纪城市最终走向了衰落，但是这些城市对于当时和后世都产生了深远的影响。马克斯·韦伯曾经将中世纪城市的成果归纳为以下几类：城市在政治上的独立自主；城市本身以及内部各个行会制定自身的法律章程；不受外来干涉的司法系统；市民内部的征税权以及对外的免税权；对市场的垄断权利；市民对自由和特权的排外。[2] 笔者根据韦伯的结论，结合最新的研究成果，认为中世纪的城市法的影响主要有以下几点：

（一）政治模式的转变

中世纪的城市法的最大意义就在于在政治层面它突破了当时占主导地位的统治模式，创建了一种新的统治模式。

在城市诞生之前的中世纪时期，无论是世俗的还是教会的统治模式都表现为一种自上至下的统治方式。每一级统治者的权力都被认为来源于更高的权力。附庸的权力来源于上级封建主、封建主的权力来源于国王和皇帝或者教会，国王和皇帝的权力来源于教皇或者上帝本身。这一理念可以追溯至罗马公法的理论，罗马帝国灭亡后，教会继承并扩大了其影响力，最终成为中世纪统治模式的理念基础。正如圣保罗所言："没有权柄不是出于神的。凡掌权的都是神所命的……做官的是

---

〔1〕 Norman Pounds, *The Medieval City*, Greenwood Press, 2005, p. 157.

〔2〕〔德〕马克斯·韦伯：《经济与社会》（下卷），约翰内斯·温克尔曼整理，林荣远译，商务印书馆 2006 年版，第 652—655 页。

神的佣人，是于你有益的……所以你们必须服从。"[1]

但是中世纪城市的自治制度却完全颠覆了之前的传统理念。中世纪城市的各种市政机构，从市民大会到市政委员会以及监察制度，都是以"统治的权力来源于被统治者自己"为理念基础的。是一种自下而上的权力授予模式。正因为这种模式与近代兴起的民主模式颇有类似之处，一些西方学者认为中世纪欧洲城市的议事制度是当代代议制政府的前身。如学者所言："中世纪城市之新政治形式，乃一种代议政治，至属显然；是参议会乃有大多数之城市教区居民代表所组织。由是可知，在古代世界中所谓发达之代议政治，其最初之出现于欧洲，或始于法意二国之城市。"[2]尽管没有更多的证据来证明中世纪的城市自治与近代民主制度之间的源流关系，但是我们也同样无法否认中世纪的城市自治制度所具有的开创性的意义。正如伯尔曼所指出的，尽管"立宪主义"一词创始于 18 世纪，但实际上首次出现于 11、12 世纪的中世纪城市中。

（二）促进封建社会的解体

随着中世纪欧洲城市的诞生和发展，各地的城市都取得了一定程度的自治权。这打破了中世纪欧洲原有的政治格局。一方面，城市和市民阶层作为多元政治中新的一元登上了欧洲政治舞台；另一方面改变了原封建君主、各级封建领主和宗教贵族之间的权力平衡。中世纪的城市在对瓦解封建政治制度上起到了积极作用，主要表现有以下几点：

虽然各个城市特许状授予的权利不一，但是大部分城市和市民阶层都"赢得了他们所争取的主要目标——即承认他们的自由和平等的联合的权利。"[3]这无疑削弱了地方封建领主的权力。

首先，王权通过与城市结盟而日益壮大，成为一支从外部瓦解封建制度的力量。

在中世纪早期，由于封建制造成的地方割据，王权所拥有的势力很小，甚至难以掌控各地的封建领主，反叛时有发生。城市的兴起给王权提供了一个机会削

---

[1]〔爱尔兰〕J.M.凯利：《西方法律思想简史》，王笑红译，法律出版社 2002 年版，第 85 页。

[2]〔美〕孟罗·斯密：《欧陆法律发达史》，姚梅镇译，中国政法大学出版社 2003 年版，第 332 页。

[3]〔美〕汤普逊：《中世纪经济社会史》（下），耿淡如译，商务印书馆 1997 年版，第 428 页。

弱封建领主的力量。因为一个自由和自治的城市的存在本身就是对于封建势力的打击。因此，王权一直是城市最为得力的盟友。除了制约封建领主之外，城市还为王室提供了经济上的和军事上的支持。从前几章的内容可以看到，法国和英国的城市往往要向国王提供民兵。在布汶战役中，法王腓力二世就是得到了城市民兵的支持才打败了地方封建领主。这种政治上的变化就是等级君主制代替了封建制。而另一方面，城市也往往能够充分地利用王室与封建领主之间的矛盾达到自治的目的。

在城市取得了自治权之后，封建领主仍然是城市与国王的共同敌人。因为封建领主的存在使得整个欧洲都处于封建割据的状态，有力的中央集权的缺失使得城市的命脉——商业贸易的成本极高。这主要表现为：各地不仅度量衡不统一；旅途上强盗横行，商队的安全无法保障，有些领主甚至参加了抢劫商队的活动；更为严重的是领主们往往滥设关卡，肆意敲诈，从而阻碍了市场规模的扩大，对城市贸易的发展构成了严重的威胁。在这种情况下，一个强有力的中央王权是城市的希望之所在。正如布朗基所言："这些君主同他们（城市）一样有意压制贵族势力。君主单靠自己的力量是无法对付那为数众多的蛰伏在城堡中的贵族们的，贵族们一味的掠夺法国的资源为一己私利。城市自治若没有君主的支持，也将对之无能为力。因此，君主和城市自治体事实上已经结成了联盟，而在很大程度上为民族的团结和独立打下了基础。"[1]

为了消灭封建割据的状态，城市在财政、军事、人力和知识上为君主提供了支持。首先，城市拥有很强的经济实力，市民阶层是中世纪社会中最富有的阶层，他们为君主的征战提供了坚实的物质保障。如1295年，仅图卢兹一座城市就为法王提供了2700利弗的资金、3000个头盔、3000个护领、1500张弓和1000套军服。[2]此外，更为重要的是，随着法国国家官僚机构的逐渐形成，受过良好教育的城市市民被大批的吸收进国家的行政机构，担任国家的司法和财政官职。早在13世纪末，法学家就在美男子腓力宫廷中获得了重用。博洛尼亚的法学家也出现在巴巴罗萨的宫廷之中。因此，有学者写道："正是市民在管理国家的事务；法学家几乎全部来自法国南部的城市"。[3]这些法学家还为去除王权的封建外衣提供了理论支

---

〔1〕巫三宝主编：《欧洲中世纪思想资料选辑》，商务印书馆1998年版，第137页。

〔2〕〔法〕雷吉娜·佩尔努：《法国资产阶级史》上册，康新文等译，上海译文出版社1991年版，第174页。

〔3〕施治生、郭方编：《古代民主与共和制度》，中国社会科学出版社2002年版，第436页。

持。正是他们利用罗马法中"君主所好皆为法律"和"君主不受法律的约束"这两句法谚树立起了国王乃是主权者，具有至高无上的统治权。

再次，城市自治在相当程度上照亮了从封建主义向等级国家的转变。1295 年爱德华一世召开的"模范"议会，首次有城市的代表参加，这标志着英国议会君主制的确立。1302 年法王腓力四世召开了三级会议，除了一、二等级的宗教贵族和大封建主的代表参加外，还有作为第三等级的市民代表参加，这表明法国也进入了等级君主制的时代。随后，西班牙、尼德兰等地也分别召开了第三等级的会议。美国学者加恩弗兰克·波齐认为，城市的出现导致了以封君——封臣关系为特征的封建政治制度的破裂。城市自治将众多单个无权的个人组合成了一个集中的共同体，并造就了一个新的政治体。这个共同体除了要求获得自治之外，还要求有效地和固定地参加更为广泛的国家管理工作。城市的这一要求最初是通过以君主封臣的身份参加君主召开的封建会议而实现的。但是自治城市的加入在实际上改变了封建会议的形式和内容，使其具有了更强的公权面貌，并最终演变为等级会议，彻底瓦解了封建制度，促使了等级制国家的诞生。[1]

在等级制国家中，国王通过贵族和宗教贵族以及市民阶层的矛盾来实现自己的统治，同时，贵族、教会和市民又利用国王和其他方的矛盾来约束国王。因此，等级君主制在某种程度上可以看作是国王那个与三个等级共同执政。国王通过会议与三个等级的代表沟通，而三个等级势力的代表也通过会议求得自己的利益。

等级君主制的出现说明国王的权力已经较中世纪早期有着大幅的提升，已然超越了王室直属领地的限制。可以在全国的范围内行使行政、司法和财政权，建立了对全国的统治。同时，各地方封建领主的权力被大大削弱。但是国王的权利仍是有限的，王室对地方的管理仍然要靠国王的官员和地方封建领主合作完成，封建领主们在自己土地上仍然有着一系列特权。因此，国王尚不能为所欲为地统治。

（三）法治理念的传承

城市的复兴激活了来源于希腊罗马的自由、民主、法治的历史文化基因，对

---

[1] 〔美〕加恩弗兰科·波齐:《近代国家的发展——社会学导论》，沈汉译，商务印书馆 1997 年版，第 40—45 页。

于现代宪政的产生具有特殊的价值。因为"城市是从封建社会机体中异化出来的一种新型经济、新型社会、新型政治、新型法律和新型文化的共同体"[1]。中世纪法学家的意见通过对近代早期思想家的影响成为现代西方民主传统的重要组成部分。[2]

1. 宪政理念的发展

中世纪城市法还促进了宪政理念的发展。正是在与封建领主进行的一系列斗争的过程中，一批城市法的理论家致力于从传统中发掘新资料，以支持城市的自治活动。这些就包括民主、限权等宪政思想，其中意大利城市的贡献最为突出。

如前文所提及的，中世纪盛行的世袭君主制是以罗马帝国晚期和中世纪初期教会的宪政观念，宣扬的是权力从统治者手中按照等级的顺序，由上而下的传递，并用以规制其臣民的。但这一点和城市独立自治的实践活动是相违背的，如果接受了这一观点，城市就缺乏理论上的合理性，就必须服从神圣罗马帝国皇帝对城市所享有的宗主权。这对于意大利的城市共和国来说是没有办法接受的。因此，在理论上否定皇帝的宗主权并维护城市的共和制度是大有必要的。

中世纪意大利罗马法研究的复兴也为这一点提供了便利。中世纪最为杰出的法学家巴托鲁斯从法律解释的方法出发，为意大利城市反抗帝国统治、争取自由的权利斗争做出了辩护。他摒弃了当时盛行的注释法学派的基本观点，认为在法律与实际相抵触的地方，必须使得法律符合实际。

在当时，意大利城市所有城市的统治者实际上自己行使着在法律上只有皇帝才能够行使的最高立法权。巴托鲁斯的论断赋予这一事实以法律上的合理性，他说："就当今意大利，特别是托斯卡那地区那些否认宗主权的城市而言，我认为它们作为自己的民族自成一体，因而本身就拥有最高权力。这些城市对其居民拥有的权力，与一般情况下皇帝拥有的权力不相上下。"在谈到上诉权问题时，巴托鲁斯还进一步为城市共和国的自治形式作了辩护。他认为，城市的自由不仅在于否认宗主权，而且在于"城市首脑的任免均由选举产生，除此以外没有其他的统治形式"，"在这种情况下，只有人民，或者是他们的政府所委派的特定阶层的公民

---

〔1〕程汉大：《中世纪宪政研究价值究综述与反思》，载《史学月刊》2011年第8期。

〔2〕彭小瑜：《中世纪的现实性与距离感》，载《历史教学》2007年第12期。

充当上诉的裁决者"，原因就在于在这种情况下，人民自己是唯一可寻的上级权威，因此是"自我之君主"。[1]

　　自 13 世纪开始出现的家族独裁统治使得意大利城市中的许多有识之士痛心不已，他们沿袭修辞学和经院哲学的传统，致力于论证自由共和制是优于各种君主制的统治方式。其代表人物为但丁的老师布鲁内托·拉蒂尼（Brunetto Lattini，1220—1294 年）[2]、13 世纪著名的理论家帕多瓦的马西利乌斯（Marsiglio of Padua，1275—1348 年）以及卢卡的托勒密（Ptolemy of Lucca，? —1372 年）。拉蒂尼明确地指出，"政体可以分为三种形式，第一种由君主统治，第二种由掌权者统治，第三种则由城市自己统治，在这三种政体中，第三种比其他两种都好得多"，其原因则在于只有选举制"才能选择那些将最有效地服务于城市和城市居民的公共福利的人担当统治者"。马西利乌斯则认为，"未经选举的国王总是统治着不太情愿的臣民"，因此选举出的政府总是比非选举的政府更具优越性，"只有通过选举的方式，人们才能指望得到'最好的统治者'，从而保证把公正维持在适当的水平之上"。马西利乌斯还进一步指出了人民与选举出来的官员之间的关系。他说，公民的全体或整体仍然在任何时候都是立法者，"不管他是自己直接制定法律还是把此权力委托给某个人或某些人"。我们选举出来统治我们自己的那些人"不是也不可能是绝对意义上的立法者，而只能是处于特殊时段内并遵从主要立法者权威的相对意义上的立法者"，如果后来我们的统治者辜负了人民的信任，不再为公共利益而治理国家，拥有主权的人民仍然有权力撤换他们并在需要时对他们进行惩罚。[3] 托勒密则区分了"独裁"和"统治"两种统治形式，他把"宪政"统治形式定义为"依据法律"和"代表人民的主体"施政的形式。这种区分促使他把"王政"包括在"独裁"统治的类别之中，并且坚持应当永远采用选举形式的"宪政制度"。[4]

---

〔1〕〔美〕昆廷·斯金纳：《现代政治思想的基础》，求实出版社 1989 年版，第 7—11 页。

〔2〕拉蒂尼是意大利中世纪过渡到文艺复兴时期的作家。生于佛罗伦萨教皇派一个没落的贵族家庭。1260 年移居法国，用法语写成《宝库》3 卷（1263 年出版）。这是欧洲中世纪第一部百科全书，宗旨是在市民阶层中宣传科学文化知识。拉蒂尼还写有诗体的《小宝库》（未完成）。这也是一部百科全书，使用意大利语，也遵循教谕的宗旨。

〔3〕〔美〕昆廷·斯金纳："意大利城市共和国"，林猛等译，载于〔美〕约翰·邓恩：《民主的历程》，吉林人民出版社 1999 年版，第 69 页。

〔4〕〔美〕昆廷·斯金纳：《现代政治思想的基础》，求实出版社 1989 年版，第 64 页。

　　总之，反对君主专制、维护自治共和成为中世纪城市宪政思想的核心内容，它们经过文艺复兴时期人文主义者的进一步发展和深化，最终成为近代早期宪政思想的一大源头。

　　2.法律观念的传承

　　中世纪的城市法还为近代市民社会留下了丰富的重要的思想和法律观念的资源。城市市民社会产生了人身财产自由、契约自由及平等观念；产生了较强的共同体自我意识和民主参与精神，并重视法律的作用；产生了追求人的世俗生活和人性解放的人文主义精神。总之，它初步孕育了崇尚民主参与和自由平等、强调私有和尊重法律、注重契约和权利、关注世俗利益的市民文化精神。

　　最后，中世纪城市法的内在精神孕育了近代西方法治理念的萌芽。法治理念是整个法治系统的坐标和归宿点，它表达了这样一种法律信仰，即所有权威机构包括立法、行政、司法及其他组织都要服从法律的原则，而这些原则表达了法律的价值取向，如民主、正义、权利、平等、自由等等。法治理念在近代的经济、政治和法律诸方面的因素综合影响下逐渐形成，而城市法功不可没。

四、中世纪城市法的重要性

　　11世纪晚期和12世纪，欧洲涌现出几千个新的城市和城镇。这些城市不同于罗马帝国和东方同时期的城市，在帝国的城市里，帝国的行政权威处于支配地位，城市是由帝国官员管理。欧洲中世纪新型城市的出现根源于多方面的原因，首先是经济原因。新兴商人阶层带来了市场的繁荣，农业的发展提供了过剩农业人口，他们流入城市构成工匠和手艺人的主体，乡村的繁荣还有利于为城市提供食物和原材料并成为城市商品的消费者。第二是社会原因。整个社会处于一种流动状态，农奴、自由农民、小贵族离开庄园进入城市寻求发展。人们的身份也处于变化之中，徒弟变成师傅、工匠变成企业家、有钱人变成富商、放高利贷者。城市充满了活力，是人们寻求机遇的最佳场所。第三是政治原因，城市通过提供通行税、市场税等形式来扩充领地统治者的财源，而且由于市民被赋予和设定携带武器的权利和义务，从而增强了领地统治者的军事防御能力。最后是法律原因，城市作为一个较为独立的实体一般是根据特许状而建立的，并有相应的城市法律制度。[1]

中世纪的城市通过称为"特许状"的宪法性文件取得自治和立法的权利。"特许状"可以说是一种政治契约，它规定了城市市民阶级的权利以及城市作为一个整体所拥有的权利，从而确立了城市与封建主的权利义务关系，可以说城市的围墙就是国家权力的边界。这从城市的司法自治上可以看得很清楚：城市设立了关于商业活动的城市法院来解决自身的商业贸易纠纷。商业纠纷的裁判者的独立性在司法独立观念生长的早期更多具有的是经济意义，到资产阶级革命以后，才又被赋予政治意义，上升为一项解决国家权力问题的基本原则。[2]事实上在城市内部，城市政府在权力上也受到限制，城市的行政、立法、司法部门相互分立、相互制约。中世纪城市的出现和城市里所发生的一切，为后世的法治国家提供了观念上和实践上的基本素材。

伯尔曼认为源于特许状的城市法律制度的一个主要特点是它的宪法性特征，城市在它们所享有铸币、设立度量衡、招募军队、编结同盟和发动战争的权力和权威在内的充分的立法、行政、司法权力和权威的意义上是近代国家。而且，城市的政府权力和权威也要受到各种各样的宪法性约束，例如：关于市民权利和特权的宪法性，法律包含与民众参与城市政府相关的权利和特权，即政治权力最终属于市民全体。[3]城市里的人来自于不确定的各地，通过对"城市法"中市民的地位的理解，可以得出所有的人在法律面前一律平等的观念；市民通过捍卫"城市法"来捍卫自己的利益，确立了法律制约国家的观念；由于市场意味着一种交换规则体现了人们的共同要求，所以人们必须摆脱各种各样的"地方性知识"而遵从人为制定的共同规则，又确立了尊重和遵守法律的观念：至于"特许状"的存在，不能说不是虚构的社会契约论的早期实践。

总之，欧洲中世纪的城市法是西方法律史上一个不可逾越的历史阶段，对近代西方民族国家的形成及宪政制度和宪政思想的成长都具有不可抹煞的历史意义。

---

[1]〔美〕伯尔曼：《法律与革命》，贺卫方、高鸿钧、张志铭、夏勇译，中国大百科全书出版社 1993 年版，第 436 页。

[2] 德全英：《城市、市场、法律》，载《法律科学》2000 年第 2 期。

[3]〔美〕伯尔曼：《法律与革命》，贺卫方、高鸿钧、张志铭、夏勇译，中国大百科全书出版社 1993 年版，第 480 页。

参考文献

一、西文

1. Wilhelm Abel, *Agricultural Fluctuations in Europe from the Thirteenth to Twentieth Centuries*, London Methuen Publishing, 1980.

2. Roberta Anderson, Dominic Aidan Bellenger（ed.）, *Medieval Worlds: A Sourcebook*, London Routledge, 2003.

3. William Reynell Anson, *Law and Customs of the Constitution*, Oxford Clarenden press,1897.

4. *Anglo-Saxon Chronicle, ann.1087*,University of Exeter Press ,1990.

5. Caroline M. Barron, *London in the Later Middle Ages: Government and people 1200—1500*, Qxford University Press. 2004.

6. Walter de Gray Bitch（ed.）, *Historical Charters and Constitutional Documents of the City of London*, London, 1887.

7. Leonardo Benvolo, *European City*, Oxford, 1993.

8. William Blackstone, *Commentaries on the Laws of England*,Portland,Thomas B. Walt Co.,2008.

9. Gabriel Le Bras, *Canon Law*, in C.G.Crump and E.F.Jacob（ed.）, The Legacy of the Middle Ages, Oxford, 1926.

10. Paul Brand, *Courtroom and Schoolroom: the Education of Lawyers in England prior to 1400*, Historical Research, 1987.

11. Christopher Nugent Lawrence Brooke, Gillian Keir, *London 800—1216: The Shaping of a City*, London, 1975.

12. James Henderson Burns（ed.）, *The Cambridge History of Medieval Political Thought c. 350—c. 1450*, Cambridge University Press, 1997（2nd）.

13. Joseph P. Canning, *Ideas of the State in Thirteenth and Fourteenth-Century Commentators on the Roman Law*, Transactions of the Royal Historical Society, 5th Ser., Vol. 33. 1983.

14. Joseph P. Canning, *The Political Thought of Baldus de Ubaldis*, Cambridge University Press, 1987.

15. Helena M. Chew, The Office of Escheator in London in Middle Ages, *English History Review* 58（1943）.

16. Tanley Chodorow, *The Other Side of Western Civilization*, Orlando: Harcourt Brace Jovanovich Inc. 1984.

17. Carlo. M. Cipolla, *Before the Industrial Revolution: European Society and Economy 1000—1700*, London 1993.

18. Godfrey Rupert Carless Davis, *Magna Carta*, London, 1963.

19. Henry William Carless Davis, *Medieval Europe*, New York, Henry Holt and Company Publishers, 1901.

20. Wendy Davies, Judges and Judging: Truth and Justice in Northern Iberia on the Eve of the Millennuim, in *Journal of Medieval History*, Elsevier Ltd., No.36, 2010.

21. Margaret Deanesly, *A History of Early Medieval Europe 476 to 911*, London, Methuen & Co. Ltd, 1956.

22. Lindsay Diggelmann, Hewing the Ancient Elm: Anger, Arboricide and Medieval Kingship, in *The Journal of Medieval and Early Modern Studies*, Vol.40, No.2, 2010.

23. Katherine Fischer Drew, *Law and Society in Early Medieval Europe: Studies in Legal History*, London 1988.

24. David Charles Douglas, George William Greenaway（ed.）, *English Historical Documents*, London, 1998.

25. John Neville Figgis, *Bartolus and the Development of European Political Ideas*, Transactions of the Royal Historical Society, New Series, Vol. 19（1905）.

26. Robert Finlay, *Politics in Renaissance Venice*, London: Ernest Benn, 1980.

27. Patrick J.Geary, *Readings in Medieval History*, Canada, Broadview press, 1989.

28. Joseph Gies, Frances Gies, *Life in a Medieval City*, Harper Perennial, 1981.

29. Hans-Werner Goetz, Translated by Albert Wimmer, *Life in the Middle Ages: From the Seventh to the Thirteenth Century,* Indiana, University of Notre Dame Press, 1993.

30. Jacques Le Goff, Is Politics Still the Backbone of History? Stuart Clark（ed.）, *The Annales School: Critical Assessments*, vol. Ⅱ., London Routledge, 1999.

31. John Rigby Hale, *A Concise Encyclopedia of the Italian Renaissance*, Hardcover, 1981.

32. Harold Greville Hanbury, D. C. M. Yardley, *English Courts of Law*, Oxford University Press, 1979.

33. Alan Harding, *A Social History of English Law*, London, 1966.

34. Charles Homer Haskins, *The Renaissance of the Twelfth Century*, Harvard University, 1927.

35. Denys Hay, *Europe in the Fourteenth and Fifteenth Centuries*, New York, Longman Inc.1989.

36. James Clarke Holt, *Magna Carta*, Cambridge, 1965.

37. A. E. Dick Howard, *Magna Carta: Text & Commentary*, Virginia, 1998.

38. W.S.Holdsworth, A.L.Goodhart, H.G.Hanbury, J.M.Burke, *A History of English Law*, Vol.2. London,Methuen.1956.

39. Edward Jenks, *Law and Politics in the Middle Ages with a Synoptic Table of Sources*, London John Murray Publisher,1898.

40. Keechang Kim, *Aliens in Medieval Law: The Origins of Modern Citizenship*, Cambridge University Press, 2000.

41. Guy Carleton Lee, *Historical Jurisprudence: an Introduction Systematic Study of the Development of Law*, New York, Macmillan Publishers Ltd, 1911.

42. Charles Lowe, *Unitarian Review*, vol.18, London, General Books LLC, 2010.

43. David Luscombe&Jonathan Riley Smith, *The new Cambridge medieval history*, Cambridge university press.

44. Maurizio Lupoi, *The Origins of the European Legal Order*, Cambridge University Press, 1999.

45. Fredric William Maitland, *The Constitutional History of England*, Cambridge, 1911.

46. B. Masters, *The Common Serjeant*, Guild Miscellany, 2, 1967.

47. Thomas Lambert Mears, The History of the Admiralty Jurisdiction, in *Select Essays in Anglo-American Legal History*, compiled and edited by A Committee of the Association of American Law Schools, vol. 2, Boston: Little Brown and Company, 1908.

48. Friedrich Meili, *International Civil and Commercial Law as Founded upon Theory,Legislation and Practice*,Cambridge,Macmillan Publishers Ltd, 1905.

49. Edward Miller, John Hatcher, *Medieval England: Rural Society and Economic Change 1086—1348*, London, 1978.

50. John Julius Norwich, *A History of Venice*, New York Vintage Books, 1989.

51. Charles Petit-Dutaillis, *The French Communes in the Middle Ages*, North-holland Publishing Company, 1978.

52. Riché Pierre, *Daily Life in the World of Charelmagne,* Translated by Jo Ann Mc Namara, Philadelphia: University of Pennsylvania Press, 1978.

53. F. Pollock & F. W. Maitland, *History of English Law Before the Time of Edward I*, Cambridge University Press, 1968.

54. S. Reyonlds, *An Introduction to the History of English Medieval Towns*, Oxford, 1977.

55. Henry Thomas Riley （ed. And trans.） , *Liber Albus: the White Book of London*, London 1861.

56. Florence Edler de Roover, Early Examples of Marine Insurance, *The Journal of Economic History*, Vol.5, No.2 Nov. 1945.

57. Harry Rothwell （ed.） , *English Historical Documents*, London, 1998.

58. Carl von Savigny, *The History of the Roman Law during the Middle Ages*, translated by E. Cathcart, Hyperion Press, Inc., 1979.

59. Gwen Seabourne, *Controlling Commericial Morality in Late Medieval London: The Usury Trials of 1421*, Journal of Legal History, 19 （1998） .

60. Reginald R. Sharpe, *Calendar of Letter Books of the City of London*, F, London 1909.

61. Beryl Smalley, J.M. Wallace-Hadrill, *France: Government and Society: An Historical Survey*, London Methuen Young, 1957.

62. Carl Stephenson, *Borough and town: A Study of Urban Origins in England*, Cambridge, 1933.

63. Marilyn Stokstad, *Medieval Castles*, London, Greenwood Press, 2005.

64. William Stubbs, *Lectures on medieval and modern history*, Oxford Clarendon press, 2010.

65. James Westfall Thompson, *The Middle Ages 300—1500*, New York, 1972.

66. Daniel Waley, *The Italy City Republics*, London, 1969.

67. Björn Weiler, Matthew Paris on the Writing of History, in *Journal of Medieval History*, Elsevier Ltd., No.35, 2009.

68. Dorothy Whitelock（ed.）*English Historical Documents, Vol. I, c. 500—1042*, Routledge, 1998（2nd.）

69. Walter Ullmann, *The Carolingian Renaissance and the Idea of Kingship*, Methuen& Co Ltd, 1969.

70. Paul Vinogradoff, *Roman Law in Mediaeval Europe*, London and New York, Harper ﹠ Brothers, 1909.

71. W. R. Vance, *The Early History of Insurance Law*, The Columbia Law Review, Vol. 8, No. 1 （Jan., 1908）.

72. C. R. Young, *The English Borough and Royal Administration 1130—1307*, Duke University Press, 1961.

二、译著

1. 〔英〕M.M. 波斯坦、E.E. 里奇、爱德华·米勒主编:《剑桥欧洲经济史（第 3 卷）·中世纪的经济组织和经济政策》，周荣国、张金秀译，杨伟国校订，经济科学出版社 2002 年版。

2. 〔英〕爱德华·甄克斯:《中世纪的法律与政治》，屈文生、任海涛译，中国政法大学出版社 2010 年版。

3. 〔英〕爱德华·吉本:《罗马帝国衰亡史》，席代岳译，吉林出版集团有限责任公司 2007 年版。

4. 〔英〕伯恩斯主编:《剑桥中世纪政治思想史》，郭正东、溥林、帅倩、郭淑伟译，三联书店 2009 年版。

5. 〔英〕大卫·尼科尔:《中世纪生活》，曾玲玲等译，希望出版社 2007 年版。

6. 〔英〕梅特兰等:《欧陆法律史概览: 事件，渊源，人物及运动》，屈文生等译，上海人民出版社 2008 年版。

7. 〔英〕梅特兰:《英格兰宪政史》，李红海译，中国政法大学出版社 2010 年版。

8. 〔英〕佩里·安德森:《从古代到封建主义的过渡》，郭方、刘健译，上海人民出版社

2001 年版。

9. 〔英〕约翰・里德:《城市》郝笑丛译,清华大学出版社 2010 年版。

10. 〔英〕詹姆斯・布赖斯:《神圣罗马帝国》,孙秉莹、谢德风、赵世瑜译,商务印书馆 1998 年版。

11. 〔英〕理查德・卡尤珀:《文学与历史:质疑中世纪英国宪政制度》,载《历史研究》2010 年第 3 期。

12. 〔英〕詹姆斯・坎贝尔:《英国宪政的盎格鲁-撒克逊起源》,孟广林、鞠长猛译,载《历史研究》2010 年第 3 期。

13. 〔美〕艾伦・沃森:《民法法系的演变及形成》,李静冰、姚新华译,中国政法大学出版社 1997 年版。

14. 〔美〕保罗・M.霍恩伯格、林恩・霍伦・利斯:《都市欧洲的形成:1000—1994 年》,阮岳湘译,商务印书馆 2009 年版。

15. 〔美〕朱迪斯・M.本内特、C.沃伦・霍利斯特:《欧洲中世纪史》,杨宁、李韵译,上海社会科学院出版社 2007 年版。

16. 〔美〕查尔斯・霍默・哈斯金斯:《大学的兴起》,梅义征译,上海三联书店 2008 年版。

17. 〔美〕查尔斯・霍默・哈斯金斯:《12 世纪文艺复兴》,张澜、刘疆译,上海三联书店 2008 年版。

18. 〔美〕菲利普・李・拉尔夫、罗伯特・E.勒纳、斯坦迪什・米查姆、爱德华・伯恩斯等著:《世界文明史》,赵丰等译,商务印书馆 2006 年版。

19. 〔美〕哈罗德・J.伯尔曼:《法律与革命——西方法律传统的形成》,贺卫方等译,中国大百科全书出版社 1993 年版。

20. 〔美〕黄仁宇《资本主义与二十一世纪》,九州出版社 2007 年版。

21. 〔美〕昆廷・斯金纳:《意大利城市共和国》,林猛等译,载于〔美〕约翰・邓恩:《民主的历程》,吉林人民出版社 1999 年版。

22. 〔美〕孟罗・斯密:《欧陆法律发达史》,姚梅镇译,中国政法大学出版社 1999 年版。

23. 〔美〕斯科特・戈登:《控制国家——从古代雅典到今天的宪制史》,应奇等译,江苏人民出版社 2001 年版。

24. 〔美〕泰格・利维:《法律与资本主义的兴起》,纪琨译,学林出版社 1996 年版。

25. 〔美〕威尔・杜兰:《世界文明史:信仰的时代》,台湾幼狮文化翻译,华夏出版社 2010 年版。

26. 〔美〕威尔・杜兰:《文艺复兴》,幼狮文化公司译,东方出版社 2003 年版。

27. 〔美〕西里尔・E.布莱克编:《比较现代化》,上海译文出版社 1996 年版。

28. 〔美〕约翰・H.威格摩尔:《世界法系概览》,何勤华、李秀清、郭光东等译,上海人民出版社 2004 年版。

29. 〔美〕詹姆斯・W.汤普逊:《中世纪经济社会史》,耿淡如译,商务印书馆 1997 年版。

30. 〔美〕詹姆斯・W.汤普逊:《中世纪晚期欧洲经济社会史》,徐家玲等译,商务印书馆 1996 年版。

31.〔美〕朱迪斯·M.本内特、C.沃伦·霍利斯特:《欧洲中世纪史》,杨宁、李韵译,上海社会科学学院出版社 2007 年版。

32.〔德〕K.茨威格特、K.克茨:《比较法总论》,潘汉典、米健、高洪钧、贺卫方译,法律出版社 2003 年版。

33.〔德〕汉斯—维尔纳·格茨:《欧洲中世纪生活》,王亚平译,东方出版社 2002 年版。

34.〔德〕里夏德·范迪尔门:《欧洲近代生活——村庄与城市》,王亚军译,东方出版社 2004 年版。

35.〔德〕利奥波德·冯·兰克:《历史上的各个时代》,杨培英译,北京大学出版社 2010 年版。

36.〔法〕埃德蒙·波尼翁:《公元 1000 年的欧洲》,席继权译,山东画报出版社 2005 年版。

37.〔法〕布瓦松纳:《中世纪欧洲生活和劳动》,潘源来译,商务印书馆 1985 年版。

38.〔法〕费尔南.布罗代尔:《菲利普二世时代的地中海和地中海世界》,唐家龙、曾培耿等译,吴模信校,商务印书馆 1996 年版。

39.〔法〕基佐:《法国文明史》,沅芷、伊信译,商务印书馆 1999 年版。

40.〔法〕雷吉娜·佩尔努:《法国资产阶级史》上册,康新文等译,上海译文出版社 1991 年版。

41.〔法〕罗伯特·福西耶主编:《剑桥插图中世纪史(1250—1520 年)》,李桂芝等译,郭方、李桂芝校,山东画报出版社 2009 年版。

42.〔法〕罗伯特·福西耶主编:《剑桥插图中世纪史（950—1250 年)》,李增洪、李建军等译,山东画报出版社 2008 年版。

43.〔法〕马克·布洛赫:《封建社会》,张绪山译,郭守田、徐家玲校,商务印书馆 2005 年版。

44.〔法〕孟德斯鸠:《论法的精神》,张雁深译,商务印书馆 1997 年版。

45.〔法〕雅克·勒戈夫:《中世纪的知识分子》,张弘译,商务印书馆 2002 年版。

46.〔法〕雅克·韦尔热:《中世纪大学》,王晓辉译,上海人民出版社 2007 年版。

47.〔日〕大木雅夫:《比较法》,范愉译,法律出版社 2006 年版。

48.〔日〕大木雅夫:《东西方的法观念比较》,华夏、战宪斌译,北京大学出版社 2004 年版。

49.〔意〕安德烈啊·德埃、伦佐·罗西:《欧洲中世纪》,林英译,广东人民出版社 2006 年版。

50.〔意〕马基雅维里:《君主论》,王水译,上海三联书店 2008 年版。

51.〔比〕亨利·皮朗:《中世纪欧洲经济社会史》,乐文译,上海世纪出版集团、上海人民出版社 2001 年版。

52.〔比〕亨利·皮雷纳:《中世纪的城市》,陈国樑译,商务印书馆 2007 年版。

三、著作

1.陈雄章、李庭华:《浅论基督教与中世纪西欧各民族的宗法制度》,载《广西教育学院学报》1996 年第 3 期。

2. 陈文海:《中世纪教廷"封圣"问题研究——对"封圣"过程的非宗教层面考察》,载《中国社会科学》2002 年第 4 期。

3. 陈文海:《试论中世纪中后期的法兰西王统理论》,载《世界历史》1999 年第 1 期。

4. 程汉大:《中世纪英国法院制度的演变》,载于《中西法律传统》2009 年 00 期。

5. 程汉大、李培峰著:《英国司法制度史》,清华大学出版社 2007 年版。

6. 程汉大:《12 至 13 世纪英国法律制度的革命性变化》,载《世界历史》2000 年第 5 期。

7. 戴东雄:《中世纪意大利法学与德国的继受罗马法》,中国政法大学出版社 2003 年版。

8. 郭义贵:《西欧中世纪法律概略》,中国社会科学出版社 2008 年版。

9. 何勤华、李秀清主编:《外国法制史》,复旦大学出版社 2002 年版。

10. 何勤华、李秀清主编:《意大利法律发达史》,法律出版社 2006 年版。

11. 何勤华主编:《德国法律发达史》,法律出版社 2000 年版。

12. 何勤华主编:《法国法律发达史》,法律出版社 2001 年版。

13. 何勤华主编:《外国法制史(第四版)》,法律出版社 2006 年版。

14. 何勤华:《西方法学史》,中国政法大学出版社 2003 年版。

15. 侯建新:《近二十年英国中世纪经济——社会史研究的新动向》,载《历史研究》2011 年第 5 期。

16. 侯建新:《西欧法律传统与资本主义的兴起》,载《历史研究》1999 年第 2 期。

17. 侯建新:《中世纪晚期的商品化与现代化启动》,载《历史研究》1994 年第 5 期。

18. 黄春高:《追寻中世纪"权力的历程":托马斯.N.比森的权力史研究》,载《历史研究》2008 年第 5 期。

19. 黄春高:《"国王们都有长长的手臂"——法国路易六世时期的王权》,载《历史研究》2006 年第 2 期。

20. 焦洪昌主编:《宪法制度与法治政府》,北京大学出版社 2008 年版。

21. 金志霖:《试论西欧中世纪城市与封建主的关系》,载《历史研究》1990 年第 4 期。

22. 孔祥民,《世界中古史》,北京师范大学 2006 年版。

23. 李栋:《试论中世纪英格兰诺曼征服与封建制——基于宪政权力结构的分析》,载于《云南大学学报(法学版)》2009 年第 2 期。

24. 李培锋:英国中世纪的地方自治及其成因,载《中西法律传统》(第三卷),中国政法大学出版社 2003 年版。

25. 刘建军:《论 12 世纪西欧文化复兴运动》,载于《北方论丛》2003 年第 6 期。

26. 刘景华:《西欧中世纪城市新论》,湖南人民出版社 2000 年版。

27. 刘明翰主编:《世界通史·中世纪卷》,人民出版社 1997 年版。

28. 刘守刚:《古代与中世纪西方立宪主义的萌芽》,载何勤华、王立民主编:《法律史研究(第二辑)》,中国方正出版社 2005 年版。

29. 马克垚:《英国封建社会研究》,北京大学出版社 2005 年版。

30. 美国时代生活图书公司:《骑士时代:中世纪欧洲:公元 800—1500》,侯树栋译,山东画报出版社 2001 年版。

31. 孟广林：《英国封建王权论稿》，人民出版社 2002 第 1 版。

32. 孟广林：《中世纪前期的英国封建王权与基督教会》，载《历史研究》2000 年第 2 期。

33. 彭俊：《威尼斯宪制体制初探》，载于《法治与社会》2008 年 8 月下旬。

34. 彭小瑜：《西方历史误读的东方背景：法律革命、宗教改革与修道生活》，载《历史研究》2006 年第 1 期。

35. 彭小瑜：《中世纪西欧教会法对教会与国家关系的理解和规范》，载《历史研究》2000 年第 2 期。

36. 彭小瑜：《中世纪的现实性与距离感——读蒂尔尼、佩因特合著〈西欧中世纪史〉》，载《历史教学（高校版）》2007 年第 12 期。

37. 齐延平：《自由大宪章研究》，中国政法大学出版社 2007 年版。

38. 沈汉、刘新成：《英国议会政治史》，南京大学出版社 1991 年版。

39. 施蔚然：《中世纪法国习惯法评价》，载《昆明理工大学学报（社科版）》，第 1 卷第 3 期（2001 年 9 月）。

40. 施治生、郭方编：《古代民主与共和制度》，中国社会科学出版社 2002 年版。

41. 苏彦新：《欧洲中世纪共同法的形成》，载《比较法研究》2011 年第 3 期。

42. 苏彦新：《近代西欧大陆私法的历史基础——以中世纪罗马法为中心》，2010 年华东政法大学博士论文。

43. 苏彦新：《罗马法在中世纪西欧大陆的影响》，载《外国法译评》1997 年第 4 期。

44. 孙秉莹主编：《世界通史纲要：古代部分》，吉林文史出版社 1985 年版。

45. 汪太贤：《西方法治主义的源与流》，法律出版社 2001 年版。

46. 王建吉：《世界古代中世纪史教学参考手册》，北京大学出版社 1993 年版。

47. 王亚平：《论西欧中世纪的三次文艺复兴》，载于《东北师大学报（哲学社会科学版）》2001 年第 6 期。

48. 王亚平：《西欧法律演变的社会根源》，人民出版社 2009 年版。

49. 韦森：欧洲近现代历史上宪政民主政制的生成、建构与演进》，载《法制与社会发展》2007 年第 5 期。

50. 谢丰斋编著：《世界中古史——公元五至 15 世纪的古代世界》，世界知识出版社 2009 年版。

51. 新华通讯社译名室编：《世界人名翻译大辞典》，中国对外翻译出版公司 1993 年出版。

52. 徐家玲：《早期拜占庭和查士丁尼时代研究》，长春：东北师范大学出版社 1998 年版。

53. 阎照祥：《英国贵族史》，人民出版社 2000 年。

54. 阎宗临：《世界古代中世纪史》，广西师范大学出版社 2007 年版。

55. 杨真：《基督教史纲》，三联书店 1979 年版。

56. 叶秋华：《西欧中世纪法制发展特点论析》，载《南京师大学报》《社会科学版》1999 年第 6 期。

57. 由嵘、张雅利、毛权、李红海编：《外国法制史参考资料汇编》，北京大学出版社 2004 年版。

58. 赵立行：《商人阶层的形成与西欧社会转型》，中国社会科学出版社 2004 年版。

59. 赵立行：《"限制"还是"促进"：特许状与欧洲中世纪商业》，载《历史研究》2009 年第 6 期。

60. 赵立行：《佛罗伦萨理性商业的兴起及其特点》，载《历史教学》2004 年第 2 期。

61. 赵立行：《古罗马的商业特征与中世纪自给自足状态的形成》，载《复旦学报（社会科学版）》2001 年第 5 期。

62. 赵立行：《西欧中世纪市集与新型商业意识的形成》，载《世界历史》1996 年第 2 期。

63. 赵文洪：《中世纪欧洲村庄的自治》，载《世界历史》2007 年第 3 期。

64. 赵文洪：《浅析中世纪西欧不平等与奴役的观念》，载《史学理论研究》2004 年第 4 期。

65. 赵文洪：《中世纪西欧的平等观念》，载《世界历史》2004 年第 1 期。

66. 赵文洪：《中世纪西欧城市社会等级及其相互关系》，载《史学理论研究》2001 年第 4 期。

67. 赵文洪：《中世纪西欧神学关于私有财产和商业的观念》，载《求是学刊》1999 年第 4 期。

68. 周枏：《罗马法原论》，商务印书馆 1994 年版。

69. 朱明：《从大教堂到市政厅：中世纪晚期锡耶纳的城市空间转型》，载《历史研究》2011 年第 5 期。

第五章　商法

　　商法是中世纪欧洲世俗法的重要内容，主要包括两个方面：一是陆上商法，即现代通常意义上的商法；二是海上商法，即海商法。目前，国内学界针对这方面的研究还比较薄弱。何勤华教授和魏琼教授主编的《西方商法史》[1]和王小波教授的《〈罗得海商法〉研究》[2]是目前有关这一主题的仅有专著。《西方商法史》第三章"中世纪的欧洲商法"从中世纪欧洲商法形成、发展的历史及其背景，中世纪欧洲商法的内容，基本特点和历史地位等方面介绍了相关内容，为本课题的研究思路提供了有意的启示。这一部分对海商法内容的介绍仅限于几部法典和若干制度，尚未触及中世纪欧洲海商法的核心内容，也为本文的研究留下了空间。

　　王小波教授的《〈罗得海商法〉研究》是国内研究欧洲中世纪海商法典的力作，资料丰富，着力甚深。作者攻破希腊语难关，得以接触、解析原始资料。据其分析，《罗得海商法》（Rhodian Sea Law）于600—800年形成于拜占庭帝国，常被附在拜占庭帝国伊苏里亚王朝（Isaurian Dynasty）的法律选编《埃克洛佳》（Ecologaton nomon）之后，作为一个附录存在。他将《罗得海商法》放在拜占庭帝国的横向环境中加以考察，不仅分析了其文本、形成背景，而且对《罗得海商法》同罗马—拜占庭法的关系进行了讨论。此外，还详述了这部法典对当时的海上贸易以及后世海商法典所起的作用。著作讨论角度全面，分析深入，稍显不足之处在于其对《罗

---

[1] 何勤华、魏琼主编：《西方商法史》，北京大学出版社2007年版。

[2] 王小波：《〈罗得海商法〉研究》，中国政法大学出版社2011年版。

得海商法》的分析系从民法人、物、债的角度进行而非从海商法的自身特性入手，稍感可惜。

论文方面，不少学者曾经探究过本文研究的相关问题。如陈颐教授的《从中世纪商人法到近代民商法典——1000—1807 年欧陆贸易史中的法律变迁》[1]、李广辉和李钧的《试论海上保险的历史发展》[2] 等。还有一些学者在研究过程中部分涉及了本文的内容，如历星星的《曼斯菲尔德与 18 世纪英国法》[3] 中提到英国商法的发展，初北平的《船舶保险条款研究》[4] 对海上保险发展历史的介绍等。

英美学者对"中世纪欧洲商法"这一课题的研究成果已相当丰富，部分成果已被译成中文。例如，美国学者孟罗·斯密的《欧陆法律发达史》[5] 第三章"欧陆法律分合之情形"第 32 节"商法"，对欧洲中世纪陆上商法和海商法发展脉络有所介绍。比较法学家约翰·威格摩尔（John Henry Wigmore，1863—1943 年）的《世界法系概览》[6] 第十三章"海事法系"细数了从《罗得海法》到《康梭拉多法典》，到《奥列隆法典》，再到《汉萨城市航运条例》的中世纪海商法发展历程，为本章海商法的研究提供了清晰的线索。梅特兰参撰的《欧陆法律史概览：事件，渊源，人物及运动》以国别为纲，以时间为序，系统介绍了欧洲法律发展历史，其中关于商法和商事组织的介绍也为本章提供了重要的背景知识。[7]

德国学者马克斯·韦伯的《中世纪商业合伙史》[8] 已由陶永新博士译成中文，该译本系由卢茨·克尔贝尔（Lutz Kaelber）的英译本转译过来，不过仍为本章陆上商法"合伙法"部分提供了重要参考。韦伯运用大量的原始资料，揭示出有限合伙与无限合伙的发展轨迹，澄清了有限合伙与无限合伙两者不同的起源，驳斥了长期以来学界将有限合伙认定为无限合伙发展的产物的观点。韦伯的导师歌德

---

〔1〕陈颐：《从中世纪商人法到近代民商法典——1000—1807 年欧陆贸易史中的法律变迁》，载《华东法律评论》（第一卷），法律出版社 2002 年版。

〔2〕李广辉、李钧：《试论海上保险的历史发展》，载《史学月刊》1998 年第 4 期。

〔3〕历星星：《曼斯菲尔德与 18 世纪英国法》，华东政法大学硕士学位论文，2008 年提交。

〔4〕初北平：《船舶保险条款研究》，大连海事大学博士学位论文，2008 年提交。

〔5〕〔美〕孟罗·斯密：《欧陆法律发达史》，姚梅镇译，王健、刘洋勘校，中国政法大学出版社 2003 年版。

〔6〕〔美〕约翰·H. 威格摩尔：《世界法系概览》（下），何勤华、李秀清、郭光东等译，上海人民出版社 2004 年版。

〔7〕〔英〕梅特兰等：《欧陆法律史概览：事件，渊源，人物及运动》，屈文生等译，上海人民出版社 2008 年版。

〔8〕〔德〕马克斯·韦伯：《中世纪商业合伙史》，陶永新译，东方出版中心 2010 年版。

斯密特（Levin Goldschmidt，1829—1897 年）也曾致力于商法史的研究。

威廉·米歇尔（William Mitchell）出版于 1904 年的著作《早期商人法研究》（An Essay on the Early History of the Law Merchant）[1]，曾获得剑桥大学法学院 1903 年约克论文奖（the Yorke Prize）。该书介绍了商人法的特点、起源、商人法庭以及商人法的内容，对比研究了欧洲各地区商人法的异同，认为中世纪欧洲商人法具有地域性与统一性并存的特点，他关于商人法庭以及商人法特点的观点非常有价值，笔者深表赞同。

杰拉德·马利纳（Gerard Malynes）的《商人法》（Consuetudo, Vel, Lex Mercatoria）[2] 出版于 1685 年，竟然于 2009 年再版，可见其影响力之大，难怪被称为"所有政治家、法官、治安官、律师、商人、海员的必备书籍"。该书内容庞杂，涵盖与古代商人法相关的方方面面的内容，分为三个大的部分，即货物贸易、货币以及货币兑换。作者对当时仍然有效的《奥列隆法典》、《维斯比海法》和《汉萨城市航运条例》进行了介绍并收录了法典全文。

特拉弗斯·特威斯（Travers Twiss）编纂的《海商法黑皮书》（The Black Book of the Admiralty）[3] 中对上述三部法典也有记录，而且其内容更加丰富，《哥特兰海法》（The Gotland Sea-Laws）、《佛兰德海法》（Sea-Laws in Flanders）等等都悉数收录其中。该书出版于 1876 年，晚于《商人法》近两百年。本章对三大海商法的分析主要参照《商人法》中的版本，而以《海商法黑皮书》为对照。对《阿玛菲法典》的翻译和分析则以《海商法黑皮书》为准。

约瑟夫·斯托里（Joseph Story）的《票据法评论》（Commentaries on the Law of Bills of Exchange）[4] 于 1843 年首次出版，经历数次再版，又于 2004 年重印。该书详细论述了票据的方方面面的内容，是同时期乃至其后相当长一段时间内最为权威的票据法著作。

---

[1] William Mitchell, *An Essay on the Early History of the Law Merchant*, Cambridge University Press, 1904.

[2] Gerard Malynes, *Consuetudo, Vel, Lex Mercatoria*, Part 2, Professional Books Limited, 1686, reprinted 1981. 本章参照的是 Professional Books Limited 1981 年的版本。

[3] *The Black Book of the Admiralty*, edited by Sir Travers Twiss, Longman & Co., Patternoster Tow; Trubner & Vo., Ludgate Hill; also by Parker & Co., Oxford; Macmillan & Co., Cambridge; A.C. Black, Edinburgh; and A. Thom, Dublin, 1876.

[4] Joseph Story, *Commentaries on the Laws of Bills of Exchange*, Little, Brown, 3rd edition, 1853.

弗洛伦斯（Florence Edler de Roover）的《海上保险早期实例》（Early Examples of Marine Insurance）[1]、霍尔兹沃思的《保险合同的早期历史》（The Early History of the Contract of Insurance）[2] 和万斯（W. R. Vance）的《保险法的早期历史》（The Early History of Insurance Law）[3] 是中世纪欧洲保险法研究的重要参考文献。前者详细考证了保险合同发展演变的过程，分析了各个不同阶段商人们所运用的保险合同的不同特点，展现了欧洲中世纪保险业发展成熟的历程，还提到了保险法的统一问题。霍尔兹沃思则将保险的历史追溯到古罗马时期西塞罗关于麦子运输损失保险的记录，而后以时间为序，讲述保险业的发展历史，梳理了保险法在英国的发展历程。万斯则否定上述观点，认为真正意义上的保险的历史并没有人们想象中那么长，应当产生于中世纪的意大利，将最早的保险立法认定为 1411 年威尼斯对保险经纪人的立法。

科雷（A. M. Keiley）的《汇票》（Bills of Exchange）[4] 一文和爱德华·詹克斯（Edward Jenks）的《可流通票据的早期历史》（The Early History of Negotiable Instruments）[5] 亦是重要的参考文献。前者为票据的分析提供了正确的基点，即票据的根本特性为其可流通性，因此票据的产生始于中世纪，而不可能更早。后者讨论了票据起源的各种理论，但不选择立场，只指出已有的史实，详细论述了不同时期不同票据形式的内容及其特点。此外，马库斯·A. 丹泽尔（Markus A. Denzel）的《欧洲的汇票》（The European Bill of Exchange）[6] 一文也比较重要，为汇票的产生提供了一种新的思路，认为汇票的产生是为了满足商人们贸易结算的需要而发展起来的，文中还对当时使用的不同汇票的记载内容和功能进行了详细阐述。

路易斯·爱德华·利文索尔（Louis Edward Levinthal）的《破产法的早期历史》

---

[1] Florence Edler de Roover, Early Examples of Marine Insurance, *The Journal of Economic History*, Vol.5, No.2(Nov., 1945).

[2] W. S. Holdsworth, The Early History of the Contract of Insurance, *The Columbia Law Review*, Vol. 17, No.2 (Feb., 1917).

[3] W. R. Vance, The Early History of Insurance Law, *The Columbia Law Review*, Vol. 8, No. 1 (Jan., 1908).

[4] A. M. Keiley, Bills of Exchange, *The Virginia Law Register*, Vol. 6, No.2 (Jun., 1900).

[5] Edward Jenks, The Early History of Negotiable Instruments, in *Select Essays in Anglo-American Legal History*, Vol. 3, Little, Brown, & Company, 1909, p.55.

[6] Markus A. Denzel. Leipzig, *The European Bill of Exchange*, IEHC 2006 Helsinki, Session 2, p.9. 赫尔辛基官网。http://www.helsinki.fi/iehc2006/papers1/Denzel2.pdf，访问日期为 2011 年 4 月 25 日。

(The Early History of Bankruptcy Law) [1] 和《英国破产制度的早期历史》(The Early History of English Bankruptcy) [2] 是破产法方面的重要研究。利文索尔认为，破产制度起源于罗马法，在中世纪得以发扬。他以地区为单位，分别阐述了意大利、德意志、法兰西、西班牙、荷兰以及英格兰等地的破产制度，展示了欧洲中世纪各地破产制度的特质与相互之间的联系。

当然，任何研究都不能脱离研究对象所处的历史背景，而这些背景资料对于理解研究对象自身的发展也极为重要。詹姆斯·汤普逊的《中世纪经济社会史》[3] 全面论述了自西罗马帝国灭亡到 14 世纪欧洲各地区不同历史阶段的经济社会状况，研究了中世纪早期欧洲各地的贸易产品和各地区之间的贸易关系，绘制了不同时期的贸易路线图。其后，汤普逊又在《中世纪晚期欧洲经济社会史》[4] 延续了上述研究和思路，并突出了独特的贸易主体与行业，如其对城市同盟和银行业的研究。

亨利·皮朗关于中世纪欧洲的研究成果，也是重要的参考文献。其《中世纪的城市》[5] 一书为本章研究提供了一个重要且具体的视角——城市。中世纪商业与城市的发展，类似于生物学上的"互利共生"现象：商业的繁荣为城市带来富足与权力；而城市的强大则为商业提供自由与安全。其《中世纪欧洲经济社会史》[6] 在许多方面推进了汤普逊的前述研究。此外，《剑桥欧洲经济史（第 3 卷）中世纪的经济组织和经济政策》[7]、《公元 1000 年的欧洲》[8] 是很有价值的研究文献。

在本章中，笔者将分陆上商法、海商法、商事法庭等部分，分别阐述中世纪欧洲的相关制度与运作状况。关于陆上商法，由于时间的跨度与地域的分散性，所谓的商法其实并不统一，真正的"中世纪欧洲商法"其实并不存在，其本身是

---

〔1〕 Louis Edward Levinthal, The Early History of Bankruptcy Law, *University of Pennsylvania Law Review and American Law Register*, Vol. 66, No. 5/6（Apr., 1918）.

〔2〕 Louis Edward Levinthal, The Early History of English Bankruptcy, *University of Pennsylvania Law Review and American Law Register*, Vol. 67, No. 1（Jan., 1919）.

〔3〕〔美〕汤普逊：《中世纪经济社会史》（上册、下册），耿淡如译，商务印书馆 1997 年版。

〔4〕〔美〕詹姆斯·W. 汤普逊：《中世纪晚期欧洲经济社会史》，徐家玲等译，商务印书馆 1996 年版。

〔5〕〔比〕亨利·皮雷纳：《中世纪的城市》，陈国樑译，商务印书馆 2007 年版。

〔6〕〔比〕亨利·皮朗：《中世纪欧洲经济社会史》，乐文译，上海世纪出版集团、上海人民出版社 2001 年版。

〔7〕〔英〕M. M. 波斯坦、E. E. 里奇、爱德华·米勒主编：《剑桥欧洲经济史（第 3 卷）·中世纪的经济组织和经济政策》，周荣国、张金秀译，杨伟国校订，经济科学出版社 2002 年版。

〔8〕〔法〕埃德蒙·波尼翁：《公元 1000 年的欧洲》，席继权译，山东画报出版社 2005 年版。

由不同地区许多各具特色而又相互联系的制度共同构成的。本章将以合伙法、保险法、票据法和破产法四个小节按时间顺序、分地区讲述了这部分内容。海商法部分写作的重点，是全面介绍和分析中世纪欧洲海商法典的内容，尽力从现代海商法的构成角度，展开对中世纪法典的分析，避免用一般的民法理论进行理解。商事法庭的部分，则分为市场和集市法庭、商事法庭和海事法庭三种。

　　关于中世纪欧洲商法的特点，威廉·米歇尔总结的自发性、地域性与统一性、迅捷性，是对中世纪欧洲商法的最佳概括。关于其地位，中世纪欧洲商人们，创造出了法律的奇迹，令人无比感慨。今天的商事制度的所有内容，几乎都可以在当时找到根源。中世纪欧洲商法之于现代商法的地位，不亚于罗马法之于现代民法。

第一节　中世纪欧洲商法产生的背景

一、中世纪欧洲的经济状况

　　中世纪是一段漫长的岁月。人们"通常把公元 5 世纪下半叶西罗马帝国灭亡作为古代史结束和中世纪史的开端，而 17 世纪英国资产阶级革命的爆发被看作是中世纪的结束，前后总共经历了大约 12 个世纪。"[1]

　　中世纪商法产生于商业和贸易活动。在商业越发达的地区，其商法也就越发达。商法的传播也正是沿着商业传播的路线进行的。中世纪是一段漫长的历史，其间商业活动经历了停滞、复兴和发展各个阶段。西罗马帝国灭亡后，欧洲建立起了日耳曼诸王国。此时的欧洲经济还保持着罗马帝国时期的状态。但是 7 世纪伊斯兰教徒的入侵改变了这一切。当地中海上的商业活动因伊斯兰教国家的占领而中断后，除了威尼斯还保留着一些同东罗马帝国的联系外，整个欧洲退回到了农业社会。

---

[1] 刘明翰主编：《世界通史·中世纪卷》，人民出版社 1997 年版，第 2 页。

8世纪商业的停顿使整个商人阶级消失了。土地变为唯一的财产的象征。整个社会，从国王到农奴，各个阶级都与土地相联系。9世纪西欧封建制度的形成正是这一经济状态在政治上的反映。然而，处于封建制度顶层的国王仅仅是国家主权的象征而已，所有的领主在各自的土地上都是事实上的最高权威。其中，教会因其保有的广泛的地产也成为富有的领主。

各个领主管辖权限范围内的人们依靠土地过着自给自足的生活。除了生活必须的调味品需要购买之外，不存在普遍的商业需求。但是，随着农业生产的发展，过剩的产品也偶尔进行一些交换。这些交换发生在地方的小市场上。这些市场的数量从9世纪初起逐渐增加。但是，此时的商品交换仅限于过剩的农产品和少量自织的粗布，不存在专门的商业活动。除了犹太人以外，也没有任何专门的商人阶级。

（一）中世纪商业的复兴

1. 意大利人的海上贸易

在地中海被阿拉伯国家封锁的时期，只有意大利保持着其南部诸海、亚得里亚海以及爱琴海上的商业活动。其中威尼斯最为活跃。这个城市在4世纪末匈奴人入侵意大利时，成为亚基列和巴士亚人的避难所。而正是这些新居民后来促成了威尼斯的繁荣。威尼斯缺少农业的天然条件，6世纪时，其居民以下列职业为生："在盆里煮海水制造食盐，捕鱼以及逐渐和大陆及大陆以外各地进行贸易。"[1]可见，贸易是威尼斯人唯一的生存之道，而他们在中世纪将其发挥到了极致。

阿拉伯人的入侵威胁到整个地中海北岸，但是君士坦丁堡的舰队成功地驱逐了阿拉伯人在东面的进攻。虽然878年阿拉伯人控制了西西里岛，从而建立起控制地中海的海军基地。但是意大利南部的许多城市，如威尼斯、那不勒斯、阿玛菲等，都承认东罗马帝国的皇帝。而威尼斯凭借其位于亚得里亚海首端的优越地理位置，并没有受到阿拉伯人的严重冲击。他们继续与君士坦丁堡保持着贸易的往来。这些遥远的属地为君士坦丁堡近百万的居民提供着生活必需品的供应，而

---

[1]〔美〕汤普逊:《中世纪经济社会史》（上），耿淡如译，商务印书馆1997年版，第136页。

君士坦丁堡的工业和市场则为这些城市提供必需的丝织品与香料。

追逐商业利益的意大利人并不顾忌宗教信仰的敌对问题。相反，他们从 9 世纪末开始就与伊斯兰教国家建立了商业往来，而且这种联系还越来越紧密。在 9 世纪时，拜占庭人及其在意大利沿岸诸港如那不勒斯、阿玛菲、巴里尤其是威尼斯与西西里、非洲、埃及以及小亚细亚的阿拉伯人保持着比较活跃的贸易关系。[1]"对意大利人说来，顾客只要能付钱，其宗教信仰则没有什么重要。教会所谴责而诅咒为贪欲的利润追逐，在这里以最野蛮的形式表现出来。威尼斯人把在达耳马威亚海岸所掳掠或收买的斯拉夫青年，输出给埃及和叙利亚的妇女们。"[2]奴隶贸易的丰厚利润让威尼斯人的商业蒸蒸日上。除此之外，他们还同阿拉伯国家进行木材和铁矿贸易。这一贸易的性质就等同于现在通敌的军火买卖。这些暴利的商业活动，让威尼斯积累了巨大的财富。而这些财富使得以在等级森严的中世纪创造新的权贵等级——商业贵族。这一阶级的诞生深刻地改变了中世纪的社会制度。

2. 北欧人的商业活动

北欧的丹麦、瑞典和挪威有着共同的地理特点，即土地的贫瘠。因此，北欧人注定是从海上求得生存。他们以捕鱼和海盗行为为生，战争和海上劫掠是他们的职业。他们非常好战，一有机会就会放弃捕鱼和捕鲸事业而转向海盗行为。

9 世纪起，丹麦人和挪威人则开始了对英国和法国的入侵。"英国的东海岸与海峡沿岸以及法国西亚与法国的海峡沿岸，是最先遭受北欧人侵袭的地区"。[3]这种入侵并非为了征服的目的，他们是要进行劫掠。掠夺来的战利品很快就成为在市场上出售的商品。这种销售活动的兴起极大地刺激了当地的商业，新的市场逐渐建立起来。但是这一入侵的形式还是表现出阶段性的特点。879 年，《韦德摩条约》（Treaty of Wedmore）签订，英国从泰晤士河口到提兹河的整个东英格兰地区被割让给丹麦，成为丹麦的殖民地。850 年，丹麦人第一次在法国的法里斯兰永久定居。[4]这样的定居对固定商业联系的建立是至关重要的。侵略过后是和平商人

---

[1]〔比〕亨利·皮朗:《中世纪欧洲经济社会史》，乐文译，上海世纪出版集团、上海人民出版社 2001 年版，第 3 页。

[2] 同上书，第 17 页。

[3]〔美〕汤普逊:《中世纪经济社会史》（上），耿淡如译，商务印书馆 1997 年版，第 344 页。

[4] 同上书，第 345、346 页。

的到来，他们用船只载运来挪威的毛皮和冰岛的鱼类，用以交换英国的毛皮、蜂蜜、麦芽和麦子。

在丹麦人、挪威人对法国、英国进行掠夺的同时，瑞典人从事着对俄罗斯的入侵活动。9 世纪中叶起，瑞典人在第聂伯河（Dnieper River）及其支流上建起了堡垒。这些堡垒被斯拉夫人成为"哥罗德"。瑞典征服者们以这些堡垒为据点，向被征服者和奴隶征收贡赋。诺夫哥罗德和第聂伯河上的基辅是瑞典人在俄罗斯重要的军事和贸易据点。从诺夫哥罗德经由伏尔加河和第聂伯河就能够到达黑海。这条重要的商业路线让北欧人同东方的君士坦丁堡建立起了商业往来。于是，他们用掠夺来的蜂蜜、毛皮和奴隶供应那些在东罗马帝国中过着奢华生活的人们，并将交换来的香料、酒、丝织品和金属运回北方，以此获得了巨大的利润。同时他们也通过伏尔加河到达里海，在那里与犹太商人和阿拉伯商人进行交易。

3. 欧洲商业的全面复兴

欧洲南北两端的商业活动如春天第一股山泉的流淌一般预示着商业全面复兴的到来。在接下来的几个世纪里，意大利依然凭借其有利的地势成为强大的商业力量。这股力量借十字军东征的契机不断地膨胀。十字军在商业力量的支柱下驱逐了伊斯兰教徒，并且在地中海的彼岸建立了短暂的政权。这一政权反过来给与了商人们丰厚的回报。威尼斯、热那亚、比萨等意大利城市纷纷在阿拉伯国家里建立起商站。通过这些机构，意大利掌握了同东方贸易的大部分利益。新的商业契机在整个意大利播下繁荣的种子，米兰、佛罗伦萨等城市逐渐发展了自己的工业与银行业，也成为强大的经济力量。意大利南部的那不勒斯和西西里处于地中海的中心，经济和军事地位都非常重要。它长期保持着和伊斯兰世界的贸易往来，而且在诺曼国王统治时期异常兴盛。

法国南部地区也拥有良好的海运优势，沿海的马赛、那旁、蒙特利埃等城市也拥有极为繁荣的商业。这些城市商业的繁荣程度达到了非常高的程度，甚至激起了热那亚的嫉妒和破坏行动。蒙特利埃的位置对于商业来说是再好不过了。13 世纪时还属于阿拉贡王国的蒙特利埃是南法最大的商业港。这里汇集着从埃及、希腊、意大利、非洲、西班牙和英国来的商人。那旁也具有同样的国际性。同样借助于十字军的力量，这里的城市也获得了广泛的商业机会。13世纪时马赛在北非从修达和布吉亚到亚历山大城一带沿海城市都建立了商站。在法国的北部，巴黎是一个重要的商业中心。每年六月，是巴黎的伟大商人月，此时圣泽门、圣雷德尔尤其是隆第特的三个市集在这个月内举行。[1] 此外，波尔多、鲁昂都是重要的港口城市。法国境内建立了许多市场和市集，其中最著名的当属香槟伯爵管辖下的香槟集市。来自欧洲四面八方的商人汇聚在这里，繁荣异常。

　　德意志的商业也有了巨大的发展。它内部的工业逐渐成长起来，并且建立了同香槟市集、伦巴第、佛兰德、英国、波罗的海地区和斯拉夫边境的贸易关系。威尼斯的商业活动也开始越过阿尔卑斯山到达德意志。12世纪中期以后，南德的城市就常常出现意大利人的身影。"雷根斯堡似乎在13世纪之前，已经有一块意大利商人的永久居留地。"12世纪，德意志商人也来到了意大利。"1168年科莫和米兰所签订的一项条约里，双方允诺彼此不得阻止德意志商人到对方的市场去。"德意志同英国的贸易很早就开始了。在埃塞雷德时代，德意志商人在英国就已经被授予了王家贸易特权。[2] 德国商业的繁荣很快就超过了北欧各国，特别是在城市同盟建立之后，北海、波罗的海区域的贸易活动就几乎被它完全掌控了。

　　13世纪初低原地区的佛兰德（现在的比利时）也成为一个拥有丰厚财富的工商业阵地。1300年，根特就有了五十种不同的行业，而布鲁日则凭借其通海运河而成为重要的商埠。佛兰德的市民积极地参与商业活动，他们输入英国和西班牙的羊毛，制成优质的呢绒布销往欧洲各地。

　　英国在经受北欧人侵袭之后便保持着与侵略者之间的商业往来。这种商业的利益如前所述，在汉萨同盟取得优势后转移给了后者。在这些贸易中，英国最主要的输出商品是它的羊毛。英国的羊毛输出贸易被欧洲各地的商人们追逐着。据相关数据记载：1273年，各地占有的英国羊毛的出口额分别是意大利37%、北法24%、南法8%、不拉奔（Brabant）17%、佛来铭3%、德国6%和西班牙1%。[3] 近年来，英国中世纪经济—社会史的研究表明，自13世纪起，农民对于英国的经济

---

[1]〔美〕汤普逊:《中世纪经济社会史》（下），耿淡如译，商务印书馆1997年版，第73、75页。

[2] 同上书，第84—85、91页。

[3] 同上书，第38页注释2。

产生了重大的作用，他们尤其是他们中的富有者生产出了大量盈余，其数量之大足以主导国内市场与出口市场。[1]

（二）中世纪欧洲的商业形态

1.职业商人阶级

关于中世纪职业商人阶级的出现时间，现在历史学界还没有定论。由于史料的缺乏，我们很难判断这个新兴的阶级是怎样产生的。但是，现有的少量资料可以让我们做如下的推测。

首先，商人阶级的产生同 11 世纪欧洲人口的增长有着必然的联系。前文提到的威尼斯的商人和北欧的商人是中世纪欧洲商业的先驱。特别是威尼斯的商人，他们同拜占庭帝国的联系让他们获得了古代文明的有利滋养。但是，现在我们要讲的是欧洲整体的情况。商业从人口的增长中获得了几乎无穷尽的资源。在原本务农的广大人群中，各地都会出现一些头脑机敏、有进取精神、靠环境谋生甚至谋求财富的个人。[2]据历史学家的估计，在公元 1050 年，西欧商人阶级的数量为几千人，而到了公元 1200 年时，这一数量就达到了十几万人之多。[3]这些新兴的商人有的来自农民家庭，有的是大家庭中没有继承权的次子们，还有的是被战争和饥荒驱使寻求新的生存机会的人。

其次，城市的兴起为商人阶级提供固定的营业场所，商业更趋于成熟。商业复苏的早期，商人的活动是非常艰难的，这促使商人们结成商队进行自卫。无论是陆上贸易还是海上商业，商队都是商业活动的最初形态。这种商队往往都长途跋涉，将一个地方的特定商品运到另一个地方以便高价销售，返程时又带回新的

---

[1] See J. A. Raftis, *Peasant Economic Development within the English Manorial System*, Stroud: Alan Sutton, 1997; J. Masschaele, *Peasants, Merchants, and Markets: Inland Trade in Medieval England, 1150—1350*, New York: St. Martin's Press, 1997. 转引自侯建新、龙秀清：《近二十年英国中世纪经济—社会史研究的新动向》，载《历史研究》2011 年第 5 期。

[2] 〔英〕M. M. 波斯坦、E. E. 里奇、爱德华·米勒主编：《剑桥欧洲经济史（第 3 卷）·中世纪的经济组织和经济政策》，周荣国、张金秀译，杨伟国校订，经济科学出版社 2002 年版，第 10 页。

[3] Norman J. G. Pounds, *An Historical Geography of Europe*, 450 B. D.（Cambridge, 1973）. At, 1330, pp. 48— 49, 转引自梁鹏：《商人概念的历史考察》，载《河北法学》2010 年第 2 期。

商品。除了冬天，他们几乎终年都在外奔波。起初，作为临时落脚点的城堡慢慢地成为商人们固定的经营场所。有实力的大商业家不再亲自到各地的市场张罗生意了，他们在城市购置了地产，成为坐商，而将外地的事务交给他们的代理人办理。这是商业成熟的表现。商业活动的进一步发展还表现为商业形式的进一步分化。除普通的中间商以外，专事汇兑借贷业务的银行家也在此时诞生了。

2. 商业的工农业基础

商业的兴盛离不开农业和工业的发展，因为对于不从事任何物质生产的商业来说，农业和工业是必不可少的基础。

农产品的交易是商业的固有成分。在商业全面复兴之前，那些临时的商业活动就是以富余农产品的交易为内容的。作为必需品的粮食的买卖必然早就存在，而且在灾荒的年成里它是一项暴利的事业。欧洲的酒类贸易也是非常著名的。法国的葡萄酒闻名全欧，波尔多、尼奥尔、圣冉·敦格里等城市都以出产葡萄酒而闻名。这些城市的商人也在很大的程度上依赖于葡萄酒贸易。

与物产的丰富相对应，欧洲中世纪的工业也同样欣欣向荣。佛兰德是著名的纺织工业区，在这里，几乎每一个城市都有自己的一种特殊的制品：根特的呢绒、伊泊尔的麻布、阿拉斯的挂毯等等。英国在发展自己的纺织业之前，一直为佛兰德纺织业提供羊毛。后来，西班牙取代了英国的位置。在低原国家，有些城市特别擅长金属器具的制造，比如列日的铁器、第南特的铜器。法文中的"制铜业"（dinanderie）就是从第南特城（Dinant）的名字而来的。[1] 意大利也是重要的工业中心。作为意大利金融中心的佛罗伦萨最开始其实是依靠呢绒纺织业发展起来的。从东方经过海路而引进的丝织业集中于卢卡，而米兰与伦巴第诸城市以及迅速模仿它们的托斯卡纳则致力于麻纺织品工业。[2]

当然，欧洲市场上的货源不限于本土的产品，这时的贸易表现出的国际性特色非常强烈。香料、丝绸、金银线织品等等商品从叙利亚、波斯和埃及源源不断地运来。

---

〔1〕〔美〕汤普逊：《中世纪经济社会史》（下），耿淡如译，商务印书馆 1997 年版，第 87 页。

〔2〕〔比〕亨利·皮朗：《中世纪欧洲经济社会史》，乐文译，上海世纪出版集团、上海人民出版社 2001 年版，第 42—43 页。

3. 市场和集市

当商业得到足够的发展之后，固定的市场和集市就成为必不可少的交易场所了。它们的重要性在中世纪是无与伦比的，它们就是当时分配地方产品和买入外地必需品的独一无二的媒介。市场同集市是有差别的，它们的开市时间、服务范围都不相同。市场的范围更小，它的贸易主要是地方性的。在城市形成之后，市场的数量和重要性也都相应地增加了。集市举行的时间比较固定也更长，它的贸易范围更广，往往是国际性的。相比之下，集市具有更大的影响力。

市场和集市的设立权在理论上是属于国王的。但是这项特权在后来被各个有势力的封建贵族所篡夺。由于开始市场的丰厚获利，许多封建领主都设立了属于自己的市场和集市。这些集市遍布欧洲大陆，几乎每一个国家和每一个大的封邑都有各自的集市。12、13世纪，集市贸易特别兴盛，在意大利、德意志、法国、西班牙、英国和英国在法国的封邑都有许多的集市存在。其中法国香槟伯爵管理下的香槟集市最为著名。它的地理位置决定了它的贸易重要性，由于欧洲由北至南由东到西的商路都在这里汇集，因而它成为中欧贸易的必然焦点。

各国的集市都是繁荣的商业所在。在集市上，各地的商品在这里汇集交易。这里有牲口和农副产品，有各式各样的布匹织品，有斯堪的纳维亚和俄罗斯的毛皮、德意志的铁和皮革、南法和西班牙的葡萄酒，还有意大利和布罗温斯商人从东方运来的各种调味品和香料。[1]

市场和集市的管理也逐渐地合理化和趋于完善，各个封建领主为了吸引商人们的前来，还颁发了各种特许状以保护他们的安全并减免途经领地的过境税收。总之，市场和市集成为商业最重要的中心环节。

4. 银行业

欧洲中世纪的货币种类繁多，价值不一。这是当时国际贸易必然存在的特点，也是必须面对的问题。中世纪的商人不仅得具备丰富的地理知识，还得精通各地货币的学问。欧洲货币混乱的根源在于铸币权的分散。在各国王权衰落的过程中，铸币权被各个封建领主所篡夺。许多领主通过回收、改铸、降低货币成色的方式从中牟利。他们很少认识到货币统一对于商业的重要性。各个城市也有自己的铸

---

[1]〔美〕汤普逊：《中世纪经济社会史》（下），耿淡如译，商务印书馆1997年版，第196页。

币权。各种各样的货币在市场上流通，使银钱兑换行业得以兴盛。

银钱兑换人的职业不受任何的限制，因此他的发展是很迅速的，银行家的一部分就是这些银钱兑换商人的后裔。然而，中世纪的银行业并不以兑换业务为主，像今天的银行业一样，放贷是它的主要职责。银行家们大多是有一定资财的商人，他们利用剩余的资本贷款取利。这样的商人很多，他们同时从事着各项商业贸易活动。

在重要的集市上，特别是在香槟集市上，银行业务是非常重要的。在这个行业里，意大利人占有非常重要的地位。"法兰西与英格兰的国王，地方诸侯、主教、寺院住持、城市都是他们的国际顾客。教皇也利用他们来经营他所握有的巨大财富，征收教皇税金与日益增加的各种捐税，……事实上，意大利银行家管理着全欧洲的财政。"[1]

5. 海陆运输

中世纪商人的旅行起初是非常困难的，不仅道路颠簸难行，而且还有强盗海盗的威胁。只有当商业发展到一定程度后，商人才有实力来改变这种状况，封建领主们也才意识到维持道路良好通行的益处。

在陆地上，商业复兴之后，各地的领主们为了吸引商人来到他们的市场，都纷纷颁布法令维修道路，同时对沿路的劫掠行为予以惩治。到13世纪时，陆上运输条件已经到达一个比较良好的水平。然而，与陆路相比，商人们还是比较倾向于采用水路运输的方式，因为采用这种方式运输更加安全，运送货物的量也更大。

从事航运事业的人们早已发展出一套有体系的规则，同时他们的活动也是有组织地进行的。欧洲大陆上重要的河流上都形成了船员或水手行会。1121年出现在塞纳河上的巴黎商人公会是有记载的最早的水手行会，这一组织兼营运输和商品贸易。同在塞纳河上的还有卢昂和勃艮第两个商人公会。法国的其他河流，如索谟河、罗亚尔河下罗尼河上也有水手团体。在贝云，有阿杜尔河上的"贝云海员公会"。在德意志的斯特拉斯堡、马因斯和科隆有莱茵河水手行会。在伦巴第的波河及其支流上也有许多这样的行会组织。[2]

---

〔1〕〔比〕亨利·皮朗：《中世纪欧洲经济社会史》，乐文译，上海世纪出版集团、上海人民出版社2001年版，第121页。

〔2〕〔美〕汤普逊：《中世纪经济社会史》（下），耿淡如译，商务印书馆1997年版，第52、171—172页。

中世纪的商业同海运更是有着紧密的联系。中世纪商业的复兴最初就是由海上贸易激发起来的。欧洲的航海事业由来已久，而且在中世纪欧洲，许多沿海城市都拥有强大的航海实力。意大利的威尼斯、热那亚，法国的马赛，西班牙的巴塞罗那都是重要的海运城市。海运就如同欧洲商业的血脉一般，赋予商业无穷的活力。

二、中世纪欧洲的社会政治状况

（一）领主、教会和国王

领主、教会和国王是中世纪欧洲的既有权威，他们的力量覆盖中世纪欧洲的每一块土地。这种状态是中世纪早期封建社会形成的权力格局。要了解中世纪商人的地位，商业活动的特点，以及商法的权力来源问题，就必须对这三种既有的权威，以及他们对商业的影响作用有所认识。

对于这三种权威的认识可以从领主入手。我们对于领主的理解应当从不同的角度进行。首先，他是特定范围的土地上的最高权威。这样的最高权威可能是国王、贵族或者骑士，也可能是教会和寺院。在这一特定范围内的所有人，无论是农民还是奴隶都隶属于这一最高权威，向他们纳贡同时也受他们保护。国王的领地成为国库领，贵族的领地则按照贵族不同的头衔称为伯爵领、公爵领等等。教会和寺院的领地来源多为世俗领主的赠与，因而他们的领地多是分散而不成片的。其次，领主们之间遵从着分封的层级关系。国王在理论上是最大的领主，其他的领主都直接或间接地成为他的封臣。国王之下各领主同样按照这样的形式层层分封，下级领主对上级领主必须效忠臣服，上级领主对下级领主则承担保护的责任。然而，这种理论上的分封关系在不同的国家其实际情况是不同的。比如在英国，自从1066年诺曼征服之后，其中央集权的特点就极为突出。而在法国，封建制度的牢固程度随着王权和地方权力的强弱而有变化。正如法国国王路易七世在对比英王亨利二世的资源时所说的："英王不缺少什么东西：人力、马匹、黄金、丝绸、珠宝、水果、谷物、野禽和野兽。我们在法国，除了面包、葡萄酒和快乐之外，就没有什么别的东西了。"路易七世所说的法国,其实是指属于他的法兰西岛,可见,在这一时期,法王的控制力多么微弱。12 世纪时,所有法兰西岛周围各省的广大地带,都是属于封建领主的,而且其中很多领主的势力比法王本人要强大得多。[1] 但是,到中世纪后期,随着王权的加强,法国的情况有所改变。德国的情况也是一样。国家的统治权分裂于各个有势力的封建公侯和自由城市之间。在意大利,教会的势力不可忽视,对于各城市而言,它们虽然承认皇帝的权威,但是商业的活跃也让它成为一个个独立的小国。

　　中世纪商业的发展离不开固有的政治格局,商人们是在当时的政治环境中生存发展并且最后将自己演变为一股强大的政治力量的。既有权威对于商业的影响是多方面的,这些影响的复杂性使人无法对其进行简单的概括,当时一个总体的发展趋势是:既有权威对于商业的作用从负面影响为主变为正面影响为主。反过来我们也可以说,这是商业力量逐步强大的一个表现,这意味着商人从起初艰难地经营中成长起来,成为一股可以为自己利益影响既有权威的强大力量。这种新兴力量在其发展的初期大多自成一体,然而,当城市和商品经济发展到一定阶段后,其对统一市场的需求正好同君主统一全国的意志相契合。"法国国王利用市民的金钱、人力去打击、削弱各地大封建主的势力,提高了君权"。[2] 而城市的自治最终也淹没在了近代民族国家的统一大业之中。

(二)封建领主对商业的影响

　　作为土地主人的各领主们对商人的态度是从掠夺到维护,甚至是依赖。商人对于领主而言始终是财富的来源。起初,他们通过设立名目繁多的过境税来获取财物,这对于商业起初的发展构成了巨大的阻力。"每个封建主,上自公爵和伯爵下至子爵和小城主,即国王本人也不能例外,对经过他领地的一切商人小贩,处以罚金,课以重税。这种捐税的特殊名称,省与省之间,国与国之间,有所不同,但它们的性质都是相同的",它们可被分为六种大的类型:对运输所征的税、对货

---

[1]〔美〕汤普逊:《中世纪经济社会史》(下),耿淡如译,商务印书馆 1997 年版,第 50—51 页。

[2] 胡玉堂:《中世纪西欧的政权、教权与封建制度》,载《历史研究》1981 年第 5 期。

物所征的税、对葡萄酒所征的税、管理度量衡权、对市场和售货所征的税以及关税。为了尽量多地征收到这些税款，一些地方的领主甚至强迫商人们改变路线，强制他们通过设有税卡的道路或桥梁。[1] 除了这种"正当"的掠夺手段之外，一些地方的领主还采用抢劫的手法公然夺取商人的财物。"据记载，在 1308 年，有两个伯爵和威尼斯人谈判条件，要把很多布捆还给后者；他们曾从威尼斯商人那儿抢了这些布捆，两人带货，一起被拖到他们的城堡里。他们声称：由于贫困所迫，他们走上了路劫之途；愿在取得货物实价的半数的条件下，归还它们！"[2]

道路的破败也成为商业发展的巨大阻力，在领主和商人没有就维护道路良好状况对于双方的利益达成共识之前，领主们常常是自私地利用这个客观的条件为自己牟取利益。中世纪著名的"着地法"和"船难法"就是封建领主们用来掠夺商人的依据。这两种习惯法虽然一个在陆地上适用，一个在海洋上适用，但是它们的宗旨都是一样的，即商人运载的货物翻倒在地，或者运货的船只遇难漂流在岸边的，货物遗落后所在地的领主可以无偿地获得这些财产而不必归还原主。

这些方法严重地损害了商人的利益，对于领主而言也并非上乘的选择。他们越来越意识到商业的利益所在，于是开始放弃先前的手段，转而采取与商业共荣的方式增加自己的财富。税收的利益让封建主都意识到维持良好道路的有利可图。于是，他们担负起了这些责任，"从 12 世纪起，我们可看到关于政府当局为改进道路所做活动的很多例子。1135 年，英王亨利一世曾颁布命令说：一切公路应很宽阔，足够容两辆马车从对面开过，或十六个骑兵并排前进。1285 年，有一项法律规定：凡在连接市镇的公路上，两旁所有的树木和荆棘在两百尺范围之内者，必须清除，使盗匪在沿路上找不到躲藏之所。在很多德意志国家内，曾使用法律来规定干路和支路的宽度以及使用这些道路的权利和维持它们的义务。"[3] "圣路易的一项最贤明命令，是关于规定谷物、葡萄酒和食品的自由贸易；这项命令妨碍了封建制度的排他性的狭隘利益。法王做出很多措施来保持食品的便宜价格。法王增加了市场和市集，并用警察来保护道路。为了保护小葡萄园主，他命令：农夫到市场去出售

---

[1]〔美〕汤普逊:《中世纪经济社会史》（下），耿淡如译，商务印书馆 1997 年版，第 164—166 页。

[2] 同上书，第 169 页。

[3] 同上书，第 168 页。

自己的葡萄酒得免除通行税。1247 年，国王又命令执行吏去调查那些因遭受非法剥夺金钱和产品而喊冤的人们，并允许当场给与赔偿。另有一项命令，使地方上土地所有者负责维持道路和保护旅行者。"[1] 税收的弊病也逐渐地改善，之前领主们设立的各种名目的税收项目到 12 世纪时发展成为一种系统的或者说习惯的固定的通行税。这种习惯的固定化让商人可以有付税或者拒绝付税的依据。

对于"着地法"和"船难法"的取缔也是这一态度转变的重要方面。对于"着地法"，商人们大多采取改变运载方法的方式予以避免，而随着道路状况的改善，这一习惯法也就逐渐失去了适用的领域。对于"船难法"的斗争则艰难得多。整个中世纪的航海活动由于这一习惯法的存在显得更加恐怖。依据这一惯例，"所有从难船上所漂流来的货物，或在一只搁浅船上的货物，全部或一部成为海岸所有人的财产。所以，凡是占有海岸上一条危险地带的领主，在航行季节里，可能获得一次丰收"。许多海岸领主就以他们所拥有的危险的山岩而自豪，许多当地的农夫还故意或者在领主的纵容下在岸边放置灯火制造船难事故。"船难法早已被认为是对商业的一种损害，但它很慢才失去它的效力。普鲁茨说道，这项法律首先在进行十字军的国家里被废止，这项废止起初只应用于基督教海员方面，后来也适用于穆罕默德教徒方面。……在 13 世纪，还有很多例证，说明关于解除'船难法'上的义务以及关于这项习惯法行使与舞弊的控诉；由此可见，它在地中海海员生活中，仍然是一个相当重要的因素。"[2] 随着商业的扩展，消除这项习惯法的努力在各个地方开展起来，但是并非处处都有成效，汤普逊曾这样描述这种状况：

"在 12 世纪上半期，在英国开始了缓和上述恶习（船难法）的运动。亨利一世曾下令：如果从不幸的船上还有一个人能够活着逃出来，他不将认为是一只难船。查理一世的一项法律，是要取缔这种'万恶的习惯'以及贪婪的领主滥用这项习惯的行为；法律规定：如果有一个领航员故意引导船只驶向一个危险海岸因而使之遭难的话，又如果他是接受当地领主的贿赂的，他将

---

[1] 〔美〕汤普逊：《中世纪经济社会史》（下），耿淡如译，商务印书馆 1997 年版，第 78 页。

[2] 同上书，第 180—181 页。

就地绞死在一个高的绞刑架上；这架子将在那里继续保留直到后代，作为对经过船只的炯戒。如果领主占取了船难货物中的任何一部分，他将受'天谴'并以盗匪论罪。另一条文规定：如果一个领主犯有帮助掠夺难船的罪行，或者纵容一个不可靠的领港员，使船只漂到他的海岸上，他将在他自己的住宅内连人带屋被烧毁，而他的宅基将改为一个市场，'永远出售猪豚'。尽管有这严峻的刑罚，这项习惯法，在英国，和在别处一样，似乎依然是在继续着。1236 年，英王亨利三世，在'废止不公道风俗'的一项诏令里，规定：如果船上有一个人逃出或者有一头活的牲口，难船的财产必须归还。1275 年又颁布了一项类似的法律，规定如果从船上还有一个人或一只鼠或一只犬活着逃出来，它不得作为一只难船。汉萨同盟竭力要消除海上习惯法中的'船难法'；1287 年，一批常到维斯比城的商人们开会，并通过决议：船难财产应归还它的原主；同盟的会员城市应恪守这项规则；违者处以逐出'商业同盟'的处罚。1430 年苏格兰议会的法令规定：如果有船只在苏格兰沿岸遭难，它们的财产是否归还原主或由国王没收，应按'它们所属国家关于船难的法律'来决定；由此可知'船难法'直到中世纪末期，还是相当普遍地在通行，并具有习惯法的效力。"[1]

商业的活跃改变了整个社会的状态，商人们成为新的财富贵族。封建领主们所依赖的农业财源在新的商业贵族兴起之后显现出困窘的态势。他们那些农业生产的固定收入在经济活动日益增加和生活标准普遍提高的过程中越来越显得不足起来。于是富有的商人就成为他们自然而然的融资对象。1160 年左右，一名叫威廉·加德的富商将相当大的一笔款项贷给了英格兰王及若干贵族。根特的约翰·林费西与西门·萨服尔对约翰·拉克兰进行了贷款。像这样的借款放贷情况还有很多，"从 13 世纪初起，些耳德河流域的很多大贵族对城市的市民阶级都负上了债务。"[2]

---

[1]〔美〕汤普逊：《中世纪经济社会史》（下），耿淡如译，商务印书馆 1997 年版，第 181—182 页。

[2]〔比〕亨利·皮朗：《中世纪欧洲经济社会史》，乐文译，上海世纪出版集团、上海人民出版社 2001 年版，第 117—118 页。

（三）国王对商业的影响

国王对于商业有着重要的影响。国王与封建的地方贵族在很多地方是相同的，但是，作为国家的最高权威，他同商业的关系又有许多不同之处。从理论上说，国家的一切权力来源于国王。设立市场的权力、对全国水路的管理和征税的权力、给予商人特许权的权力都是属于国王的，只是在王权衰弱的时期，这种权力被地方贵族篡夺了而已。中世纪还有很多史实表明，国王对于商业的影响力。前面已经讲到的英国和法国国王对于道路安全和商人保护的法令就是一个证明。

如前所述，中世纪的商业往来具有国际性的特点。像今天的跨国商业活动一样，中世纪商人在异国的活动也存在两国关系问题。我们可以发现，现代社会国际交往中的很多做法其实在当时已经非常普遍了。一国商人在他国进行的贸易会受到所在国的管辖。这种管理的程度比现在要严格得多。常常是由国王颁布特定的法律来专门规定商人的活动问题，比如商人的活动区域、活动时间、争议的解决等等。当某一地区的商业达到足够的实力之后，当地的商人便会主动地向所在地的政府要求开展商业活动的便利条件。威尼斯商人在这方面走在了前头。"992年，（威尼斯）总督彼得·奥尔赛诺二世从巴锡力阿斯诸帝与君士坦丁堡皇帝获得特许状，使向例在阿拜多斯缴纳关税的威尼斯商船免除关税。威尼斯与博斯普鲁斯的关系极为密切，威尼斯人在那里设立了殖民地，由于皇帝的特许，他们在那里享有司法特权。……1082年5月，阿列克塞·康乃奴颁给总督的特许状，可视为威尼斯人在拜占庭帝国境内享受的优越权已登峰造极。从此以后，在帝国全境，威尼斯人免缴一切商业税，比帝国臣民更受优待。"[1]事实上，各地的商人在异国的商业活动都是在签订商约或者得到特许的情况下开展起来的。比如，斯堪的纳维亚人同英国的通商就是通过同克努特大帝签订商约的形式进行的。这种商约的内容非常丰富，商人领事的司法裁判权就是通过这种方式赋予异国商人的。

国王对于商人的依赖在中世纪后期更加突出。他们也同地方贵族一样成为富有商人的借款客户。但是国王的借款用途除了在平时用于财政的开支之外多数

---

[1] 〔比〕亨利·皮朗：《中世纪欧洲经济社会史》，乐文译，上海世纪出版集团、上海人民出版社2001年版，第19页。

是用于战争的目的。当英王亨利三世企图为他的儿子康沃尔的查理谋取德意志和神圣罗马帝国皇位时，意大利的银行家们为他提供了必要的资金资助，后来，在他的长子爱德华一世谋取西西里王位的过程中，意大利的银行家们又给予了巨大的支持。由于同国王的这种利益关系，银行家们很快也获得了丰厚的回报，他们不仅获得了各种贸易的特权，也掌握了王室政府的重要财政官职。银行家阿尔诺德·佩卢奇成为查理二世的公使和财务总管。1304 年，他的公司获得了高达 40%的丰厚利润。[1] 但是，富于戏剧性的是，这样的利益关系也让意大利的银行业受到过巨大的打击，在爱德华三世拒绝偿还意大利的债务之后，佛罗伦萨的银行都纷纷破产，只有美第奇一家银行挺过了这次危机。[2]

（四）教会对商业的影响

教会构成了商业的第三个巨大的影响因素。除了世俗的权力层级之外，中世纪的权威还具有强烈的宗教特质。基督教会是中世纪强大的权力体系。它首先控制着整个社会的精神世界，并同时拥有地产，成为世俗的领主。11 世纪前教会地位的显赫是贵族和国王都无法比拟的。它握有经济和道德的支配权，并且其地产的数量往往也超过他们。此外，教会对文化的垄断也让它控制着世俗政府的行政职务。长久以来，教会对进步人士和科学家的迫害让中世纪蒙上了沉重的阴影，以至于人们一直将中世纪称为黑暗的世纪。然而，现代研究表明："在西方 12 世纪以来的政治历史和思想历史的实践中，基督教的确历史地扮演了推进近代民主制度建设的角色。"[3] 这正如教会对于商业的影响一样具有双重性。

教会对于商业的影响最重要在于它的精神方面。基督教同其他宗教之间的敌对关系在中世纪早期是商业重要的阻碍也是促进因素。这种敌对的关系首先成为 9 世纪以前阻碍地中海区域贸易的因素。1271 年，教会发出一项通告，劝告那旁城迫使其城民放弃同异教徒的贸易来往。[4] 教会的这种态度也是犹太人在中世纪艰

---

〔1〕〔美〕詹姆斯·W. 汤普逊：《中世纪晚期欧洲经济社会史》，徐家玲等译，商务印书馆 1996 年版，绪论，第 20、19 页。

〔2〕同上书，第 571—572 页。

〔3〕彭小瑜：《中世纪的现实性与距离感——读蒂尔尼、佩因特合著〈西欧中世纪史〉》，载《历史教学》2007 年第 12 期。

〔4〕〔美〕汤普逊：《中世纪经济社会史》（下），耿淡如译，商务印书馆 1997 年版，第 65 页。

难状况的根源。但是同时这种冲突又无疑成为十字军东征的主要驱动力量，进而又成为地中海两岸重建贸易往来的促进因素。

基督教对商业的精神阻力还表现在它对于牟利的反对方面。"教会自始至终认为商业利润是得救的障碍。……教会对利息的禁止，对以后几世纪中的经济生活影响极大。它阻止商人去安然自得地发财致富，并且使商业经营与宗教教规不能调和。"有很多的银行家和投机家在他们的遗嘱中都表示要对那些曾受他们欺骗的穷人进行赔偿并把一部分产业捐赠给教会，这些人在内心中总认为他们的财产是非法得来的。[1] "康布雷主教们的记事录里，曾经详细地讲述了一个名叫魏令波尔的故事。魏令波尔在博卡德主教时期（1114—1130 年）为一个富商服务，后来同富商的女儿结婚，并把富商的经营大为扩充，自己也成为富商。他在城市里买了大批地皮，建筑了一座高大的房屋，包揽了一个城门的税收，自己花钱筑了一座桥梁，最后并将其财产的大部分捐献给教会。"[2] 圣戈德里基的故事也是一个著名的例证。这位白手起家的富商在获得了令人羡慕的财富之后放弃了自己的财富，成为了一个隐修的圣人。他的故事之所以还为人所记得，是因为他最后放弃所有的财富选择了修行，而不是因为他成功的发家经历。[3]

教会对于高利贷的反对更加的坚决，因为这被认为是非常罪恶的行为。[4] 但是，教会的禁止事实上并不成功，就连教会内部的很多借款行为都会带有重利的色彩。但是，它还是成功地阻止了商人们明目张胆的盘剥，让他们不得不采取一些隐蔽的手段来获利。比如，有时放款人会先期从借款中扣除约定的利息，有时又把利息伪装成对延期偿还的罚金，有时又利用公布高于实际借款数额的方式实现获利。[5] 贷款取息的行为后来逐渐地获得了认同，因为人们也意识到出借钱财

---

〔1〕〔比〕亨利·皮朗：《中世纪欧洲经济社会史》，乐文译，上海世纪出版集团、上海人民出版社 2001 年版，第 26 页。

〔2〕同上书，第 47 页。

〔3〕同上书，第 44—45 页；〔比〕亨利·皮雷纳：《中世纪的城市》，陈国樑译，商务印书馆 2007 年版，第 81、74—75 页；〔美〕朱迪斯·M. 本内特、C. 沃伦·霍利斯特：《欧洲中世纪史》（第 10 版），上海社会科学学院出版社 2007 年版，第 185—186 页。

〔4〕关于中世纪城市国家"公债"与"高利贷"的关系问题，参见刘招静：《中世纪城市国家"公债"及其"合法性"论争》，载《史学集刊》2011 年第 1 期。

〔5〕〔比〕亨利·皮朗：《中世纪欧洲经济社会史》，乐文译，上海世纪出版集团、上海人民出版社 2001 年版，第 127 页。

可能存在的风险。"虽然最早的特许权规定放款应该'好心公平而无恶意与盘剥',不过,其目的显然在于禁止过高的利息。较后的文件也证明了这一点。它们只规定禁止'罪恶的契约'或强制放款人遵守'伦巴第人放款时的习惯于惯例'。这样,它们就正式承认了所谓'合理的利率'这种勒索了。一般的利率是每立弗尔每周两个第尼尔,换言之,年利率为 43.33%,这几乎是商业利率的 2 倍。"[1]

在另一方面,教会为早期商人艰难的旅行提供了必要的保护。教会的庵堂为旅行商人提供了休息和庇护的场所。这是在商业复兴早期商人最艰难的时刻所得到的非常必要的关怀。同世俗的贵族一样,教会也掌握着许多的土地和市场,因此它也在许多方面扮演着封建贵族的角色。教会在保护商人安全方面还有特殊的贡献,那就是它以开除教籍的方式来惩治抢劫者,而且它倡导的上帝的和平尤其保护了商人的安全。

除了以上外部的影响之外,我们还可以发现,教会组织自身事实上是中世纪重要的商业力量。在商人阶级兴起以前,教会才是最初封建贵族们寻求融资的对象。基督教会是中世纪最早的也是最有实力的银行家。只有当银行业发展到一定程度之后,教会才从这种借贷关系中抽身出来。但是,在意大利银行业繁荣发展的同时,教会的圣殿骑士团却成为它们重要的竞争对手。这个组织曾经掌握着各国的财政大权,王室的资金都交给它保管。中世纪后期,基督教会同银行家的联系异常紧密,银行家们成为教皇的代理人,他们负责征收基督教世界的所有教会税收。为此,教会与商人在某种意义上具有了共同的利益,因此,有这样的事实发生,即当教皇的代理人——佛罗伦萨商人在法国境内的债务得不到偿还时,教皇曾亲自下令来干预此事。

三、城市与城市同盟

(一) 城市的形成

关于城市的起源问题,现有的资料无法给我们提供一个明确的答案。正如亨

---

[1] 〔比〕亨利·皮朗:《中世纪欧洲经济社会史》,乐文译,上海世纪出版集团、上海人民出版社 2001 年版,第 123—124 页。

利·皮雷纳（又译亨利·皮朗）所言，11 世纪以前的资料都是教会留下来的，因为那是只有他们掌握着书写的技能。但是他们所记录的事实往往不是经济或社会现象，这不是他们所关心的。因此，历史学家们仅仅能够从一些特许状或者簿记中来寻找一些蛛丝马迹，不过这些资料还是显得十分微薄。[1] 我们要探讨的城市的问题同样会遇到这样的问题。所以，本节的讨论不得不借助历史学家们的推测。

关于城市和商业的关系问题，有一点是非常明确的，那就是城市的兴起和商业的发展是同时进行的，很显然前者是果后者是因。起初，旅行商人们将城镇或者城堡作为他们的落脚点。这些城镇和城堡拥有便利的交通和安全的环境，因而必然成为商人们的最佳选择。中世纪初期，欧洲遭受的各种侵略活动让各地的居民们躲避到了城堡当中。10 世纪下半叶在商业复兴的过程中，为了逃避强盗贵族的袭击，商人们也同样寻求城堡的庇护。"城堡分布在商人旅行所经过的河流沿岸或自然的道路上。在夏季，城堡成了他们休息的地方，在冬天，城堡成了他们过冬的场所。"[2] 商人的聚居自然会带来人口的增加，这样原来的城堡就开始随着需要的增加而不断地扩展其疆界，渐渐地形成了城市。在形成的过程中，城市逐渐地具有了它特殊的功能，它向周围的农村提供各种商品和自己制作的工业产品，而附近的农村则为城市的市民们提供粮食供给。晚近中世纪经济—社会史的研究进一步为商业和城市的相互关系作了注解：市场化和城市化水平密切相关。[3] 越来越多的学者不再钟情于"城市化是工业革命的产物"这一观点，霍恩伯格就认为欧洲城市化在工业社会以前就已经开始了。[4]

商人在城市的聚集吸引来了周围土地上富余的劳动力。于是我们可以大致地描述中世纪城市市民的组成：最富裕也最有权势的商人贵族，依附于商人、为他们提供服务的各式各样的仆役，从事航运事业的水手，纺织工人等各种手工业从业者，面包师及其学徒等等。城市的市民除了商人就是手工业者。"贝尔斯福德和分伯格依据档案对中世纪英国城市数量进行了非常深入的研究，他们估计，1200 年英国

---

[1]〔比〕亨利·皮雷纳：《中世纪的城市》，陈国樑译，商务印书馆 2007 年版，第 90 页。

[2]〔比〕亨利·皮朗：《中世纪欧洲经济社会史》，乐文译，上海世纪出版集团、上海人民出版社 2001 年版，第 41 页。

[3] 徐浩：《中世纪英国城市化水平研究》，载《史学理论研究》2006 年第 4 期。

[4] See P. M. Hohenberg, The Making of Urban Europe 1000—1994, Cambridge, MA,: Harvard University Press, 1995. 转引自侯建新、龙秀清：《近二十年英国中世纪经济—社会史研究的新动向》，载《历史研究》2011 年第 5 期。

城市为 214 个，1250 年为 349 个，1300 年为 480 个"。[1] 由此可以推测当时的城市人口在总人口中已经占到相当比例。

作为中世纪的一个新生事物，城市必然会同固有的社会权威产生一定的冲突。从历史学的角度看，这种冲突是自然而然的，但是就商人本身而言这种权力的争夺却具有更加重要的意义。中世纪城市的兴起固然有它自己存在的意义，但是对于商人而言城市意味着一个新的政治单位，属于商人自己的政治机构。这个机构因商人的活动而产生，同时形成后的城市为商人提供了重要的政治后盾。至此，商人不再是独自游走各地的"灰脚板"，或者临时组合的同行商队了，他们成为城市的商人，他们的行动以城市为依托。

（二）新的政治力量

城市是一股新的政治力量，这不只是它产生后的一种身份象征，在它的形成过程中就表现出对权力的渴望，因为这是它所必须的。我们不能过激地认为这些是必然的阶级冲突，更客观的看法是：这是一种固有的习惯力量和新的生存需求之间的较量。

城市的根基建立在城堡和城镇之上，它首先必须解决的是土地的问题。这些土地的所有人是非常复杂的，有时它们属于某一个封建贵族，有时它们是某一位主教或者寺院的领地，甚至还有这种情况，即一座城市所在的土地同时分属于不同的主人。对于土地问题往往通过同其主人签订契约的方式来解决。"由于领主的多种多样，相应地土地制度也就多种多样。有的土地要承担地租和徭役，有的要缴纳维持旧堡常备戍军的给养的贡赋，还有的要缴纳由城堡主、主教或代表最高司法官的推事所征收的捐税。"[2] 司法管辖权也是一个极为复杂的问题，同土地问题一样，一个地方司法管辖权的重叠也是一个极为常见的现象。一个人可能同时受到几个法庭的管辖，这些管辖权还因案件所涉不同的事实而有所不同，法庭的审判权本身又有高级和低级之分，各个法庭所适用的法律更是千差万别的。法庭

---

[1] M. Beresford and H. P. R. Finberg, English Medieval Boroughs: A Handlist, Newton Abbot: David and Charles, 1973, p. 39. 转引自侯建新、龙秀清:《近二十年英国中世纪经济—社会史研究的新动向》,载《历史研究》2011 年第 5 期。

[2]〔比〕亨利·皮雷纳:《中世纪的城市》,陈国樑译,商务印书馆 2007 年版,第 102 页。

的位置离城市时常又有很远的距离，寻求司法救济是一件非常困难的事情。如此种种让这一问题变得异常复杂。身份问题也是城市市民要面对的一个重要的问题。商人们事实上已经被当作自由人看待。他们的职业让他们成为一群无法归入既有社会等级因而享有自由的人。然而，因为谋生而被吸引到城市来的附近土地上的农奴则面临严峻的问题。他们在自己的土地上无法生存，来到城市寻求出路却因为农奴的身份而被羁绊。根据古老的习惯，他们一旦被认出就应当被交给他们的主人。农奴的潜逃对于封建领主来说是巨大的损失，因而他们也采取了各种方法进行遏制。

这些依附于土地的固有的问题成为城市发展的严重阻碍。工商业的生存利益要求城市向既有权威们进行争取权力的抗争。他们首先要求的是人身的自由，这样商人和工匠们就可以自主地居住或者来往于他们愿意到的任何地方。这样，不仅他们，而且他们的后代都可以摆脱封建领主的控制。其次，他们需要一个属于自己的特别法庭。这样他们就可以摆脱所有因为管辖权的交错重叠而产生的问题，摆脱旧法律繁冗的诉讼程式给社会和经济带来的种种麻烦。再次，他们需要在城市中建立起治安保障，通过一部刑法来维护城市的安全。再次，他们需要废除因土地的归属问题所产生的各种与商业和工业发展不相容的捐税和徭役。最后，他们需要享有广泛的政治自治和地方自治。"从 11 世纪初期市民阶级开始企图反对使他们受到损害的现状。此后他们的斗争再未停止。经过各种曲折，改革运动不可抗拒地向目标迈进，必要时大力粉碎抵挡他们前进的阻力，在 12 世纪时终于达到把基本的城市制度授予城市的目的"。[1] 对于西欧中世纪城市与封建主的关系是否皆是水火不容的问题，有学者有不同的观点。[2]

在城市争取权力的过程中，事实表明，商人自始至终都是这场运动的领军人。这是理所当然的事。因为他们是这场运动最为利益攸关的人，也是最有实力，最活跃的新兴力量。而且，他们早就有了自己的行会组织。这些在德语中称为"基尔特"或者"汉萨"，罗曼语中称为"同乐会"（frairies）、"互济会"（charités）或者"商人协会"（compagnies）的组织，是不依附于任何权力的自治团体，它们在

---

[1]〔比〕亨利·皮雷纳：《中世纪的城市》，陈国樑译，商务印书馆 2007 年版，第 108、109 页。
[2]参见金志霖：《试论西欧中世纪城市与封建主的关系》，载《历史研究》1990 年第 4 期。

争取城市独立的过程中称为商人的力量源泉。11 世纪时，商会的首领们事实上称为了每个城市中执行公社长官职权的人。[1]

　　无论是通过和平还是战争的方式，到 12 世纪时，很多城市从封建权威那里取得了特许状，获得了独立。城市的市民获得了自由，西欧谚语有云："城市的空气使人自由"（Die Stadtluft macht frei）。[2]"1168 年圣托美尔城规定，农奴入城后，领主不得追捕。1227 年，英国亨利三世给克劳切斯特城颁特许状，明文规定，农奴在城市住一年零一天便成为自由人。"[3]这一解除了封建束缚的阶级在获得了合法的地位之后，自然会要求授予他们一个独立的司法组织。这一组织的成员从市民中选出，执行市民自己的法律。在佛兰德阿拉斯最早提到这一适合于城市的执行吏法庭是在 1111 年。而到 12 世纪初时，佛兰德的所有城市都建立起了这个制度。"1127 年授予圣奥梅尔的特许状可以视为佛兰德市民阶级的政治纲领的终极。该特许状承认城市为独特的司法地区，拥有为全体居民所共有的特别法律、特别的执行吏法庭和充分的公社自治。12 世纪时另一些特许状承认该伯爵领地的所有主要城市享有类似的特许权。从此以后城市的地位得到书面证书的保证和认可。"[4]

　　以工商业为中心的城市建立之后，对于封建领主们设置的各种商品通行税进行了抗争。前文已经谈到这种税收制度给商人带来的极大不便。新兴城市的第一个要求便是要求取消这种阻碍商品流通的税赋。"在 12 世纪时各地的商品同行税都自愿地或被迫地修改了。有些地方以缴纳年金的办法赎买商品通行税；有些地方改变了征收方式。几乎无论哪种情况，商品通行税都差不多完全置于城市当局的监督权和审判权之下。这时城市的长官们负责商业的管理，代替旧的城堡主和领地官员规定度量衡标准，管理市场并且监督工业。"[5]从 12 世纪以来，最有实力的城市的商人甚至在他们常去的外国也获得了商品通行税的豁免。[6]

---

[1]〔比〕亨利·皮雷纳:《中世纪的城市》，陈国樑译，商务印书馆 2007 年版，第 77、119 页。

[2] 也有学者在考察了 11 到 13 世纪西欧城市的权力格局之后，对这一说法提出了反思。参见朱明:《城市的空气不一定自由——重新审视西欧中世纪城市的"自由"》，载《史林》2010 年第 2 期。

[3] 刘明翰主编:《世界通史·中世纪卷》，人民出版社 1997 年版，第 48 页;〔比〕亨利·皮雷纳:《中世纪的城市》，陈国樑译，商务印书馆 2007 年版，第 122 页。

[4] 同上书，第 120 页。

[5] 同上书，第 124 页。

[6]〔比〕亨利·皮朗:《中世纪欧洲经济社会史》，乐文译，上海世纪出版集团、上海人民出版社 2001 年版，第 85 页。

城市作为一个政治团体，有它自己的最高权力机构，即市政会（consilium，curia）。这个机构行驶最高权力机构的职权是逐渐发展而来的。起初他们的成员由市民选举产生，任期很短，仅仅是作为市民代表执行集体的意志。市政会常常与城市法庭相重叠，由同一批人担任，他们既是市民的法官，有时也是他们的行政官。"Consul"一词在当时既指行政长官又指司法官即是明证。[1] 市政会进行各方面的日常管理工作。它负责财政、商业和工业的管理，决定建造和监督管理市镇公共工程，组织城市的物质供应，管理公社的军队，建立学校，为老人和穷人提供救济经费。最重要的是，它颁布法令，真正意义上的城市法令。

但是，城市的独立程度以及各个城市的治理方式还是有一定的差异。在欧洲的不同地区由于封建权力的影响，城市的自治权也有不同。

如在法国，当法王的权力逐渐强大起来之后，他对城市就进行了一定的干预。"到了1250年，城市的英雄时代已经过去……由于经验不足、各据一方的野心和腐化，在1世纪中，许多过去'良好'的城市陷于破产。……对于它们，法王使用他的管理权和征税权来进行干涉，引用当时的一个法学家的话，'像法院为一个未成年嗣子指派一个监护人那样'。所有这些对封邑和城市的王权的加强，是有利于贸易的，因为贸易由于和平、国王货币和度量衡的管理而获益。1256年'伟大法令'迫使各城的市长同四个仲裁员（长老）在圣马丁节（11月11日）前一日来到巴黎，并随身携带城市的收支账目，以备王室稽核。"[2]

但是在意大利，城市由于具有巨大的经济实力而成为一股不可忽视的力量。1176年，伦巴第的公社社员就同红胡子腓特烈进行了对抗，并且打败了皇帝的骑士兵团获得了胜利。威尼斯也是一个突出的例证。正是在她的安排下，第四次十字军东征摧毁了君士坦丁堡，建立了拉丁帝国。而威尼斯则占领了拜占庭帝国3/8的领土，并控制了那里的贸易。德意志的情况同意大利非常相似，因为在这里皇帝的权威在逐渐地衰落。在英格兰，城市也具有很大的影响力。不过不同的是，它们站在地方贵族一边，反对王权，因此城市在创建议会政府方面做出了重要的贡献。[3]

---

[1]〔美〕孟罗·斯密：《欧陆法律发达史》，姚梅镇译，王建、刘洋勘校，中国政法大学出版社2003年版，第344页。
[2]〔美〕汤普逊：《中世纪经济社会史》（下），耿淡如译，商务印书馆1997年版，第78页。
[3]〔比〕亨利·皮雷纳：《中世纪的城市》，陈国樑译，商务印书馆2007年版，第143页。

最能体现城市的巨大的影响的是欧洲三级会议的确立。由于王侯们对城市财富的依赖，他们逐渐地养成了一种习惯，即将市民召来参加高级教士和贵族会议，同他们共同商讨国家大事。这种会议的召开到了 13 世纪时变得非常普遍，到 14 世纪时这种做法便作为一种惯例被确定下来。[1] 有了正式的制度，便有了表达诉求的合法渠道。这样，可以说，城市就成为一股被正式确认的合法的政治力量了。进一步而言也就意味着商人通过城市获得了表达政治诉求的平台。

（三）城市同盟

我们可以毫不夸张地将城市看作是一个政治共同体，而且，用皮雷纳的话说"城市的自然倾向是成为城市共和国"。[2] 在意大利，我们看到的正是这样的情况。威尼斯、热那亚、比萨和阿玛菲都是非常有实力的城市共和国。他们拥有自己的政治制度，自己的军队，他们相互之间进行着激烈的贸易竞争。他们不仅在意大利，甚至在整个欧洲都有着自己不可比拟的地位。但是在德意志，情况则完全不同。这里的城市没有选择单打独斗的方式，因为他们懂得联合的力量。因此，从 13 世纪起，德意志境内就出现了城市同盟，而其中最著名也是最有实力，且持续时间最长的就是汉萨同盟。

我们已经很清楚自 10 世纪以来欧洲所发生的商业复兴。商业的兴盛让封建主们固定的地产收入日益消减；加之农业劳动力不断地被工商业吸引到城市里，封建主的处境越来越艰难。于是，13 世纪的德意志贵族们又重操旧业，开始对途经其领地的商品征收沉重的过境税。不仅如此，一些贵族还专门从事拦路抢劫的勾当。这样，商人同贵族之间的矛盾重又被激化。但是，此时贵族们所面对的就不再是"穷苦的负贩和流动的小商人"了，他们挑衅的是"一个又富裕又统一的商人阶级"。这一阶级不仅掌握着大量的财富，而且获得了一定的政治地位，并且他们还能够以武力来捍卫自己的利益。这场城市同封建主之间的斗争，在 13 世纪中期产生了一个伟大而又富有建设性的运动，那就是城市同盟运动。这一组织的形成对中世

---

[1]〔比〕亨利·皮雷纳：《中世纪的城市》，陈国樑译，商务印书馆 2007 年版，第 144 页。

[2] 同上书，第 143 页。

纪德意志的商业和贸易史产生了深远的影响。[1]

德意志最早的城市同盟是由美因茨、沃尔姆斯、斯特拉斯堡和巴塞尔于 1226 年结成的"莱茵同盟",为的是共同保护它们在莱茵河上的商业。同所有的城市同盟一样,这一同盟得以成立的一个重要的政治条件是:此时德意志王权的衰微。这与法国的情况是截然不同的。国王的权力被封建贵族和大主教所篡夺,他们在各自的领地上设置重重税卡严重地阻碍着商业的发展。拿莱茵河为例,在霍亨斯陶芬王朝灭亡之后的大空位时期,莱茵河上的通行税卡从 19 处增加到 62 处,以至于一船货物的 60% 将被征为捐税。于是像莱茵同盟这样的组织纷纷在德意志建立起来。如 1246 年,巴塞尔和米尔豪森的联合;1248 年,布伦瑞克同施塔德的联合;1252 年,科隆和博帕德的联合;以及 1253 年,博帕德同科布伦茨的联合。

1253 年,敏斯特、多特蒙德、苏斯特和利普斯塔特结成威斯特伐利亚同盟。1254 年旧的莱茵同盟又重新组织起来,成为德意志第一个最大的商业同盟。[2] 德意志的城市同盟最初是以共同维护商业利益的目的建立起来的。但是王位不稳,贵族争权的时代,城市被卷入了动荡的政治格局中最终成为政治斗争的牺牲品。但是这些早期同盟的存在并非没有意义,他们在很多方面发挥过作用,在政治方面也不例外。一些城市争取到了在帝国议会中的代表权。然而,德意志城市同盟中最辉煌的还是汉萨同盟。

汉萨同盟的性质,完全不同于任何上述仅限于德意志境内的城市同盟。它的势力不仅遍布于整个德意志北部地区,而且还延伸到佛兰德、英国、丹麦、斯堪的纳维亚半岛、波罗的海沿岸,甚至远达俄国和芬兰。在海上,它也拥有强大的实力,这种势力甚至比在陆地上还要强大。它是一个具有国际性影响力的组织。这个组织的起源同德国北部的四个城市有关,它们是科隆、汉堡、不来梅和吕贝克。1241 年,吕贝克同汉堡为了保护其城市的市民而组成了正式的同盟。次年,他们又与布鲁日订立了协议,这份协议被认为是汉萨同盟的起点。1265 年,汉萨同盟在德意志内部的成员已经基本固定下来。1282 年,当所有在英国的德意志商人联合起来以后,整个汉萨同盟基本形成。可见,汉萨同盟是由在国外的(比如伦敦、

---

[1]〔美〕汤普逊:《中世纪经济社会史》(下),耿淡如译,商务印书馆 1997 年版,第 97—98 页。

[2]〔美〕詹姆斯·W.汤普逊:《中世纪晚期欧洲经济社会史》,徐家玲等译,商务印书馆 1996 年版,第 177—178 页。

布鲁日）德意志商人所组成的联合体与国内的类似联合体的结合。[1]

汉萨同盟的形成是为了保护共同的商业利益。因此，城市在联合起来之后，就展开了打击海盗、镇压强盗掠夺行为以及取消不合理的通行税等活动，并且取得了很好的效果。但是，商业利益驱使所有的既得利益者维护自己的利益，排斥竞争对手，形成垄断。于是，这也成为汉萨同盟后期的目标，他们压制北德意志的商业竞争，并且排斥英国、佛兰德和俄国商人的竞争。他们采用各种方法逐步地控制了整个丹麦、挪威和瑞典的商业，并且占据了诺曼人在俄国开辟的商业基地——诺夫哥罗德。在英国，他们控制着伦敦和英国东部地区重要的港口。并且继意大利人之后成为英国国王的放债人，从而攫取了英国商业的巨大利益。"到 1300 年，汉萨同盟实际上囊括了从威悉河口的不来梅到维斯杜拉河口的但泽（Dantzick）之间、沿北海和波罗的海海岸的所有德意志港口城市。"到 1360 年有资料显示，汉萨同盟已拥有 52 个成员。在它最强盛的时候，它的成员数在 70 至 80 个左右。[2]

这样一个庞大的城市同盟内部具有严格的管理规则。从总体上看，它由一个同盟的议会统辖。总部设在吕贝克。这个议会一般每三年在吕贝克举行一次，这个开会的日子被称为"汉萨节"。会议的主席由吕贝克城的市长担任，会议的内容"首先是审查一些城市送达的不到会辩解书，确定适当的罚金。然后讨论国外商站问题；解决有关钱财问题；听取私人案件的申诉"。会议审议的问题相当广泛，包括下列内容："为保护货物所应采取的措施；宣战；缔约；保护道路和海洋的方法与手段；保证从外国人那里取得更广泛的特权的问题；水路、陆路交通新路线的开辟；确立货币和度量衡统一规则问题；滞销货物之处理；以及解决纠纷之方法。会议还决定战争与媾和问题；向外国君主、诸侯发送公函；威吓、警告和劝诫那些不履行条约义务的人们。"[3] 会议的决议须经与会城市多数通过方能生效。生效的决议成员必须服从。汉萨同盟设立自己的法庭，宣布对同盟城市中发生的所有案件都有管辖权。

在对外关系中，汉萨同盟的法规异常严厉。凡是损害同盟成员的人均被禁止同任何同盟的城市进行贸易。对一个城市失信就意味着会遭到所有同盟城市的抵制。

---

[1]〔美〕詹姆斯·W.汤普逊：《中世纪晚期欧洲经济社会史》，徐家玲等译，商务印书馆 1996 年版，第 204—205 页。

[2] 同上书，第 208、209、216 页。

[3] 同上书，第 219、220 页。

同盟禁止其成员同任何有竞争关系的国家的商人结为伙伴关系，比如俄国人、英国人和佛兰德人。同盟在境外的商人往往享有比当地商人更优越的地位。比如，在俄国，当一个俄国人破产，他首先应当偿还其对德意志商人的债款，然后才能够偿还对本国商人的债务。[1]他们在境外的势力相当大，比如在英国，汉萨同盟除了设在伦敦的总部之外，在英格兰、威尔士和爱尔兰还设有 45 个营业所或者账房。他们在商业侨居地一般都享有司法豁免权，在那里他们实行德意志的法律。对于竞争者，他们除了通过同盟的团结来抵抗之外，时常也会采取不太磊落的方式。比如，他们可能支持海盗抢劫他们的竞争者；或者在必要的时候自己也实施海盗行为。

可以说，汉萨同盟在商业上取得了巨大的成就，这些成就也许并不亚于意大利人在中世纪的表现。但是，汉萨对于中世纪的贡献还在于，它为中世纪的商法作出了巨大的贡献。这是强大的威尼斯和热那亚所没有的贡献。汉萨同盟的各个城市法令包含着丰富的海商法内容；同时，其影响又被带到了同它有贸易往来的各个地方。"英国航海法基本上是昔日汉萨同盟的海洋法。"[2]这样一个强大的城市联盟在中世纪是绝无仅有的。它的势力一直持续到 16 世纪时才消失。它构成了中世纪商业不可忽略的一个重要篇章。

第二节　中世纪欧洲陆上商法

一、合伙法

（一）普通合伙

1. 家庭共同体

马克斯·韦伯在研究了中世纪意大利许多城市的文献资料后得出结论，中世

---

[1]〔美〕詹姆斯·W. 汤普逊：《中世纪晚期欧洲经济社会史》，徐家玲等译，商务印书馆 1996 年版，第 232 页。
[2]同上书，第 240 页。

纪的家庭共同体可能是普通合伙中连带法律责任的起源。与罗马法中家父完全掌管家庭事务和财产的家庭不同，中世纪城市中的家户往往是一个共同生活的家族团体。这个团体的主要成员是父亲和儿子，或者是同为继承人的兄弟们，此外随着家户商业的发展可能还有依附于这个家户的帮工等等。整个家户不仅是一个"消费共同体"，而且还是一个"生产共同体"。[1] 所有成员共同劳动的收益都归入家户，而家户共同体为所有成员的生活费用埋单。家户中的所有成员可以对家户财产提出和要求，"维持共同家庭的共同继承人，每个人都有权利处理共有资产；这些资产可由生活于其中的每一个人根据他个人的需要随意使用，而且没有明确的限制"。[2] 甚至那些依附于家户的帮工产生的债务也可能会造成家户财产的扣押。这些关于家庭共同体的连带法律责任的规定在意大利各地的城市法中都有所体现。

威尼斯的法律记载了当地的"兄弟合伙"制度：

> 我们希望，在他们的父亲去世后，兄弟们只要不分家，就应继续维持兄弟合伙关系。这种关系也适合于兄弟们的全部子嗣、他们自己之间以及与他们叔伯之间。并且，兄弟合伙不应当进一步扩展而超出这一范围。然而，姐妹们彼此之间以及她们与其兄弟之间，并非是兄弟合伙的组成部分，但是她们中间许多人可以安定下来生活只是因为她们将会获得她们的父亲或者外祖父或者某些长辈的财产……如果兄弟们继续维持兄弟合伙，她们也和兄弟们一起生活，直到兄弟们分家。如果父亲……专门向某一儿子遗赠某物……这类遗产也不能成为兄弟们合伙资产的组成部分。[3]

1335 年，在威尼斯与卡塔罗（Cattaro）所签订的契约中，有关于"兄弟合伙"的连带责任的规定：

> 同样，生活于兄弟合伙中的兄弟们应当共同承担他们中任何一个人招致的任何债务。依据规定，不愿为他兄弟的债务担负责任的兄弟，必须在此项

---

〔1〕〔德〕马克斯·韦伯：《中世纪商业合伙史》，陶永新译，东方出版中心 2010 年版，"英译者导读"第 30 页。

〔2〕同上书，第 34 页。

〔3〕同上书，第 50 页。

债务产生以前向居住于此地的左邻右舍公开表达这一意向，并由公证人登记入册，注明他不愿为他兄弟的债务承担责任，这样一来……无论他的兄弟们招致多少债务，他都不再承担任何责任。[1]

关于承担连带责任的家户共同体成员的免责，法律还特别作出了规定。

　　Stat. Commun. Vicentiae 1264 1. Ⅲ c. 中关于子女免责的规定：无论儿子拥有什么，除非他们的父母能清晰明了地证实他的财产是得自他的职务、或者来自遗产继承、或者由于其他合理的原因，否则人们都认为，他的财产全部得自父母。

　　Liber tertius causarum communis Bononiae（刊印于 1491 年）：免责的儿子们必须向扣押债务人财产的债权人出示证据，证明在（债务人）招致债务之前，他们已经可以免责。[2]

从以上法律规定中，我们可以看出，家户共同体作为一个生产和消费共同体，以其全部的财产对共同体成员所引发的债务承担责任，共同体的成员相互之间为对方引发的债务承担连带责任。这样家户共同体成员间的责任形式正体现出合伙法中普通合伙人之间连带责任的最原初状态。随着家户共同体向商业共同体转化的加强，共同财产与成员个人财产以及共同债务和成员个人债务之间的界限越来越明确。

　　2. 手工业与商业共同体

　　虽然家户共同体在中世纪的欧洲一直是主要的合伙形式，但是手工业和商业共同体逐渐形成，并且渐渐成为经济领域中的统治力量。最初，这种脱离了血缘关系的合伙可能是同行的工匠们为了相互扶持，一起工作，共用工场或者营业所而产生的。由于工作中的协作，他们成为伙伴和共同居住的人，家户共同体所具有的"共同分享面包和葡萄酒"的特征也在手工业和商业共同体中体现出来。可

[1]〔德〕马克斯·韦伯：《中世纪商业合伙史》，陶永新译，东方出版中心 2010 年版，第 51 页。
[2] 同上书，第 44 页。

能正是这一共同的特征将家户共同体中成员间的连带法律责任原则扩展运用到了手工业和商业共同体中。或者用韦伯的话说，即使这一可能性难以证实，但是可以比较肯定是"对于物权法而言，由于存在相同的基本要素，因此出现了法律在不同组织中的发展。"[1] 换句话说，除了不具有血缘关系的特征之外，手工业和商业共同体与家户共同体的基本特征都相同。因此，这种相同的特征可能促成相同法律的发展。

随着手工业和商业的发展，最初作为几位同行共同生产、经营和生活场所的小作坊逐渐被大型的手工工场所取代。家户共同体在这种大型手工工场中更加不具有典型性了，它作为生产共同体的特征开始减弱，渐渐地几乎只剩下消费共同体的属性了。家、工场和营业所不在自然地混合在一起，经济实力雄厚的商人或者工场主可以同时在不同的地方生产和经营不同的产业；同一个工场或者商铺的合伙人也可以是生活、居住在不同地方的属于不同家庭的人。于是"共同分享面包和葡萄酒"便不再是合伙的基本特征了。连带责任的基本变为以拥有"共同商铺"为特征的合伙关系。

13 世纪的 Statuta antique mercatorum Placentiae，c.550："如果（他们中间的）几个人仍然在同一个店铺中工作，其中之一完成商业交易……因为他们中的任何人都对整个商务承担责任……如果他们已成为那家店铺的合伙人。"

Statuta urbis Mutiae a. 1327 reformata 1. III，rubr.22：关于合伙人的职责；补充规定："就它与前述仍然在同一个店铺中工作的人、或者与从事同一职业的人、或者与其他人一起经营商务的人存在某些联系而言，他们也应被视为合伙人。"

Statutes of Arezzo（edition of 1580），1. II，rubr.42：依据契约，合伙人的连带责任在合伙名义下（nomine societatis）形成。[2]

起初，在合伙中承担连带责任的不仅包括那些参与商业经营的合伙人，而且那些受雇在合伙中工作的人也被要求承担连带责任。后来，人们逐渐意识到这种

[1]〔德〕马克斯·韦伯：《中世纪商业合伙史》，陶永新译，东方出版中心 2010 年版，第 39 页。
[2] 同上书，第 55 页。

过于宽泛的责任应当受到限制。维罗纳的《商业条例》(Statuta domus mercatorum)就体现了这一变化。

　　同样，我们宣布，这座城市中的任何一名商人都可以与来自维罗纳的另一个人一起结成合伙关系，反之亦然，尽管他们不属于同一个职业。并且，已经公开成为合伙人的人，当他们聚在一起并保持某种合伙关系之时，应当在有关债务、商品或者他们将要努力从事的职业方面互相担负责任。然而，倘若某人作为一名商人或从事其他职业，并不是一名公开的合伙人，他没有参加合伙或经营活动，上述规定不应损害其利益，而若某人参与经营且为公开的合伙人，但并未当场收获(与其他合伙人一起)，他也并未承诺为货物付款，上述规定同样不应损害其利益。[1]

3. 合伙企业

当中世纪的商业贸易发展到一定程度后，具备现代普通合伙的基本特征的合伙企业逐渐形成了。这种合伙企业具有企业名称、确定的合伙人、独立的合伙财产。在与第三人的关系中，法律区分了合伙企业的债务和合伙人的个人债务。合伙企业的全部财产对合伙企业债务承担责任，合伙人对合伙企业债务承担连带责任；合伙企业对某一合伙人的个人债务不承担责任，其他合伙人对此也不负责任。

　　关于合伙人的判断，各地的法律提供了不同的标准。《阿雷佐条例》(Statutes of Arezzo) 提到 "合伙人被认为是这样一类人：他们相互之间以这种方式相关联并公开被视为合伙人"。热那亚教会法庭决议 (Decisiones Rota Genuensis) 和 1588 年、1589 年的《热那亚条例》规定合伙人是指 "他的名字被悬挂起来" 的人（即在共同商铺悬挂的营业招牌上写明的那个人），并且他在登记合伙的公共注册本上有记录。[2] 一个相反的例证也可以说明这一标准。1303 年，一个自称是佛罗伦萨市民的人被佛罗伦萨城市公社放逐，理由是他没有偿还合伙的债务。对此，他辩护称 "所有的账本和档案均表明，他来到巴黎……依据档案记录，没有发现他曾经是一名

---

[1]〔德〕马克斯·韦伯：《中世纪商业合伙史》，陶永新译，东方出版中心 2010 年版，第 67 页。

[2] 同上书，第 68—69 页。

合伙人……而上述佛罗伦萨城的法律是这样的：无论从事何种生意的合伙人，他的名字都要保留在城市的档案中；否则，他就不能被看作是一名合伙人"。[1]

合伙企业的名称在商业的蓬勃发展中逐渐成为合伙的表征，这一名称取代了共同商铺，成为全体合伙人的代名词。合伙企业可以在自己的名义下从事商业活动，而不再需要合伙人相互授权对方代表自己参与贸易往来。"当'合伙企业'赢得独立存在的地位之时，'以合伙名义'（pro societate）签署契约也就发展成为'使用公司的名字（usato nome delle compagnia）'签署契约——也就是，不再包含所有合伙人名字的合伙企业。"[2]

合伙企业的财产是独立于其合伙人的个人财产的。在其历史发展过程中，家户共同体以及手工业和商业共同体都非常注重将合伙的财产同合伙人个人的财产相分离。韦伯将这里提到的合伙财产成为"独立基金"。中世纪欧洲各个地方的法律也对这两种财产进行了认真的区分和规定。例如，刊印于 1532 年的《马萨条例》就有如下一则规定：

> 如果兄弟们仍然保留而未分割其父的遗产，同时，他们依旧居住于同一居所、同桌而食，那么，无论他们从劳动、从他们的工场中挣得何物，从属于他们自己的或者属于任何人的商业活动中或者来自遗产自身……或者来自其他，比如来自买卖货物，或者来自永久性租约（emphyteutic lease）或契约，所有这一切都应为集体共有……但是，每一位获得某些物品的兄弟可以以他自己的名义签约……以便他获得的物品在扣除债务后将不会再与其他人的那些物品混在一起。上述的这类规则也应该能被应用于其他债务或者任何类型的契约中，只要它们是在共同收益而不是在其他的名义下签署的……[3]

在阿尔贝蒂家族和佩鲁兹家族的账目资料中，关于家户合伙的财产和合伙成员的个人财产有着更为清晰的呈现。[4]

[1]〔德〕马克斯·韦伯：《中世纪商业合伙史》，陶永新译，东方出版中心 2010 年版，第 101 页。

[2] 同上书，第 70 页。

[3] 同上书，"英译者导读"第 63 页。

[4] 同上书，第 111—114 页。

法律区分合伙企业的债务和合伙人的个人债务。在佛罗伦萨，只有那些以合伙的名义签署的协议所产生的，并且在合伙的账簿中有登记的债务才能够被认为是合伙企业的债务。其他债务都属于合伙人的个人债务，合伙企业财产不对其承担任何责任。在佛罗伦萨《毛织品工会条例》中，关于这一问题的规定是非常清楚的：

> ［如果某位合伙人］在他特殊的职业中，依据有他亲手签署的协议或者依据担保人的证实（它们都没有提及他作为一名合伙人、职员或者学徒所属的公司）［负责债务］……这笔债务只能是属于那个人的个人债务，并应由其个人资产承担责任……而属于该公司的任何其他成员都不能为此承担债务，或者为之担负责任……如果他在公司中持有一些资产，该公司仅仅以其投资的最高额为标准承担相应债务，或者担负相应责任。[1]

总之，在佛罗伦萨的法律规定中，我们已经可以找到现代普通合伙的制度雏形。如果没有更早的且令人信服的资料存在，那么我们可以初步得出结论：佛罗伦萨是现代普通合伙的诞生地。[2]

（二）有限合伙

1. 康曼达

（1）康曼达的基本内涵

康曼达（commendas）是中世纪海上贸易经常采用的一种合伙形式。中世纪贸易组织研究最重要的专家之一——历史学家约翰·普赖尔（John Pryor）对这一贸易组织形式有非常全面而简练的概括。

> 1. 坐地投资商——通常被称为"委托人"（commendator）——收集资本

---

[1]〔德〕马克斯·韦伯：《中世纪商业合伙史》，陶永新译，东方出版中心 2010 年版，第 108 页。

[2] 同上书，"英译者导读"第 32 页。

（货币或者货物）交给外出奔波的生意合伙人——通常被称为"行商"（tractator）——操控。

2."行商"可以添加、也可以不添加个人资本到委托人的资本中。如果他没有添加资本，这一契约就是现代史学家所称谓的"单边康曼达"（unilateral commenda），因为资本仅仅由一方提供。如果他另外再投入一些资金，出资数目通常是委托人出资的一半，现在历史学家称这种契约为"双边康曼达"（balateral commenda），因为参与双方都提供了资金。

3."委托人"可以对"行商"负责经营的企业提供某些导向性的建议。

4."行商"携带资本出行——通常是漂洋过海——并以某种形式开展资本运作。

5.在双方达成的协议所指定的期限内或航程内，"行商"返回故乡港口向"委托人"汇报账目，并与之划分收益（原始资本加上利润或者减去损失）。在某些特定情况下，或者在征得"委托人"同意后，"行商"也可以将利润汇出而不必亲自返回故乡港口。

6.在扣除运营成本费用和最初由单方或者双方提供的资金以后，利润和损失按照双方最初签订协议时规定的比例划分。通常，在典型案例中，在"单边康曼达"下，"委托人"获得全部利润的四分之三，并为一切损失承担责任；"行商"可以获得全部利润的四分之一，而且不为任何资本损失承担责任。当然，他损失了他的劳动价值。在"双边康曼达"中，所有利润通常都是对半分配，并且"委托人"承担全部损失的三分之二，而"行商"承担另外的三分之一。[1]

（2）单边康曼达

在 12 世纪热那亚公证人的文献中，有许多关于这种合伙形式的事例。单边康曼达的标准模式即由委托方出资，行商出力，共享利润。如 1155 年的一份公证人文书中这样记载：

我……承认我从你处收到 50 镑，我有义务带着它远走亚历山大经营商业，

---

[1]〔德〕马克斯·韦伯：《中世纪商业合伙史》，陶永新译，东方出版中心 2010 年版，"英译者导读"第 27—28 页。

并且，我将从上帝恩赐的利润中取回我应得的四分之一，在我返回以后我有义务交给你早已商定好的、你在合伙全过程中应得的权力（利益）。[1]

除了以金钱出资之外，委托人也可以以货物出资，委托行商将出售货物所得的利润用于购置新的商品。而行商则通过获得货物价值的一定比率作为补偿。例如，1156 年的一份文献记载的事例：

> 我⋯⋯承认我从你处收到（商品）⋯⋯无论在何处我都欠你 100 拜占庭先令⋯⋯并且我有义务带着它去你设在巴比伦尼亚的分店，将这笔收益投资于染料（商品）⋯⋯并将它们一直带回你的办事处。[2]

从上述康曼达的实例中我们可以发现，在这种合伙形式中，合伙双方的地位并不平等。委托人作为出资人，对于贸易活动有着更大的决定权；而行商在很大程度上处于一种依附地位，他所进行的交易并非为了自己的利益，他只是委托人的一名副手，他所分得的利润更像是对他付出的劳动的一种佣金而非分红。依据法律的规定，行商合伙人不得携带自己或者他人的商品，如果行商在旅途中携带的商品超出了委托限额，他必须征得委托人的同意。[3] 但是，随着贸易的繁荣以及商业的日益复杂化，行商在商业合伙中的作用也越来越突出，双边康曼达的发展可能正是这种变化的一种体现。

（3）双边康曼达

双边康曼达也即通常所称的海上合伙（Societas Maris）。与单边康曼达不同规定是，行商合伙人对其也有出资，且可以平分利润。热那亚 1165 年的一份文献中记载了一个双边康曼达的实例：

> W. 和 J. 都承认，他们已经合伙，（原则上）各出资 200 英镑（货币单位似乎有误），（实际上）W. 出资其中的三分之二，J. 以同样的方式投资另外的

---

[1]〔德〕马克斯·韦伯：《中世纪商业合伙史》，陶永新译，东方出版中心 2010 年版，第 134 页第二章注 10。

[2] 同上书，第 134 页第二章注 12。

[3] 同上书，第 18 页。

三分之一的资金。依据约定,J.有义务携带合伙的全部资本前往布吉亚(Bugia),将其投入(市场)运营,并可以从该地到任何他打算去的地方。在他返回时,扣除他们投入的资本后,所得利润必须在二者之间均分。[1]

在比萨的《习惯法》中,就海上合伙而言,坐地投资商和行商都有可能担任合伙的"主管",即依据合伙协议在整体上管理合伙生意的人。这样,行商合伙人在合伙中的地位就得到了提升。而且,当没有特别协议的情况下,法律最终将认定行商合伙人为主管。这些都说明,这种经济活动的模式已经从投资者雇佣行商为其销售货物转变为行商自己经营贸易且为其他商人提供投资的机会。[2]

在这种新的经济形式中,韦伯认为已经诞生了有限合伙的法律基础。首先,海上合伙已经产生了独立于合伙人个人财产的独立基金。这一基金在相关的法律规定中已经有了专门的称谓"hentica"。合伙人不得任意抽回出资,合伙的盈利和亏损应当由合伙人共同承担。[3] 其次,作为合伙事务的实际经营者,行商合伙人对其在经营活动中所产生的债务负责,坐地投资商个人对上述债务没有偿付义务,他仅以其在合伙中的出资对合伙债务承担有限的责任。[4] 然而,由于海上合伙的独立基金不具有连续性,也就是说这种合伙形式仅是某一些贸易活动的载体,贸易结束时海上合伙也即终止,因此它无法发展出真正的有限合伙组织。同时,从相关的文献和法律规定当中,也没有任何迹象表明海上合伙同连带责任制度有任何牵连。因此我们可以得出结论: 海上合伙是有限合伙的基础,它同普通合伙中连带责任没有丝毫瓜葛,因而从有限合伙的起点——海上合伙来看,有限合伙同普通合伙没有任何承继关系。[5]

2. 陆上合伙

陆上合伙同海上合伙非常相似,海上合伙的许多原则被陆上合伙借用过来,海上合伙中有关资本投入和利润分配的规定与陆上合伙几乎完全相同。二者的区

[1]〔德〕马克斯·韦伯:《中世纪商业合伙史》,陶永新译,东方出版中心 2010 年版,第 18—19 页。

[2] 同上书,第 76—77 页。

[3] 同上书,第 79 页。

[4] 同上书,第 81 页。

[5] 同上书,第 26—27 页。

别主要在于：在陆上合伙中，"合伙人加入某一合伙并非为了单独一次的商业冒险，而是为了他们能够在一定时期内共同经营商业"。[1]

有一份文献为我们提供了当时陆上合伙的真实例子：

> J. 是毛纺织工业行会（Arte di Lana）的一名师傅，G. 也是毛纺织工业行会的一名师傅，他俩已经签约组建一个合伙，在合伙中，J. 出资 10 镑，G. 出资 30 镑。使用前述的这一基金经营 5 年，G. 负责制作毛质的鞋靴，从利润中……J. 应当获得四分之一，G. 应当得到四分之三；此外，作为忠实地经营商业的回报……G. 应当在分配利润之前首先从全部利润中获得 20 索里达，或者从 J. 自己分得的份额中获得 5 索里达。

> L. 交给 B.50 镑参与合伙，B. 承认他已经收到这 50 镑。B. 负责用这笔钱去热那亚经营商业，并在 5 年期满之时有义务归还这笔钱。在没有得到 L. 的允许之前，他不能将它们从热那亚转移出去。从上帝赐予他们这次活动全部利润中，L. 应当分得三分之二，B. 分得三分之一。[2]

始于 13 世纪初的《皮亚琴察的古代商业法令集》（Stat. antique mercatorum Placentiae）对当地的陆上合伙制度有所涉及。

> 该法第 76 条规定，如果一笔贷款是（由数人）联合提供的，那么，从债务人那里征集来的任何东西（包括债务人在外地偿付给任何一名债权人的东西）都应平分。如果一名"共同债权人"让其他人指导他将要去索回贷款——也就是说，为了每个人的利益——如果其他人不想为他捐献旅途资费，那么，他可以自己留下由他索讨来的、不超过他在合伙中的股本价值的款项。这一条款同样适用于下述情况：假如他已征得"他的合伙人的同意"，然后并非由于他自身的过失而损失部分款项——则"全部损失应当由合伙支付"。第 144 条规定：如果某人收到某一出行在外的合伙商人的一封来信，"其中谈到有关

〔1〕〔德〕马克斯·韦伯：《中世纪商业合伙史》，陶永新译，东方出版中心 2010 年版，第 28 页。
〔2〕同上书，第 141—142 页注 10。

交换和交易的一些事情"他必须立即告知与他合伙的人们。如果在此之前他从事了自利性交易并因此使个人获利,那么他必须"与他的合伙者们一同分享利润"。第 145 条规定,在商业履行期间,如果一名合伙人在其他合伙人不知道的情况下携带有属于他自己的某些商品,那么,那些能被认为是由此而生的利润与旅途资费应当均摊,就好像这类商品是合伙拥有的共有财产一样。[1]

上述合伙的实例和法律规定为我们提供了关于陆上合伙的支离破碎的信息,这些信息反映出当时的合伙中,坐地投资商还是处于主要地位,而行商合伙人常常依附于他,听从他的指挥从事商业活动。但是渐渐地,同康曼达的发展相似,行商合伙人取得了主导地位,坐地投资商慢慢地转变为投资参与人的角色。这一角色的演变慢慢地带来了法律责任承担形式的变化,即有些合伙人个人承担无限责任,而另外一些合伙人仅以他们在合伙中的出资为限承担有限责任。[2] 这一要素的出现则预示着有限合伙的诞生。

(三)索赛特与中世纪欧洲合伙法

索赛特(societas)一词在罗马法中指代合伙关系。在中世纪的许多文献中,这一词汇同样用来指代当时的合伙。但是,罗马法中的索赛特和中世纪的合伙制度有着极大的不同。前者是以义务为本位的,而后者却奠定了现代合伙制度的基础。根据韦伯的分析,罗马法中的索赛特是这样一种制度:

> 依据罗马法,组成索赛特就是在诸位签约当事人中间建立起各项义务。他们相互之间都有义务为实现合伙的目标做出贡献。在我们看来,这些贡献与他们的劳动力,以及至为必要的、维持商业运营的资本相关。在进行账目结算时,依据合伙协定,他们还必须履行他们分内的义务为某一合伙人(socius)

---

[1]〔德〕马克斯·韦伯:《中世纪商业合伙史》,陶永新译,东方出版中心 2010 年版,第 30 页。
[2]同上书,第 31 页。

在代表合伙企业经营商务期间招致的债务买单，并补偿这位合伙人在从事该合伙期间产生的花销。他们必须按照适当比例拨出专款，以便该合伙人能够支付他人提出的索赔（该项索赔起因于为合伙企业经营商务的活动），或者进行收益分配。进而，他们还必须与该合伙人均等地分担源于这类商务经营的对物诉讼（in rem）的任何索赔。因此，将可供支配的现金存入"共有钱柜"（arca communis），即"现金基金"（cash fund），并将以合伙企业的名义经商等等活动而获得的收益首先也收存其中，这种做法很有必要。不得不为诸如此类的交易付款的合伙人既有权利同时也有义务从共有钱柜中为交易支取所需的款项。与他们在合伙中所拥有的个人权益相一致，所有合伙人在现金基金——这一基金可使结算更加方便，还可避免个人一再按权益比例而多次付款——中都拥有股份。如果其他资产，现金基金中的现金股份也是每一位合伙人资产的组成部分，因此，他的债权人通常可以毫无争议地扣押这笔财产。合伙关系只是合伙人之间错综复杂的义务关系，它与第三方没有任何关联；而就其法律后果而言，某一合伙人代表合伙进行的某一笔交易与其他任何代表个人利益从事的交易也没有什么不同。如果代表合伙进行的交易蒙受损失，在第三方看来，其实受损的只是从事这笔交易的人。然而，在此情况下，某一合伙人就可向其他合伙人主张，要求他们按照一定比例对其资金账户进行补偿，如果万一破产，这一主张所得资金就成为其资产的一部分。破产只针对某一个体合伙人的财产提起诉讼，并且仅仅殃及那些与该合伙人有合约的债权人——在此情况下，这也有可能包括其他合伙人。[1]

　　简言之，罗马法中的索赛特仅仅是合伙人内部的一种义务关系。在与第三人的关系中，合伙的行为同某一合伙人的个人行为是不予区分的。合伙的财产也不具有独立性，在某一合伙人破产时，它将成为其破产财产的组成部分。就上三点而言，罗马法中的索赛特和现代合伙法没有任何相似之处，因此认为现代合伙制度起源于罗马法的观点是错误的。

　　通过分析上述资料可见，罗马法并不是现代合伙制度的起源，现代合伙制度

---

[1]〔德〕马克斯·韦伯：《中世纪商业合伙史》，陶永新译，东方出版中心 2010 年版，第 5—7 页。

的基础奠定于中世纪时期。因此可以说,中世纪欧洲合伙法是现代合伙制度的滥觞。而在合伙制度中,普通合伙和有限合伙又具有不同的起源,它们并非人们想当然认为的那样具有承袭关系。有限合伙制度起源于中世纪欧洲的陆上合伙,这种合伙形式借鉴了中世纪欧洲海上贸易合伙——康曼达的某些原则。它最初通常是由一名坐地投资商和一名依附于前者的行商代理人组成的,或者在陆上合伙中,是由一名出资人(提供资金,场地等)和一名依附于前者的手工师傅组成的。与有限合伙不同,普通合伙起源于中世纪欧洲的家户共同体,它多表现为拥有相同继承权的兄弟之间或者共同劳动的家族成员之间组成的合伙。有限合伙中的有限责任根源于合伙成员之间经济和社会地位的不平等;而普通合伙中的连带责任则同合伙成员之间平等的经济和社会地位有关。[1]

二、保险法

(一) 商业保险诞生的背景

11 世纪,随着政治局势的逐渐稳定和人口的快速增长,商业贸易在欧洲大陆全面复兴。许多人加入了贸易队伍,开始在土地之外寻求生存的机会。然而,整个中世纪的欧洲,商业贸易都充满了危险。且不考虑道路交通的不便利,单单是到处可能存在的强盗威胁就足以让商人一生的经营付之东流。在被各种势力分割占据的欧洲大陆上,处处是封建领主们设立的关卡,沉重的赋税给商业带来的灾难甚至不亚于强盗。海上的运输也非常地不安全,大自然的力量可以轻而易举地摧毁任何装备精良的船舰,而海盗和私掠船也往往给商人们造成毁灭性的打击。因此,风险的转移与分担就是商人们必须要考虑的问题。

商业发展的早期阶段,为了规避风险,商人们选择了结伴同行的做法。在陆地上,结伴同行的商人们组成商队,他们选举自己的首领,并相互宣誓效忠。他们所有人都全副武装,相互协作,共同抵御可能出现的危险。在海上,船只通常都结队航行,船上的水手们也都配备武器。他们共同抵御海上的风浪,也共同面

---

[1]〔德〕马克斯·韦伯:《中世纪商业合伙史》,陶永新译,东方出版中心 2010 年版,第 96 页。

对海盗的侵袭。11 世纪是商队发展的鼎盛时期，[1] 他们长途跋涉，将东方的货物运到当时著名的集市上出售。法国的香槟集市就是其中一个繁华的商业集散地。随着商业的发展和贸易的扩大，城市慢慢地发展起来，富裕的商人们也不再亲自参加危险的旅行贸易，而是渐渐地定居在城市里，通过四面八方的代理人处理货物运输、销售和银钱贷收业务。商业模式从行商到坐商的转变带来的是集市贸易的衰落和新的商业需求的诞生。

商业运营的日益成熟使商人内部的分工更细，货物的主人不再跟随商队或船队护送货物到达目的地，而是将货物交给承运人送达目的地，再由其在目的地的代理人负责接收货物。货物与货主的分离产生了货物保险的需求，因此在 1275 年到 1324 年的商业革命期间，商业保险诞生了。[2] 商业保险的诞生可能同银钱的发展也有着重要的联系。因为保险的萌芽形态同银钱借贷有着密切的关系，而商业保险的诞生地意大利也是一个银钱业非常发达的所在。

总之，随着商业模式的转变和货币资本运作的日益成熟，商人们发展出了保险这一商业形式来规避商业风险。这种商业的形式的发展起源于意大利，其习惯法规则也通过意大利商人的贸易实力被推广到欧洲的其他地方。

（二）商业保险的早期萌芽

商业保险的创设并不是一蹴而就的，它的形成经历了从萌芽到形成的演变过程。处于萌芽阶段的商业保险有三种变现形式：海上借贷、海上汇兑合同和保险借贷。

1. 海上借贷合同（the sea loan/foenus nauticum）

海上借贷是这样一种合同，即投资人向旅行商人贷出一定数目的金钱，且双方约定如果船只能够安全返回始发港，那么旅行商人应当向投资人归还贷款。在这种合同中，贷款人并不分享本次贸易所带来的收益，他仅能够在船只安全返航的情况下从借方的还款与贷款的差额中得到一定的收益；而如果船只无法安全返航，或者借款人在出售货物后将收益继续投入到其他贸易而不还款，那么贷款人

---

[1]〔法〕埃德蒙·波尼翁：《公元 1000 年的欧洲》，席继权译，山东画报出版社 2005 年版，第 284 页。

[2] Florence Edler de Roover, Early Examples of Marine Insurance, *The Journal of Economic History*, Vol.5, No.2（Nov., 1945），p.173.

将得不到任何补偿，所有的风险将由他自己承担。[1] 这种海上借贷合同起到了风险转移的作用，但是对于贷款人而言没有任何保障。同时由于这种借贷涉及到高额的利润，被疑有放高利贷之嫌因而受到教会的谴责。渐渐地，海上借贷合同在 13 世纪衰落下去，被另一种海上汇兑合同所取代。

2. 海上汇兑合同（the maritime exchange contract/cambium nauticum）

海上汇兑合同的主要内容是：首先由贷款方在国内向借款方预付一定数额的本国货币，然后由借款方在目的地用出售货物所得的外国货币向贷款方在当地的代理人还款，但是前提条件是作为抵押的货物安全地到达目的地。由于海上汇兑合同中涉及到两种不同的货币，因而通过设定汇率，贷款人在绝大多数情况下都可以获利。这种合同与海上借贷合同一样，都实现了风险从借款人向贷款人的转移。

但是，这种合同作为规避风险的方式也存在着严重的缺陷。其一，无论借款方是否缺少资金，为了规避风险，他都必须向他人借贷，这就造成了无形中的不自由。其二，为了能够在货物的目的地接收还款，贷款方必须在此地设立自己的代理人，这又造成商业组织的复杂化。其三，由于借款方在目的地出售货物之后就必须还款，这样他从货物中得来的利润就无法投入到回程的贸易之中，因此无法获得更多的收益。[2] 到 14 世纪中期，这种海上汇兑合同也逐渐消失，取而代之的是一般的汇兑合同，即不以货物的安全到达为履约条件的单纯的汇兑合同。

3. 保险借贷合同（the insurance loan）

汇兑与风险的分离促使商人们寻找新的风险转移方式，保险借贷合同应运而生。这种合同可以算作是商业保险的最初形态，因为它已经具备了商业保险的三个主要特征：（1）被保险人或者借款人留在陆地上；（2）作为保险标的的货物不经货主陪同运送；（3）借款归还的条件不是运输船只的安全到达而是作为保险标的的货物的安全到达。与其他合同形式不同的是，保险借贷合同的贷方一般都是船舶的所有人，而借方则是托运人。[3]

---

[1] Florence Edler de Roover, Early Examples of Marine Insurance, *The Journal of Economic History*, Vol.5, No.2（Nov., 1945），p.175.

[2] 同上书，p.176.

[3] 同上书，p.178.

现存最早的关于保险借贷合同的记录出现在意大利巴勒莫（Palermo）的文献当中，这些文献最早可追溯到 13 世纪末期。其中一份由巴勒莫的公证人在 1287 年 5 月 12 日起草的契约记录了这样一个保险借贷合同：一位名叫万尼·基安多诺（Vanni Chiandono）的佛罗伦萨商人（托运人）同一位名叫利奥努斯·德·文德斯（Leonus de Vinders）的船主签订契约，由后者将前者购买的酒从巴勒莫运往突尼斯（Tunis）；双方约定运费为 300 金币，支付条件为货物安全抵达目的港；托运人承认已经从船主那儿收到 320 金币作为货物遭遇上海风险或者战火危机的保障，这笔钱将在船只安全抵达目的港后的 10 天内归还。[1]

以上三种形式的合同都起到了风险转移的作用，但是它们所实现的风险转移都只限于货物贸易当事人之间，而不是由第三人承担风险，因此它们还不是真正的商业保险，而只是商业保险的萌芽状态。

（三）商业保险的形成与发展

由于文献资料的缺乏，真正的商业保险是从什么时候形成的我们根本无从得知，而它是从上述不同的合同形式直接演变而来还是又经历了其他的发展过程也没有史料可以证实。但是可以确定的是，大约在公元 14 世纪中期，商业保险已经相当普遍了。因为从巴勒莫发现的文献资料中已经有 1350 年的保险合同的记载，而巴勒莫相对于比萨、佛罗伦萨和威尼斯而言其商业要落后得多。[2] 换句话说，既然巴勒莫在 1350 年已经普遍运用商业保险了，那么经济贸易更为发达的比萨、佛罗伦萨和威尼斯等地区其商业保险肯定已经相当发达了。

1. 巴勒莫的保险单

在巴勒莫发现的一位名叫芝诺的公证人的记录中，人们找到了许多关于保险的记载，这些记载比迄今为止人们一直认为的世界上第一份保险单——比萨 1384 年的一份保险单要早。因此它们的存在对于我们揭开中世纪商业保险发展的真实

---

[1] Florence Edler de Roover, Early Examples of Marine Insurance, *The Journal of Economic History*, Vol.5, No.2（Nov., 1945），p.179.

[2] 同上书，p.183.

历程非常有意义。

在上述公证人芝诺记录中发现的第一份保险单的日期是 1350 年 3 月 15 日。这份保险单的内容如下：一位名叫莱奥纳尔多·卡塔内奥（Leonardo Cattaneo）的热那亚商人作为保险人对属于墨西拿普罗托诺塔诺（Protonotaro）市商人本尼迪克特（Benedict）托运的一船麦子进行保险，保险金额为 300 弗洛林（Florin，英国古代货币，相当于 10 便士）。这船麦子将从西西里岛的夏卡（Sciacca）运往突尼斯。莱奥纳尔多·卡塔内奥承诺他将对该船从西西里岛到突尼斯全程航行中遭遇的所有风险负责，无论天灾人祸还是海上的重大危险都在承包范围内（omni risicum, periculum et ofrunam Dei, maris et gentium）。如果有"确切的"消息表明这批货物全部受损了，那么 300 弗洛林的保险金将会在得知该消息一个月后支付。如果货物只是部分受损，那么保险人的责任则按照损失的比例确定。保险费为 54 弗洛林，也即保险金额的 18%。[1]

第二份保险单也是在 1350 年的 3 月 15 日订立的。保险标的也是一船谷物，而且运输路线也是从西西里岛到突尼斯，只是承运的船只不同而已。与上一份保险单的重大差别在于，这份保险单承包范围不仅包括这艘船从西西里岛去突尼斯的航程，而且还包括从突尼斯返回西西里岛的航程，而返程的保险标的为货物主人将谷物出售后用所得收益购买的新的货物。这份对往返航程的保险，保险金额为 30 盎司黄金（ounces of gold），保险费为 4.5 盎司黄金，也即保险金额的 15%。[2]

第三份保险单的内容与第二份保险单非常相似，保险标的的运输路线也是从西西里岛到突尼斯的往返航程。但不同的是，这份保险单的保险费率为 20%。而且，在这份保险单中，保险人还特别规定，保险标的物的运输目的地除出现紧急情况外不得变更。[3]

第四份保险单与上述三份保险单都不同，它的保险标的物不是某一批货物，

---

[1] Florence Edler de Roover, Early Examples of Marine Insurance, *The Journal of Economic History*, Vol.5, No.2（Nov., 1945），p.183.

[2] 同上。

[3] 同上。

而是一艘船，包括船上的所有器具和装备（eius guarnimentis et corredo），此外这艘船往返航程的所有运费也在承保范围当中。保险费率为14%，且特别规定，除了发生紧急情况外，被保险船只不得改变航程。[1]

2. 热那亚的"保险合同"

14世纪中期，热那亚的保险活动也已经相当普遍，这从当时的商业文献记录中可以看出。但是，与巴勒莫的保险不同，热那亚的保险合同往往以借贷合同或者买卖合同等形式伪装自己，从而避免被认定为高利贷。

在一份1347年10月23日订立的贷款合同中，一位名叫乔治·莱卡维罗（Giorgio Leccavello）的商人（借方）承认他已经从一位名叫巴尔托洛梅奥·巴索（Bartolomeo Basso）的商人（贷方）处获得一笔金额为107热那亚钱币的无息贷款（a mutuum gratis et amore），并承诺归还这笔借款，除非一艘名叫圣克拉拉（Santa Clara）的船能够从热那亚顺利起航并安全到达马略卡岛（Majorca）。合同同时还规定，如果这艘圣克拉拉号货船不是从热那亚而是从其他港口起航，或者它完成了其他的航程且在六个月的期限内被发现安全地到达了世界上其他的某个港口，那么这份合同就将失效（null and void）。[2]从合同中规定的条件可以看出，这份所谓的无息贷款合同实质上是一份保险金为107热那亚钱币的保险合同。合同中的贷方实际上就是保险人，而借方实际上就是被保险人。如果被保险船只圣克拉拉号能够安全地从热那亚驶往目的地马略卡岛，或者它安全地完成了其他的航行任务，那么保险人则无需承担赔偿责任；如果圣克拉拉号没有如合同中规定的那样安全完成航行任务，而是遭遇不幸灭失，那么保险人则要赔付107热那亚钱币的保险金。

另一份签订于1350年3月9日的贷款合同中，一位名叫尼科洛·卡塔内奥（Niccolò Cattaneo）的商人承认他已经从一位名叫马泰奥·阿尔迪门托（Matteo Ardimento）的商人处收到一笔250热那亚钱币的无息贷款并且承诺还款；但是如果借方托运明矾的船只能够从热那亚安全地抵达斯吕伊（Sluys）的布鲁日港，那么借

---

[1] Florence Edler de Roover, Early Examples of Marine Insurance, *The Journal of Economic History*, Vol.5, No.2（Nov., 1945），p.184.

[2] 同上。

方则无须履行上述承诺。此外，这份合同还规定，如果该批明矾在里斯本被转运，那么借方要为所有的风险负责。[1] 从合同的内容我们可以清楚地看到，这也是一份保险合同。

上述两份保险合同的形式在 1365 年之后就逐渐减少了，取而代之的是另一种伪装为货物买卖合同（emptio venditio）的保险合同形式。在这种合同中，保险人即买方，而被保险人为卖方。合同通常规定，当且仅当被保险的货物没有能够安全抵达特定港口的情况下，保险人才以合同约定的价格购买该批货物。相对于上述贷款合同而言，这种以买卖的形式签订的保险合同对保险人而言更为优越，因为这一合同形式确保了保险人对保险货物遇难后残余部分的所有权。[2]

从 14 世纪欧洲繁荣的商业贸易状况和已有的文献资料中我们可以大致推断，当时的商业保险已经在各个贸易城市存在和应用着，但是它们是否有共同的起源或者它们是在商业发展到一定程度后在不同的地方各自形成的则无从考证了。

3. 商业保险的发展

大约在 14 世纪末和 15 世纪初，商业保险已经成为一种固定的商业模式，关于保险合同的文献资料也丰富起来。但是各个地方关于保险的实际做法并不相同。比如在热那亚和西西里岛，保险合同通常都由公证人（notary）负责起草，而比萨和佛罗伦萨等内陆城市则大多由经纪人（broker）起草保险合同并且由他负责寻找愿意承保的商人签约。对于保险标的小的保险合同，承保人通常为一到三人；而对于保险标的比较大的保险合同，承保人可能达到十几人。当时的保险范围比现在要宽泛得多，保险合同通常会规定，保险人对天气、海洋、战争灾难，火灾，弃货，国王、城市或者他人的扣留，报复，扣押以及其他任何原因造成的损失等等负赔偿责任，但是因包装问题或者关税扣缴产生的损失除外。[3]

关于赔付的期限合同也有规定，通常是在得到保险标的受损或者灭失之后的两个月内；如果没有任何关于货物安全到达的消息，那么被保险的货物或者船只将

---

[1] Florence Edler de Roover, Early Examples of Marine Insurance, *The Journal of Economic History*, Vol.5, No.2（Nov., 1945），pp.184—185.

[2] 同上书，p.186.

[3] 同上书，pp.188—189.

在合同签订六个月或者更长的时间后被认定为全损。[1] 中世纪欧洲保险的费率根据货物价值的大小、承运船只的大小和抗风险能力、航线、季节、天气以及有无战争或者海盗活动的信息等情况的不同而有所波动，具体数值从百分之几到百分之十几不等。

15 世纪早期，有资料显示，商业保险已经从单独的海上保险发展运用于陆上运输活动。在一份 1405 年签订的保险单中，保险人承诺对保险标的物经由海上和陆地上的运输过程中的全部风险负责。这份保险单除了列举海上保险中通常会提到的天气、海洋、战火和私掠船等的危险之外，还特别规定了陆上运输会遇到的风险，包括强盗，雨水、河水或者湖水的侵蚀等。1453 年，一位名叫贝尔纳多·坎比（Bernardo Cambi）的商人对一批从博洛尼亚经由陆路运往热那亚的货物进行承保，保险费率为 3%。[2] 但是总体而言，商业保险的主要形式还是海上保险。

有一些资料还显示，中世纪的意大利已经存在人寿险和意外险的萌芽。这些海上和路上保险之外的形式有：对怀孕生育危险的保险，对可能由瘟疫导致的死亡的保险，或者对一定时限内可能发生的死亡的保险。在这些保险单中，人们还发现一个有趣的现象，即保险单上有条款规定了被保险人可能会到去的地方。这一做法是现代保险合同中经常出现的条款。这些保险合同与最初的海上保险合同一样，并没有发展成为一种专门的保险类别，它们也采用买卖合同的形式来伪装自己。承包人声称自己从被保险人那里购买了某种东西，他承诺他将在将来的某一天向被保险人支付一定数额的金钱，而这一天即保险的风险发生的日期。合同同时会规定，如果某一事件并没有发生，那么这笔钱就不必支付了。在英格兰，人们也发现了两个类似的保险例子。其中一个保险是针对一个将要出国的人设立的，另一个是对一个人的生命为期一年的保险。但是，上述对人的保险在中世纪欧洲并没有得到广泛的应用，也没有得到很好的发展，真正意义上的人寿险是在 18 世纪和 19 世纪时才发展成熟的。[3]

---

[1] Florence Edler de Roover, Early Examples of Marine Insurance, *The Journal of Economic History*, Vol.5, No.2（Nov., 1945）, p.189.

[2] 同上书，p.195.

[3] W. S. Holdsworth, Early Examples of Marine Insurance, *The Journal of Economic History*, Vol. 17, No.2 (Feb., 1917), pp.111—113.

从之后的文献资料中我们可以看出，15 世纪时商业保险已经相当完备，而且在之后的三、四百年中都没有发生大的变化。到 16 世纪时，铅印版的格式保险合同已经得到广泛的应用，人们仅需在合同预留的空白处填写船只的名称、船长的名字、保险金额、保险费率以及其他个别的内容就行了。[1] 这些都表明，商业保险已经成形且已经发展得非常成熟了。

（四）中世纪欧洲保险法的发展

保险法的发展同商人法的其他内容一样都经历了从习惯法到权威立法的过程。由于保险合同是从买卖合同的形式中演变而来的，因此它从买卖合同的形式中衍生出了两项原则：其一，被保险人应当是保险标的的所有人，或者至少对保险标的物享有利益，因为没有人可以转让不属于他自己的东西；其二，如前所述，如果船只或者货物没有能够安全到达目的港，那么保险人则可以顺理成章地获得被救的剩余货物。[2] 由于第一项原则的存在，保险人常常以被保险人对保险标的的不享有保险利益为由而逃避赔付责任，于是在之后的保险单中通常会写入这样的规定：无论被保险人是否享有对保险标的的利益，保险人都应当赔偿。这一条款虽然解决了上述问题，却又导致了赌博合同（wagering contract）的繁荣。[3]

在保险合同中，被保险的货物起初都会在备忘录中进行详细的记录，但是后来这一记录大多变为大致的描述而已。运载货物的船只及其状况也会在保险合同中写明，包括船长、交货人（consignor）和货主的姓名。通常情况下，运载货物的船只都是被保险人制定的。保险合同的期限起初通常为船舶的整个航程期间，到 14 世纪时一定时限（一般不超过一年）的保险合同开始出现。最初，保险合同中会详细规定运载船舶的航行线路，非保险单中规定的任何航线的改变都会导致

---

[1] Florence Edler de Roover, Early Examples of Marine Insurance, *The Journal of Economic History*, Vol.5, No.2（Nov., 1945），p.198.

[2] W. S. Holdsworth, The Early History of the Contract of Insurance, *The Columbia Law Review*, Vol. 17, No.2（Feb., 1917），p.90.

[3] 同上书，p.92.

保险合同无效。就保险的险种而言，保险合同中一般都有具体的说明，例如天气造成的危险、货物浸湿的危险等等，但是船长的航行过失不包括在保险险种当中。有时，保险单中会明确规定，如果一定时间内没有任何消息，那么被保险船只将被推定为全损。当货物被捕获（capture）时保险人是否要负赔偿责任的问题，实践中并没有统一的做法，比较合理的观点是保险人应当赔偿，但是如果他能够解救货物并使它们安全的到达目的地则可以免责。被保险人的责任之一是须支付保费，而且保费必须预先支付。有时保险单还规定了保险合同的解除条款，解除的原因有航程的取消，危险没有实际发生等事由。[1]

1. 中世纪意大利的保险立法

对于保险最早的官方立法出现在意大利。在 14 世纪末期，热那亚出现了关于保险的最早立法，其目的是禁止国内商人对敌国船只和货物进行承保。1383 年一份补充规定被颁布，其中除了再次重申上述禁令之外，还设定了一些对于合同生效条件的规定。例如，如果保险合同是在得知船只灭失的消息之后签订的，那么保险合同无效；船只的灭失的消息只要被任何人得知即构成合同无效的条件。还有其他的一些立法，分别是关于对保险征税的规定，关于保险合同的形式的规定，关于保证赔付申请即使有效地执行的规定等等。热那亚的立法还致力于禁止纯赌博性质的保险合同，但是效果并不尽如人意。[2]1411 年 5 月 15 日，威尼斯也颁布了立法，禁止威尼斯经纪人承保外国人的风险。1424 年相似的规定又再一次被重申，在法令的序言中立法者还特别解释了这样规定的目的：由于热那亚人、佛罗伦萨人和加泰罗尼亚人之间的战争日益激烈，威尼斯人应当尽量避免卷入其中。[3]

2. 中世纪西班牙的保险立法

1435 年至 1484 年，巴塞罗那连续颁布了 5 项关于保险的立法，内容涉及保险的各个方面，且为现代保险法原则奠定了基础。1435 年的法令是所有法令的基础。该法令的内容涉及保险合同当事人的权利能力，对外国船只的保险，保险标的的

---

[1] W. S. Holdsworth, The Early History of the Contract of Insurance, *The Columbia Law Review*, Vol. 17, No.2 (Feb., 1917), pp.92—93.

[2] 同上书，pp.93—94.

[3] W. R. Vance, The Early History of Insurance Law, *The Columbia Law Review*, Vol. 8, No. 1 (Jan., 1908), pp.9—10.

价值应当同保险金额相适应，全损推定的规则，对保险经纪人的规定，保险费的支付，保险合同的形式，保险合同的执行程序等等。之后的立法对 1435 年的法令进行了补充。如 1458 年的法令赋予了保险人和被保险人更多的自由。还有的法令补充规定了保险费的支付，损失的证明以及执行程序等，同时还首次规定了当危险没有发生的情况下保险单的取消。1461 年的法令规定，禁止以买卖合同或者借贷合同的形式为外国船只和货物提供保险。1484 年的法令对之前的规定做了一些调整，取消了关于对承包外国船只的禁令，同时规定禁止为驶出或者运出直布罗陀海峡（the Straits of Gibraltar）的船只或者货物提供保险服务，但是其目的地为巴塞罗那的除外。这项法令还禁止为根本不存在的货物进行保险。此外，它还涉及损失发生后订立的保险合同的效力问题以及在没有任何消息的情况下推定全损的情形的规定。[1]

3. 英格兰的情况

意大利的习惯法和西班牙的立法对欧洲其他地区产生了深远的影响。其中，意大利商人通过自己的贸易实践对欧洲各地的法律适用所产生的影响不容小觑。英格兰就是一个充分的例证。虽然英格兰保险法的发展几乎在 16 世纪之后才有章可循，这一时间已超出了我们要讨论的中世纪的范畴，但是对英格兰的情况的介绍可以从另一个方面反映出意大利保险习惯法的影响。

英格兰关于保险的最早案例是其海事法院 1547 年的 Broke v. Maynard 案。该案由被保险人提起，他出示了一份意大利文撰写的保险单，上面有两位承包人为之提供了保险。针对被保险人要求支付保险金的诉求，承保人辩称，他们已经支付了部分保险金，但是至今未收到任何被救回的货物，且船只在运输途中改变了既定航线。[2] 可以看出，在这个案件发生之前，保险在英格兰已经是很常见的商业活动了。在伦敦，专门从事保险业务的意大利商人的办公地点被命名为"伦巴第街"（the Lombard Street），在其他地方签订的保险单上都会注明其效力等同于在伦巴第街签订的保险单的效力。17 世纪初，英国国会专门设立了一个委员会以解决保险

---

〔1〕 W. S. Holdsworth, The Early History of the Contract of Insurance, *The Columbia Law Review*, Vol. 17, No.2 (Feb., 1917), pp.94—96.

〔2〕 同上书，p.96.

案件，这个委员会由商人、罗马法律师等组成，适用商人法裁断案件。[1] 到曼斯菲尔德担任王座法院大法官时，他的罗马法背景帮助他克服了普通法法官的成见，将商人法融入到英国普通法当中。这一切的事实都证明，英格兰的保险法是吸收中世纪欧洲商人法的内容形成的，而意大利商人对他们的法律的传播对此起到了非常重要的作用。

从上述文献资料中，我们可以发现一个有趣的现象，那就是几乎所有从事商业保险的商人都来自意大利。这并非巧合，意大利商人在银钱业中确实占据着绝对优势。正是意大利商人在欧洲银钱业中的实力让他们能够"垄断"商业保险业务，而他们在这项商业活动中所发展出来的习惯法也正是通过他们的"垄断"实力被灌注到了欧洲各地的商人法庭中，成为欧洲普遍遵循的法律规则。布鲁日商事法庭的案卷材料正好向我们展示了保险法的统一过程。

在布鲁日，商事法官们一旦遇到保险案件就会主动地向著名的意大利商人咨询相关的商事规则。而意大利商人的意见对法官来说是非常重要的断案依据。这样，许多意大利商人所遵循的关于保险业务的习惯法就被法庭的判例所确认，成为真正的法律。这些规则包括：保险人一旦支付了保险金，他就理所当然地成为保险标的货物残骸的所有人；保险人对起航前就已经沉没的船只或者在签订保险合同时已经灭失的船只不负赔偿责任；如果没有关于船只的任何消息，那么保险人在被保险人宣布放弃对被保险货物的所有权之前有权拒绝支付保险金；如果有理由相信被保险人在签订保险合同之前已经通过秘密情报得知船只失事的消息的，那么保险人没有任何赔付义务等等。[2]

三、票据法

现代意义上的票据法，严格地说，在中世纪欧洲并不存在。但是，如果从法律史的角度探讨票据法的起源和发展，将中世纪欧洲产生和发展变化中的关于票

---

[1] W. S. Holdsworth, The Early History of the Contract of Insurance, *The Columbia Law Review*, Vol. 17, No.2 (Feb., 1917), pp.98, 103.

[2] Florence Edler de Roover, Early Examples of Marine Insurance, *The Journal of Economic History*, Vol.5, No.2 (Nov., 1945), p.199.

据的法律原则和规定成为票据法，应该也不为过。中世纪欧洲的票据还处在发展形成阶段，因此，这时的票据并不具有现代意义上的内涵，即它的内涵并不严格地指代汇票、本票和支票的总称。中世纪欧洲的票据主要指汇票，且其内涵和用法也与现代的汇票不同。从历史发展的角度分析汇票的形成过程可以帮助我们还原它的真实面貌。

（一）关于汇票起源的争论

1. 古代社会是否存在汇票

汇票的产生同商业的发展密切相关，它可以使商人们免除携带巨额金钱的负担，也可以避免盗贼拦路的隐患，还可以实现不同货币的兑换，极大地便利了商业活动。反过来，如果没有商业的需求作为动力，汇票也不可能产生。那么，在商业繁荣的古亚述、古希腊和古罗马是否存在汇票呢？否定的回答几乎是学者们一致的结论。

古亚述帝国有许多泥板文书存世，这些泥板中有许多是关于当时贸易活动的记载。在它们被考古学家发掘之后，有许多泥板被运往欧洲，大英博物馆就收藏有许多古亚述的泥板文献。这些文献中有一些是对支付一定金钱的债务记载，有的还注明了具体的记载日期，但是很可惜其中没有任何可以被称为汇票的东西。[1]

古希腊的商业也异常发达，鼎盛时期的雅典帝国几乎垄断了地中海和黑海沿岸的一切贸易活动。当时的雅典商人中也有专门从事银钱汇兑业务的人，他们被称为"银行家"（Τραπεζιτες）。但是这些所谓的"银行家"所从事的业务只是简单地为当地人提供外国货币，或者进行零钱兑换更大币值的货币并收取佣金的业务。可以非常肯定地说，这一时期的银钱业同汇票所服务的汇兑业务没有任何共同之处。[2] 因此，古希腊也不可能存在汇票。

至于古罗马，有两份现存的资料与这一主题直接相关，一份是西塞罗的一封书信，另一份是《学说汇纂》（Pandects）。在西塞罗的一封书信中，他询问一个名叫阿提卡斯（Atticus）的朋友，罗马是否有人可以帮助他为其即将去雅典求学

---

[1] See A. M. Keiley, Bills of Exchange, *The Virginia Law Register*, Vol. 6, No.2 (Jun., 1900)，p.73.

[2] 同上书, p.74.

的儿子提供资金补给。因为在当时的罗马有这样一种做法，即某人可以向一个在罗马的人支付一笔钱，而要求后者指令其在另一个地方的债务人向该地的另一个人支付同样价值的货币。西塞罗书信中即暗示了这种做法的存在，而这似乎同汇票所担负的功能类似。在《学说汇纂》中有两个地方（Dig. Lib. 13, tit. 4, 1. 7 和 Dig. Lib. 13, tit. 4, 1. 9）提到了一种合同，用于在不同的地方进行银钱汇兑或者用于预付一定金钱而后在另一个地方得到归还。这两份文献所提到的做法似乎都与汇票有些类似，但是就汇票的本质特征——可流通性而言，他们还无法被等同于真正的汇票。因此从这一点出发大多数学者认为在古罗马不存在汇票，因为汇票的可流通性这一特质在古罗马并没有出现，或者并没有在商业活动中得到广泛的应用。[1] 有学者还从当时关于债权债务的实现的角度分析到汇票不可能存在于古罗马的原因：由于古罗马商人可以派遣自己的奴隶去国外履行债务或者收取债款，因此根本没有使用汇票的必要，这也是为什么西塞罗在他的书信中会寻求其他的方法为儿子提供给养的原因。[2]

2. 汇票在中世纪的起源

关于汇票的起源，到目前为止还没有定论。但是有学者提出了具有一定合理性的假说，他们有的将汇票的发明归功于犹太人，有的认为是意大利人出于商业需要的驱动发明了汇票。

1181 年，法兰西国王腓力二世颁布敕令，驱逐境内所有的犹太人，令他们在 3 个月内处理完个人事务然后离境，他们的一切不动产被没收，但是法令允许他们保留属于他们的钱款和其他动产。这些犹太人几乎都逃到了伦巴第地区，在逃离之前，他们将所有的动产出售，并将一切路途中不必要的钱财一起交给他们在法国的朋友保管。在当时的欧洲各国都有这样的禁令，即不允许将本国的货币或者贵重金属输出国外，法国当然也不例外。在伦巴第立足之后，这些犹太人将他们在法兰西的财物出售给伦巴第的商人们，同时向他们交付一份票证以使后者可以在法兰西得到购买的财物，这就是犹太人发明汇票的故事。[3]

[1] See Joseph Story, *Commentaries on Bills of Exchange*, Boston, Little, Brown, 1853, pp.6—7.
[2] See A. M. Keiley, Bills of Exchange, *The Virginia Law Register*, Vol. 6, No.2 (Jun., 1900), pp.73—74.
[3] 同上书，p. 74.

　　布莱克斯通在谈到汇票的起源时说，"这一方法好像是由犹太人和伦巴第人引入的，目的是为了规避法律对他们高利贷和其他罪恶行为的禁令，从而更加方便地将利润从法兰西和英格兰转移到他们定居的地方。但是汇票的发明是更早些时候的事情；它发生在 1287 年犹太人被赶出吉耶纳（Guienne）和 1290 年被逐出英格兰的时候……"[1]

　　关于意大利人发明汇票的理论从货币和银行业的发展角度为这一问题提供了不同的解释。这种理论认为，随着欧洲贸易的发展，十字军东征时期地中海的航运业和货币经济（the monetized economics）迅速崛起。在这种情况下，商人们需要一种新的结算方式来解决缺少货币或者货币不足时的结算问题。于是在 12 世纪时，欧洲，尤其是热那亚，产生了非现金支付方式（cashless payment）。最初的非现金支付方式是在香槟集市上使用的"集市信件"（lettres de foire）以及"兑换凭证"（instrumentum ex causa cambii）。它们通常与"信用凭证"（instrument of credit）、汇款业务（money transfer）和贷款业务（money serve）联系在一起为出口融资（financing of export）以及非现金的资金转移服务。它们以公证人认证（notarially certified）的文书形式存在，被认为是意大利商人，尤其是热那亚商人为了方便穿行于国际性集市的行商贸易而创造的付款允诺（payment promises）或者债务确认（payment obligations）。当行商贸易被坐商贸易取代之后，情况发生了重大的变化，商人们可以指派一名可靠的人、他的代理人或者合伙人到各地的集市负责上述融通资金或者偿付债务的活动。于是，交给被指派者的相当于支付指令（an order of payment）非正式的信函则取代了上述两种凭证并逐渐发展成为汇票。这一支付方式的产生是建立在意大利商人覆盖整个欧洲的商业网络之上的，这个商业网络使意大利银行家们可以在任何地方汇兑或者支取资金，于是正式的公证人文书不再有存在的必要，非正式的支付信函成为更加实用且更为经济的贸易工具。13 世纪时，这种支付指令仅在同一个商业团体内部且仅在两个不同的地点之间担负金融结算功能；进入 14 世纪以后，这种票证则可以在不同的商人和不同的商业团体之间进行汇兑，于是汇票（lettera di cambio）诞生了。汇票同上述付款允诺和债务确认文书之间最大的区别在于汇票不是债务的允诺，而是要求在另一个地方的第三人付款以解除

---

[1] See Joseph Story, *Commentaries on Bills of Exchange*, Boston, Little, Brown, 1853, p.8.

债务的指令。[1]

上述关于汇票起源的理论对历史上的票据的判断都有自己的标准，有的将包含指定异地的第三人付款的指令的信函作为汇票，而有的认为除了上述内容之外，汇票还应当包括可流通性。笔者认为，不妨在一个比较宽泛的意义上讨论汇票，而从发展的角度看待它的流通性，这样我们可以更加全面地树立汇票发展的历史。

（二）中世纪欧洲的汇票

汇票是商业史上公认的伟大的发明。有了它，买主和返程的卖主都无须再随身带着笨拙的货币或者金、银等贵金属；相反，商人们无须亲自四处奔波，仅仅通过汇票就可以让他设置各地的代理人为他办理汇兑或者收账的事务。它使银钱商人可以足不出户而坐拥国际业务。因此有学者将汇票的发明看作是 13 世纪欧洲商业的一次革命。[2] 应该说，中世纪的欧洲汇票的应用是相当普遍的，但是现存的文献却相当稀少，笔者仅能够尽量呈现能够收集到的相关资料。

1. 现存的中世纪汇票实例

现存最早的一份汇票是卢卡的一位名叫巴纳（Barna）的商人出具的，指示在比萨的付款人付款，出票的日期为 1339 年 10 月 5 日。票据中涉及的当事人有四个，除了出票人巴纳之外，还有付款人巴塔洛·卡西尼（Bartalo Casini）和比萨公司，收款人兰杜奇奥·布斯德拉吉（Landuccio Busdraghi）和他的公司以及汇款人特兰哥瑞迪·博纳温达（Trancredi Bonaguinta）和他的公司。这份汇票的原文如下：

Al nome di Dio amen. Bartalo e compagni: Barna da Lucha e compagni salute. Di Vignone. Pagherete per questa lettera a di xx di novembre 339 a Landuccio Busdraghi e compagni da Luca fiorini trecento d'oro, che questo di della fatta n'avemo da

---

[1] Markus A. Denzel. Leipzig, *The European Bill of Exchange*, IEHC 2006 Helsinki, Session 2, pp.3—5. 赫尔辛基官网。http://www.helsinki.fi/iehc2006/papers1/Denzel2.pdf，访问日期为 2011 年 4 月 25 日。

[2] 同上书，p.12.

Tancredi Bonaguinta e compagni, a raxione di Ⅲ I e quarto per C alloro vantaggio, e ponete a nostro conto e ragione. Fatta di V d'ottobre 339.——Francesco Falconetti ci a mandate a paghare per voi a gli Acciaiuoli scudi CCXXX d'oro.[1]

另一份汇票的日期为 1381 年 2 月 1 日，完整的内容如下：

以上帝的名义，阿门。1381 年 2 月 1 日，请据此支付 43 镑（de grossi），作为我从 Sejo&Co. 收到的 440 金币（ducats）的交换。——无论如何，支付即使。[2]

1404 年，布鲁日的地方长官（magistrate）写给巴塞罗那的地方长官的一封信中附带提到了一份汇票，原文如下：

Al nome di Dio amen. A di 18 Maggiore, 1404. Pagate per questa prima di cambio ad usanza à Piero Gilberto et à Pièro di Scorpo scuti mille di Felippo à soldi 10 Barcelonesi per scuto, I quail scuti mille sono per cambio, che（…）con Giovanni Colombo à grossi 22 di 9. scuto; et pagate à nostro conto et Christo vi guardi.——Antonio Quarti Sal. de Bruggias.[3]

中世纪欧洲的汇票通常情况下包含下列要素：[4]

第一，通常在交易中会出现三名或四名当事人。首先是出票人（the issuer of the bill, the drawer or drafter）。他从汇款人（remitter）处接受了钱款，因此出票人也被称为借款人（taker or prenditore）。其次是汇票的收信人（addressee）或者付款人（the drawee, trattario, payer, pagatore）。付款人在承兑汇票并在汇票上签字之后

---

[1] Edward Jenks, The Early History of Negotiable Instruments, in *Select Essays in Anglo-American Legal History*, Vol. 3, Little, Brown & Company, 1909, p.55.

[2] A. M. Keiley, Bills of Exchange, *The Virginia Law Register*, Vol. 6, No.2 (Jun., 1900)，p. 75.

[3] Edward Jenks, The Early History of Negotiable Instruments, in *Select Essays in Anglo-American Legal History*, Vol. 3, Little, Brown & Company, 1909, p.55.

[4] Markus A. Denzel. Leipzig, *The European Bill of Exchange*, IEHC 2006 Helsinki, Session 2, pp.6—7. 赫尔辛基官网。http://www.helsinki.fi/iehc2006/papers1/Denzel2.pdf，访问日期为 2011 年 4 月 25 日。

成为承兑人（acceptant）。如果付款人拒绝付款（protest），那么这份票据就无法兑现（dishonored）。如果汇票被指定送往并非付款人所在地的另一个地方，则这份汇票叫做指定支付地点的票据（domiciled）。再次，汇票中会涉及的第三个当事人叫汇票的受益人（the beneficiary of the bill, beneficiario），由他将汇票交付（present）给付款人从而得到付款人向其支付的汇票的票面金额。因此受益人也就是收款人（payee）。最后，汇票中还会涉及的一名当事人是汇款人（the deliverer or remitter, rimettente）。汇款人将钱款交给出票人从而得到汇票。在只涉及三方当事人的汇票中，收益人和汇款人则合二为一，因此，在现代意大利语中，汇款人（remitter）还是被翻译为受益人（beneficiario）。

第二，汇票中包含的第二个要素是汇款的数额。

第三，汇票付款时所采用的货币种类（currency），汇率，以及可能会影响支付的货币政策（coinage）。

第四，汇票的兑现期限（the term of the bill, usance）。兑现期限涉及到汇票的支付日期和债权人被给予的周转期限。汇票的兑现期限在不同的地区、不同的市场是不相同的。通常汇票的期限都可以延长以扩展汇票可使用的空间距离（the distancia temporis），从而扩大其信用额度（the credit line）。直到18世纪时，汇票中所采用的术语都是"uso"、"2uso"或者"2½ uso"，这表明传统的用于两个市场之间的汇票的兑现期限是可以延长或者缩短的。按照兑现期限的不同，汇票分为出票后定期付款的汇票（dato-bill）和见票即付的汇票（sight-bill）。

第五，汇票的出票日期。

第六，出票人的签字。

从上面的分析可以看出，中世纪欧洲的汇票同现代的汇票有许多不同之处，其中一个重要的区别即在于汇票中通常涉及四个当事人，而这在当时是普遍的情况。另一个比较特别的地方在于，现存的汇票中很多都是以意大利语写成的，从中可以推测意大利人对于汇票发展的影响。

2. 中世纪欧洲汇票的应用

汇票在中世纪欧洲的贸易中主要有两种用途：一种是在货物买卖中作为支付方式使用，另一种是用于纯粹的货币汇兑交易。

在第一种用途中，在 A 市的卖方可以在将货物发往 B 市的买方的同时向其开出一张汇票。这就意味着，卖方指示买方在一定期限内在 B 市向收款人（payee, beneficiario）支付他欠收款人的钱款（因为收款人，或者受益人从卖方手中购买了这张汇票）。在这里卖方相当于借款人（taker, drawer, prenditore），而买方相当于付款人（payer, drawee, pagatore, trattario）。为了尽快地得到货款，卖方可以将汇票卖给一个当地的同行从而获得以 A 市的货币支付的钱款，这样卖方无需等待几周之后买方的付款就已经有足够的资金投入下一次交易了。而购买汇票的商人相当于为卖方提供了一份信贷融资（a credit finacing）。当出票人宣称他已经从汇票购买人处收到钱款时，也就是在宣称这位汇票的购买人而不再是他自己应当接收买方的付款。同时，出票人对汇票的兑现负有担保责任，他要对收款人最终能够得到以 B 市的货币所支付的等值的款项负责。之后，汇票的购买人，也就是汇款人（the deliverer or remitter, dattore, rimettente）会将这份原始的汇票，通常还附带一份书信（advice letter）一起寄给收款人（汇票人在收款人处通常开立了一个资金账户）。为了保险起见，汇款人也经常同时寄出好几份汇票的抄本。同时，汇款人或者出票人也会将一份或者几分汇票的副本，有时也连带一份书信，寄给付款人。接着，收款人会将汇票提交给买方要求其承兑，买方一旦在汇票的背面写上"accettata"（接受）字样，签上自己的名字并且注明日期，即表示他同意承兑付款。在中世纪晚期，由于通信和运输的困难，汇票通常都是在快到最后支付期限的时候才能到达目的地，因此提示承兑和付款通常都是同时进行的，于是承兑之后的付款期限问题几乎可以不做考虑。通常情况下，承兑也可以采用口头的方式进行，承兑人的口头承诺和书面的承兑具有同等的效力。一旦承兑人向收款人支付了汇票的票面金额，那么此前所有当事人之间产生的相互义务都接触了。由于汇票的兑现期限足够的长，因此买方有足够的时间将货物出售以筹备货款清偿债务。由此可见，汇票的优势在于，它既可以让卖方即时地得到资金，又可以让买方进行信用赊购；同时买方和收款人都可以得到当地的货币付款而无需进行危险而笨重的现金运送过程，可谓一举多得。[1]

在第二种用途中，汇票仅仅作为汇款工具使用。大多数情况下，这种用途中

---

[1] Markus A. Denzel. Leipzig, *The European Bill of Exchange*, IEHC 2006 Helsinki, Session 2, pp.7—9. 赫尔辛基官网。http://www.helsinki.fi/iehc2006/papers1/Denzel2.pdf，访问日期为 2011 年 4 月 25 日。

只会涉及三方当事人，因为汇票人和收款人可以合并为一个人。在这种情况下，汇款人也可以通过转让汇票从而将资金送到另一地方，比如收款人的所在地。[1]

综上所述，汇票在中世纪欧洲的商业贸易中可以发挥四个方面的作用：首先，它是一个输送资金的安全途径；其次，它是货物买卖中的一种支付方式；再次，它可以充当一种信用融资手段，商人们可以通过开具汇票(dare a cambio)而借到资金，也可以通过出售汇票（cambi a credenza）而获得异地的货币；最后，商人们可以从不同地区之间货币的汇率差异中获利，即进行套利交易（arbitrage transaction）。正是由于汇率的不确定性，出票人和付款人常常会协商确定一个高于铸造币值相对价值的比率作为汇率进行交易，而这之间的价值差被认为是一种隐性的收益，它可以帮助商人们规避教会关于高利贷的禁令。这也被认为是汇票最重要的价值所在。[2]

在中世纪欧洲的票据交易中，有一种叫做"试行交换"（dry exchange）的伪装为汇票交易的贷款行为。举例而言，佛罗伦萨的一所银行可以为某一意大利商人提供一笔贷款，而后获得一张由这名商人出具的在将来某一时刻以这所佛罗伦萨银行在国外的某一市场的代理人为收款人的汇票。当这张汇票到期（matured）时，这所银行的代理人将会出具一份新的汇票，收款人为佛罗伦萨的这所银行，付款人为该意大利商人，而付款日期为更晚的某一时间。通过这种方式，这名意大利商人可以在这次汇票交易期限内使用上述借款，而当交易结束后，他将连同手续费一起归还所欠的资金。这里的手续费就是银行所收取的利息。[3]

（三）中世纪欧洲的票据立法与案例

1. 中世纪欧洲的票据立法

虽然没有确切的证据可以证明票据产生于意大利，但是就意大利商人在中世

---

[1] Markus A. Denzel. Leipzig, *The European Bill of Exchange*, IEHC 2006 Helsinki, Session 2, p.9. 赫尔辛基官网。http://www.helsinki.fi/iehc2006/papers1/Denzel2.pdf，访问日期为 2011 年 4 月 25 日。

[2] 同上。

[3] Larry Allen, *The Encyclopedia of Money*, ABC—CLIO. LLC, 1949, p.45.

纪欧洲的贸易实力以及现存的票据所使用的意大利文字可知，意大利对票据的应用和影响都达到了一个相当高的程度。可以想见，意大利地方立法很有可能已经将票据作为其规范的一个重要内容。据说在1272年威尼斯的市镇立法中有一章名为"De Litteris Cambii"，有学者认为这是专门针对汇票的规定，也是目前所知的对汇票的最早的立法。[1] 但是笔者没有找到这份立法的原文，因而也无法呈现它的真实内容。1391年皮亚琴察的法令（a Piacenza ordinance of the year 1391）似乎也对汇票做出了规定，它要求所有从事银钱汇兑业务的商人（campsores）必须向他们的存款人出具一份书面的承诺书，证实他们从存款人那里收到了这笔确定金额的款项，并且银钱商还必须将这份承诺书记录在他们自己的账簿当中，从而作为有利于存款人的证据。同时，法令还承诺一旦发生争议将给予受害方特别的、即时的救济。[2] 这里的存款人包括汇票中的汇款人。

日期为1394年3月18日的一份巴塞罗那的官方立法，更加直接地对汇票做出了规定。这份法令主要是关于丝绸商人所使用的度量衡以及关于汇票的承兑形式的规定。它要求所有被提示付款的人都应当在24小时以内做出是否承兑（complira）付款的答复，（如果决定承兑的）则应当在汇票上背书（indorse）并注明提示（presentation）的日期。如果付款人没有遵守上述规定，那么法律即推定他已经承兑。[3]

法兰西关于汇票的第一份立法是路易十一在1462年为创立或者说复兴里昂的集市而颁布的。其中关于汇票的内容规定："在集市上，所有的商人都已经习惯于进行汇兑交易（deal in exchange）并且收取折扣和利息。因此从尊重商人们的交易习惯出发，（在此规定）所有人，无论来自哪个国家、地区，都可以在（里昂的）集市上通过汇票接受或者汇出资金，但是英格兰人除外。"[4] 这一立法同当时欧洲普遍存在的禁止货币和贵金属输出的规定是相违背的，从中可以看出一个国家的贸易政策。为了促进集市的贸易，在集市开始期间也许还包括集市结束后的一段时间，货币是可以随意流通的，只要它们不流向英格兰和罗马即可。这项法令还

---

[1] A. M. Keiley, Bills of Exchange, *The Virginia Law Register*, Vol. 6, No.2 (Jun., 1900), p. 74.

[2] Edward Jenks, The Early History of Negotiable Instruments, in *Select Essays in Anglo-American Legal History*, Vol. 3, Little, Brown, & Company, 1909, pp.53, 70.

[3] 同上书，p.53.

[4] A. M. Keiley, Bills of Exchange, *The Virginia Law Register*, Vol. 6, No.2 (Jun., 1900), p. 75.

规定，为惩治那些不履行票据义务的人（defaulter），当地还设立了一个特别法庭，采用简易的程序（summary process）进行审判。这里的简易程序同皮亚琴察法令中规定的程序类似，应当是当时欧洲商人案件的通常处理程序。可惜的是，在上述两个法令中都没有关于这一程序的具体说明。据说 1454 年博洛尼亚也颁布了类似的法令（Bolognese Ordinance of 1454），但是笔者无法找到法令的原文。[1]

据信，汇票被引入英格兰的时间大约是 1307 年，因为在这一年爱德华一世下令将在英格兰征收的献给教皇的税金采用汇票（per viam cambii）的方式支付，而不直接输送钱币或者金条（bullion）。笔者没有找到中世纪英格兰关于汇票的立法，通说认为票据法同商人法的其他内容一样都是从欧洲大陆借鉴而来的。在中世纪的英格兰，关于汇票的案件同其他商事案件一样都是在集市上或者重要贸易城镇的法庭上依据商人的习惯法进行审判的，普通法中没有任何关于商事法的规定。直到 16、17 世纪时，随着集市的衰落，商人开始寻求普通法院的救济，尤其是在曼斯菲尔德担任王座法院首席大法官之时，商业习惯才被普通法吸收成为其重要的组成部分。[2]

应该说，上述零星的立法尝试只是票据立法的一个开端，这些规定还远未达到一部成熟的票据法的程度。法兰西在 1572 年、1667 年、1673 年又分别颁布了相应的法令对汇票进行规范。[3]随着商业和立法的不断实践，票据法在近代得以完善，但是这已经超出了本文讨论的范围，因而在此不便继续讨论。

2. 中世纪欧洲的票据案例

15 世纪中期的布鲁日市镇议会（the Town Council, or Schöffengericht of Bruges）档案中留存了一些关于汇票的案例，我们可以从中大致地了解当时案件审理的情况。其中一个案例名叫"Spinula v. Camby"，判决日期为 1448 年 3 月 29 日。案情大致如下：1439 年 6 月 3 日，阿维尼翁的伯纳德（Bernard）和马蒂亚斯·赖茜（Matthias Ricy）向巴尔迪兹（Bardiz）的塞鲁奇（Cerruche）开具了一张票面金额

---

[1] Edward Jenks, The Early History of Negotiable Instruments, in *Select Essays in Anglo-American Legal History*, Vol. 3, Little, Brown & Company, 1909, pp.53—54, 57.

[2] James Steven Rogers, *The Early History of The Law of Bills and Notes*, Cambridge University Press, 1996, introduction, pp.1—2.

[3] A. M. Keiley, Bills of Exchange, *The Virginia Law Register*, Vol. 6, No.2 (Jun., 1900), p. 76.

为 450 弗洛林的汇票。这张汇票上载明的付款人是布鲁日的玛丽安·劳（Marian Rau），收款人是伯纳德·坎比（Bernard Camby）（被告）和另外一个人。玛丽安·劳在汇票到达布鲁日之后，不久就全额付清了钱款，但是，被告却谎称付款人"拒付"（protested），又将汇票送回了阿维尼翁。为此，赖茜被迫再次付款（大概是向 Cerruche）。马蒂亚斯的权利不知通过什么途径，又转移给了他的兄弟奥多，而后者又通过正式的契据（在法庭上），将这一权利转让给了原告斯皮努拉（Spinula）。于是，原告起诉被告，要求他退还玛丽安支付给他的款项。针对原告的起诉，被告申辩道：首先，在奥多将汇票转让给原告之前，他已经破产了，因此，他的财产和债务都应当属于他的债权人；其次，被告自己同奥多·劳（Odo Rau）之间并没有任何交易，（交易是在他和玛丽安之间进行的）因此，假如被告是以玛丽安的名义向他提起诉讼的，那么，他愿意履行一名诚实的商人应当履行的责任。法庭派出了几名法官审理这一案件，他们同时还要请两名商人为法庭提供参考意见。这两名商人，一名来自卢卡，一名来自比萨。案件的当事人还选任这两名商人担任他们争议的仲裁员（arbitrator）。最后，法庭判决驳回原告的起诉，理由是劳转让给原告的权利是子虚乌有的。[1]

在这个案件中，我们可以发现许多现代票据法上的细节，比如收款人的提示付款（presentation），比如拒付，以及收款人对出票人的追索权（recourse）。当然，其中也明确地体现了中世纪汇票的习惯规则，比如这份汇票中涉及到四个当事人，比如邀请意大利商人作为仲裁人和法庭的参谋，以及当时的法庭对票据背书转让的不认可。[2]

同样是在 15 世纪，吕贝克的市镇议会也作出了一个关于汇票的上诉判决（appellate jurisdiction），同上面一个案件相比，它表明法庭对汇票流通性的肯定。案件经过如下：赫尔曼·塞德蒂森（Herman Ziderdissen），莱茵河上的科隆人氏（burgher of Köln on the Rhine）将同为科隆籍的约翰·克莱森（Johan Cleitzen）带到吕贝克的议会厅，要求判决后者支付 100 莱茵金币（Rhenish gulden）。这笔钱款是约翰欠弗

---

[1] Edward Jenks, The Early History of Negotiable Instruments, in *Select Essays in Anglo-American Legal History*, Vol. 3, Little, Brown & Company, 1909, pp.57—58.

[2] 同上书，p.58.

兰克·格雷韦勒德（Frank Greverôde）和他的继承人的以及涉案汇票的持票人的。
由于约翰本人在记载这笔钱款的汇票上签了字，盖了章，因此他也应当对汇票的
持票人承担付款责任。但是约翰辩称，赫尔曼必须证明他是如何从弗兰克处得到
这一权利的，如果他无法证明，那么他不对赫尔曼负责。最终法庭作出判决：由于
汇票上明确地记载着"hebbere des brêves"字样，而且被告承认他在汇票上签了字
（underwritten），那么他就必须承担付款责任。[1] 很明显，原告通过某种途径获得了
这种汇票，这是汇票进行流通的反映，而法庭判决原告胜诉则是对汇票流通性的
承认。

综上所述，汇票在中世纪欧洲的应用已经非常广泛，它不仅便利了货物贸易，
而且还为金融投资创造了机会。中世纪时期的票据法仅仅处于起步阶段，但是这
段时期的立法实践尤其是商业实践无疑为票据法最终的成熟打下了坚实的基础。

四、破产法

破产制度的起源，可以追溯到罗马法时期。公元前 105 年罗马行政官普布利
乌斯·鲁蒂利乌斯·鲁弗斯（Publius Rutilius Rufus，公元前 158—公元前 78 年）
设计的变卖破产债务人的财产（bonorum venditio）程序和后来改进了的部分变
卖破产债务人财产（bonorum distractio，或称财产零卖）程序可以称作破产制度
的起源。

这一程序在罗马帝国灭亡之后，在中世纪的意大利得到复兴。后者又对破产
程序进行了改进，加入了许多新的元素，例如破产程序启动的条件，破产回溯制
度等。这些新的元素成为现代破产制度的构成部分。德意志和法兰西关于破产的
规定比较落后，但是由于商业往来的频繁，它们从意大利吸收了相关的制度，这
些制度首先在两个地区发达的商业城市中得到应用。西班牙在很大程度上继承了
罗马法的规定，阿方索十世颁布的《七章律》就是一个很好的证明。

同罗马相比，西班牙更加注重公共利益的维护，债权人的私力救济方式不仅

---

[1] Edward Jenks, The Early History of Negotiable Instruments, in *Select Essays in Anglo-American Legal History*, Vol. 3, Little, Brown & Company, 1909, p.64.

得不到承认还要受到处罚。全程由法院主导的破产还债程序可以说是现代破产制度的理念根源。而荷兰的相关制度则基本上全部来自于对西班牙制度的照搬。英格兰的情况同欧洲大陆各国的情况很不相同，起初由于商业贸易的沟通，人们认为英格兰在商贸纠纷中适用的法律正是欧洲大陆上通行的商人法，而破产制度被认为是商人法中的应有内容。但是法学家们并没有找到破产程序在中世纪英格兰实际执行过的例子。[1] 就破产制度而言，在英格兰中世纪的法律文献中仅能找到一些类似于破产财产集中管理、债权申报以及防止债务人欺诈等内容的线索。因此，总体而言，我们可以得出这样的结论：现代破产制度起源于罗马法，在中世纪的欧洲大陆得到不同程度的发展，其基本要素在这一时期已初露端倪。

值得注意的是，西班牙的许多习惯法受到犹太人法律的影响非常大，西班牙法院主导破产执行程序的做法很可能直接来自于犹太人的法律。又如，13 世纪西班牙托尔托萨的习惯法（the costumbers of Tortosa）就债权人申请财产让与令（a cessio）的规定是：债务人必须亲自到法院向法院陈述自己无力偿还债务的事实，并且他必须发誓用他今后的财产所得偿还所有的债务。在犹太法律中也有相同的规定，而且其规定更加详细。比如，法律考虑了多数债权人的情况，规定债务人无须在每一位债权人面前就上述内容重复起誓，他在法院做出的誓言对所有债权人都同样有效。不仅如此，在一本用希伯来语写成的名为"Sefer Mamar Kadishin"的著作中，人们发现了犹太人关于破产制度的立法，从中可以看出，犹太人关于破产制度的设计已经相当完善。[2] 由此我们可以推测，犹太人的法律可能对现代破产制度的形成也起到了非常重要的作用。

（一）罗马法关于破产的规定

在罗马法中，我们可以找到破产制度构成要素的最初形式，即破产财产集中

---

[1] Louis Edward Levinthal, The Early History of English Bankruptcy, *University of Pennsylvania Law Review and American Law Register*, Vol. 67, No. 1 (Jan., 1919), pp.4—5.

[2] 同上书，Vol. 66, No. 5/6 (Apr., 1918), pp.249—250.

管理与执行，防止债务人欺诈的规定，以及对诚实的破产者的保护。

1. 破产财产的集中管理与执行

公元前 105 年，罗马行政官普布利乌斯·鲁蒂利乌斯·鲁弗斯为了解决私人债务纠纷在罗马法中引入了变卖破产债务人财产的程序。[1] 这一程序在罗马法中被称为"破产债务人财产的买卖"（bonorum emptio or venditio）。按照罗马法的规定，如果债务人实施了下列行为之一，那么债权人就可以申请依破产程序拍卖债务人的财产以偿还债务：(1) 债务人潜逃，或者躲避债权人；(2) 债务人在法院做出偿还债务的判决后 30 日内没能清偿债务；(3) 在债务没有得到免除的情况下，债务人仅仅承认债务的存在但是没有任何偿还债务的行动。进入破产程序后，债权人将获得执政官颁发的破产财产管理授权书（a missio in possessionem），从而接管债务人的所有财物。接着执政官将在固定的期限内发布三个裁定：第一个授权债权人张贴公告，向公众告知债务人财物拍卖的信息，同时通知其他债权人前来申报债权；第二个授权债权人从他们当中选举一位托管人监督破产财产的拍卖；第三个授权债权人发布他们要求的破产财产被出售的条件。在这三个裁定颁布之后，破产财产将被拍卖，并将以最高的竞标价售出。破产财产拍卖所得的收益将在债权人中按比例进行分配。[2]

在罗马帝国时期，这一破产程序有了一些变化。这一变化可能起因于债务人是元老院的长老时的特殊规定。当债务人是元老院的长老，而债权人又同意的情况下，行政官可以指定一名负责破产清算的官员（a curator bonorum）来负责债务人财产的集中管理和分配，而不采用上述的破产程序。这一做法慢慢地演化为查士丁尼时代通行的破产财产处理程序，罗马法中称为"部分变卖财产"。在这一程序中，债权人首先向行政官员申请一份类似于上述破产财产管理授权书的手令（a missio in bona），而后执政官将指定一名清算官员负责处置债务人的所有财产并将所得的收益按比例分配给所有债权人。[3]

---

[1] Louis Edward Levinthal, The Early History of Bankruptcy Law, *University of Pennsylvania Law Review and American Law Register*, Vol. 66, No. 5/6 (Apr., 1918)，p. 232, footnote 34.

[2] 同上书, pp. 235—236.

[3] 同上书, p.236.

与上述程序不同的是，由清算官员负责破产财产的处理相对于债权人为了自己的利益而处置破产财产更符合公平的价值追求。在变卖破产债务人的财产程序中，管理和处置债务人财产的托管人本身是债权人，他为了自己和其他债权人的利益处置债务人的财产，考虑的完全是自己一方的利益。在这一程序中，无论债务人的财产是否足够偿还所有债权，债务人都将失去他所有的一切，包括今后的生活保障。而在部分变卖破产债务人财产的程序中，负责破产管理的是行政官员指定的清算官员，他代表公共利益，中立于债权人和债务人之间。在这一程序中，债务人的财产将按照债权的数额出售，其收益按比例进行分配，债务人可以保留剩余的财产。[1]

2. 防止债务人欺诈的规定

破产法的重要性之一在于，它能够在债务人财产不足以偿还所有债务之时将之在所有债权人之间进行公平的分配，这一功能在前述程序中已经得到实现。而破产法的第二个重要的功能则在于防止债务人对债权人的欺诈。这里所说的欺诈的主要方式即债务人隐匿破产财产，或者将破产财产非法转让致使债权无法实现。针对债务人可能实施的欺诈行为，罗马法也规定了相应的对策。

罗马法规定，债务人的任何足以导致其破产财产减少的行为都应认定为是对债权人的欺诈行为。其中，就债务人转让财物的行为而言，如果受让方明知出售方已经破产仍然同其进行财物交易，那么即使具有充分的对价，该交易也要被撤销；如果财物的转让没有充分的对价，那么即使受让方是不知情的善意第三人，该交易同样将被认定为无效。对此，债权人可以采用措施维护自己的权益。[2]

3. 对诚实的破产者的保护

起初，按照变卖破产债务人财产的程序进行破产偿债的人都会被剥夺公民权利（infamy）。但是慢慢地，人们开始区分因个人自身原因造成的破产和因不幸而导致的破产，法律对两种情况下的破产者也给予不同的对待。大约是在奥古斯都之前，一项名为《茱莉亚法》（Lex Julia）的法令规定，非因个人原因而破产的人，

---

[1] Louis Edward Levinthal, The Early History of Bankruptcy Law, *University of Pennsylvania Law Review and American Law Register*, Vol. 66, No. 5/6 (Apr., 1918)，p.240.

[2] 同上书，p.239.

将其所有的财物用于偿债后，其公民权利可不被剥夺。

具体而言，非因个人原因而破产的债务人可以申请一份财产让与令（a cessio bonorum）。依据这一文书，债务人将自己除生活必须的财物之外的所有财产交给一名托管人保管。这名托管人由债务人和债权人共同指定，代表债权人的利益管理并出售破产财产，然后分配给债权人。此外，债务人还可以申请皇帝命令债权人选择，要么立即出售破产财产获得补偿，要么给债务人 5 年的期限筹集资金偿还债务。[1]

适用这一财产让与程序的债务人，可以免于被剥夺公民权利，同时也可以免于被逮捕和监禁，此外他还可以保留必要的生活所需。但是债务人不能因适用该程序，而免除剩余的偿债责任，如果该程序适用期间债务人的财产不足以完全清偿债务，那么，此后债务人的收益将继续用于偿还债务，直到所有债务都完全清偿为止。[2]

罗马法关于破产的上述规定为现代破产制度的诞生奠定了基础。在罗马帝国灭亡之后，罗马法的很多内容不再具有拘束力，很多曾经是罗马帝国版图的地区又回到了比较原始和落后的状态，但是同东罗马帝国保持着密切关系的意大利却继承了许多罗马法中关于破产的规定，且有不少创新。

（二）中世纪意大利、德意志和法兰西的破产法

1. 意大利

罗马法在意大利的适用可以说几乎未曾中断过，罗马法中关于破产程序的规定在意大利得以延续和发展。在中世纪的意大利法里，关于破产程序的详细规定最早可以追溯到 1313 年。[3] 而意大利法在一些方面的创新为破产制度注入了新的生命力，这些规定为现代欧洲国家所采纳。

---

〔1〕 Louis Edward Levinthal, The Early History of Bankruptcy Law, *University of Pennsylvania Law Review and American Law Register*, Vol. 66, No. 5/6 (Apr., 1918)，p.238.

〔2〕 Cessio bonorum，维基百科。http://en.wikipedia.org/wiki/Cessio_bonorum，访问日期为 2011 年 4 月 9 日。

〔3〕 Louis Edward Levinthal, The Early History of Bankruptcy Law, *University of Pennsylvania Law Review and American Law Register*, Vol. 66, No. 5/6 (Apr., 1918)，p.242.

　　首先，几乎所有意大利地方法都规定，只要债务人停止支付欠款（suspension of payment），那么债权人就可以启动对他的破产程序。其次，意大利法创制了破产回溯的规定，即债务人在破产之前或濒临破产的一定时期内所为的一切行为都被认为是无效的或者是可以被撤销的。[1]

　　就破产执行程序而言，意大利的规定同罗马法有许多相似的地方，但也有不同之处。意大利各个地方的规定是，破产程序开始以后，由债权人选举一名负责人和一个债权人委员会（creditor's committees）。这名负责人指定一位托管人代表债务人的利益管理债务人的财产。债权人委员会由债权人选举出的三到四位代表组成，行使所有债权人的权利。最终，托管人将债务人的财产变卖后将所得的收益分配给所有债权人。[2]这一程序同罗马法中的变卖破产债务人财产程序非常相似，托管人由债权人指定，债权人通过他管理债务人的财产并将其用于债务的清偿。换句话说，意大利的破产清偿程序是债权人主导的私力救济模式。

　　大多数意大利法律规定在破产程序中适用多数原则，即多数债权人的意见即构成债权人的共同意见，多数债权人的意见可以忽略少数债权人的利益。这里所说的多数既可以就债权人的人数而言，也可以指债权所占比例的多数。在债权人与债务人的和解问题上，多数债权人可以强迫少数债权人放弃他们的债权，并可以直接取代债务人管理其个人事务。在热那亚，法律规定自愿破产的案件中，债权人的五分之三以上可以构成多数；而在非自愿破产的案件中，多数则意味着必须达到八分之七。为了鼓励债权人与债务人之间达成和解协议，法律还特别规定进入破产程序后 8 个月内不得进行破产财产的分配，从而给予债权人足够的时间进行商议。[3]

　　意大利各个地方的法律规定也并非完全一致，例如在破产程序的启动条件以及破产程序是否只适用于商人等问题上各地的法律就存在不同的规定。在意大利北部的费拉拉（Ferrara），法律规定要启动针对债务人的破产程序，必须满足以下

[1] Louis Edward Levinthal, The Early History of Bankruptcy Law, *University of Pennsylvania Law Review and American Law Register*, Vol. 66, No. 5/6 (Apr., 1918)，p.242.

[2] 同上。

[3] 同上书，p.243.

条件：一是有两个债权人声称他们共同的债务人中止了还款，二是有四位证人证明上述两位债权人的主张。[1] 在热那亚，申请执行破产程序的债权数额必须达到 500 镑（librae）。[2]

在中世纪意大利的法律规定中，破产者往往会受到残酷的对待，债权人的侮辱和咒骂是常有的，刑讯的方法也经常用来逼迫债务人说出其财产的藏匿地点。相应的，如果债权人谎报自己的债权数额也会受到严厉的处罚。法律规定，如果某一债权人主张的债权数额超出了他真实的债权额，那么他将丧失其对债务人财产的一切权利。如果有人帮助债务人隐匿财产，那么法律将强制他为债务人全额偿还其所有的债务。[3]

2. 德意志与法兰西

中世纪的德意志地区关于破产的规定相当地落后，罗马法的影响似乎一点都没有渗透到这一地区。债权人索要债务的行为完全是个人行为，债权人相互之间没有分配的观念，偿债的顺序完全遵循先到先得的原则。如果某一债权人抓住了潜逃的债务人并且掌管了他的财产，那么这一债权人可以就债务人的全部财产获得赔偿，他根本不会顾及其他债权人的债权是否能够实现。这一情况到 17 世纪时仍然存在于德意志的一些地区。最早在债权人之间引入分配原则的是汉萨同盟的某些城市，例如吕贝克、汉堡和不来梅（Bremen）。由于商业上的相似性，这些城市的破产程序越来越接近于意大利的做法，很显然它们从意大利吸收了这些方面的规定。[4]

中世纪早期，法兰西也同德意志一样，没有关于破产的正式的规定。先来后到的偿债顺序在法兰西也是最主要的规则。13 世纪前半期，法国南部城市阿莱斯（Alès）的习惯法规定，债权人债权的实现按照他们同债务人签订合同的时间先后顺序进行。[5] 这就意味着，产生在后的债权很有可能根本无法得到实现。

---

[1] Louis Edward Levinthal, The Early History of Bankruptcy Law, *University of Pennsylvania Law Review and American Law Register*, Vol. 66, No. 5/6 (Apr., 1918)，p.243, footnote no. 83.

[2] 同上书，p.243, footnote no. 84.

[3] 同上书，pp.243—244.

[4] 同上书，p.244.

[5] 同上书，p.245.

法兰西的重要商业城市很可能是其破产法的诞生地或者引入地，但是这一法制的进步可能到中世纪末期还没有发生。我们能够找到的最早的关于破产程序的规定是 1536 年 10 月 10 日由弗朗西斯一世在里昂颁布的一个法令。根据该法令的规定，债权人可以选举一名或者多名"deputés"，同时指定一位"procurator"负责处理破产案件。前者相当于现在的破产财产管理人，后者相当于现在法庭委托的审查员。[1]

（三）中世纪英格兰、西班牙和荷兰的破产法

1. 英格兰

中世纪英格兰商业贸易的发展相对于欧洲大陆而言是比较晚的。诺曼征服以前的英格兰是一个自给自足的农业社会，商业贸易几乎没有，因此调整债权债务关系的法律也相当落后。诺曼征服以后，英格兰同诺曼底之间的商贸往来带动了其本土商业的发展，伦敦、温彻斯特等重要的贸易城镇迅速地发展起来。面对复杂的商贸关系，英格兰原有的简单商品经济下的法律根本无法应对。于是，商人法承担了解决纠纷的重要职责。这些商人的习惯法在适用的过程中逐渐地融入了英格兰当地法院的审判实践。这些法律无须仰仗国王或者国会的权威，仅仅凭借自身的实用性和合理性被迅速接纳。著名法学家腓特烈·波洛克（Frederick Pollock，公元 1845—1937 年）曾经这样评价商人法："存在于整个中世纪时期的商人法无疑是一部习惯法的杰作。无须强制力的推行，也无须城市权威的明示接受，它凭借自身的合理性赢得了广泛的遵守，这一事实从相关当事人的一致认可和援用上可以得到明证。它被认为是自然法的一个组成部分。"[2]

早在 13 世纪前半期，商人法就被英格兰的市场法庭用作判案依据，后来它的效力又得到英格兰地方法院的认可。1473 年，爱德华四世的大法官斯蒂灵顿（Stillington）将所有外地商人的案件统统归入大法官法庭的管辖范围。很难说，大法官

---

[1] Louis Edward Levinthal, The Early History of Bankruptcy Law, *University of Pennsylvania Law Review and American Law Register*, Vol. 66, No. 5/6（Apr., 1918），p.245.

[2] 同上书，Vol. 67, No. 1（Jan., 1919），p.4.

法庭此后的审判没有受到商人法的影响。但是，在英格兰是否曾经有过依据商人法所进行的非正式的破产程序的问题，学者们并没有统一的看法。[1]

虽然英格兰破产法的发展滞后于其他欧洲国家，但是我们从一些古老的历史文献中还是可以找到一些破产程序的蛛丝马迹。这些内容包括：破产财产的集中管理、债权申报、债务人欺诈行为的防治等等。

（1）破产财产的集中管理

在一本大约完成于 1419 年的《白皮书》[2] 中记载了伦敦商人同艾米亚斯（Amyas）、科比（Corby）以及内尔（Nelle）的商人之间的协议。协议的签订日期为 1237 年，内容如下：

> 如果某人在市长以及上述经纪人，或者上述经纪人中的任何人面前（同艾米亚斯商人签订了合同购买他们的上述货物，从而）对艾米亚斯商人负有债务，而他打算将他的财物转移到别处（以逃避债务），那么市长将依据城市的法律派遣一名警卫将等值于所欠债务的财物扣押下来，直到这一案件得到彻底的解决为止。
>
> ……
>
> 在多数债权人诉统一债务人的案件中，该债务人的财物将被扣押并进行估价，如果被诉债务人是当地领主的在逃的租客，那么被扣押的财物应当优先满足债务人两年内拖欠该领主的房租。[3]

这一纪录中的后一段文字被认为是英格兰历史上关于破产财产集中管理的最早记录。

（2）债权申报

在威斯敏斯特财税法院（Court of Exchequer at Westminster）犹太人分庭的案

---

〔1〕See Louis Edward Levinthal, The Early History of Bankruptcy Law, *University of Pennsylvania Law Review and American Law Register*, Vol. 67, No. 1 (Jan., 1919)，pp.4—5.

〔2〕John Carpenter（town clerk），维基百科。http://en.wikipedia.org/wiki/Liber_Albus，访问日期为 2011 年 4 月 10 日。

〔3〕See Louis Edward Levinthal, The Early History of Bankruptcy Law, *University of Pennsylvania Law Review and American Law Register*, Vol. 67, No. 1 (Jan., 1919)，pp.5—6.

卷纪录中，我们找到了一些类似于债权申报通知的记录。一份 1244 年的案卷这样写到：

> 在伦敦的犹太人教堂外已经张贴了公告，通知所有对 William Belhuncle 享有债权的犹太人，无论男女，在复活节之后的一个月内到法院（申报债权）。除了 Elias Le Blund 一人之外，没有第二个人前来申报债权。Elias 带来了两份 William Belhuncle 的亲笔字据，其中一份写到 William 欠 Elias £4，他将在 26 年（the 26th year）的圣米歇尔节（the feast of St. Michael）上归还 20s，在玛利亚洁礼日（the Quindene of the Purification of Blessed Mary）归还 60s；另一份写到 William 欠 Elias 20s，他将在 28 年（the 28th year）的耶稣诞生日（Nativity）归还。上述 Elias 保证，这两份契据已经登记在了巡回法官普雷斯顿（Preston）的吉尔伯特（Gilbert de Preston）和他的助手们的法庭案卷中，如果事实并非如此，那么其他债权优先。[1]

法院在犹太人教堂外张贴公告的做法同现代破产程序中通知相关债权人申报债权的做法非常相似。

（3）债务人欺诈行为的防治

对于债务人为了逃避债务而转移财产的行为，爱德华三世在 1376 年颁布了相应的法令（the Statute of 50 Edward Ⅲ c.6）进行规制。依据该法的规定："许多债务人在继承了一些房产，借到一些钱款或者货物之后，为了逃避债务，将他的房产和动产交给他的朋友，然后逃到威斯特敏斯特的避难所、伦敦的圣马丁大教堂（St. Martin's le Grand of London）等具有庇护特权的地方，依赖属于别人的上述房产和动产过着镇定自若的生活，而让他的债权人不得不在仅得到很少的补偿之后放弃剩余的权利。——鉴于这种情况的存在，本法令现在规定，如果上述财产赠与是债务人与其朋友欺诈债权人而共谋做出的，那么债权人可以径直执行上述房产和

---

[1] See Louis Edward Levinthal, The Early History of Bankruptcy Law, *University of Pennsylvania Law Review and American Law Register*, Vol. 67, No. 1 (Jan., 1919)，p.6.

动产，就像债务人的赠与行为根本不曾发生一样。"[1]

对于爱德华三世的这项法令，查理二世在 1379 年又做了补充性规定（the Statute of 2 Richard Ⅱ, St.2, c.3）。

在许多债务纠纷中，债务人经常假装将他们的财物和土地赠送给他的朋友或者其他人，或者交给他们托管（feoffment）[2]，之后债务人本人往往逃到教堂等具有庇护特权的地方享用上述财物和土地的收益待上很长的一段时间，而他们的债权人则一直得不到应有的补偿，这是违背诚实和理性的：因此，本法在此规定，一旦债权人获得了债务诉讼的令状（writ of debt），法院将立即签发逮捕债务人的拘传票（a capias）。司法官（Sheriff）接到拘传票后，将立即实施对债务人的传唤，当然由于上述庇护所的存在，他肯定会无功而返。在司法官拘传失败之后，法院将下达一份新的指令。依据该指令，司法官将在债务人藏身的庇护所外宣读法院做出的（要求债务人应诉偿债）的公告，每周一次，持续 5 周。如果被传唤的债务人本人没有在规定的时间到法院应诉，也没有派代理律师前来，那么法院将做出缺席判决。依据该判决，法院将对庇护所之外的债务人财物和土地进行变卖，这些财产既包括那些采取欺骗手段转让的财产，也包括其他的剩余财产。[3]

2. 西班牙与荷兰

在西班牙，私力救济的债权实现方式是不被允许的，所有的破产案件都必须经过法庭的处断。债权人对破产财产的一切权利都来源于法院。债务人的财产应当由法院统一管理，其处置和分配问题都应当听从法官的决定。如果某一债权人

---

[1] See Louis Edward Levinthal, The Early History of Bankruptcy Law, *University of Pennsylvania Law Review and American Law Register*, Vol. 67, No. 1 (Jan., 1919), pp.11—12.

[2] Feoffment 是英国法律当中一个词汇，用于指代一种财产转移的方式，按照这种方式，财产托管人将获得两项权利：其一将相关财物，尤其是土地，出售的权利；其二，将该财产收益转交给原所有人的继承人的权利。Feoffment，维基百科。http://en.wikipedia.org/wiki/Feoffment，访问日期为 2011 年 4 月 10 日。

[3] Louis Edward Levinthal, The Early History of Bankruptcy Law, *University of Pennsylvania Law Review and American Law Register*, Vol. 67, No. 1 (Jan., 1919), pp.12—13.

私自占有了债务人的财产，那么法院必须要求他全部归还。[1]

西班牙的《七章律》（Ley de Siete Partidas）[2] 借鉴了罗马法中关于财产让与的规定。债务人可以申请法院颁发财产让与令（a cessio），将自己的所有财物用于偿还债务。但是与罗马法不同的是，《七章律》中对债务人财产的管理和控制权完全掌握在法院手中。按照西班牙法律的规定，如果某人无力偿还债务，那么他将被监禁起来直到他得到法院颁发的财产让与令为止。由于财产让与令可以被认为是扣押债务人后必然会得到的结果，因此渐渐地一种更加严格的规定从这一逻辑中产生出来，即如果申请财产让与令的债务人无法完全清偿自己的债务，那么他将一直待在牢狱中受苦。[3]

后来，人们认识到上述规定的残酷性，于是一种新的制度又诞生了。在这一制度下，债务人将自己的所有财物交给法院，法院为了债权人的利益照管这些财产。然后，法院将任命一名财产管理人（administrator），同时这一财产管理人人选的确定必须得到多数债权人的同意。这名财产管理人完全在法院的安排下履行职责，他本身是一名法律执行者而非债权人的代理人。在整个破产程序中，代表公共利益的法院始终主导着案件的进程，债权人仅对破产财产享有一种模糊的利益，而债务人则始终保持对其财产的完全的所有权（dominium）。[4]

在荷兰，1245 年到 1412 年的法律关于债务履行的规定非常简单：如果债务人无力偿还欠款，那么他将被交给他的债权人直到他将所有的债务清偿之后才能获得自由。荷兰历史上真正意义的破产法是在 16 世纪由西班牙的查理五世（Charles V，公元 1516—1556 年西班牙国王，公元 1519—1556 年神圣罗马帝国皇帝）带来的。虽然这部法令颁布的时间是 1540 年，但是由于它渊源于西班牙的法律因此从

---

[1] Louis Edward Levinthal, The Early History of Bankruptcy Law, *University of Pennsylvania Law Review and American Law Register*, Vol. 66, No. 5/6 (Apr., 1918)，pp.246—247.

[2] 阿方索十世主持编写的一部《法律集成》（Libro de las Leyes），14 世纪时被称为《七章律》。其编纂时间大约开始于 1256 年，完成于 1265 年。其中收录了西班牙的"市镇特许状"、地方习惯、教会法以及罗马法的内容。〔英〕梅特兰等：《欧洲法律史概览：事件，渊源，人物及运动》，屈文生等译，上海人民出版社 2008 年版，第 467 页。

[3] Louis Edward Levinthal, The Early History of Bankruptcy Law, *University of Pennsylvania Law Review and American Law Register*, Vol. 66, No. 5/6 (Apr., 1918)，p.247.

[4] 同上书，pp.247—248.

它的规定中我们可以了解到西班牙破产法的一些信息。根据该法的规定，为了躲避债权人而逃离自己住所的债务人都将被认定为盗贼，一旦抓获则将立即被当众绞死。帮助或者教唆债务人逃走的人将替债务人偿还其所有的债务，如果他无力清偿在逃者的所有债务，那么他将被监禁起来或者得到其他的处罚。潜逃的债务人签订的一切合同，做出的所有出卖或者转让财物的行为如果损害了债权人的利益则统统无效。如果某人为了逃避债务而偷逃出境，那么即使他后来清偿了债务，甚至即使所有的债权人都同意不追究他的责任，他仍然要受到国家的处罚。可见这一法律始终坚持了西班牙法律的一贯主张，即破产并不只是私人之间的利益关系，它涉及到整个社会的利益，在这个问题上法律一直将公共利益置于债权人的个人利益之上。[1]

第三节　中世纪欧洲海商法

欧洲的海上贸易自古以来就相当发达，而海商法的历史则更是源远流长。早在公元前 5 世纪，地中海沿岸就设立了许多贸易驿站，海上商业的发展使海商法的诞生成为必然。而这个领域中的法律是那么的独立和纯粹，因而几乎没有受到任何政治变迁的影响，它独立发展自成一体。历史上最早的海商法可能是腓尼基人的海事习惯，但是这些习惯并没有能够留存下来。继此之后，最有影响力的莫过于《罗得海法》了。中世纪欧洲的海商法莫不表明自己同《罗得海法》的继承关系，甚至于 17 世纪的英国海事法院判决也将其作为判案依据。《罗得海法》之后，欧洲出现了数部影响巨大的海事法典：《阿玛菲法典》、《康梭拉多法典》、《奥列隆法典》、《维斯比海法》以及《汉萨城市航运条例》。这些法典的形成时间和统治区域正好反映出欧洲中世纪海商法发展的清晰脉络，如学者所言，"在外表上似若形成海法发展上一继续不断之连锁"，从地中海穿过直布罗陀海峡沿大西洋海岸线进

---

[1] Louis Edward Levinthal, The Early History of Bankruptcy Law, *University of Pennsylvania Law Review and American Law Register*, Vol. 66, No. 5/6 (Apr., 1918)，pp.245—246.

入波罗的海区域。[1]

从内容和条文用语的比较看,这些法典具有借鉴和继承关系,在《奥列隆法典》、《维斯比海法》和《汉萨城市航运条例》三者之间,表现得尤为明显。《奥列隆法典》和《康梭拉多法典》的表述比较冗杂,而《维斯比海法》相较于《奥列隆法典》就显得简练精确得多了;《汉萨城市航运条例》更是在《维斯比海法》的基础上进一步,使法典内容的安排更科学更合理。

一、《罗得海商法》

古希腊的民主政治与哲学艺术非常发达,它的经济贸易与航海造船也非常繁荣。兴旺发达的海上贸易催生了欧洲最早的海商法——《罗得海法》。关于《罗得海法》,人们都认同它的存在,但是对它产生的具体时间却众说纷纭。有人认为它诞生于公元前9世纪,有人认为它形成于公元前300年左右。由于史料的缺乏,《罗得海法》的具体内容和其产生的具体年代已不可考。学界的一个共同认识是《罗得海法》主要规定了船舶弃货与共同海损分摊的问题。

本节所要介绍的并非古希腊的《罗得海法》,而是于公元600年至800年间拜占庭帝国颁布的《罗得海商法》。根据山东政法学院王小波副教授的研究,这部法典是东地中海航海习惯与贸易经验的总结汇编,通常被附在拜占庭帝国著名的法典《埃克洛佳》之后,作为帝国商业改革的措施加以推广;内容涉及船长、船员、乘客、托运商的权利义务关系,船舶载货管理,船难救助与共同海损等等。它是罗马法的重要遗产,对之后的《阿玛菲法典》、《奥列隆法典》等都产生了重要的影响。相关内容王小波教授已经在其《〈罗得海商法〉研究》(中国政法大学出版社2011年版)中进行了详细的论述,此不赘言。

二、《阿玛菲法典》

阿玛菲是意大利西南沿海城市,靠近那不勒斯。《阿玛菲法典》通常被称为"阿

---

[1]〔美〕孟罗·斯密:《欧陆法律发达史》,姚梅镇译,中国政法大学出版社2003年版,第347页。

玛菲表"，它制定的时间学者们有不同的说法，有人认为它的制定时间可以追溯到11世纪。《阿玛菲法典》的原件被尘封了数个世纪，直到1843年才在维也纳重见天日。这份字迹已经模糊的手稿是被奥地利人从威尼斯强行带到维也纳的。[1]

依据《海商法黑皮书》的版本，《阿玛菲法典》共66个条文。其中除了规定船长、船员的权利义务，弃货与共同海损等内容之外，这部法典花费了很多笔墨描述中世纪欧洲海上合伙的内容。这在中世纪所有著名的海商法典中是非常独特的。[2]

（一）海上合伙

《阿玛菲法典》中对于海上合伙的规定非常详尽，在法典全部66个条文中，提到合伙人的就达27个条文，而提到合伙的共同基金的有11个条文，提到船舶共同账户的有6个条文；而且这些规定一直贯穿船舶自出航到航程结束的整个过程，可见海上合伙是当时非常重要的贸易形式，而这一贸易形式是同每一次单独的航运活动紧密结合在一起的。

1. 合伙人

在海上合伙中，凡系船舶的共同所有人或者为某次特定的贸易航行出资的人都是该次航程的合伙人。据《阿玛菲法典》的文本分析，这些出资人也可能是船上的水手或者船员。全体合伙人可以任命他们中的一人担任船长，船长有权接受任何他认为满意的人的出资而使其入伙（第7条）。

《阿玛菲法典》还规定了退伙的处理方式："如果某些合伙人不愿意将他们在船只中所享有的份额用于某一次特定的冒险航行，而该船的船长却冒险出航了，并且遇到了船难事故或者其他灾难导致上述船只必须被出卖，在这种情况下，船只和合伙的剩余资产应当按照出资比例在同意冒险的合伙人之间进行分配；而那些不愿意参与此次冒险的合伙人可以（就自己的损失）向船长的其他个人财产提出索

---

[1]〔美〕约翰·H. 威格摩尔：《世界法系概览》（下），何勤华、李秀清、郭光东等译，上海人民出版社2004年版，第754页。

[2]《阿玛菲法典》的内容依据的是《海商法黑皮书》的记载。See Traners Twiss, *The Black Book of the Admiralty*, Longman & Co., Trubner & Co., Parker & Co., Macmillan & Co., 1876, Chapters and Ordinance of the Maritime Court of the Noble City of Amalphi.

赔要求，因为船长违背了他们的意愿，但是他们不得对船只或者其他参与此次冒险航行的合伙人提起诉讼"（第 8 条）；如果某一合伙人在航行途中为了料理自己的个人实务而在未经船长允许的情况下私自上岸停留，那么他将失去他在合伙中的份额（第 46 条）。

2. 共同基金

共同基金是指全体合伙人出资的总和。《阿玛菲法典》第 6 条规定："一旦航海活动已经开始，船只已经收到了本次航行的出资，那么船只和收到的这笔预付的出资即组成一个实体和一笔基金，船只要为基金就所有古老的或者现代的责任负责，基金也要为船只就同样的事项负责。"

3. 船舶账户

根据《阿玛菲法典》的规定，船长应当负责账目管理，且账目应当公开透明。《阿玛菲法典》第 30 条规定，所有按照阿玛菲习惯法进行航海活动的船只的船长，都必须对他们共同基金的所有账目做书面的记载。

关于账目的公开性与透明性，该法反复做了规定："在出航的时候，船长应当向所有的水手和合伙人说明船舶的账户和运载的货物的情况，告知他们从出发的城市带走的金钱的数额以及他们将去的地方"（第 10 条）；"当航行结束，所有的支出都已经被扣除之后，主管合伙人应当在法庭上当着所有船员或者合伙人的面向他们汇报账目，然后按照习惯将扣除支出之后剩余的利润进行分配"（第 23 条）；"任何船舶（的船长），如果他带领了一位船舶书记，那么他应当带他到法庭去，并且让他按照法律的要求起誓，他起誓之后应当在法庭（记录中）签字就像在公证人文书上签字一样"（第 25 条）；"所有遵守（阿玛菲）海滨习惯法航行的船只，无论它们是过境之内还是之外，无论他们是否经过装饰，都必须在领事们在场的情况下向法庭出示他们航行的账目，并且必须遵守领事们的裁决"（第 39 条）；在船舶驶离港口的所有航程中，船长都有义务向船员公开船只的共同账目（第 66 条）。

关于账目记录方式，该法规定："船长不得将任何货物计入共同账户之中，只有当这些货物被售出，所得的收益减去了相应的花销以及支付了船只的运费之后；即钱款结清了之后，它才能够归入共同账户当中"（第 11 条）；"没有全体至少是大多数船员或者合伙人的知悉和同意的情况下，船长不得允许任何人加入共同账户，也不得删去任何东西"（第 18 条）。

船舶起航之后，在航行过程中，为了解救被捕获的船只（第 29 条），为整修船体（第 19、27 条），修复、购置新的索具、设备（第 21 条），或者购买航程中受损、丢失物品的替代品（第 37 条）而产生的花销应当列入船舶账户之中。在船舶起航前，为保证船舶适航而对船体及船舶索具等进行的修理更换不应列入船舶账户的支出（第 20 条）。

4. 股份与利润分配

《阿玛菲法典》关于船只股份有 4 个条文，分别是第 4、5、24、36 条。首先主管合伙人应当申报船只的股份数（第 4 条）；对于所有船只而言，每 10 沙（salm）的载重就是一股（第 5 条），每一股份应当为 5 盎司（第 24 条）；所有适用（阿玛菲）海滨习惯法的船只每一股份应当为 16 盎司（第 36 条）。

关于利润的分配，《阿玛菲法典》没有给出明确的标准。韦伯在其《中世纪商业合伙史》中提到，海上合伙的分配惯例是：行商一方如果出资三分之一，投资方出资三分之二，则利润由双方均分。[1] 可见，这一合伙的利润分配并非严格按照出资比例来进行，经全体合伙人同意，可以给予航行船长和船舶书记（the ship's clerk）等合伙人更多的股份（第 9 条）；那些为合伙创造了额外收益的人经领事（consul）决定也可分配到更多的利润（第 12 条）。只有当船只破损或者被捕获，对于剩余的财物法典规定按照个人出资的比例进行分配（第 26 条）。

（二）船舶

1. 船舶所有权

船舶的所有权归船舶共有人享有。船舶共有人不愿意继续同其他合伙人合作或者不愿意继续保留其在该船中的股份，那么他可以申请将船只出售（第 35 条）。出售船舶必须经阿玛菲海事法庭授权，并且经法庭规定的程序，否则无效。《阿玛菲法典》第 34 条规定："没有上述法庭（阿玛菲海事法庭）的授权，任何船只无论装饰与否都不得出售，如果（经法庭授权后）合伙人不满意或者根本未就出售时

---

[1]〔德〕马克斯·韦伯:《中世纪商业合伙史》，陶永新译，东方出版中心 2010 年版，第 19 页。

间达成一致，那么领事们应当确定一个具体的出售时间；(船只出售时)他们(领事)或者他们中的一人应当在场；如果船只没有被装饰过，那么它可以通过公证人进行出售；如果任何船长胆敢违背上述规定自行其是，那么(他所进行的)买卖是无效的，且当涉及的是一艘装饰过的船时，该船长将被处以 1 盎司黄金的罚金，当出售的是一艘没有装饰过的船时，他将被罚款 7.5 特伦(白银)，罚没的金钱将归入上述法庭的金库。"

该法第 33 条还规定了船舶的估价问题，"当船舶毁损或者失事需要将其出卖以在合伙人和共同基金之间进行利润分配的时候，必须请专家对航行或者合伙开始时船只的价值进行评估，(主管合伙人)应当将上述评估的结果予以宣布并且计入合伙账户之中，而无论船只此前的价值如何。"

2. 船舶优先权

《阿玛菲法典》给予船员优先就船舶价值获得工资给付的权利；同时该法还规定了船舶建造者优先受偿的权利，但是该项权利同现在我们所讲的船舶留置权不同，它不因船舶脱离建造者占有而灭失。《阿玛菲法典》第 61 条规定："如果在一艘新造的船舶还没有离开生产线下水之前或者在它尚未开始任何航行之前，它的债权人要求支付欠款，那么这艘船将被出售，债权人将就船舶的价款获得清偿。上述债权人包括为船舶提供借款用于购买木板(planks)、树脂(pitch)、沥青(tar)、钉子(nails)、填絮(oakum)等船舶建造用品的人，以及那些借款建造船舶的人；这些债权人有权从船舶的价款中获得清偿，而且他们可以优先于其他债权人得到清偿。如果船舶的价款不足以清偿所有造船工匠和绳子、木板、钉子和其他用品的供应者的债务，那么它应当按比例在他们之间进行分配，这样他们都可以获得公平的对待，而且在这种情况下发生在先债务顺序并不具有〔相对于其他人〕优先支付的优势。而如果上述船只碰巧在已经完成了一次航行之后不得不应上述债权人的要求被出售，那么上述船只的价款应当按照下列顺序进行分配：首先，船只的价款应当用于支付船上的服务人员和船员的工资，因为他们应当得到他们的劳动所得是天经地义的事；然后，那些能够证明自己曾经向船只的建造提供借款的人可以按照债权发生的先后顺序得到清偿。"

《阿玛菲法典》还规定，船舶的建造者可以通过成为船舶共有人的方式实现自己的债权。该法第 62 条规定:"如果上述造船工人要就他们的日常工作(daily work)或者他们为船舶提供的树脂、木板、绳子或者钉子获得什么,而他们又无法提供书面的(证据),在这种情况下,上述工人则没有得到法律确立的或者因时间在先而获得的特权,因此他们的债权相对于那些先于他们获得债权的债权人而言不具有任何优势;如果船舶共有人的股份不足以清偿上述优先的债权的话,那么上述债权人则应当从合伙人的股份中获得赔付,即自己成为船只的共有人,如果他们被给予了共有人的权利的话,因为以这样的方式成为合伙人的共有人在其他任何情况下都是不能够成为合伙人的。"

(三)船员

1. 普通船员

(1)船员的权利

根据《阿玛菲法典》的规定,船员应当享有以下权利:

第一,在船舶起航前,依据约定获得预付的部分薪酬(第 1 条);

第二,在为了合伙的利益留守岸上时,获得相应的资金用于个人开支,其中水手每天 5 格纳(grain,中世纪那不勒斯的一种货币单位),船舶书记 7 格纳,船长 10 格纳,如果他们将要留在一个贫瘠的地方,那么领事可以酌情决定给他们更多的数额(第 13 条);

第三,如果船员在航行途中生病,那么他应当得到法律许可的必要费用和相应的治疗;如果他是为了保卫船只而受伤的,船只应当为其提供食物、必要的费用并为其治疗(第 14 条);

第四,如果在航行途中有任何一名船员被俘获,那么合伙必须为他赎身,即使付出合伙的全部;同样的,如果某人被合伙或者公司外派办公结果遭遇了强盗,那么他所有的损失都应当由合伙进行补偿(第 15 条);

第五,任何船员或者船上的其他职员(ship's officer),无论他们来自海滨还是来自内陆,在收到预付款或者工资之后得到了一个可以通过晋升等级而改善其待遇的机会,而这个新的等级他以前从未达到过,那么他可以放弃在他已经收到预付款或者工资的这艘船上工作的职务，但是前提是他必须在该船起航前三天将他离开的意愿告知船长，并且亲手归还之前得到的预付款和工资（第41条）；

第六，船员在航行途中丢失了货物，应得到补偿。该法第45条规定："如果一名船员丢失了他的货物，或者他要求从共同基金中弥补他的损失，但是上述船员却无法证明他所丢失的货物的价值，那么对于他的损失的补偿最多为6特伦，这是按照衣物和被子的价值计算的"；

第七，如果在船舶离港之后不幸被捕获或者毁损，那么船上的船员应当得到他们从起航到船舶失事这段时间的工资，如果某一船员在船舶失事前一个月已经交还了他的工资，那么船只没有任何理由强迫他留下来工作，但是如果船员的工资是按月发放的除外（第52条）；

第八，如果船员被捕进了监狱，或者在船上服役期间受伤或者死亡，那么他无需退还已经得到的工资，只是这种情况必须进行说明（第53条）；

第九，当船只抛锚停靠时，船上的水手可以不经船长同意即上岸去，但是如果这名船员被船长或者船上的其他工作人员以任何事由留下的除外（第58条）；

第十，船员们在向船长索要他们的工资或者股份的时候（从利润中支出），也无需提供书面的请求（第60条）。

（2）船员的义务

根据《阿玛菲法典》的规定，船员应当承担以下义务：

第一，在船舶准备出航期间，船员在收到预付款之后，应当按照船只的主管合伙人的要求提供必要的服务，如果船员中的任何人由于自己的过错或者疏忽没有随船出航，那么他将接受主管合伙人和其他合伙人的审判，并按照欺诈处以罚金（第1条）；

第二，如果航行开始后，已经收到钱或者预付款的船员不愿意出海，那么主管合伙人有权责令其支付两倍于预付款的罚金，该船员必须服从（第2条）；如果船员因上述行为被判处罚金而又无力偿付，那么他将被关进监狱；并且一旦他实施了明显的欺诈行为，法庭的官员们则立即有权决定将他关进监狱（第3条）；

第四，如果某一船员逃跑，那么船长有权责令他双倍返还其已经收到的预付款（第16条）；对于已经支付给海滨的船员的预付款，（如果遇到特殊情况）都是可以在陆地上（通过执行程序）取回的（第 43 条）；

第五，在船只被捕获的情况下，船员有义务等待、观察并且帮助营救和赎回船只（第 28 条）；

第六，一旦船长和大副向某一船员支付了工资，这名船员就有义务根据船长或者船舶书记或者大副的指定前来为船只服役，如果有船员没有按要求服役，那么他将接受领事的裁量和处罚，除非有法定的免责事由（第 50 条）；

第七，如果一艘船离开港口之后，由于天气的原因或者因为遇到突发的事件而在 24 天之内又返回始发港，那么船上的水手们不能够享受这段时间（第 51 条）；

第八，当船舶处于载货状态时，任何船员，无论在白天或者夜晚，在没有得到准假的情况下，都不得离开船舶，除非船舶并未停靠在某一港口中（第 57 条）。

2. 船长

（1）船长的权利

第一，船长有权管理船上的一切事务；

第二，船长有权决定每一笔预付款和借款的用度（第 17 条）；

第三，船长在船只遇到危险时，可以决定弃货（第 47、48、49 条）。

（2）船长的义务

第一，无论什么时候船上丢失了东西，不管这个东西是共同基金的资金还是船上的属具，船只的船长有义务尽自己最大的努力使丢失的东西得到完全的恢复，这是指要弄清楚这些东西可能是怎么丢失的，或者他们是被拿走的；如果这些东西是由于船长自己的疏忽而丢失的，也就是说他本可以在某一个时候某一地点找回它们但是由于他没有尽力而导致上述物品最终的丢失，那么船长自己必须将它们恢复原状（第 44 条）。

第二，船长应当按照船只的正常载重承运货物，如果他运载的货物过多（因而造成灾难），那么船长无疑将为一切的损失承担责任（第 49 条）。

第三，船长不得携带私人货品上船。《阿玛菲法典》第 29 条规定任何船只的船长都不能或者不应当在船上转载价值超过 1 盎司的商品，如果他携带了，那么他就这批商品的所有收益都将被收集并入共同基金当中，其他合伙人如有同样行为的也同样处理。

第四，在船舶出售时，船长应当如实登记船舶的所有索具。如果船长出于欺诈或者其他目的没有将船上所有的器具全部列在财产清单当中，那么购买船只的人只要能够证明有原来船上配备的器具没有被转让他即可获得该物；如果上述船长能够证明这一（漏登记的）器具是借来的，那么他应当支付两倍于其价值的价款（第63条）。

（四）海上货物运输合同

在《阿玛菲法典》产生的时代，商业贸易与海上货运并没有完全分开，船主通常情况下也是货主，他们与其他出资人共同经营某次冒险航行，将货物运到国外出售而后分享收益。因此，此时船方与货方之间的权利义务关系并没有那么清晰地划分。《阿玛菲法典》就单纯的海上货物运输合同的规定不多。

1. 船方的权利

在海上货物运输合同中，船方最主要的权利就是获得运费。《阿玛菲法典》第59条规定："如果某一船只的船长向某一商人就他运载的货物索要运费，而上述商人声称自己没有付款的义务，因为他的货物没有按照合同中约定的方式而是采取了其他方式运输，并且因此造成了损失，他要向招致其损失的船长索要赔偿，在这种情况下，如果船长拒不承认上述事实，那么这名商人将被强制支付运费，包括那些〔安全完好〕到达的货物和那些损毁的货物；但是上述船长在获得运费之前必须提供充分的担保，一旦法庭判决认为由于船长或者船只的过错导致了上述商人的货物受损或者灭失，那么该担保即立即用于对上述商人的全部损失进行赔偿。上述对运费的要求无须以书面形式提出，只要当事人可以提供书面的运输合同或者双方都承认即可。"

2. 船方的义务

第一，保证船舶适航。《阿玛菲法典》第22条规定，当船舶启航时，它不可以携带已经损坏了的器具或者修理过的、有补丁的绳子用于起重，但是领事有权决定船只是否可以携带加固了的锚索和其他损坏过的物件；

第二，按时起航。《阿玛菲法典》第42条规定，任何船员、船舶合伙人都不得阻止船舶起航，但是如果是某一债权人将船长扣留谈判，那么无论这种情况发生在船只准备起航的任何阶段都不受上述规定的限制。

就托运货物的商人而言，船方的权利就是他的义务，而船方的义务就是他的权利。

（五）共同海损

通常意义上的共同海损都是以某一艘船及船上装载的货物为考虑对象的，而《阿玛菲法典》中还规定了签订护航合同的船只之间相互的损失分担关系。这是同中世纪欧洲船只为抵御风险结伴航行的做法相对应的。该法第38条规定："如果某艘船与其他船只签订了合同结伴同行，通常这一合同被称为护航合同，那么无论他们中的哪一艘船失事或者被海盗劫掠了，损失应当共同分摊，就像利润共享一样，所有的损失都应当按照他们之间的价值比例进行分担。"

1. 弃货的规定

《阿玛菲法典》第47、48、49条三个条文详细地规定了船只遇到风险时船长决定弃货的权利以及损失如何分担的问题。第47条首先规定了海上合伙中共同海损的处理："如果一艘载满某一合伙货物的海滨的船只，由于遇到暴风雨或者为了抵御敌人抑或遇到其他的灾难而不得不决堤弃货，那么船长在考虑了所有因素认为弃货已不可避免的情况下可以开始抛弃部分货物，或者授权其他合伙人进行弃货以使船只可以安全；船只因此而产生的损失应当从它的收益中获得补偿，剩余的收益将保留下来以便稍后进行分配。如果船只的所有收益都不足以补偿因弃货而产生的损失，那么其所有收益都应当用于这一用途，船员们对弃货造成的损失不负有补偿责任。根据船只对其载重数额可要求的份额（每10沙的载重一股），共同基金和船只之间应当进行补偿，即使上述船只根本没有得到任何收益也是一样。但是，船员们应当对他们的饮食花费、其他生存花费以及他们的借款进行补充；而且如果船上还有服务人员，他们在船上拥有货物、钱款或者其他物品，那么他们也应当按照他们货物所占的比例承担这次弃货的损失。"

其次，《阿玛菲法典》第48条和第49条规定了运载其他商人的货物的船只遇到危险需要弃货的情况。其第 48 条规定："如果上述船只运载的是其他商人的货物，这些商人向船只支付运费，而船只也向上面提到的那样不得不进行弃货，那么船长应当同商人们商议，或者如果商人本人不在船上的话，则与他们的代理人（factor）或者其他任何上述商人的代表商议；船长应当向他们说明为什么为了拯救他们的货物和生命必须采取弃货的措施，并同他们商议。商议之后，商人们应当首先开始弃货，就像上面讲到的那样，由此产生的损失应当在商人们和船舶之间按比例进行分摊，对此船员们没有分担的义务；但是船只因此而遭受的损失应当从它可能获得的收益中进行补偿；如果还有剩余的收益，那么应当像上面提到的一样进行分配，如果所有的收益都不足以弥补损失那么船长自己将承担这一损失，船员们对此不负责任，如果船上还有服务人员，那么他们也应当分担损失，就像前面规定的那样；如果船上没有上述商人的代表，或者如果船上根本没有商人，那么船长应当同他的大副以及所有的或者大部分的船员商议，如果他们商议后决定进行弃货，那么他们可以这样执行，就好像商人自己在现场并且同意这样做一样，因此上述损失同样应当在船只和商人之间进行分担；如果这些货物碰巧属于多位商人，而船员或者服务人员在没有征得主管合伙人或者商人同意的情况下擅自抛弃了这些货物，那么他们必须对因此造成更多损失承担全部的责任。"

第 49 条规定了商人不同意弃货时的处理方式："如果商人们利欲熏心，宁愿死去也不愿失去任何东西，因此坚决不同意弃货，那么船长在同他的大副和其他职员商议并做出弃货决定之后，可以向他们宣布为什么必须弃货的原因而后采取弃货行动以拯救船只和船上的生命财产；如果商人们还是坚决反对，那么船长在向全体船上人员宣布之后仍然可以进行弃货。"

2. 共同海损分担

《阿玛菲法典》规定当船只遇到危险弃货之后，船上的所有货物、船舶本身都应当按照自身的价值比例对损失进行分担。其第 54 条规定："如果船只在离开港口之后发现不得不将货物抛入海中以避免不幸，那么在船上拥有货物的所有人，所有商人和船只本身都应当按照各自的价值比例共同承担损失，其中船只的价值应当按照船只离港时专家对其的估价进行确定，这种情况应当被理解为船只没有完全灭失的情况下。"第 55 条规定："如果船只全损，那么商人们就没有义务说明他们被救的货物（有多少），但是如果船只在遇到暴风雨时进行了弃货，而这些被抛弃的货物后来全部或者部分地被冲到了岸上，那么那些找回货物的商人需要对在船只失事前因弃货而受损的货物承担一定的责任，但是这一责任的范围不包括那些船只灭失后受损的货物。"

（六）其他规定

第一，关于寄售的规定。《阿玛菲法典》第 31 条规定："如果某一商船的船长或者他的合伙人接受其他任何人寄售的货物，而由于销售不利这些货物后来被退了回来，在这种情况下寄售货物的人应当取回自己的货物，不管合同是以买卖的名义还是以其他方式签订的。"该法第 32 条对寄售中的欺诈行为做出规定，"如果任何船只的船长或者其他商人在记录账目的时候采用了某种方式或者途径欺诈那些委托他寄售商品的人，在这种情况下，欺诈的船长或者商人无论如何必须赔偿所有的损失，而且委托人还可以申请执行上述船长或商人的财产。"

第二，关于领事的规定。随船领事是中世纪地中海航运中非常重要的角色，他对船上的事物拥有极大的权限。《阿玛菲法典》关于领事的规定涉及 7 个条文：(1) 领事可以决定给予为合伙创造额外收益的人更多的股份（第 12 条）；(2) 领事可以根据当地的情况酌情决定留守岸上的人员的开支数额（第 13 条）；(3) 在船舶适航问题上，领事有权决定船只是否可以携带加固了的锚索和其他损坏过的物件（第 22 条）；(4) 在合伙人无法就船舶出售时间达成协议时，由领事来决定具体的出售时间（第 34 条）；(5) 领事有权裁决船舶账目相关问题（第 39 条）；(6) 领事们应当就他们为每艘船付出的辛劳得到薪水——按照船只每一沙载重多少格纳的方式计算（第 40 条）；(7) 领事有权对未按约定服役的船员进行制裁（第 50 条）。

第三，关于商品销售。《阿玛菲法典》第 64 条规定："在任何商品出售时，如果购买人支付的是品质良好的白银，那么他可以就一盎司获得 4 格纳的折扣，这叫做汇兑收益（the gain in the exchange）。"其第 65 条规定："对于所有在城市中出售的商品，任何碰巧来到市场上的人都应当以完全相同的价格购买到它们，无论他购买该商品是自己使用还是供他的家庭使用。"

三、《康梭拉多法典》

在《阿玛菲法典》之后，海商法的中心向西转移到了巴塞罗那。根据一位教会官员在 15 世纪末对巴塞罗那法律的描述，当时"几乎在每一个海事城市，船员的争端、商人的纠纷都按照它们或者起源于它们的法律加以解决，它们具有最大的权威性。而且，正如以前人们谈及《罗德海法》那样，现在所有人都认为巴塞罗那的法律值得一提"。[1] 巴塞罗那的《康梭拉多法典》，或者叫做《海事裁判集》（Consulat de la mer），是这一地区海事判例的汇编，最初约形成于 13 世纪，首次以成文法典的形式被记录下来是在 14 世纪，当时可能是采用罗曼语或者加泰罗尼亚语写成的。到 16 世纪，它几乎成为地中海的"共同法"，被译成意大利语、荷兰语等多种语言在欧洲流传。[2]

《康梭拉多法典》是一部习惯法的汇编，它的内容非常广泛，条文也比较冗长，共有 250 个章节，比其他任何海事法典都要复杂。由于资料的缺乏，笔者仅能够了解到它的一小部分内容。

《康梭拉多法典》的第一句话是：这里倡导好的海洋习惯，这些是有关海洋事务的优良的法规和习惯，这是在世界各地旅行的聪明的人们开始授予我们的祖先，由他们使之融入优良的习惯的智慧之书中。[3]

> ［《康梭拉多法典》第 80 章］并且，你应该知道，船舶的经营主直到航海完毕后才能解雇船员，但有三种情况例外，即：第一是（船员进行了）抢劫，第二是吵架，第三是不执行大副的命令。但是，大副不能在其指挥权限之外指挥船员做某事，而且，不应在船员第一次不服从时就解雇他，而应在第五次不服从命令时才将其解雇……

---

[1]〔美〕约翰·H.威格摩尔：《世界法系概览》（下），何勤华、李秀清、郭光东等译，上海人民出版社 2004 年版，第 757 页。

[2]〔英〕梅特兰等：《欧陆法律史概览：事件，渊源，人物及运动》，屈文生等译，上海人民出版社 2008 年版，第 134、192 页。

[3]〔美〕约翰·H.威格摩尔：《世界法系概览》（下），何勤华、李秀清、郭光东等译，上海人民出版社 2004 年版，第 774 页。

并且，船舶的经营主对船员负有义务，如果船员与其已就一个高薪金达成协议，而船舶的经营主又找到了另一个薪金较低的船员，船舶的经营主在已经同意协议并握手以后，就不能解雇前一位船员而使其不能在船上航行。因为他必须遵守这样的协议，就如同这一协议已被记载在船舶登记事项中一样。

并且，船舶的经营主对船员负有义务，如果船员与他达成了协议，船员的名字已经登记在船上登记册或者他们已经握手，那么不管船员是否被接到船甲板上，船舶的经营主就不能解雇船员而代之以雇佣自己的亲戚或其他人。如果船舶经营主想解雇他，那必须付给该船员全部的薪金，就好像他已经在整个航行中履行了其职责一样。

并且，如果船员工作了 3 天以后得病，而且他不能乘船，自己觉得不能再继续在船上工作的，那么船舶经营主必须支付给他一半的薪金，并可以解雇他；如果他是在陌生的地方，船舶经营主不管有无足够的钱支付，都必须付给该船员一半的薪金，如果没有足够的钱，船舶经营主必须借到钱，因为船员得到他的薪金是理所当然的；如果船舶经营主死亡，被指定执行遗嘱者必须履行这一义务。

并且，船舶经营主对船员负有义务，如果船员在船上生病死亡，必须付给全部的薪金，若死者在船上有亲戚的，其财产应交给其亲戚，不管死者生前有无表示过，都由该亲戚转交给在死者生前与其一起生活的孩子或妻子。如果死者的妻子对死者不忠贞，或者在死者在岸上的最后日子里没有与其生活在一起，或者在死者出航以后离开家里的，船舶经营主和船上的书记员一起，在征得法院允许的情况下，把死者的财产给予他最亲近的亲戚。

被约定去航海而且启航之前死于上帝旨意的船员，应得到四分之一的薪金，把这些薪金分发给他的继承人。而且，如果船员在启航之后至船舶到达其航行目的地之前死亡的，应把二分之一的薪金交给死者的继承人，船舶经营主则不能对此提出异议，也不能主张索回任何薪金。

如果船员是被按月雇佣而死亡的，他的继承人应被付给死者已经服务的期限的应得的薪金。

并且，船舶经营主有义务在货物付出运费的地方付给船员薪金。[1]

---

[1]〔美〕约翰·H. 威格摩尔：《世界法系概览》（下），何勤华、李秀清、郭光东等译，上海人民出版社 2004 年版，第 758—761 页。

四、《奥列隆法典》

《奥列隆法典》是以奥列隆岛命名的。奥列隆岛位于比斯开湾,离拉罗谢尔(La Rochelle)不远,现在是法国领土的一部分。关于《奥列隆法典》的归属问题,英国同法国一直存在争论。因为,在这部法典形成的 12 世纪,奥列隆岛曾经是英国的一块属地。关于这部法典的制定者学者有不同的观点,其中有两种可能性较大,一种认为这部法典是狮心王理查一世从圣地(Holy Land)归来途径奥列隆时整理、修订的;另一种观点认为这是亨利二世的妻子——吉耶纳公爵威廉之女埃莉诺拉(Eleanora, daughter of William, Duke of Guienne)编订、颁布的。20 世纪初在英国南安普顿(Southampton)的《橡树书》(Oak Book)中发现了 1300 年左右的一个完整的《奥列隆法典》抄件之后,学者们大多采纳了后一种观点。[1]

《奥列隆法典》是规定海事事务与解决海事纠纷的一部法典,它在形成之后成为一部被欧洲西部地区普遍遵循的法典,它的存在让"《罗得海法》被废弃不用而成为过去"。[2] 在荷兰,它被称为"海洋判例"(Jugements de Damme)或"威斯特卡佩勒法"(Lois de Westcapelle);在英国它成为"英国海事黑皮书"(Black Book of the English Amdiralty)的一部分,同时它的内容还被哥特兰岛的《维斯比海法》、汉萨同盟的航海条例以及科斯蒂利亚的《七章律》所吸收。[3]

从编排技术上看,《奥列隆法典》比《阿玛菲法典》高明了很多,条文与条文之间的结合更为紧密,排列顺序也更科学;同时,单个条文的语言表达更为清晰,对同一问题的不同方面都有全面的分析。

从《奥列隆法典》的内容来看,此时的海上贸易有了更进一步的分工,船方与货方各自权利义务都明确起来;因此,《奥列隆法典》没有关于海上合伙的规定

---

〔1〕〔美〕约翰·H. 威格摩尔:《世界法系概览》(下),何勤华、李秀清、郭光东等译,上海人民出版社 2004 年版,第 766 页。See George S. Potter, Sources, Growth and Development of the Law Maritime, *The Yale Law Journal*, Vol. 11, No. 3 (Jan., 1902),p. 148.

〔2〕Gerard Malynes, Consuetudo, Vel, Lex Mercatoria, Part 2, Professional Books Limited, 1981, p.3.

〔3〕〔英〕梅特兰等:《欧陆法律史概览:事件,渊源,人物及运动》,屈文生等译,上海人民出版社 2008 年版,第 192—193 页。

了。领事这一概念在《奥列隆法典》中已经不被提及，他的职能基本上为船长所吸收。[1]

（一）船员

就船方而言，船东雇佣船长负责航运事务，船长在船只航行过程中享有极高的权威。船员必须听从船长的命令；某些情况下，船长还担当着船上的纠纷裁决者的角色。

1. 船长

首先，船长是船东的代理人，他为船东的利益处理各项航运事务与突发事件。《奥列隆法典》第 1 条规定，未经船东授权或未得到船东的特别指示，船长不得出售船舶；但是，在特殊情况下为了满足船舶的必要物资供应，船长在征得水手同意的情况下，可以抵押船上的部分属具。第 2 条规定，如果船东对于船舶何时起航有分歧，那么船长应当听从多数船东的意见出航；否则，他将承担因此造成的船舶的一切损失。

其次，船长拥有广泛的权利，是船上的最高权威。《奥列隆法典》规定的船长的权利如下。

第一，对船员进行奖励或者惩罚（第 3 条）。

第二，维护船员间的和平，担任船上的法官："一位船长应当在他所雇用的船员之间保持和平，在航行的过程中，他还应当担任法官的角色。如果某一位船员在用餐之前，指责另一个船员说谎，那么这个人应当支付四个旦尼尔（Denier）。但是，如果揭穿他人谎言的人是船长自己，那么船长将要支付八个旦尼尔。同样，如果某个水手揭穿了船长的谎言，他也要支付八个旦尼尔"（第 12 条）。

第三，危急情况下，船长可以将船上的货物变卖以筹措航行经费（第 22 条）。

此外，船长享有的地位高于船员，船员不得冲撞船长，否则将受到处罚。《奥列隆法典》第 12 条规定，"如果船长打了任何一位船员，那么该船员应当忍受一

---

[1]《奥列隆法典》的内容参照 Gerard Malynes, Consuetudo, Vel, Lex Mercatoria, Part 2, Professional Books Limited（1686, reprinted 1981）中的版本。

次,无论这一打击是采用手掌或者拳头进行的。但是,如果船长不止一次地袭击他,那么这位船员就可以还击以保护自己。如果受雇的船员袭击了船长哪怕一次,那么他都将支付一百个苏(Sou),或者失去他的手。"

最后,船长责任重大,必须恪尽职守维护船舶安全,竭尽全力抵御船舶风险。《奥列隆法典》第4条规定,当船舶遇难时,船长必须像一个诚实的人一样履行抢救船只和货物的义务,否则他将承担赔偿责任。该法第13条规定:"如果船长同他的任何一名船员发生了争执,那么船长有权剥夺这名船员三顿进餐的权利,然后将他赶下船去。"

2. 普通船员

(1) 船员的权利

第一,如果船员上岸办理船舶事务受伤,那么他应当得到船舶提供的相应的治疗;但是船员私自下船后受伤的除外(第6条);

第二,生病的船员应被送到岸上治疗,并且有权获得相应的供给和照料;若船员不幸死亡,那么他的妻子和其他家属可以得到应当属于他的薪酬(第7条);

第三,船舶到达卸货港后,船员可以选择随船返航或者自行返航,在前一种情况下,船员有权得到相应的报酬;如果船只无法携带他们返航,那么船长应向船员支付返程的旅费(第16条);

第四,船员可以获得定量的食品供给,但是各地水手的待遇有所不同(第17条);

第五,当船只到达目的港卸货之后,船员应当得到他们的工资,但是为了保证返程的安全,船长可以扣留部分薪酬(第18条);

第六,如果船舶在预定的港口没有承揽到生意,而需要到更远的港口去寻找机会,那么应相应地增加船员的工资(第19条)。

(2) 船员的义务

第一,在船舶遇难时,竭尽全力挽救船上的货物。《奥列隆法典》第3条规定:"如果船只遭遇不幸而需要被抛弃时,水手们一定要在船只遇难地点竭尽所能地挽救船上的货物。如果他们能够成功地挽救部分货物,那么船长就可以允许他们回到自己的国家。并且,如果他们挽救的货物足够多,那么船长就可以为此合法地宣称给予那些诚实的海员们所挽救的货物作为抵押。但是,如果他们没有尽力挽救上诉货物的话，那么船长就不能给予他们任何东西；相反，他应当扣留他们直到得知主人的意愿为止。"

第二，未经船长同意，船员不得擅自离船，否则对其玩忽职守所造成的船舶的损失承担赔偿责任；但是，如果这艘船被两个或者三个锚固定着，或者船上有他们本公司的足够的船员伙伴可以充分地照看好船只和船上的货物，并且他能够按时回到船上的除外（第5条）。

第三，船舶所属地当地的船员有义务将船舶安全地带回其始发地(第18、19条)；

第四，上岸的船员应当按时回到船上，否则必须承担因未履行职责而造成的船舶或者其他船员的损失（第20条）。

第五，船员（包括船长）有义务照管好货物，如果因为船员的过失导致货物受损，那么船员应当承担相应的补偿责任（第26条）。

（二）海上货物运输合同

1.关于适航的规定

在船舶适航问题上，《奥列隆法典》与现代海商法不同，它赋予托运商检查船舶是否适航的义务；如果商人没有仔细检查，而宣称船舶适航，那么之后发生的船舶和货物的损害商人也要承担责任。《奥列隆法典》第10条规定："当船长营运一艘货船时，他应当像托运商人展示船只的索具。如果他们发现这些索具有任何的不当，或者欠缺，他们必须马上修正。因为缺乏良好的索具、任何管道、大桶，船只有可能被损坏或者毁灭，因此船长和水手们应当为商人修整好一切。同理，如果绳子或者吊索断裂而船长没有将这些情况展示给商人，那么他必须为此赔偿商人所有的损失。但是，如果商人曾说过，船具是好的或者足够的，而没有进行补充，那么出现断裂时，由商人和船长共同承担损失：即由作为货物所有者的商人和上述船只的船长和船员分担。"

2.关于起航时间的规定

《奥列隆法典》第21条规定了商人拖延起航时间应负的责任："如果船长答应为一名商人运载货物，并且为他设定了装载货物的时间，以便船只能够在预定的时间起航，但是这名商人却并没有在该时间内完成装货，相反让船长和船员滞留了八天，或者两个星期，或者更长的时间，由此导致船只错过了良好的起航风向；在这种情况下，该商人应当为他的过错给予船长以补偿。其中补偿款的四分之一应当分给水手们，而其余的四分之三应当归船长所有，因为他为他们负担了花费。"

3. 关于运费的规定

《奥列隆法典》第 4 条对船舶遇险情况下运费的给付做了规定："如果一艘从波尔多或其他地方驶出的船在航行过程中遇险，而水手们尽到了所有的努力挽救船上的货物，但是托运商和船长的意见有分歧，商人要求船长归还幸存的货物：在这种情况下，商人在根据货物的重量和已经航行的路程付清了该船本次航行的部分运费之后，有权利要回货物，如果船长觉得满意的话。但是，如果船长愿意，他可以修理自己的船只，如果这样做比较容易的话；或者他可以雇另一条船，从而完成这次的航行。这样的话，船长就可以主张所有获救货物的运费，和每一件货物的救助费用。并且，如果船长和商人答应过该国家的人民，在他们的船只遇难时救助船只和船上的货物，为此他们冒着生命危险挽救了三分之一或一部分财物；出于该国的正义，应当考虑他们为此所付出的辛劳从而给予他们一定的补偿，尽管这是船长或商人们承诺去做的。"

4. 关于管货责任的规定

《奥列隆法典》第 11 条规定，"一艘载满酒或者其他货物的船只从波尔多或者其他地方驶出，如果船长和水手们没有尽到他们调适船只状况的义务，导致船只在海上遭遇恶劣天气时出现船身震动，管道或者酒桶破裂等情况"，船长与船员可以通过宣誓免责。这非常类似于现代海商法关于管船过失免责的规定。

（三）船舶碰撞

船舶碰撞的损失由两条相撞的船平均分担，但是如果碰撞是由于一方没有尽到应尽的注意义务而发生的，那么损失应由过失的一方承担责任。《奥列隆法典》第 14 条规定："如果一艘船在航行途中的某处抛锚停靠时，与另一只正在行驶中的船发生碰撞，导致其船身受损，并且船上的货物也受到损害；在这种情况下发生的损害是共同的，应当由两只船平均分担损失。那只造成碰撞的船只的船长和船员应当对神发誓，表明这一结果并不是他们故意或者存心造成的。这样判定的原因在于，一艘老旧的船不会故意要成为一艘好船的绊脚石：因为它很难办到，所以这样造成的损失应当平均分担。"第15条规定："如果一个港口停靠着两只或者更多的船，然而这个港口的水很浅，以至于一艘船抛锚的地方水已经干了，这样另外的船只的船长就应当提醒这艘船的船长，跟他说：船长，你应当收起你的锚，它离我们的船太近了，可能会给我们造成损害。如果这艘船的船长和水手们拒绝收起他们的锚，那么其他船只的船长或者水手（那些可能因此受损的人们）就可以收起这只锚，把它移到较远的地方去。如果因为他们拒绝收起锚以致后来发生了损害，那么他们就必须赔偿这些损失。但是，如果他们已经设置了浮标表明锚的所在，还是发生了损害，在这种情况下，他们就没有义务进行赔偿了。"

（四）共同海损

《奥列隆法典》第 8 条和第 9 条对弃货和砍断桅杆两种情况下的共同海损分担进行了规定。其中，第 8 条规定："当一艘载满货物的船从波尔多开往康城，或者其他地方时，突然在海上遇到风暴，如果不抛弃部分的货物或者商品以减轻船只的重量就不能保护其他货物的安全和船只本身的安全；那么在这种情况下船长便应当宣布：先生们，我们得抛弃一些载货。如果此时船上没有商人可以给出他的意见，或者他只是保持了沉默，那么船长就应根据自己的判断行事，抛弃部分船上的货物。如果商人不愿意这样做，他们提出反驳或者反对意见；此时船长也没有必要听从，他和他的水手们应手按圣经起誓，坚持正确的决定，抛弃适宜数量的货物以挽救他们的船以及船上剩下的货物。那些被抛下船的酒或其他商品应当根据获救商品的公正价值进行估价。当这些货物被出售时，它的价金应当在商人之间进行分配。而船长应当负责进行分配，同时凭其意志选择计算船只的损失或者航运的费用。为了补偿遭受的损失，水手们也应当按抽签的方式来决定谁应当像一个善良而有能力的水手一样行事。否则，他的特权将被剥夺。而在这种情况下，商人可以合法地要求船长实践自己的诺言。"

该法第 9 条规定："如果遇到恶劣的天气，船长认为应当砍断桅杆的话，他应当首先通知船上的商人，如果他们随船而行的话，并且跟他们说：先生，现在的情况下，我有责任砍断桅杆以保护船只和载运货物的安全。不仅如此，为了挽救船只和货物，他们适时地砍断了绳子和帆缆，舍弃缆索和船锚。所有这些都一项一项地被记录下来，就像在抛弃载运货物时所做的那样。一旦这些行为能够取悦上帝以使船只能够安全地到达目的港，商人就必须毫不迟延地付给船长他的股份或份额，或者是采取变卖、抵押货物的方法筹集资金偿还上述款项，否则他们的货物不得从船上卸下。如果他已经答应这么做，但是后来又发生了争执或分歧，并且这些争议触及到前提性的问题，那么他应当遵守共同的决定；船长不必得到损失的补偿，而是应当获得他的运费。"

（五）船难救助

《奥列隆法典》对于船难救助问题非常重视，鼓励船长、船员以及附近海岸上的居民救助失事船舶和货物，同时也严厉惩处那些制造船难、趁火打劫的人。

第一，关于船长、船员和商人救助船货的规定。《奥列隆法典》第 3 条规定，对于救助遇难船舶和货物的水手，船长可以将获救货物给予他们作为酬劳的抵押。第 4 条规定："如果船长和商人答应过该国家的人民，在他们的船只遇难时救助船只和船上的货物，为此他们冒着生命危险挽救了三分之一或一部分财物；出于该国的正义，应当考虑他们为此所付出的辛劳从而给予他们一定的补偿，尽管这是船长或商人们承诺去做的。"

第二，关于引航的规定。《奥列隆法典》第 24 条规定："如果一个领航员在引导船只进入圣·马罗港，或者其它港口的时候，由于他引导失利，导致一艘船只被误导；那么这个领航员应当赔偿由此产生的一切损失。但是，如果他无法做出赔偿，那么他就将失去他的头颅。被误导的船只的船长或者其水手，抑或船上的商人砍掉了这名领航员的头，他们可以不负任何责任。但是，他们在行刑之前，应当确认该领航员是否有足够的资产来弥补他造成的损失。"

第三，关于制造船难、趁火打劫的人的惩罚。《奥列隆法典》第 24 条规定："所有的领主，救助者，或者其他人倘若拿走或者偷走上述的财物，都将被审判，开除教籍，并且按照小偷和强盗论处。对于那些不忠实的坏领航员，他们的处罚将是处以严厉的和残酷的死刑。为此，高高的绞刑架将被设立靠近在他们引导船只触礁毁损的地方，在此，这些被审判的领航员将羞耻地结束他们的生命。之后，这个绞架将一直立在那里，作为对这一事实的纪念，同时也提醒那些将来可能来到这里的船只。"第 25 条规定："如果上述领主胆敢包庇这些野蛮的人，默许或者唆使这些坏人，以获得他的份额，如此残酷和罪恶；在这种情况下，应当逮捕该领主，没收并出售他的财产，使之转而用于虔诚的用途，以弥补相关的权利损失，至于该领主本人，将会被困在他宅邸中间的一根柱子或者木桩上；然后从房子的四个角落点火，将他连人带屋一同烧毁。剩下的墙壁将被捣毁；然后在这些废墟上建立一座市场，在这里永远出售猪豚。"

第四，鼓励领主救助难船，惩治强盗。《奥列隆法典》第 28 条规定，船舶遇难地点的领主应当帮助船员拯救船只和货物，为此他们可以获得约定的补偿，如果他们"违背这些可怜的、不幸的、被毁掉船只和货物的人们的意愿或者没有取得他们的同意，夺走他们的任何货物，那么这人将被开除教籍并且被处以与偷盗相同的惩罚，除非他们立即归还货物。而且不存在任何习惯法或者法律能够阻止这些惩罚的执行。"

该法第 29 条规定，如果船长和水手全部遇难，领主应当派人打捞货物，并且通知死者的亲属或者朋友前来领取货物，为此他们可以得到相应的报酬；如果一年期满后，货物仍无人认领，领主可以出售这些货物，并将获得的收益用于符合理性和良知的虔诚的或者慈善的事业；"如果上述领主侵占上述货物或者其中的任何一部分，他都将受到教会的诅咒，被处以前述刑罚且得不到任何宽恕，除非他做出赔偿"。

第 30 条规定："如果一艘船因为触礁或搁浅而被毁，船员为了逃生而奋力游向岸边寻求帮助，结果在中途被淹死了；也有这种情况，即他们遇到了非常野蛮、凶残的，比疯狗还冷酷的人，这些人为了得到他们的钱财、衣服和其他东西，杀害了这些可怜的不幸的水手；在这种情况下，当地的领主应该秉持正义，对这些犯罪分子进行审判，并对他们执行肉体和金钱的惩罚。他们应该被投入海里，等到他们半死不活的时候再把他们拖出来，然后用石头砸死，就像砸死一只狼或者一只疯狗那样。"

第 44 条规定："当一艘船遭遇不幸而失事被毁，在这种情况下，船只的残骸以及船上的货物应当被好好地保存起来以待船物的主人，任何与此相反的习惯都不适用。所有造成这次事故的参与者、教唆者和策划者都要受到惩罚，如果他们是主教、高级教士或者普通神职人员，那么他们将被罢免并剥夺所有圣俸。如果他们是普通教徒则将受到前述处罚。"但是前提是这艘船没有实施劫掠行为，其船员并非海盗（第 45 条）。

（六）其他规定

第一，宣誓免责。《奥列隆法典》第 11 条规定，对于航行过程中的货物损失，船长和他的船员（四个或者六个，或者是商人认为最好的几个）如果能够宣誓断言并非自己故意或者过失所为，或者因船身问题所致则可以免责。

第二，结伴捕鱼。《奥列隆法典》第 27 条规定，两艘船舶结伴捕鱼，应当配备相同的设备，共同承担风险，平均分配收益。

第三，先占者对被抛弃货物享有所有权。《奥列隆法典》第 31 条规定，为了避免危险、减轻船舶重量而被抛弃的货物，且抛弃它的商人、船长和船员根本没有打算再找回它的话，那么这些货物归最先占有他的人所有。这一条规定同样适用于在海里或者岸边发现的宝石、鱼（第 33 条），或者其他船上抛弃的物品（第 41 条）。但是《奥列隆法典》第 32 条规定，如果这些被抛弃的货物包装得很好，是货主打算再找回的，那么发现货物的人应当将它们归还原主或者用于慈善事业。这一条规定同样适用于在岸边发现的金子、银子（第 34 条）、其他遇难船只遗留的物品（第 41 条）或者系有浮标的缆绳和锚（第 43 条）。

第四，捕到大鱼，应当纳贡。《奥列隆法典》规定，渔民在海边发现大鱼应当向当地领主汇报，领主对这条大鱼价值享有份额（第 36 条）；领主得知消息后，可派人、索取其份额（第 37 条）；领主也可以要求发现者将大鱼送到他面前，或者在公共集市上进行估价（第 38 条）；如果将鱼带到领主要求的地方的费用将超过鱼本身的价值，那么领主则应当到鱼被发现的地方索取其份额（第39条）；如果大鱼碰巧遗失或者被盗，发现者对领主不负任何赔偿责任（第40条）。这一规定有一个例外，即当大鱼是某一船舶在海上发现的时，那么它就完全属于发现他的人而无须纳贡（第42条）。

第五，捕获。《奥列隆法典》第45条提到捕获，对于在海上实施过劫掠行为的船只，人们可以对其进行捕获，掠夺其货物，而不受到任何处罚。

五、《维斯比海法》

维斯比（Wisby）是波罗的海的一个岛屿，它是哥特兰岛的重要组成，隶属于丹麦国王。它同哥特兰岛上另一个强大的市镇卡尔玛（Calmar）相对而立，全长18荷里（Dutch mile），宽5荷里。这里土地肥沃，畜牧业和渔业非常发达，它盛产优质的大理石和沥青，是一个重要的资源输出地。作为哥特兰岛最重要的港口，维斯比曾经是一个巨大的贸易集散地，欧洲大陆的商人经常会光顾这里。

1288年，维斯比被瑞典国王马格努斯（Magnus III，Ladulås of Sweden，1240—1290年）收复，之后成为一个自治的城市。大概是在这之后，维斯比发展出了自己的海事法典。从这部法典中我们可以看到《奥列隆法典》的影子。因此法国人很骄傲地认为，瑞典人的海事法是借鉴了他们的经验才完成的。[1] 13世纪的维斯比约有12000名商人，但是1261年丹麦国王沃尔德曼掠夺并毁灭了这座城市，从此它就再也没有恢复过来。[2]

约13世纪形成的《维斯比海法》相较于《奥列隆法典》有了长足的进步。首先，这部法典剥离了关于船难法、拾得物纳贡、捕获等非海商法的内容，法典内容更加紧凑。其次，与作为判例汇编形式存在的《奥列隆法典》不同，《维斯比海法》各条文系按船舶航程中可能出现的问题的先后顺序进行排列的，脉络更为清晰。最后，《维斯比海法》条文的表达更为精炼，同一条文中对问题的讨论更详尽，逻辑性更强。可以算是一部非常优秀的海商法了。[3]

---

[1] Gerard Malynes, Consuetudo, Vel, Lex Mercatoria, Part 2, p.14.

[2]〔美〕约翰·H. 威格摩尔：《世界法系概览》（下），第767—768页。

[3]《维斯比海法》的内容参照 Gerard Malynes, Consuetudo, Vel, Lex Mercatoria, Part 2, Professional Books Limited (1686, reprinted 1981) 中的版本。

（一）船舶

1. 船舶所有权

《维斯比海法》第 10 条关于禁止出售航程中的船只或者将其作为债务担保的规定，可以视为是对船舶所有权的限制。该条同时规定，如果因为债务原因可以将此次航程的运费用于抵债。

2. 船舶抵押权

继《阿玛菲法典》出现可以算作船舶优先权的规定之后，《维斯比海法》中已经明确地对船舶抵押权做出了规定。《维斯比海法》第 45 条规定："如果船只急需供给品，而船长此时又极度拮据，他因此被迫出售了船上的部分货物，或者将船只抵押以获得贷款；在这种情况下，他应当在船只 15 日内将要到达的地点就船只获得的供给品付款，价格应当适中，不能太高也不能太低。如果他未能履行偿付义务导致船只被出售，并且另一位船长取代了他的位置，那么其托运货物被出售的商人或者出借钱款的船只的抵押权人将对该船享有权利，这一权利通过抵押的方式实现，期限为一年零一天。"

（二）船员

1. 船员的权利和义务

《维斯比海法》同其他中世纪欧洲海商法一样，并没有明确地区分船员的权利和义务，但是我们从法典条文的规定中可以推出相关的内容。

（1）船员的权利

《维斯比海法》规定的船员的权利如下。

第一，如果一名船员受雇于船长担任引航员、大副或者普通水手，那么他有权在船舶起航前获得一笔预付款，当船舶到达目的港之后再获得约定的工资（第 1 条）。工资的约定可以采用两种方式，其一为固定工资，其二为提成工资（32 条）。

第二，除约定的工资之外，水手们装货和卸货还可以得到额外的薪水。《维斯比海法》第 5 条规定:"水手们将货物装船将获得 4 旦尼尔,将货物卸载将获得 3 旦尼尔,这是他们搬运货物的薪水。但是这一数额并不是固定的,这是因为货币的价值是会波动的。"水手们照管货物可以得到一定的补偿(第 48 条)。

第三,因公受伤的船员应当得到适当的治疗。《维斯比海法》第 18 条规定: "如果一名水手上岸办理船长交办的或者与船只有关的事务,不幸受伤,那么船只应当负责为其治疗。但是,如果他上岸只是为了自我娱乐,而后受伤,那么船长有权将他解雇。并且上述水手还应当归还船长一笔相当于他将从船长处得到的工资的钱款,除此之外他还要额外支付船长找其他人代替他工作而应支付给其他人的工资数额。"《维斯比海法》第 33 条又规定了商人的责任:"当任何一名船员因办理与船务相关的事情而受伤,或者遭遇不幸时,托运的商人应当支付他的治疗费,并且应当赔偿他的损失,当然这必须要得到船长、引航员或者水手们的证明才行。"或许可以将这两条的规定理解为,船员为谁的利益而受伤,谁就应当为其治疗。

第四,生病的船员有获得适宜的照顾和治疗的权利。《维斯比海法》第 19 条规定: "如果一名船员生病了,而上岸治疗对他来说是比较适宜的,此时法律规定,这名船员应当被送上岸,在那里他的待遇应当和他在船上时一样,并且他可以得到一名船童的照料。如果他回复健康,那么他将得到全额的工资;如果他不幸去世,那么他的工资将被支付给他的遗孀或者他的下一位继承人。"

第五,船员应当得到一定标准的饮食待遇。《维斯比海法》第 29 条规定:"对于所有的航程而言酒都可以是必须的,船长有义务为其船员提供酒水,如果水手们一天将仅能享用一次客饭。但是,如果他们除了水没有别的喝的,那么他们应当一天享用两顿客饭。"《维斯比海法》第 33 条还规定,船舶抛锚靠岸时,水手们可以"一个接一个地,或者一次两个地到岸上去",并且可以带上他们的食物,但是酒除外。

第六,船员有权运载自己的物品,并有权选择是自己照管自己的物品还是交给船舶代管(第 30 条)。

第七,船员辞职的权利。《维斯比海法》第 63 条规定:"如果一名引航员或者一名普通的水手购买了一艘船,或者被任命为一艘船的船长,那么他只要将他从他现在的船长处所获得的钱归还给他就可以解除同他的雇佣关系。这一规定也同样适用于引航员或者水手结婚的情形。"

（2）船员的义务

《维斯比海法》规定的船员的义务有以下十项。

第一，如果船员违约，不参与约定的航程，那么他应当返还他收到的预付工资，并且应当支付商定的到达工资作为罚金（第1条）。

第二，如果一名船员同时同几个船长签约，那么第一位船长可以要求他并且强迫他出海；并且无须向他支付整个航程的工资，但是是否支付船长可以自由裁量（第1条）。

第三，如果船员不能胜任自己的工作，那么他应当返还他收到的预付工资，并且应当支付商定的到达工资作为罚金（第2条）。

第四，没有船长的允许，任何船员都不得在岸上过夜，也不得在晚上乘小船离开，否则将被处以2旦尼尔的罚款（第4条），并且需要对他离开后船舶发生的损害负赔偿责任（第17条）。但是有一个例外：如果船舶已经被停靠在岸边，并且用四个锚固定住了，那么船员可以离开，但是必须迅速归船（第17条）。

第五，船员应当尽其所能保护船上的货物，否则无权得到其工资。《维斯比海法》第15条规定："水手们一定要尽全力抢救和保护船上的货物；如果他们做到了，那么他们应当得到他们的工资，反之则无。"

第六，船员不得指责他人撒谎，否则将被罚款4旦尼尔，如果普通船员指责船长撒谎那么他将被罚款8旦尼尔；如果船员动手打船长，那么他将被罚款100便士，或者失去他的一只手（第24条）。

第七，船舶到达目的地后，船员有义务保证跟随船只返航并且保证它的安全（第31条）。

第八，船舶完成单程航行之后若不能在目的港承接到运载任务，拿提成工资的船员应当随船到更远的地方去寻找机会，但应当考虑到拿固定工资的船员的利益（第32条）。同《奥列隆法典》对照可知，这里说"应当考虑到拿固定工资的船员的利益"是指，应当适当增加这类船员的工资。

第九，水手们应当听从商人、船长和引航员的指示照管好货物（第47条）；

否则将承担货物损害的赔偿责任，赔付的标准由船长和引航员决定（第48条）。

第十，水手有义务向船长展示用于固定货物的绳索，并且告知船长欠缺的器具；如果由于水手的失职造成货物损害，他们应为此负责（第49条）。

（3）引航员

《维斯比海法》第44条规定了特定地区当地的引航员的聘请与待遇问题："如果船只需要一名当地的引航员引领，而商人拒绝聘请一名当地的引航员；在这种情况下，只要船长、船只的引航员和大多数水手们认为合理，则可以自行聘请。这位当地的引航员应当享受恰当的待遇，他的工资应当按照船只和船上货物的价值的合理比例支付。"第59条规定，当船舶打算到某一港口停泊而船上的引航员对港口的情况不熟悉时，亦可以聘请一位当地的引航员，其工资由船舶和船上的货物共同承担。如果船舶需要驶入河中，此时船长也可以聘请一名当地的引航员，这种情况下，由船长负担该引航员的食物，由商人负担他的工资（第60条）。

（4）船员保护

《维斯比海法》第6条规定："如果船只已经准备启航，此时，船上的船长、引航员或者水手不得因为债务问题而被逮捕。但是债权人可以执行、没收并且出售他在船上找到的属于债务人的任何财物。"这无疑是该法对准备出航的船长和船员给予的一项特权，由此可以看出《维斯比海法》重视和维护航海事业的宗旨。

2. 船长的权利和义务

（1）船长的权利

船长在所有的航行活动中都是处于核心地位的，因此其权利非常广泛。《维斯比海法》规定的船长的权利如下。

第一，船长有任意解雇船员的权利。《维斯比海法》第3条规定："船启航之前，船长可以任意解雇一名普通水手而没有合法的理由，但他应当支付该水手之前商定好的钱款。然而，如果这名水手已经随船从海港出发，那么解雇他的船长应当全额支付他整个航程的工资。"

第二，在必要情况下，得到水手建议后，出售船上的绳索以获取必需品的权利。《维斯比海法》第13条规定："除非得到商人和船主的同意，否则船长不得将其任职的船只以及船上的任何器具出售。但是，如果船上物资耗尽而不得不获取必要供给的情况下，他可以在水手的建议下将绳索和锚索进行抵押。"《维斯比海法》第 15 条又规定了船长就此应听取商人意见的义务："如果没有得到商人的允许，船长也不得出售（船上的）绳索；因为他有义务尽其所能地保护整个船只，否则他将为发生的损失负责。"

第三，船长可基于合法的理由解雇水手。《维斯比海法》第 25 条规定："船长可以出于合法的理由解雇水手。但是，如果这名水手希望按照之后的判决进行赔偿而被船长拒绝的话，该名水手还是必须离开。尽管如此，他可以随船到达指定的地点，并且得到他的全部薪酬，就像他一直待在船上一样。如果船长又重新找了另一名水手顶替他的位置，而后者并不能胜任工作且造成了损失，那么船长应当为此负责。"

第四，船长有自主决定起航的权利。《维斯比海法》第 64 条规定："如果船长和船主发生分歧，船主拒绝支付他应付的份额（find his quota），在这种情况下，船长可以自行开船，并且向水手们支付他认为适当的工资。"

第五，船长有权要求船只共有人对其垫付的船舶的修理费、购买必要供给品的花费进行补偿（第 65 条）。

（2）船长的义务

第一，船长应当保管好船上的所有物品，否则将对物品的丢失负赔偿责任。《维斯比海法》第 12 条规定："如果船上的桅杆、船帆或者其他的器具（tackling）丢失，除非这是在船只扬帆航行过程中发生的意外，否则船长将为此负责。"

第二，船长就启航的决定应当征求船员的意见，如果船长不听取船员的意见而执意开船导致船只受损，那么他应当承担全部责任（第 14 条）。

第三，船长不得指责他人撒谎，否则将被罚款 8 旦尼尔；如果他打人，则将被以同样的方式还击（第 24 条）。由此可见，《维斯比海法》中船长的地位不如《奥列隆法典》中的高，但是法律内容的调整更能够体现公平的原则。

第四，船只到达港口时，船长应当小心地将船停泊妥当并保持它的良好状态，否则船长将承担损害赔偿责任（第 36 条）。

第五，船长应根据水手的建议补充用于固定货物的器具，若因其失职造成货物损失，则有责任赔偿商人的损失（第 49 条）。

（三）海上货物运输合同

1. 关于运费的规定

《维斯比海法》第 12 条规定："商人们可以随时要求将他们的货物从船上卸下，只要他们支付运费，或者让船长满意。另一方面，船长可以将他的船重新装满（除非这艘船很快就能够到达目的地）而后继续它的航程。但是，如果他无法到达目的地，那么船长可以将其运载的货物转到其他的船只上，以将其运到指定的地方，这种情况下船长也应当获得运费。"

该法第 37 条又规定，如遇到恶劣天气船舶受损而无法继续航行的情况下，船长仍应当获得他的运费，如果商人无法支付运费，那么船长可以将货物抵作运费。同样的，如果船只因遇到恶劣天气而被迫到另一个港口避险（第 53 条），或者因船只搁浅无法继续航行（第 55 条），此时船长可选择继续完成剩余的航程或者由船方付款将货物转运，无论如何船长都应当得到全部的运费。

关于运费的支付时间，该法第 52 条规定："当船只到达目的地后，它运载的货物应当全部卸下，同时船长应当得到他的全部运费。运费应当在到达目的地后 8 日或者最长 15 日内付清，具体时间根据具体航程而定。"

2. 关于适航的规定

与《奥列隆法典》第 10 条的规定相似，《维斯比海法》第 22 条规定船长有向商人展示船舶属具的义务而商人有检查确认船舶索具是否完好、足够的义务；但是《维斯比海法》规定的商人未尽到仔细检查的义务而导致船货遇险的责任比《奥列隆法典》更重，因为按照《维斯比海法》的规定他必须承担全部的损失。

3. 关于载货的规定

《维斯比海法》第 23 条就超载的责任承担问题做了规定，"如果由于船长的过错导致船舶严重超载（ill laden），因为他希望更好地管理船只，从而造成运载的酒丢失，那么该船长应当为这一损失负责。但是如果水手们发誓证明并非船长的过错，那么托运酒的商人应当承担该损失。"其第 46 条规定了补充载货："当货物装载完毕之后，船长不能承运新的货物，除非此时有商人卸货离开。但是假如他缺少货物，比如有部分货物被抛弃，如不增加新的载运量，那么他将因此受损；在这种情况下，当船只装载新的货物时，船长应当向大家宣布：先生们，我打算将这些和这些货物装载在这个位置。"

4. 关于起航时间的规定

《维斯比海法》第34条规定："船只与一名商人约定，如果该商人能够在确定的时间内将货物装上船的话，那么该船就负责为其运送这批货物；但是这名商人却没能遵守约定，他装船的时间迟了两个星期甚至更长时间，船长因此失去了很多载货的机会；在这种情况下，该名商人应当支付船长因他的迟延而产生的费用和损失，这笔费用的四分之一应当归水手所有，剩下的四分之三归船长所有。"

5. 关于特殊情况下筹措资金的规定

《维斯比海法》规定，船只在航行途中出现资金短缺应首先向船籍地索取，但是在紧急特殊的情况下，可以出售船上的部分货物获取资金（第35条）；如果船长出售了船上的部分货物以期渡过难关，但是此后船舶被毁，那么船长仍然必须赔偿上述货物，且不得索要上述货物的运费（第68条）；如果船舶顺利到达目的地，船长有义务按照与剩余货物相同的价格对被出售的货物进行赔偿，此后他可取得被出售货物的运费（第69条）。此外，按照该法第40条的规定，船长还可以采用将船舶抵押的方式获得资金。

6. 关于卸货的规定

《维斯比海法》第54条规定了卸货前的准备："当船只到达目的地后，所有的水手都不得离开船只，也不得卸货，除非船上的所有帆缆、索具都取下来了，并且船上已经装上了适当的压仓物。"

第55条至第57条规定了驳船的使用费用承担问题："当一艘船来到河里或者港口，而船身载重太重以至于无法在河中航行；此时，船长可以将船上的部分货物卸下，然后用驳船或者小船（ship-boat）运送。如果这样的话，那么船长将为此支付三分之二的费用，剩余的三分之一由货物自身支付。但是，如果这艘船已经卸下相当多的货物却仍然无法浮起来，那么船长就必须支付所有的运费"；"当货物被装上驳船准备运上岸时，如果船只担心商人的诚信或者他的支付能力；那么上述船长可以制止驳船，命其停泊在靠近大船的地方，等到商人支付了所有的运费并且结清了所有的费用后，方能放货"；"驳船或者小船应当在五个工作日内卸载。"

（四）船舶碰撞

《维斯比海法》同样坚持两船相撞平摊损失的原则，该法分 6 个条文对此做出了规定。

《维斯比海法》第 26 条规定："如果一艘船抛锚停泊在港口内，而风力或者水流将另一艘船掀过去造成两船相撞或者碰擦，致使船只主体或者运载的货物受损；在这种情况下，上述损害应当属于共同的损失，且应当在两船间平均分摊。但是如果这次事故是其中一艘船故意安排的，或者是由于其中一艘船的过错造成的，那么有错的船应当承担全部的责任。这是因为，有可能一艘很旧的船舶故意停靠在那里，从而在受到损失或者沉没时可以得到比它的自身价值更高的赔偿。因此法律规定相撞船只应当各自承担一半的责任，这样就可以使每艘船都尽到注意义务以避免损害的发生。"

第 27 条规定："如果一艘船抛锚停泊在港口里，而这里的水太浅以至于船已经接触到了陆地，这时另一艘船来到这里并且在距离很近的地方抛了锚；此时第一艘船上的水手们可以要求第二艘船上的水手们将他们的锚提起而后移到较远的地方去，如果后者拒绝的话，前者则有权亲自动手进行处理；如果后者阻挠前者转移船锚的行为，那么此后发生的一切的损失都应当由第二艘船的水手们承担。"第 28 条规定："所有船只的船长都不得在港口内没有浮标或者锚标浮筒的地方抛锚泊船，否则他应当对所有因他的锚而引发的其他船只的损害负责。"

第 50 条和第 51 条内容与上述两条有所重复。其第 50 条重申了两船相撞平摊的规定，同时也强调了故意造成事故的船只的完全赔偿责任。第 51 条规定，为避免碰撞事故，船只停泊时，水手们必须在船锚上系好浮标，否则将为船舶碰撞的损失承担责任。

第 67 条规定了碰撞损害赔偿的范围："如果两艘船意外相撞，其中一艘船被毁，这种情况下，两艘船上受损的货物都必须进行估价并且按比例进行赔偿。这一规定同样适用于两艘船自身的损害，如此两船的损害和损失都可以得到完全的补偿。"

第70条规定，船长和水手可以起誓证明自己对船舶碰撞没有主观过错："如果一艘船在行驶过程中撞上了另一艘船并且给对方造成损害，此时假如第一艘船的船长和水手能够发誓证明他们不是存心的或者蓄意的，并且无法控制事情的发生；那么这一事故的损失将由两艘船平均分担。如果船长和水手拒绝宣誓，那么所有的损害都应当由碰撞的船只承担。"

（五）共同海损

1. 弃货

《维斯比海法》第20条和第21条分别就船只遇到恶劣天气需要弃货，当商人在船上和不在船上的两种情况下如何决策进行了规定。其第20条规定："如果船只遇到恶劣天气不得不抛弃一部分货物，而这部分货物的主人不同意这样做时，只要船员们都同意并且有第三方宣示证明他们这样做是被迫的，是为了避免即将发生的危险，是为了拯救所有人，那么这些货物还是要被抛弃。但被抛弃的货物将被记录在船或者货物的账目上，它们的价值与船上保存下来的货物出售后所得的钱款相同。"第21条规定："如果船长认为应当抛弃一些货物，而这些货物的主人并不在场，那么他应当首先征求引航员的意见，然后征求大多数水手的意见；所有被抛弃的货物都将记在船和货物的账目上。"

《维斯比海法》第38条就船只损害情况下的弃货进行了规定，其同样也讨论了商人在船上和不在船上的情况："如果船只的损害并不太严重，那么船长不得自己做主弃货，而应当首先通知托运商。但是，如果该商人拒绝弃货，那么船长可以冒险这么做，只要得到两名或者三名能干的水手的同意即可。同时，他必须起誓说，弃货是必要和必须的，因为需要减轻船身的重量以拯救整条船。如果船上没有代理人或商人，那么船长和水手中的大多数就可以决定做他们认为适当的事情了。"

2. 共同海损分担

第一，船舶器具的损害。《维斯比海法》第12条后半段规定："如果船长是被迫将其（桅杆、船帆或者其他器具）砍断的，那么船只和船上的货物都应当为此负责。"

第二，抛弃货物的赔偿。《维斯比海法》规定，被抛弃的货物应当按照被救货物的相同售价计算损失（第 39 条）；船长应当补偿弃货的损失，其补偿比率是被弃货物相对于整艘船的价值，按照其相对于全部运费的比重进行赔偿，其他商人也应当按照其被救货物与被弃货物的价值比进行赔偿（第 40 条）。该法第 40 条还规定，在发生共同海损而被迫弃货之后，商人有权买下这艘船，如果他乐意的话。

第三，个人物品的赔偿。《维斯比海法》第 41 条至第 43 条规定了船上私人物品被弃后的赔偿办法：私人装在箱子里的钱款随箱子被抛弃的，物主在弃货之前已声明的，他可得到 2 旦尼尔的补偿（第 41 条）；如果他在箱子被抛弃前取出了他的钱款，那么他不能得到任何补偿（第 40 条）；如果他在箱子被抛弃之前没有声明里面所装的东西，那么他只能获得相当于一只空箱子的木材和铁质部件的价值的补偿（第 43 条）。

（六）其他规定

1. 关于航行安全的规定

《维斯比海法》第 3 条规定："如果一艘船已经航行了整个夏天，那么它必须在圣马丁节（St. Martlemas Day，即 11 月 11 日）结束所有的航程。"这是中世纪欧洲多部海商法中唯一规定航行时间的条文。这可能同维斯比的地理位置有关。

2. 关于使用驳船的规定

《维斯比海法》第 8 条规定："任何人没有得到主人的允许都不得擅自使用他人的驳船（lighter），否则将被处以每天 4 便士（pence）的罚款；但在发生火灾或者其他紧急情况下使用的除外。"

3. 关于见证人的规定

《维斯比海法》第 8 条规定："如果某人意欲给一名水手看账目，以使其知晓一笔债务等等，此时他不应该将陌生人带上船；相反，他应该请船上的其他人帮忙见证。这条规定在整个航程中都必须被遵守，比如在订立一份需要他人见证的契约的时候。"

4. 关于延长航程中发生的损失分担

《维斯比海法》第 11 条规定同一艘船延长航程后所发生的损失应当与此前航程一起分担。该条规定:"如果一艘船被安排延长航程,或者增加几个新的航程,且大家对此没有异议,而它在之前未允许的新的航程中遭遇到损害,那么这一损害应当均等地承担。"

5. 关于水手犯罪的规定

《维斯比海法》第 61 条规定,如果水手携带船长的钱款潜逃,那么他必须接受审判,且在有两名水手对此作证的情况下,这名水手将被判处绞刑。

6. 关于水手患传染病的处理

《维斯比海法》第 62 条规定:"如果一名水手感染了传染病,那么船长有权将他放在船只首先到达的地方,并且没有义务为其支付任何工资;只要这一疾病已经由两到三名水手的宣誓证词所证明。"这一规定在现在是不能接受的,是不人道的,但是在医疗技术低下的当时,这一措施也是无奈之举吧。

7. 关于保证金的规定

《维斯比海法》第 62 条规定了船主与船长相互支付保证金的制度:"如果船长向船主支付了船只的保证金(security),那么船只相应地(为了公平起见)应当为船长的生命支付保证金。"

六、《汉萨城市航运条例》

中世纪晚期,汉萨同盟成为欧洲最具强权的一个自治组织。吕贝克、布鲁日、但泽和科隆是其第一批缔造者。它的鼎盛时期几乎囊括了波罗的海沿岸所有重要的贸易城市。它的商战分布在欧洲的每一个角落。同盟的城市之间分享着内部特权同时也执行着严厉的同盟约定。

汉萨同盟海事法的形成和发展过程与其他几部海事法典不同,它不再只是习惯的汇编,而是体现出了明确地"立法过程"。史料显示,汉萨同盟经历了一连串纯粹的法律的颁布过程,"从 14 世纪的一些简短的法令,发展到 1614 年成为有 15

章 103 节的完整、典型的法典，跨越了 3 个世纪，而且不断通过法的修正、补充和改变的方式而进行"。[1]汉萨同盟海事法的最终版本是 1657 年在吕贝克刊印的汉萨法典版本，该版本被定名为《汉萨城市航运条例》。[2]其内容是对《维斯比海法》的补充和发展。笔者依据的汉萨同盟 1597 年的版本，对《汉萨城市航运条例》的内容进行总结分析。[3]

1. 合伙人的权利与义务

第一，船东有雇用和解雇船长的权利。《汉萨城市航运条例》通过限制船长的权力极力保护合伙人的利益，同时还明确规定船东可以以法定事由开除船长，只要按照原价归还其购买船只股份的钱款即可（第 14 条）。在雇用船长时，船东首先必须确认拟任人选没有受雇于其他船东，否则他们将被处以罚款（第 15 条）。

第二，船东对与船舶相关的物品有优先购买权。《汉萨城市航运条例》第 53 条规定，水手们在返航途中可以出售自己的供给品或者索具，对此船东享有优先购买权。第 56 条规定，船东对船长欲出售的其对船舶的股份享有优先购买权。

第三，当合伙人之间发生分歧时，采用少数服从多数的原则。《汉萨城市航运条例》第 59 条规定："如果船只的共有人不能就船只运载事项达成一致，那么共有人当中的多数意见同意也可以启动一次航运活动。为此，船长可以通过抵押获得钱款来为船只提供必需品，从而代替那些不同意用其出资装备船只的共有人的份额。"

2. 船长的权利义务

(1) 对船长权力的限制

《汉萨城市航运条例》大部分内容都系对船长权利的限制性规定，其立法宗旨非常明确，就是为了维护船东或者其他船舶合伙人（在船长也是合伙人之一的情况下）的利益。

第一，未经合伙人同意，船长不得建造、修理船舶、船具或者购买任何船舶所需的物品。《汉萨城市航运条例》第 1 条和第 2 条规定，除非船长能够自行承担

---

[1] 〔美〕约翰·H. 威格摩尔：《世界法系概览》（下），第 776 页。

[2] 同上书，第 772 页。

[3] 《汉萨城市航运条例》的内容参照 Gerard Malynes, Consuetudo, Vel, Lex Mercatoria, Part 2, Professional Books Limited（1686, reprinted 1981）中的版本。

建造船舶的费用，否则他只能够在成为船舶合伙人之后，才能建造船舶；关于欲建造船舶的吨位和规格也应当同其他合伙人商议，形成书面合意之后方能执行，否则船长将被处以罚款。

第二，在船东不知情的情况下，船长也无权修理船舶、船帆和绳索，除非是船舶在国外或者确有必要的情况下（第3条）。

第三，除非有两名合伙人在场或者同意的情况下，船长无权为船舶购买任何物品，否则将被处以罚款（第4条）；所有船舶必需的物品都应当写在备忘录中，以便让船长和合伙人一起进行购置（第5条）；船长购置任何物品都必须诚信，否则将被处以体罚，并且船长必须将卖主的姓名与地址记录在日志中（第6条）；船长购买的商品的价格，不得高于其他人购买相同商品的价格，所有购得的物品都应当送往船东的货栈中储存，直到船只准备起航为止（第8条）。

第四，归还剩余物品与弹药的义务。《汉萨城市航运条例》第10条规定："船长在返航的时候必须将船上剩下的物品和弹药全部交到船东的手上。"

第五，船长公布账目时，必须通知所有船东到场，否则将被处以罚金（第12条）。

第六，船长不得在未经全体船东同意的情况下自作主张运载货物（第13条、第58条）。

第七，船长在雇用引航员或者水手之前，必须同船东商定将要支付给他们的薪资，否则将被罚款25元（第16条）；水手们在去往法国或者西班牙的航程中无权获得搬运费，并且必须自带供给品，如果船长预先支付或者借给他们钱款，那么他应当从自己的工资中扣减，而不得损害船东的利益（第52条）。

第八，船长在雇用水手之前，必须经该水手的前任船长证明他确曾忠实履职，否则不得雇用他，违者将被处以罚款；但是处在陌生国度或者必要情况下除外（第18条）。同样的，船长有义务为他雇用的水手出具有关他们技能和良好品行的证明，否则他将被处罚款（第19条）。

第九，船长决定要改变航程或者转到另一条航线上时，必须第一时间取得水手们的一致同意，或者取得多数水手的同意；若水手中有人不服从这一决定，他将受到处罚（第24条）。

第十，船长应当分三次支付水手们的工资，即，出发时付三分之一，（到达目的港）卸货后付三分之一，返航后付三分之一（第 28 条）。

第十一，船长在返航之后应当向地方执法官宣告其判罚和罚金，否则将被处以罚款（第 4 条）。

第十二，船长必须奋力抵抗海盗，保护船舶，否则将被革职且永远不得再担任船长之职（第 37 条）。

第十三，船长应当遵守与船员间的约定，给予他们应得的东西，以免水手叛变（第 47 条）。

第十四，船长不得雇用已受雇于其他船长的水手，否则他将被处以 10 元的罚款，而这位水手也应当将他从第二位船长处得到的部分薪酬交给第一位船长作为补偿（第 48 条）。

第十五，当需要使用小船或者驳船将盐运上岸时，船长应当派遣一位特别仔细的水手去做这件事，以免货物损失或者被盗（第 51 条）。

第十六，除为购买船只的股份或者份额之外，船长在自己的国家不得以其他任何目的抵押借款，否则其他合伙人对此不承担任何责任（第 58 条）；但是如果船只在一个陌生的国度遇到物资匮乏的情况，那么船长可以通过将船舶抵押的方式获得资金，这一债务应当由全体合伙人共同承担（第 70 条）。

(2) 船长的权利

第一，船长可以随时开除或者解雇一名不服从命令或者不忠诚的水手（第 29 条）。如果船长没有任何法定的理由解雇船员，则解雇发生在起航前的，船长应当自行支付他第三部分的工资（第 41 条）；若解雇发生在航行途中，那么船长应当全额支付该船员的工资，并且必须承担他返回故乡的路费（第 42 条）。

第二，如果船上装载了金、银、宝石或者其他贵重的货品，而需要船长特别用心地照料的；那么船长将得到运费的四分之一，船东只能得到剩余的三份（第 50 条）。

3. 船员的权利和义务

(1) 船员的权利

第一，水手在履行职务时意外受伤的，应当得到适当的治疗；但由于非履行职务的其他原因受伤的不在此限（第 39 条）。

第二，《汉萨城市航运条例》第 35 条规定因救助船舶受伤的，船舶将为其医治，残废或者丧失劳动能力的，船舶将负责其终生的饮食供应。

第三，生病的水手应当被送到岸上，同时享受在船上时的待遇，并且可以得到另一名水手的照料；若其康复，则将获得全部的工资，若他死去，则其工资由其继承人获得（第45条）。此条规定与《维斯比海法》第19条完全相同。

第四，船员在船舶为等待运费或者其他原因而不得不停留的期间有权得到与平时相同的食物供应，除此之外不得要求额外的工资（第49条）。

第五，船员有权占用船上一定的空间装载自己的物品，其中船长和引航员每人12桶，其他工作人员每人6桶、普通船员每人4桶，厨师和水手每人2桶（第55条）。

（2）船员的义务

第一，《汉萨城市航运条例》第20条规定水手不得无故要求涨工资："当船只在某处过冬之时，如果船长为水手提供了饮食，那么水手就不得强迫船长为他们涨工资或者薪水；违者将被没收薪资，除此之外还将接受法庭的审判。"

第二，水手未经船长、引航员或者大副的许可不得上岸，否则违反一次罚款0.5元（第22条）；跟随船长上岸的水手应当看管好小船，在得到上船指令后应立即返回，不得在岸上过夜，否则将被罚款或者监禁（第23条）。如果一名水手在未经允许的情况下上岸，而此时船舶因得不到救助而毁损或者丧失，那么该名水手将被监禁一年；如果他的同伴在这场事故中丧生，那么他将遭受肉刑（第40条）。

第三，船员在值班时睡觉将被处以4便士的罚款，看到他人值班睡觉却没有告发他的人将被处以2便士的罚款（第24条）。

第四，任何水手都不得将小划艇或者小船系泊在船舶旁边，违者将被处以监禁（第26条）。

第五，如果引航员，或者其他船员不能胜任自己的工作，那么他的工资将被没收且将接受法庭的审判（第27条）。

第六，未经船长的同意，水手们不得在船上举行宴会，否则将被没收一半的工资（第31条）；任何船员都不得在船上留宿自己的妻子，违者将被罚款（第32条）。

第七，未经船长允许，任何人都不得射击或者发出射击的指令，违者将被要求赔偿弹药的双倍价值（第33条）。

第八，水手有保护和救助船舶的义务。水手们有义务保护自己的船舶、在船舶遇险时奋力营救，否则将被处以鞭刑；水手在船舶遇难漂浮在某处时应当听从船长的号令，救助船舶，为此他们可以得到相应的犒赏，并且船长应出资将他们送回居住地；倘若水手们不服从，则将被没收所有的工资（第 44 条）。

第九，船员在航行途中主动辞职的，必须归还其已收到的工资，并且须自己负担返程的路费（第 42 条）；如果船上的工作人员或者水手逃跑后被逮捕，那么他将被送往法庭接受审判，并且应当在其前额上烙上他的出生地（第 43 条）。

第十，若水手强迫船长将船驶入一个港口，而恰巧在这里船只或货物遭受了损害，此后水手们又擅自逃离的，他们被抓获后将被处以肉刑（第 46 条）。

第十一，水手们不得取用船上装载的盐，否则将受到处罚（第 54 条）。

4. 船上犯罪行为的处理

（1）船长的犯罪行为及其处罚

《汉萨城市航运条例》第 7 条规定："如果船长或者任何水手胆敢私藏货物、船帆或者绳索，抑或运费，那么他将作为小偷被带到法庭上，依据事实进行处罚。"其第 9 条亦规定，如果船长出售船上的饮食或者供给品也将被以盗窃罪论处，但如果船只远离陆地或者处于危险或者困境中时除外，不过此时船长必须向船东提供可信的账目。

《汉萨城市航运条例》第 57 条规定："如果一个骗子船长通过抵押（船舶）获得钱款，后又把这艘船驶到很遥远的港口并出售了船和船上的货物；那么该船长将被永远禁止担任任何船只的船长，并且他将不被任何汉萨城市所接纳，除此之外他还将得到他应有的惩罚，并且不得宽恕。"

（2）水手犯谋杀罪的处理

《汉萨城市航运条例》第 30 条规定："如果一名水手杀了人，船长应当将他逮捕并囚禁起来；等到顺利返航之后，船长应当将该名水手送交法院，让其接受其应得的惩罚。"

5. 其他规定

（1）关于起航

《汉萨城市航运条例》对于耽误船舶起航时间的行为规定了更为严厉的处罚办

法。该法第11条规定："当船只装载完毕之后的两天或者三天后，如果风向适合的话，船长必须启航，否则他将被处以200弗洛林的罚款。如果这时任何一位船东要求出卖船只拿回自己的份额，那么他将被处以相同的罚款。在这种情况下，船长可以通过抵押获得钱款，取代耽误启航时机的船东的位置。商人们应当在商定好的期限内将货物装船，否则其全部货物将被没收，如果船长决定空船出航，那么船内只能装载压舱物。"

（2）关于护航

《汉萨城市航运条例》第17条规定，当商船们组成舰队后，"他们必须始终在一起，整齐列队（as far as in them lies），互相协作，互相保护；违者将承担其同伴所遭受的因海盗或者敌人伤害所带来的损失，或者高于其实际损失的赔偿责任。"

（3）关于航行安全

《汉萨城市航运条例》第38条规定："船舶的压舱物必须被放置在指定的地点；违反本条规定者将受到地方执法官的处罚。"

通过内容和条文用语的比较不难看出，以上法典具有借鉴和继承关系，这一关系在《奥列隆法典》、《维斯比海法》和《汉萨城市航运条例》三者之间表现得尤为明显。《奥列隆法典》和《康梭拉多法典》的表述比较冗杂，而《维斯比海法》相较于《奥列隆法典》就显得简练精确得多了；《汉萨城市航运条例》更是在《维斯比海法》的基础上进一步，使法典内容的安排更科学更合理。

第四节　中世纪欧洲商人法庭

公元9世纪，地中海沿海地区的社会关系，几乎完全被束缚于土地这一核心生产资料，海陆贸易则降到了西罗马帝国灭亡以来的最低点。10世纪开始的商业复兴，终于带来新的活力。自此，地中海的海上贸易日益发达，从威尼斯到比萨，从热那亚到巴塞罗那，商业中心城市此起彼伏。商业的浪潮沿着天然的航线从地中海逐渐蔓延到北海和波罗的海。而陆地上的交易也随之兴盛起来，意大利、德意志、法国和英国都设立了市场和市集。其中，法国的香槟市集最为著名。创造这一切的最重要的因素就是商人。当这个以贸易为生的专业商人阶级形成以后，它又促成了城市的兴起。[1]

亨利·皮雷纳在他的《中世纪的城市》一书中引述了芬查儿的隐修士圣戈德里基的故事，从这里我们可以对中世纪欧洲商人的生活有所了解。

> 他于11世纪末出生在一个贫苦农民的家庭，在孩童时代就得想方设法自己谋生。如同各个时代的很多其他不幸的人一样，他在海滩上流浪，注意着浪潮冲上来的沉船的残骸。以后或许由于幸运地找到了什么东西，他临时做起流动商贩来了，背着不值钱的小商品走遍全国各地。久而久之，他积攒了几个钱。有一天他加入了在旅途上遇到的一支商队。他跟着这支商队从市场到市场，从市集到市集，从城市到城市。他就这样变成了一个职业商人，很快赚得了相当多的钱，可以和同伴们合伙，共同装载一艘船只，沿着英格兰、苏格兰、丹麦和弗兰德尔海岸从事沿海贸易。他们的合伙组织万事如意，兴旺发达。他的业务就是把听说国内紧俏的货物运到国外，再从那里贩回商品，注意卖到最需要这些商品因而可以获得最大利润的地方。几年以后，这种贱买贵卖的精明手法使圣戈德里基成为富豪。就在这时，他受到神的感化，突然舍弃了原来所过的生活，把财产交给穷人，自己去当了隐修的修道士。[2]

除了故事神秘的结局和主人公出身的不同之外，这就是中世纪大多数商人的真实写照。商人阶级在贸易往来中，逐渐形成了自己的法律——商人法，也形成了自己的司法体系——商人法庭[3]（Courts of the Law Merchant）。

商人法庭的发展同商业的发展相伴随。海事法庭是设立在港口城市的专门解决海事纠纷的机构。而市场和市集上的纠纷则由市场和市集法庭解决。随着城市的兴

---

[1] 〔美〕汤普逊：《中世纪经济社会史》（下），商务印书馆1984年版，第415页。

[2] 〔比〕亨利·皮雷纳：《中世纪的城市》，陈国樑译，商务印书馆2006年版，第74—75页。

[3] "court"一词有法庭、法院的意思。中世纪处理商人纠纷的机构不同于现在的法院，它的人员不具有专职性，也没有固定的审判场所，常常是同一些人既是行政管理者，又是纠纷的处理者，因此译作法庭更为恰当。但是目前国内的许多译著都将court译作法院。

起，原来分散的临时的法庭被城市普通法庭和行会法庭所取代。而城市内部，城市普通法庭、海事法庭和行会法庭之间也存在管辖权的交叉。各个城市中的情况不尽相同，但是在城市制度最发达的意大利，行会法庭逐步地争取到了专属管辖权，而成长为成熟的商事法庭和海事法庭。威廉·米歇尔对欧洲商人法庭的总结非常地到位。

在商人法形成的 10 和 11 世纪，能够被称为商事专门法庭的机构设立在市场和市集中。但是，随着市镇独立性的增强和商业的扩展，欧洲南部的主要城市里逐渐建立起了永久性的法庭，这些法庭不同于纯粹的市场和市集法庭，他们的管辖权限于商业性案件。这些法庭的产生归因于城镇的治权、独立和它的商业活动；而在一些中央集权和重视商业的国家，这种建立地方商业法庭的力量开始试图创造一个全国性的商事管辖权。但这一趋势是后期发展的方向，因为中央权力要强大到可以建立一个全国统一的司法系统的过程是缓慢的，而且，即使中央拥有了这样的权力，它也未必能意识到建立一个独立的商事法庭的必要性。对于海商法而言，中央对于独立的海事管辖权的重要性的认识尤其重要。以法国和英国为例，长期存在于海港城市的地方特别法庭就是海事法庭。并非所有的地方都产生了商人法庭；在许多欧洲城镇，商事案件是在普通城镇法庭审理的，这些法院拥有民事和刑事案件的管辖权。除了海事法院在欧洲许多地方存在外，只有欧洲南部商业比较发达的地区出现了仅处理商事案件的特别法庭。而意大利是这一进程的领军人物，正像它在商法的其他方面所做的一样。[1]

一、市场法庭和市集法庭

最初审理商事案件的专门法庭设立在市场和市集当中，英国著名的"灰脚法庭"（the Court of Piepowder）就是其中的一种。[2] 在欧洲民族国家形成之前，商人们可

---

[1] William Mitchell, *An Essay on the Early History of the Law Merchant*, Cambridge University Press, 1904, pp. 39—40.

[2] "灰脚"一词在不同的时期有不同的拼法，"Piepowder"是现代人的写法，在中世纪它又写作：Pipouldre、Pepowder 或 Pipoudre。它是指那些终年在外行走，双脚布满灰尘的商人们。

以在欧洲西部的土地上自由穿梭，正如圣戈德里基的商队"从市场到市场，从市集到市集"一样。市场法庭或市集法庭则是为迅速解决商人间纠纷而设立的机构。它们出现的具体时间尚无定论，据推测应该是在 9 至 10 世纪，在 12 至 13 世纪最为兴盛。[1]

"市场法庭或市集法庭召开的时间一般是在市场或市集开办期间，但是为了处理旅行商人或外来人的案件则可能在市场或市集日之外开庭"。[2] 开庭的次数各地也不相同，有的地方每天开庭两次，有的地方则随时开庭审理案件。[3] "法庭的法官由市场和市集上的商人们从他们的成员中选出"。[4] 如果案件需要进行审讯，则必须由陪审员参与审理。各个地方的做法也不尽相同，有的地方陪审员都是商人，而有的地方，如布里斯托（Bristol）则允许所有城镇的居民和在城镇中拥有土地的人担任陪审员。[5] 法庭的审理程序简单迅速，几乎不允许当事人缺席，以加速案件审理的进程。法庭审理的案件多以商事纠纷为主，但是有的法庭也处理盗窃和暴力争端。对于人员的管辖权多限于作为团队前来的外来商人，在一个叫托克西（Torksey）的英国小镇上，"灰脚法庭只审理商人或者长途旅行的外国人的案件，当地居民或者在当地有地产或房产的人除非自愿，否则不受其管辖"。[6] 此外，市场法庭和市集法庭拥有严格的执行手段保证债务的实现。例如，法国的特鲁瓦（Troyes）集市法庭"采取有力的措施保证债务可以清偿。债务人和诈骗者可以一直被追踪到远离特鲁瓦的地方，如果在其它的市集露面，几乎没有逃脱的机会"。[7]

市场法庭和市集法庭是随着商业的复兴而产生的，相对于当时早已存在的领主法庭和王室法庭而言是一种新生事物。为什么在已有法庭之外会产生一种新的审判机构呢？

---

〔1〕赵立行：《论中世纪的"灰脚法庭"》，载《复旦学报》（社会科学版）2008 年第 1 期。

〔2〕同上。

〔3〕Keechang Kim, *Aliens in Medieval Law: The Origins of Modern Citizenship*, Cambridge University Press, 2000, pp.29—30.

〔4〕〔美〕哈罗德·J. 伯尔曼：《法律与革命——西方法律传统的形成》，贺卫方等译，中国大百科全书出版社 1993 年版，第 428 页。

〔5〕赵立行：《论中世纪的"灰脚法庭"》，载《复旦学报》（社会科学版）2008 年第 1 期。

〔6〕Keechang Kim, *Aliens in Medieval Law: The Origins of Modern Citizenship*, Cambridge University Press, 2000, p.30.

〔7〕Joseph Gies, Frances Gies, *Life in a Medieval City*, Harper Perennial, 1981, p.213. 转引自赵立行：《论中世纪的"灰脚法庭"》，载《复旦学报》（社会科学版）2008 年第 1 期。

首先，商业的复苏带来了一个从未有过的法律领域，这是原有法律体系无法解决的问题。商人是中世纪土地依附关系之外的人，"他们职业的新颖性"挑战着以农业文明为基础的封建法律体系。那些来自于狭小领地内居民们几百年来生存习惯的法律，既没有任何关于贸易或商业的规则，又体现出巨大的地方差异，根本无法用于商业纠纷的解决。[1] 其次，原来的司法程序僵化而拖沓，无法适应商业贸易迅捷性的特点。正如皮雷纳所指出的，既存"司法程序中僵化的和传统的形式主义，延误时日，和裁判决斗一样原始的证明方法，免诉宣誓的流弊，全凭偶然性判决的'神意裁判'等等，对于商人来说是无休止的折磨"。[2] 最后，商业的利益诱使领主们应允了这个新生儿的诞生。虽然经商的低贱为贵族领主们所不齿，而利益的追求也受到教会的谴责，但是当财富成为新的身份的象征时，社会的观念也为之一变。贸易可以为领主们带来丰厚的税收收入，而商人的便利又与贸易息息相关。领主们为了吸引商人前来，极力修复道路，维持社会治安。在商业贸易需要一个便捷的审判机构时，领主们当然也会欣然应允的。

但是，关于市场法庭和集市法庭的性质目前仍有争论。有学者据现存的英国圣艾夫斯（St. Ives）集市法庭的案卷材料分析，"圣艾夫斯法庭是拉姆齐修道院的一部分，法庭的成员——管理人（steward）、法警（bailiffs）、书记员（clerks）——都是修道院或者修道院的代表指定的。法庭判决的各项罚款和赔偿金都归修道院所有，法庭的守卫（the watchmen and constables）和陪审员也都是对作为他们领主的修道院负有义务的人。修道院负责收取法庭应收的费用，扣押逃走的被告的货物，并且负责将有罪的被告投入监狱"。而且，圣艾夫斯集市的开办，是英国国王亨利一世（Henry I，1106—1135 年在位）于 1110 年授予拉姆齐修道院的权利。因此，市场法庭或市集法庭从其运作和权利来源上讲，都不能成为一个独立的司法机构。[3]

在汤普逊的《中世纪经济社会史》中，也提到了香槟集市的法庭。"这些法院

〔1〕 陈颐：《从中世纪商人法到近代民商法典——1000—1807 年欧陆贸易史中的法律变迁》，载《华东法律评论》（第一卷），法律出版社 2002 年版。

〔2〕〔比〕亨利·皮雷纳：《中世纪的城市》，陈国樑译，商务印书馆 2006 年版，第 82 页。

〔3〕 Stephen Edward Sachs, *From St. Ives to Cyberspace: The Modern Distortion of the Medieval 'Law Merchant'*, American University International Law Review, vol.21, 2006.

是在市集监督与他们的助理以及教会官员手里，或在稀有的场合，显然也有在地方官员手里。在特啦，有被称为'特啦伟大日子法院'；它附属于伯爵的行政机关，成为香槟和布里市集的一种上诉法院。从这法院，再可上诉于国王的最高法院，即巴黎法院"。[1] 如果说由于管理者的干预和终审权的缺失，市场法庭和市集法庭不能称作一个专门的商事法庭的话，那么意大利的商人法庭则逐步争取到了这些特权。

二、商事法庭

商业的复兴促成了城市的兴起，城市出现在商业传播所经过的一切天然道路上。而商业与城市的结合也是其自身进步的表现。[2] 但是，这一结合的过程是艰难的。市民阶层的生存要求同封建贵族与教会的既得利益之间存在着根本的冲突。城市要在伯爵们或教会的领地上建立，则必须冲破原有的权力格局，而商人是这一运动的当然领袖。因为"他们是城市居民中最活跃、最富有、最有影响力的分子，他们最难忍受损害他们的利益和自信心的处境"。[3] 1057 年，有伦巴第城镇皇后之称的米兰爆发骚乱，米兰建立起了城市公社（Commune）。[4] 1077 年，法兰西北部的康布雷（Cambrai）居民趁主教热拉尔二世（Gerard II）去德意志接受皇帝的赐封时，占领了城门，宣布成立公社。[5] 城市运动在 11 至 13 世纪蓬勃地开展着。

城市让商人们获得了自由的切实保障，让他们得以摆脱形形色色的领主法庭，也摆脱了错综复杂和形式主义的司法程序和实体规则；尤其是城市代议制度，让商人们获得了管理城市的权力，使他们得以将城市的商业功能发挥到极致。[6] 也是在城市中，专门处理商事纠纷的司法机构逐步发展壮大，获取了对商事案件的专属管辖权。这一进程最早发生在商业最发达的意大利。

当时的意大利各城市中，同时存在着几种审理商事案件的法庭：城市普通法庭、

---

〔1〕〔美〕汤普逊：《中世纪经济社会史：300—1300 年》（下册），商务印书馆 1984 年版，第 202 页。

〔2〕赵立行：《商人阶层的形成与西欧社会转型》，中国社会科学出版社 2004 年版，第 161 页。

〔3〕〔比〕亨利·皮雷纳：《中世纪的城市》，陈国樑译，商务印书馆 2006 年版，第 109 页。

〔4〕同上书，第 111 页。

〔5〕同上书，第 113 页。

〔6〕陈颐：《从中世纪商人法到近代民商法典——1000—1807 年欧陆贸易史中的法律变迁》，载《华东法律评论》（第一卷），法律出版社 2002 年版。

商人行会法庭、海事法庭和海洋行会法庭。这些法庭之间的管辖权都有交叉。在《欧陆法律发达史》中，孟罗·斯密这样描述意大利的商人法庭："商事法院有时即为城市之普通法院，由市行政长充任院长，职司裁判，又在意大利，一如他国之情形，商人同业公会（merchant guilds）有时对于外商商务上之事件亦有管辖之权。此种法院称为 consulatus maris。"[1]

城市普通法庭的出现是城市司法自治的表现，而早期普通法庭的法官则直接由城市的执政官担任。[2]关于执政官的最早记载于 1080 年出现在卢卡，但这个职位应该设立得更早，因为该城"公社法庭"（Curtis communalis）的记载早在 1068 年就有了。而直到 1107 年才有资料提到米兰的执政官，据推测它至迟出现在 1094 年。而在意大利的许多其他城市也都有相同的记载。[3]各地执政官的数量不尽相同，但对于民众而言其数量是极少的，可以想见其事务的繁忙程度。于是，意大利北部的许多城市又任命了特殊的司法执政官（consules judices）作为法官，负责审理案件。[4]城市普通法庭对城市内部发生的所有案件都有管辖权，当然也包括商事案件。

与此同时，商人行会也有自己的法庭。商人行会的产生比城市的出现更早，它是商业需要的产物。它最初的表现是商人的合伙组织，正如圣戈德里基加入的商队一样。这种组织在当时的欧洲普遍存在，在德语中被称为基尔特或汉萨，在罗曼语中称为同乐会、互济会或商人协会。[5]他们是不依附于任何权力的自治团体，只有他们自己的意志才是法律，他们选举自己的首领，制定行会的规章。行会的首领不仅负责行会的管理事务，他同时也是行会的法官。伯尔曼也提到，行会法

---

〔1〕〔美〕孟罗·斯密:《欧陆法律发达史》，姚梅镇译，王健、刘洋勘校，中国政法大学出版社 2003 年版，第344—345 页。

〔2〕"consul"一词在当时含义并不明晰，作为城市执政官，他既据有行政的职能又行使司法权，因此，"consul"既是行政长官也是裁判官。而在行会中，商人们自己选举的领袖也被称为"consul"。此外，当时商船上随船同行的官员被称为"traveling consul"；而一地的商人在别国也设立"consul"管理内部事务。因此，这个词在当时至少有四种含义：一是城市的执政官，二是本国驻他国的领事，三是行会的首脑，四是随船远行的官员；他们都具有司法的职能。

〔3〕〔比〕亨利·皮雷纳:《中世纪的城市》，陈国樑译，商务印书馆 2006 年版，第 111 页;〔美〕哈罗德·J. 伯尔曼:《法律与革命——西方法律传统的形成》，贺卫方等译，中国大百科全书出版社 1993 年版，第 477 页。

〔4〕William Mitchell, *An Essay on the Early History of the Law Merchant*, Cambridge University Press, 1904, pp. 40—41. 另见〔美〕哈罗德·J. 伯尔曼:《法律与革命——西方法律传统的形成》，贺卫方等译，中国大百科全书出版社 1993 年版，第 478 页。

〔5〕〔比〕亨利·皮雷纳:《中世纪的城市》，陈国樑译，商务印书馆 2006 年版，第 77 页。

庭"一般只是由行会首脑或他的代表组成，但在商事案件中，他经常选择 2 至 3 名行会的商人成员担任陪审员。在个别情况下，一名专业法学家将与商人陪审员一道参与审判。专业公证人经常充当办理法律手续的书记员角色"。[1]

1154 年，米兰的一项法律准许选举"商人领事"（consuls of merchants）以审理商事案件。[2] 紧接着，"第一份商人领事告示出现，并且这种告示在 12 世纪末的意大利北部普遍存在"。[3] 这些商人领事后来逐渐演化成为专门审理商事案件的法官，这就是商事法庭的雏形。

商人领事的出现并非创举，它是对既存的商会首领兼任城市长官的事实的澄清，也是商会权力扩张的表现。在城市形成的过程中，商会的首领们一直担当着管理者的角色。在欧洲北部的佛兰德地区，商会很早就与圣奥梅尔（Saint Omer）的城堡主维尔弗里·拉贝（Wulfric Rabel, 公元 1072—1083 年在位）达成协议，由其管理市民阶级的事务。里尔城的司库在整个中世纪都被称为"汉萨伯爵"。11 世纪时，商人行会的首领事实上在每个城市中都担任着公社长官的职责。[4] 这种双重的身份或许也正好促成了领事法庭管辖权的扩张。

商人领事法庭的管辖权扩张体现出这样的发展脉络：从商会成员到非会员，从属人性到属地性，从非专属性到专属性。

早期的商会规章规定，领事权限仅限于商会成员和外地商人。1313 年的布雷西亚法令（Statutes of Brescia 1313）规定了领事对商人的管辖权。此前，1281 年的科摩法令（the statutes of Como 1281）也有相似的规定，即"商人是指那些现在已经是，或者将来会成为科摩商会（the merchant gild of Como）成员的人"。[5] 渐渐地，商人领事法庭又获得了对非会员的管辖权。1415 年，佛罗伦萨的城市法令明确地授予商人领事法庭对非会员纠纷案件的管辖权。但前提是，被告不属于其他任何行会，并且他是一个非商人的市民，而这个案件与商会有利害关系。1429 年的布

---

[1]〔美〕哈罗德·J.伯尔曼:《法律与革命——西方法律传统的形成》，贺卫方等译，中国大百科全书出版社 1993 年版，第 427 页。

[2] 同上书，第 428 页。

[3] William Mitchell, *An Essay on the Early History of the Law Merchant*, Cambridge University Press, 1904, p. 41.

[4]〔比〕亨利·皮雷纳:《中世纪的城市》，陈国樑译，商务印书馆 2006 年版，第 118—119 页。

[5] William Mitchell, *An Essay on the Early History of the Law Merchant*, Cambridge University Press, 1904, pp. 41—42.

雷西亚商会规章也有相似的规定。[1]

1393 年前后，在威尼斯出现了关于银行同个人储户之间的纠纷是否受商会领事法庭管辖的争论。这是属人性的管辖依据同案件性质的管辖依据之间矛盾的体现。最后，争论以商人领事法庭管辖权的胜利告终。同时，佛罗伦萨的领事法庭也获得了对全城所有关于商业贸易案件的管辖权。[2]

另外，商人领事法庭利用自身的优势和商会强有力的内部规则，排除了城市其他法庭对商事案件的管辖权。起初，商会的成员对案件的管辖法庭是有选择权的。一个商会成员可以选择到普通法庭去起诉自己的会友，而不必一定听凭商会领事的裁决。但是，商人几乎不愿这样去做，也根本不敢这样做。"不愿"是因为，与领事法庭相比，城市普通法庭的诉讼程序缓慢得多，花费巨大。而"不敢"则来自于商人行会内部的强制。行会通常要求其成员在向城市法庭起诉前将纠纷提交行会内部处理。[3] 而"对于只涉及商会成员的案件，商会法庭禁止其成员向任何商会以外的法庭上诉。对于那些无视商会管辖权的成员，商会的最后措施是将他们逐出商会，并且断绝同他们的贸易往来。在同一指导思想下，它经常强迫外来的商人宣誓接受商会领事的管辖"。到了 15 世纪，商人领事法庭的专属管辖权在许多地方得到了国家的承认。以曼图亚（Mantua）和贝尔加莫为例，地方官员无论采取何种方式干涉领事的管辖权都将被课以重罚。[4]

虽然，意大利各个城镇商事法庭的发展进程并不一致，但是到了 15 世纪中期，意大利确实出现了作为商人领事法庭的，对所有商事案件拥有排他的专属管辖权的商事法庭。而这种商人领事制度也被欧洲许多其他的城市所采纳。意大利的贡献并不止于此，它的海事法庭的发展也是领先的。

三、海事法庭

最早的审理海事案件的专门法庭是比萨海事法庭（Pisan Curia Maris）。同意大

[1] William Mitchell, *An Essay on the Early History of the Law Merchant*, Cambridge University Press, 1904, p. 44.

[2] 同上书, pp. 44—45.

[3] 〔美〕哈罗德·J. 伯尔曼:《法律与革命——西方法律传统的形成》，贺卫方等译，中国大百科全书出版社 1993 年版，第 482 页。

[4] William Mitchell, *An Essay on the Early History of the Law Merchant*, Cambridge University Press, 1904, p. 44—45.

利城市商事法庭一样，海事法庭的专属管辖权也是海洋行会（the great Sea Gild of Pisa, or the ordo maris）斗争的结果。

当时的比萨存在着两个最重要的法庭，一个是立法法庭（curia legis），根据城市议会的决议法典——《基本法》（constitutum legis）审理案件；一个是习惯法法庭（curia usus），依据习惯规则的汇编法典——《基本习惯》（constitutum usus）审理案件。[1] 而后者享有同海洋行会法庭相同的海事案件的管辖权，并且行会法庭审理的案件可以被上诉。通过艰难的斗争，1281 年的比萨城市法令修改了 1233 年法令的规定，赋予海洋行会领事对海事案件的终审权。这一权利后来得到国家的承认。到了 14 世纪中期，这一法庭成为一个对所有与海事相关案件的专属管辖法庭。其管辖权在事务上及于所有同海上贸易有关的运输和交付、借贷和商业票据以及利润、损失、海损和海员工资等问题。而在人员上不仅涉及托运商、海员、造船商等直接相关人员，还将与海运间接相关的一切工匠，如油漆匠、制桶工人、制陶工人等囊括在内。[2]

海事法庭产生在意大利，但是它的传播却主要仰仗了阿拉贡王国[3]的扩张。在阿拉贡王国国王的特许下，巴伦西亚、马略卡、巴塞罗那先后于 1283 年、1343 年和 1394 年建立起同意大利海事法庭相似的制度。到了 17 世纪中叶，西班牙托尔托萨（Tortosa）、布尔戈斯（Burgos）、毕尔巴鄂（Bilbao）、塞维利亚（Seville）、马德里等主要的商业城镇都建立了海事法庭。随着阿拉贡王国的扩张，这一制度又被带到了西西里和意大利南部的广大地区，并且对法国海事法庭的建立也产生了影响。

1388 年，阿拉贡国王约翰（John I, 1350—1396 年在位）将海事法庭带到了鲁西荣郡（Roussillon）的佩皮尼昂（Perpignan）。"路易十一占领鲁西荣之后，蒙彼利埃的海洋领事们被赋予了同佩皮尼昂领事们相同的权利。1463 年的王室法令

---

[1]〔美〕哈罗德·J. 伯尔曼：《法律与革命——西方法律传统的形成》，贺卫方等译，中国大百科全书出版社 1993 年版，第 480 页。

[2] William Mitchell, *An Essay on the Early History of the Law Merchant*, Cambridge University Press, 1904, pp. 46—47.

[3] 阿拉贡王国是 11 至 15 世纪时伊比利亚半岛东北部阿拉贡地区的封建王国，因阿拉贡河而得名。它是西班牙建国前的共主联邦国家之一。百度百科：《阿拉贡王国》，资料来源：http://baike.baidu.com/view/87331.htm，访问日期为 2008 年 12 月 15 日。

(The royal ordinance 1463) 授权领事管辖蒙彼利埃、埃格莫特（Aigues-Mortes）和阿格德（Agde）以及周边地区产生的海事案件的权利。在经过了一个世纪之后，图卢兹（1549）、巴黎（1563）和马赛（1565）都建立了海洋领事法庭"。[1]

1283 年，西班牙最早的海事法庭在巴伦西亚建立，如前所述，它是一份王室特许状（royal charter）的产物。这一法庭的审判规则被当作序言写在了著名的《巴塞罗那海法》（Barcelona code of maritime law），即《康梭拉多法典》之前：

> 海洋行会选举他们的法官
>
> 每年的圣诞日的午后，海上贸易行会的长者、船主和船员，或者他们中的一些人，在瓦伦西亚（即巴伦西亚）的圣佩卡教堂相聚，通过表决（而不是抽签），或者是全体一致意见，或者是按多数人的意见，选举 2 名合适的海上贸易商人作为领事，选出另一个人（在同一行会中，而不考虑他的职业、学识或职位）作为法官来审理对前者的判决提出的上诉。所谓选举实际上是被由国王及其前辈控制的海上贸易行会的长者们的特权所把持的。
>
> 在圣诞节后，前述的领事与一些海上贸易的长者一起，在瓦伦西亚王国的检察总长或其代理人之前，介绍前述已被选出来的上诉法官，上诉法官在此发誓自己在工作中将行为良好并且守法，而且上诉法官在那里必须得到承认。因为有这样的习惯，虽然国王颁发给海上贸易长者的特许状规定法官应每年"由国王或他的检察总长"选举，但是国王或他的检察总长都从来没有实施过这一权力，上面提到的是唯一被使用过的程序。
>
> 领事应审判所有关于运费……（等等）问题，及所有在《海洋习惯》中提及的契约……领事和上诉法官所作的判决都应写上"按照《海洋习惯》"，而且应符合它的若干章节所规定的内容。[2]

除了法庭的组成之外，《康梭拉多法典》还记录了巴伦西亚海事法庭颇具特色的简易程序规则。1336 年，国王的一项训令（a royal ordinance）要求改变以前海事

---

[1] William Mitchell, *An Essay on the Early History of the Law Merchant*, Cambridge University Press, 1904, pp.64—65.

[2]〔美〕约翰·H. 威格摩尔：《世界法系概览》，何勤华、李秀清、郭光东等译，上海人民出版社 2004 年版，第 774—775 页。

法庭允许案件拖延的做法，要求领事们迅速做出判决。紧接着，"海洋领事法庭规则"（the judicial order of the courts of the consuls of the sea）就确立了简易审理程序规则（a summary procedure）。这一规则同意大利行会法庭已经采取的方式非常相似。规则规定，领事们"根据国王的特许状，有权审理前来申诉的案件，并且立即做出适时的、简洁的、概括的判决，不必拘泥于繁冗的普通程序，也就是说，只须关注事实的真相，就像海事习惯和惯例所要求的那样"。这一做法后来被阿拉贡王国其他地方的海洋领事法庭所采纳，英国的海事法庭(the English Admiralty Courts)也采用了这种方式。[1]

在巴伦西亚的海事法庭的运作过程中，商人和海员的影响力是不可忽视的。除了法庭的法官本身是海员和商人以外，更重要的还在于他们的意见可以成为法官判决的依据。法庭的规章规定，当领事法官或者上诉法官被怀疑有不公正的嫌疑时，那么必须由一名海员行会推举的值得信赖的参事（a prudhomme of the sea）参与审理。[2] 同样的，如果领事法官对于案件适用的法律有任何疑问时，都要征求商人行会或者海洋行会参事的意见。[3]

商业的发展将商人法庭的发展引向全盛，王权的扩张助长了其传播的势头。然而，这又是一对极为矛盾的势力。商业依赖王权获得自由发展的空间，王权也仰仗商业而越来越强大之后，商人法庭的自由却走向了它最终的宿命——纳入国家司法体系。

英格兰海事法院建立发展的情况同欧洲大陆有所不同。虽然英格兰 14 世纪以前也存在市场、集市和城镇法庭，而且在其重要的港口城市也已经存在处理海事案件的港口法院；但是这些港口法院却没有像他们的欧洲大陆同伴一样发展壮大，相反在皇家海事法院建立之后，这些港口法院的管辖权逐渐地被剥夺了。换句话说，英格兰海事法院是以一个皇家特权法院的姿态诞生并发展的。

14 世纪中期，英格兰海盗活动的猖獗据说是引发海事法院诞生的诱因。1360 年，一位名叫约翰·佩夫利（John Pavely）的海军上将被明确地赋予了海事案件的司法权，这是迄今发现的有文献佐证的最早的一次授权。这位海军上将的委任状写到："通

---

〔1〕 William Mitchell, *An Essay on the Early History of the Law Merchant*, Cambridge University Press, 1904, p.61.

〔2〕 "prudhomme"是法语词汇，它的意思是正直的人，或行家。由于其参与案件审理，因此译作参事。

〔3〕 William Mitchell, *An Essay on the Early History of the Law Merchant*, Cambridge University Press, 1904, p.59.

过这份敕令，授予他以下所有权力，包括听审与海军上将这一职位相关的一人或者多人集体诉讼，审理海事案件，秉持正义，纠正和惩治犯罪，关押和释放囚犯……以及根据海事法的规定，公正地处理其他所有海军上将应当做的事情。"之后任命的海军上将也被赋予了同样的职权，因此 1360 年被公认为是英格兰海事法院的诞辰。从上述授权也可看出，这一法院不仅拥有海事案件的管辖权，它还可以审理刑事案件，其实在海上发生的民事案件也在其管辖范围之内。比较特别是，英格兰海事法院在战时还担任着军事法院的职能。英国国王通过战时特许可以赋予海事法院审理捕获案件的权力。英格兰海事法院的诞生虽然特别，但是它所依据的法律以及它所适用的程序同欧洲大陆并无太大差异。正因为如此，英格兰海事法院在促进英格兰同欧洲大陆的贸易方面功不可没。从海商法的发展角度看，英格兰海事法院相对于欧洲大陆的海事法院还有一个突出的优点：它是一个由精通法理的职业法官所主持的法院，而非由门外汉所掌管的机构。[1] 因此，英格兰海事法院的判决在吸收欧洲大陆已有成果的基础上最终形成了自己的海商法体系。

四、如何评价商人法庭

从市场法庭和市集法庭的兴起，到商事法庭和海事法庭的成熟，商业对自由和便利的需求是其根本的动因。这几种法庭的发展过程，明确地展示出其对快捷性的追求，这也是他们共同的特点。"在集市法院中，审判应该在商人脚上的尘土未掉之前就完结；在海事法院中，审判应该'在潮汐之前'完结；在行会法院和城镇法院中，审判应该在'一天以内'完结。上诉常常是被禁止的。不仅专业法律家被排除于审理程序之外，而且专门的法律争论也引起反感"。[2] 德国的例子似乎更能说明这一问题。德国的商事特别法庭直到 15 世纪才出现，一个很重要的原因是，此时的德国由于接受了罗马法的影响，诉讼程序不再以口头审理的简易方式进行，而变得程式化，繁冗拖沓。于是，波罗的海沿岸的一些重要的城镇出现了海事法庭；

---

〔1〕W. Mitchell, B.A., *An Essay on the Early History of the Law Merchant*, Cambridge University Press, 1904, p.78.

〔2〕〔美〕哈罗德·J. 伯尔曼：《法律与革命——西方法律传统的形成》，贺卫方等译，中国大百科全书出版社 1993 年版，第 429 页。

法兰克福的商人们则开始主动寻求一种类似商事法庭的仲裁庭解决他们的纠纷。[1]

　　这种追求在城市得到了极大的满足，尤其是在意大利。城市意味着自治，意味着独立的司法体系。11 世纪后期和 12 世纪初，意大利北部大多数城市都拥有了由民众集会选举产生的、有固定任期的执政官，进行自我管理。"在 1084 年的比萨、1093 年的阿斯提、1098 年的阿雷佐、1099 年的热那亚、1105 年的帕维亚、1123 年的博洛尼亚、1125 年的锡耶纳、1127 年的布雷西亚及其 1138 年的佛罗伦萨，均有这种执政（即执政官）的记录"。[2] 1254 年，在德意志邦联的霍亨斯陶芬王朝灭亡之后，威尼斯、热那亚、佛罗伦萨和米兰等城市又成为独立的城市共和国。[3] 商人阶层作为城市新的贵族，不仅拥有团结一致的行会组织，而且在城市中担任管理者的角色。这一切造就了意大利商事法庭和海事法庭的强大。

　　然而，中世纪的权利结构是复杂的。"在这个社会中，统治者包括教会、国王和权力日益增长的世俗和教会地方领主"。12 世纪开始，法国、英国和西班牙国王的权力不断膨胀，他们开始迫使地方领主服从其统治；加上战争的征服，国王的领土日益扩张，欧洲的民族国家逐渐形成。[4] 商业的发展和王权的扩张之间存在着微妙的关系。在市民阶层争取城市自治的过程中，王室总是倾向于给与支持。而这一看似自我削弱的做法，却正好又促成了王权的强大。[5] 而在王权之下，商人法庭的发展显然是不完全的。在意大利的商人法庭获得排他的专属管辖权的同时，法国香槟集市的市集法庭还完全受制于城堡和教会的监督，其审理的案件最终可以被上诉到国王的最高法庭。而法官的任命权则始终掌握在国王的手中。这一状况在里昂直到 1655 年才有所改变。[6] 在英国，海事法庭和市集法庭在漫长而艰难地发展之后，最终于 17 世纪被普通法庭所取代。[7] 在西班牙，海事法庭的扩展更是王权的体现。

〔1〕William Mitchell, *An Essay on the Early History of the Law Merchant*, Cambridge University Press, 1904, pp.69—70.

〔2〕〔美〕哈罗德·J.伯尔曼：《法律与革命——西方法律传统的形成》，贺卫方等译，中国大百科全书出版社 1993 年版，第 477 页。

〔3〕〔英〕大卫·尼科尔：《中世纪生活》，曾玲玲等译，希望出版社 2007 年版，第 29 页。

〔4〕〔意〕安德烈·德埃·伦佐·罗西：《欧洲中世纪》，林英译，广东人民出版社 2006 年版，第 2 页。

〔5〕〔比〕亨利·皮雷纳：《中世纪的城市》，陈国樑译，商务印书馆 2006 年版，第 114 页。

〔6〕William Mitchell, *An Essay on the Early History of the Law Merchant*, Cambridge University Press, 1904, p.68.

〔7〕同上书，pp.77—78.

中世纪的圣戈德里基们，从市场到市场，从市集到市集，从城市到城市，复兴了商业，在错综复杂的权力格局下寻求发展，建立了自己的商人法庭，创造了自己的司法体系，也为现代商法的发展提供了宝贵的经验。

第五节　中世纪欧洲商法的地位和特点

一、中世纪欧洲商法的地位

对中世纪欧洲商法地位的最贴切概括和表述，莫过于"传承"与"奠基"两词。传承，是从中世纪欧洲商法与古代法律的关系角度而言的，尤其是在海商法的领域，传承的作用尤为突出。奠基，是从中世纪欧洲商法同现代商法的关系角度而言的。

一方面，在古代世界，海商法已经有了相当的发展，《罗德海法》就是古代欧洲世界海商法发展的高峰。中世纪欧洲的海商法典无不对《罗德海法》表示尊崇。爱德华三世时期的文件中，仍然明确将《罗德海法》作为英格兰海事法院审理案件的法律依据。[1] 11 世纪也正好是罗马法复兴的关键时刻，就破产法领域而言，中世纪意大利的破产法无疑是对罗马法中关于破产的规定的最好的传承。

另一方面，从前文对中世纪欧洲合伙法、保险法和票据法的论述可知，这一时期的商法经历的是一个从无到有的过程。现代商法上的最重要的几个法律领域都能够在中世纪找到它们的起源。而且，这几个法律领域中的关键制度在中世纪时期也基本完成了定型。因此，中世纪欧洲商法为近现代商法的最终完善起到了奠基的作用。值得提出的是，虽然本书的研究内容被限定在欧洲中世纪时期，但是我们无法在中世纪欧洲商法与近现代商法的发展历史中强行划出一道分割线，

---

[1] Thomas Lambert Mears, The History of the Admiralty Jurisdiction, in *Select Essays in Anglo-American Legal History*, compiled and edited by A Committee of the Association of American Law Schools, vol. 2, Boston: Little, Brown and Company, 1908, pp.321—322.

因为商法发展的这段历史是紧密联系、无法割裂的。

　　相对而言，中世纪欧洲商法作为近现代商法的奠基阶段的地位相对于其传承的作用更为突出。中世纪的欧洲为商法贡献了太多全新的内容，太多开创性的领域，因此它之于商法的地位不亚于罗马法之于现代民法。

二、中世纪欧洲商法的特点

　　中世纪欧洲的商法从根本上而言是商人们为了满足自己的需求，通过自己的实践逐渐形成的一整套习惯法。因此，它最首要的特点是它的自发性。在偌大的欧洲，商法在各个地区存在着这样那样的差异，但是它在本质上却保持了一定程度的统一性，因此，它的第二个特点是地域性和统一性的结合。最后，中世纪欧洲商法在审判程序上表现出迅捷性的特点，这也是商业活动的根本要求。

（一）自发性

　　中世纪欧洲的商法，无论从其产生、运用还是发展的过程来看，都充分地说明它是一个自生自发的法律部门。因此，笔者认为，中世纪欧洲商法的最突出的特点应当归结为它的自发性。中世纪欧洲商法的内容除了偶尔受到王室法令的影响之外，几乎完全都是商人的习惯法。"中世纪商人的伟大在于"，哥德斯密特说，"他们从自己的需要和观点中发展出了自己的法律。"[1]

　　威格摩尔在谈到海事法时说：

　　　　海事法自成一种体系，在数个世纪之后，它注定要被不同区域的国家法律所吸收。但是，在将近5000年的时间里，它独立存在——不是由君王制定，而是渐渐地被编集成典并得到大家的遵守。从保存在希腊的《罗马汇集》中可以了解到，在海事法发展高峰时期它是何等独立。这一汇集写道："某人向安多耐诺国王提出一个关于船难事件的诉讼，寻求得到解决，当国王答道：'我

---

[1] William Mitchell, *An Essay on the Early History of the Law Merchant*, Cambridge University Press, 1904, p.10.

确实是陆地上的最高君主，当海洋的君主是惯例，让这一诉讼由被我们的法律所接受的罗得海法来决定吧'。"[1]

中世纪的海事法典与罗德海法一脉相承，也都是习惯法的汇编。从《阿玛菲法典》到《康梭拉多法典》，从《奥列隆法典》到《维斯比海法》，最后到《汉萨城市航运条例》，无不是商人们在海运实践方面所积累的经验的结晶。"所有这些海事法典大概旨意都代表了海洋的习惯——而不是任何君主的法律，它们作为这些共同习惯的不知名的化身而成长。《康梭拉多法典》的篇名和第1句，与其他法典一样，写道：'Aci commencen les bones costumes de la mar'，'这里倡导好的海洋习惯法，这些是有关海洋事务的优良的法规和习惯，这是在世界各地旅行的聪明的人们开始授予我们的祖先，由他们使之融入优良的习惯的智慧之书中'。这些法典的效力不是来源于任何君主、国王或团体，而且它们的原作者和起草者中没有任何人与法律权威人士相联系。"[2]

就中世纪欧洲商业合伙法的发展来看，商业发展所带来的合伙形式的变化也是合伙法发展的根本动因。从马克斯·韦伯对中世纪商业合伙的发展历程的严谨地剖析中，我们看到的不是国家立法在主导商人组织合伙的方式以及合伙责任的承担原则，相反从行商到坐商的商业模式的转变以及从海上合伙和家庭共同体合伙中衍生出来的有限责任与连带责任原则决定了合伙法的基本内涵。或许，韦伯关于法律社会学的基本立场就是从他的这篇博士论文开始的。在保险法方面，1601年英国关于保险的最早的法规这样写道："这是不知多少年之前就适用于商人间的习惯了"（hathe been tyme out of mynde an usage among merchants）；与此类似，欧洲大陆上关于保险的早期法令也仅是就一些次要问题的规定，而这一领域的重大问题都留给了习惯法。[3] 正如前文所引，1462年路易十一所颁布的法兰西的第一个票据立法中写到的，集市上的商人们使用汇票进行结算或者汇兑交易已经是既存

---

[1] 〔美〕约翰·H.威格摩尔：《世界法系概览》（下），何勤华、李秀清、郭光东等译，上海人民出版社2004年版，第751页。

[2] 同上书，第773—774页。

[3] William Mitchell, *An Essay on the Early History of the Law Merchant*, Cambridge University Press, 1904, p.11.

事实，法律只是对这一事实的确认，"是商业实践创造了法律，而非法律主导商业实践"。[1]

（二）地域性与统一性

许多学者认为，中世纪欧洲存在的是一部普世性的商法。"商人法"，约翰·戴维斯（Sir John Davies）在 17 世纪写道，"作为自然法和国家法的一部分，它对于世界上所有的国家都是相同的；并不存在一部英国的商人法，一部法国的商人法和一部德国的商人法，在所有国家审理的规则都是相同的而程序都是相似的"。[2] 但是事实上，如果仔细地研究存在于中世纪欧洲各地的商法我们就会发现，它们事实上存在着各种各样的差异。

以定金的规定为例，1303 年英格兰国王爱德华一世颁发给在英国的外地商人的特许状中规定："一旦定金被接受，哪怕只有一分钱，合同就成立并且生效，无论这一合同是上述商人（指外地商人）同谁签订的，也无论这一合同涉及的商品是什么。这样就没有人能够撤销或拒绝已经订立的合同了。"而在英格兰港市普雷斯顿（Preston），支付定金之后也是允许双方毁约的，只要卖方双倍返还定金，或者买方被罚款 5 先令。在法兰西东南部的阿维尼翁所适用的规则同爱德华一世的特许状中规定的内容相同，但是允许有例外的情况。在意大利，大部分的商业法规都规定一旦定金被接受合同就生效，但是瓦雷泽（Varese，意大利北部城市）还是承认例外的存在。而在西西里，商人们一直的习惯则是将定金看作仅仅是违约的惩罚，直到腓特烈二世发布法令禁止这一习惯为止。在德国也存在这种不确定的情形。在西尔德斯海姆（Hildesheim），定金在 13 世纪中期并不能使合同生效，但是依据 1300 年的习惯法汇编却可以。[3] 即使是在相对统一的海商法领域，地方性的习惯法规也极不相同。欧洲南部主要受到《康梭拉多法典》的影响，而在北部《奥列隆法典》和《维斯比海法》逐渐具有了统治地位，而波罗的海地区则最

---

〔1〕 See A. M. Keiley, Bills of Exchange, *The Virginia Law Register*, Vol. 6, No.2 (Jun., 1900)，p. 75.

〔2〕 William Mitchell, *An Essay on the Early History of the Law Merchant*, Cambridge University Press, 1904, p.1.

〔3〕 同上书, pp.3—5, 6.

终形成了《汉萨城市航运条例》。

在各国商人汇集的市场和集市上，理论上应当达到严格地统一，但是事实上各地的差异仍然非常强烈。当爱德华一世在给外地商人的特许状中允许商人间的诉讼依据商人法进行审判的同时，他也不忘补充道："如果他们的合同引发了同其他任何人的纠纷，那么证明和调查都应该按照合同订立地的习惯和惯例进行。"而合同订立地的习惯和惯例显然是千差万别的。安特卫普的商人们拒绝服从伦敦的法律；而从在伊普勒（Ypres）发现的无数集市的信件中可以看出，伊普勒的外地债权人总是被强迫依伊普勒的法律寻求救济。[1] 为了维护自己的利益，意大利商人们通常都要求按照本国的规则对他们相互间的纠纷进行处理。通常他们还在国外的贸易站点选举自己的领事作为审理纠纷的法官。很显然，各地商法的差异是不容忽视的。

但是，如果完全否定中世纪欧洲商法的统一性而认为它是一个因地域的不同而完全不同的东西又太过于武断了。虽然商法的具体细节在不同的地区有不同的规定，但是作为一个整体而言商法在各个地区都遵循着相同或者相似的原则和程序，这一点是不可否认的。因此，笔者认为，将中世纪欧洲商法的第二个特点归结为地域性与统一性的结合比较合适。从整体上看，中世纪欧洲商法是一个遵循共同的规则和原则，在本质上保持一定的统一性的法律部门；而在细节上，它却存在着地域的差异。

（三）迅捷性

迅捷性是商业活动的根本要求，因而也是商法的根本需要。迅捷性的特点集中表现在商事案件的审判程序上。各地的商事审判规则都要求法官对商事案件进行及时的、迅速的审判，要求法庭的审判程序必须简单快速，并且纠纷的最终解决必须在很短的时间内完成。在意大利，各个城市的商业法规几乎都规定法官必须采用简易程序审理案件。在比萨，其海商法起初规定限制案件的数量，但是从其之后的法规可以看出，简易程序逐渐获得了市场。在马赛，商业法官们的出现

---

[1] William Mitchell, *An Essay on the Early History of the Law Merchant*, Cambridge University Press, 1904, p.2.

可以追溯到 12 世纪，在这里他们有责任迅速地审理商人之间的案件和纠纷，"而不管法律是如何规定的"。汉萨同盟内部都执行简易的审判程序。对于路过的异乡人或者外国商人而言，特别的简易审判是普遍的惯例；因为对于他们而言，通常的程序虽然也相当迅速，但似乎还无法满足他们的要求。[1]

英格兰的例子可以很好地反映商法的这一特点和要求。一份亨利四世颁布的法令就有这样的表述："被任命的海军中将（the lieutenant-general）应当首先向海军上将宣誓，保证会公正地对待海事法院的所有当事人，不管是原告还是被告，保证不会对任何一方有所偏袒，他要按照海事法和古老的海洋习惯法的规定在每一天从潮起到潮落，每时每刻都对案件进行概括迅捷的审理（summary and hasty process），而不必注重法律的庄重性。"1509 年，为了遏制当时日益猖獗的海盗活动，亨利八世同法国国王签订了一系列的条约，约定两国将设立专门的法院以迅速地处理海事案件。这些专门法院中包括了英格兰海事法院。在这一时期的海军上将的委任状中，亨利八世明确要求对海盗案件进行迅速的、非正式的审理。[2]当英国普通法院开始干预海事法院的审判，要求商人们到普通法院进行诉讼的时候，商人们对普通法诉讼程序繁荣拖沓的不满，也正好从反面证明了海事法院的便利性。[3]

参考文献

一、西文

1. Larry Allen, *The Encyclopedia of Money*, ABC-CLIO. LLC, 1949.
2. Caroline M. Barron, *London in the Later Middle Ages: Government and people 1200—1500*, Qxford University Press, 2004.

[1] William Mitchell, *An Essay on the Early History of the Law Merchant*, Cambridge University Press, 1904, pp.14—16.

[2] Thomas Lambert Mears, The History of the Admiralty Jurisdiction, in *Select Essays in Anglo—American Legal History*, compiled and edited by A Committee of the Association of American Law Schools, vol. 2, Boston: Little, Brown, and Company, 1908, pp. 337—339.

[3] 一位商人对此抱怨说："有些人的诉讼比他的寿命还要长。"See George F. Steckley, Merchants and the Admiralty Court during the English Revolution, *The American Journal of Legal History*, Vol. 22, No. 2 (Apr., 1978), p. 152.

3. William Blackstone, *Commentaries on the Laws of England*, Thomas B. Walt Co., 2008.

4. Christopher Nugent Lawrence Brooke, Gillian Keir, *London 800—1216: The Shaping of a City*, London, 1975.

5. James Henderson Burns （ed.）, *The Cambridge History of Medieval Political Thought c. 350—c.* 1450, Cambridge University Press, 1991 （1997）.

6. Roy Clinton Cave & Herbert Henry Coulson, *A Source Book for Medieval Economic History*, Biblo & Tannen, 1965.

7. Carlo M. Cipolla, *Before the Industrial Revolution: European Society and Economy 1000—1700*, London ,1993.

8. Henry William Carless Davis, *Medieval Europe*, Henry Holt and Company Publishers, 1901.

9. Katherine Fischer Drew, *Law and Society in Early Medieval Europe: Studies in Legal History*, London 1988.

10. Patrick J.Geary, *Readings in Medieval History*, Broadview Press Peterborough, 1995.

11. Joseph Gies and Frances Gies, *Life in a Medieval City*, Harper Perennial, 1981.

12. Alan Harding, *A Social History of English Law*, London, 1966.

13. Charles Homer Haskins, *The Renaissance of the Twelfth Century*, Harvard University, 1927.

14. Alfred Haverkampf, *Medieval Germany*, 1056—1273, Oxford University Press,1992.

15. Denys Hay, *Europe in the Fourteenth and Fifteenth Centuries*, Longman Inc., 1989.

16. William Searle Holdsworth, The Early History of the Contract of Insurance, *The Columbia Law Review*, Vol. 17, No.2 (Feb. 1917 ）.

17. Edward Jenks, *Law and Politics in the Middle Ages with a Synoptic Table of Sources*, John Murray Publisher,1898.

18. Edward Jenks, The Early History of Negotiable Instruments, in *Select Essays in Anglo-American Legal History*, Vol. 3, Little Brown & Company, 1909.

19. Anthony M. Keiley, Bills of Exchange, *The Virginia Law Register*, Vol. 6, No.2 （Jun., 1900）.

20. Keechang Kim, *Aliens in Medieval Law: The Origins of Modern Citizenship*, Cambridge University Press, 2000.

21. Louis Edward Levinthal, The Early History of Bankruptcy Law, *University of Pennsylvania Law Review and American Law Register*, Vol. 66, No. 5/6 (Apr., 1918）.

22. Louis Edward Levinthal, The Early History of English Bankruptcy, *University of Pennsylvania Law Review and American Law Register*, Vol. 67, No. 1 (Jan., 1919）.

23. Gerard Malynes, *Consuetudo, Vel, Lex Mercatoria*, Professional Books Limited, 1981.

24. Thomas Lambert Mears, The History of the Admiralty Jurisdiction, in *Select Essays in Anglo-American Legal History*, compiled and edited by A Committee of the Association of American Law Schools, vol. 2, Little Brown & Company, 1908.

25. Friedrich Meili, *International Civil and Commercial Law as Founded upon Theory, Legis-*

lation and Practice, Cambridge, Macmillan Publishers Ltd, 1905.

26. Edward Miller & John Hatcher, *Medieval England: Rural Society and Economic Change 1086—1348*, London, 1978.

27. William Mitchell, *An Essay on the Early History of the Law Merchant,* Cambridge University Press, 1904.

28. George S. Potter, Sources, Growth and Development of the Law Maritime, *The Yale Law Journal*, Vol. 11, No. 3 (Jan., 1902).

29. Susan Reyonlds, *An Introduction to the history of English Medieval Towns*, Oxford, 1977.

30. James Steven Rogers, *The Early History of The Law of Bills and Notes*, Cambridge University Press, 1996.

31. Florence Edler de Roover, Early Examples of Marine Insurance, *The Journal of Economic History*, Vol.5, No.2, Nov. 1945.

32. Stephen Edward Sachs, From St. Ives to Cyberspace: The Modern Distortion of the Medieval Law Merchant, *American University International Law Review*, vol.21, 2006.

33. Carl von Savigny, *The History of the Roman Law during the Middle Ages*, translated by E. Cathcart, Hy-perion Press, Inc., 1979.

34. George F. Steckley, Merchants and the Admiralty Court during the English Revolution, *The American Journal of Legal History*, Vol. 22, No. 2 (Apr., 1978).

35. Joseph Story, *Commentaries on the Laws of Bills of Exchange*, Little Brown & Company, 3rd edition, 1853.

36. William Reynolds Vance, The Early History of Insurance Law, *The Columbia Law Review*, Vol. 8, No. 1 （Jan., 1908 ）.

37. Daniel Waley, *The Italy City Republics*, London, 1969.

二、译著

1. 〔古罗马〕塔西佗:《阿古利可拉传 / 日耳曼尼亚志》，马雍、傅正元译，商务印书馆 1959 年版。

2. 〔英〕亨利·斯坦利·贝内特:《英国庄园生活》，龙秀清、孙立田、赵文君译，侯建新校，上海人民出版社 2005 年版。

3. 〔英〕M.M. 波斯坦、E.E. 里奇、爱德华·米勒主编:《剑桥欧洲经济史（第 3 卷）· 中世纪的经济组织和经济政策》，周荣国、张金秀译，杨伟国校订，经济科学出版社 2002 年版。

4. 〔英〕约翰·里德:《城市》，郝笑丛译，清华大学出版社 2010 年版。

5. 〔英〕梅特兰等:《欧陆法律史概览: 事件，渊源，人物及运动》，屈文生等译，上海人民出版社 2008 年版。

6. 〔英〕大卫·尼科尔:《中世纪生活》，曾玲玲等译，希望出版社 2007 年版。

7.〔英〕戴维·M.沃克:《牛津法律大辞典》,李双元等译,光明日报出版社1988年版。

8.〔英〕爱德华·甄克斯:《中世纪的法律与政治》,屈文生、任海涛译,中国政法大学出版社2010年版。

9.〔美〕哈罗德·J.伯尔曼:《法律与革命——西方法律传统的形成》,贺卫方等译,中国大百科全书出版社1993年版。

10.〔美〕查尔斯·霍默·哈斯金斯:《12世纪文艺复兴》,张澜、刘疆译,上海三联书店2008年版。

11.〔美〕保罗·M.霍恩伯格、林恩·霍伦·利斯:《都市欧洲的形成:1000—1994年》,阮岳湘译,商务印书馆2009年版。

12.〔美〕泰格·利维:《法律与资本主义的兴起》,纪琨译,学林出版社1996年版。

13.〔美〕孟罗·斯密:《欧陆法律发达史》,姚梅镇译,中国政法大学出版社1999年版。

14.〔美〕汤普逊:《中世纪经济社会史:300—1300年》,耿淡如译,商务印书馆1984年版。

15.〔美〕詹姆斯·W.汤普逊:《中世纪经济社会史》,耿淡如译,商务印书馆1997年版。

16.〔美〕詹姆斯·W.汤普逊:《中世纪晚期欧洲经济社会史》,徐家玲等译,商务印书馆1996年版。

17.〔美〕约翰·H.威格摩尔:《世界法系概览》,何勤华、李秀清、郭光东等译,上海人民出版社2004年版。

18.〔美〕艾伦·沃森:《民法法系的演变及形成》,李静冰、姚新华译,中国政法大学出版社1997年版。

19.〔德〕K.茨威格特、K.克茨:《比较法总论》,潘汉典、米健、高洪钧、贺卫方译,法律出版社2003年版。

20.〔德〕弗兰茨·梅林:《中世纪末期以来的德国史》,生活·读书·新知三联书店1985年版。

21.〔德〕马克斯·韦伯:《中世纪商业合伙史》,陶永新译,东方出版中心2010年版。

22.〔法〕埃德蒙·波尼翁:《公元1000年的欧洲》,席继权译,山东画报出版社2005年版。

23.〔法〕费尔南·布罗代尔:《菲利普二世时代的地中海和地中海世界》,唐家龙、曾培耿等译,吴模信校,商务印书馆1996年版。

24.〔法〕布瓦松纳:《中世纪欧洲生活和劳动》,潘源来译,商务印书馆1985年版。

25.〔法〕罗伯特·福西耶主编:《剑桥插图中世纪史（1250—1520年)》,李桂芝等译,郭方、李桂芝校,山东画报出版社2009年版。

26.〔法〕罗伯特·福西耶主编:《剑桥插图中世纪史（950—1250年)》,李增洪、李建军等译,山东画报出版社2008年版。

27.〔法〕基佐:《法国文明史》,沅芷、伊信译,商务印书馆1999版。

28.〔法〕孟德斯鸠:《论法的精神》,张雁深译,商务印书馆1997年版。

29.〔法〕雷吉娜·佩尔努:《法国资产阶级史》上册,康新文等译,上海译文出版社1991年版。

30.〔意〕安德烈·德埃、伦佐·罗西:《欧洲中世纪》,林英译,广东人民出版社2006年版。

31.〔比〕亨利·皮朗:《中世纪欧洲经济社会史》,乐文译,上海世纪出版集团、上海人民出版社 2001 年版。

32.〔比〕亨利·皮雷纳:《中世纪的城市》,陈国樑译,商务印书馆 2007 年版。

三、著作

1. 陈颐:《从中世纪商人法到近代民商法典——1000—1807 年欧陆贸易史中的法律变迁》,载《华东法律评论》(第一卷),法律出版社 2002 年版。

2. 程汉大:《中世纪英国法院制度的演变》,载于《中西法律传统》2009 年卷。

3. 程汉大、李培峰:《英国司法制度史》,清华大学出版社 2007 年版。

4. 初北平:《船舶保险条款研究》,大连海事大学博士学位论文,2008 年。

5. 戴东雄:《中世纪意大利法学与德国的继受罗马法》,中国政法大学出版社 2003 年版。

6. 何勤华、魏琼主编:《西方商法史》,北京大学出版社 2007 年版。

7. 何勤华:《法律文化史谭》,商务印书馆 2004 年版。

8. 何勤华主编:《外国法制史(第四版)》,法律出版社 2006 年版。

9. 何勤华:《西方法学史》,中国政法大学出版社 2003 年版。

10. 侯建新:《"封建主义"概念辨析》,载《中国社会科学》2005 年第 6 期。

11. 侯建新:《近二十年英国中世纪经济——社会史研究的新动向》,载《历史研究》2011 年第 5 期。

12. 侯建新:《西欧法律传统与资本主义的兴起》,载《历史研究》1999 年第 2 期。侯建新:《中世纪晚期的商品化与现代化启动》,载《历史研究》1994 年第 5 期。

13. 胡玉堂:《中世纪西欧的政权、教权与封建制度》,载《历史研究》1981 年第 5 期。

14. 黄仁宇:《资本主义与二十一世纪》,九州出版社 2007 年版。

15. 金志霖:《试论西欧中世纪城市与封建主的关系》,载《历史研究》1990 年第 4 期。

16. 李广辉、李钧:《试论海上保险的历史发展》,载《史学月刊》1998 年第 4 期。

17. 李培锋:《英国中世纪的地方自治及其成因》,载《中西法律传统》(第三卷),中国政法大学出版社 2003 年版。

18. 李秀清:《日耳曼法研究》,商务印书馆 2005 年版。

19. 李云飞:《中世纪英格兰庄园法庭探微》,载于《世界历史》2005 年第 2 期。

20. 历星星:《曼斯菲尔德与 18 世纪英国法》,华东政法大学硕士学位论文,2008 年。

21. 梁鹏:《商人概念的历史考察》,载《河北法学》2010 年第 2 期。

22. 刘建军:《论 12 世纪西欧文化复兴运动》,载于《北方论丛》2003 年第 6 期。

23. 刘明翰主编:《世界通史·中世纪卷》,人民出版社 1997 年版。

24. 刘招静:《中世纪城市国家"公债"及其"合法性"论争》,载《史学集刊》2011 年第 1 期。

25. 马克垚:《西欧封建经济形态研究》,人民出版社 1985 年版。

26. 彭小瑜:《教会法研究——历史与理论》,商务印书馆 2003 年版。

27. 彭小瑜:《中世纪的现实性与距离感——读蒂尔尼、佩因特合著＜西欧中世纪史＞》,

载《历史教学（高校版）》2007 年第 12 期。

28. 施蔚然：《中世纪法国习惯法评价》，载《昆明理工大学学报（社科版）》，第 1 卷第 3 期（2001 年 9 月）。

29. 苏彦新：《欧洲中世纪共同法的形成》，载《比较法研究》2011 年第 3 期。

30. 王小波：《〈罗得海商法〉研究》，中国政法大学出版社 2011 年版。

31. 徐浩：《中世纪英国城市化水平研究》，载《史学理论研究》2006 年第 4 期。

32. 徐浩：《论中世纪晚期英国农村生产要素市场》，载《历史研究》1994 年第 3 期。

33. 阎宗临：《世界古代中世纪史》，广西师范大学出版社 2007 年版。

34. 叶秋华：《西欧中世纪法制发展特点论析》，载《南京师大学报》（社会科学版）1999 年第 6 期。

35. 由嵘主编：《外国法制史》，北京大学出版社 1992 年版。

36. 赵立行：《商人阶层的形成与西欧社会转型》，中国社会科学出版社 2004 年版。

37. 赵立行：《"限制"还是"促进"：特许状与欧洲中世纪商业》，载《历史研究》2009 年第 6 期。

38. 赵立行：《论中世纪的"灰脚法庭"》，载《复旦学报（社会科学版）》2008 年第 1 期。

39. 赵立行：《佛罗伦萨理性商业的兴起及其特点》，载《历史教学》2004 年第 2 期。

40. 赵立行：《中世纪西欧庄园人口变动与商业复兴基础的形成》，载《史学月刊》2002 年第 8 期。

41. 赵立行：《论中世纪高利贷禁令及其社会基础》，载《历史教学》2001 年第 10 期。

42. 赵立行：《"边缘商人"的特点及其作用——析西欧庄园制下的商业生存方式》，载《复旦学报（社会科学版）》1998 年第 5 期。

43. 赵立行：《论汉萨同盟衰落的内在原因》，载《学术研究》2003 年第 5 期。

44. 赵立行：《古罗马的商业特征与中世纪自给自足状态的形成》，载《复旦学报（社会科学版）》2001 年第 5 期。

45. 赵立行：《西欧中世纪市集与新型商业意识的形成》，载《世界历史》1996 年第 2 期。

46. 赵文洪：《庄园法庭、村规民约与中世纪欧洲"公地共同体"》，载《历史研究》2007 年第 4 期。

47. 赵文洪：《中世纪西欧神学关于私有财产和商业的观念》，载《求是学刊》1999 年第 4 期。

48. 周枏：《罗马法原论》，商务印书馆 1994 年版。

49. 周一良、吴于廑主编：《世界通史资料选辑》（中古部分），商务印书馆 1974 年版。

50. 朱明：《城市的空气不一定自由——重新审视西欧中世纪城市的"自由"》，载《史林》2010 年第 2 期。

51. 朱伟奇：《中世纪西欧的封建等级制度及其成因》，载《北方论丛》1997 年第 4 期。

附录一　中世纪王室、教皇简表

公元843年《凡尔登条约》签订前

公元	法兰克王国	教皇
468		辛卜力乌斯（St.Simplicius，468—483，意）
481	克洛维一世（Clovis I，481—511），图尔奈的法兰克国王希尔代里克一世（Childeric I，? —481）之子，墨洛温王朝（481—751）开始	
483		菲利克斯三世（St.Felex Ⅲ,483—492,意）
492		杰拉斯一世（St.Gelasius I，492—496，非洲）
496		阿纳斯塔斯二世（St.Anastasius Ⅱ，496—498，意）
498		辛玛古（St.Symmachus，498—514，撒丁）
511	克洛泰尔一世（Chlotar I，511—561），克洛维一世第四子	劳伦提乌斯（Laurentins，498，501—505，意）
514		赫尔米斯达（St.Hormisdes,514—523,意）
523		约翰一世（St.John I，523—526，意）
524	克洛泰尔次兄奥尔良国王克洛多米尔（Chlodomer）战死，克洛泰尔乘机瓜分奥尔良公国	526年5月至7月空位期
526		菲利克斯四世（St.Felix Ⅳ,526—530,意）
530		卜尼法斯二世（St.Boniface Ⅱ，530—532，意）

533		约翰二世（St.John II，533—535，意）
534	克洛泰尔长兄梅兹国王提奥多里克（Theodoric I）去世，其子提乌德贝尔特（Theudebert）继位	
535		阿加佩图斯一世（St. Agapetus I，535—536，意）
536		西尔维（St. Silverius，536—537，意）
537		维吉利（Vigilius，537—555，意）
548	梅兹国王提乌德贝尔特去世，其子提乌德鲍尔德（Theudebald）继位	555 年 6 月至 556 年 4 月空位期
555	梅兹国王提乌德鲍尔德去世，梅兹归克洛泰尔所有	
556		佩拉吉一世（Pelagius I，556—561，意）
558	克洛泰尔之兄巴黎国王希尔德贝特（Childebert）去世，其地归克洛泰尔所有	
561	希尔佩里克一世（Chilperic I，561—584），克洛泰尔一世第四子，其兄希吉贝尔特（Sigibert I）、查里贝尔特（Charibert I）、冈特拉姆（Guntram）分别为奥斯特拉西亚国王、巴黎国王、勃艮第国王	约翰三世（John III，561—574，意）
567	希尔佩里克一世长兄查里贝尔特去世，其地被其三兄弟瓜分	574 年 7 月至 575 年 2 月空位期
575	希尔佩里克之妻弗雷贡德派人暗杀希吉贝尔特，谋占其地未果，后者之子西尔德贝尔特二世（Childbert II）继位	本笃一世（Benedict I，575—579，意）579 年 7 月至 11 月空位期
579		佩拉吉二世（Pelagius II，579—590，意）590 年 2 月至 9 月空位期
584	希尔佩里克一世遇刺身亡，其子克洛泰尔二世（Chlothar II，584—629 年为纽斯特里亚国王，613 年统一法兰克，任法兰克国王至 629 年）。法兰克王国的四个部分奥斯特拉西	

续表

	亚（后东移为德意志的一部分）、纽斯特里亚、勃艮第、阿基坦大致成型	
590		格列高利一世（St.Gregory Ⅰ, 590—604, 意）604 年 3 月至 9 月空位期
604		萨比尼昂（Sabinian, 604—606, 意）
606		606 年 2 月至 607 年 2 月空位期
607		卜尼法斯三世（Boniface Ⅲ, 607—607, 意）607 年 11 月至 608 年 8 月空位期
608		卜尼法斯四世（St.Boniface Ⅳ, 608—615, 意）615 年 5 月至 10 月空位期
613	克洛泰尔二世统一法兰克王国并担任国王（613—629），丕平一世（Pepin Ⅰ, ? —640）以宫相身份掌权	
615		多伊德迪特（St.deusdedit, 615—618, 意）618 年 11 月至 619 年 12 月空位期
619		卜尼法斯五世（Boniface V, 619—625, 意）
625		霍诺里乌斯一世（Honorius Ⅰ, 625—638, 意）638 年 10 月至 640 年 5 月空位期
629	达格勃特一世（Dagobert Ⅰ, 629—639），克洛泰尔二世次子，将首都从奥斯特拉西亚移至巴黎，丕平一世被剥夺宫相职位	
639	克洛维二世（Clovis Ⅱ, 639—657），宫相丕平一世重新掌权，国王成为"懒王"	
640		塞维林（Severinus, 640—640, 意）640 年 8 月至 12 月空位期 约翰四世（John Ⅳ, 640—642, 达尔马提亚）
642		提奥多一世（Theodore Ⅰ, 642—649, 巴勒斯坦）649 年 5 月至 7 月空位期
649		马丁一世（St.Martin Ⅰ, 649—655, 意）
654		尤金一世（St.Eugene Ⅰ, 654—657, 意）657 年 6 月至 7 月空位期

657		维塔利安（St.Vetalian，657—672，意）672 年 1 月至 4 月空位期
672		阿迪乌达二世（Adeotatus Ⅱ，672—676，意）676 年 6 月至 11 月空位期
676		多奴（Donus，676—678，意）678 年 4 月至 6 月空位期
678		阿伽托（St.Agarho，678—681，意）681 年 1 月至 8 月空位期
679	丕平二世（Pepin Ⅱ，635—714，丕平一世外孙）自立为奥斯特拉西亚宫相	
680	丕平二世率奥斯特拉西亚军队抵御纽斯特里亚国王提奥多里克三世及宫相艾布罗的侵犯，战败	
682		利奥二世（St.Leo Ⅱ，682—683，意）683 年 7 月至 684 年 6 月空位期
684		本笃二世（St.Benedict Ⅱ，684—685，意）685 年 5 月至 7 月空位期
685		约翰五世（John V，685—686，叙）686 年 8 月至 10 月空位期
686		克农（Conon，686—687，意）
687	丕平二世击败纽斯特里亚，成为法兰克王国的统治者，他任命两个儿子为纽斯特里亚和勃艮第的宫相，但保留提奥多里克三世的王位	瑟吉尼斯一世（St.Sergius Ⅰ，687—701，意）701 年 9 月至 10 月空位期
701		约翰六世（John Ⅵ，701—705，希）705 年 1 月至 3 月空位期
705		约翰七世（John Ⅶ，705—707，希）707 年 10 月至 708 年 1 月空位期
708		西西尼乌斯（Sisinnius，708—708，叙）708 年 2 月至 3 月空位期 君士坦丁一世（Constantine Ⅰ，708—715，叙）715 年 4 月至 5 月空位期
714	丕平二世（Pepin Ⅱ）去世，法兰克重新分裂，其私生子查理·马特	

	（Charles Martel，Charles the Hammer，绰号"铁锤"查理，公元 676—741 年）掌权，先后立克洛泰尔四世和希尔佩里克二世为傀儡国王	
715		格列高利二世（St.Gregory Ⅱ，715—731，意）731 年 2 至 3 月空位期
719	查理·马特成为法兰克王国的宫相	
731		格列高利三世（St.Gregory Ⅲ，731—741，叙）
741	查理·马特去世，国土分给两个儿子卡洛曼（Carloman）和丕平三世（Pepin Ⅲ，绰号"矮子"）	扎加利（St.Zachory，741—752，希）
747	卡洛曼进入修道院，丕平三世成为全法兰克的统治者	
751	丕平三世（Pepin Ⅲ，751—768）由大主教卜法尼斯加冕登上王位，开始加洛林王朝（751—987）	
752		斯德望（752—752，意，当选三天即逝世）；斯德望二世（Stephan Ⅱ，752—757 在位，意）
757		保罗一世（St.Paul Ⅰ，757—767，意）
767		君士坦丁二世（Constantine Ⅱ，767—769，意）
768	丕平三世去世，国土分给长子查理一世（Karl Ⅰ，der Grosse，768—814）和次子卡洛曼	腓力（Philip，768—768，意）；斯德望三世（Stephan Ⅲ，768—772，意）
771	卡洛曼暴卒	
772		阿德利安一世（Adrian Ⅰ，772—795，意）
774	卡洛曼之子落入查理一世之手，不知下落	
777	查理一世成为法兰克唯一的统治者	
795		利奥三世（St.Leo Ⅲ，795—816，意）
804	查理一世经长期战争，建立了包括法、德、意、匈、荷、比、瑞士等国的查理曼帝国，除不列颠及西班	

	牙、意大利的各一部分土地外，几乎统一了欧洲，国势达致鼎盛	
814	路易一世（Louis I，即虔诚者路易），查理一世之子	
816		斯德望四世（Stephan IV，816—817，意）
817	路易一世在亚琛大会执行查理一世遗嘱，将国土分给儿子丕平（阿基坦）、巴伐利亚（德意志人路易）、洛泰尔（意大利），长子洛泰尔作为王位继承人与其共掌政权	帕斯夏一世（St.Paschal I，817—824，意）
823	路易一世改变亚琛会议决议，将洛泰尔派往意大利，将帝国东部土地分给与巴伐利亚公主生下的查理（绰号秃头）	
824		尤金二世（Eugene II，824—827，意）
827		瓦兰丁（Valentine，827—827，意） 格列高利四世（Gregory IV，827—844，意）
830	路易一世遭到儿子洛泰尔、丕平、德意志人路易的联合反对并被软禁，洛泰尔摄政	
831	第二次亚琛分土大会	
834	洛泰尔再次叛乱，但丕平与德意志人路易未响应。第三次分土大会	
838	丕平去世	
839	德意志人路易叛乱。第四次分土大会	
840	德意志人路易再次起兵。第五次分土大会，会前路易一世去世	
843	德意志人路易、秃头查理联手，迫使洛泰尔接受《凡尔登条约》，查理获得西法兰克王国即法兰西，路易获得东法兰克王国即德意志，洛泰尔获得中部王国即意大利	

公元 843 年《凡尔登条约》签订后

公元	西法兰克—法兰西	东法兰克—德意志	不列颠—英格兰	教皇
843	查理二世（Charles Ⅱ，843—877，秃头）	路易二世（Louis Ⅱ，843—876，德意志人），路易一世第三子	829 年，威塞克斯国王埃格伯特征服了其他六国，结束了七国时代，开启了威塞克斯王朝，839 年，其死后，其子埃塞尔沃夫（Aethelwulf）即位	
844				约翰八世（John Ⅷ，844—844，意）；瑟吉厄斯二世（Sergius Ⅱ，844—847，意）
847				利奥四世（St.Leo Ⅳ，847—855，意）
855				本笃三世（Benedict Ⅲ，855—858，意）
856		埃塞尔巴德（Aethelbald）		
858				尼古拉斯一世（St. Nicholas Ⅰ，858—867，意）867 年 11 月至 12 月空位期
860		埃塞尔伯特（Aethelbert）		
866		埃塞尔雷德一世（Aethelred Ⅰ）		
867				阿德利安二世（Adrian Ⅱ，867—872，意）
871			阿尔弗雷德大帝即位，英国首位自称英格兰国王的君主	
872				约翰八世（John Ⅷ，872—882，意）

876	路易三世 （Louis Ⅲ，876—882）		
877	路易二世（877—879，口吃者）		
878			
879	路易三世 （879—882）		
881		查理三世，879 年接受意大利王位，881 年加冕为神圣罗马帝国皇帝，882 年为东法兰克国王，885 年重新统一查理曼帝国，但随即崩溃		
882	卡洛曼（882—884），与路易三世共为西法兰克国王			马里纳斯一世（Marinus Ⅰ，882—884，意）
883			
884	卡洛曼意外死亡，因继位者年幼，遂由东法兰克国王查理三世摄政			阿德利安三世（Adrian Ⅲ，884—885，意）
885				斯德望五世（Stephan V，885—891，意）
887		阿尔努夫于法兰克福称帝，查理三世因平庸软弱而倒台，查理曼帝国瓦解		
888	厄德（888—898），因英勇抵抗诺曼人进攻当选国王，查理三世被废		

891			福尔摩塞（Formo-sus，891—896，意）
893	因贵族反对，厄德与查理三世共称王		
896			卜尼法斯六世（Bon-iface VI，896—896，意）斯德望六世（Stephan VI，896—897，意）
897			罗马诺（Romanus，897—897，意）提奥多二世（Theo-dore II，897—897，意）
898	厄德死，查理三世成为西法兰克唯一国王		约翰九世（John IX，898—900，意）
899			阿尔弗雷德大帝去世，其子长者爱德华（Edward the Elder）即位	
900		路易四世（Louis IV，900—911）		本笃四世（Bene-dict IV，900—903，意）
903				利奥五世（Leo V，903—903，意）克里斯托弗（Chris-topher，903—904，意）
904				瑟吉厄斯三世（Sergius III，904—911，意）
911	加洛林王朝君主路易死，查理三世的统治，使查理曼帝国再次实现统一。	阿纳斯塔斯三世（Anastasius III，911—913，意）		
912				康拉德一世（Kon-rad I，912—918）

913				兰顿（Lando，913—914，意）
914				约翰十世（John X，914—928，意）
919		亨利一世（Henry I，919—936）		
922	罗贝尔一世（Robert I，922—923年西法兰克国王），厄德之弟。后在与查理三世的苏瓦松战役中阵亡，查理三世则被罗贝尔的属下擒获并囚禁至死，后者拥立罗贝尔的女婿鲁道夫为国王，其孙于格·卡佩创建卡佩王朝			
923	鲁道夫（923—936），罗贝尔一世女婿，在位13年，死后无嗣			
924			长者爱德华去世，阿特尔斯坦即位	
928				利奥六世（Leo VI，928—928，意）
929				斯德望七世（Stephan VII，929—931，意）
931				约翰十一世（John XI，931—935，意）
936	海外归来者路易四世（936—954）	奥托一世（Otto I，936—973）		利奥七世（Leo VII，936—939，意）

续表

939			斯德望八世（Stephan Ⅷ，939—942，意）
940		阿特尔斯坦去世，雄者埃德蒙即位（Edmund the Magnificant）	
942			马里纳斯二世（Marinus Ⅱ，942—946，意）
946		埃德蒙去世，埃德瑞德（Eadred）即位	阿加佩图斯二世（Agapetus Ⅱ，946—955，意）
954	路易四世死亡，其长子洛泰尔（954—986）继位		
955		埃德瑞德去世，埃德威（Edwy）即位	约翰十二世（John Ⅻ，955—964，意）
959		埃德威去世，和平者埃德加（Edgar the Peaceable）即位	
961	奥托二世（Otto Ⅱ，961—983）		
962	神圣罗马帝国		
963			利奥八世（Leo Ⅷ，963—965，意）约翰十二世生前即当选
964			本笃五世（Benedict Ⅴ，964—964，意）
965			约翰十三世（John ⅩⅢ，965—972，意）
973			本笃六世（Benedict Ⅵ，973—974，意）974年6月至10月空位期；本笃七世（Benedict Ⅶ，974—983，意）

975		埃德加去世，爱德华二世（Edward Ⅱ）即位	
978		爱德华二世去世，埃塞雷德（Ethelred Ⅱ）即位	
983	奥托三世（Otto Ⅲ，983—1002）		约翰十四世（John XIV，983—984，意）
984			卜尼法斯七世（Boniface Ⅶ，84—985，意）
985			约翰十五世（John XV，985—996，意）
986	懒王路易五世（986—987）死亡，贵族转而支持卡佩王朝		
987	于格·卡佩（Huge Capet，987—996），987年当选国王		
996	虔诚者罗贝尔二世（Robet Ⅱ，996—1031）		格列高利五世（Gregory V，996—999，德），999年2月至6月空位期
997			约翰十六世（John XVI，997—998）
999			西尔维斯特二世（Silvester Ⅱ，999—1003，意）
1002	亨利二世（Henry Ⅱ，1002—1024）		
1003			约翰十七世（John XVIII，1003—1003，意）
1004			约翰十八世（John XVIII，1004—1009，意）

续表

1009			瑟吉厄斯四世（Sergius Ⅳ，1009—1012，意）
1012			格列高利六世（Gregory Ⅵ，1012—1012）；本笃八世（Benedict Ⅷ，1012—1024，意）
1016		埃塞雷德去世，埃德蒙二世（Edmund Ⅱ）即位，很快病死，丹麦人卡努特控制英格兰，开启了丹麦王朝	
1024		康拉德二世（Konrad Ⅱ，1024—1039）	约翰十九世（John ⅩⅨ，1024—1032，意）
1031	亨利一世（Henry Ⅰ，1031—1060）		
1032			本笃九世（Benedict Ⅸ，1032—1045，意）
1035		哈罗德一世（Harold Ⅰ）即位	
1039		亨利三世（Henry Ⅲ，1039—1056）	
1040		克努特二世（Canute Ⅱ）即位	
1042		忏悔者爱德华打败丹麦人，威塞克斯王朝复辟	
1045			西尔维斯德三世（Sylvester Ⅲ，1045—1045）；格列高利六世（Gregory Ⅵ，1045—1046，意）
1046			克雷芒二世（Clement Ⅱ，1046—1047，德）

1048			达马苏二世（Damasus II，1048—1048，德），1048 年 8 月至 1049 年初空位期
1049			利奥九世（Leo IX，1049—1054，法）
1055			维克托二世（Victor II，1055—1057，德）
1056	亨利四世（Henry IV，1056—1106）		
1057			斯德望九世（Stephan IX，1057—1058，法）
1058			本笃十世（Benedict X，1058—1059，意）尼古拉斯二世（Nicholas II，1058—1061，法）
1059	腓力一世（Philip I，1059—1108）		
1061			亚历山大二世（Alexander II，1061—1073，意）；霍诺里乌斯二世（Honorius II，意）
1066		哈罗德二世即位，死于黑斯廷斯战役，威廉一世成为英格兰国王，诺曼王朝开始	
1073			格列高利七世（St.Gregory VII，1073—1085，意）
1080			克雷芒三世（Clement III，1080—1100，意，罗马教廷不承认其合法性，1187 年克雷芒三世继）

续表

1086				维克托三世（Victor III，1086—1087，意）1087 年 9 月至 1088 年 3 月空位期
1087			威廉二世（William II，1087—1100）	
1088				乌尔班二世（Urban II，1088—1099，法）
1096				第一次十字军东征开始
1099		亨利五世（Henry V，1099—1125）		帕斯夏二世（Paschal II，1099—1118，意）
1100			亨利一世（Henry I，1100—1135）	狄奥多里克（Theodoric，1100—1102，意）
1102				艾伯特（1102—1102，意）
1105				西尔维斯特四世（Sylvester IV，1105—1110，意），1111—1118 年空位期
1108	胖子路易六世（Louis VI，1108—1131）			
1118				杰拉斯二世（Gelasius II，1118—1119，意）；格列高利八世（Gregory VIII，1118—1121，法）
1119				卡利克斯特二世（Galixtus II，1119—1124，法）
1124				塞勒斯廷二世（Celestine II，1124—1124，意）；霍诺里乌斯二世（Honorius II，1124—1130，意）

续表

1125		洛泰尔二世（Lothar Ⅱ，1125—1137）		
1130				英诺森二世（Innocent Ⅱ，1130—1143，意）；阿纳克列特二世（Anacletus Ⅱ，1130—1138，意）
1131	小路易路易七世（Louis Ⅶ，1131—1180）			
1135			亨利一世死后，王位落入其外甥斯蒂芬（Stephen，1135—1154）手中	
1138		康拉德三世（Konrad Ⅲ，1138—1152）		威克脱四世（Victor Ⅳ，1138—1138），意，1138—1143年空位期
1143				西莱斯廷二世（Celestine Ⅱ，1143—1144，西）
1144				卢修斯二世（Lucius Ⅱ，1144—1145，意）
1145				尤金三世（Eugene Ⅲ，1145—1153，意）
1152		腓特烈一世（Frederick Ⅰ，1152—1190）		
1153				阿纳斯塔斯四世（Anastasius Ⅳ，1153—1154，意）
1154			斯蒂芬死后，根据之前与玛蒂尔达的协议，亨利二世（Henry Ⅱ，1154—1189）即位，金雀花王朝开始	阿德利安四世（Adrian Ⅳ，1154—1159，英）

续表

年份	法国	神圣罗马帝国	教皇
1159			亚历山大三世（Alexander Ⅲ，1159—1181，意）；威克脱四世（Victor Ⅳ，1159—1164，意）
1164			帕斯夏三世（Paschal Ⅲ，1164—1168，意）
1168			卡里克斯特三世（Calixtus Ⅲ，1168—1178，意）
1169		亨利六世（Henry Ⅵ，1169—1197）	
1179	奥古斯都腓力二世（Philip Ⅱ，1179—1223）		英诺森三世（Innocent Ⅲ，1179—1180，德）
1181			卢修斯三世（Lucius Ⅲ，1181—1185，意）
1185			乌尔班三世（Urban Ⅲ，1185—1187，意）
1187			格列高利八世（Gregory Ⅷ，1187—1187，意）；克雷芒三世（Clement Ⅲ，1187—1191，意）
1189	英王理查一世与腓力二世参加第三次十字军东征，腓力中途退出回到法国向英国领地进攻，理查一世被迫回国	狮心王理查一世（Richard Ⅰ，1189—1199）	
1191			西莱斯廷三世（Celestine Ⅲ，1191—1198，意）
1197		腓力（Philip，1197—1208）	

1198		奥托四世（Otto IV, 1198—1215）		英诺森三世（Innocent III, 1198—1216，意）
1199			约翰（John, 1199—1216）	
1202	腓力二世宣布取消英国在法国的采邑			
1212		腓特烈二世（Frederick II, 1212—1250）		
1216			亨利三世（Henry III, 1216—1272）	霍诺里乌斯三世（Honorius III, 1216—1227，意）
1223	狮子路易八世（Louis VIII, 1223—1226）			
1226	圣路易路易九世（Louis IX, 1226—1270）			
1227				格列高利九世（Gregory IX, 1227—1241，意）
1236	路易九世亲政，参战击败英王亨利三世入侵			
1241				西莱斯廷四世（Celestine IV, 1241—1241，意）1241年11月至1243年空位期
1243				英诺森四世（Innocent IV, 1243—1254，意）
1248	路易九世参加第六次十字军东征			
1250		康拉德四世（Konrad IV, 1250—1254）		

续表

年份			
1254			亚历山大四世（Alexander IV, 1254—1261，意）
1258	路易九世与英王亨利三世订约，亨利称臣		
1260			
1261			乌尔班四世（Urban IV, 1261—1264，法）1264 年 10 月至 1265 年初空位期
1265		空位时期	克雷芒四世（Clement IV, 1265—1268, 法）1268 年 9 月至 1271 年初空位期
1269	路易九世参加第八次十字军东征，死于军中，十字军东征亦从此终结		
1270	秃头腓力三世（Philip III, 1270—1285）		
1271			格列高利十世（Gregory X, 1271—1276，意）
1272		爱德华一世（Edward I, 1272—1307）	
1273		鲁道夫一世（Rudolf I, 1273—1291）	
1276			英诺森五世（Innocent V, 1276—1276, 法）；阿德利安五世（Adrian V, 1276—1276, 意）；约翰二

			十一世（John XXI，1276—1277，西）
1277			尼古拉斯三世（Nicholas III，1277—1280，意）1280 年 8 月至 1281 年初空位期
1281			马丁四世（Martin IV,1281—1285,法）
1285	美男子腓力四世（Philip IV，1285—1314）		霍诺里乌斯四世（Honorius IV，1285—1287，意）1287 年 4 月至 1288 年空位期
1288			尼古拉斯四世（Nicholas IV, 1288—1292，意）1292 年 4 月至 1294 年初空位期
1292		阿道夫（Adolf，1292—1298）	
1294			西莱斯廷五世（St. Celestine V, 1294—1294，意）；卜尼法斯八世（Boniface VIII，1294—1303，意）
1298		阿尔贝特一世（Albert I，1298—1308）	
1302	腓力四世召开法国第一次三次会议，平民参政权，开启议会政治之先河		
1303	腓力四世与教皇卜尼法斯八世反目，后者羞辱死去		本笃十一世（Benedict XI,1303—1304,意）1304 年 7 月至 1305 年初空位期

续表

1305	腓力四世扶植克莱芒五世为教皇			克雷芒五世（Clement V,1305—1314,法）1314 年 4 月至 1316 年初空位期
1307			爱德华二世（Edward Ⅱ,1307—1327）	
1308		亨利七世（Henry Ⅶ, 1308—1313）		
1309	腓力四世将教廷迁至靠近法国的阿维尼翁，使教皇受制于法国 70 年之久，史称阿维尼翁之囚			
1314	固执者路易十世（Louis Ⅹ,1314—1316）	路易四世（Louis Ⅳ,1314—1347）		
1316	高个子腓力五世（Philip Ⅴ, 1316—1322）继位			约翰二十二世（John ⅩⅫ, 1316—1334，法）
1322	美男子查理四世（Charles Ⅳ,1322—1328）			
1327	与英国签订和约		爱德华三世（Edward Ⅲ,1327—1377）	
1328	查理四世去世，遗孀生一女，无继承权，卡佩王朝终结。瓦卢瓦王朝腓力六世（Philip Ⅵ, 1328—1350）继位			尼古拉斯五世（Nicholas Ⅴ,1328—1330，意）
1334				本笃十二世（Benedict ⅩⅡ,1334—1342，法）

续表

1342			克雷芒六世 (Clement VI, 1342—1352，法)
1346	法军在克雷西惨败于英军	查理四世 (Charles IV, 1346—1378)		
1350	腓力六世身染黑死病而死，好人约翰二世（John II, 1350—1364）继位，纳瓦拉国王查理觊觎王位			
1352				英诺森六世 (Innocent VI, 1352—1362，法)
1356	英王爱德华三世长子黑太子爱德华入侵法国，俘虏法王约翰二世并押往伦敦，法国被迫签订割土赔款条约，并由王太子查理摄政			
1360	约翰二世获释并留一子为质，其子逃回，他主动回英服刑并终老			
1362				乌尔班五世 (Urban V, 1362—1370，法)
1364	贤明者查理五世 (Charles V, 1364—1980) 继位后随即击败纳瓦拉的查理，他是约翰二世长子			

续表

1370			格列高利十一世（Gregory XI, 1370—1378，法）
1377		理查二世（Richard II，1377—1399）	
1378	文策尔（Wenceslas, 1378—1400）		乌尔班六世（Urban VI，1378—1389，意），克雷芒七世（Clement VII，1378—1394，瑞士）
1380	查理六世（Charles VI，1380—1442）		
1389			卜尼法斯九世（Boniface IX，1389—1404，意）
1394			本笃十三世（Benedioct XIII，1394—1423，西）
1399		亨利四世（Henry IV，1399—1413），因被堂兄理查二世驱逐，起兵讨王，受议会拥戴即位，兰开斯特王朝开始	
1400		鲁佩特（Rupert, 1400—1410）	
1404			英诺森七世（Innocent VII，1404—1406，意）
1406			格列高利十二世（Gregory XII，1406—1409，意）
1409			比萨的亚历山大五世（Alexander V，1409—1410，希）

1410			比萨的约翰二十三世（John XXIII，1410—1415，意），1415—1417 年空位期
1411		西吉斯蒙德（Sigismund，1411—1437）	
1413			亨利五世（Henry V，1413—1422）	
1415	英王亨利五世利用法国内战对法国宣战，勃艮第公爵投降英国			
1417				马丁五世（Martin V，1417—1431，意）
1422	查理六世去世，英国人拥立亨利六世为法国国王，查理六世的第十一子查理七世（Charles VII，1422—1461）逃到南方，宣布继承王位，出现南北两个国王		亨利六世（Henry VI，1422—1461）	
1423				克雷芒八世（Clement VIII，1423—1429，西）
1424				本笃十四世（Benedict XIV，1424—1433，法）
1429	英法战争形势逆转，查理七世在兰斯加冕			
1431				尤金四世（Eugene IV，1431—1447，意）

续表

1435	勃艮第公爵腓力与法国缔结和约，承认查理七世为法国国王		
1438	查理七世颁布《布尔日国事诏书》，限制教皇在法国的权力	阿尔贝特二世（Albert Ⅱ, 1438—1439）	
1439			菲利克斯五世（Felix Ⅴ, 1439—1449，意）
1440		腓特烈三世（Frederick Ⅲ, 1440—1493）	
1447			尼古拉斯五世（Nicholas V, 1447—1455，意）
1455			卡利克斯特三世（Calixtus Ⅲ, 1455—1458，西）
1458			庇护二世（Pius Ⅱ, 1458—1464，意）
1461	路易十一世（Louis XI, 1461—1483），查理七世之子		爱德华四世（Edward Ⅳ, 1461—1470），亨利六世被谋杀，约克王朝开始
1464			保罗二世（Paul Ⅱ, 1464—1471，意）
1471			西斯科特四世（Sixtus Ⅳ, 1471—1484，意）
1481	查理八世（1481—1498），路易十一的独子		
1483			爱德华五世（Edward V）继位两月被叔父理查三世（Richard Ⅲ）废黜

1484			英诺森八世 (Innocent Ⅷ, 1484—1492，意)
1485			理查三世在与亨利·都铎的战争中战死，亨利七世（Henry Ⅶ, 1485—1509）成为英格兰国王，都铎王朝开始	
1492			亚历山大六世 (Alexander Ⅵ, 1492—1503，西)
1493		马克西米利安一世 (Maximilian Ⅰ, 1493—1519)	
1495	查理八世加冕为那不勒斯国王，米兰、奥地利、威尼斯、佛罗伦萨、西班牙、教皇国等组成反法联盟击败查理八世，查理逃回法国		
1498	路易十二世 （1498—1515），奥尔良公爵，查理八世的表兄		

由陈灵海、江小夏辑录

附录二　中世纪地图选

公元843年查理曼帝国在凡尔登的分裂[1]

〔1〕摘自《钱伯斯世界历史地图集》，三联书店1981年版，第23页，原著者版权所有。陈灵海、江小夏辑，下同。

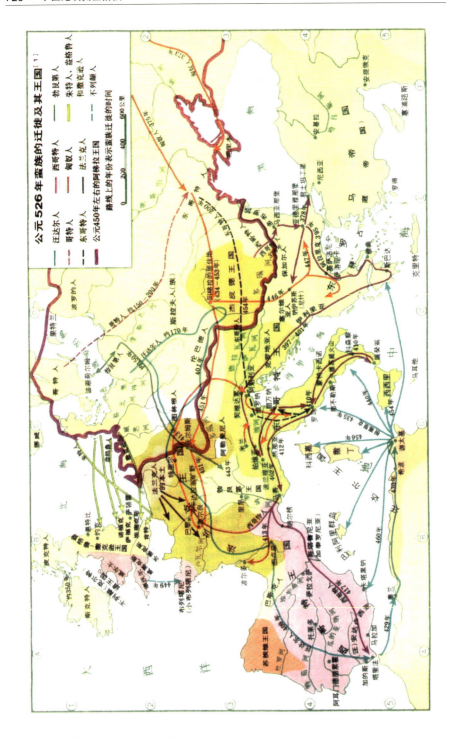

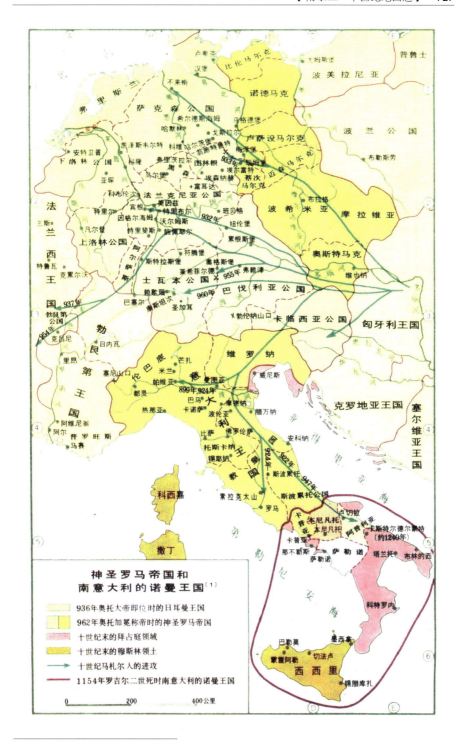

神圣罗马帝国和
南意大利的诺曼王国[1]

- 936年奥托大帝即位时的日耳曼王国
- 962年奥托加冕称帝时的神圣罗马帝国
- 十世纪末的拜占庭领域
- 十世纪末的穆斯林领土
- 十世纪马札尔人的进攻
- 1154年罗吉尔二世死时南意大利的诺曼王国

0　　　　200　　　　400公里

[1] 摘自《钱伯斯世界历史地图集》，三联书店1981年版，第26页，原著者版权所有。

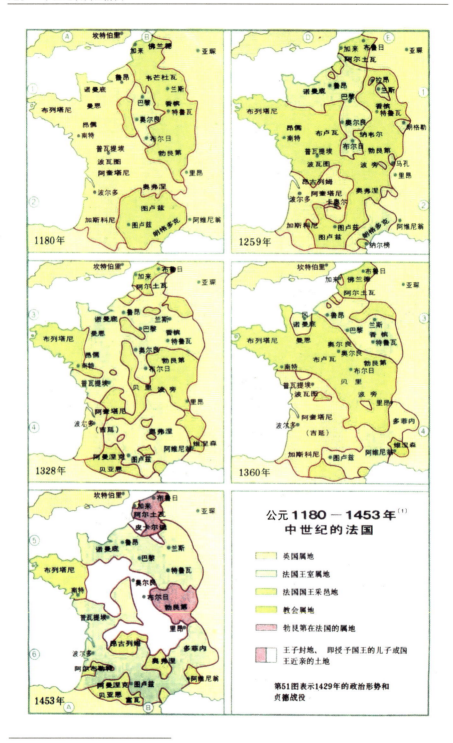

〔1〕摘自《钱伯斯世界历史地图集》，三联书店 1981 年版，第 36 页，原著者版权所有。

文艺复兴时期的意大利[1]

1454年洛迪和约后的边界

0 50 100 150公里

———

[1] 摘自《钱伯斯世界历史地图集》, 三联书店 1981 年版, 第 33 页, 原著者版权所有。

索　引 [1]

A

---

[1] 本索引主要包括人名、地名、专用术语等，以西文字母为序。由陈灵海、江小夏辑。

C

F

I

J

M

O

P

Q

T

后　记

　　本书是何勤华教授主持的国家社科基金重大项目《法律文明史》的子课题成果之一，由《中世纪欧洲世俗法研究》课题组集体完成。

　　《法律文明史》是一个囊括世界历史上各大法系、各主要国家的法律文明演进史的重大项目。在研究宗旨和方法方面，我们的基本思路是，把法律文明视为法律制度、法律思想和观念、法律文献和法律传播的总和，认为法律文明不仅包含制度因素，也包含思想和精神因素，而且制度与思想的因素总是紧密地结合在一起；既包含规则发生的考析，也包含制度传播和影响的辨识，而且发生与传播、影响总是互为交织；既包含共时性的观察和研究，也包含历时性的比较与分析；更重要的是，既是史料的认识和澄清，也是史识的发现和挖掘。这些时间上距我们千余年之遥、空间上距我们数千公里之远的法律文明的发展变迁，能够为中国当代法治建设带来哪些借鉴与思考，始终是我们关注的焦点。

　　早在《法律文明史》课题于2011年参加国家社科基金重大项目申报答辩，并于2012年正式获批开题之前的数年，课题组就已经组成，并启动了初期的资料收集、研究方案讨论等准备工作。最初的几次课题组会议，都是由何勤华教授主持的，有几次是在他的办公室召开的，回想起来，仿佛就在昨日。经过反复讨论辩难，有时甚至是友好的争论，我们将研究的基本框架、问题意识、写作分工、写作规范、史料的范围与选择、引证方式等初步确定了下来。

研究启动之后的两年多时间里，我们不断获得有价值的新资料，也不断获知对传统思路提出质疑的新观点。每次坐下来讨论，总是充满新鲜感和乘胜追击的气氛，当然也有许多举步维艰的时候，令人难以忘怀。围绕课题组最初确定下来的工作原则，在学界前辈同仁的帮助和支持下，我们终于初步完成了研究，比最初设定的研究期间推迟了一些。

由于我们能力的局限，研究过程中不断遇到前所未有的困难。科技的进步使资料环境远胜于前，但是，与时下中法史领域以简帛等一手资料为研究对象的红火氛围相比，对于中世纪欧洲的日耳曼法、王室法、封建法、城市法、商法和海商法，恐怕很少有中国研究者会骄傲地宣称资料异常丰富。幸好，课题组有数位成员刚从德、英等国访学归来，还有两位成员分赴意大利、德国访学，加上不断趋于便利的电子数据库，最终我们庆幸地获取了丰富的外文文献，为研究奠定了较为坚实的基础。

合作研究的好处，在于能够相互交流，尤其是对于有争议的问题，通过讨论，能够获取此前没有认识到或者认识不透彻的信息和观点，最终达到较高的认识水平。但是，合作研究的缺点也同样明显。一些没有统一译名的名词，必须相互统一，这是最基本的。对同一问题，不同研究者可能作出不同的评判，亦须相互照顾，避免顾此失彼。写作风格完全统一，则几乎是不可能完成的任务，每个人都有自己的研究习惯和风格。为此，初稿完成后，柴松霞对全稿进行了初步校改，陈灵海对全稿进行了数遍梳理、润色、统一等工作。

为使全书风格较为协调，不少章节不得不进行较大幅度的改写，有时还不得不删除一些内容。因此，呈现在读者面前的稿子，虽说横跨中世纪欧洲数个拥有厚重历史的著名国家近千年的法律文明史，因而不得不较为冗长，但与课题组最初完成的初稿相比，已经精简了不少。即使如此，我们仍然深知，由于我们能力的限制，文中必有不少叙述不完整、转译不准确、理解有错讹、辨析欠深入的地方，欢迎专家学者批评指正，我们会在今后的研究中加以吸收。

本书中的英文译名采用商务版《英语姓名译名手册》，其他地名如勃艮第（勃艮底、勃艮德)、佛兰德（弗兰德、佛兰德尔、法兰德斯)、阿勒曼（阿勒曼尼)则采用最通行的译法，国王名、教皇名则参考了传统译法，如"Philip"译为"腓力"而非"菲利浦"，"Frederick"译为"腓特烈"而非"弗里德里克"，"Stephan"译为"斯德望"而非"斯蒂芬"，"Benedict"译为"本笃"而非"本迪科特"，等等。一些特殊情况下，也照顾到习惯译法，如"Saxon"在英国史著作中常译为"撒克逊"，而在德国史著作中则常译作"撒克逊"，本书一仍其旧。但是，由于涉及不同语言，所参考的文献中亦常常出现不同的译法，因此难免挂一漏万，不当之处肯定还有不少，敬祈博雅有以教之。

为了便于读者查核各种时间、空间及名称等要素，除了索引之外，本书还制作了中世纪欧洲王室和教会简表，并从《钱伯斯世界历史地图》（三联书店 1981年版）中摘取了几幅中世纪欧洲地图，作为附录。有兴趣的读者还可以参考杰弗里·巴勒克拉夫主编的《泰晤士世界历史地图集》（三联书店 1985）、麦克伊夫迪编《中世纪史地图集》（企鹅出版社 1961 年版）中的地图以及王忠和编著的英国、法国、德国、西班牙等王室世系表等相关文献。

在本书的写作过程中，师友对我们的帮助和勉励，是我们前进的源源不断的动力，舍此，恐怕我们终将无成。2011 年 10 月在北京举行的"国家社科基金重大课题答辩会"上，王家福教授、郑成良教授、张勤教授、陈景良教授和李顺德教授等前辈提出了非常中肯而紧要的建议，为我们指引了正确的方向。2012 年 3 月在上海举行的《法律文明史》开题论证会上，季卫东教授、陈景良教授、徐炳研究员、赵晓耕教授、汪世荣教授、徐忠明教授、季立刚教授、郑少华教授等学者在各个方面提出了睿智的观点，开阔了我们的视野。2012 年 12 月在上海举行的《中世纪欧洲世俗法研究》结项答辩会上，侯建新教授、陈文海教授、赵立行教授、苏彦新教授、赵文洪研究员、郑殿华编审等师长又提出了诸多切中要害的意见，帮助我们在研究水准方面更进一步。此外，还有许多无法在此一一列举大名的同仁，也一直支持和鼓励着我们。在此，谨向诸位师友致以诚挚的敬意和谢忱！

本课题组成员包括陈灵海、柴松霞、冯引如、林海、卢然、郭文青、江小夏、吴玄、肖崇俊等。柴松霞承担了第一章日耳曼法部分的研究，陈灵海、冯引如分别参与承担了第一节、第二节的研究。林海与卢然承担了第二章王室法部分的研究。

郭文青与江小夏承担了第三章封建地方法的研究。吴玄、肖崇俊分别承担了第四章城市法、第五章商法部分的研究。陈灵海组织了课题研究过程中的历次讨论会，对全书内容进行了整理、编排和修改，并撰写了导论、后记，制作了目录、附录、参考文献目录及关键词索引。柴松霞、江小夏也参与了其中的一些工作。研究期间，鹿一鸣、金芳萃等学友与课题组分享了他们的思考，还有朋友千里迢迢将德、意等地复印的资料寄送给我们，提供了非常有益的帮助。

作为《法律文明史》总项目的主持人，何勤华教授不但独力策划了整个项目的研究框架，而且在主持召开《中世纪欧洲世俗法研究》子课题最初的几次课题会时，充分吸收课题组成员的意见，大致确定了研究的主要内容、结构和方法，是我们的研究得以展开的基石。项目初稿完成后，他花了很多时间细致审阅全稿，提出了大量修正意见，使本书无论在文字上还是条理上均能进一步提升。因此，本书更应视为总主持人和课题组全体成员的共同合作成果。

当然，由于学力浅薄，书中必有较多不尽如人意之处，我们已尽力修正了一些差错，但未被发现或难以发现并修正的差错想必更多。相关文责，应由课题组承担。祈请学界前辈同仁不吝赐正指教。

陈灵海

2013 年 10 月 8 日

作者简介 [1]

陈灵海　法学博士，华东政法大学教授，英国牛津大学、上海复旦大学访问学者，
　　中国社会科学院博士后研究人员，英语。

柴松霞　法学博士，天津财经大学副教授，德国明斯特大学留学，华东政法大学
　　博士后研究人员，德语。

冯引如　法学博士，华东政法大学《犯罪研究》杂志社编辑，德语。

卢　然　法学硕士，英国曼彻斯特大学博士研究生，英语。

林　海　法学硕士，上海观庭观盛律师事务所律师，英语。

郭文青　法学硕士，《法制日报》总编室编辑，美国马里兰大学访学，英语。

江小夏　法学硕士，华东政法大学博士研究生，英语。

吴　玄　法学博士，清华大学法学院博士后，意大利罗马第二大学访学，英语。

肖崇俊　法学硕士，华东政法大学博士研究生，《华东政法大学学报》编辑，英语。

---

[1] 作者简介含最后学位，工作单位，掌握何种外语等，以撰写章节先后序为序。掌握两种以上语言，只写明
　　除英语外的语种或写作本书时所应用的语种。

内容简介

　　长达千年的欧洲中世纪，基督教确立了对西方文明的支配地位。但教会法并未一极独尊，各地兴起了诸种世俗法，罗马法也在一些领域继续发挥作用。它们共同推动了欧洲各地区政治、经济、社会、文化的发展，为前近代至近代欧洲的启蒙与复兴创造了条件。

　　本卷阐述了包括中世纪欧洲日耳曼法、王室法、封建地方法、城市法、商法和海商法的发展变迁历程。作者充分挖掘史料，吸收前贤成果，淡化国家本位，凸显区域特征，体现了中世纪欧洲世俗法的多元成就。

　　不同于中国读者熟悉的作为国家意志和强制性规范的法律，中世纪欧洲的王室、领主、城市、行会等立法主体具有不同程度的私属性，"国家"更是尚在成长中，因而其世俗法也不同程度地体现出属地性、属人性、地方性、契约性、协商性等特征，这些均对当代中国与世界的法律发展富有启迪意义。